新版
経済学辞典

辻　正次
竹内信仁
柳原光芳
〔編著〕

Dictionary of Economics

中央経済社

新版へのはしがき

　いま，経済学の有効性が厳しく問われている。1990年代初頭のバブル崩壊以降，「失われた10年」を象徴するデフレという古典的な経済問題に対して，有効な理論や対策を提示できず，これがさらなる「失われた20年」，いや「30年」へと状況を悪化させてしまった。その要因として，グローバル化，少子高齢化，情報化といった現実の経済での構造変化が急速で，経済学がそれに対応できなかったことが挙げられる。さらには変化する現実とは別に，経済学が理論をより精緻化する方向に進化し，学問としての進展は著しいが，その反面，現実と遊離してしまった。

　しかし，この30年近くを振り返ると，経済学にとってよい面も見られる。それは，経済学が広く科学として受け入れられ，メディア，論壇，官庁，産業界，企業など，社会のあらゆるところで経済学的な発想や思考が普遍的になされるようになったことである。

　この意味で経済学が，多くの人にとって知的な共有物となり，名実ともに「社会科学の華」という名に値するようになったといえよう。

　このような時期に本辞典を世に出すこととなった。激動する社会経済の中で，我々はどう生き抜くか，経営や政策判断で的確な意思決定が求められている。そのためには，本質を見抜くための経済理論，さらには知識と情報が必要となる。しかし，これらは断片的に捉えられるだけでは，十分な力とはなり得ない。これらを体系的に把握することにより，一層大きな力を発揮できるのである。辞典とは，いわば「知識と情報の蔵」である。本辞典の中に納められているさまざまな知識・情報を引き出し，活用されることで，読者

の皆様に激動の時代を生き抜く力を身につけていただきたい。これが編者の願いである。

　以上のような目的をもつ本辞典を編纂するにあたり，編者ならびに執筆者一同は各項目が長過ぎないよう，簡潔かつ平易に記述することを心がけた。その一方で，それによって学術的正確さに欠けないように細心の注意を払った。項目によっては，若干解説の長短が見受けられるが，それは簡潔さと厳密さの両立を志向した結果であるとご理解を願いたい。経済社会の激変により，制度面でもさまざまな改革が行われてきているが，それらを少なからず本辞典に取り込めたと思っている。

　他の学問分野と同様，経済学の分野においても，常に新しい用語，概念，指標が生まれている。紙幅の制約などもあり，それらをすべて網羅することは不可能であるが，従来からの基本的用語を含め，かなりの項目を収録することができたと考えている。読者の対象としては，経済学を学習している学生，公務員試験などの各種試験受験者，経済現象に関心のある一般の方を想定し，これらの人々に役立つよう心がけた。

　本辞典は，1989年に水野正一・木村吉男・辻正次の編集により，中央経済社から出版された『経済学辞典』（以下，「旧版」）の後継書となる「新版」である。同書が出版されてしばらくした後，その第2版を発行する話が持ち上った。したがって，本辞典の企画の原点は20年近くも前に遡ることができる。

　企画当初は，『経済学辞典』の内容の一部を，最新のものに改訂するということでスタートしたのであるが，改訂原稿を集めていくなかで，経済を取り巻く大きな環境変化や，各種試験受験者のニーズの変化に合わせ，編集方針を大きく転換させることを余儀なくされた。この方針転換により，旧版の執筆者の方々には，多大なご迷惑をおかけすることとなった。まずは，心より

お詫び申し上げたい。

　また，新たに執筆者に加わっていただいた方にも，できるだけ社会経済情勢の最新の記述とするために，編纂の過程で何度となく執筆内容の修正をお願いすることになった。そのような要請に対しても快くご協力いただいたことに，改めて御礼を申し上げたい。

　このように，企画から刊行まで，幾多の変遷と多年にわたる時間を要することとなり，旧版並びに本辞典の執筆者をはじめとする関係各位には，衷心よりお詫び申し上げる次第である。

　最後に，この20年近くもの間，編者の怠慢にじっと耐えていただいた中央経済社には，ここに厚く御礼を申し上げたい。

2018年10月

辻　　　正　次
竹　内　信　仁
柳　原　光　芳

　　　　　は　し　が　き

　今日，経済辞典あるいは経済学辞典と名のつく辞典類は，思い付くままに挙げても，『経済学大辞典』,『体系経済学辞典』,『経済事典』,『近代経済学辞典』,『近代経済学小辞典』,『近代経済学用語辞典』,『現代経済学辞典』,『経済学小辞典』等々実に数多い。これらは，大学で経済学を学ぶ学生をはじめ銀行員，会社員，公務員から専門の経済学研究者にいたるまで，幅広く，座右の書として利用され親しまれている。

　これらの辞典は，項目毎にそれぞれかなり多くのスペースを用いて専門的かつ詳細に記述し，ほとんどサーベイ論文に近いものもあれば，経済用語の解説を主として各項目の記述はごく簡単なもの，あるいは，それらの中間を狙ったものまで様々である。また，内容的にも，経済学に関するものから，経済事象及び経済問題に関するものまで種々である。

　既に，数多くの各種の経済辞典及び経済学辞典が出版されているなかで，今回，あえて新しく経済学辞典を世に送りだそうとする理由は次のようである。

　経済学をはじめて学ぼうとする大学生等にとって，経済学が難解に感じられその入り口でつまずいてしまい，経済学に対する興味を失ってしまう理由の一つは，経済学で用いられる概念や用語が特殊な専門的なものであり，それらの概念が分からないために内容が理解できないためである。これらの専門用語を簡明に分かりやすく解説したものが，初学者にとっては必須のものであり，それが辞典の形で利用できればどれだけ彼らの学習を容易にし，経済学に興味をもつ助けになるか知れない。また，経済と経済学の進歩は日進月歩であり，次から次へと新しい現象や問題が出現し，それに応じて新しい

理論が現われ新しい概念なり用語が登場する。したがって，既に経済学を一通り学んでいる人や専門の経済学研究者にとっても，専門用語を手際よく解説した辞典は大いに重宝である。この観点から既刊の多くの経済学辞典を見ると，必ずしもこれらの要望によく応えているとは言い難い。その記述があまりにも専門的過ぎて難しく，それを理解するためにはもう一つの解説書か別の辞典を必要とするようなものであったり，項目数が少なくて知りたいと思う用語が見いだせないようなものもある。要するに，上のような目的のためには，必ずしも適切でなく，不親切ですらあるものが多いように思われる。

われわれが，この辞典を編集しようと思い立ったのは，経済学の初学者のために経済学の諸概念や用語をなるべく簡潔かつ平易に解説して，彼らの学習の助けになるとともに，社会人や専門の経済学者にも手軽な参考書を作りたかったからである。

本辞典の編集に当たっては次のようなことに留意した。

(1) 近代経済学を学ぼうとする学生，社会人のためにハンディーな手引きとなり，専門研究者にとっても手軽なメモ的辞書として利用できるものになるように編集した。

(2) 出来るかぎり多くの項目を集録し，各項目についてはその用語の意味を簡潔に説明するにとどめた。

(3) 各項目を体系化し，偏りのないように努めた。

(4) 利用に便利なように，「体系目次」とともに，「事項索引」（五十音順配列），「欧語索引」及び「人名索引」を付けた。

(5) 「財政」については，中央経済社で別に『財政学小辞典』が出ているので，重複を避けるために省略した。ただ，「公共経済学」に関する用語に限り収録することにした。

この辞典が企画されてからじつに多くの歳月が経過しようとしている。そ

の間，二次にわたる石油ショックをはじめ，わが国内外の経済情勢は大きく変化し，また，経済学も変貌していった。したがって，その後の新しい用語を追加する等，当初の企画を全面的に書き換えなければならなくなった。その時にあたり，辻　正次氏が編者のなかに加わってくださったことは，誠に幸運であった。

　様々の経緯を経て，今日，公刊の運びとなって誠に感無量といったところである。編者としてはもちろん喜びにたえないが，なによりも，永年の負債をやっと返済して重い肩の荷を下ろした気持ちの方が大きい。執筆者の方々には大きな迷惑のかけ通しであり，中央経済社に対しても多大の迷惑をかけた。これはひとえに，編者の怠慢のいたすところであり，この機に深くお詫び申しあげるとともに，最後まで暖かい気持ちでご協力いただいたことに対して，心から謝意を表するものである。特に，中央経済社社長山本時男氏ならびに専務取締役栗山雄次氏は，企画当初より今日までの長きにわたって，終始，刊行に向けての前向きな姿勢で勧奨援助に努めてこられた。その間，本辞典担当者の関　博之氏，守屋達治氏および有賀康夫氏にも大変お世話になった。これらの方々は，終始，限りない忍耐心と労苦をもって辞典編集の実務面を引き受けられ，われわれを激励されて完成にまで導いてくださった。さらに，執筆者として掲名した方々以外にも，若い多くの経済学徒の人達にご協力いただいた。これらの方々にも，厚く御礼を申し上げたい。

平成元年9月

編集者代表　　水　野　正　一

『新版 経済学辞典』執筆者一覧

■編著者　　辻　　正次　　　竹内　信仁　　　柳原　光芳

■執筆者　　明松　祐司　　　安藤　金男　　　石川　　誠
　　　　　　石田　昌夫　　　伊藤　志のぶ　　宇高　淳郎
　　　　　　大浜　賢一朗　　岡本　久之　　　小川　春男
　　　　　　奥村　隆平　　　柿元　純男　　　加納　正二
　　　　　　釜田　公良　　　河合　宣孝　　　川端　　康
　　　　　　木下　宗七　　　木村　憲二　　　清川　義友
　　　　　　栗原　　裕　　　小林　　毅　　　近藤　　仁
　　　　　　近藤　健児　　　下村　耕嗣　　　白井　正敏
　　　　　　鈴木　多加史　　鈴木　則稔　　　田岡　文夫
　　　　　　實多　康弘　　　竹内　信仁　　　多和田　眞
　　　　　　辻　　正次　　　手嶋　正章　　　仲林　真子
　　　　　　中山　恵子　　　西岡　幹雄　　　細野　義晴
　　　　　　牧野　香三　　　松岡　和人　　　水田　健一
　　　　　　水野　昌夫　　　三宅　伸治　　　森　　徹
　　　　　　森田　雄一　　　焼田　　党　　　柳原　光芳
　　　　　　山田　雅俊　　　家森　信善　　　吉田　雅彦

なお，本辞典は，内容を全面改訂した新版であるが，1989年発行の『経済学辞典』を大いに参考にしている。以下に，その執筆者のご芳名を掲載させていただき，編著者並びに出版社から衷心より感謝の意を表したい。

『経済学辞典』（1989年発行）執筆者一覧

■編著者　　水野正一　　木村吉男　　辻正次

■執筆者

荒川光正	飯田経夫	石田昌夫
稲毛満春	岩橋亮輔	梅下隆芳
大橋勇雄	大西高明	岡崎不二男
岡本久之	小川春男	奥野信宏
柿元純男	片岡佑作	河合宣孝
木下宗七	木村憲二	木村吉男
近藤仁	佐々木宏夫	白井正敏
千田純一	田岡文夫	竹内信仁
多和田眞	辻正次	中山惠子
西垣泰幸	根岸隆	長谷川雅志
藤井隆	牧野香三	松岡和人
水田健一	水野正一	妙見孟
焼田党	渡辺茂	渡辺悌爾

■ 凡　例

1　項目は50音順に配列するとともに，原語を記している。なお，原語による表記は主に英語を用いている。
2　同義語あるいは類義語の項目は，項目名のみを表示し，参照すべき項目を「☞××××」で示している。
3　各項目の解説文末尾に示した「➡××××」は，その項目をより深く理解するために，参照することが望ましいと思われる主要な関連項目を示している。
4　巻末の事項索引は50音順に，欧語索引はアルファベット順に配列している。項目の右に書かれたページ番号のうち，太字体で記されたページ番号は，その項目が解説文のある独立した項目として取り上げられていることを表している。また，細字体で記されたページ番号は，その項目が独立した別項目の解説文中で触れられていることを表している。

体系目次

1 経済学説

アロー……………………11
イギリス古典派経済学……15
ヴァージニア学派…………24
ヴィクセル…………………25
オーストリア学派…………41
カッセル……………………63
供給重視の経済学…………91
近代経済学…………………98
ケインズ……………………121
ケインズ革命………………122
ケインズ経済学……………122
ケネー………………………125
限界革命……………………125
ケンブリッジ学派…………131
公共選択学派………………136
合理的期待形成仮説………147
古典派経済学………………163

産業連関論…………………185
重商主義……………………211
重農主義……………………213
シュンペーター……………218
新古典派経済学……………230
新古典派総合………………230
スウェーデン学派…………233
スミス………………………236
セイ…………………………237
制度学派……………………244
チェンバリン………………277
デューゼンベリー…………302
ドゥブリュー………………313
トービン……………………314
ネオ・ケインジアン………334
ハイエク……………………340
パレート……………………343

ハンセン……………………345
ピグー………………………349
フィッシャー………………357
フリードマン………………371
ポスト・ケインジアン……392
マーシャル…………………395
マネタリズム………………399
マルクス経済学……………399
マルサス……………………400
ミル…………………………402
メンガー……………………406
モディリアーニ……………408
リカード……………………425
歴史学派……………………434
ローザンヌ学派……………441
ロビンソン…………………443
ワルラス……………………446

2 経済循環・国民所得

アブソープション…………10
インプリシット・デフレーター……………………22
営業余剰・混合所得………27
SNA…………………………31
エンゲル係数………………34
海外からの要素所得………48
海外勘定……………………48
家計最終消費支出…………57
家計調査……………………57
可処分所得…………………58
完全失業率…………………76
帰属家賃……………………85
QE……………………………90
経常取引……………………119
公的部門(公共部門)………145
国勢調査……………………156
国内企業物価指数…………156
国内純生産…………………156
国内総支出(GDE)…………157
国内総生産…………………157
国民経済計算………………157

国民純生産…………………158
国民所得……………………158
国民総支出…………………158
国民総所得…………………159
国民総生産…………………159
雇用者報酬…………………164
混合所得……………………166
在庫…………………………170
在庫調整……………………170
最終生産物…………………171
産業連関表…………………184
三面等価の原則……………186
GNP…………………………187
GDP…………………………187
GDPデフレーター…………187
資金循環勘定………………189
資金循環分析………………189
市場価格表示………………194
実質値………………………200
資本減耗……………………202
資本取引……………………205
純概念………………………217

消費…………………………221
消費者物価指数……………223
生計費指数…………………240
政府最終消費支出…………246
総固定資本形成……………254
粗概念………………………257
第1次産業…………………264
対家計民間非営利団体最終消費支出………………266
第3次産業…………………266
第2次産業…………………269
貯蓄…………………………290
貯蓄超過主体………………290
統計上の不突合……………307
投資…………………………308
投資超過主体………………310
内需…………………………325
日本標準産業分類…………332
パーシェ指数………………339
ファンダメンタルズ………357
フィッシャー指数…………358
付加価値……………………360

物価指数 …… 366	民間最終消費支出 …… 403	レオンティエフ表 …… 434
物価上昇率 …… 366	民間部門 …… 403	労働分配率 …… 441
物価水準 …… 366	名目値 …… 405	労働力人口 …… 441
物価スライド制 …… 366	有効求人倍率 …… 410	労働力調査 …… 441
ブラック・マーケット …… 370	要素費用表示 …… 418	
マネー・フロー分析 …… 398	ラスパイレス指数 …… 421	

3 経済分析の基礎概念

異時的均衡 …… 16	事後 …… 190	動学 …… 306
外生変数 …… 52	市場均衡 …… 195	トレードオフ …… 324
外挿的期待 …… 52	事前 …… 197	内生変数 …… 327
機会費用 …… 79	実需 …… 200	ノーマティブ・セオリー …… 338
規範経済学 …… 87	実証経済学 …… 200	パラメータ …… 342
規範（的経済）理論 …… 87	実証（的経済）理論 …… 200	比較静学 …… 348
供給 …… 90	集計量 …… 210	比較動学 …… 348
均衡 …… 95	需要 …… 215	不均衡動学 …… 362
均衡動学 …… 96	ストック …… 235	不均衡理論 …… 362
経済主体 …… 114	静学 …… 238	部分均衡 …… 367
経済物理学 …… 117	静学的期待 …… 238	フロー …… 374
経済モデル …… 117	政策変数 …… 240	ポジティブ・セオリー …… 390
限界分析 …… 128	短期と長期 …… 274	マクロ経済学 …… 396
合成財 …… 141	弾力性 …… 275	ミクロ経済学 …… 401
裁定 …… 177	超過供給 …… 287	ロビンソン・クルーソー経済 …… 443
最適化行動 …… 178	定常均衡 …… 297	
最適化問題 …… 178	適応的期待 …… 299	

4 ミクロ経済学

1 消費者行動

遺産動機 …… 16	時間選好率 …… 188	粗代替性 …… 260
異時点間の消費配分 …… 16	支出関数 …… 193	粗補完財 …… 260
エンゲル曲線 …… 34	需要関数 …… 215	代替効果 …… 268
価格・消費曲線 …… 54	需要曲線 …… 216	代替財 …… 268
下級財 …… 55	需要の価格弾力性 …… 216	代替の弾力性 …… 268
貨幣の限界効用 …… 69	需要の所得弾力性 …… 216	等価変分 …… 306
間接効用関数 …… 75	需要の法則 …… 217	同次性の公準 …… 310
完全性（完備性） …… 77	上級財 …… 218	不飽和性 …… 368
基数的効用関数 …… 84	消費者均衡の条件 …… 221	飽和性 …… 386
ギッフェン財 …… 86	消費者行動理論での双対性 …… 222	補完財 …… 388
限界効用 …… 126	序数的効用関数 …… 226	補償需要関数 …… 391
限界効用均等の法則 …… 126	所得効果 …… 226	補償変分 …… 391
限界効用逓減の法則 …… 126	所得・消費曲線 …… 227	無差別曲線 …… 404
限界代替率 …… 128	所得の限界効用 …… 228	予算制約式 …… 419
顕示選好 …… 130	推移性 …… 233	流動性制約 …… 430
コアの理論 …… 132	スルツキー方程式 …… 237	レジャー …… 435
交差弾力性 …… 139	生産要素の供給 …… 242	劣等財 …… 436
効用 …… 146	正常財 …… 243	労働供給 …… 438
効用関数 …… 146	双対性 …… 256	ロワの恒等式 …… 443
	粗代替財 …… 259	

2 生産者行動

売上高極大化仮説 …………26
可変費用 …………………70
規模に関して収穫一定 …………87
規模に関して収穫逓減 …………88
規模に関して収穫逓増 …………88
規模の経済性 …………88
供給関数 …………………91
供給曲線 …………………91
供給の価格弾力性 …………91
結合生産 ………………… 123
限界収入 ………………… 126
限界生産力説 …………… 127
限界費用 ………………… 128
限界変形率 ……………… 129
減価償却 ………………… 129
固定費用 ………………… 163
コブ＝ダグラス型生産関数
　…………………………… 163
サンク・コスト ………… 185
CES 生産関数　………… 186
資本コスト ……………… 203
収穫逓減の法則 ………… 210
準地代 …………………… 217
生産可能性曲線 ………… 241
生産関数 ………………… 242
操業停止点 ……………… 254
双対性 …………………… 256
総費用 …………………… 256
損益分岐点 ……………… 261
短期限界費用 …………… 274
短期費用関数 …………… 274
中間財 …………………… 284
超過利潤 ………………… 287
長期限界費用 …………… 288
長期費用関数 …………… 288
長期平均費用 …………… 288
投資財 …………………… 309
等生産量曲線 …………… 311
等費用線 ………………… 312
等利潤曲線 ……………… 313
取引費用 ………………… 322
範囲の経済 ……………… 345
費用一定 ………………… 352
費用関数 ………………… 352
費用最小化 ……………… 353
費用逓減 ………………… 354
費用逓増 ………………… 355
平均費用 ………………… 378
埋没費用 ………………… 396
メニューコスト ………… 406
利潤関数 ………………… 426
利潤極大化仮説 ………… 426
レオンティエフ型生産関数
　…………………………… 433
レント …………………… 437
レント・シーキング …… 438
労働生産性 ……………… 441
割引現在価値 …………… 445

3 競争的市場価格

安定 ………………………12
安定条件 …………………13
一物一価の法則 …………17
一般均衡 …………………18
エッジワース・ボックス…32
価格調整 …………………54
価値尺度財（ニューメレール）
　………………………………62
完全競争 …………………75
競争 ………………………92
競争均衡 …………………93
くもの巣理論 …………… 107
契約曲線 ………………… 120
コアの理論 ……………… 132
市場均衡 ………………… 195
自由競争 ………………… 210
数量調整 ………………… 234
静学的安定 ……………… 238
静学的安定条件 ………… 238
絶対価格 ………………… 250
相対価格 ………………… 255
タトヌマン ……………… 272
超過需要 ………………… 287
動学的安定 ……………… 306
動学的安定条件 ………… 306
パレート効率的 ………… 343
プライス・テイカー …… 368
プライス・メカニズム … 368
マーシャルの安定条件… 395
見えざる手 ……………… 401
模索過程 ………………… 407
ワルラス均衡 …………… 447
ワルラスの安定条件 …… 447
ワルラス法則 …………… 447

4 不完全競争

一般集中度 ………………19
X 効率性 …………………32
買手独占 …………………52
価格差別 …………………54
価格先導者 ………………54
価格追随者 ………………55
寡占 ………………………60
寡占理論 …………………61
過当競争 …………………63
カルテル …………………70
管理価格 …………………78
クールノー均衡 ………… 106
屈折需要曲線 …………… 106
系列 ……………………… 121
コングロマリット ……… 165
コンテスタビリティ理論
　…………………………… 166
財閥 ……………………… 179
再販売価格 ……………… 180
参入障壁 ………………… 185
参入阻止価格 …………… 186
市場構造 ………………… 195
市場支配力 ……………… 196
市場集中度 ……………… 196
自然独占 ………………… 197
集中度 …………………… 213
シュタッケルベルク均衡
　…………………………… 214
シロスの公準 …………… 229
製品差別化 ……………… 245
絶対的費用優位性 ……… 250
退出障壁 ………………… 267
地域独占 ………………… 276
独占 ……………………… 315
独占的競争 ……………… 316
独占度 …………………… 316
トラスト ………………… 320
ハーフィンダール＝ハーシュマン指数 ……………… 340
非価格競争 ……………… 347
不完全競争 ……………… 360
不完全競争理論 ………… 361
不況カルテル …………… 362
不当廉売規制 …………… 367
プライス・リーダーシップ
　…………………………… 369
フル・コスト原則 ……… 373
マーク・アップ率 ……… 395
有効競争 ………………… 411
ラムゼイ価格 …………… 422

5 不確実性と情報

- 危険 …………………………… 81
- 危険愛好者 …………………… 81
- 危険回避者 …………………… 81
- 危険回避の尺度 ……………… 81
- 危険中立者 …………………… 82
- 期待 …………………………… 85
- 期待形成 ……………………… 85
- 期待効用仮説 ………………… 86
- 逆選択 ………………………… 88
- 自己選択 ……………………… 191
- 情報 …………………………… 224
- 情報の完全性 ………………… 224
- 情報の非対称性 ……………… 225
- 絶対的危険回避度 …………… 250
- セント・ペテルスブルグの逆説 …………………………… 252
- 相対的危険回避度 …………… 256
- 不確実性 ……………………… 360
- ベルヌーイの仮説 …………… 380
- ポートフォリオ選択 ………… 387
- 保険 …………………………… 389
- モラルハザード ……………… 408
- レモンの原理 ………………… 436

6 ゲームの理論

- 完全情報ゲーム ……………… 76
- 完備情報ゲーム ……………… 78
- 協力ゲーム …………………… 94
- 行列ゲーム（矩形ゲーム） …………………………… 94
- 繰返しゲーム ………………… 109
- 契約理論 ……………………… 120
- ゲームの理論 ………………… 123
- コアの理論 …………………… 132
- しっぺ返し戦略 ……………… 200
- 支配戦略 ……………………… 201
- 囚人のジレンマ ……………… 211
- 純粋戦略 ……………………… 217
- ゼロサムゲーム ……………… 215
- 戦略形ゲーム ………………… 252
- 展開形ゲーム ………………… 304
- トリガー戦略 ………………… 321
- ナッシュ均衡 ………………… 328
- 非協力ゲーム ………………… 349
- 標準形ゲーム ………………… 354
- 部分ゲーム（サブゲーム） …………………………… 368
- ホールドアップ問題 ………… 388
- マックスミニ原理（マキシミン原理） ………………… 398
- ミニマックス原理 …………… 402

5 マクロ経済学

1 所得分析

- IS-LM モデル ………………… 1
- アニマル・スピリッツ ……… 9
- インフレーション …………… 22
- インフレ期待 ………………… 22
- インフレギャップ …………… 23
- インフレ供給曲線 …………… 23
- インフレ需要曲線 …………… 23
- ヴェブレン効果 ……………… 25
- AD-AS モデル ………………… 28
- 家計調査 ……………………… 57
- 加速度原理 …………………… 61
- 貨幣錯覚 ……………………… 67
- 貨幣需要 ……………………… 68
- 貨幣乗数 ……………………… 68
- 貨幣数量説 …………………… 68
- 完全雇用 ……………………… 76
- 完全雇用 GDP ………………… 76
- 均衡 GDP ……………………… 96
- 均衡予算乗数 ………………… 97
- クラウディング・アウト …………………………… 107
- ケインズ型消費関数 ………… 122
- 限界消費性向 ………………… 127
- 現金残高数量説 ……………… 129
- 顕示的消費 …………………… 131
- 公共投資 ……………………… 137
- 恒常所得 ……………………… 140
- 恒常所得仮説 ………………… 140
- 更新投資 ……………………… 140
- 合成の誤謬 …………………… 142
- 再決定仮説 …………………… 169
- 在庫 …………………………… 170
- 在庫投資 ……………………… 170
- 財政支出 ……………………… 174
- 財政乗数 ……………………… 175
- GDP デフレーター …………… 187
- 資産効果 ……………………… 192
- 失業 …………………………… 198
- 実質残高効果 ………………… 199
- 実質賃金率 …………………… 200
- 自発的失業 …………………… 201
- 資本減耗 ……………………… 202
- 資本ストック調整原理 ……… 204
- 住宅投資 ……………………… 213
- 乗数理論 ……………………… 220
- 消費 …………………………… 221
- 消費関数 ……………………… 221
- 新貨幣数量説 ………………… 229
- 新古典派投資理論 …………… 231
- セイ法則 ……………………… 247
- 設備投資 ……………………… 250
- 節約のパラドックス ………… 250
- 潜在的失業 …………………… 252
- 総需要管理政策 ……………… 254
- 相対所得仮説 ………………… 255
- 速度原理 ……………………… 257
- 租税関数 ……………………… 258
- 長期フィリップス曲線 ……… 288
- 貯蓄 …………………………… 290
- 貯蓄関数 ……………………… 290
- 貯蓄の動機 …………………… 290
- 賃金の下方硬直性 …………… 291
- デフレギャップ ……………… 301
- デモンストレーション効果 …………………………… 302
- 投機的動機 …………………… 306
- 投資 …………………………… 308
- 投資関数 ……………………… 308
- 投資乗数 ……………………… 309
- 投資の限界効率 ……………… 310
- 投資の二重性 ………………… 311
- トービンの q 理論 …………… 314
- 独立支出 ……………………… 318
- 富効果 ………………………… 320
- 取引動機 ……………………… 322
- ピグー効果 …………………… 349
- 非自発的失業 ………………… 350
- ヒステレシス効果 …………… 350
- フィリップス曲線 …………… 358
- 不完全雇用 …………………… 361
- 不完全雇用均衡 ……………… 361
- 平均消費性向 ………………… 378
- 変動所得 ……………………… 382
- ペンローズ曲線 ……………… 382
- 貿易乗数 ……………………… 384

体系目次

ボーモル=トービン・モデル ………………… 388
ポリシー・ミックス …… 394
マクロ経済学 ……………… 396
マクロ・バランス ……… 397
マネー・サプライ ……… 398
マネーストック ………… 398
マンデルの定理 ………… 400
マンデル=フレミング・モデル ………………… 400
有効需要の原理 ………… 411
誘発投資 ………………… 412
輸出乗数 ………………… 413
輸出乗数 ………………… 414
輸出・輸入 ……………… 414
輸入関数 ………………… 416
輸入乗数 ………………… 416
予備的動機 ……………… 419
45°線モデル ……………… 420
ライフサイクル仮説 …… 421
ラチェット効果 ………… 421
利潤原理 ………………… 427
流動資産仮説 …………… 430
流動性選好理論 ………… 430
流動性の罠 ……………… 430
労働供給関数 …………… 439
労働需要関数 …………… 440

2 所得分配

機能的分配 ………………… 87
限界生産力説 …………… 127
ジニ係数 ………………… 201
所得分配の不平等度 …… 228
人的分配 ………………… 232
垂直的公平 ……………… 233
水平的公平 ……………… 233
パレート最適所得分配 … 344
マクロ分配理論 ………… 397
レント …………………… 437
ローレンツ曲線 ………… 442

3 資 本

迂回生産 …………………… 25
固定資本 ………………… 162
資本 ……………………… 202
資本ストック …………… 204
資本蓄積 ………………… 204
社会資本 ………………… 205
生産期間 ………………… 242

4 景気変動

一致指標 …………………… 17
季節変動 …………………… 84
恐慌 ………………………… 92
景気循環 ………………… 112
景気循環論 ……………… 112
景気動向指数 …………… 113
腰折れ …………………… 160
コンドラティエフの波 … 167
CI ………………………… 186
随意的消費支出 ………… 233
先行指数 ………………… 252
耐久消費財 ……………… 266
遅行指数 ………………… 278
DI ………………………… 295
ブーム …………………… 359
不況 ……………………… 362
リアル・ビジネス・サイクル理論 ………………… 424
リセッション …………… 428

5 経済成長・経済発展の理論

R&D ……………………… 1
一次産品 ………………… 17
イノベーション ………… 20
黄金律 …………………… 39
オープン・イノベーション ………………… 42
技術進歩 ………………… 82
均衡成長 ………………… 96
経済成長率 ……………… 115
経済成長理論 …………… 115
経済発展 ………………… 116
経済発展段階説 ………… 116
経済発展論 ……………… 116
高度大衆消費時代 ……… 145
コーリン・クラークの法則 ………………… 149
最適成長理論 …………… 179
産業構造 ………………… 183
産出・労働比率 ………… 185
自然成長率 ……………… 197
資本係数 ………………… 202
資本・産出比率 ………… 203
資本集約度 ……………… 203
資本の深化 ……………… 205
資本・労働比率 ………… 205
成熟への前進期 ………… 243

成長会計 ………………… 243
世代重複モデル ………… 249
潜在的過剰人口 ………… 252
ソロー=スワン成長モデル ………………… 260
ソロー中立的 …………… 261
ターンパイク定理 ……… 263
第1次産業 ……………… 264
第3次産業 ……………… 266
第2次産業 ……………… 269
中立的技術進歩 ………… 286
テイク・オフの先行条件期 ………………… 297
適正成長率 ……………… 299
伝統的社会 ……………… 305
投資の二重性 …………… 311
内需主導型経済成長 …… 326
内生的技術進歩 ………… 326
内生的成長理論 ………… 326
ナイフの刃の不安定性 … 327
二重経済 ………………… 330
二重構造 ………………… 331
二部門経済成長モデル … 331
ニューエコノミー ……… 333
農業革命 ………………… 337
バブル経済 ……………… 342
ハロッド中立的 ………… 344
ハロッド=ドーマー成長モデル ………………… 344
ヒックス中立的 ………… 350
フォン・ノイマン・モデル ………………… 359
ペティ=クラークの法則 ………………… 380
ペティの法則 …………… 380
ホフマンの法則 ………… 393
マクロ・ダイナミクス … 397
幼稚産業 ………………… 418
ラムゼイ・モデル ……… 423
離陸 ……………………… 431
労働係数 ………………… 439
労働集約度 ……………… 440

6 マクロ経済学の展開

ヴァージニア学派 ……… 22
貨幣の中立性 …………… 69
貨幣の超中立性 ………… 69
貨幣ベール観 …………… 69
供給重視の経済学 ……… 91
ケインズ経済学 ………… 122

ケインズ経済学のミクロ的基礎 ……………… 123	IT革命 …………… 4	素材産業 …………… 258
公共選択学派 ……… 136	アナログ情報 …………… 9	第4次産業革命 ……… 270
合理的期待形成仮説 … 147	インターネット ……… 21	デジタル情報 ……… 300
国際マクロ経済学 …… 155	価格破壊 …………… 55	電気通信産業 ……… 304
古典派の二分法 …… 163	景気対策 …………… 113	電気通信産業における競争 ……………… 304
自然失業率仮説 …… 197	経済の情報化 ……… 115	ビッグデータ ……… 351
ネオ・ケインジアン … 334	経済のソフト化 …… 116	ブロードバンド …… 374
ハーベイ・ロードの前提 ……………… 340	限界集落 …………… 127	マルチメディア …… 400
ポスト・ケインジアン … 392	高齢化 …………… 148	LAN ……………… 423
マネタリズム ……… 399	重厚長大型産業 …… 211	WAN ……………… 447
ルーカス型供給関数 … 433	少子化 …………… 220	
7 経済構造の変化	情報技術 …………… 224	
IoT ………………… 4	情報スーパーハイウェイ ……………… 224	
	情報通信と規制 …… 224	
	人工知能 …………… 230	

6 金 融

1 貨 幣

M1, M2, M3 ……… 34	インターネット銀行 … 21	新興企業株式市場 …… 229
価値尺度財(ニューメレール) ……………… 62	インターバンク市場 … 21	信託銀行 …………… 231
貨幣 ……………… 67	S&P500 …………… 31	政府系金融機関 …… 245
貨幣の供給 ………… 69	SPC ……………… 31	生命保険会社 ……… 247
管理通貨制度 ……… 79	SPV ……………… 31	損害保険会社 ……… 262
金為替本位制 ……… 95	欧州中央銀行 ……… 39	第三分野 …………… 267
銀行主義 …………… 96	オープン市場 ……… 42	第二地方銀行 ……… 269
金属主義 …………… 97	オファー・ビッド …… 44	短期金融市場 ……… 273
金本位制度 ………… 98	株価指数 …………… 64	短資会社 …………… 274
グレシャムの法則 … 111	株式市場 …………… 65	地方銀行 …………… 279
シニョリッジ ……… 201	簡易保険 …………… 73	中央銀行 …………… 283
兌換銀行券 ………… 270	共済 ……………… 92	中小企業金融 ……… 285
通貨 ……………… 292	協同組織金融機関 …… 93	デリバティブ市場 …… 303
通貨主義 …………… 293	銀行 ……………… 95	電子証券取引所 …… 305
通貨発行益 ………… 294	金融機関 …………… 99	投資銀行 …………… 308
投機的動機 ………… 306	金融先物市場 ……… 100	投資顧問会社 ……… 309
取引動機 …………… 322	金融市場 …………… 100	都市銀行 …………… 318
物々交換 …………… 367	金融持株会社 ……… 102	TOPIX …………… 320
マネー・サプライ … 398	グラス＝スティーガル法 ……………… 108	NASDAQ ………… 327
マネーストック …… 398	グラム＝リーチ＝ブライリー法 ……………… 109	ナスダック総合指数 … 328
名目主義 …………… 405	現先市場 …………… 130	ナローバンク ……… 328
ユーロ …………… 412	公社債市場 ………… 140	日経平均株価指数 …… 331
欲望の二重の一致 …… 418	コール市場 ………… 149	ニューヨーク・ダウ … 333
予備的動機 ………… 419	最後の貸し手 ……… 170	農林漁業金融機関 …… 337
流動性選好理論 …… 430	資本市場 …………… 203	ノンバンク ………… 338
2 金融市場	JASDAQ …………… 209	ファイヤー・ウォール … 356
	証券会社 …………… 218	フィンテック ……… 359
アメリカの株価指数 … 11	証券市場 …………… 219	普通銀行 …………… 365
	消費者金融 ………… 222	ベンチャーキャピタル … 381
		マーケットメイカー … 395
		ゆうちょ銀行 ……… 412

ユニバーサル・バンキング …… 415	私募債 …… 202	ホールセール・バンキング …… 388
連邦準備制度 …… 438	ジャンク債 …… 209	メインバンク …… 405
	住宅金融 …… 212	モーゲージ金融 …… 407
3 金融取引・資金循環	証券化 …… 218	有価証券 …… 410
ROE …… 1	上場投資信託 …… 220	優先株 …… 412
ROA …… 1	商品ファンド …… 224	有担保原則 …… 412
RCC …… 1	信用保証 …… 232	預金 …… 418
相対取引 …… 4	スタンドバイ・クレジット …… 234	REIT …… 424
アセット・バック証券 …… 8	ストック・オプション …… 235	利付債 …… 428
安全資産 …… 12	スプレッド …… 236	リテール・バンキング …… 428
アンダーライター …… 12	スプレッド取引 …… 236	リバース・モーゲージ …… 428
アンダーライティング …… 12	スワップション …… 237	リレーションシップ・バンキング …… 432
インサイダー取引 …… 21	スワップ取引 …… 237	劣後債 …… 435
売りさばき業務 …… 26	整理回収機構 …… 247	劣後ローン …… 435
運転資金 …… 27	設備資金 …… 250	レバレッジ効果 …… 436
エクイティ・ファイナンス …… 30	TIBOR …… 270	ワラント債(新株引受権付社債) …… 445
MM定理 …… 33	他人資本 …… 272	割引債 …… 446
円キャリー取引 …… 34	単位株・単元株 …… 273	
オーバー・ボローイング …… 41	短期金融 …… 273	**4 金融理論と金融政策**
オプション取引 …… 44	地域開発金融 …… 276	アナウンスメント効果 …… 9
格付け …… 55	長期金融 …… 288	アノマリー …… 9
確定利付証券 …… 55	直接金融 …… 289	アベイラビリティ効果 …… 10
貸倒引当金 …… 58	ディスインターメディエーション …… 295	イールド・カーブ …… 15
カバリング …… 64	抵当証券 …… 298	イールド・スプレッド …… 15
株価収益率 …… 64	手形交換 …… 298	イールド・レシオ …… 15
株価純資産倍率 …… 64	適債基準 …… 299	インフレーション・ターゲット(インフレ目標) …… 22
株式投資信託 …… 66	デビット・カード …… 300	インフレ対策 …… 24
株主資本利益率 …… 66	デフォルト …… 301	売りオペ …… 26
空売り …… 70	デリバティブ …… 303	ALM …… 27
為替 …… 71	転換社債 …… 304	エクスポージャー …… 30
間接金融 …… 75	投資信託 …… 309	応募者利回り …… 39
企業金融 …… 80	トラッキング・ストック …… 320	オープン・ポジション …… 42
危険資産 …… 82	内国為替決済制度 …… 325	オペレーショナル・リスク …… 45
金銭信託 …… 97	NISA …… 329	オペレーション・ツイスト …… 45
クレジット・カード …… 110	PER …… 346	
決済手段 …… 123	ビットコイン …… 351	買いオペ …… 48
公社債投資信託 …… 140	プライベート・バンキング …… 369	貸付資金説 …… 58
公的金融 …… 144	不良債権 …… 372	貨幣乗数 …… 68
コマーシャルペーパー …… 164	プロジェクト・ファイナンス …… 375	貨幣数量説 …… 68
サービサー …… 168	分散投資 …… 377	貨幣の流通速度 …… 69
裁定 …… 177	分離定理 …… 377	カレント・エクスポージャー …… 71
債務の株式化 …… 181	平均・分散アプローチ …… 379	基準貸付利率 …… 83
先物取引 …… 182	ヘッジ …… 380	逆イールド …… 88
CD(譲渡性預金) …… 187	変額保険 …… 381	逆鞘 …… 88
仕組債 …… 189	ポートフォリオ選択 …… 387	
自己資本 …… 190		
市場型間接金融 …… 194		
市場取引 …… 196		

CAPM … 89	テクニカル・アナリシス … 299	… 1
キャピタル・ゲイン … 90	デノミネーション … 300	アクティブ運用 … 6
金融緩和 … 99	日銀短観 … 331	安定株主 … 13
金融政策 … 101	日銀特融 … 331	確定給付型年金 … 55
金融調節 … 102	配当割引モデル … 341	確定拠出型年金 … 55
金融引き締め … 102	ハイパワード・マネー … 341	貸し渋り … 57
金利 … 103	バリューアットリスク … 342	株式公開買付け … 65
金利決定要因 … 103	P&A … 346	株式持ち合い … 66
金利の期間構造 … 103	BIS規制 … 350	為替投機 … 72
金利の計算 … 104	ファンダメンタル・アナリシス … 357	機関投資家 … 79
金利の理論 … 104	フィッシャー効果 … 357	企業年金 … 80
金利平価説 … 104	フィッシャー方程式 … 358	金融危機対応会議 … 99
金利リスク … 105	フェデラルファンド(FF)金利 … 359	金融工学 … 99
k%ルール … 119	複利 … 363	金融再生法 … 99
決済リスク … 124	ブックビルディング … 367	金融資産の時価評価 … 100
現金残高数量説 … 129	プライムレート … 369	金融商品取引法 … 101
ケンブリッジ方程式 … 132	ブラック=ショールズ・モデル … 370	金融整理管財人 … 101
公開市場操作 … 134	ブリッジバンク … 371	金融庁 … 102
交換方程式 … 134	プルーデンス政策 … 372	金融の自由化 … 102
公定歩合 … 143	ペイオフ … 377	サブプライムローン … 182
公的資金注入 … 145	変動金利 … 382	自己査定 … 190
効率的市場仮説 … 147	ボラティリティ … 394	自社株買い … 192
護送船団方式 … 160	マーシャルのk … 395	ジャパンプレミアム … 209
古典派利子論 … 163	マイナス金利政策 … 396	証券取引等監視委員会 … 219
再構築コスト … 170	窓口規制 … 398	信用リスク … 232
最優遇貸出金利 … 181	マネタリー・ベース … 399	セーフティネット … 248
自己資本比率 … 190	名目金利 … 404	ゼロ金利政策 … 251
市場金利 … 196	モラトリアム … 408	ソブリンリスク … 260
市場リスク … 196	LIBOR … 421	長短金融分離の原則 … 289
システミック・リスク … 196	ランダム・ウォーク … 423	TOB … 295
自然利子率 … 197	利鞘 … 426	電子マネー … 305
実質金利 … 199	利子率 … 427	投機 … 306
支払準備率操作 … 201	リスク … 427	投資者保護基金 … 309
順イールド … 217	リスク・アセット・レシオ … 427	ドラライゼーション … 321
上限金利規制 … 219	リスクプレミアム … 427	取り付け … 321
新貨幣数量説 … 229	流動性 … 430	トリプル安 … 323
新BIS規制 … 232	流動性選好理論 … 430	パッシブ運用 … 342
信用創造理論 … 232	流動性の罠 … 430	ビッグバン … 351
信用割当 … 232	量的緩和政策 … 431	ファイナンシャル・プランナー … 356
酔歩 … 233	ロンバート型貸出制度 … 444	ファンド・マネージャー … 357
スポット・レート … 236	**5 金融に関する諸問題**	保険契約者保護機構 … 390
早期是正措置 … 253	アームズ・レングス・ルール	預金保険制度 … 418
総量規制(金融) … 257		401k … 420
ソルベンシーマージン比率 … 260		リーガル・リスク … 424
短観 … 273		連邦預金保険公社 … 438
単利 … 275		
低金利政策 … 297		

7 財　政

1 財政

青色申告 ……………… 5
アカウンタビリティ ……… 5
赤字公債 ……………… 6
赤字財政 ……………… 6
揚げ超 ………………… 6
圧縮記帳 ……………… 9
一般会計 ……………… 18
一般競争入札 ………… 18
一般歳出 ……………… 19
一般消費税 …………… 19
一般政府 ……………… 19
移転価格税制 ………… 19
移転所得 ……………… 19
医療保険 ……………… 20
印紙税 ………………… 21
インフレ税 …………… 24
内税 …………………… 25
売上税 ………………… 26
永久公債 ……………… 27
エイジェンシー化 …… 27
益金 …………………… 29
益税 …………………… 30
NGO …………………… 32
NPO …………………… 33
応益説 ………………… 37
応能説 ………………… 39
大きな政府 …………… 40
大蔵省 ………………… 40
送り状 ………………… 42
会計検査院 …………… 49
会計年度 ……………… 49
外形標準課税 ………… 49
外国税額控除制度 …… 51
介護保険 ……………… 51
概算 …………………… 51
確定申告 ……………… 55
隠れ借金 ……………… 57
課税原則 ……………… 59
課税最低限 …………… 59
課税単位 ……………… 59
課税の中立性 ………… 60
課税標準 ……………… 60
課税物件 ……………… 60
合算課税 ……………… 63
借入金 ………………… 70

借換債 ………………… 70
簡易課税制度 ………… 73
間接税 ………………… 75
完全雇用余剰 ………… 76
基礎控除 ……………… 85
基礎的財政収支 ……… 85
議定科目 ……………… 87
義務的経費 …………… 88
逆進性 ………………… 88
行政改革 ……………… 92
行政科目 ……………… 92
競争入札 ……………… 93
均衡予算 ……………… 96
均等犠牲説 …………… 98
均等限界犠牲 ………… 98
均等絶対犠牲 ………… 98
均等比例犠牲 ………… 98
繰上償還 ……………… 109
繰越明許費 …………… 110
クロヨン問題 ………… 111
軽減税率 ……………… 113
継続費 ………………… 119
経費 …………………… 120
決算 …………………… 124
限界税率 ……………… 128
限界租税性向 ………… 128
現金給付 ……………… 129
減債基金 ……………… 130
建設公債 ……………… 131
源泉徴収 ……………… 131
源泉分離課税 ………… 131
現物給与 ……………… 131
広域行政 ……………… 132
公益事業 ……………… 133
公益法人 ……………… 133
公開性の原則 ………… 134
後期高齢者医療保険制度 134
公共性 ………………… 136
公債 …………………… 137
公債インフレーション … 137
公債の借換え ………… 138
公債の中立性命題 …… 138
公債の負担 …………… 138
公債発行の歯止め …… 139
公債費負担比率 ……… 139
厚生年金 ……………… 141
公租公課 ……………… 143

公的企業（公営企業・政府企業）……………………… 144
公的扶助 ……………… 145
公的部門（公共部門）… 145
公募入札方式 ………… 146
国債依存度 …………… 150
国債管理 ……………… 151
国債整理基金特別会計 … 154
国際的二重課税問題 … 154
国債費 ………………… 154
国税 …………………… 155
国民医療費 …………… 157
国民健康保険 ………… 158
国民年金 ……………… 159
国民負担率 …………… 160
国庫 …………………… 161
国庫債務負担行為 …… 161
国庫収支 ……………… 162
個別消費税 …………… 164
歳出 …………………… 171
最小犠牲説 …………… 171
財政 …………………… 171
財政赤字 ……………… 172
財政赤字の持続可能性 … 172
財政改革 ……………… 172
財政緩和 ……………… 173
財政黒字 ……………… 173
財政硬直化 …………… 173
財政再計算 …………… 173
財政錯覚 ……………… 174
財政資金対民間収支 … 174
財政支出 ……………… 174
財政支出の平準化 …… 175
財政支出膨張の法則 … 175
財政障害 ……………… 175
財政政策 ……………… 176
財政投融資 …………… 176
財政引締め …………… 177
財政法 ………………… 177
財政力 ………………… 177
財団法人 ……………… 177
歳入欠陥 ……………… 179
財務省 ………………… 180
差別料金 ……………… 182
サンセット方式 ……… 185
暫定予算 ……………… 185
シーリング …………… 187

項目	頁
資産課税	191
支出税	193
実効税率	199
実質収支	199
実施ラグ	200
指定管理者制度	200
シビル・ミニマム	201
指名競争入札	205
シャウプ勧告	205
社会的公正	206
社会保険	208
社会保障	208
社会保障関係費	209
社会保障給付	209
社団法人	209
従価税	210
従量税	214
受益者負担	214
酒税	214
消費税	223
消費税の中小企業者特例	223
所得課税	226
所得控除	227
所得再分配	227
所得税	228
申告納税	230
随意契約	233
垂直的公平	233
水平的公平	233
税外収入	238
税額控除	238
生活保護	238
政策ラグ	241
税体系	243
政府関係機関	245
政府系金融機関	245
政府税制調査会	246
政府の役割	246
政府保証借入金	247
政府保証債	247
セーフティネット	248
世代会計	249
世代間公平の原則	249
節税	250
ゼロベース予算	251
全員一致の原則	251
選別主義	252
総計予算主義	254
総合課税	254
総合所得税	254
総合予算主義	254
相続税	255
増分主義	256
贈与税	257
租税	258
租税回避	258
租税支出	259
租税条約	259
租税制度	259
租税逃避地	259
租税特別措置	259
租税負担率	259
外税	260
損金	262
第一セクター	264
第三セクター	267
第二セクター	269
高橋財政	270
タックスヘイブン	272
脱税	272
担税力	275
単年度主義	275
地価税	278
直接税	289
直間比率	291
積立方式	295
定額税	297
定率法	298
適用除外	299
投資税額控除制度	310
当初予算	311
トービン税	314
特殊法人	314
特別会計	316
特別償却	317
独立行政法人	317
土地税制	319
とん税	324
ナショナル・ミニマム	327
二重課税	330
二部料金	331
日本年金機構	332
ニュー・パブリック・マネジメント	333
認可法人	333
認知ラグ	333
年金	334
年金受給権	335
年金積立金管理運用独立行政法人	335
年金問題	336
能力説	337
配偶者控除	340
反応ラグ	346
PFI	346
PPBS	347
比例税	355
貧困の罠	355
フィスカル・ドラッグ	357
フィスカル・ポリシー	357
付加価値税	360
賦課方式	360
不公平税制	363
双子の赤字	364
負担力料金	364
普通建設事業費	365
普通税	365
負の所得税	367
普遍主義	368
扶養控除	368
プライマリー・バランス	369
フリンジ・ベネフィット	372
分離課税	377
分類所得税	377
平均税率	378
ヘドニック・アプローチ	380
法人擬制説	385
法人実在説	385
法人税	386
法人税の二重課税問題	386
法定外普通税	386
法定普通税	386
補完性の原則	389
補給金	389
補正予算	393
マイナンバー	396
ミーンズ・テスト	401
みなし外国税額控除	402
みなし課税	402
民営化	403
予算科目	419
予算制度	419
ラッファー曲線	422
利益説	425
リカードの等価定理	426
累進税	432

2 地方財政

依存財源……………………17
一般財源……………………18
一般補助金…………………19
縁故地方債…………………35
起債制限比率………………82
基準財政収入………………83
基準財政需要………………84
形式収支……………………118
経常一般財源………………118
経常収支比率………………119
継続性の原則………………119
減収補塡債…………………131
公営企業会計債……………133
公営企業債…………………133
公債費比率…………………139
公募地方債…………………146
個人住民税…………………160
国庫支出金…………………161
固定資産税…………………162
財源対策債…………………169
財源超過額…………………169
財源不足額…………………169
財政健全化債………………173
財政再建債…………………173
財政再建団体………………174
三割自治……………………186
事業所税……………………188
事業税………………………189
資金不足比率………………189
自主財源……………………193
自治事務……………………198
市町村税……………………198

実質公債費比率……………199
実質収支比率………………200
収益事業……………………210
住民負担……………………214
将来負担比率………………225
税源の配分…………………240
政府間財政調整……………245
測定単位……………………257
単位費用……………………273
団体自治……………………275
地方揮発油(譲与)税………279
地方公共事業………………279
地方公共団体………………279
地方公共団体財政健全化法
　　　　　　　　　　　…279
地方交付税…………………280
地方交付税交付金…………280
地方債………………………280
地方債依存度………………280
地方債計画…………………280
地方財政……………………281
地方財政計画………………281
地方財政調整制度…………281
地方債適債事業……………281
地方債発行制度……………281
地方自治……………………282
地方自治体…………………282
地方自治法…………………282
地方消費税…………………282
地方譲与税…………………282
地方税………………………282
地方税課税原則……………282
地方制度調査会……………283
地方政府……………………283

地方単独事業………………283
地方分権……………………283
超過課税……………………287
超過負担……………………287
直轄事業……………………290
直轄事業負担金……………291
道府県税……………………313
特定財源……………………316
特定補助金…………………316
特別地方公共団体…………317
特別転貸債…………………317
独立税………………………318
土地税制……………………319
都道府県支出金……………320
土木費………………………320
標準財政規模………………354
標準税率……………………354
付加税………………………360
不均一課税…………………362
普通会計……………………364
普通会計債…………………365
普通交付税…………………365
普通地方公共団体…………366
不動産取得税………………367
フライペーパー効果………369
ふるさと納税………………373
包括補助金…………………385
法人住民税…………………385
法定受託事務………………386
補助金………………………392
補正係数……………………392
利子割………………………427
連結実質赤字比率…………437

8 公共経済学

アバーチ=ジョンソン効果
　　　　　　　　　　　…10
外部経済……………………53
外部性………………………53
外部性の内部化……………53
外部不経済…………………54
仮想的市場評価法…………61
価値財………………………62
価値欲求……………………62
技術の外部性………………83
共有地の悲劇………………93
金銭の外部性………………97
空間経済学…………………105

クラブ財……………………108
クリーム・スキミング……109
限界費用価格形成原理……128
公共経済学…………………134
公共財………………………135
公共財の最適供給条件……135
公共選択論…………………136
公共投資……………………137
厚生損失……………………141
公正報酬率規制……………142
公的規制……………………144
公的欲求……………………145
コースの定理………………148

コスト・ベネフィット分析
　　　　　　　　　　　…160
混合便益財…………………166
最適課税論…………………178
サミュエルソン条件………183
死重の損失…………………192
市場の失敗…………………196
自然独占……………………197
私的費用……………………201
私的便益……………………201
社会資本……………………205
社会の限界生産物…………205
社会の費用…………………206

社会的便益	207
社会的欲求	208
集積の経済	212
集積の不経済	212
準公共財	217
純粋公共財	217
スピルオーバー効果	235
税の帰着	244
税の転嫁	244
政府の失敗	246
政令指定都市	248
総括原価方式	253
租税の帰着	259
租税の後転	259
租税の前転	259
ターンパイク制度	263
多極分散型国土	270
ただ乗り問題	271
地域格差	276
地域独占	276
地価公示	277
地方公共財	279
中核市	284
東京一極集中	307
独立採算制	318
都市問題	318
トラベル・コスト法	321
内部経済	327
ネットワークの経済	334
パレート改善	343
パレート最適条件	343
ピーク・ロード・プライシング	347
非競合性	349
ピグー的税・補助金政策	349
非排除性	351
標準原価方式	354
費用逓減産業	354
費用・便益分析	355
負の価値財	367
プライス・キャップ規制	368
平均費用価格形成原理	378
ボーモル＝オーツ税	388
ヤードスティック規制	410
ユニバーサル・サービス	415
ラムゼイ・ルール	423
リンダール均衡	432

9　国際経済

1　国際収支・外国為替

アクセプタンス方式	6
アジャスタブル・ペッグ	7
アセット・アプローチ	8
アセット・バランス・アプローチ	9
アブソープション・アプローチ	10
FOB	33
円為替	34
円借款	35
円高・ドル安	35
円建て外債	35
円建て債	35
円転	36
円転換	36
円投	36
円投入	36
円安・ドル高	36
円リンク債	36
円レート	36
オーバーシューティング	41
オープン・ポジション	42
オフショア・マーケット	44
外貨	48
海外勘定	48
外貨オプション	48
外貨準備	48
外国為替	50
外国為替及び外国貿易法	50
外国為替手形	50
外国為替レート	50
隔離効果	56
カレンシー・ボード	70
為替差益	71
為替差損	71
為替相場	72
為替投機	72
為替リスク	72
為替レート	72
基準レート	84
金融収支	100
クリーン・フロート	109
クローリング・ペッグ	111
クロスレート	111
経常収支	119
経常取引	119
購買力平価	146
国際資本移動	153
国際資本市場	153
国際収支	153
国際収支の天井	154
固定為替相場制	162
固定相場制	163
サービス収支	168
債権国	169
債務国	180
先物為替	181
先物為替レート（先渡レート）	181
サムライ債	183
CIF	186
Jカーブ効果	188
直物為替	188
直物取引	188
実効為替レート	198
資本移転	202
資本移転等収支	202
資本取引	205
ストレート外債	235
総合収支	254
ターゲット・ゾーン	263
ダーティ・フロート	263
第一次所得収支	264
対外公的債務	264
対外支払準備	265
対外純資産	265
対外証券投資	265
対外直接投資	265
対顧客レート	266
第二次所得収支	269
単一通貨固定制	273
弾力性アプローチ	275
直接借款	289
ツィアン＝ゾーメン・モデル	291
通貨オプション	292
通貨先物	293
通貨スワップ	293

通貨バスケット制……… 294
デュアル・カレンシー債
　……………………… 302
トリフィンのジレンマ… 322
トリプル安……………… 323
複数為替レート………… 363
フロー・アプローチ…… 374
平価……………………… 378
変動為替相場制………… 381
変動相場制……………… 382
貿易外経常取引………… 383
貿易金融………………… 383
貿易・サービス収支…… 384
貿易収支………………… 384
貿易統計………………… 385
ポートフォリオ・アプローチ
　………………………… 387
ホット・マネー………… 393
本船渡し………………… 394
マーシャル＝ラーナーの条件
　………………………… 395
マネタリーアプローチ… 398
目標レート圏…………… 407
ユーロ・カレンシー…… 413
輸出・輸入……………… 414
輸入ユーザンス………… 417
リーズ・アンド・ラグズ
　………………………… 424
流動性のジレンマ……… 430

2 国際貿易・国際経済学の理論

援助………………………… 35
オファー曲線……………… 43
外国貿易の利益…………… 51
開放経済…………………… 54
近隣窮乏化政策………… 105
経済援助………………… 114
交易条件………………… 133
国際経済学……………… 152
国際貿易理論…………… 154
国際マクロ経済学……… 155
最適関税論……………… 179
Jカーブ効果 …………… 188
小国モデル……………… 220
ストルパー＝サミュエルソン
　定理…………………… 235
スピルオーバー効果…… 235
同一性命題……………… 306
特化……………………… 319
トランスファー・パラドックス……………………… 321
比較生産費説…………… 348
比較優位説……………… 348
ファンジビリティ仮説… 356
ブーメラン効果………… 359
プレビッシュ＝シンガー命題
　………………………… 374
プロダクト・サイクル理論
　………………………… 376
閉鎖経済………………… 379
ヘクシャー＝オリーンの定理
　………………………… 379
貿易依存度……………… 383
貿易三角形……………… 384
マンデル＝フレミング・モデル……………………… 400
メツラーの逆説………… 406
輸出関数………………… 413
輸出・輸入の価格弾力性
　………………………… 414
輸入関数………………… 416
輸入性向………………… 416
輸入の所得弾力性……… 417
要素価格均等化定理…… 417
リプチンスキーの定理… 429
レオンティエフの逆説… 434

3 国際経済体制

IMF ………………………… 3
IMFコンディショナリティ
　…………………………… 3
IMF特別引出権 …………… 4
IMFポジション　………… 4
IMFリザーブポジション… 4
アジア太平洋地域経済圏… 7
ASEAN …………………… 7
EU ………………………… 14
一般借入取極……………… 18
APEC ……………………… 29
SDR ……………………… 31
FTA ……………………… 33
OECD …………………… 40
GATT …………………… 63
関税及び貿易に関する一般協
　定………………………… 75
関税同盟…………………… 75
基軸通貨…………………… 82
共同市場…………………… 93
金為替本位制……………… 95
キングストン体制………… 95
金本位制度………………… 98
経済協力開発機構……… 114
経済同盟………………… 115
経済連携協定…………… 118
国際決済銀行…………… 152
国際通貨………………… 154
国際流動性……………… 155
財務大臣・中央銀行総裁会議
　………………………… 180
自由貿易協定…………… 214
自由貿易地域…………… 214
スーパー301条 ………… 234
スミソニアン合意……… 236
政策協調………………… 240
世界銀行………………… 248
世界貿易機関…………… 249
WTO …………………… 272
地域経済統合…………… 276
中立化介入……………… 286
通貨危機………………… 292
通貨協定………………… 293
通貨ブロック…………… 294
独立行政法人国際協力機構
　………………………… 318
ドル為替本位制度……… 323
ドル危機………………… 323
ドル・ショック………… 323
ドルペッグ制…………… 324
ニクソン・ショック…… 330
バーゼルII ……………… 339
ビナイン・ネグレクト… 351
不胎化介入……………… 364
プラザ合意……………… 369
ブレトン・ウッズ協定… 373
ブレトン・ウッズ体制… 374
マラケシュ議定書……… 399

4 国際貿易に関する諸問題

為替管理…………………… 71
為替管理自由化…………… 71
為替政策…………………… 71
関税………………………… 74
関税割当制度……………… 75
カントリーリスク………… 77
管理貿易…………………… 79
公正な貿易……………… 141
国内均衡と国際均衡…… 156
最恵国待遇……………… 169
産業間貿易……………… 183

産業内貿易	184
市場介入	194
市場開放問題	194
実行税率	199
自由貿易	213
セーフガード	248
タリフ・エスカレーション	273
タリフ・クオータ（TQ）	273
中継貿易	284
通関	294
通商政策	295
特恵関税	319
内外均衡	325
バーター貿易	339
非関税障壁	348
フェアトレード	359
貿易協定	383
貿易政策	385
みなし外国税額控除	402
有効保護理論	411
輸出関税	413
輸出自主規制	414
輸入課徴金	416
輸入制限	416
輸入代替	416
輸入割当制度	417

5 国際経済に関する諸問題

ISO	3
アジアNIEs	7
アンタイド・ローン	12
移行経済圏	15
移転価格	19
移転価格税制	19
援助	35
円の国際化	36
オイル・ショック	37
オイル・マネー	37
OPEC	44
外国税額控除制度	51
外需依存経済	52
開発途上国	53
株式会社国際協力銀行	65
環太平洋パートナーシップ	77
企業内貿易	80
技術移転	82
空洞化	105
グラント・エレメント	109
グローバリゼーション	111
経済援助	114
経済摩擦	117
構造調整	142
構造的不均衡	142
国際アムネスティ	150
国際間労働移動	151
国際競争力	152
国際的二重課税問題	154
国際連帯税	155
最低価格	178
サミット	182
資本自由化	203
資本逃避	204
新興工業経済地域	230
垂直的分業	233
水平的分業	233
石油輸出国機構	249
租税回避	258
租税条約	259
租税逃避地	259
タイド・ローン	268
多国間交渉	270
多国籍企業	271
タックスヘイブン	272
ダンピング	275
チェック・プライス	277
中進国	286
トービン税	314
トリガー価格	321
内外価格差	325
南南問題	328
南北問題	329
NIEs	329
日本貿易振興機構	332
日本輸出入銀行	333
ノンプロジェクト援助	338
発展途上国	342
反ダンピング関税	345
不公正貿易	363
フリー・トレード・ゾーン	371
BRICS	371
プログラム援助	375
プロジェクト援助	375
並行輸入	379
貿易摩擦	385
南アジア自由貿易圏	402
ミニマムアクセス	402
無償資金協力	404
メルコスール	406
輸出志向型工業化	413
輸出ドライブ	414
累積債務問題	433
ローカル・コンテント規制	441
ローマ・クラブ	442

10 インフレーション

インフレーション	22
インフレーション・ターゲット（インフレ目標）	22
インフレ期待	22
インフレ税	24
オークンの法則	40
期待インフレ率	85
ギャロッピング・インフレーション	90
クリーピング・インフレーション	109
公債インフレーション	137
コスト・プッシュ・インフレーション	160
需要シフト・インフレーション	216
スタグフレーション	234
生産性上昇率格差インフレーション	242
潜在的インフレーション	252
調整インフレーション	289
ディスインフレーション	296
ディマンド・プル・インフレーション	296
デフレーション	301
デフレ・スパイラル	301
デフレ政策	302
ハイパー・インフレーション	

…………………… 341	ホームメイド・インフレーション …………………… 387	輸出インフレーション … 413
フィッシャー効果 ……… 357		輸入インフレーション … 415
物価上昇率 ……………… 366	ボトルネック・インフレーション …………………… 393	
物価水準 ………………… 366		

11　経済体制・経済政策・厚生経済学

1　経済体制

移行経済圏 ………………… 15
計画経済 ………………… 112
混合経済 ………………… 165
市場経済 ………………… 195
市場経済への移行 ……… 195
資本主義経済 …………… 203
社会主義経済 …………… 205
帝国主義 ………………… 297
独占資本主義 …………… 316
ファシズム ……………… 356
福祉国家 ………………… 362
レッセ・フェール ……… 435

2　経済政策・経済計画

アベノミクス …………… 10
安定化政策 ……………… 12
価格支持政策 …………… 54
管理価格 ………………… 78
規制緩和 ………………… 84
許認可権 ………………… 95
経済政策 ………………… 114
構造改革 ………………… 142
国家戦略特区 …………… 161
産業政策 ………………… 183
社会保険 ………………… 208
社会保障 ………………… 208
食糧管理制度 …………… 226
所得倍増計画 …………… 228
新自由主義 ……………… 231
政策変数 ………………… 240
政策割当問題 …………… 241
大規模小売店舗法 ……… 266
知的財産権 ……………… 278
中小企業政策 …………… 285
ティンバーゲンの定理 … 298
デジュリ・スタンダード
 ………………………… 300
独占禁止政策 …………… 315
独占禁止法 ……………… 315
土地神話 ………………… 318
土地税制改革 …………… 319

内需拡大策 ……………… 325
バウチャー方式 ………… 341
ビジネスモデル特許 …… 350
標準化 …………………… 353
ビルト・イン・スタビライザー
 ………………………… 355
ベンチャービジネス …… 381
民活 ……………………… 403
有効競争 ………………… 411
リフレーション ………… 429

3　厚生経済学

アローの不可能性定理 …… 12
一般不可能性定理 ……… 19
エッジワース・ボックス … 32
外部経済 ………………… 53
外部性 …………………… 53
外部性の内部化 ………… 53
外部不経済 ……………… 54
技術的外部性 …………… 83
金銭的外部性 …………… 97
契約曲線 ………………… 120
厚生経済学 ……………… 140
厚生経済学の基本定理 … 141
厚生損失 ………………… 141
功利主義 ………………… 147
コンドルセ基準 ………… 167
死重的損失 ……………… 192
私的費用 ………………… 201
私的便益 ………………… 201
社会的公正 ……………… 206
社会的厚生関数 ………… 206
社会的時間選好率 ……… 206
社会的費用 ……………… 206
社会的便益 ……………… 207
社会的無差別曲線 ……… 207
社会的余剰 ……………… 207
順位評点法 ……………… 217
消費者主権 ……………… 222
消費者余剰 ……………… 223
所得分配の公平 ………… 228
正義の理論 ……………… 239
生産者余剰 ……………… 242

セカンド・ベスト理論 … 249
全員一致の原則 ………… 251
代表民主制 ……………… 269
多数決原理 ……………… 271
投票の逆理 ……………… 313
投票の原理 ……………… 313
パレート改善 …………… 343
パレート最適条件 ……… 343
パレート最適所得分配 … 344
ピグー的税・補助金政策
 ………………………… 349
ファースト・ベスト …… 356
ポイント・ボーティング
 ………………………… 383
補償原理 ………………… 390

4　環境経済学

エコビジネス …………… 31
エコロジー ……………… 31
エントロピー …………… 36
汚染者負担原則 ………… 43
オゾン層保護 …………… 43
温室効果 ………………… 46
温暖化防止条約 ………… 46
環境 ……………………… 73
環境アセスメント ……… 73
環境会計 ………………… 73
環境権 …………………… 73
環境税 …………………… 73
再生可能エネルギー …… 172
再生可能な資源 ………… 172
生態系崩壊 ……………… 243
成長の限界 ……………… 244
生物多様性 ……………… 246
ゼロエミッション ……… 250
総量規制（環境） ……… 257
地球温暖化 ……………… 278
地球環境問題 …………… 278
濃度規制 ………………… 337
排出権取引制度 ………… 341
リサイクル ……………… 426

5 労働経済学

- オン・ザ・ジョブ・トレーニング……45
- 完全失業率……76
- 企業内訓練……80
- 契約社員……120
- 契約社員制度……120
- 合計特殊出生率……137
- 雇用対策……164
- 雇用調整……165
- サービス残業……168
- 再雇用制度……170
- 最低賃金制……178
- 裁量労働制……181
- 残業……183
- 時短……197
- 失業……198
- 自発的失業……201
- 終身雇用……211
- 出向……215
- 職場外訓練……226
- 職場内訓練……226
- 職務給……226
- 人材派遣……231
- 男女雇用機会均等法……274
- 中途採用……286
- ディーセント・ワーク……295
- 日本的雇用慣行……332
- 年功賃金……336
- ブラック企業……370
- ブラックバイト……370
- 有期雇用……410
- ユニオン・ショップ……415
- 労働契約法……439
- 労働者派遣法……440
- 労働力人口……441
- 労働力調査……441
- ワーキング・プア……445
- ワーク・シェアリング……445

6 企業の経済学

- R&D……1
- IR……1
- IAS……1
- 相手先ブランド……5
- アウトソーシング……5
- アカウンタビリティ……5
- アキュムレーション……6
- アモチゼーション……11
- 安定株主……13
- 暗黙契約の理論……14
- 依頼人……20
- 益金……29
- SRI……31
- SEC(証券取引委員会)……31
- M&A……33
- MBO……34
- LBO……34
- OEM……39
- オフバランス……44
- オンバランス……46
- オンライン・システム……46
- 会計ビッグバン……49
- 合併……63
- 株式会社……65
- 株式公開買付け……65
- 株主総会……67
- 株主代表訴訟……67
- カルテル……70
- カンパニー制度……78
- かんばん方式……78
- 企業内貿易……80
- 企業の社会的責任……81
- キャッシュフロー……89
- 系列取引……121
- 原価会計……129
- 原価主義……129
- 現金主義会計……129
- 減資……130
- コーポレート・ガバナンス……149
- 子会社……150
- 国際会計基準……151
- 国際標準化機構……154
- コンカレント・エンジニアリング……165
- コングロマリット……165
- コンツェルン……166
- サーベンス=オクスレー法……169
- 最高経営責任者……170
- 財閥……179
- 産業組織……184
- 産業組織論……184
- CEO……187
- CSR……187
- CFO……187
- 時価会計……188
- 時価主義……188
- 事業部制組織……189
- 資産再評価……192
- 自社株買い……192
- JIS……196
- 社会的責任投資……206
- 社外取締役……208
- ジャストインタイム……209
- 税効果会計……240
- 製造物責任法……243
- 増資……254
- ソーホー……257
- 損益計算書……261
- 貸借対照表……267
- 代理人……270
- 多国籍企業……271
- 中小企業……284
- 中小企業基本法……285
- TOB……295
- ディスクロージャー……296
- テイラー・システム……298
- デファクト・スタンダード……301
- 独占禁止法……315
- トラスト……320
- 内部補助……327
- 日本工業規格……332
- 年金会計……335
- バーチャル・コーポレーション……339
- 買収……340
- 買収防衛策……340
- PL法……346
- PB……347
- ビジネスモデル特許……350
- フィランソロピー……358
- 不況カルテル……362
- 含み損益……363
- プリンシパル=エイジェンシー理論……372
- 分社化……377
- POS……392
- メセナ……405
- 持株会社……408
- 利益相反……425
- リエンジニアリング……425
- リストラクチュアリング……428
- 流通機構……429
- レバレッジド・バイアウト……436

		体系目次
連結会計 …… 437	連結財務諸表 …… 437	

12 経済数学

安定 …… 12	産業連関論 …… 185	投入産出分析 …… 312
鞍点 …… 13	準凹関数 …… 217	凸関数 …… 319
1次同次性 …… 17	準凸関数 …… 218	凸集合 …… 319
LP …… 34	シンプレックス法 …… 232	微分 …… 352
凹関数 …… 37	正則 …… 243	微分方程式 …… 352
OR …… 39	正方行列 …… 247	不等号制約条件付き最適化問題 …… 367
オペレーションズ・リサーチ …… 45	ゼロ次同次 …… 251	フロベニウスの定理 …… 376
関数 …… 74	線形計画法 …… 251	ホーキンズ=サイモン条件 …… 386
逆行列 …… 88	対角行列 …… 266	マキシミン原則 …… 396
行列 …… 94	単位行列 …… 273	リニア・プログラミング …… 428
k次同次性 …… 118	等号制約条件付き最適化問題 …… 307	
固有値 …… 164	動的計画法 …… 312	
産業連関表 …… 184	投入係数 …… 312	

13 統 計 学

一様分布 …… 17	指数分布 …… 196	p値 …… 347
確率分布 …… 56	重相関係数 …… 212	標準偏差 …… 354
確率変数 …… 56	自由度調整済み決定係数 …… 213	標本 …… 355
確率密度関数 …… 57	信頼区間 …… 233	分散 …… 376
仮説 …… 60	信頼係数 …… 233	分布関数 …… 377
仮説検定 …… 60	正規分布 …… 239	平均値 …… 378
幾何分布 …… 79	相関係数 …… 253	ポアソン分布 …… 382
期待値 …… 86	大数の法則 …… 268	母集団 …… 390
帰無仮説 …… 88	中心極限定理 …… 286	有意水準 …… 410
共分散 …… 93	t値 …… 296	尤度関数 …… 412
区間推定 …… 106	点推定 …… 305	尤度比検定 …… 412
決定係数 …… 125	二項分布 …… 330	離散型確率変数 …… 426
最尤法 …… 181		連続型確率変数 …… 437

14 計量経済学

応用計量経済学 …… 39	自己相関 …… 191	ダービン=ワトソン比 …… 263
回帰分析 …… 48	実証分析 …… 200	多重共線性 …… 271
計量経済学 …… 121	重回帰 …… 210	単回帰 …… 273
系列相関 …… 121	説明変数 …… 250	被説明変数 …… 350
最小二乗法 …… 171	線形回帰 …… 251	不均一分散 …… 362

15 行動経済学

アンカリング効果 …… 12	神経経済学 …… 229	フレーミング効果 …… 373
確率加重関数 …… 56	認知的不協和 …… 333	プロスペクト理論 …… 376
価値関数 …… 62	ハーディング現象 …… 339	ベキ分布 …… 379
限定合理性 …… 131	バンドワゴン効果 …… 345	
行動経済学 …… 145	プラセボ効果 …… 370	

新版 経済学辞典

アームズ・レングス・ルール arm's length rule　親会社と子会社など関係の深い会社同士での取引が不公正にならないように，アームズ・レングス（腕の長さ）の距離を置いて，取引するように求める規制。つまり，関係会社間の取引が通常と異なる条件で行われることを禁止するルールである。

具体的には，銀行法13条の2では，特定関係者（銀行の子会社，同じ持株会社に属するグループ会社など）および特定関係者の顧客との間の取引で，取引条件が当該銀行の取引の通常の条件に照らして当該銀行に不利益を与える取引を禁止している。こうしたルールが必要なのは，銀行がグループ会社に対して非常に有利な金利で資金を提供した場合，銀行の収益性や健全性が損なわれてしまうからである。なお，同種の規定は，証券会社，投資信託委託業者，保険会社等についても定められている。➡ 持株会社

R&D Research and Development 研究開発のこと。OECDの定義によれば，R&Dとは「人間，文化あるいは社会に関する知識ストックを増すために，また知識ストックを利用して新たな応用法を開発するために体系的な基盤に基づいて行われる創造的活動」である。一般的には，企業・政府・研究機関が行う基礎研究，応用開発，製品開発など広範な研究開発活動の全般が含まれる。基礎研究とは用途を絞らず技術自体を研究するものであり，応用開発とは基礎研究の成果の事業への適用を目的としたものである。また製品開発とは，基礎研究，応用開発を経て開発された様々な技術を組み合わせ商品を開発するものである。製造企業（メーカー）においてはR&Dは「製造」，「販売」とともに事業を構成する重要な要素の1つであり，このR&Dによって創出された技術・ノウハウを経営資産化したものが知的財産と呼ばれるものである。

ROE return on equity　☞ 株主資本利益率

ROA return on asset　☞ 株主資本利益率

RCC resolution and collection corporation　☞ 整理回収機構

IR investor relations　「企業が株主や投資家に対し，投資判断に必要な情報を適時，公平，継続して提供する活動の全般」のこと（日本インベスター・リレーションズ協議会）。IR活動には，法律に規定された有価証券報告書や決算短信などの公表にとどまらず，投資判断に有益な情報を自主的にわかりやすく開示することが含まれる。

こうしたIR活動によって，企業の状況（事業内容や経営状況など）を正確に投資家に理解してもらうことで，企業は資本市場で自らの正当な評価を得ることができ，増資などの資金調達も容易になると考えられる。➡ 株式会社

IAS International Accounting Standards　☞ 国際会計基準

IS-LMモデル *IS-LM* model　均衡GDPと均衡利子率の決定を財市場と貨幣市場の同時均衡として説明するマクロ経済モデルの1つ。ケインズ（Keynes, J. M.）の産出量，所得水準決定の理論は，財市場に関する有効需要の原理と貨幣市場に関する流動性選好理論を柱とする理

論であった。この2つのアイデアに基づき、産出量と利子率の同時決定メカニズムを説明するマクロ経済モデルとして、ヒックス (Hicks, J. R.) によって最初に考案されたのが *IS-LM* モデルである。労働市場が捨象され、物価水準の不変が想定されているという意味では、本来のケインズ理論に一定の簡単化が施されたものではあるが、ケインズ経済学の本質を体現するモデルとして経済分析に長く汎用されてきた。

まず、財市場の均衡は、有効需要の原理が伝えるとおり産出量(総供給)が有効需要(総需要)に一致する点で成立するが、財市場の均衡条件は次のように表すことができる。

(1) $Y = C(Y) + I(r) + G_0$
あるいは
$S(Y) \equiv Y - C(Y) = I(r) + G_0$

なお、GDPは Y、消費は C、民間投資は I、政府支出は G_0、利子率は r とする。消費は所得の増加関数で限界消費性向はゼロと1の間にあるとする。投資は利子率の減少関数であると考えられる。

$$0 < \frac{dC}{dY} < 1, \quad \frac{dI}{dr} < 0$$

G_0 は政府支出で政府が自由にコントロールできると想定している。(1)式は *IS* 方程式と呼ばれる。

貨幣市場の均衡は、貨幣に対する需給一致を示す次式で与えられる。

(2) $\dfrac{M}{P} = L(Y, r)$

左辺は実質貨幣供給残高である。右辺は実質貨幣需要で、産出量の増加関数、利子率の減少関数と考えられる。$\dfrac{\partial L}{\partial Y} > 0$, $\dfrac{\partial L}{\partial r} < 0$。貨幣需要がGDPの増加関数となる取引需要と利子率の減少関数となる資産需要の合計からなるからである。(2)式は *LM* 方程式と呼ばれる。(1),(2)両式を Y, r に関する連立方程式とし

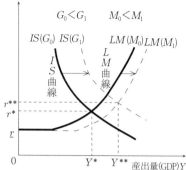

て解いたときの解 Y^*, r^* が均衡GDP、均衡利子率である。自由な市場の調整に委ねた結果、両市場が同時に均衡して成立するGDPと利子率を意味する。

図は(1), (2)両式のグラフ *IS* 曲線、*LM* 曲線を Y-r 平面に描いたものである。政府支出が G_0 に与えられた場合、$IS(G_0)$ の *IS* 曲線が描かれる。特殊な場合を除き *IS* 曲線は右下がりとなる。*IS* 曲線は、(1)式を満たし、財市場を均衡させる Y と r の組合せの軌跡である。貨幣供給量が M_0 に与えられる場合、$LM(M_0)$ の *LM* 曲線が描かれる。流動性の罠など特殊な場合を除き、*LM* 曲線は右上がりとなる。*LM* 曲線は(2)式を満たし、貨幣市場を均衡させる Y と r の組合せの軌跡である。*IS* 曲線と *LM* 曲線の交点で、均衡GDP Y^* と均衡利子率 r^* が決まる。

いま政府支出が G_0 から G_1 に増加すると、*IS* 曲線は右にシフトし、$IS(G_1)$ となる。また貨幣供給量が M_0 から M_1 に増加させられると *LM* 曲線は右にシフトし、$LM(M_1)$ となる。政府支出、貨幣供給量が G_1, M_1 となった場合、均衡GDP、均衡利子率は Y^{**}, r^{**} となる。政府支出が増えても、貨幣供給量が増えても均衡GDPは増加する。また利子率についての効果は、政府支出が増えた場合には均衡利子率は上昇し、貨幣供給量が増えた場合に

は低下する。➡ 貨幣需要，ケインズ経済学，有効需要の原理，流動性の罠

ISO International Organization for Standardization　国際標準化機構。ISOは国際的に通用させる国際標準や国際規格を制定するために1947年に発足した国際機関であり，2010年1月現在159カ国が参加している。その目的は「物資およびサービスの国際交換を容易にし，知的，科学的，技術的および経済的活動分野の協力を助長させるために世界的な標準化およびその関連活動の発展開発を図ること」とされており，電気・電子分野を除くあらゆる分野の標準化を推進している（電気・電子分野はIEC（国際電気標準会議）が担当）。経済活動のグローバル化に伴って活発化する商品やサービスの国際的流通の技術的裏づけとして国際標準や国際規格の役割が重要となってきており，WTO/TBT協定（貿易の技術的障害に関する協定）に基づき，各国が制定する国内標準，国内規格はISOが制定する国際標準，国際規格との整合性の確保が求められるようになっている。➡ デファクト・スタンダード，標準化

IMF International Monetary Fund　国際通貨基金。1944年に締結されたブレトン・ウッズ協定によって，1946年に設立された機関。国際通貨システムの安定の維持を図り，為替相場の安定化をめざす国際連合の専門機関の1つ。

IMFの役割は設立以降，少しずつ変化してきている。戦後，貿易拡大のため，IMFは金または米ドルに対する加盟国通貨の平価の設定と維持を義務づけ，加盟国の国際収支赤字に対しては改善までの資金を，加盟国ごとに決められた割当額であるIMFクォータをもとに拠出された資産から供与した。その後，IMFは増資を何度か行い，またSDRを創出したが限界があった。米国の1971年の金交換制停止，固定為替相場制の下での膨大な為替投機，1973年春の先進国の変動為替相場制移行などにより，固定為替相場制と金本位制の廃止が追認され，IMFの役割は変化していった。オイル・ショックによる非産油途上国に対する融資限度枠の拡大，条件の緩和，貸付期間の延長，あるいは1980年代の累積債務問題に対する一層の融資条件の弾力化や最貧国への低利長期のソフトローンの導入など，発展途上国への援助機関の性格が強くなってきた。このような一層の資金提供に対処するため，IMFクォータに加えて，1962年には一般借入取極（GAB）が，そして1998年には新規借入取極（NAB）がそれぞれ発効している。

1997年のアジア通貨危機の際には，タイ，インドネシア，韓国に対してIMFは融資を行うことで支援を行った。しかし，その際に同時に付与された貸し出し条件であるIMFコンディショナリティが非常に厳しいものであったこと，およびその支援があったにもかかわらず事態の打開が速やかでなかったことなど，問題点も指摘された。2005年には世界銀行とともに，「貿易のための援助（Aid for Trade）」を目的として，分析，政策助言，金融支援などを行うようになった。

現在，IMFの主な業務としては，①サーベイランスと呼ばれる，世界，地域および各国の経済と金融の情勢を定期的に監視するとともに，経済政策に関して助言を行うこと，②国際収支の改善のために外貨を融資し，それにより加盟国における経済政策を支援すること，③専門的技術支援や，政府や中央銀行職員を対象とした研修を行うことである。➡ ブレトン・ウッズ協定，固定為替相場制，変動為替相場制，金本位制度，為替

IMFコンディショナリティ IMF conditionality　IMFが貸出を行う際に提示する，借入国の政策運営上遵守すべき条件のこと。IMF融資条件。主として開発

途上国が，外貨準備が不足するなどのため資金を必要とした場合にはIMFから融資を受けることが可能であるが，その返済を確実なものとするために，IMFが借入国と交渉の上，条件を提示する。その条件としては，政府支出削減や増税などによる財政引締め，金利の引上げなどの金融引締め，輸入削減や輸出促進などの経常収支改善，為替レートの切下げなどがある。ただし，IMFが発展途上国の経済環境や社会制度などを十分に鑑みることなく，一方的に条件を提示し，実施しようとするところに問題があるという指摘もある。➡ IMF，為替レート，経常収支

IMF特別引出権 IMF special drawing rights ☞ SDR

IMFポジション IMF position ☞ IMFリザーブポジション

IMFリザーブポジション IMF reserve position　IMF加盟国の国際収支が悪化した場合に，その国がIMFから無条件で資金を引き出せる限度額のこと。IMFポジションともいう。IMF割当額からIMF通貨保有額を差し引いたリザーブトランシュと，対IMF貸付のうち常時返済を受けることが可能な金額からなっている。各国の通貨当局にとっては，金や外貨などとともに準備資産となることから，IMFリザーブポジションと呼ばれる。➡ IMF，外貨準備

IoT Internet of Things　情報・通信機器だけでなく，世の中に存在する様々な物体（モノ）に通信機能を持たせてインターネットに接続させ，モノ同士で情報をやり取りすることで相互に制御する仕組みのこと。インターネット・オブ・シングス，あるいはアイ・オー・ティーと呼ばれ，「モノのインターネット」とも訳される。あらゆるモノがインターネットにつながり，それからデータを取得し，それを分析し活用することにより，新しいサービスの提供やビジネスの創出が想定されており，例として，自動認識や自動制御，遠隔計測などが考案，実用化されている。

IoTに関連した重要概念に機械同士の通信であるM2M（Machine-to-Machine）がある。現在のコンピュータが処理するデータの大部分は人間が入力したものであり，多くのプロセスは人間が起動することで実行されるが，M2Mでは人間の介在なしにデータの捕獲とそれに対するアクションが実行される。機械による自律的な最適化や，機械が思考し判断する（人工知能）こともある。IoTはこれまでの生活のみならず，モノ作りや産業まで大きく変革していくと期待されている。➡ 第4次産業革命，ビッグデータ

相対取引 negotiated transaction　取引を行う当事者どうしが個別に取引条件を決める取引のこと。経済取引には大きく分けて，相対取引と市場取引とがある。市場取引とは，不特定多数の人が集まって行う取引である。例えば，銀行が企業に対して行う貸出は相対取引の典型で，銀行と企業の間で貸出条件（担保，金利，返済期間など）をめぐって交渉が行われ，個別に決められる。他方，市場取引の典型は，証券取引所で行われる株式の売買である。ここでは，ある会社の株式を価格だけを判断基準にして売ったり買ったりしている。したがって，誰から株を買ったかや誰に株を売ったかは問題にならない。

相対取引のメリットは，個別の事情を反映して柔軟に取引条件を設定できることである。また，銀行貸出を例にとれば，約定通りの資金返済が難しくなった場合に，当事者間で再交渉を行うことも容易である。逆に，そうした柔軟性は，当事者間の甘えを生じさせたり，外部者から見て不透明な取引となったりする。

IT革命 IT revolution　2001年から

始まるIT（情報技術：Information Technology）の急速な進歩が経済・社会に及ぼす強いインパクトのこと。そうした要因の1つは，IT産業そのものの誕生と急速な拡大であり，この分野での競争力，主導権獲得を目指す国家間，企業間の激しい競争の存在であるが，それにもまして重要な要因は市場経済そのもののあり方に関するものである。現実の市場経済が完全競争から著しく乖離していることはいうまでもないが，その主要因の1つは取引費用，なかんずく情報費用の存在である。現実の経済はこれを克服するための独特の手だてを講じており，それが各国経済の特徴，多様性をもたらしてきた。IT革命はこの取引費用，情報費用を飛躍的に引き下げる役割を果たし，市場の機能を格段に向上させつつある。そのため市場機能を補完してきた政府の役割は大きく後退するだけでなく，市場機能を最大限に活用する制度改革の必要性が高まっている。世界的規模でのこうした「市場化」傾向は，各国経済のグローバル化傾向を促すものでもある。

相手先ブランド original brand equipment ☞ OEM

アウトソーシング outsourcing 組織の活動にとって必要な業務の一部を外部委託すること。例えば，情報処理関連業務などに関して，企画，開発，運用などを外部の専門業者に委託するケースなどをいう。また最近では肥大化した行政部門を縮小・効率化する手法としても注目されている。アウトソーシングを進めていく際の利点としては，①外部業者のより専門的で高度なサービスを受けることができる，②業務を外注することにより組織内部の限られた資源を本質的な活動に集中的に投入することができる，③外部業者の利用によりコストの削減が可能になることなどが挙げられる。組織改革が求められている現状では，情報処理関連業務のみならず設計，管理，物流，さらには生産など様々な分野でこの手法が用いられている。

青色申告 blue return 所得税あるいは法人税について，事業者または法人が税務署長の承認を得て青色の申告書を用いて納税申告する制度。1950年のシャウプ勧告に基づき，納税者の記帳を改善し申告納税制度を普及させるために創設された。所得税については事業所得，不動産所得または山林所得を生じる業務を営む人が対象者とされている。青色申告は原則として複式簿記の方法により，所定の帳簿を備えて記帳していることが条件である。青色申告を行う事業者は，次のような特典がある。①青色申告特別控除の適用，②家族に対する事業専従者給与の必要経費算入可能，③貸倒引当金を必要経費と認める。④事業所得に純損失が発生した場合，損失額を翌年度以降3年間にわたり繰越し可能。なお青色申告以外の方法によって申告手続きをする場合，これを白色申告という。➡ 申告納税

アカウンタビリティ accountability 説明責任のこと。元来は会計用語で会計責任を示す言葉として用いられてきたが，最近は説明責任という広義の意味で解釈され，行政，企業など会計学以外の幅広い分野で用いられている。説明責任とは行政などが委譲された権限に基づき行う行為の必要性および成果等について，権限を委譲したものに対して説明，報告する義務があるということを意味する。一般に行政が政策を実施する場合，あるいはサービスを提供する場合に必要とされる公的資金は，国民の納税により賄われている。また，実際に行われる政策は公権力の行使であり，国民の自由と権利を侵害する恐れもある。こういった場合，行政は国民に対して，政策等についての明確な説明を行い充分な理解を得られるように努めなければならない。

赤字公債 deficit-financing bond under special legislation　☞　建設公債

赤字財政 deficit finance　租税や印紙収入等の経常的収入で歳出を賄いきれない財政状態のこと。これに対して経常的収入と歳出が等しくなっている財政状態を均衡財政，経常的収入が歳出を超過している財政状態を黒字財政という。赤字財政のときには不足分の財源を確保するために公債を発行するか借入を行う必要がでてくる。恒常的に赤字財政を続けることは財政破綻につながりかねない。戦後わが国は1965年まで，財政法第4条の原則により国の歳出に充てる財源の調達は基本的に租税や印紙収入等の歳入によって賄うべきで公債や借入金に頼るべきではないという健全財政を旨とした財政運営を行ってきた。しかしながら1965年の不況期を契機に，財政による景気調整機能を重視した財政運営に方向転換し，近年では景気の悪化による税収の減少も重なって慢性的な赤字財政に陥っている。

なお一般に財政支出の増加等によって景気を刺激することを目的とした財政運営を積極財政，景気を抑制することや，財政収支の悪化を止めることを目的として財政支出の減少等により経費の削減を行う財政運営を緊縮財政と呼ぶ。➡財政赤字，プライマリー・バランス

アキュムレーション accumulation　☞　アモチゼーション

アクセプタンス方式 acceptance method　輸入業者に対し輸入代金の支払を一定期間猶予する輸入ユーザンスの1つ。輸入ユーザンスにおいて信用供与が銀行によって行われるものは銀行ユーザンスと呼ばれ，その1つであるアクセプタンス方式は，銀行が信用状に基づいて輸出業者の振り出した期限付輸入為替手形（一覧後30日，60日，150日等）を引き受けることによって手形の信用度を高め，市場での割引を容易にし，輸入業者の輸入代金支払が手形支払期日までの一定期間繰り延べられるようにする方法である。この銀行ユーザンスには，①アクセプタンス方式のほかに，②信用状なしの期限付為替手形を利用するBCユーザンス方式，および，③信用状付一覧払い為替手形を使い，手形買取銀行から信用状発行銀行への手形の郵送期間だけ輸入業者の代金支払が猶予されるもの（この取引で輸入業者に適用される為替相場は，アクセプタンス・レートと呼ばれる）がある。➡貿易金融，輸入ユーザンス

アクティブ運用 active asset management　運用担当者（ファンド・マネージャー）が独自の研究や分析により，値上がりしそうな銘柄を探し出して，市場平均よりも高い投資収益をめざす運用スタイルのこと。資産運用には，大きく分けて2つのスタイルがある。1つが，アクティブ運用であり，もう1つがパッシブ運用である。

アクティブ運用は，高いリターンが得られる場合もあるが，予想がはずれた場合には大きな損失が出るなどリスクもある。他方，パッシブ運用とは，市場の平均的な値動きと同じ投資収益を得ることを目標にしている運用スタイルである。パッシブ運用を行う投資信託の代表的なものが，インデックス・ファンドで，これはTOPIXや日経平均などの市場インデックスと同じような値動きをするように運用されている。なお，アクティブ運用型の投資信託は，専門家が運用し頻繁に売り買いを繰り返すことが多いために，インデックス・ファンドに比べて費用が高めになる。➡株式投資信託，投資信託，ファンド・マネージャー

揚げ超 excess withdrawal　財政資金対民間収支で見て，財政資金が民間との間で受取り超過となること。財政の受け超ともいう。逆に，支払超過となるこ

とを散超あるいは財政の払い超という。財政資金は民間経済活動の貨幣量に影響を及ぼす。揚げ超は民間の貨幣量を減少させ，散超は民間の貨幣量を増加させることになり，金融市場に対して，揚げ超は引締めに，散超は緩和に働く。なおこれらの状況は年度内や年度間でかなり規則的な変動をする。それらの原因として年度内の変動については租税の納入，地方交付税などの支出が特定の季節に集中することによるもので，会計年度の第2・第4四半期に揚げ超となり第1・第3四半期には散超となる傾向がある。年度間の変動は景気変動が主な原因である。 ➡ 財政資金対民間収支，租税，地方交付税交付金

アジア太平洋地域経済圏 Asia-Pacific Regional Economic Bloc 　太平洋を囲むアメリカ，日本，韓国，中国，ASEAN諸国，オーストラリアなどを内包する地域。アジア太平洋地域は，世界の成長センターとして高い経済成長を遂げており，特に中国，インドの地位の高まりが顕著となっている。しかし，各国間で発展段階が異なり，経済格差が大きい。また，文化，社会，政治，宗教なども多様である。地域経済協力を協議する場としてAPEC（アジア太平洋経済協力）があり，具体的な地域統合の構想は出されていないものの，その議論の対象を安全保障，自然災害対策などに拡大させている。また，2国間の経済協力の場である自由貿易協定（FTA）あるいは経済連携協定（EPA）については，日本はアジア太平洋地域のシンガポール（2002年），マレーシア（2006年），タイ（2007年），インドネシア（2008年），ブルネイ（2008年），ASEAN（2008年），フィリピン（2008年），ベトナム（2009年），インド（2011年），ペルー（2012年），オーストラリア（2015年），モンゴル（2015年）との間でとりかわしている。
➡ ASEAN，APEC，経済連携協定，貿易協定

アジアNIEs Asia NIEs ☞ NIEs

アジャスタブル・ペッグ adjustable peg 　固定為替相場制の1つの形態であり，調整可能な釘付けのこと。ブレトン・ウッズ体制下では，為替相場の安定化をめざしたことから固定為替相場を採用し，米ドルが金に対して，また他の通貨が米ドルに対してペッグ（釘付け）され，その水準はIMF平価と呼ばれた。各国はその平価の変動を上下1％以内に収めるよう為替介入の義務を負わされていた。ただし，国際収支が基礎的不均衡の状況になったと判断された場合には，平価の変更が認められていた。このように，平価が存在するもののその調整が可能である制度を，アジャスタブル・ペッグという。➡ クローリング・ペッグ，国際収支，固定為替相場制

ASEAN Association of South East Asian Nations 　東南アジア諸国連合。1967年8月，インドネシア，マレーシア，フィリピン，シンガポール，タイの東南アジア5カ国が結成した地域協力機構で，域内における経済成長，社会・文化的発展の促進，政治・経済的安定の確保，域内諸問題の解決を目的とする。1984年1月にブルネイ，1995年7月にベトナム，1997年7月にラオス，ミャンマー，1999年4月にカンボジアが加盟して，域内のすべての国からなる「ASEAN10」が実現した。1976年2月にバリ島で開いた第1回首脳会議では，東南アジア友好協力条約とASEAN協和宣言を採択した。1978年6月に日・ASEAN外相会議が開催されて以降，逐次対話国を追加して，ASEAN拡大外相会議が開かれている。1992年1月にシンガポールで開催した首脳会議では，域内関税率を0～5％にまで引き下げることを目標とするASEAN自由貿易地域（AFTA）の設立が合意された。2005年から準備された民主主義の促進や地域

における人権の尊重を主唱するASEAN憲章は，2008年のタイの批准により発効されることとなった。また，近年はASEAN域外国との交流も活発化し，1997年の日本，中国および韓国各国との間で首脳会議を開催することに始まり，インド（2002年），オーストラリア・ニュージーランド（2004年），ロシア（2005年）およびEU（2007年）との間でも首脳会議が行われるに至っている。このような活動に並行して，2006年には，ASEANに日本・中国・韓国およびオーストラリア・ニュージーランドを加えた16カ国により，自由貿易協定に関する合意がなされている。➡ 貿易協定

アセット・アプローチ　asset approach　外貨を資産の1つととらえ，国内資産と外国資産の期待収益率の均等化により短期的な為替レートが決定されると考える理論。アセット・バランス・アプローチともいわれる。投資家が各国の資産に投資するとして，その投資から得られる各国での期待収益率が等しくなるように為替レートが決定されるという考え方である。例えば，日本円と米ドルとの間の為替レートの決定をアセット・アプローチで考えた場合には，以下のようになる。

まず，為替レートの期待変化率は，次式のようになる。

$$\text{為替レートの期待変化率} = \frac{\text{将来の期待為替レート} - \text{現在の為替レート}}{\text{現在の為替レート}}$$

また，円建て資産とドル建て資産の，為替レートの変動を考慮した期待収益率が等しいときには，次式が成立する。

$$\text{円建て資産の期待収益率} = \text{ドル建て資産の期待収益率} + \text{為替レートの期待変化率}$$

この式を満たすように短期的な為替レート水準が決定されるのである。図は以上の説明に基づき為替レートが決定されるようすを縦軸に円建て為替レート，横軸に収益率をとって示している。円建て資産からの収益率（上式左辺）は為替レートとは無関係に一定であるので，その水準が横軸に対して垂直に描かれている。一方，ドル建て資産からの収益率（上式右辺）は為替レートと負の相関関係にあることから，右下がりに描かれている。これら2つの線が交差するところで為替レート水準が決定される。➡ 外貨，為替レート

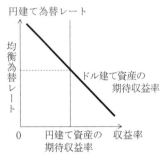

アセット・バック証券　asset backed securities　企業が所有する不動産や債権などの資産の信用力やキャッシュフローを裏付けにして，発行される証券（「証券化」）のこと。資産担保証券とも呼ばれる。例えば，担保付き住宅ローン債権を担保にしたアセット・バック証券が，モーゲージ担保証券（MBS）である。これに対して，通常，企業が証券を発行して資金を調達する場合，発行会社全体での信用力や収益力を裏付けにしている。

アセット・バック証券の資金調達側から見たメリットは次のような点である。①企業本体の信用力とは切り離されるので，信用力の乏しい企業でも低金利で資金を調達できる可能性が広がる。②資産を証券化することになるので，バランスシートの軽量化，リスクの分散を図ることができる。➡ 住宅金融，証券化，抵当証券，モーゲージ金融

アセット・バランス・アプローチ asset balance approach ☞ アセット・アプローチ

圧縮記帳 reduction entry 法人税法および租税特別措置法において認められている制度で、特定の理由に基づき取得した資産について一定の金額を損金に算入し、帳簿価額を減額できる制度のこと。国庫補助金などで固定資産を取得した場合、実際の取得価額から国庫補助金等に相当する金額の減額を認め、その減額した金額を損金の額に算入し、益金の額に算入された補助金等と相殺する。したがって実際の取得価額から損金の額に算入された金額を控除したものが帳簿価額となる。特定の目的のために交付される国庫補助金等に対して、課税が行われてしまうと、補助金の額が減額されたことと同様の結果となり、目的の達成を阻害してしまう恐れがでてくることを考慮したものである。圧縮記帳を行った資産の帳簿価額は実際の取得価額ではなく圧縮記帳後の価額となるため、それ以降の事業年度において帳簿価額を基礎として算出される減価償却額は少なくなり、資産譲渡時における譲渡原価も帳簿価額となる。その意味で圧縮記帳は課税の繰延べという機能を持っている。➡ 減価償却, 法人税

アナウンスメント効果 announcement effect 政府あるいは中央銀行が政策の実施を発表した場合、発表すること自体が市場参加者の行動を変える効果のこと。例えば日本銀行が民間銀行に資金を貸し出すときの金利を上下させると、日本銀行からの民間銀行の借入コストの変化というコスト効果だけでなく、日本銀行の政策スタンスを市場に伝達するアナウンスメント効果がある。また例えば、貸出金利の引上げは、日本銀行がインフレを強く懸念していることを市場に伝えていることになる。すると、民間経済主体は金利の(将来の)上昇を予測して行動を変える。

このように、アナウンスメント効果は市場参加者の予想を変えることで政策が経済に効果を及ぼすルートである。ただし、人々の予想という不確かなものに働きかけるので、その効果の大きさを的確に把握することは難しい。なお、公定歩合政策以外の様々な政策についてもアナウンスメント効果が考えられる。➡ 金融政策

アナログ情報 analog information ☞ デジタル情報

アニマル・スピリッツ animal spirits ケインズ (Keynes, J. M.) が重視した、企業家が将来の収益機会を前に抱くきわめて積極的な姿勢、活動への衝動。「血気」と訳されることもある。ケインズは企業の投資行動は将来収益の正確な計算や数学的期待値によるのではなく、企業家のアニマル・スピリッツによると考えた。

アノマリー anomaly 「例外」「変則」を意味する英語であるが、証券経済論では、標準的な理論で説明できない現象のこと。例えば、暦効果 (具体的には、曜日効果, 祝日効果, 月効果など) というアノマリーがある。これは特定の曜日(月) の株式のリターンが他よりも高い(低い) というアノマリーである。具体的には、1980年代には、米国では月曜日、日本では火曜日のリターンが平均して統計的に低いことが報告されていた。このようなパターンが安定的ならばそれを使ってリスクなく儲けることができるはずで、合理的な投資家がなぜそれを見逃すのかが、理論的に説明できないために、アノマリーと呼ばれている。ただし、こうしたアノマリーの存在そのものに懐疑的な研究もあり、また、無視していた重要な要因を考慮すれば合理的に説明できるという考えもある。

アバーチ=ジョンソン効果 Averch-Johnson effect ☞ 総括原価方式

アブソープション absorption ☞ 内需

アブソープション・アプローチ absorption approach　経常収支の決定理論の1つで，国内総生産とアブソープションの差により決定されるとする理論。すなわち，Y, C, I, G, XおよびMをそれぞれ国内総生産，民間消費，民間投資，政府支出，輸出，輸入とすると，国内総支出は$YD \equiv C+I+G+X-M$，国内の財に対する需要であるアブソープションは$A \equiv C+I+G$と定義される。さらに経常収支CAは$CA \equiv X-M$と表わすことができる。したがって財市場の均衡条件は$Y=YD=C+I+G+X-M=A+CA$となる。この財市場の均衡条件より$Y-A=CA$となり，これより経常収支は国内総生産とアブソープションの差となることがわかる。 ➡ 経常収支，国民総生産，内需

アベイラビリティ効果 availability effect　「信用の利用可能性」と訳されているが，企業が銀行から資金を借り入れることのできる金額のこと。つまり，銀行の貸出量が企業の投資活動に与える影響がアベイラビリティ効果である。例えば，金融引締め政策で，銀行貸出量が抑制されると，銀行借入に頼る企業(特に中小企業)は投資を抑制せざるを得なくなるので，景気引締め効果が現れる。

なお，金融政策の効果波及メカニズムには，アベイラビリティ効果の他に，金利水準が投資に与える影響を重視するケインズ効果や，株式や土地の価格が変動することを通じて投資や消費に影響する資産効果が考えられている。ケインズ効果を重視すれば金利がどの程度変化するかが金融政策の効果を決める上で重要になるが，アベイラビリティ効果を重視すれば，金利よりも銀行の貸出行動が重要となる。 ➡ 金融政策，資産効果

アベノミクス Abenomics　安倍首相が2013年1月28日の所信表明演説で掲げた一連の経済政策のこと。デフレと円高の脱却を目標に，①大胆な金融政策，②機動的な財政政策，③民間投資を喚起する成長戦略を採った。これらを「三本の矢」と称している。

大胆な金融政策とは，2013年4月からの黒田日銀総裁の「量的・質的金融緩和」をいい，インフレ率2％を2年程度で実現することを目標とした。従来の金融政策を大きく変更し，次元の違う金融緩和を行うことから，異次元の金融緩和とも呼ばれる。これまでのコール市場で無担保コール・レート(オーバーナイト物)を，0.1％前後で推移するよう促す金融調節から，流通する通貨量(マネタリーベース)の拡大に変更し(質的緩和)，毎年市場から国債を70兆円程度(2013年11月以降80兆円に拡大)買い入れた。その結果，2012年末で138兆円であった通貨量は，2013年末に202兆円，2014年末には276兆円，2015年末では356兆円へと拡大している(量的緩和)。国債に加えて，株価指数連動型上場投資信託(ETF)や，不動産投資信託(REIT)も購入対象としている。

財政政策は，東日本大震災からの復興・防災体制の強化，インフラの老朽化対策といった国土強靭化を対象にした公共事業が主体である。成長戦略は，①企業の税負担軽減，特区の設置などによる投資の促進，②女性，若者，高齢者等の人材の活躍強化，③農業，医療，エネルギー分野などでの新たな市場の創出，④訪日外国人旅行者増，日本のインフラ技術の輸出などの世界経済との統合と多岐にわたっている。

アベノミクスの当初は，通貨量の増大により，2011年7月〜2012年10月の1ドル70円台後半から，2015年2月〜2016年1月の120円台前半まで円安を進行さ

せ，この結果，輸出が拡大し，企業業績の回復や株価上昇という好循環が生まれた。配当・株式等で利益を得た高所得層が支出を拡大し，それが経済全体に染み渡りデフレを克服する，つまりトリクルダウンよる経済の活性化を期待していた。しかし，企業は増加した利益を内部留保に回し，賃金給与には回さなかった。他方，円安は輸入物価を上昇させ，実質賃金は逆に低下した。加えて，2014年4月に消費税が5％から8％へ引き上げられ，消費を一気に冷やした。このような状況では，デフレの解消は実現不可能となり，公約された消費税の10％への増税は2回にわたり延期された（2014年11月に2015年10月の引き上げを2017年4月へと2016年6月に2017年4月の引き上げを2019年10月に）。2015年，安倍首相はアベノミクスが第2ステージに移るとして，2020年を目安に①GDPを600兆円に，②子育て支援，③介護離職をゼロという新3本の矢を発表した。➡ 量的緩和政策，デフレーション，インフレーション

アメリカの株価指数 U.S. stock index ニューヨーク・ダウ，S&P 500あるいはナスダック総合指数などのこと。ニューヨーク・ダウ（ダウ平均とも呼ばれ，正式にはダウ30種工業株平均）は，ダウ・ジョーンズ社が選定したアメリカを代表する企業30社（IBMやマイクロソフトなど）の株価の平均的な動きを示す指標である。S&P500は，時価総額，流動性，産業構成などに基づいて，S&P社が選んだ500社の株式で構成されている。ナスダック総合指数は，ナスダック市場（全米証券業協会が管理する株式市場）に上場する2,500社を超える株価の動きを示す指標である。ナスダック市場にはハイテク企業が多いことから，1990年代末のITバブルの際にはナスダック総合指数は急騰した。➡ 株価指数

アモチゼーション amortization
広義には，債務や公社債などの割賦償還，無形固定資産などの償却のこと。より狭義には，次のような債券に関する会計方式を指すことが多い。債券を額面金額と比べて高い価額で取得した場合に，償還時にその差額が損失となる。その際に損失を一度に計上すると償還期まで損失を先送りすることになってしまう。そこで，所有期間に応じて帳簿価額の減額を行う方が，投資損益を適切に示すことができる。例えば，額面1,000円の債券を1,100円で取得したとしよう。残存期間が10年なら，1年に10円ずつ帳簿価額を引き下げて（その年の損失として）いくわけである。

なお，額面金額に比べて取得額が低い場合には，所有期間に応じて帳簿価額の増額を行っていくことになる。これを，アキュムレーションと呼んでいる。

アロー Arrow, Kenneth Joseph（1921～2017） 現代の理論経済学界を代表する経済学者の1人。ニューヨーク・シティ・カレッジを卒業後，コロンビア大学において修士号（1940年）・博士号（1951年）を取得した。教員としての経歴は1948年のシカゴ大学に始まり，1953年から1968年にかけてはスタンフォード大学，1968年にハーバード大学に移ったあと，1979年にスタンフォード大学教授となった。1957年にジョン・ベーツ・クラーク賞，1972年にはヒックス（Hicks, J.）とともにノーベル経済学賞，1986年にフォン・ノイマン理論賞，2004年にアメリカ国家科学賞を受賞している。主な研究分野は一般均衡理論，社会的意思決定の理論（厚生経済学），成長理論，情報経済学である。初期の一般均衡解の存在証明や「アローの不可能性定理」として知られる「一般不可能性定理」は有名であるが，2004年のアメリカ国家科学賞の受賞理由は「不完全情報を用いた意思決定問

題とリスクに関する研究と貢献」である。
➡ 一般均衡，一般不可能性定理

アローの不可能性定理 Arrow's Impossibility Theorem ☞ 一般不可能性定理

アンカリング効果 anchoring effect 何か数量的な判断をする時に，すでに頭に入っているある種の特徴や情報が，潜在的に基準点（アンカー（錨））となって判断を歪め，影響を与えてしまうこと。係留効果ともいう。元来心理学の用語であるが，行動経済学や実験経済学でも用いられている。何かを評価するときに自分の利害や希望に沿った方向に考える，目立つ特徴に引きずられ他の特徴への評価が歪んでしまうといった現象であり認知バイアスの１つである。値引き前後の価格の同時表示，他社価格との比較，メーカー小売希望価格との比較や，営業マンが「価格なら絶対に他社には負けない」，「この業界に20年間いるので，知識が豊富」などということが，この効果の例である。なお，ここでの認知とは，心理学での用法と同じく，知覚・記憶・推論・問題解決などの知的活動の総称をいう。
➡ 行動経済学

安全資産 safe asset　リターンの不確実性がない，言い換えれば，確実に一定のリターンが得られる金融資産のこと。数学的にいえば，リターンの分散がゼロである資産をいう。他方，危険資産は，リターンの分散がゼロではない金融資産である。例えば，国債は満期まで持つ限り，元本と金利が確定しているので安全資産の代表例であり，一般の企業の株式は将来の受取りがどうなるかわからないので，危険資産である。➡ 分散

アンダーライター underwriter　企業が証券（株式，社債など）を発行する際に，全額販売できないリスクを証券会社が負担する業務のこと。証券会社の基本的な機能の１つで，日本語で引受業務と呼ばれる。引受業務を行う証券会社は，全額をいったん引き取る（買取引受）か，売れ残りを全額引き取る（残額引受）かを約束して，その見返りに引受手数料を徴収している。こうした引受業務を担う引受シンジケート団またはその構成員をアンダーライターと呼んでいる。なお，売りさばき業務（セリング）は，引受業務と異なり，一般投資家に対して販売を行うが，売れ残りが生じても残額を引き受ける義務のないものである。➡ 証券会社

アンダーライティング underwriting ☞ アンダーライター

アンタイド・ローン untied loan ☞ タイド・ローン

安定 stability　ある状態が持続したり，元の状態に戻ろうとする力が働くこと。安定株主，物価の安定，雇用の安定などのように，一般的な用法で使われることもあれば，市場均衡や経済成長経路などの安定・不安定のように，物理学の概念を援用した意味内容を持つものもある。市場均衡や経済成長経路から外れた場合，復元力が作用して元の状態へ戻ろうとする性質が備わっていれば，その市場均衡や経済成長経路は安定であるという。これに対して，復元力が作用せずに元に戻らない，あるいはますますずれが大きくなる場合，不安定であるという。経済状態が安定であるか否かは，経済システムに内在する復元力の有無が重要な決め手になる。どのような条件の下で復元力が作用するのかを規定するのが安定条件である。元の経済状態へ向かう調整過程への時間的経路を考慮しないで変化の性質のみを考える場合を静学的安定といい，時間的経路を考慮する場合を動学的安定という。

安定化政策 stabilization policy　経済変数を安定的に推移させるための政策。狭義には景気循環をできるだけ抑制し完全雇用を実現，維持しようとするこ

と，および物価変動を抑制し物価の安定を図ることを目的として実施される経済政策のこと。その代表的なものは財政政策と金融政策である。景気循環については，特に景気後退期に失業者の増加，国際競争力の減退，経済成長能力の停滞，公共資本の形成における遅れなどの損失を伴うので，景気の安定化を図り，有効需要を潜在的供給能力に合致するように調整していくことが必要になる。物価上昇率については失業率との間にトレード・オフの関係が認められるため，双方の政策目標を同時に達成するには複数の政策手段のポリシー・ミックスが不可欠となる。しかし，現実に多くの国では雇用の安定を重視する立場から，財政のビルト・イン・スタビライザー機能，あるいは自由裁量的な政策，財政政策，金融政策などが組み合わされて発動されることが多い。➡金融政策，財政政策，ビルト・イン・スタビライザー，ポリシー・ミックス

安定株主 stable shareholder　法律的に明確な規定はないが，長期間にわたりその会社の株式を所有している株主のこと。日本では，主取引銀行（メインバンク），保険会社，取引先企業などの間で株式の相互持ち合いが多く，それらの企業が安定株主となっている。

A社の大株主がB社，B社の大株主がA社という関係になっているために，A社に対してB社も文句をいわない代わりに，B社もA社に異議を唱えないという関係になり，経営陣の独立性が高まる。また，安定株主が多いと，株式公開買付け（TOB）などによって買収される可能性が低くなる。しかし，安定株主が多すぎると市場に流通する株式が少なくなり，株価が乱高下しやすくなるし，そもそも経営陣の暴走に歯止めをかける株主の機能が発揮されなくなるなどの弊害もある。そのために，2001年の「銀行等の株式等の保有の制限等に関する法律」のように，銀行による株式の保有に制限をかけることや，2015年のコーポレートガバナンス・コードの制定のように，政策目的保有株式に関する説明責任を強化するなどの対応がとられている。➡M&A，株式公開買付け，メインバンク

安定条件 stability condition　経済状態が市場均衡や経済成長経路から外れたとき，元の均衡あるいは経路に復元する力が作用するための条件。

元の経済状態へ向かう調整過程への時間的経路を考慮しないで変化の方向で規定する場合を静学的安定条件といい，時間的経路を考慮して規定する場合を動学的安定条件という。

単一財の市場均衡については，その財の価格が低下（上昇）し均衡から乖離した場合に，超過需要（超過供給）が発生するならば，元の均衡に戻る作用が働き，ワルラスの安定条件が満たされているという。

また，その財の供給量が減少（増加）し均衡量より乖離した場合に，超過需要価格（超過供給価格）が発生するならば，元の均衡量に復帰するような作用が働く。この場合をマーシャルの安定条件が満たされているという。

このように需要曲線や供給曲線の形状で規定する場合が静学的安定条件である。他方，均衡への調整過程を微分方程式や差分方程式で記述し，均衡以外の点を初期値として方程式の解が時間の経過とともに均衡に近づくか否かを判定するのが動学的安定条件である。

鞍点 saddle point　2変数関数$y = f(x_1, x_2)$について，いずれか一方の変数につき極大値，他方については極小値となっているような点(x_1^0, x_2^0)。すなわち，すべてのx_1, x_2に対して次式が成り立つ点(x_1^0, x_2^0)を鞍点という。

$$f(x_1^0, x_2) \geqq f(x_1^0, x_2^0) \geqq f(x_1, x_2^0)$$

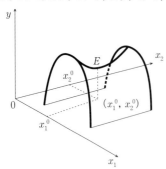

図では、E点が鞍点である。x_1軸方向で見るとE点は最大点となっている。一方、x_2軸方向で見るとE点は最小点となっている。

暗黙契約の理論 implicit contract theory　不確実性を減らすために、明示的契約がなくてもあたかも契約が結ばれているかのごとく双方が行動すると考える理論。ケインズ (Keynes, J. M.) が仮定した貨幣賃金率の下方硬直性を仮定として置くのではなく、労働者、企業の最適化行動から説明する理論の1つで、アザリアディス (Azariadis, C.)、ベイリー (Baily, M. N.) らにより、1970年代に提唱された。労働市場において、様々なリスク回避手段を持つ企業に対して、そうした手段を持たない労働者はリスク回避的に行動せざるを得ない。また、労働者が就業を通して得る技能は多分にその職場固有のものであり、労働者の職場の移動によってその価値は失われる。そのことは労働者、企業の双方を労働力の移動性に対し抑制的に行動させることになる。したがって、労働市場においては労働者、企業の最適化行動の結果として、暗黙のうちに固定的賃金、長期安定的雇用が選択される傾向がある。

EU European Union　欧州連合のこと。経済的な統合から経済通貨統合までおしすすめる経済・社会統合、ならびに外交・安全保障なども含めたより幅広い共通政策に取り組む政治・経済統合体。1967年、欧州経済共同体 (EEC)、欧州石炭鉄鋼共同体(ECSC)、欧州原子力共同体 (EURATOM) の3組織が統合され、欧州共同体 (EC) が発足した。ECは、1968年には域内関税の撤廃・域外共通関税の設定を完了し、関税同盟を完成させるとともに、共通農業政策 (CAP) を通じ共通農業市場を実現した。ECは、1991年12月にオランダのマーストリヒトで首脳会議を開き、EC基本法であるローマ条約を改訂し、通貨統合、共通外交政策設定などを含むマーストリヒト条約(欧州連合条約)の締結に合意した。マーストリヒト条約が1993年11月に発効したことによって、ECはEUと改称された。1999年は単一通貨であるユーロの導入を図り、2002年からその紙幣・硬貨の流通が開始された。2000年には、EUのさらなる拡大に対して適切な機構改革を行うために、ローマ条約・マーストリヒト条約を修正したニース条約が合意され、2003年に発効した。EUの加盟国は、EC12カ国(ベルギー、フランス、ドイツ、イタリア、ルクセンブルク、オランダ、デンマーク、アイルランド、イギリス、ギリシャ、ポルトガル、ス

ペイン）に加え，1995年にオーストリア，フィンランド，スウェーデン，2004年にチェコ，キプロス，エストニア，ハンガリー，ラトヴィア，リトアニア，マルタ，ポーランド，スロヴァキア，スロヴェニア，2007年にブルガリア，ルーマニア，2013年にクロアチアが加盟し，28カ国となった（ユーロ圏はそのうち16カ国）。なお，2017年にはイギリスがEUからの離脱を決めた。EUの機構には，欧州理事会（首脳会議），欧州連合理事会（立法機関であり，実質的に最高意思決定機関），欧州委員会（行政執行機関），欧州議会（諮問機関でEU予算の審議権などを有する），欧州裁判所（司法機関）などがある。➡地域経済統合

イールド・カーブ yield curve 債券の利回りと残存年限の関係を表す曲線のこと。図のように，横軸に償還までの期間（残存期間），縦軸に利回り（イールド）をとり，残存期間と利回りの関係をプロットした曲線で，利回り曲線ともいう。通常は，残存期間が長い債券の方が利回りが高いので，利回り曲線は右上がりになる。これを順イールドと呼ぶ。逆に，残存期間が長い債券の方が利回りが低くなって，利回り曲線が右下がりになる場合を，逆イールドと呼ぶ。こうした残存期間と利回りの間に一定の関係が見られる理由を説明するのが，金利の期間構造理論である。➡金利の期間構造

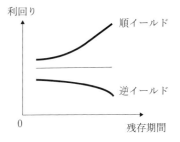

イールド・スプレッド yield spread 株式の投資尺度の１つで，長期金利から株式益利回りを引いたもの。株式益利回りとは，１株当たりの税引後利益を，株価で割ったもので株価収益率（PER）の逆数になる。イールド・スプレッドが小さくなるほど，株価の割安感が強くなる。同じような指標に，イールド・レシオがある。これは，長期金利を株式益利回りで割ったもので，この値が小さいほど株価の割安感が強くなる。➡株価収益率

イールド・レシオ yield ratio
☞　イールド・スプレッド

イギリス古典派経済学 British classical economics 産業革命前後から19世紀後半にかけてスミス（Smith, A.），マルサス（Malthus, T. R.），リカード（Ricado, D.），ミル（Mill, J. S.）らによって発展したイギリスの経済学説体系。その基本的な立場は，経済の成長過程を資本の蓄積によってもたらされる国富の増進過程としてとらえる。この国富は，マクロ的生産物とその生産のために必要な投入物との差である余剰の大きさで測られる。こうした経済活動の余剰がどのように安定的に生み出され，またそれぞれの経済諸階級に分配されるかを検討することで，国民の富と生活の豊かさをもたらすメカニズムを構造的に明らかにした。スミス以前の重商主義的考えの下では，一連の経済活動が円滑に進む保証がなく，政府や権力者がこうしたプロセスを実現させるように操作する必要があるという立場をとっていたのとは対照的である。スミスは人々の利己的で自由な経済活動が国富の増大と経済の安定をもたらすことを解明した。古典派は時間を通じて成長を遂げるマクロダイナミックス的な社会生産物の生産構造とその余剰の分配関係に関心を持つ学派であった。➡重商主義

移行経済圏 economies in transition 主として1980, 90年代に，旧ソビエト連邦，東欧諸国あるいは東アジアの中国，

ベトナムなどでは，計画経済体制が放棄された。その結果，それらの国々においては，市場経済体制を志向することになった。このように，市場経済へと移行しつつある国あるいは地域のことを移行経済圏という。➡計画経済，市場経済，資本主義経済，社会主義経済

遺産動機 bequest motive　親が子供に遺産を残そうとする意識的要因。代表的な仮説は，「利他的遺産動機」仮説である。親の効用水準が子の効用水準に依存している場合，親の残す遺産は，子の効用水準を高め，それが親の効用も高めるので，子に遺産を残そうとする動機を持つとする仮説である。他に，親が自らにとって望ましい行動を子にさせるための手段として遺産が用いられるという「戦略的遺産動機」仮説がある。例えば，親は老後の面倒を見なければ遺産を与えないと脅して，子に十分な面倒を見させようとする考え方である。また，これと似た考え方に「暗黙的年金契約」仮説がある。これは，寿命の不確実性に対処するために，親が長生きして貯蓄を使い果たした場合には子が親の生活の面倒を見て，早死にした場合には親の貯蓄を遺産として子が受け取るという契約が暗黙的に結ばれるという仮説である。この他にも，親の効用水準は子の効用水準よりもむしろ遺産額自体に依存しており，「与えることの喜び」が遺産の動機付けとなっているとする説などがある。以上とは異なり，遺産の多くは老後のために蓄えをしておいた個人が予想よりも早死にしたために偶発的に発生するものであり，意図されたものではないとして，遺産動機の存在そのものを疑問視する考え方もある。

「利他的動機」に基づいて遺産が残された場合には，中立性命題が成立するが，それ以外の動機に基づいて遺産が残される場合には，中立性命題は基本的に成立しないことが証明されている。➡公債の中立性命題，効用

異時的均衡 intertemporal equilibrium　消費者選択の理論において，有限の所得を貯蓄や資産形成などの手段により，消費に最適に配分して達成される均衡。伝統的なミクロ経済学では，経済主体の最適化行動を静学モデルの枠組みの中で，特定の一時点ないし短い1期間内における選択的配分の問題ととらえてきた。しかし経済主体の最適化行動をより現実的にとらえようとすれば，動学モデルの枠組みの中で，異時点間における選択的配分の問題としてとらえる必要がある。その結果として選択される最適配分が異時的均衡である。最も簡単な異時的モデルである現在と将来の消費配分に関する2期モデルでいえば，2期にわたって得られる総所得を現在消費と将来消費にどのように配分して効用を最大化するかという問題である。一般的には，最大化される通時的な総効用は各期の効用の時間選好率（主観的割引率）による割引現在価値の総和であり，また通時的な予算制約は，各期の所得の利子率による割引現在価値が各期の消費の割引現在価値と等しくなるというものである。異時的均衡はその意味で利子率，時間選好率といった異時的変数に支配される。

異時点間の消費配分 intertemporal allocation of consumption　異時点にわたる消費者選択の理論のこと。財は消費される時・場所・状況が異なれば，物理的には同一であっても別の財として取り扱われる。現在消費と将来消費は別の財と考えられる。現在消費と将来消費の様々な組合せについて消費者は選好を持ち，効用関数によって表現される。消費者は完全競争市場経済において異時点における予算制約の下で効用を最大化する消費計画を選択する。現在所得と将来所得が与えられると現在と将来で支出可能な予算

制約が確定し、その範囲内で現在消費と将来消費へ支出を配分する。現在所得から現在消費を引いたものが貯蓄となることから、異時点間の消費配分問題は、貯蓄決定問題と表裏一体の関係にある。消費者均衡の条件は、無差別曲線と予算線が接すること、すなわち将来消費の現在消費に対する限界代替率が（1＋利子率）に等しいことである。消費のライフサイクル仮説は異時点間の資源配分の問題の応用例である。 → ライフサイクル仮説

依存財源 dependent revenue resources
☞ 自主財源

一次産品 primary commodities　農産物、鉱産物、燃料等の、まだ加工される前の段階の生産物のこと。具体的には、ココア、コーヒー、米、麦、砂糖、綿花、羊毛、銅、鉄鉱石、原油等が例として挙げられる。これらの一次産品を産出する国には発展途上国が多く、それらでは輸出の大部分が数種類程度の一次産品によって占められることが多いため、その多くが先進工業国である輸入国からの需要変動の影響をきわめて受けやすい。またそのために、これらの国々の所得は、先進工業国に比べて相対的に不安定である。一次産品国の中でも、OPEC産油国は一種特別な立場にあり、2度にわたる石油ショックが逆に先進諸国に及ぼした影響は極めて大きなものであった。しかし、近年シェール層に含まれる石油や天然ガスを抽出することが可能となり、エネルギー事情が大きく変化した。これはシェール革命と呼ばれている。

1次同次性 homogeneous of degree one ☞ k 次同次性

一物一価の法則 law of indifference
同質の財が取引されるすべての市場で同一の価格が付くこと。財の移動費用がかからないという条件の下で、仮に品質の同じ財が異なる価格で売られている場合、安く売られている市場で購入しそれを別の市場で高く売ることで、利益を得る裁定が可能となる。そのような裁定が繰り返されることで利益が生まれなくなり、最終的には同質財についてはすべての市場で価格は同一になる。完全競争市場では、財は同質的であり、かつすべての市場参加者の持っている価格を含めた市場の情報は全く同じなので、市場価格より高い価格で販売しようとすることはできない。そのため、一物一価の法則が成立する。しかし、完全競争の仮定が満たされないなら、一物一価の法則は成立しない場合がある。例えば、財の価格情報が不完全な場合や品質に差がある場合には、異なった価格での取引が成立する。
→ 完全競争，不完全競争，裁定

一様分布 uniform distribution　離散型あるいは連続型の確率分布であり、その確率変数の区間内の全ての値を同等にとる確率分布である。連続型の確率密度関数は以下のように表現される。

$$f(x) = \begin{cases} \dfrac{1}{b-a} & (a < x < b) \\ 0 & (その他) \end{cases}$$

→ 確率分布，確率密度関数

一致指標 coincident indicator　景気動向とほぼ同時に変動すると考えられる経済活動指標。景気変動の現状確認や予測の基礎となる景気動向指数にはDI（Diffusion Index）とCI（Composite Index）の2つがある。このうちDIは景気変動の方向の把握を主目的とし、DIを構成する指数系列として一致指標、先行指標、遅行指標がある。これらは景気の転換点つまり山と谷に対し、一致的、先行的、遅行的のいずれと見なされるかによって分類されている。一致指標には、鉱工業生産指数、大口電力使用指数、製造業稼働率指数、耐久消費財出荷指数など10の指数が含まれ、景気と同時に変化すると見られることから、この一致指標のうち上昇を示すものの割合が50％を上回るとき

を景気の上昇局面，下回るとき下降局面にあると判断される。したがって，50％以上から以下に転ずるときが景気の山，50％以下から以上に転ずるときが景気の谷となる。

これに対し，CIは景気変動の大きさやテンポを測定するための指標である。個別系列ごとに求めた対前月比変化率をそれぞれの平均で除し，これらを先行，一致，遅行系列ごとに平均を求める。さらにこれらを特定時点を100として月次累積したものがCIである。CIでは一致指標が上昇しているときが景気の上昇局面，低下しているときが下降局面とされるほか，その山，谷は景気の山，谷にほぼ一致するとされる。

一般会計 general accounts　国および地方自治体の通常の一般的・基本的な歳入・歳出活動を経理するための会計。歳入活動を経理する会計を一般会計歳入と呼び，歳出活動を経理する会計を一般会計歳出という。国の一般会計歳入は，租税および印紙収入，官業益金，政府資産整理収入，公債金収入などからなる。一般会計歳出の大きな部分は特別会計への繰入れであり，一般会計固有の支出がすべてではない。国あるいは地方自治体という1つの組織の歳入・歳出活動は国民にとって明瞭でなければならず，1つの会計で処理されることが望ましい。このことから一般会計は国・地方自治体にとって最も重要な会計となっている。➡特別会計，普通会計

一般借入取極 General Arrangements to Borrow　IMFが，国際通貨システムの毀損防止あるいはそのような事態への対処，国際通貨システムの安定を脅かすような例外的な状況に対して，11カ国の先進諸国あるいはその中央銀行から定額の通貨を市場連動金利で借入が可能となる制度。略称GAB。現在，IMFがGABに基づいて借り入れることのできる限度額は合計170億SDRである。

さらに，1998年新規借入取極 (New Arrangements to Borrow: NAB) が発効した。NABはIMFと26の加盟国や機関との複数信用取極からなる。これらのGABとNABを合わせると，IMFが借り入れることのできる限度額は340億SDRとなっている。➡IMF

一般競争入札 open competitive bidding　☞競争入札

一般均衡 general equilibrium　すべての市場が同時に均衡となることに。19世紀にワルラス (Walras, M.-E. L.) や北欧学派のカッセル (Cassel, K. G.) などにより体系化された。各財の市場は，一つ一つが独立して存在しているのではなく，各市場は相互に密接に関連している。例えば，バター市場の需要量と供給量は，代替財であるマーガリンなどだけでなく，補完財であるパンなどの価格にも影響される。このように，各市場の相互依存関係を考慮しながら，多数財の市場の均衡を同時に考察しようとするのが一般均衡分析である。一般均衡を成立させる価格を一般均衡価格という。一般均衡価格の下では，すべての財の市場の需要と供給は一致している。通常，一般均衡では完全競争を仮定することが多いので，一般均衡を競争均衡と呼ぶこともある。➡完全競争，競争均衡，ワルラス均衡

一般財源 general finances　地方公共団体の収入についての分類の一形態で，地方公共団体が予算過程を通じて，自主的に配分を決定することができる財源のこと。具体的には地方税，地方交付税，地方譲与税などがこれに当たる。これに対して地方公共団体の収入の中で，特定の事業に使途が限定されているものを特定財源といい，その例としては国庫支出金，地方債，使用料，手数料などが挙げられる。地方公共団体の自由な裁量権を尊重するという立場からは一般財源が

多いことが望ましいと考えられる。他方、地方公共団体によるサービスが全国的に画一で平等に行われた方が公共財の外部性を考慮すると効率的であるという観点に立てば特定財源が評価される。

一般歳出 general expenditure　国の一般会計歳出のうち、公債費と地方交付税交付金の部分を除いた、残りの部分。公債費などは、過去の契約や法令の規定などにより歳出が義務づけられており、政府の裁量の余地がない経費である。それ以外の部分については、政府がその時々の政策目標を達成するために行われる歳出であり、政府が自由に支出目的・支出額歳出を変更することが可能である。その意味で一般歳出は政府の政策的意図を反映するものである。➡ 一般会計

一般集中度 degree of overall concentration　☞ 集中度

一般消費税 general consumption tax　☞ 消費税

一般政府 general government　公共部門(公的部門)の構成要素の1つ。一国の経済は、営利を目的とする民間部門と営利を目的としない公共部門に分けられる。公共部門のうち、企業的管理運営が行われる部門を公的企業といい、残りの部門を一般政府という。一般政府という組織があるわけではなく、中央政府、地方政府、社会保障基金の3つから構成される。中央政府には、国の一般会計、非企業特別会計、事業団、その他が含まれ、地方政府には、普通会計、一部の事業会計、その他が含まれ、社会保障基金には、社会保障に関する特別会計・事業会計、共済組合、基金などが含まれる。➡ 一般政府、公的企業、公的部門、地方政府

一般不可能性定理 General Impossibility Theorem　アロー(Arrow, K. J.)によって証明された直接民主主義の意思決定に関する定理。「アローの不可能性定理」、「アローの可能性定理」とも呼ばれる。アローがバーグソン＝サミュエルソン型社会的厚生関数は個人の価値判断を集計しても求められないことを証明したことから、不可能性定理と呼ばれる。アローは直接民主主義の意思決定を特徴づけるために、①広範性(個人の選好は自由)、②満場一致性(全員の選好の一致)、③独立性(無関係な選択対象から独立)、④非独裁性(社会の選好が、特定の1個人の選好と一致することはない)という4つの選好順序に関するルールを定義して、社会的に最も望ましい選択を行うという社会的意思決定制度を模索した。その結果、複数の個人が存在し、少なくとも3つの選択対象があるとき、上の4つのルールを同時に満たす社会的な選好順序を決めるルールは論理的に存在しないことを証明した。➡ 社会的厚生関数

一般補助金 general grants　☞ 補助金

移転価格 transfer price　☞ 移転価格税制

移転価格税制 transfer price taxation　国内にある企業が海外子会社と取引を行っている場合、その企業が設定している価格である移転価格に基づいて課税するのではなく、他の企業間の取引で通常設定されている価格である独立企業間価格に基づいて課税を行う制度のこと。企業が自由に設定できる価格を移転価格と呼ぶのは、その価格を独立企業間価格とは異なる形で設定することで、国内で発生する利潤を海外子会社へと移転することが可能となることによる。このような移転価格に基づいて課税がなされるとすると、企業は移転価格を適宜利用することで利益水準を操作することが可能となり、ひいては租税回避の手段にもなりうる。そこで日本では、1986年から国際的な課税ルールに則る形で、移転価格税制を開始した。

移転所得 transfer income　生産活

動に直接かかわることなく個人が政府や企業から受け取る所得のこと。恩給，年金，児童手当，生活保護費などがこれに当たり所得再分配効果を持つ。一般に所得とは生産活動に参加したことによる対価として受け取る収入を意味するが，移転所得は単に政府や企業の所得が個人に移転されただけであり，財やサービスの移動を伴わないことから一般の所得とは区別される。わが国でも高度成長期以降，福祉国家を目指す政策がとられてきたが，その過程で社会保障給付の充実とともに移転所得も増加してきた。しかし，低成長期に入り，税収が伸び悩み，少子高齢化に伴い，移転所得についても様々な問題が生じてきている。なお所得を支出する側からは移転支出としてとらえられる。➡社会保障給付，所得再分配，生活保護，年金

イノベーション innovation 1930年代にシュンペーター(Schumpeter, J.)により考案された造語。(1) 新商品の生産，(2) 新生産方法の導入，(3) 販売先の開拓，(4) 新しい供給源の獲得，(5) 新組織の創出をいう。新結合や新機軸と訳される。新商品やサービスの創出はプロダクトイノベーションと呼ばれ，既存の業務の改善はプロセスイノベーションと呼ばれる。上述シュンペーターの例では，(1) と (2) が前者，(2) の一部からが後者の例に当たる。

イノベーションは経済発展の基礎であり，イノベーションを継続的に生起させることが必要である。そのためには，企業内でのイノベーションが起こるプロセス，あるいは地域，経済全体でイノベーションを生起させるシステムが重要となる。企業内でのイノベーションには，その企業の技術，人材，組織，トップマネジメントのリーダーシップ，R&D予算等が必要で，各々を高める努力や工夫がなされなければならない。また，イノベーションに必要な新しい情報は，通常企業外部から得られるため，それを如何に獲得するかが重要となる。これは取引先，購入先といった取引を通じた取引経路と，大学，研究機関，公設試験研究機関 (公設試)，商工会議所等からなる知的経路がある。

1990年代のITの開発には，地域企業と大学の連携が貢献したことから，イノベーションでの大学の役割が重視されるようになった。さらに，地域内で情報，人材，技術，資金をもつ大学，企業，ベンチャー，ベンチャーキャピタルが一体となってイノベーションを起こすオープンイノベーションシステムの構築が必要である。経済全体でイノベーションを創出する仕組みはNational innovation systemと呼ばれる。産業を育成するための従来の産業政策はイノベーション政策に転換され，官民を挙げた技術開発計画が策定されている。➡シュンペーター，オープンイノベーション

依頼人 principal ☞ プリンシパル＝エイジェンシー理論

医療保険 insurance of medical care 病気や怪我などをしたときにその治療に必要な費用を一部補塡することにより病気や怪我による生活困窮を防ぐことを目的とした公的あるいは私的保険。わが国の公的医療保険制度は被用者を対象とする被用者保険と農業者・自営業者を対象とする国民健康保険から成る。被用者保険には政府管掌と健康保険組合の運営する健康保険と船員保険および共済組合の保険がある。共済組合による保険には，国家公務員，地方公務員，私立学校教職員の3種がある。国民健康保険は農業者，自営業者および被用者保険の退職者を対象とし，市町村または国民健康保険組合が保険者となる。以上のほか，2008年4月から導入された75歳以上の人を対象とした，後期高齢者医療制度がある。➡

後期高齢者医療制度，国民医療費，国民健康保険

インサイダー取引 insider transaction 企業の役員や大株主など企業と特別な関係にあり，株価に大きな影響を与えうる機密情報をその職務上知りうる立場にある者が，そうした機密情報を利用して株式の売買を行い不当な利益を得る取引のこと。こうした取引は機密情報を入手しえない一般投資家を不利な立場におくことになるところから，欧米諸国では以前から厳しく規制している。わが国では，かつては規制そのものも甘く，実際に規制が適用された例はほとんどなかった。しかし，1989年の証券取引法の一部改正によって，インサイダー取引を行った者に対する刑事罰の導入，インサイダー取引に関する大蔵大臣の調査権の強化，会社役員や大株主の自社株売買に関する報告義務の導入，などが行われてインサイダー取引規制の強化が図られた。また，1991年の「証券不祥事」をふまえて，1992年7月には証券取引等監視委員会が設置され，インサイダー取引などの不正取引行為のチェックと，違法行為の司法当局への告発が行われるようになっている。
➡ 金融商品取引法，証券取引等監視委員会

印紙税 stamp tax 各種の契約書，領収書，通帳等の財産権の創設・移転・変更・消滅に伴って文書を作成したときに，課税文書の作成者に課される税。作成された文書の背後にある経済取引等に担税力を推定して課税される。印紙税法別表第1に掲げられた課税文書に対して課せられ，たとえ巨額の取引がなされても文書が作成されなければ印紙税は課せられない一方，1つの取引でも複数の文書が作成される場合には作成された文書ごとに課税される。原則として作成される文書に印紙を貼りつけることによって納付する。

インターネット internet TCP/IPという標準化されたプロトコルを用いて世界中のネットワークを相互に接続したコンピュータネットワークのこと。1台の大型コンピュータで集中的に管理されるネットワークとは異なり分散型のネットワークであることが特徴となっている。インターネットのもとは米国国防総省が始めた分散型コンピュータネットワークであるARPAnetといわれており，その後ARPAnetをもとに学術機関を結ぶネットワークNFSnetが構築された。このNFSnetが1990年代中頃から商業利用されるようになり現在のインターネットが形成された。インターネットは現在経済の情報ネットワークとして，経済活動のインフラとなっていて，電子商取引，サプライチェーン，広告等のアプリケーションがその上に展開されている。その半面，不正アクセス，個人情報の流出などの問題も発生している。

インターネット銀行 internet bank インターネット上で銀行取引（預金残高の照会，振込み，定期預金の預入れや解約，投資信託の購入など）を提供している銀行のこと。ただし，従来からある銀行の多くもインターネットを利用したサービス（インターネット・バンキング）を提供していることから，通常は，インターネット専業の新しい銀行のことを指す。ソニー銀行などがその代表例である。経営にかかる費用が少なく，不良債権といった負の遺産がないため，相対的に高い金利を提供できる。ただし，インターネット取引の安全性の確保や，システム障害の発生時の対応などで課題が残っている。

インターバンク市場 interbank market 金融機関相互間の一時的な資金の過不足を調整する金融市場のこと。市場への参加者は金融機関のみに限定されている（短期金融市場には，このインターバン

ク市場のほかに，市場参加者が金融機関に限られないオープン市場がある）。

わが国のインターバンク市場は，明治30年代半ばにコール市場として自然発生的に成立したが，現在では，コール市場・手形売買市場などに分けられる。コール市場が古くから存在し，オーバーナイト物を中心とした1週間未満の短期資金融通の場であるのに対して，手形売買市場は1971年5月に創設された市場で，1週間から数カ月という比較的長い資金の融通の場として位置づけられている。このコール市場と手形売買市場は日本銀行の金融政策の場としても重要な役割を果している。➡ オープン市場，金融市場，短期金融市場

インプリシット・デフレーター implicit deflator　☞　GDPデフレーター

インフレーション inflation　一般物価水準が持続的に上昇する現象を指す。個別の価格の上昇や，一時的な物価水準の上昇はインフレーションとはいわない。物価水準を表す指標としては，消費者物価指数，国内企業物価指数，GDPデフレーターなどがあげられる。しかしながら，それぞれの指標には，指標に含まれる財・サービスの種類の相違や，計算方法の相違などそれぞれ特徴があるため，どの物価指数を採用するかによってインフレーションの原因と対策に対する判断も異なってくる。インフレーションは発生原因別に分類することがあり，需要の拡大が原因で生じたものをディマンド・プル・インフレーションと呼び，供給側の要因で生じるものをコスト・プッシュ・インフレーションと呼ぶ。また，インフレーションはその速度によって分類されることもある。年率数パーセント程度の低いインフレーションをクリーピング・インフレーション，年率で2桁の上昇率になるようなギャロッピング・インフレーション，極端にインフレーションが進行し，年率数十倍から数百倍に達するハイパー・インフレーションなどが知られる。➡ コスト・プッシュ・インフレーション，ディマンド・プル・インフレーション，物価水準

インフレーション・ターゲット（インフレ目標） inflation target　金融政策の運営方法の1つで，あらかじめ定められたインフレ率の実現を金融政策の目標とする政策。調整インフレーションともいう。

日本で2000年に入ってから，インフレーション・ターゲット論が力を持つようになったのは，日本銀行がゼロ金利政策を続けているにもかかわらず，デフレ（物価の下落）が止まらなかったからである。日本銀行が将来インフレを起こすことを約束して，人々の物価予想に影響を与えれば，インフレを予想して人々は投資や消費を活発化するので，デフレ不況を克服できるという主張である。しかし，インフレーション・ターゲット論には次のような問題もある。第1に，いったんインフレに火がつくと，そのインフレを日本銀行がコントロールできず，今度は狂乱物価に突入する恐れもある。第2に，インフレが起こると予想すると，金利が上昇してしまい（フィッシャー効果），企業の投資に重要な長期実質金利は十分に低下しない可能性がある。当初，日本銀行はインフレーション・ターゲット（インフレターゲット）の採用に消極的であったが，2013年1月に採用された。その後，2013年4月には，消費者物価の前年比上昇率2％を2年程度の期間で実現することを目指す量的・質的金融緩和政策が始まった。2017年8月の時点では目標は達成されていない。➡ インフレーション，金融政策，ゼロ金利政策，フィッシャー効果，調整インフレーション

インフレ期待 inflationary expectation　人々が持つ物価上昇についての予想。こ

のとき予想される物価上昇率を期待インフレ率と呼ぶ。人々の期待が現実の経済に対して様々な効果を持つことはよく知られているが，中でもインフレ期待は，1970年代に先進諸国で発生したスタグフレーションを説明する上で，特に重要な役割を果たしている。現実のインフレ率が上昇すると，やがて人々のインフレ期待も上昇するが，それは貨幣賃金率の上昇率をより高めるように作用するために，インフレ率と失業率のトレード・オフ関係がいっそう悪化するからである。インフレを沈静化するためには，まず人々のインフレ期待を沈静化することが重要であるという認識は，このような経験をふまえて，その後広くいきわたるようになった。またインフレ期待そのものがどのように形成されるかは，理論的に重要なテーマであるが，これまでの主要な仮説には静学的期待，適応的期待，合理的期待などがある。このうち特に合理的期待形成仮説を用いて，新しい古典派は予期された貨幣政策の無効性を主張している。→合理的期待形成仮説，スタグフレーション，物価上昇率

インフレギャップ inflationary gap 労働市場において完全雇用の状態を実現するGDPである完全雇用GDPを，財市場における総需要水準が上回る場合の両者の差のこと。今，完全雇用GDPをY^fとする。総需要曲線がCDであれば，均衡GDPはY^2となり，Y^fにおける総需要の水準が完全雇用GDP水準をEFだけ上回っている。このEFをインフレギャップといい，未充足の需要が存在し，インフレを招来する。このような場合には，総需要削減的な総需要管理政策が求められることになる。これに対して，総需要曲線がABであれば，Y^fにおける総需要の水準はGEだけ完全雇用GDPを下回る。GEをデフレギャップという。このような場合は総需要拡大的な総需要管理政策が求められる。

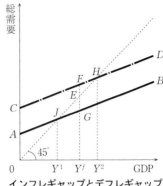

インフレギャップとデフレギャップ

インフレ供給曲線 inflation-supply curve フィリップス曲線と関連した，総供給曲線の一種。一般的には，総供給曲線は物価水準と総供給の関係を示す曲線であるが，物価水準ではなく物価上昇率と総供給の関係を示す曲線が，インフレ供給曲線と呼ばれるものである。インフレ期待を付加したフィリップス曲線の理論では，現実のインフレ率は失業率が自然失業率から乖離する度合いとインフレ期待の値によって決定される。オークンの法則によれば，失業率と自然失業率との乖離は現実の産出高と正常産出高の乖離の程度であるGDPギャップと負の相関関係を持っている。このことから，現実のインフレ率はインフレ期待の値とGDPギャップによって決定される。人々のインフレ期待が与えられると，インフレ率の上昇に応じて総供給が増大するような曲線が導出されるが，これがインフレ供給曲線である。→インフレ期待，オークンの法則，フィリップス曲線，物価上昇率

インフレ需要曲線 inflation-demand curve 総需要曲線の一種。一般的に総需要曲線は物価水準と総需要の関係を示す曲線であるが，物価水準ではなく物価

上昇率と総需要の関係を示す曲線が，インフレ需要曲線と呼ばれるものである。総需要の水準は，金融政策が関係する実質貨幣残高や，財政政策が関係する政府支出などの水準と正の相関関係を持ち，さらにまた人々のインフレ期待も，企業投資への影響を通じて総需要に関係すると考えられる。このとき総需要の変化は，これら諸変数の変化に関係づけられるが，インフレ率が上昇するときに名目貨幣供給量の増加率が一定ならば，実質貨幣残高は減少するので，前期の産出高水準が与えられると，インフレ率と総需要の間に負の相関関係が生じる。すなわち，インフレ率の上昇は総需要を減少させるものであり，このような関係を示す曲線がインフレ需要曲線である。➡ インフレ期待，物価上昇率

インフレ税 inflation tax　インフレーションにより貨幣の実質価値が減少し，政府の実質的負債が減少することをいう。貨幣はその発行主体である中央銀行あるいは政府にとっては民間に対する負債を表しているが，インフレーションにより貨幣の実質価値が低下すれば，貨幣資産の保有者である民間から負債者である政府に所得移転をもたらし，あたかも課税の強化が行われたときと同じ状況を作り出すことから，インフレ税と呼称される。インフレ税の大きさは，物価上昇率に実質貨幣残高を乗じたものと考えることができる。または所得税について累進課税制度を適用している場合，インフレーションは名目所得金額を増加させ課税標準が大きくなり，実質所得に変化は見られなくても平均税率を上昇させる効果がある。➡ 実質値，中央銀行，物価上昇率

インフレ対策 anti-inflation policy　インフレを抑制する政策。インフレーションに対する対策は，学派により様々なものが主張されている。例えば貨幣数量説の考え方を中心とするマネタリズムでは，貨幣供給量の増加率をある水準に引き下げて維持することが，長期におけるインフレ率低下に結びつくとされる。また，インフレを引き起こさないためには人々のインフレ期待が低位安定していなければならない。人々が安定したインフレ期待を持つように，中央銀行が目標とするインフレ率を設定し，その達成を金融政策の最優先目標とするインフレ・ターゲティングと呼ばれる政策も提唱されている。これに対してケインズ派では，財政・金融政策による総需要管理政策が主張されるが，特にコスト・プッシュ・インフレーションの抑制には，貨幣賃金率あるいは所得の上昇を生産性上昇率の範囲に抑制する所得政策の併用も提唱される。またサプライ・サイド経済学の立場からは，企業の生産性を高める政策などが，インフレ抑制につながると考えられている。➡ インフレーション，インフレーション・ターゲット，供給重視の経済学，総需要管理政策，マネタリズム

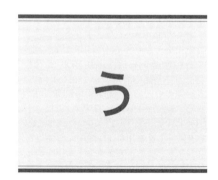

ヴァージニア学派　Virginia school　財政の均衡と小さな政府を主張する学派。ブキャナン (Buchanan, J. M.)，タロック (Tullock, G.)，ワーグナー (Wagner, A. H. G.) らによって構成され，公共選択学派 (public choice school) と呼ばれること

もある。現代の民主的議会政治制度の下では，議員は選挙を意識して財政支出の増加を伴う政策を掲げやすく，財政支出が増大する傾向にある。このため，財政赤字の累積・政府部門の肥大化によって，民間部門に配分される資源が減少し，民間の自由な経済活動を阻害すると主張する。ケインズ的な政府から，スミス的政府へ，つまり，大きな政府から小さな政府への転換を提唱している。

ヴィクセル Wicksell, Johan Gustaf Knut (1851〜1926)　スウェーデンの経済学者。北欧学派（スウェーデン学派）の創始者。当初，数学と物理学を専攻したが，後に経済学に転向した。ヴィクセルはまず，経済学の基礎がマルサス（Malthus, T. R.）の人口論にあり，人口（消費・需要）と生産人口（供給）とによる最適人口は出生率の調整でしか対応できないと説く新マルサス主義者としてスタートした。『経済学講義Ⅰ，Ⅱ』(*Vorlesungen über Nationalökonomie: auf Grundlage des Marginalprinzipes*, 1.Bd., 1901, 2. Bd., 1906)と『経済学講義Ⅱ』(1906)では，所与の労働人口の下での資本蓄積の効果は，そのすべてが「労働の資本集約度」を高めるのに寄与するのではなく，ある部分は賃金率の上昇に回されるというヴィクセル効果の主張を経て，貨幣利子率（資金の貸借で成立する利子率）と自然利子率（貯蓄と投資を均等させる実物利子率）の乖離が物価と所得を変動させ，経済変動の原因になるとした。もし自然利子率＞貨幣利子率ならば，資本の限界生産力が貨幣利子率を上回ることにより，投資財価格・消費財価格上昇，貨幣利子率の操作，資金需要増加・貯蓄増を引き起こし，物価騰貴は，投資拡大とともに累積的に発生するとした（ヴィクセル的累積過程）。ケインズ（Keynes, J. M.）に先駆けて，貨幣的景気理論など現代のマクロ経済学に通じる理論を構築した。➡ スウェーデン学派，マルサス

ヴェブレン効果 Veblen effect　消費を行っていることを他者に顕示し，誇示することで自らの効用水準，満足度が高まる効果。また，こうした消費を顕示的消費という。財そのものの消費から得られる効用とは異なった効用である。アメリカ，制度学派の創始者，ヴェブレン（Veblen, T. B.）が主著『有閑階級の理論』（1899）において消費をめぐる依存効果の1つとして提唱した。高価なブランド商品などを持つことによって社会的優越感を感じることのできる商品の消費にはこうした効果が強く，高価であることが需要増加の要因になるという面があるのはこの効果による。➡ デモンストレーション効果

迂回生産 roundabout production　最終的生産物を自然資源から直接生産するのではなく，途中に何段階かの中間生産物を介在させて最終生産物に到達する生産過程。労働は自然資源に働きかけて，直接的に最終消費財を生産するよりも，まず中間財としての資本財を生産し，これを生産要素として用いることによって，より多くの生産物を生み出すことができる。ベーム・バヴェルク（Böhm-Bawerk, E. von）によれば，資本の借り手はこれを中間財の生産のために投じて，迂回生産の利益を得，そこから資本の貸し手に対して資本利子を支払う。

その議論によれば，生産期間の長期化とともに迂回生産の利益の伸び率が低下するので，生産期間の長期化が生ずると，その期間，労働者を養うための，より大なる生産資本が必要となり，資本利子率が上昇する。したがって，迂回生産の利益と資本利子率との差を極大にする生産期間が，社会にとって最適の生産構造をもたらすことになる。

内税 including tax system　物品やサービスの価格表示の方式で，物品・

サービスにかかる消費税額を明示せず本体価格と税額の合計額を表示する方式。内税方式ともいう。日本では総額表示方式とも呼ばれている。消費者にとっては消費税の負担感は和らぐものの、正確な消費税額を知ることができず、事業者の価格への転嫁が不透明なものになる。これに対して物品・サービスにかかる消費税額と本体価格とを明示し、それぞれの金額がわかるようにする価格表示の方式を外税あるいは外税方式という。これには、本体価格と税込価格を表示する方法や本体価格のみを表示してレジで消費税額を上乗せする方法などがある。わが国では1989年の消費税導入当初は外税方式であったが、2004年度から内税方式による価格表示が義務付けられるようになった。なお希望小売価格については内税方式は義務づけられていない。➡消費税, 税の転嫁

売上税 sales tax 売上高を課税標準とする税をいう。様々な商品すべての売上高を対象とするので個別物品税との対比で一般売上税ともいう。売上税には製造から小売までのすべての段階で各売上高に課される多段階売上税と、1つの段階だけで課される単段階売上税がある。多段階売上税としては取引高税や付加価値税が挙げられる。取引高税は製造から小売までのすべての段階における売上に対して課税する方式で、付加価値税はそれぞれの段階での売上に課税した上で仕入にかかる税額を控除する方式である。また単段階課税としては小売売上税、卸売売上税、製造業者売上税が挙げられる。それぞれ小売段階、卸売段階、製造段階でその売上高に対して課税する方式である。日本の消費税は付加価値税に分類される。➡付加価値税

売上高極大化仮説 sales maximization hypothesis 寡占企業の行動原理に関する仮説の1つで、寡占企業は一定の最低利潤を確保した上で売上高を極大化するように産出量を決定するという考え方。伝統的な利潤極大化仮説に対してボーモル (Baumol, W. J.) によって提唱された。寡占経済において、企業の社会的評価は売上高に影響され、企業間競争はしばしばシェア獲得競争となるためにこのような行動がとられると考えられている。ある企業の売上高 $TR(y)$, 総費用 $TC(y)$ はそれぞれの産出量＝販売量 y の関数であり、利潤 π はその差, $TR-TC$ と表される。今、売上高極大となる生産量を y_1, 利潤を π_1, 利潤極大となる生産量を y_2, 利潤を π_2 とする。ここで、この企業の確保すべき最低利潤を π_3 とする。このときこの企業は $TR-TC \geqq \pi_3$ の制約条件下で売上高を極大にするように生産量を決めると想定される。もし $\pi_3 \leqq \pi_1$ ならば企業は生産量 y_1 を選択する。$\pi_1 < \pi_3 \leqq \pi_2$ ならば企業は π_3 に対応する生産量 y_3 を選択する。図はこの場合を示している。いずれにしても生産量は利潤極大生産量を上回っている。➡利潤極大化仮説, 寡占

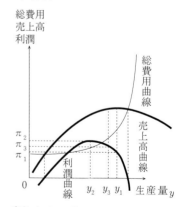

売りオペ selling operation ☞ 公開市場操作

売りさばき業務 selling ☞ アンダーライター

運転資金 working capital ☞ 設備資金

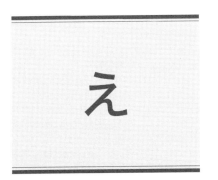

ALM asset and liability management リスクを制御しながら高いリターンを得られるように，資産および負債を総合的に管理すること。例えば，銀行であれば，負債である預金は基本的に数年の期間の契約であり，他方，資産である貸出は長期間に及ぶのが普通である。すると，貸出金利が高いからといって長期貸出ばかりに資金を振り向けると，預金解約があった場合，対応できなくなってしまう（流動性リスク）。また，長期固定金利貸出を実行した後に，預金金利が急上昇してしまうと，長期にわたって逆鞘（運用金利が調達金利を下回る状態）が続き，経営を圧迫する（金利リスク）。つまり，負債サイドと資産サイドの流動性や金利を全体として把握して，銀行全体のリスクとリターンの最適値を選ばねばならず，ALMが必要とされる。➡ 逆鞘，決済リスク

永久公債 perpetual bond 償還期限の定めのない公債のことをいい，発行主体である国あるいは地方公共団体は無期限に利子のみを支払う義務を負い，元金については発行主体が償還を望むときに償還される公債のこと。永久に償還しないことも可能である。代表的な永久公債としてはイギリスのコンソル債が挙げられる。わが国においては発行された事例は見あたらないが，地方公営企業の建設のために要する資金に充てるための地方債については，償還期限を定めないことが認められている。地方公営企業の建設にあたっては，その資金が充分ではないため株式に類似した性格を公債に持たせていると考えられる。永久公債は，償還期限は定められていないが，発行主体が償還しようとする時点で元金の償還が行われる。なお，償還期限の定まっている公債を有期公債と呼ぶ。

営業余剰・混合所得 operating surplus and mixed income 国民経済計算上，付加価値を構成する概念の1つ。営業余剰は企業の生産活動に対する報酬，すなわち利潤であり，これには家計の持家分が含まれる。混合所得は家計のうちの個人企業の生産活動における貢献分であるが，これを混合所得とするのは，個人企業の場合，労働に対する報酬を分離するのが困難なためである。

エイジェンシー化 transforming public sector into independent agencies 政府行政の執行部門を独立させ，民間の手法を取り入れながら効率的で質の高いサービスの提供を目指す組織管理制度のこと。日本の場合は独立行政法人化とも呼ばれる。イギリスのサッチャー政権下で，業務目標の達成度の向上や経費の削減などを目的に行われたものがモデルになっている。エイジェンシー化された組織では，独自に事業計画や業務目標を定めることが可能になり，それらの目標を達成するための財務管理や人事管理上の裁量権が幅広く認められる。またその成果に関する情報については，財務諸表なども含めて公開され評価を受けることになっている。わが国でも，国立美術館，国立環境研究所，国立大学等のエイジェンシー化が実現している。➡ 独立行政法人

AD-AS モデル　*AD-AS* model

財市場，貨幣市場，労働市場の3つの市場で経済を記述する包括的なマクロ経済モデル。

3市場の均衡を*AD*曲線（総需要曲線），*AS*曲線（総供給曲線）に集約することで，均衡の成立過程をGDPと物価水準の同時決定メカニズムとして説明する。またケインズ理論に対峙する古典派理論タイプも構築され，両者の差異を明確にすることもこのモデルによって可能となる。

*AD*曲線は，GDP，物価水準の同時決定の需要サイドを財市場と貨幣市場の同時均衡として説明する総需要関数の*Y-P*平面上のグラフである。両市場の均衡条件はそれぞれ次のように表される。

(1)　$Y = C(Y) + I(r) + G$　（財市場の均衡条件）

(2)　$M/P = L(Y, r)$　（貨幣市場の均衡条件）

ただし，C＝実質消費関数，I＝実質投資関数，Y＝実質GDP，G＝実質政府支出，r＝利子率，M＝名目貨幣供給残高，P＝物価水準，L＝実質貨幣需要関数である。(1)，(2)式から利子率rを消去し，GDP Yについて解くことにより，GDP Yを物価水準Pの関数として総需要関数が得られる。

(3)　$Y = Y^D(P; M)$　（総需要関数）

物価水準Pの上昇は，(2)式で一定の名目貨幣供給残高Mの下，実質貨幣供給M/Pの減少から*LM*曲線を左方シフトさせ産出量を低下させる。したがって*AD*曲線は右下がりに描かれる。

*AS*曲線は，GDP，物価水準の同時決定の供給サイドを労働市場と生産関数から説明する総供給関数の*Y-P*平面上のグラフである。ただ，労働市場に関する考え方はケインズ理論と古典派理論では大きく異なり，導かれる総供給関数も異なる。まずケインズ理論の総供給関数について見ると，労働市場における雇用の決定および生産関数は次のように表される。

(4)　$N^D(W/P) = N < N^S(W)$　（労働雇用の決定）

(5)　$Y = F(N)$　（生産関数）

ただし，W＝名目賃金率，N＝雇用量，N^D＝労働需要関数，N^S＝労働供給関数である。ケインズ理論では労働需要は実質賃金率の減少関数であり，労働供給は名目賃金率の増加関数である。ケインズ理論では，不完全雇用を一般的とするが，不完全雇用状態にあっても名目賃金率は

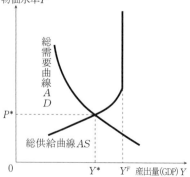

総需要曲線と総供給曲線（ケインズ理論）

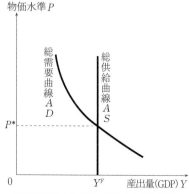

総需要曲線と総供給曲線（古典派理論）

下方硬直的で一定W以下には下らないと想定する。したがって労働は現行の名目賃金率Wの下で需要される量が雇用されるだけにとどまり，労働需要量が雇用量を決定する。その結果名目賃金率Wの下での労働供給量と労働需要量の差の分だけ非自発的失業が発生する。また(4)式が示すように物価水準に応じて労働需要量が決まり，この需要量が実現する雇用量となる。この雇用量に応じて(5)式からGDPが決まるが，このGDPは物価水準に依存することになり，その関係は総供給関数として次式で与えられる。

(6) $Y = Y^S(P)$ （ケインズ型総供給関数）

物価水準Pの上昇は実質賃金率W/Pの下落，労働需要の増加，雇用量，GDP Yの増加をもたらす。したがってAS曲線は右上がりに描かれている。ただし，Pがさらに上昇しつづけたとすると，完全雇用が達成されるとともに，産出水準も完全雇用GDPを達成することになる。その後，Pの上昇はGDPを増加させることはなく，そのためAS曲線はY^Fのところで垂直になる。

一方，古典派理論による総供給関数について見ると，労働市場の需給均衡条件と生産関数は次のように表すことができる。

(7) $N^D(W/P) = N^S(W/P) = N^F$ （労働市場の均衡条件）

(8) $Y^S = F(N)$ （生産関数）

(7)式に見るように雇用量Nは伸縮的な実質賃金率の調整によって完全雇用水準N^Fに決まる。すなわち労働需要曲線と労働供給曲線の交点で常に賃金率と雇用量が決まり，非自発的失業は発生しない。この完全雇用量に対応するGDPが(8)式からY^Fとして一義的に決まる。すなわち古典派理論の総供給関数は物価水準に関係なく，次のような一定値をとることになる。

(9) $Y^S = Y^F$ （古典派総供給関数）

APEC Asia-Pacific Economic Cooperation　アジア太平洋経済協力。日本，アメリカ，カナダ，オーストラリア，ニュージーランド，韓国，中国，台湾，香港，ブルネイ，インドネシア，マレーシア，フィリピン，シンガポール，タイ，ベトナム，メキシコ，パプア・ニューギニア，ペルー，チリ，ロシアの21カ国・地域が参加するアジア太平洋地域における協力体制。アジア太平洋地域の貿易・投資の自由化・円滑化と経済・技術協力を進めるために設けられ，「開かれた地域協力」を掲げる。1989年にオーストラリアのキャンベラで，初の閣僚会議が開催された。1993年のシアトル会議からは首脳会議が始まった。1994年のインドネシアのボゴール会議では，先進国は2010年までに，途上国は2020年までに自由で開かれた貿易・投資を達成することを謳った「ボゴール宣言」が発表された。1995年11月の大阪会議では，ボゴール宣言を具体化していくための「行動指針」を採択した。1996年のフィリピン会議では，各国が貿易・投資の自由化の具体策を「マニラ行動計画」としてまとめて採択した。2001年の同時多発テロ直後に開催された上海会議以降，テロ対策が主要な課題として定着した。2005年のプサン会議では，ボゴール宣言に関する進捗状況の評価および今後の指針として中間評価報告書を策定し，2006年のハノイ会議ではその行動計画（ハノイ行動計画）を策定した。2014年の北京会議では，APEC発足25周年であったことから「アジア太平洋パートナーシップを通じた未来の形成」を記念声明として採択した。2015年はマニラ，2016年はリマ，2017年はダナンで会議が開催されている。

益金 gross revenue　法人税法上の用語で，資本取引等を除き，資産の販売，有償または無償による資産の譲渡または

役務の提供，無償による資産の譲受けその他の取引で資本等取引以外のものにかかる当該事業年度の収益の額と定められている。企業会計において決算利益を計算する上での収益に相当するものであるが，決算における収益額とは若干異なる。具体的には，商品の販売や固定資産の譲渡などによる収入，請負その他役務の提供による収入，預金などによる利子収入，無償による資産の譲渡または役務の提供などが含まれる。なお対価の授受を伴わない無償取引についても益金とするのは譲渡等により収益が発生しているとみなすためである。法人税の課税標準である法人の各事業年度の所得金額はこの益金の金額から損金の金額を控除した金額とされるが，税法上の法人所得と企業会計上の法人所得は必ずしも同じものを示すものではない。➡ 損金，法人税

益税 tax profits　わが国の消費税制度において，消費者が支払った消費税の一部が国庫に納入されずに事業者の手元に残る部分のこと。益税が発生する原因は，消費税導入当初，中小事業者の納税事務コストの軽減を目的として事業者免税点制度，簡易課税制度，限界控除制度などが設けられたことによる。事業者免税点制度とは年間の課税売上高が一定以下の場合，納税義務を免除される制度であり，簡易課税制度ではみなし税率の適用により納付すべき税額を圧縮することを可能にし，限界控除制度では納付税額の一部軽減が認められた。いずれの制度においても消費者から受け取った税額と実際に事業者が納付する税額が乖離し，その部分は益税として事業者が取り込むことになる。これらの制度の存在は消費者の消費税に対する不信感を募らせることとなり，その後事業者免税点制度，簡易課税制度については利用可能な中小事業者をさらに圧縮し，限界控除制度は廃止するという制度改革が進められた。

➡ 消費税，消費税の中小企業者特例，みなし課税

エクイティ・ファイナンス equity finance　企業の資金調達の方法のなかで株式の発行を伴う資金調達のことをいう。企業の資金調達方法には，内部留保のほか，株式発行によるもの，社債発行によるもの，金融機関借入によるものなどがあるが，このうち株式発行による調達は自己資本調達であり，エクイティ・ファイナンスといわれる（これに対して社債発行や金融機関借入による調達は他人資本調達であり，デット・ファイナンスといわれる）。エクイティ・ファイナンスによる資金調達には，より具体的には，増資のほかに転換社債やワラント債（新株引受権付社債）の発行による資金調達がある。デット・ファイナンスにより調達された資金が有限の返済期限を持つのに対して，エクイティ・ファイナンスによる資金には返済期限がないという特色を持つ。➡ 自己資本，他人資本，ワラント債

エクスポージャー exposure　金融関係の用語で「負っているリスクの大きさ」のこと。エクスポージャーは，「さらすこと」を意味する英単語であるが，例えば，決済のエクスポージャーといえば，決済にかかわる様々なリスク（支払い相手の信用リスクや決済までの期間の流動性リスクなど）を指す。なお，為替リスクにかかわるエクスポージャーについては，特にオープン・ポジションと呼ばれることも多い。

また，デリバティブなどのオフバランス取引の信用リスクの大きさを評価する方法として，カレント・エクスポージャー方式が広く使われている。カレント・エクスポージャーとは，デリバティブ取引の相手先が債務不履行（デフォルト）を起こした場合に，当該取引から得られなくなる利益額をさす。なお，カレ

ント・エクスポージャーは，同様の経済的効果を持つ取引を再び構築するためのコストであるという意味で，「再構築コスト」とも呼ばれる。➡ オープン・ポジション

エコビジネス eco-business　環境への負荷の少ない製品・サービス，環境保全に資する技術やシステムを供給する産業のこと。また，OECDによれば，「『水，大気，土壌等の環境に与える悪影響』と『廃棄物，騒音，エコ・システムに関連する問題』を計測し，予防し，削減し，最小化し，改善する製品とサービスを提供する活動」から構成され，具体的には，①環境への負荷を低減させる装置，②環境への負荷の少ない製品，③環境保全に資するサービスの提供，④社会基盤の整備等に分類される。エコビジネスの中では循環型社会を支える廃棄物処理・リサイクル関連ビジネスが全体の約50％を占めることが注目されている。➡ 環境

エコロジー ecology　生物集団間，およびそれを取り巻く環境との関連をその構造や機能等の面から研究する学問分野をいう。自然科学的な研究だけではなく，経済学や社会学などの社会科学的な分野も加味して研究することが多い。また，現在では生態系の保全，およびそのための思想や活動についてもエコロジーと呼ばれている。➡ 環境

SRI socially responsible investment
☞ メセナ

S&P500 S&P 500 index　☞ アメリカの株価指数

SEC（証券取引委員会） Securities and Exchange Commission　☞ サーベンス＝オクスレー法

SNA System of National Accounts
☞ 国民経済計算

SDR special drawing rights　IMF特別引出権のこと。1970年に創設された，IMFから加盟国に対して各国の拠出額であるIMFクォータに応じて配分された準備資産のこと。加盟国が外貨準備不足となる，あるいは自国通貨が必要となった場合には，IMF加盟国での合意に基づきSDRが発行され，それを当該国に移転することでその国が必要とする通貨を取得することができる。1970年以前にもGDR（general drawing rights：IMF一般引出権）というIMFからの通常引出は存在したが，国際流動性を米ドルに依存していたため流動性のジレンマの危険性が認識され，新たな国際通貨の創出が望まれSDRが誕生した。SDRの計測単位には最初は金が用いられていたが，1974年からは主要16カ国の通貨の加重平均とする標準バスケット方式が採用され，さらに1981年にはアメリカ，日本，イギリス，フランス，西ドイツの通貨の加重平均が，そして1991年からはフランス，（西）ドイツ通貨がユーロに変更されたものが採用されている。2016年には中国人民元が構成通貨につけ加えられた。➡ 外貨準備，国際流動性，トリフィンのジレンマ

SPC special purpose company
☞ SPV

SPV special purpose vehicle　企業が不動産などの保有資産を証券化して第三者に販売する目的で設立する機関。特別目的機関ともいう。SPVの法的形態としては信託や民法上の組合もあり得るが，通常のケースでは会社形態が多い。一般的にはSPC（特定目的会社）が利用される。SPCの具体的業務は，企業から当該資産を買い取りそれを担保とした証券を発行すること，その資産を自ら運用あるいは運営を外部委託し，その資産運用からの収益によって投資家への利子・配当の支払および証券の償還を行うことに限定されている。わが国ではかねてからSPC設立に伴うコストの高さが指摘されてきたが，不動産など特定資産の資産流動化促進策の1つとして，1998年9月に

「特定目的会社による特定資産の流動化に関する法律(SPC法)」が施行され,SPC設立の容易化が図られた。このようなケースに加え,PFI事業者がプロジェクトから見込まれる収益をもとに資金を調達するため,PFI事業会社というSPCを設立する場合もある。➡ PFI

X効率性 X-efficiency 1966年にライベンシュタイン(Leibenstein, H.)が提唱した効率性の概念で,通常の資源配分の効率性ではなく,経営者や従業員の努力や意欲などに表われる企業の内部組織のあり方に依存する効率性のこと。ライベンシュタインは,独占による過少生産などの資源配分の非効率から発生する損失よりも,企業の組織管理上の不備から生じる非効率に起因する損失の方が大きいことを示し,後者をX非効率と呼んだ。独占や寡占といった不完全競争市場においては,それらの企業に対する競争圧力が弱いために,価格や費用を低減させる努力や意欲などが低いことが非効率をもたらす。➡ 寡占,独占,不完全競争

エッジワース・ボックス Edgeworth's box diagram 2財(X, Y)2個人(A, B)の純粋交換経済においてパレート最適な財の配分状態を示すために,エッジワース(Edgeworth, F. Y.)によって考案された分析用具。2個人のX財の初期保有量の和$\overline{X} = \overline{X}_A + \overline{X}_B$を横幅にとり,$Y$財の初期保有量の和$\overline{Y} = \overline{Y}_A + \overline{Y}_B$を縦幅にとった箱状のグラフの左下角を個人$A$の原点$O_A$,右上角を個人$B$の原点$O_B$として,各個人の無差別曲線($I_A^1, I_A^2, I_A^3, I_A^4, \cdots ; I_B^1, I_B^2, I_B^3, I_B^4, \cdots$)を描いたものである。なお下付添え字$A, B$は個人を表す。この図において,2個人の無差別曲線の接点の軌跡は「契約曲線(contract curve)」と呼ばれ,契約曲線上の点では「どの個人の効用も引き下げることなく少なくとも1個人の効用を引き上げること(パレート改善)がもはや不可能な」財の配分状態すなわちパレート最適(効率的)な状態が成立している。また,初期保有点Cを通る2個人の無差別曲線によって囲まれる凸レンズ状の領域は,初期保有点に対してパレート改善となる配分状態の領域を示している。

図から明らかなように,私的財だけの世界でのパレート最適条件は,すべての個人について2財の間の限界代替率が等しくなることである。➡ パレート改善,パレート効率的,パレート最適条件

NGO non-governmental organization 非政府組織で非営利の国際援助機関のこと。エヌ・ジー・オーと呼ばれる。NGOは,民間非営利団体NPOとほぼ同義語であるが,政府からの独立性や国際性を強調する場合に,NPOと区別して使われる。もともとは国連で加盟国の政府機関とは区別する用語として使われたが,現在,国連の経済社会理事会と協力関係にある民間非営利団体をNGOと呼んでいる。国際的なNGOの活動が認められ,1997年に「地雷禁止国際キャンペーン(ICBL)」,1999年には「国境なき医師団(MSF)」がノーベル平和賞を受賞している。日本では,国際援助や国際交流などの活動を継続的に行っている民間非営利団体という意味でNGOと呼ばれることが多い。開発,平和,人権,環境,教育,保健医療など様々な分野で活動を展開している。途上国の開発援助における草の根レベルでの活動や迅速で柔軟な緊急支

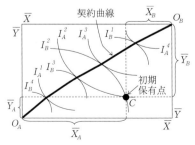

援活動が可能であり，政府（公共部門）の機能を補完する存在としても注目されている。 ➡ NPO

NPO non-profit organization 非営利で社会的貢献をする組織のこと。エヌ・ピー・オーと呼ばれる。非営利団体（組織）であるが，政府（公共部門）に属さないものを意味し「民間非営利団体」と訳されている。非営利というのは，営利を目的としないことであり，利益がでても団体の関係者で分配できない。NPOは，広義には，社会福祉法人，宗教法人，学校法人，医療法人，公益法人（社団法人，財団法人）や生活協同組合，共済組合，労働組合なども含むが，狭義には，市民により社会的・公共的な活動をする市民活動団体のことをいう。NPOの活動は様々な分野で展開されているが，政府，民間企業と並ぶ3つ目の社会セクターの担い手としてその役割が期待されている。こうした団体の中には，法人格を持たない任意団体とNPO法人がある。NPO法人とは，1998年に成立した特定非営利活動促進法（NPO法）に基づく法人格を持つ団体のことである。法人格を持つことにより，契約，財産取得，銀行口座開設を団体名義で行えるようになり，組織が安定し，社会的信用が高まり，寄付や助成が受けやすくなるというメリットがある。そのため，多くのNPOが法人化する傾向にある。また，2001年の租税特別措置法改正でNPO法人に寄付した場合の所得税，法人税，相続税の減免措置が設けられ，2011年には税制上の優遇措置がさらに拡大された。 ➡ NGO

FOB free on board 本船渡しとも呼ばれる，CIF（cost, insurance and freight：運賃保険料払込）同様，多く利用される貿易条件の1つ，あるいはその条件の下での価格のこと。貿易が行われる際に，輸出国において輸入者が指定する本船に積み込むまでと，輸入国までの航海とにおいては，費用と危険が存在する。FOBとは，前者の輸出国における費用と危険を輸出者が負担し，後者の輸入国までおよび輸入国における費用と危険を輸入者が負担するという条件のことである。それに対してCIFとは，輸出国における費用と危険に加えて輸入国までの費用と危険を輸出者が負担するという条件である。これらの危険の負担については，海上保険料の支払によってなされる。

FTA Free Trade Agreement ☞ 経済連携協定

M&A merger and acquisition エムアンドエー。企業の合併と買収のこと。企業の新分野への進出の有力な手法として日本でも定着してきた。また，不採算部門を売却して，収益力のある本業に集中する企業再編の手段としても活用されている。M&Aには，友好的M&Aと敵対的M&Aがある。敵対的なM&Aは，買収対象の企業の経営陣が反対しているにもかかわらず，株式公開買付け（TOB）などの手段を利用して，株式の過半数を掌握して力ずくで買収を行うことをいう。こうした敵対的なM&Aの圧力は，常に経営者に緊張感をもたらすといわれている。

買収資金を買収対象の企業の資産を担保に借り入れて調達するLBO（leveraged buyout）では，小さな企業が大きな企業を買収することも可能である。また，LBOの一種として，子会社の経営陣や特定事業の幹部職員が当該会社や事業部門の株式を買収し，親会社から独立するMBO（management buyout）もある。 ➡ 株式公開買付け

MM定理 Modigliani and Miller Theorem 完全な資金あるいは資本市場では資金調達方法は企業価値に影響しないという定理。導出者であるモディリアーニ（Modigliani, F.）とミラー（Miller, M.H.）の頭文字をとって，MM（エムエム）定理

と呼ばれ，現代ファイナンス理論の基本定理である。つまり，自己資本と負債をどのように組み合わせても，企業価値を変化させることはできないということをMM定理は意味している。MM定理が前提とする完全な市場とは，①金融取引コストがゼロであり，市場間の裁定が完全に行える，②法人税が存在しない，③情報の非対称性が存在しない，④経済主体はリスク中立的である，などが満たされる市場であり，この条件のいずれもが現実の世界では満たされない。したがって，MM定理を逆に理解すれば，現実の市場では，自己資本と負債の最適な組合せが存在しうるといえる。

MBO management buyout ☞ M&A

M1, M2, M3 流動性の程度に対応した通貨の呼称。流動性の程度により通貨は定義され，最も流動性が高いものから順にM1, M2, M3および広義流動性となっている。金融資産の持つ流動性の程度はそれが存在する時代や国によって異なるため，通貨の定義もそれに応じて異なる。日本の場合，2016年現在，日本銀行は通貨の範囲や対象を以下のように定めている。M1は，日本銀行発行高（紙幣）と貨幣流通高（硬貨）からなる現金通貨に全預金取扱金融機関に預けられた預金通貨（要求払預金（当座，普通，貯蓄，通知，別段，納税準備）－調査対象金融機関保有小切手・手形）を加えたものをいう。M2はゆうちょ銀行や農協などを除いた金融機関が保有するM1にあたる通貨に，定期性預金・譲渡性預金等を加えたものである。M3はこのM2の対象としてゆうちょ銀行や農協等まで広げたものを指し，広義流動性はさらにM3に金融債・国債等のその他の金融商品をくわえたものとなっている。 ➡ マネーストック，貨幣需要，通貨，貨幣

LP linear programming ☞ 線形計画法

LBO leveraged buyout ☞ M&A, レバレッジド・バイアウト

円為替 yen exchange 円建ての，すなわち円貨で表示した外国為替のこと。円レート，円建て為替レートともいう。外国で債権，債務の決済を行う際にその手段として用いられる。円と外貨は外国において交換がなされるため，為替の変動リスクは外国において発生することになる。なお，日本国内での円による決済については，円為替とは呼ばれない。 ➡ 外国為替

円キャリー取引 yen carry trade 金利の低い円で資金を調達（借入など）し金利の高い国の資金（ドルなど）に換えて運用し，金利差を得る取引のこと。証拠金取引（レバレッジ）の活発化，機関投資家の増加によって，取引規模が極めて大規模となっており，その影響が懸念されている。最大の懸念は，いわゆる「巻き戻し」である。円－ドル間の取引の場合を例に挙げると，円キャリー取引は日常的に行われる極めて自然な行為であり，取引額の積上げは緩やかであるが，一旦日本の金利が急上昇したり，米国の景気後退で，為替レートが急に円高に推移して本来の円売り，ドル買い行動とは逆に円買い，ドル売りの行動が必要になった場合，機関投資家などにより逆行動が大量に短時間のうちに激しく行われ，投資ファンドの破綻，さらなる株安など市場の大混乱を招く恐れがある。

エンゲル曲線 Engel curve ☞ 所得・消費曲線

エンゲル係数 Engel's coefficient 生計費に占める飲食費の割合のこと。エンゲル(Engel, C. L. E.)は家計調査のデータから所得階層が高まるにつれ，係数が低下する傾向を指摘した。この傾向をエンゲルの法則という。また同様に所得階

層の上昇とともに生計費に占める住居費の割合の上昇傾向が見られるが，これは発見者に因みシュワーベの法則と呼ばれる。またアレン（Allen, R. G. D.）とバウリー（Bowley, A. L.）は飲食費，住居費の他，衣料，燃料等の各費目についても，生計費との間に比例的な関係を見出し，所得階層が下がるほど奢侈的支出の生計費に占める割合の低下を指摘し，これはアレン＝バウリーの法則と呼ばれる。

縁故地方債 private placement local government bond　地方公共団体の発行する地方債のうち，非公募で当該団体と関係の深い特定の金融機関等により引き受けられる地方債のこと。縁故債とも呼ばれてきたが，2003年度より銀行等引受債と名称変更された。具体的な引受け手としては，地方公共団体と取引関係にある銀行，農協等の金融機関，当該起債事業について受益関係を生じる会社，地方公務員共済組合，損害保険会社などが挙げられる。また縁故地方債の発行条件については，地方公共団体と応募相手との個別交渉により決定される。

円借款 yen loan　日本政府が行う直接借款(有償資金協力)のこと。直接借款とは2国間政府貸付のことをいい，発展途上国の政府あるいは政府関係機関に対して，経済開発のために必要な資金を長期かつ低利の条件で貸し付けるものである。円借款はその貸付(配分)先としてアジア各国が主要な地位を占め，また重点分野としては，①貧困削減と経済・社会開発への支援，②地球規模問題への取組み，③経済構造改革への支援，以上の3つが設定されている。利用目的は，道路やダム建設等の社会基盤の整備といったハード面の充実から，教育サービスの向上，保健・医療サービスの供与などソフト面の充実に至るまで，非常に広汎にわたっている。円借款の形態としては，プロジェクト借款，エンジニアリング・サービス借款，開発金融借款，構造調整借款，商品借款，セクタープログラムローンの6種類がある。➡プロジェクト援助

援助 aid　☞　経済援助

円高・ドル安 yen appreciation, dollar depreciation　円の米ドルに対する相対的な価値が上昇すること。為替レートを1ドル当たりx円とすると，xの値が小さくなること。なぜなら，xがより小さいと，より少ない円で1ドルが取得できるからである。また，同時にドルの価値は相対的に低下しているため，ドル安となっている。逆の場合には，円安・ドル高といわれる。このように円高の際には，少額の円でドル（一般的には外貨）を取得できることから，アメリカ（外国）からの輸入商品の日本国内価格が下落することになる。したがって一般的には，輸入業者や原材料を輸入に依存している産業にとっては円高は望ましい。逆に，日本からの輸出商品はアメリカ（外国）では価格が上昇することになるため，輸出産業にとっては望ましいものとはいえない。さらに円高が持続する場合には，輸出産業は日本国内から外国へと生産をシフトさせ，産業空洞化を招き，国内雇用の悪化をもたらす。➡為替レート

円建て外債 yen denominated foreign bond　☞　円建て債

円建て債 yen denominated bond　非居住者である外国の政府や地方自治体，企業，国際金融機関などが日本の資本市場において発行する円建ての債券。円建て外債，サムライ債などといわれる。アジア開発銀行債が1970年に発行されたのが最初。逆に，日本の政府，企業等が海外の資本市場において発行する外貨建ての債券は外貨建て債という。また，円建てBA（バンカーズ・アクセプタンス）とは，貿易の資金決済のために振り出される円建て期限付為替手形のことで，

1984年の日米円・ドル委員会において創設が決定された。1987年からは円建公募債の一部として，ユーロクリア，セデルといったユーロ市場の決済システムを利用したダイミョー債，非居住者が国内資本市場において外貨建てで発行するショーグン債も，類似した商品として存在する。➡ サムライ債

円転 oversold actual position
☞ 円転換

円転換 oversold actual position　円転換（円転）とは，外国為替銀行が外貨資金を為替市場で売却し円貨に換え，円資金として運用することをいう。その取引が行われる市場を円転市場，また，その際に適用されるレートのことを円転レートと呼ぶ。一方，円投入（円投）とは，円資金を外貨に換え，外貨資金として運用することをいう。いずれも金利裁定取引の1つであり，国内利子率が海外利子率を下回ったときには円転が，上回ったときには円投が行われる。また，為替レートが円高方向に振れる場合には円転換が，円安方向に振れる場合には円投入が行われる傾向にある。金利裁定にかかわる短期の資金移動が日本の国内金融に多大な影響を与える可能性があることなどから，1968年には海外取り入れの短期資金に関する月中平均残高規制（円転規制）が行われることとなった。1977年には円転規制である直先総合持高規制が実施されるようになったが，1998年には廃止された。➡ 外国為替，裁定取引

円投 overbought actual position
☞ 円転換

円投入 overbought actual position
☞ 円転換

エントロピー entropy　熱力学の用語であり，乱雑さを表す概念である。乱雑さの度合いが高まるほどエントロピーが増大することになる。熱力学のエントロピーの概念から，環境汚染は経済活動によるエネルギーや物質の拡散によって生じ，経済活動自体がエントロピー増大過程であると認識する考え方が起こり，今日では環境問題を考える場合にも使用されている。➡ 環境，地球環境問題

円の国際化 internationalization of the yen　日本円の国際金融市場における地位が高まり，日本円が民間において広く利用されると同時に，各国の政府や通貨当局により外貨準備として多く利用されるようになること。すなわち，日本円が国際通貨として認められることを意味する。国際通貨としての要件としては国際貿易において使用されることで，決済通貨，表示通貨としての役割を担うこと，外貨準備として保有されることで準備通貨としての役割を担うこと，そして国際金融・資本取引において銀行間の貸借の通貨としての役割を担うことが挙げられる。➡ 外貨準備，基軸通貨

円安・ドル高 yen depreciation, dollar appreciation ☞ 円高・ドル安

円リンク債 yen linked bond　外貨建て債で，償還額やクーポンが円の為替レートとリンクし，償還元本がそのレートに応じて変動するもの。発行時より償還時の方が円高になった場合には元本が減少し，逆に円安になった場合には元本が増加する。一般に，ある商品の価格を対象とする債券をリンク債といい，リンクする対象として円の他に金，原油，他の外貨（米ドルなど）があり，金リンク債などと呼ばれる。

円レート yen rate ☞ 円為替

オイル・ショック oil shock, oil crisis 石油価格の高騰およびそれによりもたらされた世界経済への影響のこと。石油ショック，石油危機ともいわれる。オイル・ショックは1973年からの第1次と，1978年からの第2次の2回あった。第1次オイル・ショックは，1973年10月に始まったイスラエルとアラブ諸国との戦争（第4次中東戦争）にその原因を求めることができる。アラブのOPEC加盟国が石油輸出の禁止を行い，石油価格が1974年3月には戦争前に比べ約4倍上昇した。石油生産の減少と価格の高騰で，石油がエネルギー源，工業原料として広く使用されていたこともあり，世界経済を高インフレーションと高失業率の併存するスタグフレーションへと追いやることとなった。また，第2次オイル・ショックは，1978年に始まるイラン国王政権の崩壊による石油輸出の減少が，石油価格の高騰を引き起こしたことがその原因である。石油価格は1978年から1981年にかけて約3倍上昇した。このときにもスタグフレーションが発生したものの，第1次オイル・ショックの経験から，先進国においてはその影響を若干抑えることができた。これらの2回にわたるオイル・ショックは，OPEC依存の経済構造，あるいは石油依存の経済構造からの脱却を先進国に促進させる契機を与え，OPEC以外の地域での石油開発，エネルギー効率の改善や代替エネルギーへの転換を進めさせることとなった。日本経済は世界に先駆けていち早く生産の高度化・自動化によりショックを吸収し，国際競争力を高めることとなった。➡ OPEC

オイル・マネー oil money 産油国が原油を輸出することで得た純輸出額分の余剰資金のこと。第1次オイル・ショックによる石油価格の値上がりにより産油国が手にした巨額の余剰資金に対して最初用いられた。また，オイル・マネーは米ドルの形で運用されることが多かったため，オイル・ダラーとも呼ばれた。産油国がこのようなオイル・マネーの蓄積を進めることは，国際金融市場における資金の偏在をもたらすことになるため，その円滑な還流が求められた（オイル・マネー・リサイクリング）。還流先は発展途上国で，これはそれら諸国が工業化を促進するにあたり資金を必要としていたことと，そのために必要となる資本財輸出を先進国が増加させようとしたことが背景にあった。21世紀に入ると，原油価格の上昇とともにオイル・マネーも巨額なものとなり，国際金融市場の発展とも相まって，投機やヘッジファンドの資金となったり，その他様々な金融商品への投資にも運用されるようになった。
➡ オイル・ショック，投機

応益説 benefit approach ☞ 利益説

凹関数 concave function ある凸集合上で定義された実数値関数 $f(x)$ を考える。ここで，x は n 次元ベクトルである。定義域に属する任意の2点 x, x' と $0 < \alpha < 1$ なる実数 α に対して，次の関係が成り立つとき，$f(x)$ は凹関数であるという。

(1) $f(\alpha x + (1-\alpha)x')$
 $\geqq \alpha f(x) + (1-\alpha)f(x')$

すなわち，凹関数とは，任意の2点の

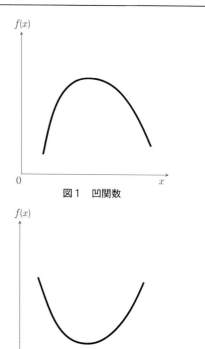

図1 凹関数

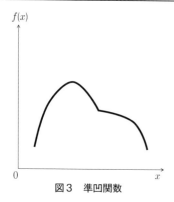

図3 準凹関数

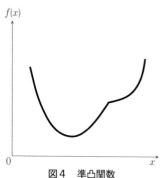

図2 凸関数

図4 準凸関数

内分点における関数の値が，2点それぞれにおける関数値の内分点よりも大きいか，あるいは等しくなるような関数である。1変数の関数の場合，図1のように横軸を独立変数，縦軸を従属変数とすれば，上に凸の形状のグラフは，凹関数のグラフである。したがって，$f(x)$の2階の導関数が，定義域上で負またはゼロとなれば凹関数である。不等号の向きが反対になり，次の式が成り立つとき，$f(x)$は凸関数であるという。

(2) $f(\alpha x + (1-\alpha)x')$
$\leqq \alpha f(x) + (1-\alpha)f(x')$

1変数の関数の場合，図2のように下に凸の形状のグラフは，凸関数のグラフである。したがって，$f(x)$の2階の導関数が，定義域上で正またはゼロとなれば凸関数である。等号が含まれない場合，すなわち，$f(\alpha x + (1-\alpha)x') > \alpha f(x) + (1-\alpha)f(x')$が成立するとき，$f(x)$は強い凹関数と呼ばれる。なお，不等号が逆の場合（<），強い凸関数と呼ばれる。1変数関数の場合，直線は凹関数かつ凸関数であるが，強い凹（凸）関数は直線を含まない。また，図3のように任意の2点x, x'について次の関係が成り立つとき$f(x)$を準凹関数という。

(3) $f(\alpha x + (1-\alpha)x')$
$\geqq \min\{f(x), f(x')\}$

ここで，$\min\{a,b\}$は$a<b$ならば$\min\{a,b\}=a$, $a>b$ならば$\min\{a,b\}=b$と，小さい方の値を返す関数である。今，

$f(x) < f(x')$ とすると，$\alpha f(x) + (1-\alpha) f(x') > \alpha f(x) + (1-\alpha) f(x) = f(x)$ であることから，凹関数は準凹関数であることがわかる。しかしながら逆は成立しない。

また図4のように，次の関係が成り立つとき$f(x)$は準凸関数という。

(4) $f(\alpha x + (1-\alpha) x') \leq \max\{f(x), f(x')\}$

ここで$\max\{a,b\}$は大きい方の値を返す関数である。準凹(準凸)関数の定義において，等号を含めない場合，すなわち$>$($<$)で置き換えた場合，強い準凹関数(強い準凸関数)という。以上は1変数の関数の説明であるが，2変数関数の場合，強い準凹関数は，グラフが水平部分を持たないことを意味する。

黄金律 golden rule 人口(=労働者数)の成長する新古典派成長モデルにおいて，均衡成長経路のうち，1人当たり消費水準が最大となる状態のこと。このとき，利潤率(1人当たり資本の限界生産力)が人口成長率に一致している。あるいは，資本分配率が貯蓄率に一致する。貯蓄率をs，1人当たり資本ストックをk，1人当たり生産関数を$y = f(k)$，人口成長率をn，そして1人当たり消費をcとして，新古典派成長モデル特にソロー＝スワン成長モデルを考える。この場合の均衡成長状態では，

(1) $sf(k^*) - nk^* = 0$

が成立している。またこのとき，1人当たり消費は$c^* = (1-s)f(k^*) = f(k^*) - nk^*$と表すことができる。消費$c^*$の極大条件は$dc^*/dk = 0$であり，

(2) $f'(k^*) = n$

である。(1)，(2)式より

(3) $s = f'(k^*)k^*/f(k^*)$

を得る。(2)式は利潤率$f'(k^*)$と人口成長率nの一致，(3)式は貯蓄率sと資本分配率$f'(k^*)k^*/f(k^*)$の一致をそれぞれ意味する。➡ 均衡成長，新古典派経済学，ソロー＝スワン成長モデル

欧州中央銀行 European Central Bank：ECB 1998年6月にドイツ・フランクフルトに設立されたEU(欧州連合)の中央銀行のこと。1999年1月に，単一通貨ユーロが導入され，欧州中央銀行による統一的な金融政策が実施されるようになり，各国の中央銀行は，ECBが決定した金融政策を執行するだけの機関になった。ECBの行う金融政策の一義的な目的は，「物価安定の維持」とされている。具体的な政策の決定(中間目標や政策金利の設定など)は，ECB理事会で行われる。理事会のメンバーは，総裁，副総裁，理事4名および，共通通貨ユーロを採用している国の中央銀行総裁で，議事は多数決で決定される。➡ EU，ユーロ

応能説 ability-to-pay approach ☞ 能力説

応募者利回り subscriber's yield 新発債を購入した日から，最終償還日まで所有した場合に入ってくる受取利息(インカム・ゲイン)と償還差損益(額面と発行価格の差：キャピタル・ゲイン)との合計額が，投資元本に対して年何％になるのかを見るもの。例えば，発行価格90円，額面100円，1年の受取利息3円，満期5年の債券があるとすると，償還差益は10円で，1年当たり2円となる。したがって，90円の投資で毎年，5円受け取ることになるので，応募者利回りは，5.6 (5/90)％となる。なお，同じ考えを既発債について適用し，既発債を購入して最終償還日まで所有した場合の利回りを計算したものが，最終利回りである。➡ キャピタル・ゲイン

応用計量経済学 applied econometrics ☞ 計量経済学

OR operations research ☞ オペレーションズ・リサーチ

OEM original equipment manufacturer, original equipment manufacturing 委託

を受けた相手先ブランドで製品を生産する企業、あるいは相手先ブランドで生産すること。オー・イー・エムと呼ばれる。「相手先ブランドによる生産」と訳されることが多い。OEMは自社で生産した製品を、他社ブランドで供給することになる。OEMにより製品の供給を受けた企業は、自社ブランドで販売する。パソコン、家電、自動車などをはじめ様々な業種で広く普及している。発注企業が自社ブランドで販売するために、受注企業に製品を供給させるOEM契約は、製造業同士、製造業と小売業など様々な形態がある。発注企業にとっては、競争力の弱い分野で他社から安価で良質な製品を調達でき、投資負担や経営リスクの軽減を図ることができる。受注企業にとっては、生産増加による利益の拡大や技術の習得が期待できる。

OECD Organisation for Economic Co-operation and Development　経済協力開発機構。加盟国の経済成長による世界経済の発展、発展途上国である加盟国および非加盟国への援助、ならびに多角的な自由貿易の拡大を主たる目的とする機構。これら以外にも、現在では環境、資源エネルギー、教育などの分野において幅広い活動を展開している。旧東欧諸国等が加盟する前の1990年代半ばまでは、先進諸国の経済協力機構の性格を有していた。そもそもは1948年に欧州経済の復興を目指して発足したOEEC（Organization for European Economic Co-operation：欧州経済協力機構）を前身として、1961年にイギリス、フランス、アメリカ、カナダ、オーストリア、デンマーク、ベルギー、イタリア、ルクセンブルク、オランダ、ドイツ、ギリシャ、アイスランド、アイルランド、ノルウェー、ポルトガル、スペイン、スウェーデン、スイス、トルコの20カ国により設立されたものである。80年代には、それらに日本、フィンランド、オーストラリア、ニュージーランド、メキシコ、チェコ、ハンガリー、ポーランド、韓国が、さらには2000年代にスロバキア、チリ、スロベニア、エストニア、イスラエル、ラトビアが加わり、2017年4月では加盟国は35カ国となっている。

大きな政府 big government　公共部門の活動範囲あるいは財政規模が非常に大きくなっている状態のこと。政府の規模は、その果たすべき役割に大きく依存している。資本主義の勃興期においては、法律や治安の維持といった市場のルールを設定するという役割に限られるべきと考えられた。その後、貧富の差の拡大あるいは1929年に始まる大恐慌などにより、政府は積極的な財政政策、福祉国家政策など積極的に市場経済に介入していくべきであるという考え方が主流となってきた。しかし1970年代後半に入ると、政府部門の肥大化・非効率性およびそれに伴う国民負担の増大への不満が高まり、小さな政府が志向されるようになった。1980年代には、イギリスのサッチャー政権下における公的企業の民営化、アメリカのレーガン政権における規制緩和など小さな政府を志向した動きが活発化した。小さな政府への志向は、政府のスリム化・効率化をある程度達成したが、他方で貧富の差を拡大させ、いろいろな面で弊害が顕著になってきている。➡財政政策、福祉国家

大蔵省 the Ministry of Finance
☞　財務省

オークンの法則 Okun's law　失業率と実質GDPの間に負の相関があること。1950年代のアメリカ経済の観測から、オークン（Okun, A.M.）によって検出され、失業率1％の上昇は実質GDP3％の減少をともなうとされた。完全雇用実質GDPをy_f、自然失業率をu_n、現行の実質GDPをy、現行失業率をuとおくと、オークンの法則は次のように表される。

$$\frac{y-y_f}{y_f} = -\lambda(u-u_n) \quad (\lambda>0)$$

$(y-y_f)/y_f$ はGDPギャップ率と呼ばれる。物価水準は財市場の超過需要によって変化すると考えられ，これを $\dot{P}=\alpha(y^D-y^S)\ (\alpha>0)$ と表す。他方，財市場の超過需要 y^D-y^S とGDPギャップ率 $(y-y_f)/y_f$ の間には正の相関があるとすれば，この両者の関係から物価上昇率について次の関係が得られる。

$$\dot{P} = \beta\frac{y-y_f}{y_f} \quad (\beta>0)$$

この式とオークンの法則から次のフィリップス曲線の方程式が導かれる。

$$\dot{P} = -\phi(u-u_n) \quad (\phi'>0)$$

➡ 完全雇用GDP, フィリップス曲線

オーストリア学派 Austrian school
ローザンヌ学派，ケンブリッジ学派とともに近代経済学のパイオニア的学派の1つ。メンガー(Menger, C.)を創始者とし，その後，ウィーン大学を中心に後継者のボェーム・バヴェルク(Böhm-Bawerk, E. von)やヴィーザー(Wieser, F. von)らによって，主観的価値論の軸となる限界概念の開発と応用を中心に形成された学派。メンガーの業績に加えて，限界効用(自然価値)と貨幣の期待限界効用(買い手の購買力)との対応関係で価値決定が行われるということ，資本理論・利子理論のもとになる時差説と生産期間モデル(生産の現在時点と販売実現の将来時点での期間の時間割引率など)，帰属理論による機会費用論(生産の代替用途間での転用による費用説明)，限界効用理論の「限界対偶」論への拡張，限界生産力論などに特色がある。その後，20世紀に入るとその継承者は，米国を活動の中心とし，とりわけミーゼス(Mises, L. E. von)やハイエク(Hayek, F. A. von)らによる，社会主義，福祉国家を批判する自由主義の立場をとるようになっている。➡ 限界革命，ローザンヌ学派

オーバーシューティング overshooting 経済で何らかのショックが発生した瞬間では，その影響を受ける経済変数の値が長期的に達成される均衡値から大きく乖離した水準になること。その後は長期的均衡値に向かってその乖離幅を縮小するように収束していく。一般的には，為替レートの変動についていわれる。これは為替レートの変化の速度が他の変数の変化，例えば国内物価水準の変化の速度に比べて大きいことにより発生するものである。図には縦軸に自国通貨建ての為替レート，横軸に時間をとり，当初為替レートが E_0 の水準で均衡し，時間 t_s に国内貨幣供給量を増大させるというショックを与えたときの様子を描いている。長期的には貨幣供給量の増大に見合う為替レートの水準(E^*)が達成されるものの，ショックが与えられた時間 t_s においては為替レートは国内物価水準に比べて大きく反応し，長期均衡水準 E^* を上回る E_s の水準まで上昇している。このような為替レートのオーバーシューティングの後，国内物価水準も次第に貨幣供給の増大に合わせて上昇しつつ，為替レートもその「行き過ぎ」を解消する方向に向かいながら，長期均衡水準へと収束していく。➡ 為替レート

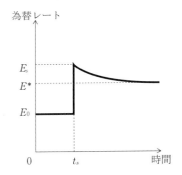

オーバー・ボローイング over-borrowing 企業が慢性的に(自己資本に

比べて多額の）銀行借入に依存している状態のこと。高度経済成長期の日本の金融システムの特徴を示す用語で、当時は、法人企業が旺盛な資金需要を持ち、その需要を銀行が賄うという間接金融システムであった。また、資金需要の多い都市銀行は慢性的な資金不足状態にあり、他方、地方銀行は優良顧客が少ないことから資金超過状態にあった。これを資金偏在と呼んでいる。

都市銀行は顧客企業の資金ニーズに応えるために地方銀行等から資金を取り入れるだけでなく、日本銀行からも借り入れた。この結果、都市銀行は自ら集める預金に比べて過大な貸出を行うことになり、オーバー・ローンとして問題視されていた。なお、最近では、オーバー・ボローイングなどの用語は聞かれることは少なくなっているが、バブル崩壊後に、企業の過剰債務問題が指摘されるなど、企業（特に中小企業）の財務構造が銀行借入に過度に依存している状況は改善していない。

オープン・イノベーション open innovation　多くの企業や大学等の研究機関が参加し、イノベーションを起こす手法。1990年代でのIT技術のイノベーションの方法として始まった。ある地域内の企業や研究機関が、情報、技術、人材、資金を持ち寄り、共同して開発に携わる。参加者の組み合わせは、開発する案件により異なり、自由に決定される。ハーバード大のチェスブロウ（Chesbrough, H.）が提唱したといわれる。シリコンバレーやボストンのルート128での成功の原因として世界中に広がった。オープン・イノベーションでは、大学や研究機関の役割が重要視される。これと対をなすのが、クローズド・イノベーション（closed innovation）である。これは特定の参加者のみにより研究開発を行う方法で、これまで日本の自動車、家電、情報産業で普遍的に行われてきた、親企業と関連企業のみで共同して開発する方法である。これは、1990年代以降の日本経済や企業の活力低下の原因の1つとされる。 ➡ イノベーション

オープン市場 open market　取引期間が1年以内の短期の資金取引が行われる短期金融市場の1つで、金融機関に加え一般事業法人や地方公共団体など非金融部門も自由に市場に参加できる金融市場。これに対して、インターバンク市場では市場への参加者が金融機関に限られている。わが国でのオープン市場には、債券現先市場、CD（譲渡性預金）市場、CP（コマーシャルペーパー）市場、TB（割引短期国債）市場、FB（政府短期証券）市場などがあり、短期資金の運用調達の場として重要な役割を果している。➡ インターバンク市場、金融市場、短期金融市場

オープン・ポジション open position　外国為替取引などで、反対売買などを行わないでリスクにさらされた状態にある保有額のこと。例えば、外国為替取引では、決済がされていなかったり、同じ決済日の反対売買などを行っていなかったりするために、外貨建ての債権や債務がある状態をいう。未決済建玉、エクスポージャーともいう。債権・債務を差し引きして外貨建ての債権がある場合を買い持ち、逆の場合を売り持ちと呼ぶ。当然、オープン・ポジションがあれば為替リスクを負っていることになる。

なお、わが国では銀行が過度の為替リスクを負わないように外貨建ての債権・債務を一定の限度内に抑えるように規制されていた（持高規制）。しかし、1998年4月に「外国為替及び外国貿易法」（新外為法）が施行されたのに伴って、持高規制は廃止され、銀行の自主的なリスク管理に任されることになった。

送り状 invoice　売買契約に関する

条件が正当に履行されたことを売り主が買い主に対して証明する書類をいう。商品名，数量，金額などが記載され，インボイスとも呼ばれる。ヨーロッパの付加価値税制度は，仕入税額控除制度をともなった多段階課税で，各段階の売上高に税率を乗じて算定された税額から前段階までに支払われた税額を控除して納税するインボイス(税額票)方式がとられている。取引の際に受け取るインボイスに記載された内容をもとに税額が算定されるため，業者間による監視機能が働くという特徴を持っている。一方わが国の消費税制度は事業者の事務負担軽減等のために帳簿(アカウント)方式をとっていたため，ヨーロッパの付加価値税に比べてその精度で劣るといわれてきた。そのため制度の信頼性を高めることを目的に帳簿の保存に加え，請求書，領収書，納品書その他取引の事実を証明する書類のいずれかの保存を税額控除の要件とする請求書等保存方式を採用する法改正が行われた。➡ 税額控除，付加価値税

汚染者負担原則 polluter pays principle：PPP　　汚染物質を排出している者がその防止費用を自ら負担すべきであるという考え方。コースの定理によれば，環境汚染の発生者が被害者に補償金を支払っても，逆に被害者が発生者にお金を払って汚染をなくすようにしてもらっても，資源配分上環境汚染を減じるのと同一の効果を持つとされる。しかし，この原則は汚染者の責任を明確に認めるものである。これは1972年にOECDの「環境政策の国際経済面に関する指針原則の理事会勧告」として，公正な自由競争の枠組みを作るための原則として提唱された。現在では世界各国で環境保護の基本的な考え方となっている。公害問題が深刻であった日本では，公害防止費用だけではなく，汚染された環境の原状回復費用や公害で生じた被害を補償する費用についても汚染者が負担することを基本としており，「公害防止事業費事業者負担法」や「公害健康被害の補償等に関する法律」などが制定されている。➡ 外部性，環境税，コースの定理

オゾン層保護 ozone layer protection　高度10～50kmに存在するオゾン層を破壊から保護すること。オゾン層とは高度10～50kmの成層圏中に存在するオゾン分子が高濃度に集積している層であり，太陽光線に含まれるUV-CやUV-B等の有害紫外線の大部分を吸収している。また，大気中に放出されたフロン等の含塩素化合物の塩素原子がオゾン層の上部に到達したUV-Cの作用ではずれ，それが触媒的に作用してオゾン分子を酸素分子に変換してしまうことをオゾン層の破壊という。オゾン層が破壊されると地上に降り注ぐ有害紫外線量が増加し，人間には皮膚がんや白内障等の増加，農産物・魚介類では収穫量の減少といった影響が生じる。オゾン層の破壊を引き起こすフロンは冷蔵庫やエアコンの冷媒等として利用されてきたが，オゾン層の保護を図るため2001年に「特定製品に係るフロン類の回収及び破壊の実施の確保等に関する法律」(「フロン回収破壊法」)が制定され，特定製品からのフロン類の回収が義務付けられた。➡ 地球環境問題

オファー曲線 offer curve　　一国の望ましい輸入と輸出が，相対価格の変化によってどのように変わるかを示したもの。自国のオファー曲線ORが図に描かれている。2財の相対価格がOAの傾きに等しいとき，自国は財1をOBだけ輸出し，財2をABだけ輸入する。外国のオファー曲線OR^*も描くと，2国間の貿易均衡は，自国と外国のオファー曲線の交点Eで達成され，均衡相対価格はOEの傾きとして求められる。自国の財1の輸出は外国の財1の輸入と等しくOXとなり，外国の財2の輸出は自国の財2の輸

入と等しくOYとなる。

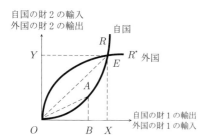

オファー・ビッド offer and bid　オファーは売り注文の価格、ビッドは買い注文の価格のこと。例えば無担保コール市場で行われているオファー・ビッド方式とは、資金の出し手・取り手の双方が、短資会社に取引条件（取引金額・レート・期間など）の提示を行い、条件の合致により取引が成立する方式である。また、ドルと円の外国為替取引の場合では、ドルの売り値がオファー、買い値がビッドとなる。銀行間の取引では、各銀行はオファーとビッドの両方を提示(建値)することになっている。

オフショア・マーケット offshore market　非居住者が非居住者から資金を調達するあるいは非居住者に融資する、もしくは非居住者からの資金を非居住者に融資するといった非居住者間の金融取引（「外ー外」取引）について、国内金融市場とは切り離して、金融・為替管理上の制約を大幅に緩和したり、税制上優遇したりした金融市場のこと。オフショア市場には、①金融取引の実体を伴い、そこに参加する銀行が、そのための特別勘定(オフショア勘定)を設けるのが普通となっている市場、②税回避のための単なる記帳センターとして使われるタックスヘイブン型の市場とがある。前者の例は、1981年創設のニューヨークIBF (International Banking Facilities) 市場、1986年創設の東京オフショア市場、シンガポールACU、バーレーンOBU、バンコクIBFなどであり、後者の例は、ケイマン、バハマなどである。東京オフショア市場は、ニューヨークのIBF市場を手本としており、邦銀や在日外銀がオフショア用特別勘定を設け、ここに投資家が資金を預け、その資金を非居住者に貸し付ける取引が中心となっているが、ニューヨークやロンドンに比べ制約が多く、取引は低迷傾向にある。➡タックスヘイブン

オプション取引 option transaction　指定された商品、株式、通貨等を、事前に合意済みの為替レートで、特定化された期限内に購入または売却する「権利」の売買のこと。この場合購入する権利をコール・オプション、売却する権利をプット・オプションと呼ぶ。期限内に権利があるものをアメリカ型、決済日だけ権利が行使できる特殊なものをヨーロッパ型として区別する。通貨オプション取引において買い手の利点は、契約期限内に為替レートが買い手に有利に働いたときのみその権利を行使すればよいことである。つまりリスクをヘッジしながら利益を期待できる取引といえる。アメリカではシカゴ・オプション取引所で1973年に株式オプション取引が実施されたのが始まり。わが国では1980年代後半以降、債券、通貨、株式のオプション取引が実施されている。➡デリバティブ

オフバランス off-balance　☞　オンバランス

OPEC Organization of Petroleum Exporting Countries　西側先進国と旧東側社会主義諸国を除いて結成された、石油の生産、価格についてのカルテル。石油輸出国機構。1960年、イラクのバグダッドにイラン、イラク、サウジアラビア、ベネズエラ、クウェートの5カ国が参集し、結成された。その後、カタール、インドネシア、リビア、アラブ首長国連

邦，アルジェリア，ナイジェリア，エクアドル，ガボン，アンゴラが加盟し，その後エクアドル，ガボンが脱退したため現在の加盟国は11カ国である。当初の設立の目的は，石油の一貫操業を世界各地で展開していた西側先進国の企業である国際石油資本(メジャー)の市場支配力に対抗するためであったが，2度のオイル・ショックを通じOPECは国際石油資本との関係を逆転させ，価格支配力を持つに至った。OPECによる相次ぐ石油価格の値上げは国際的な石油需要を減退させ，また，北海油田の開発やカスピ海沿岸の油田の開発などで，西側諸国や旧ソ連などでも石油が産出されるようになると，1980年代には石油価格が大幅に下落した。このような環境の変化に対し，OPEC内でも対応の足並みが乱れるようになるとともに，OPECの地位の低下が見られるようになった。 ➡ オイル・ショック

オペレーショナル・リスク operational risk ☞ 決済リスク

オペレーションズ・リサーチ operations research 経済，企業，さらには様々なシステムの運用に伴う問題を解決するために，数理科学的な手法を適用してシステムの管理に関する最適な解を提供するための具体的な研究技法，略してORともいう。ORは元来第2次世界大戦中に軍事問題を解決する技法として英米の科学者によって開発された。戦後は，政府や企業の直面する広範囲の問題に適用されるようになり発展してきた。ORは，あらゆるシステムもしくは組織体に適用することが可能であり，その特色は多方面の専門家の協力によって学際的な立場から計量的に問題の解決を図るというところにある。近年では，経営管理問題に科学的方法を提供するものとして，経営科学または管理科学の基盤を築いている。ORで利用される技法の代表的なものは，線形計画法，整数計画法，二次計画法，非線形計画法，動的計画法，ゲームの理論，ネットワーク理論，確率過程論，待ち行列理論，シミュレーションなどがある。 ➡ ゲームの理論，線形計画法，動的計画法

オペレーション・ツイスト operation twist 政府短期証券(TB)だけではなく，中・長期国債も公開市場操作の対象にして，長期金利と短期金利を別々の方向に操作することを目指した政策のこと。ケネディ政権下のアメリカで採用された金融政策の方式である。

具体的には，当時のアメリカは国際収支の悪化をもたらす短期資金の流出に悩まされていたために，短期金利を引き上げたかった。一方，国内の設備投資を促進するためには長期金利を引き下げたかった。そこで，アメリカの中央銀行である連邦準備制度(Fed)は，短期国債の売りオペを行って短期金利を引き上げる一方，中・長期国債の買いオペによって長期金利を低めに誘導しようとした。しかし，短期金利と長期金利には一定の関係があり(金利の期間構造)，短期金利と長期金利を別々に操作することは難しかった。また，短期金利の引上げが短期資本の流出阻止にそれほどの効果を持たなかった。そのため，オペレーション・ツイストは所期の目的を果たせなかった。➡ イールド・カーブ，公開市場操作

オン・ザ・ジョブ・トレーニング On-the-Job Training 日本企業における従業員の教育・訓練の基本的な形態であるとされ，日常の職場で業務に必要な知識・技能・技術・態度を実地に職務を分担しながら習得させる方法のこと。略してオー・ジェイ・ティ(OJT)ともいう。職場内訓練とも呼ばれる。これに対して，日常の職場や仕事時間から離れて研修に参加させ，技術や業務遂行上の技能を訓練する方法をオフ・ジェイ・ティ(Off-JT)と呼び，職務外訓練あるいは職場外研修

といわれる。Off-JTは企業の人材開発・研修を担当する部署の教育・訓練メニューや外部の研修機関による研修プログラムの活用によって従業員の一般的な技術や知識の習得を図る。OJTでは，現場の上司が実際に作業をして従業員と試行錯誤しながら，職務遂行上の知識や技能を伝えるため，職場固有の教育・訓練内容が多く含まれるが，Off-JTでは一般化された知識や技能が中心である。これまで日本企業における従業員の教育・訓練は，OJTが主流であり，これと相互補完的にOff-JTが活用されてきた。また，熟練形成のためにOJTの一環としてジョブ・ローテーションも実施されてきた。終身雇用を前提としてきた日本企業では，企業での業務遂行の中で従業員の能力の向上を図ってきた。➡ 終身雇用

温室効果 greenhouse effect 日射は地球上の大気をほとんど透過するが，地表から放出される熱放射がその多くの部分大気中で吸収され，地表面の温度を高める効果のこと。地球上の大気の主成分であるN_2およびO_2は熱放射を吸収する働きはしないが，二酸化炭素（CO_2），水蒸気その他の微量成分（オゾン，メタン，フロン等）はこの働きを有している。今日では，人類の経済活動の結果として排出される二酸化炭素（CO_2）やその他のガスによる温室効果がもたらす地球温暖化が大きな地球環境問題となっている。
➡ 地球温暖化，地球環境問題

温暖化防止条約 Framework Convention on Climate Change：FCCC 正式名称は「気候変動に関する国際連合枠組み条約」といい，1992年の国連総会で採択された後，同年の地球サミットにおいて署名が開始され，1994年に発効した。同条約は，大気中の温室効果ガスの濃度を安定化させることを目的とし，その上で「共通だが差異のある責任」を果たすという原則に基づき，これまでに多量の温室効果ガスを排出してきた先進国についてのみ，2000年までに1990年のレベルまで二酸化炭素の排出量を削減するという努力義務を課していた。しかし，同条約には法的拘束力がなく，また2000年以降の取組みについても決められていなかったために，法的拘束力を有する削減目標を定めるための締約国会議（COP）が続けられている。1997年12月に京都で開催された第3回締約国会議（COP3）において「京都議定書」が採択された。そこでは先進国の温室効果ガスの排出量削減の数値目標が定められている。2001年に米国が「京都議定書」から離脱したが，2005年2月に発効した。2015年11月にパリで開催されたCOP21ではすべての国が参加し，公平かつ実効的な新たな法的枠組となる「パリ協定」が採択された。➡ 温室効果，地球温暖化

オンバランス on-balance 貸借対照表（バランスシート）に計上されている資産・負債のこと。貸借対照表に計上されていないものをオフバランスの資産・負債と呼ぶ。また，オンバランスの資産・負債を貸借対照表に計上しなくてもよいように売却等を進めることをオフバランス化と呼んでいる。例えば，デリバティブ契約で生じる将来の債務は，貸借対照表に記載されていないので，オフバランスの負債である。オフバランス資産・負債の存在のために，企業の真のリスクを把握するのにバランスシートだけでは十分ではない。そのため，例えば，BIS自己資本比率規制では，一定の方式でオフバランス取引を信用リスク相当額に換算して，規制の対象にしている。➡ 貸借対照表

オンライン・システム on-line system コンピュータ相互あるいはコンピュータと端末装置を通信回線で結びデータ処理するシステムのこと。これに対して，通信回線で直結しないで，パンチカードや

磁気テープ，ディスク，ICカードなどの記憶媒体を受け渡ししてデータ処理するシステムをオフライン・システムと呼ぶ。汎用大型コンピュータが業務用に普及した当初は単体で一括処理(バッチ処理)の形態で利用されていたが，時分割処理方式（TSS）の採用によりホスト・コンピュータと端末装置を通信回線で結び，各端末から各自のデータ処理を同時に実行するリアルタイム処理，あるいはリモートバッチ処理が可能になりコンピュータの効率的活用が可能になった。これがオンライン・システムのはじまりである。これにより，一事業所内のコンピュータ・システムに留まらず，通信回線を利用して全国規模のオンライン・システムも構築された。旅行業，運輸業，金融証券業などで座席予約システム，銀行オンライン・システム等に利用されるようになった。今日ではシステムの規模の大小を問わず，普遍的に活用されている。

買いオペ buying operation ☞ 公開市場操作

外貨 foreign currency 日本から見た場合に，米ドルやユーロなどの，外国の通貨，貨幣のこと。

海外からの要素所得 factor income received from abroad 海外からの雇用者所得と海外からの財産所得の合計。海外からの雇用者所得は，居住者が非居住者から受け取る賃金・俸給などをいう。海外からの財産所得は，居住者が非居住者から受け取る配当，利子，地代などをいう。また，海外からのその他の経常移転は，対価を伴わない財貨・サービス，現金の海外からの受取のうち，経常取引とみなされるもので，個人間の送金，租税などが含まれる。海外からの資本移転は，対価を伴わない財貨・サービス，現金の海外からの移転のうち，資本移転に分類されるもので，賠償，経済協力費などが含まれる。➡ 経常移転，資本移転

海外勘定 rest of the world accounts 国民経済計算において，対外取引を取引の相手方である海外の立場から記録したもの。海外勘定は単一の部門として扱われ，その中には海外の金融機関，非金融法人企業，政府，個人，国際機関，あるいは対家計非営利団体などがすべて含まれる。海外勘定は，経常取引と資本取引に区分される。経常取引は，財貨・サービスの輸出入，海外から(海外へ)の要素所得，海外から(海外へ)のその他の経常移転から構成され，経常受取(＝財貨・サービスの輸出＋海外からの要素所得＋海外からのその他の経常移転)から経常支払(＝財貨・サービスの輸入＋海外への要素所得＋海外へのその他の経常移転)を差し引いたものを，国民経常余剰という。国民経常余剰に，海外からの資本移転(純)を加えたものが，海外に対する債権の純増となる。資本取引は，外貨準備の増減，対外(内)直接投資，輸出(入)延払信用，対外(内)借款，対外(内)証券投資などの対外資産(負債)を構成する各項目の純増によって表示される。➡ 国民経済計算，資本移転

外貨オプション foreign currency option ☞ 通貨オプション

外貨準備 foreign currency reserve 政府や通貨当局の保有する金，米ドル，その他外国貨幣，SDR，IMFリザーブポジションのこと。外貨準備は輸入代金の支払や外国からの借入金の返済等国際収支の決済，外国為替市場への介入のために用いられる。例えば，日本の通貨当局が米ドルを買い，日本円を売るというドル買い介入を行った場合には，外貨準備高は増加することになる。なお，日本においては外国為替資金特別会計により外貨の管理が行われている。➡ IMFリザーブポジション，SDR，国際収支

回帰分析 regression analysis 回帰関係にある変量について分析すること。統計学において，一般に，2つの変量 X と Y があり，異なった X に対して異なった Y が対応するという関係を，X に対する Y の回帰関係という。つまり，以下のような関係で表される。

$$Y = f(X)$$

ここで，Y を被説明変数，X を説明変数と呼ぶ。

回帰関係式には，線形回帰と，非線形

回帰が存在する。線形回帰，あるいは回帰直線は以下のような関係で表される。

$Y = \alpha + \beta X$

また，説明変数が単一の場合を単回帰分析，複数の場合を重回帰分析と呼ぶ。

会計検査院 Board of Audit　憲法第90条で設置が定められた機関であり，国および国がかかわる収入・支出の決算について違法行為，不当行為，非効率的行為がないかどうかを検査・報告する機関。検査事項として，国の毎月の収入支出，国の所有する現金および物品ならびに国有財産の受払い，国の債券の得喪，または国債その他の債務の増減などがある。会計経理に関する違法，不当事項があった場合には改善を要求することができる。こうした職務を他から干渉されることなく厳正に果たせるように内閣，国会，裁判所から独立した地位を有している。すなわち会計検査院は，国税や国債発行により集められた財源が，適正，効率的かつ有効に使われているかどうかを監視する機関である。

会計年度 fiscal year　公共部門の収入・支出を財務管理上の必要から計算処理しなければならない期間。財政年度とも呼ばれる。日本の場合には財政法あるいは地方自治法で4月1日から翌年の3月31日までの1年間と定められている。現実には会計年度内にすべての会計事務が完了するわけではない。多くの事務が翌年度に食い込んでおり，出納整理期限としては，国は翌年度の4月30日，地方は翌年度の5月31日までとなっている。なお1月1日から12月31日までを暦年という。

また財政法第12条，第42条では，「各会計年度の経費は当該会計年度の歳入で賄わなければならない。また当該会計年度の歳出予算は翌年度に繰り越して使用してはならない」と定めている。これを会計年度独立の原則という。なお国により会計年度は異なる。また会計年度独立の原則を適用し，一会計年度の予算をその年度内に執行・完結することを単年度主義という。　➡ 公的部門

会計ビッグバン accounting big-bang　金融ビッグバンに因んだ，会計制度の大変革の呼称。会計ビッグバンの根幹は，経済のグローバル化が進む中，わが国の会計制度を国際会計基準協会により設定された国際会計基準（IAS）と整合的にしていく点にある。日本企業が日本独自の会計基準を採用していると，外国からの投資を呼び込むことができないなど，経済の活性化を妨げるからである。主な内容は，①単独会計から連結会計への移行，②原価会計から時価会計への移行，③キャッシュフロー計算書の基本財務諸表への組込み，などである。➡ 国際会計基準，時価主義，ビッグバン

外形標準課税 taxation by the size of business　土地や建物の面積，従業員数，売上金，資本金など，外見的に担税力を推定できる課税物件を課税標準として課税する方法のこと。所得税や法人税のように所得を課税標準として税額を決定する方式とは異なった課税方式である。外形標準課税については2004年度から地方税である法人事業税への導入が実施されたが，その意義として次の点が挙げられる。①安定的な地方財源の確保，②応益課税としての性格の明確化，③税負担の公平性の確保。所得を課税標準とする場合と違い，景気変動の影響を受けにくい。④現在は全体の約3分の2を占める赤字法人が地方の行政サービスから一定の受益を得ているにもかかわらず法人事業税を負担していないことは負担の公平という観点からは望ましくない。

わが国の制度では，資本金が1億円を超える法人が外形標準課税の対象とされ，その課税標準は所得による所得割，報酬給与等による付加価値割，資本金等

による資本割で構成されている。なお従来から法人事業税のうち電気供給業，ガス供給業，生命保険事業および損害保険事業を行う法人については，各事業年度の所得ではなく収入金額を課税標準として課税が行われてきた。➡ 課税標準，担税力

外国為替 foreign exchange　ある国の人が貨幣制度の異なる他の国の人との間で生じた債権・債務関係を決済する方法および仕組みのこと。通貨を取引する市場を外国為替市場，そこで決定される交換比率を外国為替レート（あるいは為替相場），外国為替に関わる業務を行う銀行を外国為替銀行（為銀）という。外国為替は，一般的には貨幣や硬貨などの現金を交換する場合に用いられる用語であるが，為替をより狭義に解釈した場合には，外国為替とは外国通貨による債権・債務関係を，直接現金を輸送することなく決済する方法および仕組みをいう。

外国為替及び外国貿易法　Foreign Exchange and Foreign Trade Law　外国為替取引の基本を定める法律の通称をいう。第2次世界大戦後のわが国では，希少な外貨を有効に利用し，また，外国資本によって国内金融が混乱させられないように，内外金融市場の分断が行われていた。その法的根拠が「外国為替及び外国貿易管理法」（1950年施行）で，内外取引を原則禁止としていた。しかし，経済状況の変化に対応して，1979年に大幅な法改正が行われ，1980年から対外取引が原則自由とされた。ただし，外国為替取引は特定の銀行にのみ認められるままであった。

そこで，1998年に金融ビッグバンのフロントランナーとして，法律名から「管理」を取り除いて，新しい「外国為替及び外国貿易法」が施行された。有事を除いて対外取引は完全に自由化され，また，外国為替取引を誰でも行えるようになっ た。この結果，個人も海外の銀行に自由に預金口座を開けるようになり，コンビニエンスストアなどでも外貨両替ができるようになった。さらに，新法では，「ネッティング」（外貨建ての債権債務の相殺決済）が認められるようになり，受け取った外貨（例えば輸出代金）と支払わなければならない外貨（輸入代金）を相殺してその差額を受け払いすればよくなり，企業は為替手数料を節約できるようになった。➡ ビッグバン

外国為替手形　foreign bill of exchange　国際資金移動や国際貸借決済を，現金の輸送によらないで行う仕組みあるいはその手段を外国為替と呼ぶが，この外国為替の手段として利用される為替手形または為替手形と小切手の総称。為替手形は，振出人が支払人に宛てて，受取人または所持人に対し，一定の金額の支払をするよう要求した有価証券である。外国為替手形には，①債務者が外国為替銀行を通じて債権者に送金するために利用される送金小切手（並為替）と，②債権者が外国の債務者から代金を取り立てるために利用される取立為替手形（逆為替）の2種類がある。貿易取引においては，輸出業者は，輸入業者を支払人とした取立為替手形を振り出し，輸入業者からの輸出代金の取立てを行うのが普通である。輸出商品の輸送にあたる船会社が発行した船荷証券が添付された取立為替手形は，荷為替手形と呼ばれる。荷為替手形を外国為替銀行に買い取ってもらうことによって，輸出業者は，輸出代金を直ちに回収できる。為替手形には，呈示されたら支払人が直ちに支払わねばならない一覧払い手形と，呈示されたときに支払を約束すれば（引受けという）一定期間支払が猶予される期限付き手形（ユーザンス手形）とがある。➡ 外国為替

外国為替レート　foreign exchange rate
☞　為替レート

外国税額控除制度 foreign tax credit system　国外に源泉を有する所得に対して，外国での課税と国内での課税の国際的二重課税を調整するための制度の1つ。わが国の居住者および内国法人は，所得の源泉地を問わず全世界での所得に対し課税されることになっているため，国外に源泉を有する所得に関しては国内および国外の両方で課税されることになり，二重課税の問題が生じる。国際的に資金や人，企業の移動が活発になってきている現状では二重課税の問題は，資本移動や人的交流に悪影響を与えると考えられるため調整が図られている。外国税額控除制度では，国外で納付した税額を，国外で生じた所得に対するわが国での税額を限度(控除限度額)としてわが国で納付すべき税額から控除できる。➡国際的二重課税問題

外国貿易の利益 gains from trade　貿易を行うことによって，貿易参加国は，貿易を行わない場合よりも経済厚生を高めることができ，この貿易によって増加する経済厚生のこと。貿易利益ともいう。貿易利益は相互的なもので，ある国にとっての貿易利益は他の国を犠牲にして生じるのではない。貿易参加国双方が，貿易から利益を得るのである。貿易利益は，交換による利益と特化による利益に分けられる。国の間で財の賦存や選好が異なっているならば，お互いに交換することによって利益を得ることができる。これが交換による利益である。特化による利益とは，各国が比較優位にある財の生産に特化することによって，世界全体ですべての財をより多く生産することができるというものである。貿易利益は，その国のすべての国民に平等に分配されることはない。各個人の嗜好や生産要素賦存が異なっているとき，ある個人が貿易によって損失を被ることがあり得る。その場合損失を被った人々への補償がなければ，自由貿易に反対するグループが出てくることになる。➡特化，比較生産費説

介護保険 nursing care insurance　介護を必要とする高齢者に対して，介護と自立支援のための給付を行うために2000年4月より導入された制度。

少子・高齢化の進展とともに，要介護高齢者と介護者の数のバランスが崩れ，かつ生活スタイルの欧米化による核家族化・夫婦の共働きが進行し，高齢者の私的介護が困難となり，介護の社会化の要請により導入された。介護保険は市町村および特別区が実施主体となり，国の定める「基本指針」に立脚した「市町村介護保険事業計画」を立案し，要介護の認定，保険給付，第1号保険者からの保険料徴収，給付対象サービスの改善等にあたる。都道府県は「都道府県介護保険事業支援計画」を定めて事業への支援を行う。被保険者は，第1号が65歳以上の人で，各市町村の定める所得階層別の定額保険料を支払い，要介護状態に陥ったとき各種の在宅サービスや施設サービスの保険給付を受ける。また要介護状態に陥る恐れがあって支援が必要とされるときに，要支援者として予防給付を受ける。第2号被保険者は40歳以上65歳未満の医療保険加入者で，市町村の認定により給付サービスを受ける。介護保険の費用は，40歳以上の被保険者の介護保険料のほか，国が25%，都道府県と市町村がともに12.5%ずつを負担することになっている。

概算 estimated budget　予算作成過程において用いられる用語で，予算全体の枠組みについてその概略を見積もって計算すること。予算の編成にあたってはその規模も大きく複雑なため，最初から詳細な部分にわたって決定を行うことは必ずしも適切な方法とはいえず，まず概算の決定を行った上でその決定に基づき

細部の確定が行われる。具体的には予算についての基本的な考え方を示す概算要求基本方針が閣議により了解され、その方針に沿って財務省から概算要求基準が提示される。これは国の一般会計歳出から国債費と地方交付税交付金等を除いた、政策的に利用できる経費について各省庁に示される要求および要望についての基本的な方針のことであり、経費別の歳出上限を設けている。その後各省庁は、8月末までに財務省に翌年度予算の見積りに関する概算要求を行う。財務省はこれを査定し、各省庁との折衝を行ったのちに原案を作成し、概算の閣議決定が行われる。 ➡ 一般会計, 財務省, シーリング

外需依存経済 external demand-dependent economy　一国の経済活動が、外国の需要に大きく依存していること。外需とは自国の財・サービスに対する海外からの需要を指すが、その自国への影響を見るには、海外の財・サービスに対する自国の需要はそれから控除する必要がある。したがって、財・サービスの純輸出（輸出－輸入）の値を示す貿易・サービス収支が外需となる。この外需がGDPに占める割合は外需依存率と呼ばれ、この割合が高いほどその経済は外需依存経済であることになる。高い外需依存率は、生産性などその経済の高い国際競争力、あるいは自国に有利な為替レートが背景にある。その一方で、高い外需依存率は、その国の景気や成長が、為替レートの変動や、貿易相手国の景気の影響を受けやすいことも意味し、為替レートの影響や貿易相手国との経済摩擦を回避するには、内需依存経済への転換が求められることになる。 ➡ 経済摩擦

外生変数 exogenous variable　経済モデルの中で値が決まるのではなく、モデルの外側から力を加えない限り変化しない量として組み込まれている変数のこと。一方、外生変数やモデル内の構造から決まってくる変数を内生変数という。連立方程式でいえば、解を求めるべき未知数が内生変数である。最も簡潔な国民所得決定理論である45°線モデルでは、国民所得や消費が内生変数、仮定により一定の値をとるとされる投資や政府支出が外生変数である。一方、*IS-LM*分析における投資は、内生変数である利子率の減少関数として定式化されているため、内生変数である。このことからもわかるように、どの経済変数が外生変数で、どの変数が内生変数になるかは、モデルを構築する側が目的に応じて適切に決定すべき問題であり、モデルによって異なりうる。また、モデルによっては過去の時点における内生変数が、現時点で外生変数として扱われることがある。例えば、t時点の量を表す$Y(t)$が内生変数であるとし、このモデルには$t-1$時点の量$Y(t-1)$も入っているとしよう。t時点において、既に$Y(t-1)$は確定しているから、$Y(t)$の決定に際して$Y(t-1)$は外生変数と同様の役割を持つことになる。外生変数と既に値の確定した内生変数を合わせて先決変数と呼ぶこともある。また、外生変数のうち政策当局が操作しうるものを政策変数、そうでないものを与件変数と呼ぶこともある。

外挿的期待 extrapolative expectations　メルツァー（Meltzer, A. H.）により提唱されたもので、前期の実現値と価格の変化の方向をも同時に考慮する予想の仕方のこと。これによれば、今期の価格は前期、前々期の価格P_{t-1}, P_{t-2}から次のように期待形成される。すなわち

$P_t^e = P_{t-1} + \epsilon(P_{t-1} - P_{t-2})$

ϵは期待係数と呼ばれ、$\epsilon = 0$の場合が静学的期待である。 ➡ 期待形成

買手独占 monopsony　買手企業が1社のみであるケースのこと。売手が独占であるケースと相似的に考察すると、

自らの市場支配力を利用して，財の供給曲線を考慮に入れながら，購入価格(量)をコントロールすることになる。具体的には，財を少量購入する場合には，低価格で買える一方で，多くの財を買い入れるには，高価格で購入する必要が生じてくる。例えば，生産要素を独占的に購入して，最終財を生産する，「買手独占」企業を考えてみる。最終財の価格をp，生産要素投入量をx，生産関数を$F(x)$，生産要素の供給関数を$w(x)$とすると，利潤πは次式で表わされる。

$\pi = pF(x) - w(x)$

利潤極大化のための1階条件から，次式が得られる。

$pF'(x) = w'(x)x + w(x)$

すなわち，限界収入と限界生産力の積(＝限界収入生産力)が生産要素にかかわる限界費用(限界生産費用)に等しくなる水準まで，当該企業は生産要素を購入することが示される。➡ 限界収入，市場支配力，独占，平均費用，利潤極大化仮説

開発途上国 developing countries
☞ 発展途上国

外部経済 external economy ☞ 外部性

外部性 externality　ある経済主体の活動が直接的には何ら対価を授受することなく他の経済主体に影響を与えること。外部効果ともいう。プラスの影響を与える場合を外部経済，マイナスの影響を与える場合を外部不経済という。市場機構は市場への参加者の間で財・サービスとそれに対する対価の交換があってはじめて機能する。したがって対価の授受を生じない経済主体の活動は市場を成立させない。外部性は，通常，市場で取引される財・サービスの生産の副産物として発生する。具体的には，大気汚染，水質汚濁，騒音，景観破壊などである。市場が成立しないので，外部性の存在する経済では，市場機構は資源の効率的配分機能を果たせない。したがって外部効果を除去し，資源の効率的配分を達成するには人為的に市場を作るか，政府による介入しか方法がない。外部性の出し手と受け手の直接交渉による方法，外部性の出し手に対する税・補助金による方法，外部性の出し手への直接規制等が考えられる。➡ 外部性の内部化，技術的外部性，金銭的外部性

外部性の内部化 internalization of externality　大気汚染物質などの外部性を生じる財・サービスについて，何らかの形で市場を人為的に作り出すこと。外部性の市場化ともいう。

外部性を内部化するには，次のような方法がある。

① 当事者間交渉：例えば外部経済の例としてよく挙げられる養蜂家と果樹園の場合，虫媒と蜂蜜について双方に外部性が存在する。そこで養蜂家と果樹園の間で花粉虫媒料金あるいは蜂蜜料金について直接交渉を行い契約が結ばれ，それぞれの量に応じて料金が支払われるならば外部性は内部化される。このような当事者間の直接交渉による外部性の内部化は，当事者の数が少数の場合にはかなり有効であるが，多数になった場合には，外部性の持つ非排除性により安定した協定に到達しにくくなる。また，両当事者が同程度の交渉力を持たない場合には社会的最適解は達成されない。

② 環境権取引市場の設定：例えばCO_2排出権をCO_2発生企業にそれぞれ一定量与えて，CO_2取引市場を開設して取引させることにより外部性は内部化される。

③ 外部性の出し手と受け手がどちらも生産者であるような場合，両者を合併させて1つの企業体にする方法がある。これにより外部費用は内部費用となる。➡ コースの定理，外部性，非排

除性, 排出権取引制度, 非競合性

外部不経済 external diseconomy
☞ 外部性

開放経済 open economy　国際経済学の理論分析において, 外国との貿易関係や資本取引の存在する経済のこと。それらが存在しない経済を閉鎖経済という。国民所得勘定を例にとると, 閉鎖経済においては総需要と総供給の均衡から国内総貯蓄と国内総投資が必ず等しくなる。他方, 開放経済においては, 国内純貯蓄(総貯蓄から総投資を引いたもの)が純輸出(輸出から輸入を引いたもの)に等しくなる。→ 国際経済学

価格差別 price differentiation　同一の商品を, 買い手の属性やサービスを提供する時期の違い等に応じて, 異なった価格体系で販売することをいう。売り手側が市場支配力を有することが, 価格差別を採用する前提になる。具体的には, 映画館やテーマパークにおいて, 大人と子供の入場料金を差別する形態や, 各種施設における「学割」の設定, ホテルや旅館で, 繁忙期には通常より割増の宿泊料を設定するなど, さまざまなケースが見られる。これらに加えて, 新製品発売時に, 消費者に対して商品の「浸透」を図る目的で, 意図的に安い価格を設定したり, これとは逆に, 衣服などの流行商品を, 時間の推移とともに値下げしていくなど, 「時間的」な価格差別が行われることもある。→ 市場支配力

価格支持政策 price support policy　特定の産業従事者の所得水準を維持するために生産物価格の下落を防止し, あるいは市場で決定される価格水準以上に生産物価格を維持しようとする政策。主に, 農業において主要農産物に適用されている。日本においては, 最低価格補償制度(小麦等), 価格安定制度(豚肉等), 不足払制度(加工原料乳等)が導入されている。これらの価格支持制度の主目的は価格を安定させることにあるが, それだけにとどまらず農産物価格を高い水準に維持することを通じて, 農家に対して実質的な所得補償を行う機能を持つ。この所得補償機能の有効性確保のため, あわせて輸入制限等の国境措置が行われ, 大きな内外価格差を生じさせている。このため, 農産物価格は市場に委ね, 所得を補うことで生産者を支援する所得補償政策への移行が検討されている。→ 輸入制限

価格・消費曲線 price consumption curve　消費する2財のうちで, 一方の財の価格だけが変化したとき, 消費者均衡がどのように変化するかを示す曲線。2財モデルx, yにおいて, 消費者均衡は図のように無差別曲線と予算制約線の接点で示される。所得水準Iおよび財yの価格p_yが一定の下で, 財xの価格p_xのみが下落していくと, 予算制約線はAを中心として$AB \to AC \to AD$とシフトする。このとき消費者均衡点は, $E_1 \to E_2 \to E_3$へと移動する。この軌跡を価格・消費曲線という。→ 所得・消費曲線

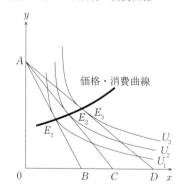

価格先導者 price leader ☞ プライス・リーダーシップ

価格調整 price adjustment　市場の調整メカニズムの考え方の1つで, 市場において需給の不一致が生じた場合に, 価格が変化して行われる需給調整のこ

と。市場における需給調整のメカニズムにつき，新古典派経済学はこの価格調整を重視し，数量調整が支配的と見るケインズ経済学との間できわだった特徴をなしている。右上がりの供給曲線と右下がりの需要曲線を想定した場合，現行価格水準の下で，需要が供給を上(下)回る超過需要(供給)状態にあれば伸縮的な価格が上昇(低下)することで，需要の減少(増加)，供給の増加(減少)が生じ，超過需要(供給)は縮小するが，このプロセスは需給が一致するまで続き，一致するとともに調整はそこで終了する。この調整に要する時間も十分短い。➡ 新古典派経済学，数量調整

価格追随者 price follower ☞ プライス・リーダーシップ

価格破壊 price destruction 商品やサービスの価格が大幅に下落すること。バブル崩壊後間もなく起こった価格破壊は，不況による在庫処理，薄利多売の動き，規制緩和による競争促進などの結果生じた。近年起こっている価格破壊は，スーパーやディスカウントショップによる消費者ニーズに対応したプライベート・ブランド商品の開発等に代表されるメーカーとの協力体制(いわゆる「製販同盟」)の形成，情報技術の浸透に伴う流通・販売コスト低下などに見られるように，既存の流通システムの改革により引き起こされている。➡ 規制緩和

下級財 inferior goods 需要者の所得が増加したとき，通常予想されるところとは逆に需要の減退するような財のこと。劣等財とも呼ぶ。負の所得効果を持つ財，つまり無差別曲線図で予算線の右上方への平行移動により，無差別曲線との接点が左方または下方に移るような財と定義される。個々の需要者の選好や所得水準に依存するが，日帰り旅行，軟式テニスなどが例として挙げられるかもしれない。所得が増加すれば，多くは遠方，海外への旅行が増え，そのとき日帰り旅行はあまりなされなくなるだろう。所得が増加すればテニスをするにしても硬式テニスをすることが多くなり，軟式テニスをすることは減るであろう。下級財とは逆に，所得の増加によって需要の増加する通常の財を正常財または上級財という。また所得が変化しても需要が変化しない財を中立財という。➡ 需要の所得弾力性，所得効果，無差別曲線

格付け credit rating 企業の発行する証券が約束通り返済される可能性(信用リスクの大きさ)を評価し，記号化したもの。この格付けを行っているのが格付け会社であり，アメリカ系のスタンダード＆プアーズ社(S&P社)やムーディーズ社などが国際的に知られている。格付け会社によって，記号の使い方は若干異なるが，S&P社の場合，アルファベットと＋－の組合せで示される。最も返済が確実な場合がAAA(トリプルA)で，それ以下は，AA＋，AA，AA－，A＋，A，A－，BBB＋，BBB，BBB－となる。ここまでが投資適格の格付けで，その下のBB＋以下を投機的格付け(あるいは投資不適格)と呼び，そうした格付けの債券はジャンク債とも呼ばれる。

なお，最近では，一般企業の社債の格付けの他に，保険会社や銀行，さらには国や地方公共団体等についても格付けが付与される例が増えている。➡ ジャンク債，投機

確定給付型年金 defined benefit pension ☞ 企業年金，年金

確定拠出型年金 defined contribution pension ☞ 企業年金，年金

確定申告 final declaration ☞ 申告納税

確定利付証券 fixed interest bearing securities 社債のように発行時に決定された金利条件が満期まで変わることのない証券のこと。現在発行されている債券

のほとんどは，一定の利息が定期的に支払われ，満期になれば額面金額が戻ってくる固定金利型確定利付債券で，満期まで持てば確定した利回りが確保できる。

利率の設定の仕方のもう1つが，変動金利型確定利付債券である。これは，「利率」の条件（例えば，指標金利マイナス0.5%といったように）は発行時に確定されているので，その意味で確定利付ではあるが，一定期間ごとに利率そのものは見直されるので，償還まで保有するとしても，債券の購入時に「利回り」は確定していない。なお，証券には，確定利付証券の他，その時々の経営者の判断によって支払額が変わる株式のような証券もある。→金利決定要因, 有価証券

隔離効果 insulation effect　変動為替相場制が有する，世界経済における変動・ショックなどがあった場合に，為替相場の変動を通じて国内の経済への影響を抑制，すなわち隔離する効果のこと。したがって，変動為替相場制の下ではある国がマクロ経済政策を行う際には，国際収支について心配することなく，自らの国内目標のみを考えればよいとされる。しかし，各国のマクロ経済政策の波及効果は為替相場制の如何にかかわらず，国際経済の相互依存関係の緊密さに依存して決定される。実際，変動為替相場制に移行した後も，国際経済の相互依存性の深化とともに，隔離効果は認められることなく，逆に国際的な政策協調が求められることとなった。→国際収支, 変動為替相場制

確率加重関数 probability weighting function　人々は確率が低い状態で過大評価し，確率が高い状態で過小評価してしまう（主観的確率の非線形性）性質があることを示そうとする関数。個々の事象が起こる確率を想定するとき，決まっている客観的確率そのままに正直に受け取るのではなく，心の中では，さらに解釈して異なる重みづけをしてしまうことはよくある。客観的に当選確率が決まっている宝くじに対して過度に期待してしまう，候補者が80%の確率で当選する選挙に対して不安を覚えるなどの心理的傾向が例である。主観的確率を客観的確率 P の関数 $w(p)$ と表して，$w(0)=0$, $w(1)=1$ とすると，下図のように描かれる。図における対角線はこのような関係を想定しない通常の確率の線形性を表している。

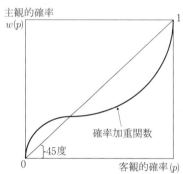

これまでの期待効用理論を発展させるものとして，価値関数とあわせて，行動経済学で用いられている。→期待効用仮説, 価値関数, 行動経済学

確率分布 probability distribution　確率分布は，全体として1の確率が，それぞれの確率変数にどのように配分されているかを示すもの。主な確率分布として，離散型の確率変数では二項分布，ポアソン分布，幾何分布，連続型では正規分布，指数分布，一様分布などが挙げられる。→二項分布, ポアソン分布, 幾何分布, 正規分布, 指数分布, 一様分布

確率変数 random variable　そのとりうる値それぞれに対してある一定の確率が付与されている変数のこと。また確率変数が実際にとる値を実現値と呼ぶ。確率変数の実現値が有限個，あるいはそのとりうる値がとびとびの値（離散的）で

ある場合を離散型確率変数，これに対し，実現値が実数線上のどのような値でもとりうる値(連続的)である場合を連続型確率変数と呼ぶ。計量経済学で扱うデータは，そのほとんどが連続型確率変数である。

確率密度関数 probability density function　連続型確率変数のとりうる値の任意の区間に対し，ある一定の確率密度 (probability density) を対応させる関数のこと。密度関数と呼ばれる場合もある。ある連続型確率変数 x が確率密度関数 $f(x)$ をもつとすれば，それが a と $b (a<b)$ の間の値をとる確率は以下のように定められる。

$$P(a \leq x \leq b) = \int_a^b f(x)dx$$

また，定義より以下が成立しなければならない。

$$f(x) \geq 0, \int_{-\infty}^{\infty} f(x)dx = 1$$

隠れ借金 invisible debt　本来であれば一般会計から特別会計や地方政府，社会保障基金に支払うべき負担を将来に先送りした金額。例えば，①国債整理基金への定率繰入れの停止，②交付税および譲与税配付金特別会計からの借入，③地方財政対策に伴う後年度負担，④厚生年金の国庫負担の返済繰延べ，⑤年金特別会計への繰入れ平準化，⑥政府管掌健康保険の国庫補助の繰延べ，⑦自動車安全特別会計からの借入などがこれにあたる。これらは政府内部での一般会計，特別会計，および地方の会計等との間で行われる資金の融通であるため，政府と民間部門との間の債権債務関係が発生せず，一般会計上には現れてこない。その結果，財政の透明性が失われ，財政状況を正確に把握することが困難になるという問題が発生する。➡一般会計，特別会計

家計最終消費支出 household final consumption expenditure　家計の中古品，リサイクル品等を含まない新規の財貨・サービスに対する支出。農家の農産物の自家消費，保険診療における家計負担分，持家住居の帰属家賃等を含むものの土地建物購入は含まない。近年，国内総支出のおよそ55%前後を占め，最大の支出項目であり，1%前後を占める対家計民間非営利団体最終消費支出と合わせて民間最終消費支出と呼ばれる。なお，家計最終消費支出と家計貯蓄の和は家計可処分所得を構成する。

家計調査 family income and expenditure survey　世帯構成，所得，収入，消費支出，あるいは貯蓄など家計の収入の実態に関する調査で，総務省が実施している。層化3段抽出法により，約9000世帯を無作為に抽出するが，学生の単身世帯，外国人世帯，飲食店等と併用住宅の世帯等は調査対象から除外されている。調査は毎月実施され，調査結果は，家計調査報告(月報)や家計調査年報等で公表される。家計調査は，生活の実態を反映させた統計として幅広く活用されている。例えば，内閣府の月例経済報告・国民経済計算の推計・景気動向指数の作成のため，また，財務省・厚生労働省等の各種政策策定の基礎資料として，人事院・都道府県による給与基準の改訂のための基礎資料として利用されている。家計調査の調査員は，一般の人から選考され，特別職の地方公務員として都道府県知事により任命される。結果が公表されるまで時間がかかりすぎるといった速報性に関する問題や，経済の構造変化に対応し切れていない問題が指摘されている。

貸し渋り credit crunch　銀行の経営状態が悪化して，企業への貸出を消極化ないし抑制する状態のこと。全く信用力等が変わっていないのに，銀行の資金提供能力の低下で貸出を受けられなくなる状態である。銀行がさらに進んで貸出

を積極的に回収する場合は、貸しはがしと呼ばれる。

1997年11月の山一証券や北海道拓殖銀行の経営破綻をきっかけに、金融システム不安が高まり、銀行貸出も落ち込み、中小企業を中心にして資金繰りの苦しさが訴えられた。この一因として、自己資本比率の制約や、金融機関への不信による預金解約に備えるために、金融機関が貸出を抑制したためであるといわれている。銀行の融資姿勢は特に、銀行以外に資金調達先を持たない中小企業の経営に大きな影響を与える。ただし、銀行貸出の落ち込みは、銀行の融資姿勢の消極化ではなく、資金需要そのものが低下したためであるという議論もあり、その原因は必ずしも明確ではない。➡ 自己資本比率

貸倒引当金 loan-loss reserve 貸出などの債権が回収不能になった場合に備えて、あらかじめ各期の利益から債権の額やリスクに応じて積み立てておく引当金のことをいう。例えば、100の貸出を行った場合、過去の実績からそのうち5％が回収不能になると予想されるとすれば、5を当期の利益から積み立てておくのである。

この貸倒引当金による不良債権の処理は、間接償却とも呼ばれる。バランスシートに不良債権が残ったままになっているので、当初の予想よりも債権が劣化した場合には追加的に貸倒引当金を積み増さなければならない。もう1つの不良債権の処理方法が、企業を清算してしまったり、不良債権を安い値段で他に売却したりしてその損失を貸倒損失（あるいは売却損）として償却する方法で、直接償却とか、不良債権の最終処理と呼ばれる。

なお、現在、銀行の貸倒引当金には、一般貸倒引当金（貸出残高に対して引き当てた分）のほか、個別貸倒引当金（特定の不良債権に対応して引き当てた分）、および特定海外債権引当勘定（累積債務国向けの債権への引当て）の3つがある。
➡ 不良債権

貸付資金説 loanable fund theory
貸付資金の需要と供給によって金利が決定されるという考え。貸付資金の供給は、家計の貯蓄（S）と金融機関による信用創造（ΔM）とからなり、貸付資金の需要は、投資資金（I）と家計・企業の貨幣保有残高の増加（ΔL）からなる。したがって、貸付資金の需要と供給が一致するには、$S+\Delta M=I+\Delta L$が成立するように金利が調整されることになる。この金利を市場利子率と呼ぶ。ここで重要なポイントは、古典派の金利決定論では貯蓄と投資が一致する水準に金利が決まるとしていたのに対して、市場利子率が投資と貯蓄を等しくする金利（自然利子率）と一致するとは限らず、その場合には、生産や所得が変化することで調整が行われると考える点である。

他方、貸付資金説もフローの変化で金利が決定されると考えている点では、古典派理論と同様であり、これに対して、貨幣と証券の資産選択行動によって金利が決定されるという流動性選好説では、金利決定においてストックが重視される。➡ 貨幣需要、古典派利子論

可処分所得 disposable income 消費主体が自らの意志で自由に処分できる所得。消費決定の主要な要素である。生産要素を生産活動に提供した経済主体は、その生産活動から生み出された付加価値の合計に等しい所得を、その対価として受け取る。そこから支払われる所得税などを差し引き、一方で受け取る補助金などをこれに加えると、最終的に消費支出と貯蓄の形で自由に処分することのできる所得が得られる。これが、可処分所得である。2008SNAでは、これとは異なり民間部門と政府部門を統合した経済

全体としての国民可処分所得を考えているため、両部門間の受払いは互いに相殺され、最終的に残るのは海外との間の経常純移転だけとなる。これから、2008SNAにおける国民可処分所得は、市場価格表示の国民所得に、海外からの経常純移転を加えたものとなる。➡経常移転、市場価格表示

課税原則 principles of taxation 課税のよって立つべき姿を説いた原則のこと。租税原則ともいわれる。もともと租税は国家権力が何ら対価を支払うことなく国民から収奪するものであった。そこで権力により恣意的に課税された場合には民間経済や人々の生活に甚大な被害を与えることが多かった。そこで権力による恣意的な租税徴収を抑制し、国民にもわかりやすく、経済に対する影響も少ないように課税するための規則として課税原則が提唱されてきた。したがって課税原則は時の政治・社会・経済システムに依存し、それらが変化すれば変化に対応した課税原則が提唱された。

課税原則としては、スミス(Smith, A.)の4原則とワーグナー(Wagner, A.H.G.)の9原則が有名である。スミスの原則は次の4つからなる。①公平の原則、②確実(明確)の原則、③便宜の原則、④徴税費最小の原則。ワーグナーの原則は次の9つからなる。①財政政策上の原則…(イ)課税の十分性、(ロ)課税の可能性、②国民経済上の原則…(ハ)正しい税源の選択、(ニ)種類の選択、③公正の原則あるいは公正な租税配分の原則…(ホ)課税の普遍性、(ヘ)負担の平等性、④税務行政上の原則…(ト)課税の明確性、(チ)課税の便宜性、(リ)租税徴収費僅少の努力。

最近の日本では、課税原則として、公平・中立・簡素が重視されている。公平とは、租税負担の公平、中立とは租税が市場経済を攪乱する程度が少ないこと、簡素とは租税制度が納税者にわかりやすいということをそれぞれ意味している。➡課税の中立性

課税最低限 tax threshold, minimum taxable income 個人所得税、個人住民税において課税される所得の最低限。最低限の生活を維持するための必要経費を確保する目的で設定されている。個人所得税では、人的3控除(基礎控除、配偶者控除、扶養控除)に加え、給与所得者については給与所得控除と社会保険料控除を、事業所得者については専従者控除と社会保険料控除をこれに加えたものを課税最低限としている。所得の源泉の違い、家族構成の違いにより課税最低限は異なってくる。

国税である所得税の課税最低限と比べて地方税の住民税の課税最低限が低くなっている。これは、その経費はできるだけ受益者である住民自身が負担すべきであるという地方自治の観点によるものである。しかし課税最低限設定の目的から見て両者が異なる根拠はない。

課税単位 unit of taxation 課税標準の単位のこと。所得税で、世帯内で2人以上の個人が所得を稼得している場合に、課税対象となる所得を、所得を有する個人ごとにとらえるのか世帯全体としてとらえるのかということが課税単位の問題であり、納税者単位の意味として用いられる。所得を稼得する個人ごとにその所得に対して課税する方式を稼得者単位課税と呼び、生計を同じくする世帯ごとに所得を合算して課税する方式を世帯単位課税と呼ぶ。世帯単位課税には世帯構成員の所得を合算し、さらに合計額を分割して課税する合算分割課税と分割しないで課税する合算非分割課税がある。また合算分割課税には夫婦を課税単位として夫婦の所得を合算し均等分割(2分2乗)課税を行う方法と、夫婦および子供(家族)を課税単位として世帯員の所得を合算し不均等分割(n分n乗)課税を行

う方法がある。累進課税の下では，分割課税の場合は適用される税率が平均化されるため，夫婦者世帯と単身者世帯，共稼ぎ世帯と片稼ぎ世帯，稼得所得の大小により税負担上の格差をもたらす。日本，イギリスでは稼得者単位，アメリカ，ドイツでは稼得者単位と世帯単位（均等分割法）の選択制，フランスでは世帯単位（不均等分割法）となっている。➡ 課税標準

課税の中立性 tax neutrality　租税導入が市場で成立している資源配分を歪めないこと。一般に，政府の財源調達手段である租税は資源配分に中立的であることが望ましいと考えられている。基本的に租税は民間部門から公的部門へ強制的に資金を移転することを意味するため，個人や企業の経済活動に対して何らかの影響を及ぼすことは避けられない。例えば，労働所得税は個人による労働と余暇の選択に影響を与える。資源配分を歪める租税は，社会的厚生の損失をもたらす。したがって民間の経済活動に対する撹乱ができるだけ小さい課税が望ましいと考えられる。

課税標準 tax base　租税を課するために，課税物件をそれぞれの税法で定められた方法により，具体的に数量または金額で表した値のこと。課税ベースともいう。税率を適用して税額を算定するときの基礎となるもので，一般的にはこの課税標準に控除や税率を適用することで納付すべき税額が算定される。課税標準はそれぞれ税法により定められるので税の種類によって異なる。例えば所得税や法人税であれば所得金額がこれにあたる。また相続税，贈与税における財産の価額，固定資産税における評価額なども課税標準にあたる。なお課税標準が価額である税を従価税，数量や重量である税を従量税という。➡ 租税

課税物件 object of taxation　何に課税するのかを示した課税対象のこと。対象となるべき物や行為，その他の事実のことを指し，課税客体ともいう。課税物件は各税法の定めるところによるが，所得税や法人税であれば所得がこれにあたる。また相続税，贈与税における取得財産，固定資産税における固定資産（土地，家屋など）なども課税物件にあたる。一般的には，これらの課税物件を価額等で数量化した課税標準に控除や税率を適用することで納付すべき税額が算定される。

仮説 hypothesis　☞ 仮説検定

仮説検定 hypothesis testing　ある調査などを行う際に，その目的となる調査結果の予測，仮定のことを仮説（hypothesis）と呼び，標本調査の結果と照合して，仮説が正しいかどうかを検証すること。仮説検定の手順は，仮説（H_0 とする）を立て，検定のための適当な統計量を選択し，棄却域と採択域を設定し検定を行う。有意水準（level of significance）とはこれらの棄却域と採択域の境界を設定する水準であり，通常は1％，5％あるいは10％が用いられることが多い。また，H_0 のことを帰無仮説（null hypothesis）と呼び，これに対して帰無仮説の逆の仮説を対立仮説（H_1 とする）と呼ぶ。通常は証明したい仮説を対立仮説にする。これは，多くの場合仮説が正しいことを積極的に証明することが難しいという理由による。

寡占 oligopoly　比較的少数の企業によって産業が構成されている状況のこと。市場に多数の企業が存在し，各々の企業が何ら市場に影響力を持たない場合を完全競争といい，その対極として1社のみが存在しているケースは，「独占」と呼ばれる。特に2企業のみが市場に存在するケースは「複占」と呼ばれる。寡占状態においては，製品価格等に関して，それぞれの企業の決定が他企業の利潤にも

影響を及ぼすため、企業間に「戦略的相互依存関係」が生じることになる。➡完全競争、独占

寡占理論 oligopoly theory　比較的少数の企業しか存在しない産業における企業行動の特徴あるいは市場の動向を分析する学問分野。産業に比較的少数の企業が存在している「寡占」のケースにおいては、それぞれの企業において、自らの決定が、他社の利潤にも影響を与える、いわゆる「戦略的相互依存関係」にあるため、企業行動の分析にはゲームの理論を用いることが多い。寡占状態の経済分析において、古くから、それぞれ独立して分析されてきた諸モデルの均衡が、ゲームの理論の登場によって、ゲームの解として統一的に解釈されることになった。ここでは3つの代表的な寡占モデルの均衡について見ておくことにしたい。

まず、クールノー均衡は、同質財を生産する企業間で、同時に生産量を決定する、「数量競争」のゲームにおける、ナッシュ均衡として表される。同様に、ベルトラン均衡は、同質財を供給する複占企業間で、それぞれ同時に自らの製品価格を決定するゲームにおける、ナッシュ均衡になっている。また、シュタッケルベルク（Stackelberg, H.）の均衡は、同質財を生産している複占企業のゲームにおいて、まずは先行企業が供給量を決定し、続いて追随企業が、先行者の戦略を考慮に入れた上で、自らの供給量を決定する、という「2段階ゲーム」における、サブゲーム・パーフェクト均衡として表される。➡寡占、ゲームの理論、シュタッケルベルク均衡、ナッシュ均衡、不完全競争理論、部分ゲーム（サブゲーム）

仮想的市場評価法 contingent valuation method : CVM　人為的に当該財に対する人々の需要をアンケート調査から支払意思額という形で聞き出し、それに基づいてその財の需要曲線に相当するものを推計し、さらにそれから消費者余剰の大きさを求めることで価値額を推計する方法。市場で取引されない財やサービスの価値を評価する方法であり、CVMと略称される。市場で取引されない財はそもそも市場価格が成立せず市場価格から需要曲線が推計できない。CVMは近年、環境、景観や公共財・サービスの価値を測定するため用いられるようになってきた。ただし、人々が表明する支払意思額には様々なバイアスが含まれるため、アンケート手法や内容には慎重さを要する。現在、バイアスをできるだけ少なくする質問形式が各種考案されている。

加速度原理 acceleration principle
投資理論の1つ。今期の投資 I_t は前期から今期にかけての産出量の増加分 $Y_t - Y_{t-1}$ に比例すると考える。産出量の水準にではなく増分に依存することから加速度原理と呼ばれ、次のように定式化される。

$$I_t = \nu(Y_t - Y_{t-1})$$

ν は加速度係数と呼ばれ、資本・産出比率に相当する。このように考える背後には、産出量に対する一定の望ましい資本量の存在とともに、資本ストックの完全利用が想定されている。前期の資本量から今期の望まれる資本量への不足分が今期の投資によって一挙に埋められるとの考え方を前提とするが、これはそれに伴う投資費用の増大を考慮していないという意味で加速度原理の難点とも理解されている。また、下降期には加速度原理によれば、産出量の減少に応じて投資はマイナスになりうるが、実際には資本減耗分の補填を行わないことによる資本の削減以上の負の投資は困難という難点も指摘されている。しかし加速度原理は、サミュエルソン（Samuelson, P. A.）によってケインズ（Keynes, J. M.）の乗数理論と組み合わされ、景気循環理論としての乗数・加速度モデル、ハロッド＝ドーマー成長

理論にも用いられることで学説史上大きな役割を果たしてきた。➡ 景気循環，資本係数，乗数理論，ハロッド＝ドーマー成長モデル

価値関数 value function　発生する可能性のある結果に対して，意思決定者が受ける利益・損失を，意思決定者の主観的な価値に対応させた関数のこと。この関数の特徴として，①人々が物事を評価する場合，基準となる参照点 (reference point) と呼ばれる点を中心にして，その点からの位置関係，距離によって主観的な価値を評価する，②人々は金額が同じ利得と損失を比較するとき，損失を相対的に大きく評価するという損失回避性 (loss aversion) を持つ，③利得や損失の値が大きくなるにつれて，小さな変化への感応度が徐々に減少する感応度逓減性を有するなどが挙げられる。

上記のような特徴をもつ価値関数を図で示すと，以下のようになる。原点を参照点とすると，利得と損失では関数は非対称的となっている，つまり，利得 (損失) は正 (負) の価値をもつ。特に損失については，価値関数の傾きが大きいことが損失回避性を表現している。利得も損失も金額が大きくなるにつれて，価値関数の傾きが緩やかになることで感応度逓減性を表している。期待効用仮説では，この価値関数の形状は損失と利得とで差がなく，対称的となる。➡ 期待効用仮説

価値財 merit goods　☞ 価値欲求

価値尺度財（ニューメレール） numéraire　あらゆる財の交換比率を表す基準となる財のこと。貨幣経済では通常，財の価格は貨幣の単位（円やドルなど）で表示される。リンゴ1個が100円ならば，リンゴの貨幣との交換比率は，1対100である。すべての財について貨幣の単位で価格を表示すれば，貨幣を媒体として財の相互の交換比率を表すことになる。このとき，貨幣はすべての財の価値を表す基準であり，貨幣は価値尺度財（ニューメレール）と呼ばれ，貨幣で表示された価格を貨幣価格ないし絶対価格という。

価値尺度財は，必ずしも貨幣である必要はなく，労働，米，金などが価値尺度財として選ばれることもある。古典派経済学の労働価値説は，労働が価値尺度財とされた例である。➡ 貨幣の機能，絶対価格

価値欲求 merit wants　公的欲求の1つ。排除性があるために，消費を各消費者の選択に委ねることは可能であるが，私的，社会的に消費者の主体的選択に干渉したほうが大きな便益をもたらす財により満たされる欲求のこと。価値欲求を満たす財・サービスのうち社会的にプラスの便益をもたらす財・サービスを価値財 (正の価値財) という。例えば，公営住宅，公営保育園，公営幼稚園，予防接種，義務教育が挙げられる。これに対して，見た目には正の私的便益がもたらされているように見えるが，その消費が私的にも社会的にも負の便益をもたらす財・サービスを負の価値財と呼ぶ。負の便益がもたらされるような財・サービスについては，その消費が公的に規制されることが望ましい。例えば，麻薬，シンナー，たばこ，有害サイト等がその例である。

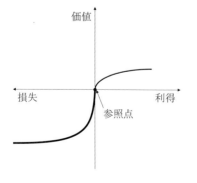

このように消費者主権に干渉して、公的権力の市場への介入が正当化される根拠には次の3つがある。①消費者が財・サービスについての合理的意思決定能力、合理的選択能力を持たない場合、②消費者が十分な情報を得られないあるいは誤った情報しか得られず、消費者の選好がゆがめられる場合、③所得制約が厳しく必需品であるにもかかわらず市場では十分な消費を行えない場合である。➡ 公的欲求, 社会的便益, 社会的欲求, 消費者主権

合算課税 unitary taxation, aggregation of income amount　課税を行う際に、課税標準を合算してとらえる考え方のことをいうが、用語の使われ方は様々である。代表的なものとしては課税単位のとらえ方に関するもので、世帯単位や夫婦単位で課税を行う場合は、世帯員あるいは夫婦それぞれの所得について合算課税が行われる。またタックスヘイブンを利用した租税回避行動を防止するために、極端に税負担が低い国の外国子会社については一定の条件の下で、留保所得を親会社の所得に合算して課税が実施される外国子会社合算税制がある。さらにアメリカの税制でユニタリータックスと呼ばれているもので、関連企業を一体の企業とみなして、その所得について合算し課税所得金額を算出する税制などもある。➡ 課税標準

カッセル Cassel, Karl Gustav　カール・グスタフ・カッセル（1866～1945）。スウェーデンの経済学者。ワルラスの一般均衡理論の継承者の1人とされている。数学を学んだ後にドイツで経済学を学び、1902年にストックホルム大学の経済学准教授、1904年に経済学および財政学教授となり、後にノーベル経済学賞を受賞したオリーン（Ohlin, B. G.）らを指導した。ヴィクセル（Wicksell, J. G. K.）とともにスウェーデンに近代経済学を確立し、ストックホルム学派のリーダーの1人と見なされている。鉄道料金、一般均衡理論などについての業績があるが、論文 "The present situation of the foreign exchanges." *Economic Journal* 26, 1916, March, 62-5. を中心に展開された為替決定理論の購買力平価説が最も有名である。➡ 購買力平価, ワルラス

GATT General Agreement on Tariffs and Trade　関税及び貿易に関する一般協定。ガットと呼ばれる。関税その他の貿易障壁を低減し、国際通商における差別待遇を廃止することを目的とした多国間条約。1930年代の関税の引上げとブロック経済化への反省に立って、自由、多角的かつ無差別な国際貿易を実現させるために、1948年に発足した。IMFと並んで第2次世界大戦後の国際経済制度の重要な枠組みを構成した。ジュネーブに本部を置き、日本は1955年に加盟した。GATTの基本原則として第1は、無差別の原則である。この原則は、すべての貿易相手国を同等に扱う最恵国待遇と、輸入品と国産品を国内市場で同等に扱う内国民待遇によって確保されている。第2は、数量制限禁止の原則である。GATTは、数量制限を原則的に禁止し、国内産業の保護は関税のみで行うべきだとの考え方をとっている。第3は、関税引下げの原則である。加盟国相互の多角的交渉により、関税を可能な限り引き下げ、交渉成果を安定的に維持することを規定している。GATTの下で、多角的貿易交渉が8回開催された。代表的なものは、1964～67年のケネディ・ラウンド、1973～79年の東京ラウンド、1986～94年のウルグアイ・ラウンドである。なおGATTは、1995年、新たに国際機関として発足したWTO（世界貿易機関）にその役割を譲ることとなった。➡ IMF, 最恵国待遇, WTO

合併 merger　☞ M&A

過当競争 excessive competition　市

場の需要供給関係を無視して企業間で市場占有率の拡大等をめざして行われる過度な競争状態をいう。過当競争の下では、価格引下げ競争になりやすく、企業は長期間にわたって正常以下の利潤しか得られない。規制緩和によって市場への参入障壁が低くなった業界において、過当競争が起こりやすいといわれている。代表的な例としてタクシー業界やトラック輸送業界などが挙げられる。過当競争については、どこまでが正常な競争でどこからが過当競争かという明確な基準があるわけではないので、それぞれの市場の状況から個別に判断するしかない。消費者にとっては、価格・料金が低下することになるため悪いことではないと考えられるが、経済全体やその市場について見ると適正な資源配分が達成されているとはいえず、非効率的で無駄が発生する。また、過当競争の結果、品質あるいは安全上の問題が発生する可能性もある。

カバリング covering 金融取引業者がリスクをヘッジするために、直物市場・先物市場・スワップ取引を通じて、顧客より受けた注文と同じ注文を別の金融機関に行うこと。

株価指数 stock price index 株式市場全体の平均的な動きを知るための指標であり、増資や株式分割などの影響を調整して時系列的な比較ができるようにしたものをいう。

わが国の代表的な株価指数としては、日経平均株価指数とTOPIX（東証株価指数）がある。日経平均株価指数は日本経済新聞社が選定した225社の株価を、規模を考えないで平均化した指数である。他方、TOPIXは東京証券取引所1部市場に上場しているすべての株式を対象にして、市場で幅広く流通し常に売買されている浮動株を基準にした指数である。最近では、こうした株価指数そのものを取引の対象にするような金融商品（株価指数先物、ETFなど）が登場している。→アメリカの株価指数

株価収益率 price-earnings ratio：PER PER（ピーイーアール、またはパー）とも呼ばれる。株価を1株当たり利益で除したもので、投資判断に使われる代表的な指標である。株価収益率が高いほど、利益に比べ株価が割高であることを示し、逆に、株価収益率が低いほど、利益に比べて株価が相対的に低いことを示す。例えば、バブルのピークであった1989年末の東京証券取引所1部の上場株式の平均PERは70.6で、バブル前の85年末の35.2の2倍になっていた。

株式市場のアノマリーの1つとして低PER効果（低いPERの株式ほどリターンが大きい）が存在するという指摘もあり、低PER株を割安株と見る投資方法もある。しかし、配当割引モデルの考え方を利用すると、企業成長の見込みが小さいとPERは小さくなるので、低PERは成長性の乏しさを示しているという逆の解釈もできる。→アノマリー、株価純資産倍率、配当割引モデル

株価純資産倍率 price book value ratio：PBR PBRと呼ばれることも多い。株価を1株当たり株主資本（純資産）で割ったもので、投資判断の指標の1つである。株主資本とは、借入金（他人資本）を除いた会社の資本金、法定準備金、剰余金の合計で、株式会社が解散したときに株主に分配されるべき残余財産の大きさである。PER（株価収益率）が会社の収益力を判断する指標なのに対し、PBRは会社の資産内容や財務体質を判断する指標といえる。純資産の評価が適正に行われている限り、株価は1株当たりの純資産を下回らないはずであり、PBR＝1となる株価が下限だと考えられる。ただし、現実にはPBRが1を割る場合もあり、単独の投資尺度とするには問題が多い。→株価収益率、他人資本

株式会社 stock company　　会社形態の１つで，出資額を限度とする有限責任の社員（これを株主と呼ぶ）が構成する会社のこと。株式会社の特徴は，株主が通常のリスクを引き受け，業績が悪いと配当を受け取れず，業績が良くなると多額の配当を受け取る。さらに，出資証券（株式）に流通性があり，株主は必要に応じて売却して現金化することができる。また，企業が破綻した場合に，株主の責任が当初の出資額に限定されている点も重要な特徴である。株式会社には，出資者数や１人当たりの所有株数に制限がないので，大規模な事業経営に向いている。

大規模会社ほど所有と経営が分離しており，株主は通常１年に１回開催される株主総会における議決（取締役，監査役の選任など）を通じてのみ経営に参加している。実際に経営を行っているのは，日本では代表取締役・社長，アメリカではCEO（chief executive officer：最高経営責任者）である。

株式会社国際協力銀行　Japan Bank for International Cooperation　　2012年に，株式会社国際協力銀行法に基づいて設立された政府出資100％の銀行。略称JBIC（ジェービック）。その目的は，「一般の金融機関が行う金融を補完することを旨としつつ，わが国にとって重要な資源の海外における開発及び取得を促進し，わが国の産業の国際競争力の維持及び向上を図り，並びに地球温暖化の防止等の地球環境の保全を目的とする海外における事業を促進するための金融の機能を担うとともに，国際金融秩序の混乱の防止又はその被害への対処に必要な金融を行い，もってわが国及び国際経済社会の健全な発展に寄与すること」とされている。業務内容は，輸出金融，輸入金融，投資金融，事業開発等金融，ブリッジローン，出資，調査となっている。株式会社国際協力銀行の出発点は1950年の日本輸出銀行であり，1952年には日本輸出入銀行に改称された。その後1999年には日本輸出入銀行は海外経済協力基金と統合して，国際協力銀行となった。さらに，何度かの組織改革による分離統合の後，2012年に株式会社日本政策金融公庫より分離独立して，株式会社国際協力銀行となった。

株式公開買付け　take-over bid：TOB　　不特定かつ多数の者に対し，買付けの目的，買付け価格，買付け予定株数，買付け期間などに加えて，支配権取得後の経営方針や経営参加後の計画を明らかにして，株式等を取引所外（取引所の立会外取引を含む）で買い付けること。TOBとも呼ばれる。金融商品取引法では，上場会社の株式等を，会社の経営権の取得などを目的にして取引所外において買い付ける場合，公開買付けによらなければならないと定めている。

米国においては，TOBが経営者に対する規律づけとして機能しているといわれる。つまり，業績が悪化すると，株価が低下し，買収して業績を改善する余地が広がる。つまり，経営陣を入れ替えて業績を回復すれば大きな利益が得られるのでTOBが起こる。TOBが成功すると，現職経営者は退陣させられてしまう。つまり，TOBが行われるかもしれないという恐れによって，経営者は会社の市場価値を最大化するように努力するのである。➡M&A，買収防衛策

株式市場　stock market　　株式を取引する市場のこと。株式市場は概念的には，新しく株式を発行して資金を調達する発行市場と，既に発行された株式を売買する流通市場に分けられるが，現実の証券取引所は両方の役割を果たしている。日本には，東京証券取引所の他，札幌，名古屋，大阪，福岡に証券取引所があるが，東京への一極集中が進んでいる。ジャスダック市場も従来は，証券取引所に上場する一歩手前の企業の株式を売買

する店頭市場として設置されていたが、2004年に証券取引所となった。また、1998年から「取引所集中義務」が撤廃されたことにより、一部の証券会社がインターネット上に私設株式市場（電子証券取引所）PTSを設立している。

証券取引所は、単に売買の場を提供するだけではなく、ある会社の株式が取引所での取引の対象に相応しいかの審査（上場審査）、上場会社がディスクロージャーなどの規制に従っているかの監視、など株式取引の公平性を確保するための機能も果たしている。➡証券市場

株式投資信託 stock investment fund
投資対象として、「株式」を組み入れることが可能な投資信託のこと。募集形態で分類すると、一定期間しか募集しない単位型（スポット投信）と、いつでも購入・売却できる追加型（オープン投信）がある。現在の主流は追加型である。

運用対象を具体的にどれにするかによって、株式投信は次のような種類がある。①国内株式型（株式組入限度70％以上のファンドで、主として国内株式に投資するもの）、②国際株式型（株式組入限度70％以上で、主として外国株式に投資するもの）、③バランス型（株式組入限度70％未満で、株式と公社債等に投資するもの）、④転換社債型（株式組入限度30％以下の投資信託で、主として転換社債に投資するもの）、⑤インデックス型（株式への投資に制限を設けず、TOPIXなどの株価指数に連動する運用成果をめざすもの）、⑥業種別インデックス型（株式組入限度70％以上の投資信託で、特定の業種に属する株式に投資するもの）、⑦派生商品型（ヘッジ目的以外に派生商品を積極的に活用するもの）、⑧ファンド・オブ・ファンズ（主に他の投資信託に投資するもの）などである。➡株価指数、公社債投資信託、上場投資信託、投資信託

株式持ち合い cross shareholding
企業が主取引銀行（メインバンク）や取引先企業などの親密な企業との間でお互いに株式を持ち合う慣行で、日本の企業金融の特徴の1つである。株式持ち合いのメリットとして、融資や取引の長期安定的な関係を築けることが指摘されている。また、経営陣にとっては、敵対的な買収を防ぐ安定株主づくりとしての側面も強い。

しかし、近年デメリットも目立つようになった。競争が激しさを増すにつれて、株式を持ち合っているからというだけで取引先を決めては企業は競争力を失ってしまう状況になってきている。また、バブル崩壊によって財務体力が低下した企業や銀行が収益を生まない持ち合い株式を売却して資金効率を高める動きに出ている。さらに、株式の時価評価によって株価の変動が企業収益に大きな影響を持つようになった。このため、株式持ち合いは解消の方向に向かっている。➡安定株主、金融資産の時価評価、バブル経済、メインバンク

株主資本利益率 return on equity：ROE
税引き後利益を株主資本で割って算出され、株主資本に対してどれだけの税引き後利益を上げたかを示す指標のこと。この値が高いほど、株主資本を有効に活用して高い利益を上げていることになる。ROEと呼ばれることが多い。

日本企業のROEは全般的に低く、海外の企業に比べて見劣りする状況である。しかし、株式の持ち合いが解消する中で、株主の支持を得るために、ROEを意識した経営が日本でも行われるようになってきている。ただし、ROEは借金をして事業を拡大すると上昇するために、ROEを過度に重視すると過少自己資本状態に陥る可能性もある。また、よく似た指標に、総資産利益率（ROA：return on asset）がある。これは、利益を総資産額で割って算出され、投下された資産が効率的に利用

されているかを示す指標である。

株主総会 general meeting of shareholders　株式会社の最高意思決定機関であり，少なくとも1年に1回開催される（定時総会）ほか，重要事項を審議するために臨時に開催される場合（臨時総会）もある。株主総会での主な議決事項は，①合併などの会社の組織・業態に関する事項，②取締役や監査役の選任・解任，③利益配分（配当額等）などである。株主は保有株式数に応じて議決権を持ち，通常の議案については過半数の賛成が，重要な議案（会社の解散や合併など）については3分の2以上の賛成が必要とされる。

ただ，日本企業の株主総会は，事前に安定株主から委任状を取り付けており，実質的な議論のないまま経営陣の提案を承認していく儀式にすぎないという批判も強い。また，議事進行を妨げると脅して金品を得る総会屋や，逆に議事進行に協力する見返りに金品を得る「与党総会屋」などが株主総会の正常な運営の妨げになってきた。➡ 安定株主，株式会社

株主代表訴訟 shareholders representative suit　取締役が違法行為をして会社に損害を与えた場合に，会社に代わってその会社の株主が，違法行為をした取締役に損害賠償を求める訴訟のこと。株主は代表訴訟を起こす前に，対象となる取締役に対する責任追及訴訟を起こすよう監査役に請求することが原則になっている。請求後，60日以内に会社が訴訟を起こさなかった場合，株主は代表訴訟を起こすことができる。訴訟手数料は，かつては請求金額に応じて増える体系であったが，1993年の商法改正で定額とされ，訴訟が起こしやすくなった。

例えば，大和銀行ニューヨーク支店巨額損失に関する株主代表訴訟では，2000年9月に11人の取締役に総額約800億円の損害賠償金の支払を命じる判決が出た。その後，この件は数億円の和解金で解決したものの，取締役の責任が厳しく問われることとなった。ただ，取締役に対する牽制効果が強まる一方で，過度な賠償責任は取締役の活動を萎縮させてしまうとの議論が強まり，2001年12月に，株主総会や取締役会での一定の手続きを経れば，賠償責任を一定程度軽減できるようにする商法改正が行われた。2006年5月施行の会社法でも基本的にその内容は受け継がれている。

貨幣 money　交換手段，価値尺度，価値貯蔵の3つの機能を有するもののこと。貨幣の最も基本的な機能は，財・サービスの交換手段である。物々交換と比べると，貨幣を利用した交換はより効率的である。物々交換ではお互いの保有物と需要物が一致（欲望の二重の一致）しないと希望する交換は達成できない。貨幣のような誰もが欲しがるものを媒介にすれば，この問題は解決する。第1の交換手段機能には，時間のずれがなく財貨の交換が行われる場合の支払手段機能と，そのずれから生じる債権債務関係を解消する場合の決済手段機能とがある。第2の価値尺度機能とは，1つの価値尺度を有することで各商品の間の価値の相対的な比較を容易にさせるものである。第3の価値貯蔵手段とは，普通の財のように時間が経てば劣化して価値がなくなるものではないことから，保有し続けることでその価値を保つことができるというものである。しかし，インフレーションが発生すると，貨幣の価値（購買力）が低下するので，貨幣の有用性は失われる。極端なケースでは貨幣が全く使われなくなってしまうこともある。➡ 物々交換，欲望の二重の一致，通貨，ビットコイン

貨幣錯覚 money illusion　実質貨幣価値と名目貨幣価値の区別ができない状態をいう。例えば，労働賃金でいえば，インフレで物価が5％上昇する時に名目賃金が10％伸びるのと，デフレで物価が

3％下落しているときに名目賃金が2％上昇するのとは，実質賃金の伸びという点では同じ（5％）であるが，労働者の受け止め方は異なる可能性がある。仮に企業は実質賃金を考えて労働需要を決めており，労働者は貨幣錯覚の結果，名目賃金を重視しているとすると，インフレの下では，（実質賃金が割安になるので）雇用が拡大する可能性がある。また，実質所得は同じであっても名目所得が落ち込むデフレ経済下では，人々が貨幣錯覚を持っているとすれば，実質消費が抑制されることになり不況が深刻化する可能性がある。➡ 実質値，物価水準，名目値

貨幣需要 money demand 人々が何らかの動機に基づいて貨幣を保有しようとすること。人々が貨幣を需要する理由をケインズ（Keynes, J. M.）は次の3つに整理している。第1に，取引動機である。これは交換手段としての貨幣に対する需要を意味している。第2に，予備的動機である。これは将来の予期せざる支出に備えて貨幣を保有しようとする需要である。これら2つの動機からは，所得が増えれば貨幣需要が拡大すると予想される。第3が，投機的動機である。金利に応じて貨幣と債券の間で資産選択が行われる状況を想定している。一般に，金利と債券価格は逆相関になっており，金利が低くなると債券の価格は上昇する。つまり，金利が下がって債券価格が上昇すると，将来値下がりする可能性が高まる。したがって，そうした将来の値下がりのリスクを避けるために，額面の価値が安定した貨幣を需要するようになる。こうしてケインズは投機的動機により貨幣需要に所得や金利が影響することを理論的に示した。このケインズの貨幣需要理論は流動性選好理論と呼ばれている。これに対して古典派においては，基本的に取引動機に基づく貨幣需要までしか認めなかったため，貨幣需要は所得のみに依存すると考えた。現在では金利や所得以外に貨幣需要に影響する要因（例えば金融資産額や為替レートなど）についての研究も進められている。➡ 投機的動機，取引動機，予備的動機，貨幣数量説

貨幣乗数 money multiplier ベースマネー（ハイパワード・マネーともいわれる）に対して何倍のマネー・ストック（M1やM2など）が存在しているかの値のこと。ベースマネーとは，現金通貨（1万円札など）と民間金融機関の中央銀行預け金の合計として定義でき，民間金融機関が預金通貨を作り出す（預金創造あるいは信用創造）際のもとになる。

日本銀行はベースマネーを直接コントロールできるが，一般に，マネー・ストックは民間経済主体の行動に依存するので直接コントロールできない。しかし，もし貨幣乗数が安定しているか，変化するにしても予測できるならば，実質的にマネー・ストックのコントロールが可能になる。ただ，貨幣乗数が予測不可能な動きをすることもあり，またベースマネーの増加からマネー・ストックの増加までにかかる時間も安定していないなどの理由から，現実の金融政策は貨幣乗数論が唱えるほど簡単ではない。➡ M1, M2, M3, 金融政策，信用創造理論，ハイパワード・マネー，マネー・サプライ

貨幣数量説 quantity theory of money 貨幣量と物価の間の関係を示す古典的な考え方である。基本的な考え方は，次の貨幣数量方程式に凝縮されている。

$$MV \equiv Py$$

Mは貨幣量（マネー・サプライ），Vは流通速度，Pは物価水準，yは実質生産高を表す。Vは一定期間（例えば，1年間）に貨幣が何人の人々の間を流れていったかを示す。したがって，貨幣量と流通速度の積MVは一定期間に行われた経済取引の総額を示すことになる。他方，右辺のPyは売上総額である。すべての経

済取引が貨幣を媒介に行われたとすれば，両者は本来同じ物を別の視点(受取り側と支払側)から見ただけである。

しかし，①流通速度Vは社会制度(賃金の支払が月給制か日給制かなど)を反映し，安定している，②実質生産高yは労働市場と財市場の均衡で決定される(古典派の二分法)という2つの仮定を貨幣数量方程式と結びつけると，結局，貨幣数量方程式は，貨幣量と物価が比例関係にあることを示している。つまり，Vとyが一定であるとすると，貨幣量が2倍になれば物価も2倍になることを意味している。➡ 物価水準，フリードマン，マネー・ストック，新貨幣数量説

貨幣の供給 supply of money　基本的に，現金通貨と預金通貨の市場への供給のこと。現金通貨は，日本銀行が発行する日本銀行券と日本政府が発行する硬貨に分かれる。硬貨は，発行額の経済に対する影響が小さいので，政策的に問題となるのは，日本銀行券の発行額およびストックである。現金通貨が供給されるプロセスには次の4つがある。①国債発行の日本銀行引き受けによる貨幣供給，②公開市場における日本銀行の国債の買いオペによる貨幣供給，③日本銀行による手形割引による貨幣供給，④輸出増に伴う外国為替資金特別会計を通じた貨幣供給。このうち①は財政法第5条により禁止されている。今日，②の買いオペにより供給は行われている。原理的には，現金通貨の供給は日本銀行の管理下にあると考えられている。

預金通貨の供給は，銀行システムの信用創造により行われている。これも法定準備率の操作により，日本銀行がコントロールすることができると考えられるが，実際には，法定準備率を政策的に操作することは，銀行経営に多大な影響を与えるということで，ほとんど政策的に操作されることはない。

現金通貨の供給については，上記の伝統的通貨供給方法以外に，ヘリコプターマネーという方法がある。これは，ヘリコプターで現金通貨を空から散布するように，政府が国民に給付金等の形で現金を散布することにより市場での流通貨幣を増やす方法である。そのための財源調達としては，国債の日銀引き受けあるいは日銀券とは別の政府紙幣を発行する方法がある。➡ 信用創造理論

貨幣の限界効用 marginal utility of money　貨幣保有(あるいは所得)が1単位増加した場合の効用の増加分。貨幣は，様々な財の価値を測定し，交換や価値の保蔵の手段として用いられるものであると考えられ，一般的には貨幣そのものから満足が得られるわけではなく，消費者の効用関数のなかに貨幣(所得)が変数として直接的には入らない。一定の貨幣(所得)が与えられた予算制約下での効用最大化問題をラグランジュ乗数法で解いたとき，ラグランジュ乗数は財の限界効用をその財の価格で割った加重限界効用に等しくなる。これは貨幣(所得)1円をその財の購入に振り向けたときの追加的な効用の増分であり，これが貨幣(所得)の限界効用となる。➡ 貨幣の機能，限界効用

貨幣の中立性 neutrality of money ☞ 貨幣ベール観

貨幣の超中立性 superneutrality of money　☞ 貨幣ベール観

貨幣の流通速度 velocity of circulation of money　☞ マーシャルのk

貨幣ベール観 money veil theory　貨幣は，実物経済を覆うベールでしかなく貨幣の量の変化は実物経済にまったく影響を与えないという考え方。貨幣が経済の実体面にどのような影響を与えるかは経済学の大きな論争点であった。リカード(Ricardo, D.)を代表とする古典派経済学は，実物経済(消費や投資活動)と

貨幣経済を切り離して考えること（古典派の二分法）ができると考えた。

この考え方は貨幣数量説によく表れているが、労働市場と財市場の需給均衡から所得（ないし生産高）が確定し、その生産高と貨幣数量の関係から物価が決定されるという枠組みになっている。つまり、貨幣が2倍になれば物価が2倍になるだけで、実物経済には何の影響もないと考える。このように貨幣は実物経済にとってはベールにすぎないということで、貨幣ベール観と呼ばれる。

なお、経済理論では、貨幣が物価にしか影響せず、実物経済に影響を与えないことを「貨幣の中立性」と定義することも多い。また、貨幣供給の伸び率が実物経済に影響を与えないことを「貨幣の超中立性」と呼ぶ。➡ 古典派経済学、物価水準、マネー・サプライ、リカード

可変費用 variable cost ☞ 総費用

空売り short sale　実際には所有していない株式を、他人から借りてきて市場で売却すること。株式を借りられる期間には上限が決まっているので、空売りをした投資家は、一定期間内に市場で同じ株式を買い戻して、貸主に返却する。近い将来に株価が下落すると予想する場合に、空売りをする（借りた株を高く売って、値下がりしてから安く買い戻して貸主に株券を返却する）と、売却時点での価格と買戻し時点での価格の差し引き分の利益が得られる。

空売りをする場合は、信用取引（証券金融会社が仲介する株券の貸し借り）を使って株式を借りる方法（主に個人）と、機関投資家などから貸株市場を通じて株式を借りる方法の2つがある。

借入金 borrowing　国の財源不足を補うための資金調達方法の1つで、債券の発行によらない長期の借入のこと。財政法第4条の規定による健全財政の建前から、原則として国の歳出は公債または借入金以外の歳入をもってその財源としなければならないことが謳われているが、同時に特別な理由がある場合については国会の議決を経た金額の範囲内で借入が認められている。また多くの特別会計法においても同様の取扱いがなされる。これに対して年度内における一時的資金不足を補うための借入を一時借入金といい、財政法第7条に国会の議決を経た金額の範囲内で「財務省証券を発行し、又は日本銀行から一時借入金をなすことができる」と規定されている。なお、財務省証券及び一時借入金については当該年度の歳入により償還しなければならないとされており、短期借入を意味する。
➡ 財源不足額

借換債 refunding bonds ☞ 公債の借換え

カルテル cartel　市場支配を目的として、企業間で価格、生産量、販路等に関して結ばれる協定のこと。企業連合ともいわれる。同一業種の各企業は、その独立性を維持したまま協定し、その協定内容に応じて加盟企業の活動を制限する制限カルテルと、加盟企業に対して割当を行う中央機関を持つ割当カルテルとに分類される。前者には、価格カルテル、条件カルテル、生産制限カルテル、地域カルテルなどがあり、後者には、利潤割当カルテル、注文割当カルテル、生産割当カルテルなどがある。カルテル行為は、市場における自由競争の社会的な利益を侵害するという理由で、独占禁止法で原則禁止主義がとられているが、昭和28年の改正により、不況カルテルおよび合理化カルテルは独占禁止法の適用除外と認められた。加盟企業の経済上、法律上の独立性が維持されている点でトラストと異なる。また、カルテルの発展した企業形態がシンジケートである。➡ 独占禁止法

カレンシー・ボード currency board

自国通貨を固定レートで主要通貨（例えば，米ドル）に完全に釘付けし，自国通貨の発行量を外貨準備高の範囲に抑え，自国通貨と外貨の交換性を完全に保証する為替相場制度のこと。外貨準備によって通貨発行量が制約されることになるので，カレンシー・ボード採用国は裁量的な金融政策を行えない。金本位制度に次いで最も厳格な固定為替相場制度であるといえる。こうした硬直性と引き換えに，自国通貨の信認が高まり，国内経済の安定やインフレの防止に役立つと考えられる。➡外貨準備，金本位制度，固定為替相場制

カレント・エクスポージャー current exposure ☞ エクスポージャー

為替 a money order, exchange 遠隔地との金銭的決済をする場合に，現金の移送に伴うリスクを回避するために，為替手形や小切手，郵便為替，銀行振込など，現金以外の方法によって送金する方法。内国為替と外国為替の2種類に分けられる。

為替管理 exchange control 外国為替取引に対して法的な規制を行うこと。外為市場介入は市場メカニズムを前提として為替レートを操作するのに対し，為替管理は為替取引自体を直接的に制限する手段である。主として，国際収支均衡の達成がその目的であり，資本取引にかかわる規制，経常取引にかかわる規制，外貨集中制度が代表的な為替管理の手段である。資本取引にかかわる規制とは，外貨保有制限などであり，通貨危機に際して資本逃避の激化の抑制を図るものである。経常取引にかかわる規制は，輸入に対する外貨割当や外貨の国外持ち出し制限などであり，経常収支の改善や，時には経常取引を偽装した資本逃避を抑制する働きを有する。最後の外貨集中制度とは，民間の経済主体が取引などで得た外貨の通貨当局への売り渡し義務を課すことで，その保有を禁止するというものである。一方，このような為替管理を撤廃あるいは緩和していくことを為替管理自由化という。例えば，日本においては1989年に対外直接投資に係る届出不要限度額を1,000万円相当額から3,000万円相当額へと引き上げたこと，1998年には外国為替業務の自由化を行ったことなどがその事例として挙げられる。➡国際収支

為替管理自由化 exchange control liberalization ☞ 為替管理

為替差益 exchange gain 保有している外貨資産の売却時の為替レートが，購入時の為替レートと異なる水準となった場合，その差から生じる利益を為替差益，また損失を為替差損という。米ドル建ての資産を購入後，為替レートが円高・ドル安方向に振れた場合には，ドル建て資産を円で評価した円換算額が小さくなり，為替差損が生じることになる。逆に円安・ドル高方向に振れた場合には，円換算額が大きくなり，為替差益が生じることになる。

為替差損 exchange loss ☞ 為替差益

為替政策 foreign exchange policy 一国経済の国内均衡と対外均衡を達成するために為替市場に干渉すること。具体的には，為替管理，固定為替相場制下の平価の変更，為替市場への公的介入などが挙げられる。ただし，現在では，変動相場制の採用と為替取引の自由化の結果として，公的市場介入のみが現実性のある政策手段といえる。さらに，複数の通貨当局が一斉に市場介入を行うのが協調介入である。

公的市場介入は，為替レートの急激な変動を緩和させるためや，通貨当局が為替レートが望ましくない水準にあるとみなしたときに行われる。すなわち，過度の円高は，輸出企業の国際競争力を削ぐ

と見られ，また，過度の円安は輸入物価を上昇させてインフレを招くと考えられる。ただし，市場介入は中央銀行の外貨準備高の変化を通じて，国内のマネー・サプライに影響を与えることを忘れるべきではない。➡ 外国為替，為替管理，国内均衡と国際均衡，固定為替相場制，変動為替相場制

為替相場 exchange rate ☞ 為替レート

為替投機 exchange speculation 為替相場の将来値を予想し，それに基づいて為替差益を得ることを目的に行われる外国為替の売買のこと。為替投機は，為替相場が，将来，円安・ドル高になると予想される場合には円売り・ドル買い，円高・ドル安になると予想される場合には円買い・ドル売りを行うことによって行われる。今，直物為替相場が1ドル＝120円であり，将来の円安・ドル高を予想して，100万ドルの直物為替を購入したとする。このとき，直物相場が予想通り円安になり，1ドル＝125円になったとすれば，この直物ドルを売ることによって500万円の為替差益を得ることができる。このように為替投機は直物為替の売買によっても可能であるが，多くは先物為替取引が利用される。将来，円安・ドル高になると予想される場合には，ドル先物為替の買い予約が行われる。為替相場が，将来，予想通りにドル高になったとすれば，この先物為替の買い予約の実行によって得たドルを，直物為替市場で売ることによって為替差益を得ることができる。一方，予想がはずれ円高になれば，損失を被ることになる。為替投機は，為替相場を乱高下させ，値動きを大きくする要因となる。一方では，為替市場を安定化させる効果もあるという考え方もある。➡ 為替差益，為替投機，為替レート

為替リスク exchange risk 為替相場の変動によって損失を被る可能性をいう。外貨建て資産（負債）の保有者は，将来その外貨の為替相場が下落(上昇)した場合には損失を被ることになる。例えば，今100万ドルの輸出契約を結び，3カ月後にこのドルの支払を受ける輸出業者を考えてみよう。現在の直物レートが1ドル120円であるとすると，3カ月後にドルの直物レートが110円に下落した場合には，1,000万円の為替差損を被ることになる。この場合，輸出業者は，為替リスクを回避するためには，輸出契約が成立した時点で，外国為替銀行に対し100万ドルの先物為替の売予約（このような為替取引をカバー取引と呼ぶ）を行えばよい。

為替リスクを回避するための基本原則は，米ドルとかユーロとかいった外貨の種類ごとに，それぞれの外貨建てで表示された資産額と負債額とを等しくすることにある。➡ 先物為替レート，通貨オプション

為替レート exchange rate 自国通貨と外国通貨が交換される外国為替市場において決定される，それらの間の交換比率のこと。自国通貨のある一定の単位に対してどれだけの外貨と等価関係にあるかで表現し，自国通貨の外貨に対する相対的な価値を示したものは外貨建てレートと呼ばれる。例えば，1円＝0.008米ドルなどと表される。一方，邦貨建て（自国通貨建て）レートとは，外貨の一定単位に対してどれだけの自国通貨と等価関係にあるかで表現したものである。上の例を用いると，1米ドル＝125円というように表される。また外国為替市場に参加する主体の違いから銀行間（インターバンク）レートと対顧客(カスタマーズ）レートに分類される。また，為替の売買契約と決済が同時に行われる取引は直物取引，あとに受渡しが行われる取引は先物取引と呼ばれ，それぞれの市場では直物為替レートと先物為替レートが決定される。なお，一般に，ある国の通貨と金

簡易課税制度 simplified tax system
☞ 消費税の中小企業者特例

簡易保険 post-office life insurance
郵便局の業務を承継した日本郵政株式会社の3事業の1つで,「かんぽ」と略称される生命保険事業のこと。2007年10月の民営化実施以降は,株式会社かんぽ生命保険が提供している。

「かんぽ」は,①全国の郵便局が加入窓口になっている,②誰でも加入できる(職業による加入制限がない),③加入手続きが簡単(医師による診断が不要)などの特徴がある。一方,民間生命保険との競合を避けるために,2017年現在保険加入限度額が最高でも2,000万円に抑えられている。このため,簡易保険は保障性よりも貯蓄性の強い商品が中心となっている。➡ 生命保険会社,ゆうちょ銀行

環境 environment 生物の生存に影響を与えるすべての要素と条件のこと。人間社会で考えるならば,人間の周囲にあってその生存と活動に影響を与える大気・水・土地・天然資源・動植物といった自然環境と人間関係,政府,市場などの社会環境に大別される。

環境アセスメント environmental impact assessment : EIA 環境影響評価ともいい,環境汚染や環境破壊を未然に防ぐために開発事業等を実施する前に,その事業が環境に及ぼす影響について調査・予測・評価し,その結果に基づき事業内容を見直したり環境保全対策を立案したりする制度のこと。米国の1969年国家環境政策法によって制度化されたのが最初であり,その後OECDの実施勧告もあり,主要先進国では法律等によって制度化されている。日本においても,1997年に環境影響評価法が制定され,2011年に改正が行われ,2013年に改正法が完全実施されることとなった。環境アセスメントの実施が義務付けられた。

環境会計 environmental accounting
環境省のガイドラインの定義では,環境会計とは,企業等が社会との良好な関係を保ちつつ,環境保全への取組みを効率的かつ効果的に推進していくことを目的として,事業活動における環境保全のためのコストとその活動により得られた効果を定量的(金額または物量ベース)に測定し公表する仕組みのこと。環境会計は内部機能と外部機能の2つを有する。内部機能は,企業における環境保全コストの管理や,環境保全対策の費用対効果の分析に環境会計情報を利用することにより,効率的で効果的な環境保全への取組みを促す機能である。また,外部機能は,環境保全への取組みを定量的に測定した結果を外部に開示し,消費者,投資家,地域住民等の外部の利害関係者に周知させるものである。環境報告書を通じて,環境保全への取組み姿勢や対応方法等,さらには環境会計情報を公表し,外部の人々に環境保全への取組みを定量的に伝達するものである。➡ 費用・便益分析

環境権 environmental right 誰もが良好な生活環境を享受できる権利のこと。1972年の国連人間環境会議で採択された人間環境宣言の中で,「良好な環境の享受は市民の権利である」と謳われている。日本においても,環境権は憲法第25条(生存権)や第13条(幸福追求権)から基本的人権の1つとして認められ,法的保護を受けられるべきであるとの考え方が広がっている。そのため,環境を汚染し,良好な生活環境を破壊しようとする者に対して,環境権に基づき排除請求や予防請求を求める訴訟を起こす動きが活発化しているが,判例では環境権を私権として認めるには至っていない。➡ 環境

環境税 environmental tax 地球温暖化等の環境問題に対応するために実施

される経済的手段の1つであり、環境に負荷を与える活動や製品に課税することによって環境への負荷を削減しようとする制度。環境税の理論的根拠としては、ピグー税とボーモル=オーツ税がある。環境税を課税することにより、市場メカニズムの中に汚染削減のインセンティブを組み込むものである。従来からの規制的手段と比較して、①汚染者負担の原則に合致する、②広範囲の多数の汚染源を対象とできる、③汚染削減のための社会的コストを最小にすることができる等のメリットがある。1993年にOECDが環境税の導入を勧告する報告書を発表したこともあり、欧米諸国においては、二酸化炭素の排出量に応じて課税される炭素税をはじめ、排水、肥料、殺虫剤への課税等が導入されている。日本においても、京都議定書における温室効果ガスの削減目標を達成するための手段として、様々な形での導入が検討されている。➡汚染者負担原則、温室効果、ピグー的税・補助金政策、ボーモル=オーツ税

関数 function　変数間の関係を示す式のこと。たとえば2変数についてある変数の値を決めたとき、もう一方の変数の値が一意に決まるとき、2つの変数間には関数関係があるという。前者を独立変数、後者を従属変数と呼ぶ。経済学では、諸変数の間に関数関係を想定することが多い。例えば、消費者理論における効用関数$u=u(x)$は消費量を独立変数x、その消費量によって得られる効用水準uを従属変数とみなしたものであり、企業理論における費用関数$c=c(y)$は産出量yを独立変数、その産出量を産出するためにかかる費用cを従属変数とみなしたものである。連続な関数とは、直観的には、グラフが切れ目なくつながっているような関数のこと。途中でつながっていない関数を不連続関数という。経済学では、独立変数が2種類以上

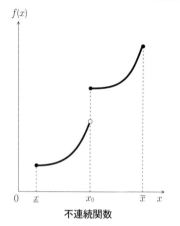

不連続関数

からなる関数、すなわち多変数の関数を扱うことが多い。2種類の財(c_1, c_2)を消費することから得られる満足を表す効用関数$u=u(c_1, c_2)$や、生産に投入される労働Lおよび資本Kと産出される数量Yとの技術的関係を表す生産関数$Y=F(K, L)$などは2変数の関数の例である。

関税 customs, duties, tariff　物品の輸出入に際して課される税金。一般には、物品の輸入に課される輸入関税を指す。関税の種類としては、財政関税(収入関税)、保護関税、特殊関税がある。財政関税は、財政収入を確保する目的で課される関税である。保護関税は、国内産業と競合する輸入品を不利に扱い、国内産業を保護する目的で課される関税である。特殊関税は、不公正な貿易を是正する目的で課される関税で、相殺関税、不当廉売関税(反ダンピング関税)、緊急関税、報復関税、対抗関税がある。輸入品の価格を課税標準とする関税を従価税、輸入品の数量を課税標準とする関税を従量税という。関税は、具体的な数値で表示されるため、透明性の高い国境措置であり、自由貿易を推進するために、輸入数量制限を関税に置き換えるという関税化が実

施されている。➡ 従価税，反ダンピング関税

関税及び貿易に関する一般協定 General Agreement on Tariffs and Trade ☞ GATT

関税同盟 customs union ☞ 地域経済統合

関税割当制度 tariff quota system 一定の数量以内の輸入品に限り，無税または低税率（1次税率）の関税を適用して，需要者に安価な輸入品の提供を確保する一方，この一定数量を超える輸入分については，比較的高税率（2次税率）の関税を適用することによって，国内生産者の保護を図る制度。タリフ・クオータ（TQ）制ともいう。わが国において，関税割当制度は，1961年の貿易自由化に際して，国内産業への急激な衝撃を緩和し，自由化を円滑に定着させる過渡的措置として採用された。一定の数量以下の輸入しか認めない輸入数量制限と比べると，一定数量を超えても2次税率で輸入できるという点で大きく異なる。わが国では現在，ナチュラルチーズ，とうもろこし，皮革，革靴などのほか，ウルグアイ・ラウンド合意における関税化品目が適用対象となっている。

間接金融 indirect financing ☞ 直接金融

間接効用関数 indirect utility function ある価格と所得を与えた際，最大化される効用水準を与える関数。消費者の財の組合せに関する選好関係は効用関数によって表現される。この効用関数は，各財の数量の組合せに依存する。各財の価格と所得が与えられたものとして予算制約下での効用最大化問題の解として各財の需要量が決まる。これは，各財の価格と所得に依存した需要関数となる。この需要関数をもともとの効用関数に代入すると，効用関数は価格と所得の関数で表すことができる。この効用関数は，各財の価格と所得に対して消費者が予算制約の下で達成可能な最大の効用水準を示すものであり，これが間接効用関数である。したがって間接効用関数とは，単に財の価格と所得の関数ということではなく，その価格と所得の下で効用最大化問題が解かれたときの効用水準を表したものである。間接効用関数は，価格と所得に関するゼロ次同次関数，価格に関する単調非増加関数，所得に関する単調増加関数，価格に関する準凸関数などの諸性質を持つ。間接効用関数は消費者行動理論の双対性アプローチにおける基本概念であり，応用ミクロ経済学，公共経済学などで幅広く活用されている。➡ 効用関数，需要関数，双対性

間接税 indirect tax ☞ 直接税

完全競争 perfect competition 競争が十分行われ，競争の参加者が価格支配力を全く持たない状況。財・サービスが取引される市場は，市場の参加者数，参加者が得られる情報量，公的規制，歴史的な慣習などの理由により，多種多様な形態をとる。この中で最も基本的な市場形態として，完全競争市場がある。これは，市場の状態について，次の4つの条件が成立することをいう。

① 多数の売り手，買い手の存在
② 財の同質性
③ 情報の完全性
④ 自由参入・自由退出

現実の市場では，価格を左右できる企業や消費者が存在する場合がある。そのような市場は不完全競争市場と呼ばれる。独占市場がその典型である。このため，完全競争市場は，理想化された市場ともいえる。しかし，現実の競争と完全競争を比較することで，市場における競争状態が社会にもたらす効果を測定することができる。

完全競争と類似した概念として，純粋競争という用語がある。これは，完全競

争の定義から，条件④を除いたものとして用いられる。しかし，現代では両者とも同じ意味で使用されることもある。➡不完全競争，独占

完全雇用 full employment　労働市場が均衡しているときの労働雇用状態のこと。また，すべての労働力が雇用され失業がゼロの状態を指す場合もある。前者の意味での完全雇用状態では，転職のための一時的な失業に当たる摩擦的失業などは，むしろ労働市場が円滑に機能するために必要であり，完全雇用と両立すると考えられている。どのような状態をもって労働市場の均衡とみなすかについては，いくつかの見解がある。その1つは，前述の労働の需給量が等しい状態を均衡とみなす立場である。いま1つは労働市場において人々の期待が実現される状態としての期待均衡を考える場合である。インフレを加速させない失業率（非加速的失業率）やフリードマン（Friedman, M.）の自然失業率に対応する雇用量もこれに含めることができる。

完全雇用GDP full employment GDP　現行賃金率の下で，就労の能力と意思のある人がすべて雇用され，非自発的失業が存在しない完全雇用状態において達成されるGDP水準。自由な市場取引に委ねた際に成立する均衡GDP水準が完全雇用GDP水準に一致する保証はなく，均衡GDP水準が完全雇用GDP水準を下回った場合，均衡GDP水準は不完全雇用均衡となる。完全雇用GDPとそれを下回る現行の均衡GDP水準の差は非自発的失業者による未実現の産出量に相当する。このような場合，ケインズ経済学の立場では，総需要管理政策を発動することで総需要を拡大でき，それを実施することが政府の責任であると考える。これに対し新古典派経済学の場合，実質賃金率の調整機能により，労働市場は常に均衡状態（完全雇用状態）にあり，非自発的失業の存在の余地はない。したがって自由な市場経済に委ねておけば，常に労働市場は完全雇用状態にあり，完全雇用GDPが実現しているとする。

完全雇用余剰 full employment surplus　税制や歳出構造を所与として，経済が完全雇用水準にあるとした場合に生じるであろう財政余剰のこと。完全雇用黒字ともいう。これに対して財政収支が赤字である場合には完全雇用赤字（構造的赤字）といわれる。そもそも税収は景気の影響を受けるため，財政収支は歳出予算が一定であったとしても好況のときには改善し，不況のときには悪化する。この時の財政赤字を循環的赤字という。現実の財政収支の赤字・黒字という状況のみを見て，政府が拡大的な政策あるいは緊縮的な政策のどちらをとっているのか判断は困難である。しかし，完全雇用余剰あるいは赤字は完全雇用の状態での財政状況であるため，財政政策の方向性を正確に知ることができる。また最近はこの考え方を基礎に，財政赤字を構造的要因と循環的要因に分けて議論することが多くなってきている。➡完全雇用

完全失業率 unemployment rate　完全失業者数を労働力人口で除した値。わが国では総務省総計局の行う「労働力調査」において「就業者」「完全失業者」「非労働力人口」の区分がなされている。ここで完全失業者と見なされるのは「調査期間となる毎月末の1週間の収入のある職への就業が1時間未満であり，就業可能でかつ求職活動の実績のあるもの」である。総人口中の「15歳以上人口」から「非労働力人口」を差し引いた残りを「労働力人口」とする。わが国では完全失業者と見なされる条件はかなり厳しく，そのことがわが国の完全失業率を低くする効果があると見られている。

完全情報ゲーム game with perfect information　すべての情報集合が1つの

要素から成っているゲームのこと。直観的には、各プレーヤーがゲームの歴史、つまり、お互いが過去にとった戦略をすべて知った上で次の意思決定をするようなゲームを指す。何度もジャンケンをするというゲームの例からわかるように、ゲームにおいては、相手の戦略についての情報を知っている場合と知らない場合とでは、戦略が異なることがしばしばである。ゲーム理論では、各プレーヤーが保有する情報のあり方によってゲームを分類する。展開形ゲームにおいては、ゲームの木によって情報構造を視覚的に表現することができる。ゲームの木の各ノード（節、結節点）を要素として持つ集合を情報集合という。情報集合は、ゲームの木において、各ノードを実線や波線で結ぶ、あるいは、囲むことによって表現される。情報集合の要素の数が2つ以上の場合、情報集合内に含まれるノードのどこに位置するかをプレーヤーは知らないことを意味する。例えば、プレーヤー1のある情報集合が、a, b, c、3つのノードから構成されていたとき、それは、プレーヤー1自身がa, b, cのどこにいるのか知らないまま次の行動を起こさなければならないことを意味する。反対に、情報集合が唯一のノードから構成されているということは、自身がどこに位置しているかがわかっていることを意味する。完備情報ゲームにおいては、2つ以上のノードからなる情報集合が少なくとも1つあるゲームを不完全情報ゲームという。

完全性（完備性） completeness　消費者の、選好の整合性の要件の1つ。消費者の財に対する選好は完全性（完備性ということもある）と推移性を満たすことが仮定される。任意の2つの財の組合せx, yに対して、「xは少なくとも同程度にyより好ましい」か「yは少なくとも同程度にxより好ましい」のうち、少なくともいずれかが成立する場合に選好は完全性（完備性）を満たすという。これは消費者があらゆる財の組合せを比較して「どちらかが好ましい」もしくは「無差別である」という判断ができることを意味する。選好の推移性とは次の要件を満たす場合をいう。任意の3つの財の組合せx, y, zに対して、xは少なくとも同程度にyより好ましく、yは少なくとも同程度にzよりも好ましいのであれば、xは少なくとも同程度にzより好ましくなければならない。これは消費者の選好がすべての財の組合せに対して矛盾なく順序づけできることを意味する。

環太平洋パートナーシップ　Trans-Pacific Partnership, TPP　太平洋周辺の国々の間で、ヒト、モノ、サービス、カネの移動を自由にしようという国際協定。環太平洋戦略的経済連携協定を略して、環太平洋経済連携協定と呼ばれる。2006年5月、シンガポール、ニュージーランド、ブルネイ、チリの4カ国が締結した経済連携協定（EPA）が原型である。2009年11月以降、米国、オーストラリア、ペルー、ベトナム、マレーシア、メキシコ、日本、カナダの12カ国が順次拡大交渉に参加し、2015年10月に大筋合意に達した。今後、各国の議会承認が得られれば発効する。協定文書は、全30章から成り、各国の関税撤廃の内容や自由化の例外項目などが書かれた付属書を合わせると全体で1,500ページを超え、関税の撤廃・削減の他に、投資、政府調達、知的財産など幅広い分野で共通ルールが取り決められている。TPPの参加12カ国は、経済規模では全世界の4割、人口では1割を占めることになる。➡経済連携協定

カントリーリスク　country risk　外国企業が進出国で経済活動を行うことで発生するリスクのこと。外国企業の投資環境に関することが多い。政治的・経済的・社会的リスク、法制度の未整備・不透

明性・恣意的な運用がある。例えば，会計，税金，知的財産権，雇用などにかかわる制度が挙げられ，それらは国際的なルールから逸脱しているといわれる。➡決済リスク

カンパニー制度 company system
本社の下に擬似的な企業を設け，分権管理を行っている企業の組織体制のこと。この擬似的な企業を社内カンパニーあるいは社内分社という。分権的な企業組織体制として，その他に事業部制度と分社制度があるが，カンパニー制度はその中間的な組織形態である。事業部制度とは，事業部門ごとに分割し，大幅な権限を与えることで独立性を高め，これを統括する役割を本社が担う組織形態である。カンパニー制度は，組織形態としては基本的に事業部制度と同じであるが，本社が社内カンパニーに資本金を割り当て，損益計算書や貸借対照表を作成させ，完全に独立した企業のように見なして統括管理する。事業部制度よりも人事，給与，設備投資，資金調達などさらに大幅な権限が社内カンパニーに委譲されるため成果と責任が明確になる。1994年にソニーが実施し，その後，多くの企業が導入している。➡分社化

かんばん方式 kanban system トヨタ自動車が開発した生産管理方式で，部品などの在庫をできるだけ持たず，必要なときに必要な量だけ調達し，在庫費用を極端に圧縮するシステムのこと。このような生産管理システムはジャストインタイム (just-in-time) 方式とも呼ばれている。かんばん方式と呼ばれるのは，部品調達の際に，必要な部品の数量と納期を伝達する方式として「かんばん」が使われるからである。「かんばん」とは，必要な情報を部品箱につけて伝達するための板であり，「引取りかんばん」と「生産指示かんばん」がある。引取りかんばんは，調達側が供給側から部品を受け取るために使われ，生産指示かんばんは調達側の指示により供給側が生産を行うために使われる。このようにして部品在庫を極力少なくし，必要な分だけ部品を補給するシステムである。

完備情報ゲーム game of complete information すべてのプレーヤーがゲームのルールを熟知している前提の下で行われるゲームのこと，そうでないゲームを不完備情報ゲームという。ゲームのルールとは，プレーヤーとその数，それぞれのプレーヤーが選択する戦略およびその集合，その結果としての利得構造や情報構造等，ゲームを特徴づけるものの総称である。トランプゲーム，将棋，各種スポーツは，各プレーヤーが，ゲームのルールを熟知しているが，経済活動におけるゲーム的状況では，そもそもゲームのルールを熟知していない場合も多い。不完備情報のゲーム理論は，1960年代後半よりハルサーニ (Harsanyi, J. C.) らによって研究が進んだ。他のプレイヤーの行動を知った上で行動できるかどうかで分類した完全情報・不完全情報とは全く異なる概念である。

管理価格 administered price 寡占市場において有力な企業がプライス・リーダーとして一定の利潤が確保できるよう価格を設定し，その他の企業がそれに追随する場合の価格のこと。このような状況においては，少数の寡占企業が，価格カルテル等の明確な独禁法違反行為をすることなく価格を当該企業の管理下に置くという状態が発生する。完全競争市場においては，価格は当該市場の需要と供給により決まる。すなわち企業にとっては他律的に決定されるが，寡占市場では企業が価格決定力を持ち，管理価格は当該企業の設定した価格がそのまま市場価格となる。また，様々な市場において管理価格が設定されることにより，物価の上昇が起こることがある。この現

象を管理価格インフレーションと呼ぶ。
➡ 寡占，カルテル，完全競争

管理通貨制度 managed currency system　物価の安定や経済成長などの目標のために銀行券の発行高を管理・調整する制度。したがって，管理通貨制度の下での銀行券は兌換紙幣（金本位なら金に交換できる銀行券）ではなく，不換紙幣である。例えば，現在使用されている1万円札は不換紙幣で，一定量の金と交換することが約束されているわけではない。兌換紙幣と異なり，不換紙幣は本位通貨(例えば金)とのつながりを持たないだけに，通貨の発行額を適切に管理することができなければ，通貨価値が不安定(国内的にはインフレーション，対外的には通貨安)となりやすい。そのために，法律で銀行券の発行額を制限したり，中央銀行の国債引受けが禁止されたりしているのが普通である。➡ 兌換銀行券

管理貿易 managed trade　国家によって統制，管理される貿易。自由貿易に対する言葉。貿易を管理する手段として，輸出入許可制，輸入数量割当，関税，輸入課徴金，輸出補助金，輸出自主規制，輸入自主拡大などいろいろなものがある。例えば繊維の場合，日米間で貿易摩擦が起こると，日本は輸出自主規制を行い，日米綿製品短期取決め (1962年)，日米綿製品長期取決め (1963年)，日米繊維協定 (1972年) と，貿易管理は次第に強化された。その後多くの国を巻き込み，繊維貿易では，繊維多国間取決め (MFA) という制度の下で，国際的な管理貿易が行われることになった。また，1991年に締結された日米半導体協定では，外国系半導体の日本市場のシェアを20%以上にするという数値目標を設定して，政府と業界の介入によって輸入を拡大することになった。管理貿易は，様々な面で悪影響を及ぼす。輸入国の消費者は，安価で良質な輸入財を購入する機会が損なわれる。開発途上国の輸出拡大が困難になり，経済発展が阻害されてしまう。先進国において衰退産業が過度に保護される結果，産業構造の調整が遅れることになる。➡ 自由貿易，貿易摩擦，輸出自主規制

機会費用 opportunity cost　経済学における費用概念の1つ。ある用途へ資源を投入する場合に，それによって失われる他の収益機会から得られる収益のうち，最大の収益を当該投入の費用とみなすこと。ある一定量の資源をある用途に投入した場合，その同じ一定量の資源を他の何らかの用途に投入すれば得られたであろう収益がすべて犠牲になり，これを先の投入の費用とみなすのである。これは実際に負担される金額を意味する会計上の費用概念とは異なる。

幾何分布 geometric distribution　繰り返し試行において，毎回確率pで起こる事象がはじめて生起するまでx回かかる確率を示した分布。確率密度関数は，以下のように表現される。

$f(x) = p(1-p)^{x-1}$

幾何分布の例としては，サイコロを振って最初に1が出るまでに振った回数の分布が挙げられる。➡ 確率分布，確率密度関数

機関投資家 institutional investor

株式投資や債券投資を組織的に行う法人や団体のこと。生命保険会社，損害保険会社，銀行，信託銀行，投信会社，投資顧問会社などが該当する。機関投資家の取引は，大規模で継続的なので，市場に与える影響も大きい。わが国では，機関投資家の株式保有が必ずしも投資収益を最大化するために行われていなかったといわれる。例えば，生命保険会社は，企業の年金基金の運用を受託したり，従業員への保険の販売に便宜を図ってもらったりする見返りに，当該企業の安定株主になっていた。このため，機関投資家は「物言わぬ」株主となり，経営陣の提案を承諾するだけであった。しかし近年，顧客（保険会社なら保険契約者）からの要求が厳しくなり，また，日本版スチュワードショップ・コードの制定（2015年）によって機関投資家の受託責任が強化されたことから，機関投資家も投資先企業の経営に注文を付ける機会が増えている。
➡ 安定株主，株式持ち合い

企業金融 business finance, corporate finance　企業による資金調達。企業は，原材料の購入・設備への投資・労働者への賃金支払等のため，金融機関からの借入，株式の発行，内部留保の取崩し等により，資金を調達しなければならない。調達先が企業の内部であるものを内部金融，調達先が企業の外部であるものを外部金融という。内部留保，減価償却は内部金融に分類され，株式，CP（コマーシャルペーパー），社債の発行および金融機関からの借入は外部金融に分類される。企業が行う資金調達方法と企業価値との関係は，古くからの研究対象であるが，これを扱うMM（モディリアーニ＝ミラー）定理は広く知られている。➡ MM定理，コマーシャルペーパー

企業内訓練 employee training　企業が，社員に対して実施する教育・訓練の総称。企業内訓練はその方法によって，職場外訓練（Off-the-Job Training: Off JT），職場内訓練（On-the-Job Training: OJT），自己啓発に分類できる。職場外訓練とは，実際の作業現場等ではなく，企業内の研修所等に対象者を集め，経営者が必要と考える教育内容について研修・訓練を実施することを意味する。多くの場合，同時に多数の対象者が参加できる。新人を対象とした研修，管理職を対象とした研修等がこれに相当する。職場内訓練とは，実際の作業を実行しながら，仕事についての知識・技術等を訓練することを意味する。職場外訓練と異なり，通常，多数を対象とした教育はできないが，現場以外では修得できない経験を積むことが可能である。職場外訓練と職場内訓練は相互に補完的な役割を果たすと考えられている。自己啓発は，本来，従業員自らが，自発的に自身の能力を向上させるために通信講座や各種セミナーに参加することを指す。ただし，自己啓発の成果に着目した企業が，自己啓発のための金銭的援助，労働時間への配慮等の支援を行うこともある。

企業内貿易 intrafirm trade　狭義には，ある国に存在する多国籍企業の事業所と，別の国に存在する当該多国籍企業の事業所との間で行われる貿易のこと。広義では，次のような3つの場合にも企業内貿易ということがある。1つめは，それぞれ異なった国に存在する親会社と子会社との間で行われる貿易である。これが狭義の意味で「企業内」にあたらないのは，海外の子会社が親会社との間に資本関係があるものの，それとは独立した企業であるためである。2つめは，子会社と子会社との間で行われる貿易である。最後に3つめは，ある国に存在する企業が，自分のブランドを他の国の企業に委託し生産・供給を行わせる場合である。➡ 多国籍企業

企業年金 corporate pension　企業

が従業員を対象に設けている年金制度のこと。国民年金や厚生年金を補完するためのものである。大きく分けると確定給付型年金と確定拠出型年金がある。

確定給付型年金とは，年金支給額を先に決め，その支給額を実現するために，所定の金利で運用するとして年金掛金が計算される方式をいう。年金支給額が先に決まっているという意味で確定給付型年金であり，伝統的なわが国の企業年金の方式である。確定給付型の代表的な制度として厚生年金基金がある。厚生年金基金は企業や業界団体を母体として設立する特別法人で，民間企業のサラリーマンが加入する厚生年金の一部を国に代わって支給する代行部分と，企業が独自の上乗せ年金を支給する追加支給部分がある。代行部分は国に保険料を納めないで基金が運用して，契約者に年金を支給するものである。かつてのように高利回りの運用ができなくなって，予定利回りを下回る分を企業が穴埋めしなければならず，企業業績の足を引っ張るようになった。

2002年の確定給付企業年金法で，確定給付型の企業年金は，①厚生年金基金，②基金型企業年金（厚生年金基金から代行部分を除いたもの），③規約型企業年金（従来の税制適格年金を改良したもの）の3種類になった。しかし厚生年金基金の財政状況が厳しくなり，2013年の法律改正によって健全な厚生年金基金については存続が認められるものの，一般の厚生年金基金は解散もしくは他の制度に移行することになった。

確定拠出型年金とは，現在の掛金額を決めておくだけで，将来の年金額はそれまでの間の運用成績に応じて決まるというものである。運用は個人の責任で行うことになっており，運用がうまくいけば予想以上の年金を受け取れるが，失敗すればわずかの年金あるいは年金がなくなってしまうかもしれないというリスクがある。しかし，転職した場合にも，年金を継続できるなどのメリットもある。2001年に日本に導入され日本版401kといわれる年金方式は確定拠出型年金である。もともとアメリカの401kプランをまねて作られた制度である。➡ 確定給付型年金，厚生年金

企業の社会的責任 corporate social responsibility:CSR 　企業は，単に利益をあげて株主に報いるだけではなく，従業員や消費者など利害関係者や社会一般に対して責任ある行動を取るべきであるとする考え方。その内容については明確な定義はなく，論者や企業により様々である。具体的に言及される内容として，法令遵守，社会貢献活動，従業員への適切な処遇，環境への負荷の低減などがある。

危険 risk 　☞　不確実性

危険愛好者 risk lover 　☞　危険回避の尺度

危険回避者 risk averter 　☞　危険回避の尺度

危険回避の尺度 measure of risk aversion 　経済主体の危険に対する態度，すなわちどの程度危険を回避（愛好）しようとしているかを示す尺度。どの程度危険を回避しようとしているかは，その経済主体の基数的な効用関数のグラフの曲率によってとらえることができる。

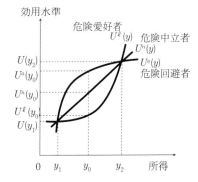

図は，(a)危険回避者$U^a(y)$と(b)危険愛好者$U^ℓ(y)$と(c)危険中立者$U^n(y)$の効用関数のグラフである。経済主体の効用水準Uはその所得水準yに依存する，すなわち関数$U(y)$として表されるものとする。またこのとき，所得y_1および所得y_2のいずれが得られるかが不確実であるとし，それぞれの所得を得る確率がそれぞれ$α, 1-α(0<α<1)$であるとする。このとき，この経済主体の期待所得水準は$αy_1+(1-α)y_2$となる一方，期待効用水準は$Ue=αU(y_1)+(1-α)U(y_2)$となる。もし，この不確実な状況の下で得られる期待所得水準$αy_1+(1-α)y_2$と同額の所得が確実に得られるとするならば，そのときの効用水準は$U(αy_1+(1-α)y_2)$と表される。

もし，$U(αy_1+(1-α)y_2)$が$Ue=αU(y_1)+(1-α)U(y_2)$を上回るとする。このとき確実に得られる所得水準と不確実な状況の下で得られる期待所得水準が等しくとも，確実に得られる場合の方が高い効用を感じるのであるから，この経済主体は危険回避者(危険を嫌う人)といわれる。効用関数のグラフでいえば，上方に凸のとき，すなわち限界効用が逓減的である場合である。これと同様に，もしグラフが上方に凹であれば危険愛好的(危険を負うことをいとわない人)，そしてグラフが右上りの直線であれば危険中立的(危険回避者でもなく危険愛好家でもない人)であることを表わしている。危険回避の程度はこのグラフの曲率に依存することから，その程度を表わすものとして次の2つがある。1つは$-U''(y)/U'(y)$で表わされる絶対的危険回避度と，そしてもう1つは，$-yU''(y)/U'(y)$で表わされる相対的危険回避度である。

危険資産 risk asset ☞ 安全資産
危険中立者 risk neutral ☞ 危険回避の尺度

起債制限比率 debt expenditure ratio used at permission to issue local bond 1977年度以降，地方債発行による地方財政の悪化に歯止めをかけるために，国によって設けられた基準。

起債制限比率の過去3年度間の平均が20%を超えた団体は，起債が制限された。2006年度より，地方債発行が協議制に移行するに伴い，実質公債費比率が新たな起債制限基準となった。➡ 基準財政需要，実質公債費比率，地方債，標準財政規模

基軸通貨 key currency 国際的に広く用いられる通貨である国際通貨の中でも，特に対外流動準備として保有され(準備通貨)，支払手段として用いられ(決済通貨)，各国通貨の為替レートを安定させるために外国為替市場に介入する手段として使われる(介入通貨)通貨のこと。また，この基軸通貨には，国際的な価値尺度となるような計算通貨単位，および国際流動性としての量的必要性に対応できることも求められる。一般的には，第2次世界大戦前は英国ポンドが，大戦後は米国ドルが，基軸通貨とされている。

技術移転 technology transfer 国際経済の文脈において，ある技術が他の国に移転されること，あるいは伝播すること。一般的には，先進国と発展途上国との技術格差を縮小させるよう政府間技術協力を通じて行われたり，先進国にある企業が発展途上国の安価な労働力を求めて直接投資を行ったりすることで技術移転が進展する。ここでいう技術は，設備などの建設に伴って移動する生産技術と，その経営に関するノウハウ，人事・労務管理などの経営技術の2種類に大きく分けることができる。

技術進歩 technical progress 生産効率を上昇させるような現象の総称。技術進歩は，それが資本財に体化されているかどうかによって，体化型(embodied)と非体化型(disembodied)に分類される。

体化されるタイプの生産技術を生産プロセスに反映させようと思えば、体化された技術を有する資本財を導入する必要がある。最新の技術の導入には、最新の設備を導入する必要があるというのはその一例である。ここに資本財の製造年(葡萄酒等の仕込みに例えてヴィンテージ(Vintage)と呼ばれる)を明示するモデルの意義がある。一方、非体化型の生産技術の場合は、生産現場での人員配置や作業手順の工夫などにより、既存の生産設備に変更を加えることなくその技術進歩を生産プロセスに導入することが可能である。非体化型の技術進歩は、ある成長経路上で所得分配率が一定の場合を中立的技術進歩として、次のように技術進歩の形態が存在する。

①ヒックス中立的:資本・労働比率が一定のとき、資本の労働に対する限界代替率が時間を通じて一定、②ハロッド中立的:利子率が一定のとき、資本・産出比率が時間を通じて一定、③ソロー中立的:実質賃金が一定のとき、労働生産性(1人当たり生産量)が時間を通じて一定。また、これら3種類の中立的技術進歩の定義と生産関数の関係を明らかにした定理によりそれぞれ次のように表されることもある。

① ヒックス中立的:
$F(K(t), N(t), A(t))$
$= A(t)G(K(t), N(t))$
② ハロッド中立的:
$F(K(t), N(t), A(t))$
$= G(K(t), A(t)N(t))$
③ ソロー中立的:
$F(K(t), N(t), A(t))$
$= G(A(t)K(t), N(t))$

$K(t), N(t), A(t)$ はそれぞれ、t期の資本ストック、労働、生産技術水準を示す変数である。②および③において、$A(t)$は各生産要素の投入量を増大させる効果を持つことから、ハロッド中立的技術進歩を労働増加的(labor augmenting)、ソロー中立的技術進歩を資本増加的(capital augmenting)と呼ぶこともある。

技術的外部性 technological externality 外部性の一形態であり、ある経済主体の経済活動が市場取引を通じないで他の経済主体にプラスあるいはマイナスの影響を与えること。工場による大気汚染、騒音、水質汚濁などはマイナスの例であり、無料で開放された庭園などはプラスの例である。技術的外部性が問題となるのは、外部性の存在により私的費用と社会的費用あるいは私的便益と社会的便益の乖離が生ずるからである。ある工場が大気を汚染して住民が喘息などになった場合を想定してみよう。本来ならば大気汚染による喘息被害はその工場で生産している生産物の社会的に見た費用(社会的生産費用)の一部であるが、大気汚染物質を取引する市場が存在しないため、汚染物質除去の費用あるいは喘息の治療費は工場により負担されない。企業は生産物を生産するのに直接必要な費用(私的生産費用)しか負担しようとしない。このように負の技術的外部性が発生する場合には、社会的生産費用は私的生産費用を超え、社会的に見て外部性を発生している財の生産が過剰になる。逆にプラスの技術的外部性が発生している場合には、社会的生産費用は私的生産費用より下がり、社会的に見てその財の生産は過少となる。➡ 外部性、金銭的外部性、経済主体、社会の費用、社会的便益

基準貸付利率 basic loan rate
☞ 中央銀行

基準財政収入 basic financial revenues 地方交付税法第14条に定められた指標。地方公共団体の一般財源収入額のこと。普通交付税交付金の算定に用いられる。次の算式で計算される。

道府県

(地方税+地方法人特別譲与税

＋地方特例交付金)×(75/100)
　　＋税源移譲相当額(個人住民税)
　　＋地方譲与税(除地方法人特別譲与税)＋交通安全対策特別交付金
市町村
　　(地方税＋税交付金＋市町村交付金
　　＋地方特例交付金)×(75/100)
　　＋税源移譲相当額(個人住民税)
　　＋地方譲与税
　　＋交通安全対策特別交付金

　基準財政収入の算定に用いられる比率のことを基準税率，基準財政収入に算入されない残りの部分を留保財源（自由財源）と呼ぶ。基準財政収入額に税収の全額が算入されないのは財政需要のすべてを完全に捕捉するのは困難であること，地方独自の財源を確保しておくことで徴税意欲を阻害しないことなどが理由として挙げられる。なお，基準財政収入額が基準財政需要額を下回る場合，その差額に調整率を乗じた額が普通交付税として交付される。➡ 基準財政需要，地方交付税交付金

　基準財政需要　basic financial needs　地方交付税法第11条に定められた指標。地方公共団体の標準的な財政需要額のこと。普通交付税交付金の算定に用いられる。次の算式で計算される。

　　測定単位×補正係数×単位費用

　具体的には，地方公共団体の経費を警察費，消防費，道路橋りょう費，小学校費等の行政項目ごとに財源必要額を計算し，すべての行政項目について合算して算出する。測定単位とは人口，面積，職員数，生徒数などのように各行政項目の必要額を算出する際の評価の尺度であり，単位費用は標準的な条件の下における各測定単位の一般財源所要額を１単位当たりで示した数値である。また，補正係数とは測定単位の数値を補正する係数のことであり，単位費用が地方公共団体の規模，地理的条件，社会的条件の違いにより異なると考えられるため，これらの違いを反映させるための調整を行う。2007年度からは基準財政需要額の算定にあたり簡素化を図る目的から，人口および面積を算定基準とした部分が従来型に加えて包括算定経費として導入されている。
➡ 測定単位，単位費用，地方交付税交付金，補正係数

　基準レート　base exchange rate
☞　クロスレート

　基数的効用関数　cardinal utility function　☞　効用関数

　規制緩和　deregulation　経済的規制と社会的規制からなる政府規制の緩和や改革のこと。最近まで，わが国のみならずあらゆる先進国で，市場競争を促進し経済を活性化する手段として注目されてきた。経済的規制とは，参入規制や価格規制などで，市場のパフォーマンスの改善すなわち市場の競争条件の整備や市場の失敗への対処を目的とするものである。しかし，経済的規制としての政府規制は，技術進歩や経済の情報化，グローバル化の進展などにより，今日その必要性は大きく低下している。さらに，効率性の阻害要因，あるいは新たな発展に対する障害となっており，緩和，撤廃が求められている。他方，経済目的以外の生命・身体の安全や環境保全を目的とする社会的規制についても必要性が認められてはいるが，その機能や効果とそれに要する費用負担の比較から，抜本的な規制緩和の必要性が認識されるに至っている。しかし，規制緩和の行き過ぎは，人々の生活を脅かし，社会的格差を拡大する。どの程度の規制緩和が望ましいかは，非常に判断に苦しむ問題である。➡ 構造改革，公的規制

　季節変動　seasonal variation　消費者の行動が季節により規則的に変動すること。人々の経済的な行動の仕方は，１年を通じていつも同じというわけではな

く，季節的な要因によって影響され，変化することが知られている。夏におけるエアコンの販売台数の増加や，贈答シーズンの消費需要の増大など，慣習，気候，制度などの諸要因により，1年周期で生じる変動を季節変動という。経済データを見る際にはこの影響を除去した値（季節調整値）を見ることが必要になる。除去する方法は季節調整法と呼ばれ，現在はアメリカの商務省センサス局の開発したセンサス局法が一般的な方法として用いられている。なお経済データが変動性を示すときには，その要因としてこの季節変動以外に，景気循環によるもの，趨勢的なもの，不規則な撹乱によるものなどがある。

帰属家賃 imputed rent　国民経済計算において，実際に取引が行われなくても，あたかも市場で取引が行われたかのように考えて擬制的に計算すること。帰属計算の範囲は国民経済計算のルールとして定められている。たとえば住宅サービスについては，借家であれば家賃の受払いが実際に行われるが，持家では家賃の受払いは行われない。しかし，持家に住んでいる人も住宅サービスを消費しているわけで，持家が生産する住宅サービスを所有者自らが購入して消費しているとみなして，その受払いを市場価格の家賃で擬制的に計算したものが帰属家賃である。帰属家賃の導入により，持家も借家も同等に取り扱われ，持家率の変化によって住宅サービスの生産額や消費額が影響されることがない。国民経済計算では，持家の所有者は住宅賃貸業を営んでいるものとみなされ，その帰属家賃は不動産業を営む個人企業の生産額に含まれ，その営業余剰は個人企業所得に含まれる。支出面では，帰属家賃は家計最終消費支出に含まれる。➡家計最終消費支出，国民経済計算，市場価格表示

基礎控除 basic exemption　☞　課税最低限

基礎的財政収支 primary balance
☞　プライマリー・バランス

期待 expectation　人々の将来についての予想または予測のこと。時間をモデルに明示的に導入すると，人々が将来に対してどのような期待を持つか，どのように期待形成を行うかが分析結果に大きく影響する。例えば，株式等の有価証券の購入に際して，将来それらの価格がどう動くかについての予測は重要な意味を持つ。また，名目金利は契約時点で確定させることができても，物価水準の変化を考慮に入れた実質金利は返済時の物価水準が確定するまでわからない。このため，実質金利を重要視する借入主体の行動は，返済時の物価水準に対する期待形成に依存して異なることになる。➡期待形成，合理的期待形成仮説，静学的期待，適応的期待

期待インフレ率 expected inflation rate　消費者や企業，市場関係者などが予想する将来の物価上昇率のこと。市場の期待ではなく予想でもあるので予想インフレ率ともいう。一般的に期待インフレ率は現実のインフレ率と連動し，さらに期待インフレ率が現実のインフレ率に先行して動く傾向にあるため，期待インフレ率は，各国の中央銀行にとって金融政策決定の指標になる。また，期待インフレ率に働きかけることにより，景気動向に影響を与えることができるため，中央銀行にとって重要な金融政策決定要因である。期待インフレ率の測定方法として，過去のインフレ率を利用する方法，物価に関するアンケート回答を集計する方法，金融市場の債券利回りから求める方法，などがある。➡期待形成，マネタリズム

期待形成 expectations formation　経済変数の不確実性をともなう将来値を

現時点で予想すること。経済主体は、大なり小なり不確実な世界に生きているため、常に何らかの予想を行い、これに基づいて意思決定を行っている。人々がどのように期待（予想）を形成するかについては、静学的期待形成、外挿的期待形成、適応的期待形成、合理的期待形成といった理論がある。どのような期待形成理論を適用するかにより、理論モデルの結論が異なってくる。

静学的期待形成、外挿的期待形成、適応的期待形成の3つでは、ある特定のパターンに従い予想するが、過去のデータである実現値をもたらした法則性などは何も活用しない。つまり、利用できる情報をすべては用いていないという欠点がある。これに対して、合理的期待形成では、変数が決定されるモデルそのものから予想が立てられるという意味で利用できる情報はすべて利用して期待が形成される。➡ 外挿的期待，合理的期待形成仮説，静学的期待，適応的期待，不確実性

期待効用仮説 expected utility hypothesis　不確実性下の合理的な経済主体の行動は、期待効用すなわち効用の数学的期待値の最大化行動として説明することができるとする仮説。今、確率 $\alpha (0<\alpha<1)$ で所得 y_1、確率 $1-\alpha$ で所得 $y_2(y_2>y_1)$ が得られる状況 S があるとする。このときの所得の数学的期待値は次式で表される。

$\alpha y_1 + (1-\alpha) y_2$

しかしベルヌーイ（Bernoulli, D.）によるセント・ペテルスブルグの逆説が示すように、合理的な経済主体はかならずしも所得の期待値を最大化するようには行動しない。これに関し、フォン・ノイマン（von Neumann, J.），モルゲンシュテルン（Morgenstern, O.）は、効用が完全性，連続性，推移性，独立性に関する4つの仮定を満たすとき、所得 y から得られる効用水準を基数的な効用関数 $U(y)$ で表すことができ、さらに先の状況 S の効用水準は期待効用関数によって次のように表すことができるとした。

$\alpha U(y_1) + (1-\alpha) U(y_2)$

このような期待効用関数は2人の開発者に因み、フォン・ノイマン＝モルゲンシュテルン効用関数と呼ばれることもある。➡ 効用関数，ベルヌーイの仮説

期待値 expectation　確率変数とそれのとる確率を掛けて総和をとった値。その確率変数の代表的な値を示すもの。平均値と呼ばれる場合もある。離散型確率変数 x の期待値 $\mu = E(x)$ は、その確率分布関数を $f(x)$ とすると以下のように表現される。

$$\mu = E(x) = \sum_x x f(x)$$

ここで $\sum_x$ とは、x のとりうる値のすべてについて和をとることを意味する。つまり、とりうる x すべてについてのそれぞれの確率との積和が期待値である。

x が $-\infty$ から ∞ の値をとる連続変数であり、その確率密度関数を $f(x)$ とした場合、期待値は以下のように表される。

$$\mu = E(x) = \int_{-\infty}^{\infty} x f(x) dx$$

➡ 確率密度関数

ギッフェン財 Giffen goods　価格が下落したとき、当該財の需要が減少する財。通常の財は、価格が下落すれば需要量が増大するという需要の法則が成り立つ。しかし、財によっては、価格が下落（上昇）するとその財の需要量が減少（増加）することがある。この逆説的な現象は、その事実を発見したイギリスの経済学者、統計学者ギッフェン（Giffen, R.）に因んでギッフェンの逆説と呼ばれている。このような逆説が生じる財のことをギッフェン財という。ギッフェンの逆説が生じるのは、財が下級財（劣等財ともいう）であり、その所得効果が代替効果を圧倒するほど大きい場合である。すなわ

ち、財の価格が下落したとき、相対的に安くなったため消費を増やす分よりも、実質的に所得が高くなったことにより、これまであまり購入できなかった他の財により多くを振り向けるために、この財の消費を減らす分の方が多い場合である。例えば、所得水準が低く比較的安価なジャガイモを主食にしていたとする。このときジャガイモの価格が下落すると、少し余裕ができるため、これまで購入を控えていたもっとおいしい食物の消費を増やし、ジャガイモの消費を減らすことがある。➡ 下級財、所得効果、代替効果

議定科目　deliberation subsection
☞　予算科目

機能的分配　functional distribution
所得分配に関連する2つの概念の1つ。生産活動に労働、資本などの生産要素を提供した各経済主体に対して、付加価値の合計としての所得がどのように分配されるかという概念。労働分配率など各生産要素間の分け前を示す値やその変化を見れば、機能的分配がどうなっているかがわかる。

これに対し人的分配とは、個人間や世帯間での所得分配を指す。この概念は、個人間での所得分布や所得格差と関係するので、所得の不平等度を測るジニ係数などを用いて測定することが可能である。なおこの2つの分配については、両者が互いに独立であるとする見解と、関連性を有しているとする見解がある。

規範経済学　normative economics
一定の価値判断に基づいて経済の望ましい姿を考える経済学の一分野あるいはその考え方。これに対して、価値判断を導入しないで、事実判断に基づき、論理的あるいは経験的に検証できることのみを分析対象とする経済学(の考え方)を実証経済学と呼ぶ。経済理論の役割は、①事実関係を明らかにする、②あるものがどのようであるべきかを明らかにする、③一定の目的のために有効な手段を明らかにする、の3つに区分できる。経済学は、価値判断を回避し科学的であるべきという意味で、①および③に限定されるべきであると主張されてきた。しかし例えば、純粋な市場経済を想定した場合に生じうる分配の不公平は、市場に依存する経済組織の基本的な問題であり、これが解決されるためには、その事態が問題であり、その解消が望まれるという認識も必要である。この2点とも一定の価値判断に基づくもので、現実の経済社会で生じうる問題を考える上では多くの場合一定の価値判断が求められ、そのような意味で②の「経済のあるべき姿」もまた経済学の課題と考えられる。

規範経済学は、規範(的経済)理論(ノーマティブ・セオリー)、実証経済学は実証(的経済)理論(ポジティブ・セオリー)とも呼ばれる。

規範(的経済)理論　normative (economics) theory　☞　規範経済学

規模に関して収穫一定　constant returns to scale　すべての投入要素をλ倍した場合にそこからの産出量もλ倍となる投入と産出との関係。

n個の投入$x_1, x_2, \cdots, x_n$と1個の産出yからなる投入・産出関係において、n個の投入すべてをλ倍したとき、産出もλ倍になるならば、この投入・産出関係は「規模に関して収穫一定(あるいは不変)」であるという。これは投入・産出関係を生産関数で表すならば、次式のように表される。

$$\lambda y = F(\lambda x_1, \lambda x_2, \cdots, \lambda x_n)$$

このとき関数Fは1次同次であるという。すなわち規模に関して収穫一定は生産関数の1次同次ということと同義である。なお投入要素をすべてλ倍したとき、yがλ倍を上回るとき「規模に関して収穫逓増」、λ倍を下回るとき「規模に関し

きほに

て収穫逓減」という。➡ k次同次性

規模に関して収穫逓減 decreasing returns to scale　☞　規模に関して収穫一定

規模に関して収穫逓増 increasing returns to scale　☞　規模に関して収穫一定

規模の経済性 economies of scale
規模に関して収穫逓増と同義。(すべての)生産要素の投入量をそれぞれ一定倍したとき,それに応じて産出量が,生産要素の倍率よりも大きく増大すること。これを費用の側面から考えると,生産量の増加につれて平均費用が低下するとき,規模の経済性が存在する,といわれる。多くの産業においては,生産量水準が小さい領域では,分業の利益等の理由から規模の経済性が働くと考えられるが,生産量が一定以上大きくなると,生産費用は大きく増大し,規模に関して収穫逓減の状態になる。一方,電気やガス産業のように,初期に巨額の設備投資を必要とする産業では,平均(固定)費用の低下に伴って,生産量が相当大きい状況でも規模の経済性が存在することになる。➡規模に関して収穫一定,平均費用

帰無仮説 null hypothesis　☞　仮説検定

義務的経費 obligatory expenditure
過去の契約や法律の規定などにより歳出が義務づけられており,政府の裁量の余地がない歳出。地方財政の性質別分類では,人件費,扶助費,公債費が義務的経費とされている。義務的経費の増大は,政策的自由裁量の余地を狭め,財政硬直化の要因とされている。義務的経費が財源の中で適正な水準にあるかどうかを見る指標として経常収支比率がある。➡経常収支比率,歳出,財政硬直化

逆イールド inverted yield curve
☞　イールド・カーブ

逆行列 inverse matrix　今,正方行列 A, B があって,両者の積 BA が定義されているとする。$BA = I$ が成立しているとき,B は A の逆行列であるという。I は単位行列である。B は A^{-1} と表記されることが多い。すなわち,$A^{-1}A = I$。逆行列は,行列によって表現された方程式を解く際に利用される。例えば,$Ax = y$ を考える。ただし,A は $n \times n$ 正方行列,x は $n \times 1$ の未知数からなる行列,y は $n \times 1$ の既知の行列である。両辺の左側から A^{-1} を掛けると,逆行列の定義により,$x = A^{-1}y$ となり,これは未知数について解けたことを意味する。ただし,逆行列は常に存在するとは限らない。行列 A に逆行列が存在すれば,行列 A は正則であるといい,存在しなければ,行列 A は特異であるという。

逆鞘 negative spread　資金の運用利回りが調達利回りを下回る状態のこと。例えば,5％で資金調達したのに,3％でしか運用できないと,2％の逆鞘が発生することになる。反対に,資金運用利回りが調達利回りを上回る状態を順鞘と呼ぶ。1990年代に,生命保険会社の逆鞘問題が深刻化した。これは,バブルの時期に5％を上回る高い予定利率(保証利回り)の付いた保険や年金を大量に販売したにもかかわらず,1990年代に入っての低金利と株価の低迷で,運用利回りが予定利率を大幅に下回る状態が続いたためであり,多くの保険会社が経営破綻する原因となった。

逆進税 regressive tax　☞　累進税

逆選択 adverse selection　市場で商品の真の品質について,取引当事者の一方は熟知し,他方は無知であるという情報の非対称性が存在する場合に,優れた品質の商品が取引から引き上げられ,劣った品質の商品だけが市場に残って取引されるという現象。

逆選択の発生するメカニズムは1970年代の初めアカロフ(Akerlof, G. A.)に

よって中古車市場を例に次のように説明されている。いま同一種の商品のうち,高品質商品をピーチ,低品質商品をレモンと呼ぶ。売り手は各々の商品につき,ピーチかレモンの見分けがつき,前もってわかっていて,ピーチは高価格,レモンに低価格を要求するが,情報の非対称性によって買い手の方はピーチかレモンか判別できない。ピーチまたはレモンに当たる確率を仮に五分五分とすると,買い手はピーチとレモンの価格の平均に等しい価格しか支払おうとしない。しかし,売り手はこの価格ではピーチを提供できず,レモンのみを市場に出し,ピーチは市場から引き上げられて姿を消すことになる。

同じような例は,保険制度などでも考えられる。つまり,保険会社は保険加入者の健康状態を完全には知ることができない。他方保険加入者は自分の健康状態を完全に知っている。その結果,「健康状態のよくない人」ばかりが保険に入るので,保険金の支払がかさんでしまう。しかし,保険料を高くすると,ますますそれでも保険に加入しようというリスクの高い人ばかりになり,保険制度が成り立たなくなる恐れがでてくる。➡情報の非対称性

キャッシュフロー cash flow　企業会計において,企業の税引き後利益から(社外に流出する)配当金と役員賞与を引き,(現金の支出のない経費である)減価償却費を足した額。このキャッシュフローが大きければ手元に多くの自己資金があることになるので,設備投資などの際に外部資金に依存する割合が小さくてすむ。つまり,企業財務の健全性を計る尺度として利用できる。企業の発表する利益額はある程度の操作が可能であったが,キャッシュフローは一定期間の企業の現金流出入額なので操作することは難しい。それで,M&Aなどの際に,企業価値を判断する指標にもなっている。

2000年3月期からは,決算においてキャッシュフロー計算書の開示が求められるようになった。そこでは,キャッシュフローは営業活動によるもの,投資活動によるもの,財務活動によるもの,の3種類に分けて開示されている。➡会計ビッグバン

CAPM Capital Asset Pricing Model　資産価格決定の基本モデル。キャップエムと読む。資本資産価格決定モデルと呼ばれる。これは,一定の条件の下(完全市場,合理的投資家,同質の期待などの仮定)で,個々の株価(あるいは収益率)が個々の企業に固有の要因と市場全体の要因とに分割できることを証明している。

CAPM理論によれば,個々の株式の期待収益率は次のように書くことができる。

$$r_i = r_f + \beta_i(r_m - r_f) \\ = (r_f - \beta_i r_f) + \beta_i r_m$$

ここで,r_iは資産iの期待収益率,r_fは安全資産の期待収益率,r_mはマーケット・ポートフォリオの収益率を示す。マーケット・ポートフォリオとは,(理論的には)あらゆる金融資産を総市場価値に占める比率に応じて保有したポートフォリオのことであるが,(実際には)上場株式に限定したポートフォリオをマーケット・ポートフォリオとすることが多い。また,$\beta_i = cov(r_i, r_m) / var(r_m)$である。ここで,$cov(r_i, r_m)$は$r_i$と$r_m$との間の共分散,$var(r_m)$は$r_m$の分散である。

CAPMの枠組みでは,βが極めて重要な変数である。β_iは資産iの収益率とマーケット・ポートフォリオの収益率との相関の強さを示しており,β_iが大きいほどr_iは大きくなる。なぜならβが大きい株式は,他の多くの株式と同じように上昇したり下落したりする。そういう株式を保有しているとポートフォリオの収益率がよいときには非常によいが,悪い

ときには非常に悪くなるという意味で大変リスクが大きくなってしまう。したがって、危険回避的な投資家はβが大きな株式を欲しがらないので、そうした株式を欲しがってもらうためには、リスクに見合うだけの高い(期待)収益率が必要だからである。

CAPM理論は、個々の株式のリスクが大きいとしても、打ち消し可能な(個別的な)リスクであるならば、その株式の期待収益率は大きくならないことも意味している。個々の株式の期待収益率の相対的な大きさは、β(つまり、マーケット全体の動向との相関の強さ)のみに依存するのである。→ 危険回避の尺度

キャピタル・ゲイン capital gain
売却資金から購入資金を引いた値がプラスの場合の呼称。もしこの値がマイナスになれば、キャピタル・ロスという。要するに、買った資産が値上がりすればキャピタル・ゲインを得られる。例えば、100万円で駐車場用地を購入し、5年間保有後、150万円で売却したとしよう。この場合には、50万円のキャピタル・ゲインを得たことになる。なお、この期間に駐車料金として10万円を受け取っていたとすると、これがインカム・ゲインである。インカム・ゲインは、資産を保有することで得られる収入で、土地の地代や、証券の利息や配当などである。→ 応募者利回り

ギャロッピング・インフレーション galloping inflation　物価上昇率の値が中程度のインフレーション。一般物価水準の持続的な上昇を意味するインフレーションには、様々な区分の仕方があるが、ギャロッピング・インフレーションは進行のスピードによって区分した場合の1つに当たる。ギャロップとは馬の全力疾走を意味する。クリーピング・インフレーションと呼ばれる数パーセント程度のマイルドなインフレよりも上昇率の速い、中程度以上のインフレを指す言葉として用いられ、駆け足のインフレーションともいわれている。ちなみに、最も進行スピードの急激なインフレは、ハイパー・インフレーションと呼ばれるが、中南米諸国等においてしばしば見られるような、年率数百パーセントにも及ぶインフレなどがこれに当たる。→ インフレーション、物価水準

QE quarterly estimates　四半期ごとのGDP速報のこと。一般的に国民経済計算では前年度の値が毎年末に公表されるのに対して、QEでは四半期別GDPが当該四半期の2カ月あまり後に公表される。速報性の高さから、重要な経済指標の1つとなっている。QEを推計するには家計調査等の基礎統計の情報に基づく人的推計法が用いられ、前年同期の確報値から延長推計を行っている。この前年同期の確報値は、コモディティ・フロー法により推計されたものに人的推計法を用いた加工を施して求められる。QEは四半期統計であるために、季節による変動が生じやすく、これを取り除くために季節調整が行われている。これまでに93SNAへの移行、およびそれに対応した新しい季節調整法の導入、また単身世帯の消費支出データの利用による推計方法の改善等が行われてきている。なお量的金融緩和政策についてもQEと呼ばれる。→ 国民経済計算

供給 supply　市場において代価の受取りを目的として、財・サービスを提供すること。つまり販売のための財・サービスの提供を供給という。提供される数量つまり供給量を供給ということも多い。一般に支払わなければならない代価すなわち価格が高いほど供給量は増加する。これを供給の法則という。価格と供給量との関係は供給関数あるいはそのグラフである供給曲線で表されるが、これは企業の利潤極大化行動から説明され

る。➡利潤極大化仮説

供給関数 supply function　市場において，供給者が進んで供給しようとする数量すなわち供給計画量を，その際要求する価格すなわち供給価格の関数として示したもの。また，これを数量（横軸）・価格（縦軸）平面上のグラフに表したものを供給曲線という。供給関数または供給曲線というとき，普通短期のそれを指すことが多い。完全競争下，利潤を極大化する企業は，価格と（短期）限界費用の一致するところに供給量を決定するので，限界費用曲線の操業停止点（図中のE点）から右上の部分が，企業の供給曲線を意味する。市場のすべての企業の供給曲線を水平に合計することで，市場の供給曲線が得られる。

供給関数は価格を独立変数，数量を従属変数とするが，数学的慣例に反し，供給曲線は価格を縦軸，数量を横軸にとって描かれる。一般的に価格の上昇は供給増加を促すので供給曲線は通常右上がりに描かれる。なお供給曲線は，価格または供給に及ぼす価格以外の要因が変化したとき，それが供給促進（抑制）的であれば，供給曲線は右（左）方にシフトする。

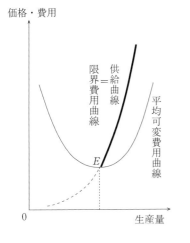

➡完全競争，供給の価格弾力性，損益分岐点

供給曲線 supply curve　☞ 供給関数

供給重視の経済学 supply-side economics　貯蓄意欲，資本蓄積，労働意欲，それに伴う生産性の向上といった財の生産・供給面を重視し，それらのマクロ経済変数に対する効果を重視する学派。フェルドシュタイン（Feldstein, M.）などが代表的な論者で，レーガン大統領の経済政策にも採り入れられた。サプライ・サイド経済学ともいう。

石油ショックは，スタグフレーションを発生させた。これにより原油等の原材料価格の上昇が，インフレーションと失業の両方を悪化させた。このスタグフレーションに対して，自由主義諸国は，ケインズ的総需要管理政策の枠内では適切な処方箋を書くことができなかった。これに対して，供給重視の経済学は，生産性向上により原油価格の上昇を吸収し，経済成長によって雇用の増大を図ることで，インフレと失業の両方の改善を意図した。その成果に対するその後の評価はかならずしも高くない。

供給重視の経済学は，過剰な福祉政策の縮小とともに特に減税や租税制度の供給面へのプラスの効果を強調する。所得税の減税は人々の実質所得を増加させ，勤労意欲を高めると同時に貯蓄率をも高める。この貯蓄の増加は，資本蓄積の増加に結びつくとする。また企業の法人税減税や固定設備の特別償却制度は，企業の設備投資を促進し，生産性の向上，雇用の増加をもたらすと考える。このように，人々の勤労意欲や貯蓄意欲，企業の投資に対するインセンティブが高まるように，租税制度を改革し，経済成長や生産の効率化を図るべきと主張した。

供給の価格弾力性 price elasticity of supply　ある財の価格が変化した場

合,その供給量の変化の程度を示す尺度。ある財の供給の価格弾力性は,その財の価格の水準をp,価格の変化量をΔp,供給量をx,供給の変化量をΔxとして,次のように定義される。

$$\text{供給の価格弾力性} = \frac{\Delta x/x}{\Delta p/p} = \frac{\Delta x}{\Delta p} \cdot \frac{p}{x}$$

すなわち,財の価格が1％変化するとき,その財の供給量が何％変化するかを示す。需要の価格弾力性と同様,供給の価格弾力性が1よりも大きい(小さい)ときには,供給は価格弾力的(非弾力的)であるという。➡ 需要の価格弾力性

恐慌 depression　　景気後退や不況のうち,特に落ち込みの度合いが深く,長期間にわたり世界経済への影響が大きいものをいう。恐慌の中でも特に有名なのは,1929年10月24日の米国における株価の大暴落から始まり世界に拡大した恐慌で,世界大恐慌と呼ばれている。なぜ恐慌が生じるのかは,経済学にとって古くから議論されてきた問題である。それを過剰な投資とその後の落ち込みに原因を求めるシュピートホフ(Spiethoff, A. A. C.)の過剰投資説,あるいは過剰な貯蓄に原因を求めるホブスン(Hobson, J. A.)の過剰貯蓄説などがあり,また,フリードマン(Friedman, M.)とシュワルツ(Schwartz, A. J.)らのマネタリストはマネー・サプライの大きな落ち込みがその原因としている。その他には,フィッシャー(Fisher, A.)が唱えた負債デフレ仮説がある。

共済 mutual insurance　　非営利の協同組合,地方自治体等が,組合員などに対象を限定して行う,医療保険・生命保険・損害保険とほぼ同一の保障ないし補償事業。保険業法に基づく免許を持たずに保険業を営むことは禁止されているが,各種の共済を扱うことは保険業法以外の法律に基づいて認められている。代表的な共済実施団体が,全国共済農業協同組合連合会(JA共済)や,全国労働者共済生活協同組合連合会(全労済)である。一方,特定の者だけを対象にする小規模共済については,法律上の根拠もなく規制も受けていなかった(いわゆる無認可共済)が,契約者との間でのトラブルが頻発したために,2006年4月に,金融庁への登録義務を課す「少額短期保険業制度」がスタートした。登録の義務化とともに,財務状況や商品内容についても規制されることとなった。

行政改革 administrative reform　　国民の要望に合致した行政サービスを効率的に供給するために,行政制度あるいは行政運営の点検見直しを行い,改善を図ること。行政組織は,それ自体時間が経つにつれ肥大化し非効率化する傾向がある。また経済あるいは社会が時間とともに変化しているのに,行政がそれに対応できずに,旧来の組織のままに行政運営がなされ結果として非効率状態になっている場合がある。これは行政組織が,民間営利企業の利潤極大化のような数値により明確に表現される組織目標を持たないことによる。行政の組織目標は,国民あるいは住民の厚生の最大化という数値化できない曖昧なものである。行政組織が肥大化,非効率化している場合には,組織の軽量化など非効率除去のための努力を意図的・積極的に行わなければならない。行政組織,地方制度,政府間関係,財政制度など全般的な見直しが必要とされる。行政組織の軽量化・効率化の手法としては,数々の手法が考えだされている。➡ 指定管理者制度,第三セクター,PFI, PPBS, 民営化

行政科目 executive subsection
☞ 予算科目

競争 competition　　各経済主体が自らの欲求を満たすために競い合うこと。各家計は効用を極大化するために,企業は利潤を極大化するために競争する。競

争の結果として市場メカニズムはより効率的な資源配分を達成することができる。最も競争状態が進んだ完全競争下では市場は最も効率的な資源配分を達成できるが、完全競争ではなくなるに従って競争は制限的となり不完全競争といわれる寡占あるいは独占状態に近づく。不完全競争状態は、市場参加者の減少あるいは情報の不完全性や非対称性、取引費用の増嵩などにより発生する。➡ 過当競争

競争均衡 competitive equilibrium 完全競争下で、個々の消費者は所得制約下で効用極大化行動をとり、個々の生産者は生産技術制約下で利潤極大化行動をとり、市場では価格調整の結果、需給が一致している状態、あるいはそのときの価格体系を競争均衡という。伝統的ミクロ経済学では、競争均衡の存在、一意性、安定性さらにはパレート効率性との関連等が主要課題となっている。➡ 一般均衡、完全競争、市場均衡、ワルラス均衡

競争入札 competitive bidding 公共事業の契約方法の1つ。大きくは指名競争入札と一般競争入札の2つがある。指名競争入札は、審査をパスしあらかじめ登録された企業の中から、各工事につき10社程度を発注者が指名し、特定多数の企業が競争することで、発注者に最も有利な条件を提示した企業と契約する入札方式をいう。指名競争入札の場合、談合が行われやすいなどいくつかの問題がある。一般競争入札とは、契約に関する公告を行い、不特定多数の企業が競争することで、発注者に最も有利な条件を提示した企業と契約する方式をいう。なお発注者が、任意に特定の企業を選んで契約を締結する方式を随意契約という。特定の企業の選択に契約者の恣意性が働きやすく、不公正が発生しやすい。

共同市場 common market ☞ 地域経済統合

協同組織金融機関 cooperative financial institution 非営利で相互扶助を目的とした金融機関。銀行が、利潤を追求する株式会社であるのに対して、信用金庫、信用組合、農業協同組合 (JA)、漁業協同組合、労働金庫などの金融機関は、協同組織金融機関である。銀行とほぼ同じ金融機能を担っているが、協同組織金融機関と銀行には、事業対象において相違がある。銀行は誰からの預金でも受け入れ、誰にでも融資を行える。それに対して、もともと構成員相互の助け合いから出発した協同組織金融機関には、様々な恩典(税金や規制面での優遇)が与えられるのと引き替えに、営業対象や地域などに関しての制約が課せられている。

例えば、信用金庫の場合、会員(金庫の所有者)は、①金庫の地区内に住んでいる人、②金庫の地区内に事業所を有する経営者や企業(ただし従業員300人以下または資本金9億円以下に限る)、③金庫の地区内で働く勤労者、に限定されている。つまり、地元の住民と中小企業のみが会員になれるのである。

共分散 covariance 2つの確率変数の間に、どれだけ関連性・連動性があるかを示す係数。2つの確率変数 x, y が存在するとき、共分散 $\sigma_{xy} = Cov(x, y)$ は、確率変数の期待値を $E(x)$ として、以下のように表現される。

$$\sigma_{xy} = Cov(x, y)$$
$$= E[(x - E(x))(y - E(y))]$$

この共分散は、2変数の相関関係を示す。x, y は完全に独立な関係である場合、共分散は0になる。共分散が正の場合は正の相関関係、負の場合は負の相関関係(逆相関関係)にあるという。➡ 期待値、分散

共有地の悲劇 tragedy of commons 多数の経済主体が利用可能で、その利用頻度に制限が設けられていない場所を共有地といい、このような共有地は各経済主体が自由に利用した場合、社会的に望

ましい水準よりも過剰に利用されてしまうこと。例えば、共有地として森林資源を想定し、個人がその森林を自らの利益が最大となるように伐採することを考えると、伐採量が増加すると個人が伐採する木を探すことが徐々に困難になる。これはある人が木を伐採することで他人に負の外部性を与えていることになる。したがって外部性の理論から、社会的限界費用が私的限界費用を上回り、森林の伐採は社会的に見て最適な水準よりも過大になる。共有地の悲劇の典型的な事例は、地球温暖化などの環境問題に顕著である。環境税や排出権取引に関する国際ルールづくりは、自由な利用を制限して、共有地の悲劇を回避する試みである。→外部性

協力ゲーム cooperative game　プレーヤーの協力関係を前提とするゲーム。ゲーム理論は、方法論の相違によって、協力ゲームと非協力ゲームに分類することができる。どちらもプレーヤー同士の相互依存性を前提とするが、協力ゲームがプレーヤーの協力関係を前提とし、協力に至る過程やその性質を分析する一方、非協力ゲームでは、プレーヤー間の協力関係を前提とせず、プレーヤーの利己的な利益追求行動の帰結を分析する。協力関係を前提とするか否かが両者を区別する境界であり、結果として実現する戦略がその名称となっているわけではない。非協力ゲームにおいても、協力関係が均衡として実現することはありえる。1950年代以降、ゲーム理論の研究は協力ゲームが中心であったが、近年、とりわけ1980年代以降、大きく発展したのは非協力ゲームであった。→ゲームの理論

行列 matrix　図のように、縦にm個、横にn個の数を並べ、かっこ[ ]で包んだもの。記号Aで表すことにしたとき、Aをm行n列の行列という。$m \times n$行列と書かれることもある。この行列にはmn個の数が並んでいるが、それぞれを成分または要素という。今、縦の方向にh番目($1 \leqq h \leqq m$)、横の方向にk番目($1 \leqq k \leqq n$)の成分をa_{hk}と書く。すなわち、成分a_{hk}は、h行k列に位置する成分である。$m=n$のとき、行列Aを正方行列という。正方行列の成分a_{hk}のうち、$h=k$となる成分を対角成分という。すなわち対角成分とは、$n \times n$正方行列において、i行i列($i=1, 2, \cdots, n$)に位置する成分のことである。対角成分以外の成分がすべてゼロである行列を対角行列という。また、対角行列のうち対角成分がすべて1である行列を単位行列という。単位行列は慣例としてIと表記されることが多い。

$$h\text{行目}\begin{matrix} & & & k\text{列目} & & \\ \begin{bmatrix} a_{11} & a_{12} & \cdots & a_{1k} & \cdots & a_{1n} \\ a_{21} & a_{22} & \cdots & a_{2k} & \cdots & a_{2n} \\ \vdots & \vdots & & \vdots & & \vdots \\ a_{h1} & a_{h2} & \cdots & a_{hk} & \cdots & a_{hn} \\ \vdots & \vdots & & \vdots & & \vdots \\ a_{m1} & a_{m2} & \cdots & a_{mk} & \cdots & a_{mn} \end{bmatrix} \end{matrix}$$

行列ゲーム（矩形ゲーム） matrix game　ゲーム理論における2人ゼロ和（ゼロサム）ゲームの別称。このゲームでは、2人の利得の和が常にゼロになるので、一方のプレーヤーの利得（損失）は、他方のプレーヤーにとっては同じ大きさの損失（利得）になる。このようにお互いの利得（損失）が符号を変えただけになるため、1人の利得のみを利得行列として書くことでゲームを表現できる。このため2人ゼロ和ゲームは行列ゲームあるいは矩形ゲームと呼ばれる。一方のプレーヤーは、利得行列の利得を最大化しようとし、他方、相手のプレーヤーは、利得行列の利得を最小化しようとする。しかし、相手がどのような戦略をとってくるかわからない状況では、最悪の状態を予想して行動することが合理的である。一方の

プレーヤーにとっては，それぞれの戦略に対して利得の最小値を考え，その中で最大値を与えるような戦略をとることが最適となる（マックスミニ原理あるいはマキシミン原理と呼ばれる）。また，相手プレーヤーにとっては，それぞれの戦略に対して利得の最大値（最大損失）を考え，その中で最小値を与えるような戦略をとることが最適となる（ミニマックス原理と呼ばれる）。これ以外にも，様々な戦略的行動が想定されている。➡ゲームの理論

許認可権 permission and approval authority　行政官庁が持つ行政権限。許可権とは，行政官庁が，一般に禁止されている行為について，特定の主体に対して禁止を解除する権限をいう。例えば，レストランを開業するには，営業許可申請書を営業所を所管する保健所に提出し，許可を得なければならない。認可権とは，行政庁の同意があることにより，ある主体の法律上の行為が有効となる場合に，これに同意を与える権限をいう。認可の申請があった場合，必要な要件が満たされていると認められれば認可される。例えば，鉄道運賃の変更は，国土交通省に変更を届け出て，認可を受けなければならない。これらの権限は，行政官庁と民間，上級行政官庁と下級行政官庁，行政官庁間で行使される。

金為替本位制　gold exchange standard system　☞ 金本位制度

キングストン体制　Kingston monetary system　主要国が固定為替相場制から変動為替相場制に移行し，IMFの固定為替相場制が有名無実化した後の1976年に，ジャマイカの首都キングストンで行われたIMF暫定委員会で合意された国際通貨体制。ブレトン・ウッズ体制およびスミソニアン体制に代わる新しい国際通貨体制。

この合意の主要な内容は次のようなものである。①為替相場制度については現状を追認し，当面は固定相場制，変動相場制，共同フロートのいずれをとるかは各国が自由に選択できる（変動相場制の追認）。②将来，IMFの投票権の85％の賛成が得られるならば，全面的に固定相場制に復帰することもできる。その際，各国の平価の共通尺度はSDRのような合成通貨とし，金および国民通貨を価値基準としない。そのため，有名無実化した金の公定価格を廃止し，IMF協定における金に関する条項を修正する。この合意に基づき，1977年のIMF総会において，IMF協定の全般的改訂がなされ，1978年4月1日に新協定が発効した。➡固定為替相場制，スミソニアン合意，ブレトン・ウッズ協定，変動為替相場制

均衡　equilibrium　2つ以上の力がバランスし，当該変数を動かそうとする力が働かない状態。例えば，ある特定の財の市場において，需要が供給を上（下）回るとき，価格は上昇（下降）し，その結果需給が一致すれば，価格はそれ以上，上下しようとはせず，需要と供給という2つの力はバランスする。この状態を均衡と呼び，均衡における価格を均衡価格，その下での取引量を均衡取引量と呼ぶ。均衡以外の状態はすべて不均衡と呼ばれる。均衡産出量，均衡利子率など多くの例がある。

なお，収入と支出のように対になる2つの変数の一致を均衡と呼ぶこともある。財政の収入と支出が一致した場合を財政均衡，輸出と輸入が一致した場合を貿易均衡と呼ぶ。

銀行　bank　わが国では，銀行法に基づいて内閣総理大臣の免許を得たものに限られ，以下の業務を行う組織のこと。（ただし，日本銀行などの特別の法律で設立された例外的な銀行がある）。現行の銀行法に基づいて銀行が行える業務は，①固有業務（預金，貸出，為替取引），

②付随業務（債務の保証，有価証券の売買，有価証券の貸付など），③証券業務（投資信託の販売など），④その他の法律により営む業務（宝くじに関する業務など），および，⑤周辺業務，である。周辺業務とは，子会社を通じてなら行えるが，銀行本体では営業できない業務である。証券業，保険業，抵当証券業，クレジットカード業，リース業，ベンチャーキャピタル業，投資顧問業などがある。わが国では，銀行を営業規模や営業上の特徴によって，都市銀行，地方銀行，第二地方銀行，および信託銀行，インターネット専業銀行（小売業などにより設立された新形態の銀行）に分類して整理することが多い。→ 信託銀行，第二地方銀行，地方銀行，都市銀行

均衡GDP equilibrium level of GDP 総需要と総供給が一致し，経済が全体として均衡状態にある場合のGDP水準のこと。均衡GDPがどのような水準に決まるかは，マクロ経済学の課題である。総供給と，その総供給の下で発生する民間消費，民間投資，政府支出，輸出－輸入の合計からなる総需要で均衡GDPが決まるというのが有効需要の原理であり，ケインズ経済学の核心でもある。現実の経済では常に総需要と総供給が一致しているわけではなく，この状況を不均衡という。総需要が総供給を上回る（下回る）超過需要（超過供給）の状態にあるときに，総供給が総需要に等しくなるように，生産量，つまり雇用量が増加（減少）する。これが数量調整であり，このプロセスに注目するのがケインズ経済学の特徴である。→ ケインズ経済学，有効需要の原理

銀行主義 banking principle ☞ 通貨主義

均衡成長 balanced growth ハロッド＝ドーマー成長モデルや新古典派のソロー＝スワン成長モデルにおいて，資本，労働といった生産要素が完全雇用され，資本，労働，および産出量が一定かつ同一の成長率で成長し，一定の産出・労働比率，産出・資本比率を維持する状態のこと。均斉成長あるいは恒常的成長とも呼ばれる。ハロッド＝ドーマー成長モデルでは，均衡成長経路は不安定であり，新古典派成長モデルでは，安定となる。
→ ソロー＝スワン成長モデル，ハロッド＝ドーマー成長モデル

均衡動学 equilibrium dynamics 一般均衡価格およびその下で行われる取引量の組合せを一時的均衡と呼ぶことがあるが，この一時的均衡を時間経過に沿って描写しようとするアプローチのこと。動学とは，時間的な要因を本質的な形で経済モデルに導入する分析手法である。均衡動学の例としてソロー＝スワン経済成長モデルを挙げることができる。このモデルは，貯蓄率を外生的に与え，資本が蓄積される過程を描写するモデルで，各期において企業の利潤最大化条件と財市場の需給均衡条件を満たすような資本の時間経路が導出される。均衡動学の構成要素は一時的均衡であり，そこでの取引は市場の需給を一致させる均衡価格でのみ行われると想定されている。このような定式化とは異なり，①価格は不均衡を瞬時に解消するほど伸縮的には機能しないが，需給の不一致を全く反映しないのではなくある程度は反映する，②超過需要の場合はそのときの供給量だけ，超過供給の場合はそのときの需要量だけ取引が行われる，このような想定の下で，その経済モデルの時間的推移を分析するのが不均衡動学である。不均衡が解消するような経路，不均衡が累積していく経路が分析される。

均衡予算 balanced budget 国あるいは地方自治体の財政収支において，租税や印紙収入等の経常的収入ですべての歳出が賄われている状態のこと。これに対して，経常収入などでは歳出を賄えな

い場合を赤字予算，逆に，経常的収入が歳出を超過する場合を黒字予算という。赤字予算の場合，公債や借入金によって不足が補われる。戦後わが国は1964年まで，国の歳出に充てる財源の調達は基本的に経常的収入によって賄うべきで，公債や借入金に頼るべきではないという均衡予算主義に基づき財政運営を行ってきた。財政規模が過度に膨張することを避けるという考え方がその背景にあった。しかしながら1965年を契機に，財政による景気調整機能を重視し，均衡予算主義から離れた財政運営が行われるようになった。 ➡ 赤字財政

均衡予算乗数 balanced budget multiplier ☞ 財政乗数

金銭信託 money in trust 信託のなかでも，信託期間終了時に委託者が運用成果を金銭で受け取るもの。ちなみに，証券等の現物で成果を受け取るものは金外信託と呼ばれる。金銭信託は，特定金銭信託，指定金銭信託などに分けられる。特定金銭信託とは，運用方法を委託者が指図できる金銭信託であり，委託者が投資顧問会社に運用を一任することもできる。その他に，委託者が運用の概要のみを指示する，指定金銭信託や指定金外信託（ファンド・トラスト）もある。特定金銭信託の中でも，投資家が事実上証券会社に運用を一任するものを俗に営業特金と呼び，1980年代までは企業の「財テク」ブームもあり，また証券会社側も証券取引委託手数料を得られるため多用されたが，株価下落局面で多額の損失を被った。山一證券の破綻は，この営業特金における損失を補填するために行った「飛ばし」と呼ばれる不正な行為に原因があったとされる。「飛ばし」とは，評価損が発生している証券などを，後で引き取ることを約束して投資家に購入してもらうことで，損失の表面化を避ける取引である。証券会社がより高い価格で引き取ることを約束しなければ，投資家の協力を得ることは難しい。結局，損失を隠すために投資家に協力金を支払うことになり，何度も繰り返すうちに損失が雪だるま式に膨らんだ。 ➡ 投資顧問会社

金銭的外部性 pecuniary externality 外部性の一形態であり，ある経済主体の活動が市場での直接的取引はないが，市場機構を通じて他の経済主体に影響を与えること。例えば，ある荒れ地に鉄道が敷かれ駅ができたとすると，新駅の周辺の地価は急上昇し土地保有者の資産価値が上昇する。地価の上昇は，土地保有者と鉄道会社で直接的に取引が行われた結果ではなく，鉄道の敷設による外部性によりもたらされたものである。このように金銭的外部性は，個々の経済主体の活動が市場機構を通じて相互に密接に関連していることを示すもので，金銭的外部性の存在は，技術的外部性と異なり，市場機能を阻害していることを必ずしも意味しない。金銭的外部性が存在するために市場の効率的資源配分が損なわれる場合もありうるが，より大きな問題は，それにより所得分配の面で歪みを生じさせる可能性があることである。➡ 外部性，外部性の内部化，技術的外部性

金属主義 metallism 貨幣は金または銀などの現実的な価値を持つ商品だとする考えである。つまり，貨幣を皆が受け取るのは，貨幣そのものに価値があるからだというわけである。金属主義の立場では,紙幣は金属に交換できる(つまり兌換性を持つ) 限りにおいて，貨幣としての資格を持つということになる。

貨幣理論が発展していく過程で，貨幣の本質を何に求めるかで金属主義と名目主義の考えがあった。名目主義は，素材価値とは関係なく貨幣としての機能を果たすものが貨幣になるとする考えである。クナップ(Knapp, G.F.) の貨幣国定説が初期の代表的なものであるが，国の権

力が素材価値のないものでも貨幣にしうることを指摘した。現在利用されている紙幣は素材価値がない不換紙幣であるが、立派に貨幣として通用している。このことから、少なくとも発達した経済では、名目主義的な貨幣観が妥当していると考えられる。

近代経済学 modern economics
1870年代初頭にジェヴォンズ(Jevons, W. S.)、メンガー(Menger, C.)、ワルラス(Warlas, M.-E. L.)の3人それぞれによって展開された限界概念の経済学への適用を中心として、それ以前の正統経済学である古典派経済学を発展的に継承した新古典派経済学、これにケインズ経済学を加えた学問分野。資本主義経済、市場経済の機能に一定の信頼を置き、理論的には対峙する「マルクス経済学」との関係から、「非マルクス的経済学」の総称として主として用いられてきた。各経済主体が、その欲求に対して、相対的に希少な資源をどのように合理的に配分するのか、また個々の市場の需給均衡成立のメカニズムを明らかにするミクロ経済学分野と、国民所得の概念を中心として経済全体で集計された数量間にどのような関係が成立するかを分析するマクロ経済学分野に分けられる。このような研究手法を基礎に、分析の多様性と緻密性が近代経済学の特色である。➡ イギリス古典派経済学、マクロ経済学、ミクロ経済学

均等犠牲説 equal sacrifice theory
税負担は、租税により所得を手放すことによって発生する効用の減少(犠牲)で測られ、犠牲をできるだけ各納税者に平等に配分することで課税の公平をとらえようとする考え方のことである。この説は、納税者の担税力が所得から得られる効用により決定されるという前提に立つ。効用の犠牲の平等な配分に関しては、均等限界犠牲、均等絶対犠牲、均等比例犠牲の3つの考え方がある。いずれも所得の限界効用逓減を前提としている。均等限界犠牲とは税負担の増加がもたらす犠牲、つまり限界犠牲をすべての人について均等にするという考え方である。均等絶対犠牲とは税負担による犠牲の絶対量をすべての人について等しくするという考え方であり、また均等比例犠牲とはもとの効用の水準に対する犠牲の比率をすべての人について等しくするという考え方である。これらの考え方は垂直的公平を念頭においた累進課税への理論的な根拠を提示しているが、いずれの説も各納税者の効用関数の形状が明らかであること、効用の絶対量が測定できること、また個人間の効用が比較可能である等を前提にしており、具体的な税構造の導出を困難にしている。➡ 効用関数、水平的公平、担税力

均等限界犠牲 equal marginal sacrifice ☞ 均等犠牲説

均等絶対犠牲 equal absolute sacrifice ☞ 均等犠牲説

均等比例犠牲 equal proportional sacrifice ☞ 均等犠牲説

金本位制度 gold standard 本位貨幣として金を採用する通貨制度で、貨幣の単位価値を一定の金の量で規定するものである。金本位制は、金貨そのものを流通させる金貨本位制と、金貨を流通せず金兌換券を流通させる金核本位制に大きく分類される。さらに、金核本位制は、金地金を中央銀行が保有して兌換に備える金地金本位制と、金兌換が認められた国の通貨(例えば、第2次世界大戦後のブレトン・ウッズ体制での米ドル)との為替相場を固定する金為替本位制とに分けられる。

金本位制では、各国の通貨発行量は金の量に依存することになるので、通貨価値は安定する。また、金本位制度下では国際収支の自動調整メカニズムが働く(国際収支が赤字になると金が流出して

国内経済活動が抑制され国際収支が改善する）と考えられていた。しかし，金の増加量が経済活動の発展スピードよりも遅いと，通貨不足からデフレ（物価の下落）が発生するなど，国内経済均衡に様々な問題をもたらした。1971年8月にアメリカのニクソン大統領がドルと金の兌換を停止し，金本位制度は終焉した。➡ 固定為替相場制，ブレトン・ウッズ協定

金融緩和 monetary relaxation, easing of money ☞ 金融引き締め

金融機関 financial institution 広義には，金融サービスを提供する企業のこと。主な金融機関としては，銀行，信託銀行，信用金庫，信用組合，労働金庫，JA（農業協同組合），証券会社，保険会社，ゆうちょ銀行などがある。

金融機関を機能で分類すると，自らに対する請求権を発行する金融仲介機関（銀行や信用金庫，保険会社など）と，単に資金の仲介を行う金融機関（証券会社など）とに大別される。さらに，金融仲介機関は，発行する負債が「貨幣」としての性質を持っている貨幣的金融仲介機関（つまり，預金・貯金を受け入れる銀行など）と，非貨幣的金融仲介機関（保険会社など）とに分けることができる。また，金融機関の所有形態で，民間金融機関と，政府系金融機関あるいは公的金融機関に分けることも多い。かつては，公的金融機関として，郵便局や多くの特殊銀行・公庫があったが，一連の公的金融改革によって，郵政事業や政策投資銀行などは民営化され，住宅金融公庫は独立行政法人化され，その他の公庫も日本政策金融公庫に統合再編されている。➡ 銀行

金融危機対応会議 Council for Financial Crisis 2001年1月に省庁再編にあわせて内閣府に新設された，金融危機に対応するための首相直轄の会議。首相が議長を務め，官房長官，金融担当相，金融庁長官，財務相，日銀総裁がメンバーとなる。金融機関が破綻した場合に，預金保険機構は原則としてペイオフ・コストまでの支出しか認められていない。しかし，金融機関の破綻が経済に深刻な影響を与える場合に，金融危機対応会議が例外的な措置を行える。すなわち，わが国や地域の「信用秩序の維持にきわめて重大な恐れがあると認めるときは，金融危機対応会議の議を経て」，①（破綻前における）公的資金による資本注入，②（破綻後の）預金の全額保護，③（②では対応できない場合に限って）一時国有化（特別危機管理銀行制度），の措置をとることができる（預金保険法第102条）。ただし，この制度が乱用されると，預金者や金融機関のモラルハザードが発生する恐れがある。➡ ペイオフ，モラルハザード，預金保険制度

金融工学 financial engineering 高度な数学理論や情報技術（IT）を応用して金融資産運用やリスク管理などの新しい手法を開発しながら，金融市場でそれを実践するための理論の総称。金融工学では，これまで経験則や勘に頼っていた金融取引に客観的な合理性を導入し，それらを理論によって数値化することに成功した。現在，金融工学は理論展開だけにとどまらず，金融ビジネスの現場で幅広く利用されている。

例えば，オプション価格理論として有名なブラック＝ショールズ式は，金融工学の重要な業績の1つであり，より複雑な状況下に適応できる評価式が研究されている。金融環境が大きく変化しリスクが多様化している中で，金融工学に基づく金融商品開発は金融機関の競争力を左右するようになっている。➡ ブラック＝ショールズモデル，リスク

金融再生法 Financial Reconstruction Act 1998年秋のいわゆる金融国会で制定された法律。正式名称は「金融機能の再生のための緊急措置に関する法律」で

ある。金融再生法は，破綻した金融機関の処理方法を定めた法律で，金融整理管財人方式，および，特別公的管理（一時国有化）方式を規定している。日本長期信用銀行と日本債券信用銀行にこの特別公的管理方式が適用された。こうした破綻処理を行うために金融再生委員会が時限付きで設置された。

また，金融再生法と同時に金融早期健全化法（「金融機能の早期健全化のための緊急措置に関する法律」）が制定された。金融早期健全化法は，健全ではあるが脆弱な金融機関の資本を増強するための法律である。金融早期健全化法に基づいて，1999年3月以降，公的資金が民間金融機関に資本注入された。 ➡ 公的資金注入

金融先物市場 financial futures market
☞ オプション取引

金融資産の時価評価 mark-to-market measure of the value of financial assets 企業の金融資産を時価で評価すること。企業の資産や負債を簿価ではなく，時価で評価する時価会計の導入が，わが国でも進められ，企業の持つ金融資産について時価評価を行う「金融資産の時価評価」が2001年3月期から始まった。

日本ではこれまで，企業が保有している株式などの有価証券の評価方式として，原価法と低価法のいずれかを選択することができた。特に原価法では，取得原価が簿価となり，50％以上評価が下がらなければ，損失を計上する必要がなく，公表されている財務諸表からは保有資産の状況がよくわからないという弊害があった。ただし，日本では，一気にすべての金融商品の時価評価が始まったわけではなく，投資目的の有価証券および長期保有目的の株式（持ち合い株式など）に限って適用されることになった。したがって，子会社や関連会社の株式などについては引き続き取得原価で評価される。 ➡ 時価会計，ビッグバン

金融市場 financial market 金融取引が行われる「場」のこと。取引期間，市場参加者，取引される金融資産，取引の性質などによって様々なマーケット（市場）に分類されている。不特定多数の参加者が取引を行う「市場型取引の市場」と，預金や銀行貸出のように1対1で取引が行われる「相対型取引の市場」に大別されるが，一般的には前者の市場型取引の市場が「（狭義の）金融市場」とされている。

狭義の金融市場は，まず取引期間によって1年以下の「短期金融市場」と1年超の「長期金融市場」に分類される。短期金融市場には，参加者が金融機関・証券会社等に限定されている「インターバンク市場」と一般企業も参加可能な「オープン市場」がある。長期金融市場は，国債や社債などの債券が取引される「債券市場」と株式が取引される「株式市場」から成っている。また，債券市場と株式市場をあわせて「証券市場」あるいは「資本市場」と呼ぶことが多い。

金融収支 financial balance 国際収支統計の中の項目の1つで，直接投資，証券投資，金融派生商品，その他投資及び外貨準備の合計。金融資産にかかる居住者と非居住者間の債権・債務の移動を伴う取引の収支状況を示す。直接投資には，直接投資家（親会社）が直接投資企業（子会社など）の経営に対して長期的な権益を持つことを目的とした株式取得，資金貸借などの企業間取引を計上する。証券投資には，株式とその他負債性証券（中長期債，短期債）を計上する。金融派生商品には，オプション取引，先物及び先渡取引，ワラント，通貨スワップの元本交換差額，金利スワップの取引に関わる利子などを計上する。その他投資には，直接投資，証券投資，金融派生商品及び外貨準備資産に該当しないすべての資本取引を計上し，貸付・借入，貿易信用，現・

預金，雑投資が含まれる。2013年までの国際収支統計では，投資収支と外貨準備に分れていた。➡ 国際収支，外貨準備

金融商品取引法 Financial Instruments and Exchange Act　2006年に証券取引法を改正して作られた法律。証券取引法では，証券市場に関わる各種の規制（証券会社や証券取引所に対する規制，インサイダー取引規制などの市場取引に関する規制など）を定めているだけであったが，金融商品取引法は投資性の強い金融商品を幅広く対象としている。

わが国では，銀行法で銀行を，保険業法で保険会社を，というように，個別の法律で業者を取り締まる縦割り規制となっていた。しかし，規制の隙間をついた悪質な行為に後追いでしか対応できないことから，金融サービスの利用者を保護するための広範な法律が必要となり，2001年に金融商品の販売等に関する法律（金融商品販売法）と，消費者契約法が施行された。そして，2006年に，より包括的な金融商品取引法が制定された。➡ インサイダー取引

金融政策 monetary policy　政策当局（普通は，中央銀行）が様々な金融的な政策手段を利用して，マクロ経済活動（具体的には，物価水準，インフレ率，雇用・生産，国際収支など）に働きかけること。

多くの国の金融政策では，物価の安定（ないし，通貨価値の安定）が中心的な目標とされ，物価安定を損なわない範囲で，総需要を刺激するという政策スタンスがとられている。物価の安定が重要なのは，価格が不安定になれば，市場が円滑に機能しないためである。また，物価の変動は，所得分配面でも問題を生じる。ただ，物価と一口でいっても，消費者物価以外にも様々なものがあり，実際の政策においてどの指標を重視すればよいかは，大変難しい問題である。例えば，1980年代後半に日本銀行は，資産価格の高騰を見逃したために，バブル拡大を防げなかったという批判もある。

金融政策の代表的な手段としては，①公定歩合操作，②預金（支払）準備率操作，③公開市場操作，の3つがある。しかし，現在の日本では，②はほとんど使われておらず，①もロンバート型貸出制度の導入によって政策的な意味を失い，③のみが使われている。そのほかに，選択的な手段として，特定業種への貸出抑制（土地高騰期に不動産・建設業への貸出を抑制）などの措置がとられることがあるが，マクロ経済政策としては例外的な措置である。➡ 公開市場操作，公定歩合，支払準備率操作，ロンバート型貸出制度，インフレーション・ターゲット

金融整理管財人 Financial Reorganization Administrator　預金保険法第5章第47条の規定に基づき，金融機関の経営が悪化したときに，内閣総理大臣が，当該金融機関の業務および財産の管理を行わせるために任命する人のこと（法人も金融整理管財人になることができる）。金融整理管財人が任命されるのは，金融機関が「債務超過と認められる場合」「預金等の払戻しを停止するおそれがあると認められる場合」「預金等の払戻しを停止した場合」「金融機関からの申し出を受けて債務超過が生ずるおそれがあると認められる場合」のいずれかに該当し，かつ「当該金融機関の業務の運営が著しく不適切である」もしくは「当該金融機関について，合併等が行われることなく，その業務の全部の廃止または解散が行われる場合には，当該金融機関が業務を行っている地域または分野における資金の円滑な需給および利用者の利便に大きな支障が生ずるおそれがある」状況にある場合である。

金融整理管財人には，弁護士，公認会計士または金融実務精通者以外に，預金保険機構も預金保険法により法人として

きんゆ

金融整理管財人に選任されることができる。

金融庁 Financial Services Agency 日本の金融行政を担当する中央官庁である。大蔵省が金融・財政の両方の機能を持つことに批判が高まり，まず1997年6月に大蔵省から金融機関の検査・監督部門を分離するための「金融監督庁設置法」が成立し，1998年6月に金融監督庁が発足した。ただし，金融の企画・立案機能は大蔵省に残された。1998年12月には，金融再生法に基づいて金融再生委員会が設立され，金融機関の破綻処理や資金注入などの決定を担当することになり，金融監督庁も金融再生委員会の管轄となった。

金融庁は，2000年7月に金融監督庁を改組して設立され，更に，中央省庁の再編が行われた2001年1月に，改めて内閣府の外局として設置されるとともに，金融再生委員会の廃止に伴い，金融再生委員会が担ってきた破綻処理等の事務を引き継いだ。金融庁は，金融制度に関する企画立案や，銀行，保険会社，証券会社等に対する検査・監督など，金融行政全般を担当している。大蔵省時代の金融行政への批判の反省から，透明性の高いルールに基づく金融行政を目指している。➡ 証券取引等監視委員会

金融調節 monetary control 日本銀行が，金利の適切な誘導を目的として，公開市場操作などを用いて金融市場における資金量の調整を行うことをいう。

金融政策運営の基本方針は，政策委員会の金融政策決定会合により，「金融市場調節方針（ディレクティブ）」（例えば，コールレートを1％に誘導する）として決定される。このディレクティブに基づいて，日本銀行は，金利を目標通りに誘導するため，日々の金融調節の金額や方法等を決定し，資金の供給・吸収を行っている。つまり，ターゲットにしているコール・レートが（ディレクティブで指示された）誘導水準を上回る場合には資金供給量を増やし（買いオペ），逆の場合には減らす（売りオペ）というわけである。
➡ 公開市場操作，ゼロ金利政策

金融の自由化 financial liberalization 金融業における規制の緩和・撤廃のこと。銀行等金融機関の活動には，国民経済の基盤を担うという公共的な側面がある。そのため金融業に対しては，これまでに様々な規制が行われてきた。しかし金融の国際化や技術革新の進展等を背景として，欧米同様に日本でもそれらの規制の緩和・撤廃が進められた。日本では金利規制と業務分野規制といった競争制限的規制の緩和・撤廃が中心であったが，これは経済の効率性を高める一方，金融機関のリスクを増大させるため，個々の金融機関には様々なリスク管理が要請される。また金融機関の経営を安定化させ，金融システム全体の安全性も維持するために，バランスシート比率規制などの健全性規制への関心が高まっている。しかしながら，米国のサブプライムローン問題に端を発した世界同時不況は，金融の自由な活動や新商品の開発が原因であるとされ，自由化の行き過ぎを指摘し，新たな金融規制を求める声が高まっている。➡ 規制緩和，サブプライムローン問題

金融引き締め tightening money, credit squeeze 景気が過熱し超過需要から物価上昇等が発生している場合，公定歩合の引上げ（日銀貸出金利），売りオペ，法定準備率の引上げなど金融的手段を用いて通貨量さらには総需要を抑制する政策。逆に，需要不足から不況あるいは物価下落が生じている場合に，金融的手段を用いて通貨供給量増から景気を刺激しようとする政策を金融緩和という。

金融持株会社 financial holding company 銀行，保険会社，証券会社など金

融機関を子会社とする持株会社のこと。1998年12月に解禁され，大手銀行のほとんどが，経営統合の過程で金融持株会社を設立している。一般の持株会社とは異なり，金融規制の対象になっている。代表的な銀行持株会社（銀行を子会社にする持株会社）について説明すると，その業務は，子会社の経営管理およびそれに附帯する業務に限定されている。子会社の範囲には，銀行，信託銀行，長期信用銀行，証券会社，保険会社，投資信託委託会社，投資顧問業を営む会社等，金融に関連する業務を営む会社が含まれるが，不動産業や製造業等一般事業を営む会社は認められない。

子会社としてはならない会社の株式を銀行持株会社グループが保有することは制限されており，グループとしてその会社の発行済株式総数の15％までとされている。また，銀行持株会社グループに対してディスクロージャー，自己資本比率規制等も課せられ，金融庁の監督を受けている。➡ 金融庁，自己資本比率，ディスクロージャー，持株会社

金利 interest rate 銀行に預金をして1年後に引き出した場合，もともと預けたお金（元金）以上に追加的に得られる金額。逆にお金を借りた場合，元金以上に追加的に返済を求められる金額。この追加的な部分が金利（あるいは利子）である。また，金利が，利子の元本に対する比率（利子率）を意味することも多い。例えば，100万円の定期預金に対して1年後に101万円受け取る場合，「金利が1万円」といったり，「金利が1％」といったりする。前者の「金利」は，利子あるいは利息に言い換えられる一方，後者の「金利」は利子率あるいは利率に言い換えることができる。

かつては，預金金利など主要な金利は規制され，自由金利はごくわずかな金融商品について認められるだけであったが，金利の自由化が進み，現在では，（利息制限法による高利の禁止などを除いて）ほぼすべての金利が自由に設定できるようになっている。

重要な金利の概念に名目金利と実質金利の概念がある。銀行の預金金利など日々見慣れている金利が名目金利である。実質金利は，名目金利から予想インフレ率を引いたものである。企業投資に影響があるのは，実質金利の方である。

金利決定要因 factors determining interest rate 金利決定の要因としては，次のようなものがある。第1の要素は，金融商品の安全性である。これには，元本の返済や金利支払の確実性と，所得（配当・金利）の確定性とがある。前者はいわゆる信用リスクにかかわるもので，発行体（借り手）が破綻するなどして元本や金利が受け取れなくなる可能性である。もちろん，信用リスクが大きいほど，高い金利が要求され，その割増部分をリスクプレミアムと呼ぶ。所得の確定性に関しては，変動金利型商品と固定金利型商品との区別がある。第2の要素は，流動性ないし換金性である。当然ながら，換金性が高い債券ほど有利な条件（低い金利）で発行することができ，換金性が低くなるにつれて高い金利が要求されることになる。第3の要因が，資金の額である。運用する金額が多いほど金利が高くなる。第4の要因が，満期までの期間である。一般的には期間が長い方が金利が高くなるが，逆のケースもしばしば起こる。➡ 金利の期間構造

金利の期間構造 term structure of interest rate 金融市場に存在する種々の金融資産の金利（利回り）と満期までの期間との関係のこと。金利の期間構造は一定ではなく，その時々の経済情勢や金融政策の動向などによって変化するが，それがどのように決定されているかを考えるのが「金利の期間構造理論」である。

金利の期間構造理論の1つは、ルッツ（Lutz, F. A.）によって展開された期待理論である。期待理論では、長期金利は金融市場での投資家の金利裁定行動の結果、短期金利（予想値）の平均に等しくなるように決定されると考える。そこで、短期金利が先行き上昇していくと見られる局面では、縦軸に金利・横軸に期間をとった利回り曲線は右上がりの形状となるし、短期金利が将来低下すると予想される局面での利回り曲線は右下がりとなる。これに対して、もう1つはヒックス（Hicks, J. R.）などが展開する「市場分断仮説」の考え方である。これは、一般に投資家はある特定の投資期間を選好し、それ以外の投資期間にはプレミアムが支払われない限り資金を移動させないので、異なった残存期間の市場はある程度分断されるというものである。➡ イールド・カーブ

金利の計算 calculation of interest rates 元金に対して金利が付与される方法。100万円の定期預金に対して、2年後110万円の払戻しを受けたとしよう。このとき金利はいくらであるか。これには2つの考え方がある。1つは単利という考え方である。利子は2年間で10万円であるので、1年当たり5万円になる。したがって、元本が100万円であるので、金利は5％である。この考え方は一見常識的に見えるが、金利を過大評価することになる。というのは、もし金利が5％であるとすれば、1年後に105万円を受け取ることになる。1年後に105万円を元本にしてもう1年5％で運用すれば、2年後の受取り金額は110万2,500円になるはずである。つまり、1年目の利子に対して2年目に2,500円の利子が付くはずなのである。そうすると、上のような定期預金の金利は、$100 \times (1+r) \times (1+r) = 110$ の関係から計算することができ、この場合は4.88％となる。このように、途中で得られた利子に対しての利子も考慮に入れた場合を複利と呼んでいる。複利と単利の差は2年程度であれば小さいが、期間が長くなってくると著しく大きくなっていく。

金利の理論 theory of interest 金利がどのような要因で決まってくるかを分析する理論。金利を不労所得であり悪徳ととらえる考え方もある一方で、金利を正当化するために、様々な学説が提唱されてきた。例えば、現在の消費を断念する制欲の代償であるとするマーシャル（Marshall, A.）の利子待忍説や、利子時差説（現在の消費と将来の消費の価値が異なることへの代償）、利子生産力説（利子は資本の限界生産力に等しくなる）が知られている。

現代の金利理論を作り出したのが、ケインズ（Keynes, J. M.）の流動性選好理論である。ケインズは、流動性を手放す代償として金利をとらえ、金利は貨幣と証券の選択行動によって決定されると考えた。こうした考え方は、現代マクロ経済学の基礎的なフレームワークとなっている。➡ 限界生産力説

金利平価説 interest parity theory 外国為替レート決定理論の1つ。2国通貨間の直物為替レートと先物為替レートの差、ならびに2国の短期金利差との間に成立する関係式から導かれ、直物・先物為替レートの変化率（直先スプレッド）が金利差にほぼ等しくなるように調整されるという説。

一定の資金を国内で運用するケースと、現在の為替レート（ここでは直物為替レート）で外貨資産に変換した上で運用し、将来に国内資産へ戻すケースとの間で裁定取引が行われることから成立する。式で表すと、次式のようになる。

$$\text{現在の為替レート} = \frac{1+\text{外国の金利}}{1+\text{国内金利}} \times \text{将来の予想為替レート}$$

ただし，このカバーなしの金利平価が現実に成立するかどうかには多くの議論がある。一方，将来の為替リスクを回避するため先物（将来の取引条件を現時点で確定）によりリスクをカバーしたのち外貨運用して国内資産に戻す，カバー付の金利裁定取引も活発に行われている。その場合には，上記した将来の予想為替レートは先物為替レートに置き換わる。このカバー付の金利平価は概ね成立しているといわれている。

仮に先物為替レートないしは直物為替レートの予想と直物為替レートの開きが金利差に一致していなければ，金利裁定を目的とした国際的な資本移動が起こり外国為替への需給に影響し直先スプレッドが金利差に一致した点に落ち着く。カバーなしの金利平価とカバー付の金利平価の区別は重要である。➡ 為替リスク，為替レート，裁定，直物取引

金利リスク interest rate risk ☞ ALM

近隣窮乏化政策 beggar-my-neighbor policy, beggar-thy-neighbor policy 　相手国の貿易収支を犠牲にしつつ自国の貿易収支の改善を図り，生産量を増大させるとともに雇用量を増加させる政策。具体的な政策手段としては，関税の賦課，輸入制限，為替レートの切下げなどが挙げられ，これらにより海外生産物から国内生産物へ需要をシフトさせることができる。したがって，このようにして達成される貿易収支の改善は，他の国においては貿易収支の悪化を強制されることとなり，生産量の減少および失業の増大を招いてしまう。これにより，近隣窮乏化政策と「失業輸出」は同義で扱われることが多い。➡ 貿易収支

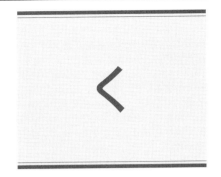

空間経済学 spatial economics 　経済学に地理や空間の概念を明示的に導入し，経済主体の空間的分布や経済活動における空間相互間の関係等を研究したり，さらに，現実の地域経済が抱える課題あるいは問題を抽出し，それに対する解決策や改善策を分析したりする経済学の一分野。その主要な内容は，①地域の地理的，空間的構造が経済主体の意思決定や活動に与える影響等を分析する立地分析，②地域経済における所得や成長についてマクロ的な分析を行う地域経済分析，③地域間の所得や成長の差異および財や生産要素の地域間移動等の地域間の相互依存関係を分析する地域間相互関係分析などである。現在では，特定の地域での産業集積の原因とプロセス，集積に伴う地域経済での情報の流れやイノベーションといった観点について，理論と実証の両面で研究が盛んである。

空洞化 hollowing-out 　生産拠点の海外への移転によって，国内の生産や雇用が減少したり，国内の技術開発力が低下したりすること。企業による海外展開は，特に少数の企業に支えられた企業城下町に深刻な打撃を与え，地域経済を空洞化させることがある。産業が一度衰退すると，技術的に回復が不可能（不可逆性）となるために，産業の空洞化の経済的損失は非常に大きい。わが国では，急

速に進んだ円高や貿易摩擦の激化によって、自動車やエレクトロニクスなどの輸出産業の海外現地生産化が進んだ1980年代後半に、空洞化が議論された。近年、国内生産拠点が中国などアジア諸国へとシフトする傾向が強まり、空洞化に対する懸念が高まっている。生産拠点の海外への移転は、国際分業を進め、わが国産業の高度化を促進したともいえる。➡貿易摩擦

クールノー均衡 Cournot equilibrium 複占市場において、自らが生産量を変更しても相手は生産量を変えないという想定をして、自らの利潤を最大にする生産量を決定する場合に到達される均衡。クールノー(Cournot, A. A.)により分析された。ナッシュ均衡の1つ。ナッシュ競争における数量競争であることから、クールノー＝ナッシュ均衡とも呼ばれる。それぞれの企業は自らが利潤極大化を行うときに、他の企業の利潤極大化行動を所与として行動する。

市場にa企業,b企業の2つの企業のみが存在するとする。両企業は全く同一の財を生産している。各企業の生産量を、q^a, q^b, 生産物の市場価格を、pとする。市場全体の需要曲線を$p=n-m(q^a+q^b)$とする。費用関数は同一とする。$C=c(q^a)^2=c(q^b)^2$。なお、n, m, cはパラメータである。

両企業の利潤は次の2式で表される。
$\pi^a = pq^a - C(q^a)$
$\quad = (n-m(q^a+q^b))q^a - c(q^a)^2$ (1)
$\pi^b = pq^b - C(q^b)$
$\quad = (n-m(q^a+q^b))q^b - c(q^b)^2$ (2)
両企業は、相手の生産量を与えられたものとして（自分が生産量を変更しても相手は生産量を変更しないと考えて）それぞれ利潤最大化を行う。利潤最大化から次の反応関数が得られる。

a企業の反応関数
$\quad mq^b = n - 2mq^a - 2cq^a$ (3)

b企業の反応関数
$\quad mq^a = n - 2mq^b - 2cq^b$ (4)

(3), (4)式より両企業の均衡生産量(q^{a*}, q^{b*})が得られる。均衡点$E(q^{a*}, q^{b*})$は安定的であり、この均衡をクールノー均衡という。➡シュタッケルベルク均衡, ナッシュ均衡

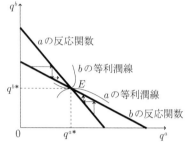

区間推定 interval estimation ある標本よりある未知のパラメータがある確率で存在する区間（範囲）を決める方法。その区間のことを信頼区間（confidence interval）と呼び、未知のパラメータがその区間に含まれると考えたとき、それが正しいと確信できる程度を信頼係数（confidence coefficient）という。よく用いられる信頼係数は95%であるが、信頼係数は高くすると信頼区間は広くなり、低くすると狭くなる。区間推定に対し、母集団の未知のパラメータの値をある単一の値で推定することを点推定と呼ぶ。

なお、一般的に良い推定値とは、以下の2つを満たすものをいう。つまり、推定値は標本が変われば異なった値を示すが、あらゆる場合の推定値の平均はパラメータの真の値に一致すること、そして推定の誤差ができるだけ小さいことである。➡母集団

屈折需要曲線 kinked demand curve スウィージー(Sweezy, P. M.)が、価格の硬直性を説明する際に用いた、「屈折点」を持つ需要曲線のこと。ある企業が、現行より価格を低下させた場合には、他企

業も追随してくる可能性が高いため，あまり自社の販売量は増加しない。一方で，ある企業が価格を上昇させると，他企業は，自らの販売量の増加を狙って，むしろ価格の維持を志向すると考えられる。この非対称な反応によって，各企業の需要曲線はE点(現行価格)において「屈折」することになる。この需要曲線における屈折は，限界収入曲線のジャンプを引き起こす。こうした状況では，供給側の諸条件が多少変化したところで，それに応じて価格を変化させる誘引が生じないため，企業の価格改定行動は制限されることになる。 ➡ 限界収入

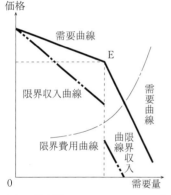

くもの巣理論 cobweb theory 農産物などある種の生産物について，財市場における価格と生産量の決定のタイミングのずれにともなう価格と生産量の動きを示す理論。ある財の供給量を前期の価格に応じて決める場合 (作付の決定)，その供給量(収穫量)がすべて需要されるように今期の価格が決まる。このように繰り返される価格決定のプロセスをグラフに描いたとき，くもの巣に似た図形を描く。今, t期の供給関数q_t^sおよび需要曲線q_t^dは次のように表されるとする。

(1) $q_t^s = a + b p_{t-1}$,
(2) $q_t^d = \alpha - \beta p_t$

ただし，a, b, α, βはパラメータですべて正，p_tはt期の価格を表す。$t-1$期の価格p_{t-1}に対応してt期の供給量q_t^sが決まり，これと等しいだけのt期の需要量q_t^d，そしてこれを可能にするt期の価格p_tが決まる。次の$t+1$期においては，このp_tに対応してまず$t+1$期の供給量q_{t+1}^sが，そして需要量q_{t+1}^d，価格p_{t+1}が同じように決まる。このプロセスが続き，やがて価格も数量もその前後を振動しながら最終的な均衡p^*, q^*に収束する。この場合は，均衡は安定となるが，供給曲線の勾配が需要曲線のそれよりも急，すなわち$b > \beta$であることが必要である。$b < \beta$の場合，価格，数量は均衡の前後を振動しながら発散し，均衡は不安定となる。なお$b = \beta$の場合，均衡の前後で価格と数量の振動が永続することになる。

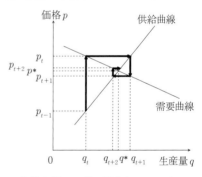

クラウディング・アウト crowding out 貨幣供給量の増加を伴わない財政支出拡大は利子率を上昇させ，この利子率上昇により民間投資が抑制されて，GDP (所得) 増大効果が減殺されること。これは金融市場において民間資金需要と公的資金需要が競合し，民間資金需要が充足されず排除されることによる。1970年代以降の世界的に深刻化するスタグフレーション下，財政支出拡大の景気回復に関する有効性の低下を説明する要因の1つとしてフリードマン(Friedman, M.)，

ブラインダー (Blinder, A. S.), ソロー (Solow, R. M.) らによって指摘された。

クラウディング・アウト効果は, *IS-LM* モデルを用いて次のように説明される。今政府支出が G_0, 貨幣供給量が M_0 とし, *IS* 曲線は $IS(G_0)$ の位置に, *LM* 曲線は $LM(M_0)$ の位置にあるとする。このとき均衡GDPは Y^* となる。ここで, Y^* が完全雇用GDPよりも小さいとすると, Y^* を完全雇用GDPまで増やすことが必要となってくる。そこで貨幣供給量を変えないで, 政府支出を G_1 まで増加させたとする。*IS* 曲線は $IS(G_1)$ までシフトする。このとき利子率 r^* が変化しなければ, Y^* は Y_1 まで増加する。しかし, 貨幣市場の反応から利子率は r_2 まで上昇する。この利子率の上昇は, 財市場で民間投資を低下させる。その結果, 均衡GDPは Y_2 にまで落ちてしまう。この Y_1 と Y_2 の差がクラウディング・アウト効果である。

ここで, 貨幣供給量が M_1 まで増加された場合には, *LM* 曲線が $LM(M_1)$ にシフトし, 利子率の上昇は r_3 に止まり, 均衡GDPも Y_2 より大きい Y_3 までになり, クラウディング・アウト効果は緩和される。なお貨幣需要に資産効果がある場合には, クラウディング・アウト効果はさらに強められる。

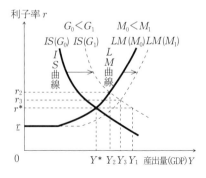

グラス゠スティーガル法 Glass-Stegall Act　大恐慌後の米国において, 1933年に預金者保護の観点から, 銀行経営における健全性の確保を意図して施行された法律。銀行と証券会社の分離, 預金保険制度, 預金金利規制の撤廃, 要求払預金への利付禁止などを含み, その後の金融制度の根幹となったといわれている。日本も同法に影響され銀行が証券業務を営むことは禁止されてきた。

同法は, 狭義では銀行と証券の分離規定に関する4つの条項のみを指す場合が多い。しかし銀行の証券業務を完全に禁止するものではなかった。証券業務のうちブローカー業務は可能であり, 銀行が取扱いできない証券業務を主としない範囲で扱う証券会社と関連会社になることもでき, 国債, 州債, 一般財源地方債, 一部の国際機関債も適用外とされた。このような条文の存在にかかわらず, 米国の銀行は同法制定後も長年にわたって証券業務への参入に熱心ではなかった。近年, 米国では銀行業務の収益性が低下したことから証券関連業務への関心が高まってきた。1999年に成立したグラム゠リーチ゠ブライリー法により改正され, 銀行による証券子会社の設立が認められ, 証券業務への参入障壁は低くなっている。日本では旧証券取引法により, 銀行・証券分離規制が行われていた。1993年から銀行・証券分離は撤廃された。➡ グラム゠リーチ゠ブライリー法, 預金保険制度

クラブ財 club goods　準公共財の1種で, 人々の財の消費量を制限することは困難であるが人々が消費に参加する機会を制限することが比較的容易な財のこと。例えば, 駐車場, テニスクラブ, カントリークラブなどが挙げられる。クラブ財については, ある特定の人を共同利用者グループのメンバーとするかしないかについては, 会費などを利用して排除原則を適用し, メンバーとなった個人に対してはその財を共同使用財として使用

させる。したがって，ひとたびメンバーとなると，あたかも公共財のように利用できる。クラブ財はメンバーの消費量を監視するには多額の費用を必要とする場合が多く，その消費量に応じた価格設定により消費量の制限を行うことが困難である。➡ 公共財，非排除性

グラム＝リーチ＝ブライリー法 Gramm-Leach-Bliley Act 米国で1999年に成立した金融関連の法律。グラス＝スティーガル法（Glass-Steagall Act）を改正した法律で，金融持株会社の設立，銀行子会社の兼業，業務の多角化を認める一方，銀行と事業会社の兼業は認められていない。地域再投資法の緩和，顧客のプライバシー保護なども同時に定められた。➡ 金融持株会社，グラス＝スティーガル法

グラント・エレメント grant element ☞ 国際協力銀行

繰上償還 advanced redemption 投資信託や公社債の償還にあたって，発行時に決められた元金を返済する償還日を待たずに発行者が償還期限を繰り上げ，一方的に元金を返済すること。公債に関しては国および地方公共団体の財政の健全な運営を図るという観点から，財源に余裕のある場合に繰上償還を行い，将来の財政負担を軽減しておくことが望ましいとされる。しかしながら，実際に繰上償還が行われた場合は，債券の購入者は本来の償還期限までに受け取れるはずであった利子収入を失うなどの損害を被る可能性が生じる。そのため国債については，債券には繰上償還を行うことがありうる旨の記載があっても，原則的には実施されていない。なお地方においては2009〜14年度で徹底した行政改革，経営改革を行う公共団体を対象に，公的資金の繰上償還（補償金なし）が実施されている。➡ 公債

クリーピング・インフレーション creeping inflation ☞ ギャロッピング・インフレーション

クリーム・スキミング cream-skimming 交通，通信，運輸，エネルギー等の公共サービスの分野において，規制緩和によって新規事業者が参入する際に，収益性の高い分野のみに事業を集中させ「いいとこ取り」をすること。既存事業者は，高収益をもたらす事業（地域）での収益をもとに，低収益事業（地域）を維持するという形で，全消費者一律にサービスを供給している（これをユニバーサル・サービスという）。この状況において，新規事業者が収益性の高い分野（地域）のみに参入すると，そこでの収益が減少し，既存事業者は低収益事業（地域）を切り捨てざるを得なくなり，ユニバーサル・サービスを維持することが困難になるという問題が生じる。➡ ユニバーサル・サービス

クリーン・フロート clean float 通貨当局による為替市場介入が全く行われず，為替レートが市場によって完全に決定されている状態。変動為替相場制の下でも実際には通貨当局による介入は多く見られ，完全に自由な為替レートの変動を許しているわけではない。市場介入がなされていても，基本的には為替レートが市場の需給を反映して決定されていると見なされうる場合には，市場介入が適当で，クリーンなものであるとされる。逆に，適当な水準を超えて市場介入がなされたと判断されると，ダーティといわれる。➡ 為替レート，市場介入，ダーティ・フロート

繰返しゲーム repeated game 1度きりでなく繰返し行われるゲームのこと。繰返しが有限回のものを有限繰返しゲーム，繰返しが無限回のものを無限繰返しゲームという。以下では無限繰返しゲームについて説明する。例えば，次の

ような利得行列(利得表)からなるゲームを考えよう。ゲームのプレーヤーはA, Bで、縦方向がAのとる戦略を、横方向がBのとる戦略である。行列内の数値は、A, Bそれぞれが特定の戦略をとった場合の利得を表し、最初の数値がA, 2番目の数値がBの利得である。例えば、Aが裏切りBが協調したとすれば、Aの利得は1, Bの利得は－5になる。

$A\backslash B$	裏切り	協調
裏切り	－1, －1	1, －5
協調	－4, 2	0, 0

この場合、1回きりのゲームであれば、(裏切り、裏切り)が支配戦略均衡となるが、同様のゲームを繰返し行う場合、一定の条件下では、協調することがナッシュ均衡となる。繰返しゲームにおいては、トリガー戦略(引き金戦略)と、しっぺ返し戦略(オウム返し戦略)が代表的である。前者は、最初は協調し、相手が協調する限りこちらも協調するが、いったん相手が裏切れば、それ以降はこちらも裏切り続けるという戦略である。後者は、最初は協調し次回からは、前回相手がとった行動を真似するという戦略である。将来のことを重要視して行動する(将来の利得を高く評価する)プレーヤー同士がトリガー戦略を用いる場合、1度きりのゲームでは生じなかった協調行動が生まれる余地がある。直観的には、短期的視点に立ち裏切ることで一時的な利得を得るよりも、長期的視点に立ち高い利得を得続ける方が好ましいことが、プレーヤー同士が学習し協調する原因である。個々の合理的行動の帰結として協調が生まれている点が興味深い。以上のことをより一般的な想定の下で定式化したものがフォーク定理である。

繰越明許費 approved expenses to be carried over to the following year　財政法第14条3項に定められたもので、歳出予算のうち性質上あるいは予算成立後の事由により当該年度内に支出が完了できる見込みのない経費について、予め国会の承認を経て翌年度に繰越使用が認められている経費。一般的に単年度主義の原則により歳出予算の経費は翌年度に繰り越して使用することができない。しかし国の支出の内容や使用方法は複雑多岐にわたり、原則通りに運用すると非効率になることがあり、これを回避するための例外規定の1つである。地方財政においても認められている。➡歳出、単年度主義

クレジット・カード credit card
決済手段の1つである。カードの保有者は現金を使用することなく、カードで加盟店から商品やサービスの購入ができる。クレジット・カード会社は会員にクレジット・カードを発行し、会員の支払能力を信頼して会員が購入した商品の代金を立て替え、同じ代金分を会員に融資する。カードで購入すると、加盟店はカード発行会社から支払を受け、一定の決済日に指定されたカード保有者の銀行口座から利用代金が引き落とされる。カード専門会社や信販会社の他、銀行やデパートなどもクレジット・カード業の子会社を持っている。近年では、金融機関のCD(現金自動支払機)からキャッシングも可能である。さらにリボルビング機能(あらかじめ決められた金額を回数を定めず毎月返済する)の付加、電子マネーとのリンクもされている。海外では本人確認の意図でクレジット・カードの提示を求めることも多く、使用が増えている反面、クレジット・カードの不正利用、盗難、紛失などによりカード保有者とカード会社が被る損害も増えている。ほとんどのカードには、これらの損害の補償、海外旅行傷害保険などのセキュリ

ティ機能が付加されているが，補償範囲，金額はカード会員のグレード（あるいは年会費）により異なり，約款で決められていることが多い。➡ 決済手段，電子マネー

グレシャムの法則 Gresham's Law
「悪貨は良貨を駆逐する」という考え方。1558年に英国の王室財務官グレシャム（Gresham, T.）が述べた言葉である。貨幣の額面は交換価値を決定しているのに対して貨幣に含まれる金の含有量などで保有価値が異なる通貨が存在すると，保有価値の高い貨幣を手元に残し保有価値の低い貨幣を交換に使おうとする。その結果，悪貨のみが流通することになると考えられた。質の相違の他，材質の市場価格と法定価格が異なる場合や，法定価格が国際間で異なる場合などにも同様の現象が起こりうる。

グローバリゼーション globalization
生産や情報通信技術，交通・輸送手段の進展により，貿易，資本移動，労働移動，対外直接投資などの側面で，各国経済が国境を越えて密接に結びつくようになり，その結果として世界経済，市場が1つに統合される方向に向かおうとする動きのこと。20世紀後半からこのグローバル化の動きは急速に進展したと一般に考えられているが，19世紀後半，あるいはもっと以前から同じような傾向はあったとする見解もある。グローバル化の動きは，全体的に見れば市場の効率性を高め，各国に対して有益な影響をもたらす側面がある一方で，グローバル化の進展にうまく適応できる国と適応できない国との間に格差が生じ，それが有害な影響をもたらすという側面もある。これまで，グローバル化は世界経済の発展にとって望ましいものと見られ，WTOや世銀等の国際機関はグローバル化を具体的に推し進める役割を担ってきた。EUやASEAN等の地域統合もグローバル化により促進された。しかし，現在はグローバル化が格差を拡大する，途上国経済の特殊な固有性を破壊するとして，グローバル化に反対する意見も生まれている。➡ 世界銀行，WTO

クローリング・ペッグ crawling peg
為替レートの変動を平価の上下一定幅に維持しつつも，小幅の平価の変更も認めるというペッグ制。為替レートを固定させることのメリットと，変動させることのメリットの両者を取り入れようとする制度。➡ アジャスタブル・ペッグ

クロスレート cross rate　ある国から見た場合に，他の2国間の外国為替レートをクロスレートという。各国の為替レートは，通常次のように算出される。まず，その国と為替取引が最も多い通貨を選ぶ。その通貨と自国通貨との交換レートは基準レートといわれる。そして，基準レートとクロスレートを利用して，自国通貨と外国通貨とのすべての交換レートを求めることができる。こうして得られた為替レートのことを裁定レートという。例えば日本では，米ドルの為替レートを基準レートとし，それとクロスレートに基づいて他の外国為替レートを求めている。なお，外国為替取引において自国通貨を介さず行った場合にはクロス取引といわれる。➡ 為替レート

クロヨン問題 Kuroyon problem
☞ 不公平税制

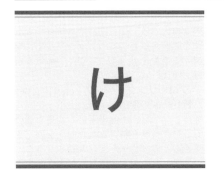

計画経済 planned economy 国有の生産手段の下，一国経済における財・サービスの生産，分配，流通が，中央集権的に決定された計画に基づき実行される経済のこと。市場経済と対極をなす概念。純粋な計画経済や市場経済は存在せず，程度の差こそあれ，計画経済の中に市場経済の要素は見られ，また反対に，市場経済の中に計画経済の要素も見られる。両制度の折衷から成る経済を混合経済という。実際の計画経済は一様でない。旧ソ連では，中央計画機関としてゴスプラン（ソ連邦閣僚会議国家計画委員会）が生産計画を作成し，資材機械補給国家委員会が物資の配分計画に責任を持っていた。ソ連型の計画経済は，経済関係者に指令を出す形式をとる指令経済，計画内に実施責任を負う機関を特定しておくアドレス原則等の特徴を持つ。また，ハンガリーで実施された新経済メカニズム（MEW）のように，中央の計画当局は計画の指針を策定するのみで，個々の企業の計画までは踏み込まないという型もある。➡ 混合経済，市場経済

景気循環 business cycle 実質GDPなど経済指標の成長率について，その変化に周期性のあること。同じような周期性は内閣府の景気動向指数や日銀短観・業況判断DIなど，より全体的な経済活動に関する景気指数にも見られる。それらの変化を時間の経過に沿って見てみると，経済活動が最も低下した谷と呼ばれる下方の転換点から始めるなら，景気はその後，回復期から拡大期を経て，景気の山と呼ばれる経済活動が最も高まった上方の転換点に到達する。この間が景気の拡張局面である。その後景気は，山から後退期，収縮期を経て再び景気の谷に到達する。この間が景気の後退局面である。また長期トレンドを上回っている拡大期と後退期を合わせて好況期と呼び，下回っている収縮期と回復期を合わせて不況期と呼ぶこともある。景気循環には，周期の長さから次の4種類の景気循環の存在が知られている。①コンドラティエフの波（周期約50年），②クズネッツの波または建築循環（約20年），③ジュグラーの波または設備投資循環（約10年），④キチンの波または在庫循環（40カ月）。➡ 景気動向指数，コンドラティエフの波，日銀短観

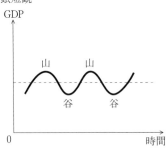

景気循環論 business cycle theory 景気循環がどのような要因で発生するかどのようなプロセスをたどるかを分析する経済学の分野。景気循環の理論には数多くのものがあるが，実物的な理論と貨幣的な理論に分けるのが1つの分類方法である。ハーバラー（Haberler, G.），サミュエルソン（Samuelson, P. A.）等による乗数と加速度原理を組み合わせた理論は実物的理論であり，フリードマン（Friedman, M.）とシュワルツ（Schwartz, A. J.）によ

る貨幣供給量の増加率の変化を重視する理論は貨幣的理論である。また人々の期待が果たす役割の重要性は，早くから認識されていたが，合理的期待を用いた理論は比較的新しいものである。ルーカス(Lucas, R. E. Jr.)は情報が不完全な均衡経済において貨幣的ショックによって生じる経済変動を説明したが，キドランド(Kydland, F. E.)とプレスコット(Prescott, E. C.)は，技術ショック等が景気循環を引き起こすという実物的景気循環論を発展させた。なお以上とまったく別の理論として，選挙における政党・政治家の得票最大化行動が景気循環を生じさせるという，ノードハウス(Nordhaus, W. D.)，アレシナ(Alesina, A.)等の政治的景気循環論もある。→ 加速度原理，リアル・ビジネス・サイクル理論

景気対策 economic stimulus package　失業率の上昇，物価の下落，企業業績の低下といった景気低迷に対する政府の施策。安定化政策すなわち総需要不足を補正する総需要管理政策が中心となる。本予算における公共事業の前倒し実施，補正予算における追加支出，減税など財政的措置，マネーストックの拡大など金融緩和，さらには中小企業対策，雇用対策などミクロ的な施策も含まれる。わが国の景気対策の中心は伝統的には公共投資の拡大であったが，近年，財政赤字，累積債務の増大をもたらすだけで景気回復につながらず，構造的理由による乗数効果の低下が懸念されている。したがって，施策の重心が規制緩和や構造改革などミクロ的施策や通貨面での施策に傾く傾向がある。財政再建の必要性が強調され，政府のまとめる財政的措置のうち，公共事業に実際に支出されるいわゆる真水の部分は見かけ以上に小さくなっている。
→ 規制緩和，乗数理論，総需要管理政策

景気動向指数 indexes of business conditions　景気の現状を知り，また将来を予測するために，経済活動の水準を示す生産，消費，雇用など，様々な分野での代表的な統計量を用いて作成される指標のこと。具体的には，景気の局面を把握するためのディフュージョン・インデックス(DI)と，山の高さや谷の深さなど，景気の量感と呼ばれるものを把握するためのコンポジット・インデックス(CI)の2種類の指数からなる。またこれらを作成するために選定された経済指標は，先行指標，一致指標，遅行指標の3種類に分類されている。景気動向指数は景気の現状を判定するのみならず，景気のサイクルを決定するのにも用いられる。例えば，いざなぎ景気や円高不況がいつ始まり，いつ終息したかを判定する景気の基準日付にも使用される。なおこの景気動向指数は，内閣府により毎月作成，公表されている。

軽減税率 reduced tax rate　政策的に標準税率より低く抑えられた税率のこと。例として，欧州での付加価値税があり，食料品等生活必需品に対して軽減税率が適用されている。生活必需品では，消費税が高所得者よりも低所得者の相対的な負担割合が大きくなる逆進性をもつ，これを解消する税制度上の対策で，特定の品目について低く設定される。しかし，消費税に対する軽減税率の適用には，①高所得者が食料品等により多く支出すると，逆進性の緩和にならない。②税率が商品により異なり複雑化し，税収面での平等性や透明性が低下し，さらには事務等の行政や民間の負担が大きくなる。③適用範囲の基準設定が恣意的になる，などの問題がある。

2016年3月時点での日本では，中小企業に対する法人税率，紙巻たばこ3級品，登録免許税(住宅用家屋)などに軽減税率が適用されている。付加価値税の標準税率が15％を超える欧州では多くの国で導入されている。例えば，フランス(2012

年）では、標準税率19.6％に対し、宿泊や外食、調理済食品、保険適用外医薬品等は7％、食料品、書籍等は5.5％、新聞・雑誌、保険適用医薬品等は2.1％と軽減税率を設けている。➡ 消費税，標準税率，逆進性

経済援助 economic assistance 一般的には、先進国から発展途上国に対してなされる、経済開発を目的とする国際間の資源の移転のこと。経済開発の中には災害復旧などの緊急援助や飢餓からの救出のための食糧援助や、また既に債務超過に陥っている国に対して行われる借款など、直接的には経済発展に結びつかないが、長期的にはそれに寄与すると考えられるものも含まれる。援助は供与側の国の数などにより、2国間援助と多国間援助に、また、援助の調達先を指定あるいは限定をするか否かで、限定するタイド・ローン（ひもつき借款）と、限定をする必要のないアンタイド・ローンの2種類に分けることができる。さらに、援助の内容により資金援助と技術援助に、そして援助の対象により、それが広い領域にわたり総体的な援助パッケージのことをプロジェクト援助に、そうでないものをノンプロジェクト援助に分けることができる。このような経済援助のうちODA（政府開発援助）とは、政府の実施機関から開発途上国あるいは国際機関に供与されるもののことをいう。なお、最近では経済援助が普通名詞のように使用される場合があり、例えば、困窮学生に対する学校などからの奨学金給付などについても経済援助と呼ばれる。➡ タイド・ローン，プロジェクト援助

経済協力開発機構 Organisation for Economic Co-operation and Development ☞ OECD

経済主体 economic unit, economic agent 経済において意思決定を行う基本単位のこと。近代経済学あるいは新古典派の経済学では、経済社会は独立した個々の経済主体の間の取引関係によって形成されるものと考える。それら取引についての需要・供給を決定するのが独立した意思を持つ個人や組織で、これらは経済主体と呼ばれる。経済主体は大きく、消費主体の家計、生産主体である企業、そして政府に区分される。意思決定の多くを親に依存した子供や、企業組織の一員としての被雇用者は、各々消費あるいは生産主体とは考えられない。また、農家などの自営業者は生産主体としては企業に、消費主体としては家計に分類される。

経済政策 economic policy ある経済的目標の実現に向けて、政府が行う活動を経済政策という。経済政策の目標としては、経済制度の枠組みの形成と維持、資源配分の効率化、総需要の管理、所得再分配と社会保障、国際収支の均衡、完全雇用、物価安定、経済成長、産業構造の高度化、環境保全など多岐にわたる。戦後の先進諸国において、設定される経済政策の目標に変遷が見られる。1960年代には米国のケネディ、ジョンソン両政権においてケインジアンの主導により、完全雇用、物価の安定、国際収支の均衡、福祉社会の実現が目標とされ、その実現のために財政政策、金融政策、為替政策、競争政策を組み合わせるというポリシー・ミックスが行われた。石油ショック以降、米国では新古典派経済学の自由な競争が経済効率を高めるという考え方から、ケインズ的な政策がとられず、マネタリストの主導でインフレーションを制御するために貨幣供給量をコントロールすることが経済政策の目標とされた。

経済政策の基本的な手段としては、財政政策と金融政策がある。前者は、財政を通じて資源配分、所得再分配、経済安定化を目的として、公共投資や増減税など手段として直接的あるいは間接的に総

需要のコントロールを行うものである。また、後者は、実施主体によって2つに大別される。1つは政府の財政当局が行う信用秩序の維持や信用システムの安定性の確保を目的とした規制の導入や撤廃、金融機関への指導などであり、もう1つは中央銀行が行う物価の安定や完全雇用の達成などを目的とする利子率やマネーストックのコントロール、為替相場への介入などである。

経済成長率 economic growth rate 名目あるいは実質GDPの伸び率。t期の名目GDP成長率は次式で計算される。

t期の名目GDP成長率＝

$$\frac{\left(\begin{array}{c}t期の名\\目\ GDP\end{array}\right)-\left(\begin{array}{c}t-1期の\\名目\ GDP\end{array}\right)}{(t-1期の名目\ GDP)} \times 100\ (\%)$$

t期の名目経済成長率からt期の物価上昇率を差し引いた値はt期の実質経済成長率となる。普通、経済成長率というときは実質経済成長率を指す。➡ 物価上昇率

経済成長理論 economic growth theory 経済がどのような要因により成長していくかを理論的に説明する経済学の分野。第2次世界大戦後、先進諸国で一般的現象となった経済成長を理論的に整合的な形で説明するために展開され、ハロッド＝ドーマー成長理論以来、様々な形で発展しつつ今日の内生的成長理論に至っている。

ハロッド＝ドーマー成長モデルは短期的、静学的なケインズ理論の長期化、動学化の試みとして展開された。資本と労働の間に代替性のない固定係数の生産関数が用いられ、投資のもたらす需要の増加と生産能力の増加は容易に一致せず、均衡成長の不安定性、困難を説明した。新古典派成長理論としてのソロー＝スワン成長モデルでは、労働と資本が代替的な生産関数の想定下、市場における賃金率、利子率の調整によって労働と資本の完全雇用される均衡成長の安定性が論証されたほか、1人当たり産出量の成長を説明する要因として技術進歩が導入された。またこのような典型的理論から派生して、生産部門を2部門に拡張した2部門成長理論、通貨の役割を考慮に入れた貨幣的成長理論、さらには以上の実証的成長理論に対し、経済成長の規範的側面に注目した最適成長理論が提唱された。ケインズ理論の長期化、動学化の試み以外に、一般均衡理論、あるいはレオンティエフ産業連関モデルの長期化、動学化としてのフォン・ノイマン・モデルなど多部門成長理論の発展も注目されている。

以上のような1950年代以来のいわば第1世代の経済成長理論の流れが一旦収束した後、1980年以降、先進経済の知識・情報化、ソフト化あるいは経済の収穫逓増傾向の影響を受けて、内生的成長理論が展開されている。新古典派成長理論における技術進歩が外生的に想定されたものであったのに対し、内生的成長理論では技術進歩そのものが知識資本の持つ収穫逓増の効果や外部性、生産活動が本来持つ学習効果、生産物多様性の効果などから内生的に説明されており、いわば第2世代の成長理論として注目されている。➡ ハロッド＝ドーマー成長モデル、均衡成長、ソロー＝スワン成長モデル、最適成長理論、内生的成長理論

経済同盟 economic union ☞ 地域経済統合

経済の情報化 informatization of economy 情報技術の発展により、これまでの経済や経営の基盤が大きく変わること。コンピュータ等の情報機器、これと情報通信とが組み合わさったインターネットなどの情報システムは、情報の伝達、蓄積、利用方法やその範囲を大きく変え、その結果として経済や社会のシステムが、それに適応するように大きく変

革している。これはIT革命と呼ばれ，19世紀の産業革命以上の変革をもたらしている。ITは製造業，流通業，金融業をはじめとする多くの産業分野でこれまでのビジネスモデルを変革し，いわゆるネットビジネスを生んでいる。取引・情報費用の低下により，経済の仕組み自体をも変えている。経済の情報化が経済にプラスの影響をもたらすためには，情報技術の基盤整備，情報セキュリティの確保などとともに，情報化された経済社会に対応できるような法制度の整備も必要と考えられている。 ➡ IT革命

経済のソフト化 shift to a service economy　経済活動においてサービス業を中心とする第3次産業が主流になること。クラーク（Clark, C. G.）の発展段階説によると，経済は発展とともに第1次産業，第2次産業，そして第3次産業へと比重を移していく。1980年代以降，製造業から金融業，流通業，対事業所サービスへと移行し，ハードウェアが中心のモノ作りから，アイデアやサービスのようなソフトウェア的なものが中心となっている。このため，経済のソフト化は，知識社会への移行ともいわれる。具体的には，情報通信（IT）産業，バイオテクノロジーで代表される知識集約型産業の比重が高まることである。また，各産業部門において情報，技術などのソフトに関する業務の割合が増大する傾向を指す場合もある。このようなソフト化の進展の背景には，消費者ニーズの多様化による消費構造の変化や，専門的な知識，情報の発展やビジネスでの応用の必要性が高まったことなどが挙げられる。

経済発展 economic development　前近代的経済から近代工業化経済へ構造転換すること。ハロッド（Harrod, R. F.）やドーマー（Domar, E. D.）らが，現在広く知られている成長理論を展開する以前は，経済の長期的な動学的分析が経済発展論と呼ばれていた。したがって，経済発展論と経済成長はほぼ同義語として用いられる場合もある。しかしながら現在では，経済発展という言葉は，特に発展途上国がどのように持続的成長を実現するかという問題に対して用いられることが多い。GDPなどの単一の指標の増大だけでなく，農業部門や労働市場の制度的仕組みなどの質的な変化に焦点をあてる研究も多く，しばしば経済成長とは異なる意味合いを持つ。

経済発展段階説 Entwicklungsstufentheorie der Wirtschaft　国民経済の進化法則。19世紀中葉からドイツ歴史学派によって唱えられた。歴史学派の父といわれたリスト（List, F.）は，生産力の発展を基準にして，未開，狩猟，農業，農工業，農工商業，という5段階を唱え，発展段階が異なれば経済政策も異ならざるを得ないと主張した。すなわち，イギリスが自由主義経済政策を採用しているのはすでに最も進んだ第5段階にあるからで，まだ第4段階にある遅れたドイツでは保護主義的経済政策が必要であるとした。このほか段階論としてはヒルデブラント（Hildebrand, B.）による，交換手段の発展を基準にした，実物経済，貨幣経済，信用経済という3段階論や，ビュッヒャー（Bücher, K.）による，生産者と消費者の関係を基準にした，家内経済，都市経済，国民経済という3段階論等がある。

経済発展論 economic development theory　長期的で，飛躍や質的変化を含む拡大過程を経済発展と呼び，その要因，発展経路を分析する学問分野。なお，経済の持続的拡大のうち相対的に滑らかな量的拡大，とりわけGDPの年々の継続的拡大過程を経済成長と呼ぶ。経済発展はスミス（Smith, A.）はじめ古典派経済学以来，マルクス（Marx, K. H.）を経て，シュンペーター（Schumpeter, J. A.）に至る経済学の流れの中で主要テーマであり続け

た。その後議論のウェイトが経済発展から経済成長へと移りつつある中で、ヌルクセ（Nurkse, R.）、ミュルダール（Myrdal, K. G.）らの低開発国開発論、ロストウ（Rostow, W. W.）らの経済発展段階説などが注目されてきた。現代の経済発展理論として注目すべきは、1950年代にルイス（Lewis, W. A.）によって展開された2部門経済発展理論である。これは、リカード（Ricardo, D.）の経済発展理論を拡張し、現代の発展途上国の開発理論として展開されている。伝統的な農業部門、近代的な工業部門の2部門の存在を想定し、農業部門では低位の生存賃金が成立する一方、工業部門では限界生産力原理に基づく賃金決定が行われるとする。経済発展の初期の段階では農業部門から出てくる余剰労働力によって工業部門への無限弾力的な労働力供給が続く。やがて農業部門の余剰労働力の消滅する転換点を越えると、賃金は両部門で上昇し始め、限界生産力原理に支配されるようになり、両部門の近代化達成へと向かうと考える。農業部門における余剰労働力の存在を近代化実現の契機と見るものであり、こうした考え方はレニス（Ranis, G.）、フェイ（Fei, J. C.-H.）、さらにはジョルゲンソン（Jorgenson, D. W.）らによって発展させられた。➡ 経済発展段階説，限界生産力説，国内総生産

経済物理学 Econophysics　経済現象を物理学的な手法・観点から解明することを目指す学問分野。コンピュータの技術革新と大量のデータの蓄積が進んだことで、自然現象を分析する物理学と同様の手法で経済を分析することが可能になり、研究が進んでいる。大量のデータ蓄積の例として、2010年時点で、金融市場のデータは1000分の1秒単位でデータが収集でき、コンビニエンスストア等のPOS（販売時点情報管理）データでも同様に、秒単位のデータが各地のコンビニエンスストアから本部のコンピュータに蓄積されている。このようなデータを用いて、これまで解かれなかった高度な方程式を、数値解析により分析できるようになった。これまで得られた成果として、需給均衡による市場価格の不安定性や、価格の変動はベキ分布に従う傾向があるなどがある。➡ ベキ分布，ビッグデータ

経済摩擦 economic conflict　投資活動など国際経済取引を通して個別産業レベルで発生し、国家レベルの外交問題にまで発展した経済紛争のこと。貿易不均衡や貿易制限をめぐって発生する貿易摩擦が代表的であったが、国際経済関係の進展に伴い国家間の流通機構や取引慣行の違い、さらに行政機構、生活習慣、経済文化における違いなど紛争原因は多様化し、経済摩擦と呼称されるようになった。日本では、戦後の高度経済成長の過程において、繊維、鉄鋼、自動車、半導体等様々な産業において米国との経済摩擦を経験している。こうした経済摩擦は日米間だけではなく、米国とEU諸国、米国と中国など、様々な国の間でも発生している。近年では、知的財産等の制度をめぐる経済摩擦が発生するケースも増えてきている。経済摩擦の解決には、当事者たる2カ国間での交渉や、WTO等の国際機関を通じた交渉がある。最近は、このような経済摩擦をなくすために、自由貿易協定（FTA）や経済連携協定（EPA）が結ばれている。➡ 経済連携協定

経済モデル economic model　検討すべき問題に合わせて抽象的にとらえられた経済像。経済学は演繹的な推論形式をとることによって大きな発展を見たといわれるが、この演繹的推論を行う上で基礎となるのが経済モデルである。特に、演繹的推論において論理学、数学等が重要な手段を提供するため、経済モデルは必然的に論理学、数学等の概念、方法を用いて表されることが多い。経済学の歴

史の中でこのような論理学的，数学的展開は既にスミス(Smith, A.)の時代から萌芽が見られるが，限界分析といった概念が用いられることは経済学のこのような性格を象徴している。ただし，経済活動・経済社会を記述し，そこで生じる特徴的な現象・帰結等を考える上で論理学や数学の方法が万能であるわけではなく，検討する問題に応じ，適切な方法と経済モデルが選択されるべきと考えられる。

経済連携協定 Economic Partnership Agreement：EPA　財・サービスの貿易に関して2国あるいはそれ以上の国または地域の間で締結される，経済の多岐にわたる分野に関する包括的な協定のこと。関税・非関税障壁の撤廃などによって自由化を図る，投資規制撤廃や投資規則の整備・知的財産制度などの調和によって投資の円滑化を図る，そして人の移動の活発化などを図ることがその主な目的となっている。これに対して，財・サービスの貿易の自由化のみに関して締結されるものは自由貿易協定(Free Trade Agreement：FTA)と呼ばれる。➡ 関税，非関税障壁

形式収支 gross balance of settled account　地方公共団体における歳入総額から決算総額を差し引いた金額，すなわち歳入歳出差引額をいう。出納閉鎖日(5月31日)までに当該年度に収入された現金と支出された現金との差額を示し，現金主義によって表される。形式収支が黒字の場合には歳計剰余金の処分が問題となり，赤字の場合には翌年度に見込まれる歳入を繰り上げて当該年度の不足額に充当する必要がある。しかし，実際の財政運営では現金の収支には現れない赤字要因があるため，実質的な財政収支を把握するためには実質収支を見る必要がある。➡ 現金主義会計，実質収支

k次同次性 homogeneous of degree k　多変数関数$y = f(x_1, x_2, \cdots, x_n)$が，次の性質を持つ場合，この関数を$k$次同次関数といい，このような性質を$k$次同次性という。

$f(\lambda x_1, \lambda x_2, \cdots, \lambda x_n)$
$= \lambda^k f(x_1, x_2, \cdots, x_n)$

$k > 1$の場合を(規模に関して)収穫逓増という。

$k = 1$の場合を1次同次，あるいは(規模に関して)収穫一定という。すなわち

$f(\lambda x_1, \lambda x_2, \cdots, \lambda x_n)$
$= \lambda f(x_1, x_2, \cdots, x_n)$

$k < 1$の場合を(規模に関して)収穫逓減という。

$k = 0$の場合を，ゼロ次同次という。すなわち

$f(\lambda x_1, \lambda x_2, \cdots, \lambda x_n)$
$= f(x_1, x_2, \cdots, x_n)$

gが単調増加関数で，$h(x)$がk次同次関数の場合，関数$g(h(x))$をホモセティック関数と呼ぶ。

➡ 規模に関して収穫一定

経常一般財源 ordinary financial resources　毎年度継続的に確保される見込みのある経常的収入のうち，その使途が特定されずに自由に使用できる収入のこと。経常一般財源が一般財源総額に占める割合により，当該団体の収入の安定性が判断できる。これに対して，経常的収入のうち使途が特定されているものは経常特定財源という。経常一般財源としては，普通税，地方譲与税，普通交付税，ゴルフ場利用税交付金，使用料，手数料などが挙げられる。また経常一般財源が，標準財政規模に占める比率を経常一般財源比率といい，歳入構造の弾力性を示す指標として用いられる。経常一般財源比率が高いほど当該団体における一般財源にゆとりがあると判断できる。➡ 一般財源，特定財源

経常移転 current transfers　☞　第二次所得収支

経常収支 current account　国際取引のうち，資本取引以外の経常取引にかかわる受払いの収支で，国際収支表において，貿易・サービス収支に第一次所得収支と第二次所得収支を加えたもの。貿易・サービス収支は，貿易収支とサービス収支を合わせたもので，貿易収支には，財貨の輸出入が計上され，サービス収支には，輸送，旅行，通信，金融，情報などのサービス取引の国際間の受払いが計上される。➡国際収支，貿易・サービス収支，第一次所得収支，第二次所得収支

経常収支比率 ratio of recurring profit　地方財政において，経常的に支出される経費がその財源のどれぐらいの割合を占めるかを表した数値。財政構造の弾力性を表す指標の1つであり，次式で算出される。

$$\frac{経常経費充当一般財源}{経常一般財源＋減税補てん債＋臨時財政対策債} \times 100$$

経常経費充当一般財源＝人件費，扶助費，公債費等に充当した一般財源
経常一般財源＝地方税＋普通交付税等

通常この比率が高いほど財政構造に弾力性がない，つまり何らかの原因で臨時の財政需要が生じたときにそれに対処する余裕がないと判断される。一般的に，経常収支比率は都市にあっては75％，町村にあっては70％程度が妥当と考えられ，これがそれぞれ5％を超えて増加するとその地方公共団体は弾力性を失いつつあると考えられる。近年は，経常収支比率は上昇傾向にあるといわれている。
➡一般財源，地方交付税交付金

経常取引 current transactions
☞　海外勘定

継続性の原則 principle of consistency　本来，企業会計原則の一般原則の1つである。会計処理の基準や手続きをみだりに変更してはならないことを意味している。また，同様の規定は地方公営企業法施行令第9条第5項においてもなされている。これは利潤追求を目的とはしないが，地方公営企業が公共の福祉にとって極めて重要な役割を果たしているため，社会的に認知された会計原則に従うべきであるという考え方に基づくものである。継続性の原則が謳われる理由として，各事業年度の会計処理形式を一定にすることにより，各事業年度の財政状態および経営状態を比較することが可能になること，会計処理形式の変更により財政や経営状態が不明瞭になることを避けるなどが挙げられる。

継続費 continued expenses　国会で議決される予算項目の1つ。国が行う工事，製造その他の事業のうち，完成までに数年度を要するような事業について，計画的に事業を遂行するために，あらかじめ国会の議決を経た上で数年度にわたり支出することができる経費である。予算においてその総額および年割額を定め，当該各年度の支出分に関しては，当該各年度の歳入をもって充てられることになる。予算の単年度主義という原則に対して例外的な措置。歳入が未確定の状況で歳出が決められ，次年度以降の経費を拘束することを意味するため，この制度の乱用は財政に混乱を生じさせかねない。そのため継続費は特に必要がある場合に限り，かつ継続期間は原則5カ年度以内とされている。現在では，主に防衛関係費の艦艇建造費について継続費の制度が利用される。➡会計年度，歳出

k％ルール k％ rule　マネー・サプライを経済成長に見合う一定の率（k％）で増加させるべきという考え方。金融政策が発動されその効果が現れるまでには時間差があり，時間差の程度は局面により異なるので，政策当局の介入は時に経済の不安定化の要因になる。したがって

景気の動向に応じて裁量的な政策を発動することなく，あらかじめ設定された自動安定化装置に委ねるか，あるいは単純なルールにのっとった政策を採るべきであるという観点に立つフリードマン（Friedman, M.）などに代表されるマネタリストにより主張されている固定ルール方式のことである。→ 金融政策，マネー・サプライ

経費 expenditure 　国または地方公共団体が，その活動を遂行するために支出した貨幣的費用のこと。具体的には，経費は一般会計あるいは特別会計等の1年間の歳出を意味する。したがって，経費の構造や規模を見ることで，政府活動の重点項目やその変遷などを知ることができる。ただし，経費の節約を生じる徴兵や強制的な物資調達，あるいは行政指導などのように財政支出の裏付けを伴わない政府活動があることには注意する必要がある。経費の構造については，組織別に示された所管別分類，重要施策別の主要経費別分類，目的別の目的別分類，性質別の使途別分類などによって概要を把握することができる。

契約曲線 contract curve 　☞ エッジワース・ボックス

契約社員 contract employee 　正社員（正規社員）とは別の労働条件の下に，企業と直接給与額や雇用期間などについて個別の労働契約を結んで働く常勤社員のこと。非正規社員，期間契約社員，期間社員，臨時社員，期間工などともいわれる。雇用契約をした派遣会社からの派遣社員とは異なる。雇用期間に定めのある専門職，期間の定めない非常勤，定年後の嘱託等，契約により雇用される人などをいう。一定の要件を満たせば雇用保険，厚生年金，健康保険，労災保険へ加入でき，所定労働日の一定数以上勤務していれば有給休暇の日数は正社員と変わらない。契約期間は原則として3年以内で，副業として働くことも可能である。2013年の労働契約法改正により，通算5年を超えて有期労働契約を結ぶ契約社員は無期労働契約への転換が可能となった。→ 労働者派遣法，労働契約法

契約社員制度 contract employee system 　一般に，契約により一定期間労働者を雇用することを指す。雇用する企業によって契約内容は異なり，正社員に近い場合からアルバイトに近い場合まで様々である。専門的な業務に従事する場合もある。契約社員と類似の雇用形態に派遣社員があるが，派遣社員が「労働者派遣事業の適正な運営の確保及び派遣労働者の就業条件の整備等に関する法律（労働者派遣法）」によって定められているのに対し，契約社員にはそのような明確な定義があるわけではない。厚生労働省による2014年労働力調査（年報）によると，役員を除く雇用者のうち，正規の職員・従業員は62.6%，非正規の職員・従業員は37.4%であった。その内訳は，パート・アルバイトは25.7%，労働者派遣事業所の派遣社員は2.3%，契約社員は5.6%，嘱託は2.3%，その他は1.6%であった。景気後退期には雇用調整の対象になりやすい傾向にあり，社会問題となっている。→ 雇用調整

契約理論 contract theory 　ゲーム理論を用いたミクロ経済学の一分野。情報の不完全性の観点から逆選択やモラルハザードを中心に分析する伝統的契約理論と，労働サービスの詳細すべてについて約束できないといった契約の不完備性や取引費用の観点から条項を明文化できない契約などを分析する新しい契約理論とに分けられる。例として，前者が保険市場への高リスク者の参加や保険加入による事故率の上昇，後者がホールドアップ問題の防止のための分析がある。→ ホールドアップ問題，逆選択，モラルハザード

計量経済学 econometrics　経済理論の計量化，数量化を主な目的とし，さらには経済理論の妥当性を検証することにも用いられる。それに対し，実証分析 (empirical analysis) 学問，あるいは応用計量経済学 (applied econometrics) とは，経済理論から得られた符号条件が推定された値と合致しているかの判断，モデルの予測への利用などを重視した分析のことをいう。

系列 keiretsu　日本において典型的に見られるもので，事業活動を行うに当たり長期的・継続的な取引関係を得るために築かれる企業間の緊密な関係のこと。系列には，大企業と中小企業の間で築かれる「タテ」の系列と，旧財閥系の企業間で築かれる「ヨコ」の系列とがある。ただし，一般的には「タテ」の系列を意味することが多い。その典型例は，自動車産業における完成車組立メーカーと部品メーカーの関係に見られる密接な長期的・継続的な協調関係である。こうした関係は日本の様々な産業において見られ，日本企業の強さの源ともいわれるが，他方で，外国企業が日本市場に参入しようとする場合には，この系列が外国企業にとって参入障壁になるとの指摘もある。　➡ 参入障壁

系列相関 serial correlation　☞　自己相関

系列取引 keiretsu　大企業（親会社）と中小企業（子会社）を人材・資金等によって結ぶ縦のつながりの中で行われる取引のこと。日本的経営の特徴の1つであり，海外でも keiretsu として知られている。大企業がある1つの部品を競争的に市場調達するのではなく，系列内の子会社から調達するのが系列取引の典型例である。短期的視点で行われる市場取引と比較すると，系列は長期的な取引関係であるため，親会社と子会社の間における人材・技術などの交流によって，調達する資材を安定的に調達できること，品質を維持できること等の利点が挙げられる。その一方で，他企業の参入が困難であるため，諸外国より不公正な取引慣行であるとして非難されることも多い。特に自動車産業における系列取引が有名。ただし近年では，情報技術，輸送手段の進展により，取引先企業を限定することなく，部品調達先として世界中の企業から選択するという系列取引とは正反対の動きもある。

ケインズ Keynes, John Maynard (1883～1946)　ケインズ革命の旗手，マクロ経済学の創始者として経済学説史上の巨星であり，イギリスを代表する経済学者，経済官僚として20世紀前半に活躍。スミス (Smith, A.) 以来の市場調整機能を高く評価する伝統的なミクロ経済学の経済観から脱却し，市場に関する様々な欠陥と政府による経済管理の必要性を指摘した。個々の経済主体の行動，個々の市場動向から離れて，一国経済全体を総雇用量，総産出量，物価水準等の集計的経済変数つまりマクロ経済変数間の関数関係としてとらえるマクロ経済学的な経済観を創始，自ら提唱した有効需要の原理，流動性選好説に依拠しながら，総雇用量，総産出量の決定に関する総需要量の重要性を主張，非自発的失業の解消，完全雇用の維持に関する政府の財政政策の有効性を強調した。また通貨供給量管理の重要性にも注目，金本位制に代わる管理通貨制度を提唱した。

イギリスの経済官僚として，ヴェルサイユ会議，ブレトンウッズ会議等の歴史的場面において活躍。イギリスの国益擁護と世界経済安定維持の立場からの発言は必ずしも受け入れられなかったが，歴史的評価は高い。その理論的成果の多くがその時々の現実的経済問題への対処として打ち出され，思弁的経済学からの脱却，経済学の政策志向を促した側面も注

目される。主著『雇用・利子および貨幣の一般理論』(*The General Theory of Employment, Interest and Money*, 1936), そのほか『自由主義の終焉』(*The End of Laissez-Faire*, 1926), 『貨幣論』(*A Treatise on Money*, 1930)など多数の著書がある。➡ 有効需要の原理, 完全雇用, 財政政策, 管理通貨制度

ケインズ革命 Keynesian revolution
不完全雇用均衡の成立を説明できなかったケインズ以前の正統的な経済学を否定し、ケインズ(Keynes, J. M.)自ら提示した新たな枠組みであるケインズ経済学あるいはマクロ経済学によって経済学に「革命」的転換をもたらしたこと。この表現は, クライン(Klein, L. R.)による『ケインズ革命』(*The Keynesian Revolution*, 1947)に由来するが, ケインズによれば, それまでの経済学では生産されたものは必ず需要され, 供給はそれ自らの需要を生みだすというセイ法則に集約されているとする。また有効需要の不足による非自発的失業, 流動性選好説による流動性の罠の存在によって, 不完全雇用の均衡の可能性を示し, 国民所得は総需要の大きさから決定されるとする有効需要の原理を確立した。この発想の転換は, 国民所得分析という今日のマクロ経済学につながる新しい経済分析手法を創始しただけでなく, 完全雇用の実現のためには経済への積極的な政府介入(財政政策・金融政策)による有効需要の創出が提唱された。これによって従来の市場経済による予定調和観が覆された。ケインズ革命は, 理論分析上の「革命」であると同時に, 第2次世界大戦後の経済政策上の, そして経済社会観の「革命」という性格を備えている。➡ ケインズ, 有効需要の原理

ケインズ型消費関数 Keynes' consumption function　ケインズ(Keynes, J. M.)によって提唱された消費関数であり, 絶対所得仮説とも呼ばれる。一国の総消費をその総所得, つまり実現した絶対所得水準の増加関数として説明する。ケインズの主たる論点の1つは, 一国の総産出量は総需要量に一致するところに決まるとする有効需要の原理の提唱にあり, 総需要の主たる構成要因の1つである消費の決定を, この消費関数で説明した。ケインズによれば, 消費Cは所得Yの一次関数として次のように表される。

$$C = C_0 + c_1 Y,\ C_0 > 0,\ 0 < c_1 < 1$$

なお, C_0(定数)は基礎的消費, c_1(定数)は限界消費性向と呼ばれる。基礎的消費とは, 所得がゼロでも生きていくために必要とされる消費額である。限界消費性向は, 所得が1単位増えた場合に増える消費の割合である。通常人々は増えた所得を使い切らないで一部は貯蓄に回すと考えられるので, 限界消費性向は1より小さいと仮定される。➡ 限界消費性向, 消費関数, 有効需要の原理

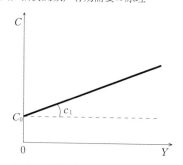

ケインズ経済学 Keynesian economics
イギリスの経済学者ケインズ(Keynes, J. M.)を創始者とし, 賛同する英米の経済学者ケインジアンによって形成された経済学で, 以後展開されるマクロ経済学の源流となった。一国経済を集計的なマクロ経済変数間の関数関係として捉える方法論, 賃金の下方硬直性や価格調整の限界を認める市場観, 財政・金融政策による総需要管理に有効性と政府の役割を認める政策観は, 伝統的なミクロ経済学で

ある新古典派経済学との間で著しい対照をなす。1930年代の世界大恐慌下、当時の主流の新古典派経済学が大量失業問題に有効な対処をなし得なかったのに対し、ケインズ経済学はその理論的斬新性、政策的有効性が衝撃をもって受け入れられ、経済学の歴史に与えた影響は「ケインズ革命」とも呼ばれた。ケインズ経済学の骨格をなすのは、①一国の総需要量を総雇用量、総産出量の決定要因と見る有効需要の原理、②独立支出の産出量増大効果を分析する乗数理論、③貨幣需要の流動性選好理論、④貨幣需給による利子率決定理論、⑤投資の限界効率と利子率に基づく投資決定理論等である。ケインズ経済学はその後、ポスト・ケインジアン、ネオ・ケインジアン等の経済学を包含しつつマクロ経済学としてミクロ経済学に対峙する太い系譜を形成するとともに、そのミクロ経済学的基礎形成もまた求められた。すなわちケインズ経済学が描く経済動向がどのような個々の経済主体の最適化行動からもたらされるものであるかを明らかにすることがその後の課題として取り組まれた。➡ 有効需要の原理、ポスト・ケインジアン、ネオ・ケインジアン、ケインズ革命

ケインズ経済学のミクロ的基礎
micro-foundations of Keynesian economics
☞ 再決定仮説

ゲームの理論 game theory　ある経済主体Aが何らかの意思決定を行う場合、他の経済主体Bの行動、あるいは、Aの行動に対するBの反応を考慮に入れて、Aは意思決定するといった戦略的行動を分析するための理論。戦略的な相手の行動を互いに読み合う相互依存関係を分析した点においてプライス・テイカーの仮定に基づく完全競争の理論と大きく異なる。フォン・ノイマン（Neumann, J. von）とモルゲンシュテルン（Morgenstern, O.）による『ゲームの理論と経済行動』（原書は1944年刊行）以来発展してきた。現在では、経済学におけるほぼすべての分野で影響力を持つ。戦略的行動の分析という意味においては、トランプゲームや将棋等も分析対象でありうるが、プレーヤーとその数、それぞれのプレーヤーが選択する戦略およびその集合、戦略の結果得られる利得（ペイオフ）や情報のあり方等を特定化することによってゲームは定義される。ゲームにおける戦略とは選択する行動、あるいは行動の計画を指す。情報のあり方とは例えば、プレーヤーが行動する際に認識している情報の与えられ方等である。プレーヤー（特に2人の場合）の利得の合計が一定値をとるようなゲームを定和ゲーム、その一定値がゼロであるようなゲームをゼロ和（ゼロサム）ゲームという。利得の合計が一定値にならないゲームを非ゼロ和ゲームという。

結合生産 joint production　2種類以上の異なった生産物が1つの生産過程から生産され、かつ生産過程を分割しては生産不可能であるときの生産形態のこと。現実には、ある原材料から財を種類別に生産しようとしても、生産過程を分割することが技術的・物理的理由から不可能である場合があり、結合生産と呼ばれる生産形態は多く存在する。例えば、石油精製過程における重油・軽油・ガソリンの製造や、生産過程から排出されるCO_2などの環境汚染物質の排出などがある。

決済手段 means of settlement　財・サービスの売買あるいは貸借に伴う代金・資金の支払のための手段のこと。通常の相対・即時決済では、買い手が売り手に直接貨幣を支払うことによって決済が行われており、この場合には貨幣が決済手段となっている。一方、遠隔地間や高額取引、後日の支払、国際間の取引などでは、安全性や利便性などの点から、貨幣に代えて、手形・小切手、振込や振

替，カード支払，外国為替などが決済手段として利用される。貨幣を除くこれら決済手段による決済は，手形交換システム，外国為替決済システムなど，それぞれの決済システムを通じて最終的な処理がなされている。

日本においては，金融機関相互間の資金の貸借関係の清算では，各金融機関が日本銀行に開設している当座預金で決済する方法が採用されている（集中決済システム）。一般に，決済システムとは，この日本銀行と金融機関相互間の集中決済システムを指す場合が多い。国際間においては，ドルやポンドなど国際的に最も信用度が高い通貨や金が決済手段とされてきた。国際決済手段としての通貨は決済通貨と呼ばれる。

決済リスク settlement risk 決済が実行されないことで被るリスク。決済リスクは，その原因から，以下の5つに分類されることが多い。

① 信用リスク（credit risk）：決済システムの参加者が，取引相手の債務不履行（デフォルト）や財務内容の悪化などにより，債務の返済履行ができなくなるリスクである。うち時差を伴う外為決済リスクはヘルシュタット・リスクと呼ばれることがある。

② 流動性リスク（liquidity risk）：決済システムの参加者が決済時点で十分な資金を保有していないために，債務返済の履行が予定通りに実行できなくなるリスク。

③ システミック・リスク（systemic risk）：1つの金融機関が支払不能になることで他の金融機関の支払が連鎖的に不可能になり，これが決済システムや金融市場全般に影響を及ぼすリスクである。

④ オペレーショナル・リスク（operational risk）：事務のミスやコンピュータ・システムのダウンなどで，決済に支障をもたらすリスクである。決済の多くは，コンピュータやそのネットワークで行われるため，そのリスクが大きくなるとともに，対策の重要性も増している。

⑤ リーガル・リスク（legal risk）：法制度の不十分さや各国ごとの不一致が，信用リスクや流動性リスクをもたらすリスク。

決済リスクの削減方法としては，決済の迅速化と同時決済を挙げることができる。その他，決済金額を一定枠内に抑えるキャップの設定，債権・債務を決済が行われるたびごとにネット・アウト（相殺）して，新たに1本の債権・債務にするオブリゲーション・ネッティング（obligation netting）という方法もある。また，決済条件の理解，法制度の充実，ディスクロージャーの拡充なども決済リスクの削減策として考えられる。➡ALM，ディスクロージャー，デフォルト

決算 settlement of accounts 国または地方公共団体が，1会計年度における歳入・歳出予算の執行の実績金額を表示するもの。国の決算は憲法，財政法，および会計法の定めにより，まず各省庁が翌年度の7月末日までに歳入決算明細書および歳出決算報告書を作成し，財務大臣に提出する。財務省はこれらを受けて，11月末日までに予算と同じ区分に従って決算を作成し，会計検査院に送付し，検査および確認を受けることとなっている。会計検査院は決算書の提出を受けて，予算通りの執行が行われたか，無駄な執行が行われなかったかについて検査を行い，検査報告書を作成する。これらの過程を経て，最終的に決算書に検査報告書が添えられ，内閣から国会に提出される。なお決算の審議は，報告事項であり決議事項ではなく，不適当な支出があったとしてもその支出が取り消されることはない。なお，民間企業においても同様な決

算が行われる。➡ 会計検査院，財務省

決定係数 coefficient of determination
Xに対するYの回帰関係を考えた場合，Xの変動がYの変動をどの程度決めているかを見る尺度で，回帰直線の当てはまりのよさ(説明力)を示す指標。決定係数R^2は以下のように定義される。

$$R^2 = \frac{\sum (\hat{Y}_i - \bar{Y})^2}{\sum (Y_i - \bar{Y})^2}$$

ここで，Y_iは変数Yがとる実際値，$\hat{Y}_i$は推定モデル(回帰直線)から得られた理論値(予測値)，$\bar{Y}$はYの平均値を表している。上式について，分母はYの全変動を表しており，分子は$\hat{Y}$によって，つまり回帰直線によって説明された部分を表している。決定係数R^2のとり得る範囲は$0 \leq R^2 \leq 1$であり，したがってR^2が1に近づくほど回帰直線の説明力が高いということを表す。$R^2 = 1$ならばすべてのデータが回帰直線上にあることを意味し，$R^2 = 0$ならば回帰直線の説明力が全くないことを示している。単回帰の場合，決定係数R^2の平方根はYとXにおける単相関係数rになる。重回帰の場合も同様であるが，説明変数を増やせばR^2は高くなるため，重回帰分析では自由度調整済み決定係数が用いられる。つまり，標本数をN，説明変数の種類の数をpとした時に，以下のように自由度調整を行った決定係数である。

$$R^2 = \frac{\sum (\hat{Y}_i - \bar{Y})^2/(N-p-1)}{\sum (Y_i - \bar{Y})^2/(N-1)}$$

➡ 回帰分析，相関係数

ケネー Quesnay, François (1694〜1774)
重農主義の創始者。ルイ15世の顧問医として外科医であると同時に，経済循環の総過程を図表化して，フランスの旧い政治経済体制の病状診断をもとに理想的な経済モデルを描き出した。当時のフランスの重商主義を基礎とした政策(コルベール主義と呼ばれる)は国際的商業を重視し農業を軽視した。これに対してケネーは，農業こそが価値を生み出す国富の源泉であり，その発展がすべての階級に職と活力を与え，人口増加と商工業の繁栄へ導くとした。さらに，農業が国民生産・消費の循環過程の原動力であり，税制は農業者資本を基本に組み立てられるべきだとした。彼の主著『経済表』(*Tableau economique*, 1758)において，農業による純生産物の収入，支出，配分そして再生産の連鎖が，農・工両部門にわたる波及過程による経済全体の再生産構造を成り立たせることを明らかにした。この点で経済表は，フィジオクラシーすなわち「自然的秩序による支配」観を示すと同時に，マクロ的な経済循環を1枚の表にすることを通じて，マルクス(Marx, K. H.)の再生産表式，ケインズ(Keynes, J. M.)の有効需要論，レオンティエフ(Leontief, W. W.)の産業連関表の先駆をなすものと考えられる。➡ 産業連関表，重農主義

限界革命 marginal revolution 1870年代初頭以降，限界原理に立脚して経済現象が解明されるという経済学方法論上の大転換のこと。限界革命は，当初，イギリスのジェヴォンズ(Jevons, W. S.)，オーストリアのメンガー(Menger, C.)，スイスのワルラス(Warlas, M.-E. L.)によって，それぞれ社会的・知的・文化的環境も異なりながら，ほぼ同時期に限界効用理論から始まった。1890年代以降，価格，生産や分配の理論(限界生産力，帰属理論)にも適用された。この呼称は，ホブスン(Hobson, J. A.)の「限界主義(marginalism)経済学」という命名に由来している。限界革命は，数多くの経済学者の輩出と30年近くに及ぶ長期間の「経済理論上の革命」という性格を強く持っている。「限界」原理は，限界効用や限界生産物に限らず，限界代替率，限界収入，投資の限界効率，限界消費性向等に不可欠な概念的枠組を提供し，経済学における分析に数学とく

に微積分の応用を可能にしている。➡限界効用，限界分析，メンガー，ワルラス

限界効用 marginal utility　ある財の数量の追加的1単位分から得る効用の増加分。正確には，追加的1単位を限りなくゼロに近づけたときの極限値，すなわち効用関数の微分（あるいは偏微分）であり，効用関数の接線の傾きである。効用と限界効用の2つの概念の間には，ある一定数量までの限界効用の総和（積分値）がその総効用に等しくなるという関係がある。

一般的に，ある財の消費量が増加していくにつれて，効用の増加分は小さくなっていくと考えられる。効用に飽和状態があるとすれば，飽和点以降は，消費量の増加は効用を減少させる。不飽和を仮定すれば，消費量の増加とともに，限界効用はゼロに近づく。➡効用，効用関数

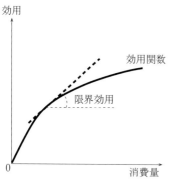

限界効用均等の法則 law of equi-marginal utilities　消費者行動の理論における主体的均衡条件のことである。消費者は効用が最大になるように一定の所得の制約条件の下で各財の消費量を決めると想定する。このときの効用最大化の条件は，ある財の限界効用をその財の価格で割った比率がすべての財について等しくなるというものであり，これを限界効用均等の法則あるいは加重限界効用均等の法則という。また，この法則を最初に定式化した経済学者ゴッセン（Gossen, H.H.）の名に因んで，ゴッセンの第2法則と呼ばれることもある。この法則によると，価格の逆数は貨幣1単位（1円）によって入手可能な財の数量であり，その数量の追加的増加により得られる限界効用がすべての財について等しくなることを意味する。もし等しくなければ，限界効用を価格で割った比率の小さい財の購入を控えて，比率の大きい財の購入に振り向ければ,効用は増大するからである。➡限界効用

限界効用逓減の法則 law of diminishing marginal utility　消費の増加1単位あたりの効用（限界効用）が減少していくこと。消費者がある財を消費する場合に，通常，財の消費量が多いほど満足感が高まりより大きな効用を得るが，その効用の増加分すなわち限界効用は次第に減少していく。また，この法則を最初に定式化した経済学者ゴッセン（Gossen, H.H.）の名に因んで，ゴッセンの第1法則と呼ばれることもある。限界効用逓減の法則は，横軸に消費量，縦軸に効用をとると効用関数の形状が上に凸であることを意味している。その後，ヒックス（Hicks, J.R.）により限界代替率逓減の法則へと発展していった。➡限界効用，限界代替率

限界収入 marginal revenue: MR　企業が追加的に1単位供給量を増やすことにより，追加的に増加する総収入の大きさ。限界収入は，市場の競争状態によって異なる。完全競争企業にとっては，需要曲線は水平，価格pは供給量に関係なく一定であり，限界収入は市場価格pである。なぜなら，企業はプライス・テイカーとして行動しているので，追加的に1単位供給量を増やしたとき，追加的収入は市場価格に等しくなる。

$$MR = p$$

独占企業にとっては，需要曲線は右下がりであり，供給量を調整することで，市場価格に影響を与えることができる。そのため，独占企業の限界収入は生産量に依存して変化し，需要曲線の右下がりより，供給量を増加させると価格は低下する。そのため，限界収入は供給量を増やすにつれて小さくなる。その減少の程度はその財の需要の価格弾力性に依存し，弾力性が大きい(小さい)ほど限界収入の減少は大きい(小さい)。独占企業の直面する需要関数を$p=p(q)$とすると，独占企業の限界収入は次式で表される。

$$MR = p + q\frac{dp}{dq} = p\left(1 + \frac{q}{p}\frac{dp}{dq}\right)$$

もし，需要関数が直線で与えられている，すなわち

$p = a - bq$ (ただし，$a, b > 0$)

とすると

$MR = a - 2bq$

となり，その形状は図のようになる。

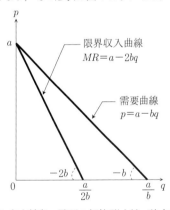

➡ 完全競争，需要の価格弾力性，独占，プライス・テイカー

限界集落 marginal village 65歳以上の高齢者が集落人口の半数を超え，田畑や生活道路の維持，冠婚葬祭など社会的共同生活の維持が困難になった集落のこと。1990年前後に社会学者の大野晃によって，生活の担い手の再生産可能性という質的規定によって山村集落を区分することが提唱された。65歳以上の者が地方自治体総人口の過半数を占める状態を限界自治体と名付け，限界集落はこの定義を集落単位に細分化したものである。限界集落は過疎地の山村だけでなく，大都市中心部や郊外などにも存在している。高齢化率が高まると限界集落となり，ただちに集落消滅に直結するわけでなく，限界集落という呼び方には批判もある。また，区分についても，存続集落(55歳未満が過半で，担い手が確保されている)，準限界集落(55歳以上が過半で，近い将来に担い手確保困難と予想される)，消滅集落(人口・戸数がゼロ)といったものもある。➡ 高齢化率

限界消費性向 marginal propensity to consume 可処分所得が1単位増加したときに，そこからどの程度の割合が消費の増加に向けられるかの割合。可処分所得が増加したときに，その増分のすべてが消費に向けられるならば，限界消費性向の値は1になるが，所得増加の一部が貯蓄の増加にも向けられるのであれば，限界消費性向の値は1より小さくなる。特に短期の消費関数について考える場合には，1以下の値が一般的である。この限界消費性向の値は，乗数理論における乗数の大きさを決定する際に，重要な役割を果たす。限界消費性向が大きいほど乗数は大きくなる。また限界消費性向と限界貯蓄性向は表裏一体の関係にあり，可処分所得からの両者の値の合計は，1でなければならない。➡ 乗数理論，平均消費性向

限界生産力説 marginal productivity theory 市場経済で利潤極大化をめざす企業は労働，資本といった生産要素を各々その限界生産物の価値がその市場価格つまり賃金率，利子率に一致するところまで投入するという考え方。ミクロ経

済学における企業の基本的行動仮説。

産出量をY, 資本投入量をK, 労働投入量をL, 産出物価格をP, 利子率をr, 賃金率をwとするとき, 利潤πは生産関数$Y=F(K,L)$を用いて$\pi=PF(K,L)-rK-wL$と表すことができる。このとき利潤極大化の1階の条件は$P(\partial F/\partial K)=r, P(\partial F/\partial L)=w$であり, それぞれ資本の限界生産物の価値と利子率の一致, 労働の限界生産物の価値と賃金率の一致を示す。 ➡ 利潤極大化仮説

限界税率 marginal rate of tax 課税標準を1単位増加させたとき増加する納税額。限界租税性向ともいわれる。例えば, 所得（Y）が$\varDelta Y$だけ増加したとき, その結果として所得税納税額（T）が$\varDelta T$だけ増加したとすれば, 限界税率は$\varDelta T/\varDelta Y$で表される。

納税額を課税標準額で割った値を平均税率という。所得税の平均税率はT/Yで表される。 ➡ 課税標準, 累進税

限界租税性向 marginal propensity to tax ☞ 限界税率

限界代替率 marginal rate of substitution 2財を消費する個人において効用を一定水準に保つという条件の下で, 第1財を追加的に1単位増加(減少)させるとき, 減少(増加)させなければならない第2財の量。第2財の減少分を第1財の増加分で除した値をいう。この比率は, 第1財の追加的1単位を代替される第2財の数量で評価した主観的な価値を表す。正確には, 第1財の追加的な1単位を限りなくゼロに近づけたときの極限値が, 第2財の第1財に対する限界代替率と呼ばれる。これは, 無差別曲線の接線の傾きにマイナスをつけたものと等しくなる。2財をx_1, x_2, 効用関数を$u(x_1, x_2)$とすると, 次式のような限界効用の比として表される。

$$\frac{\partial u/\partial x_1}{\partial u/\partial x_2} = \frac{dx_2}{dx_1} \left(= \begin{matrix}\text{無差別曲線の}\\\text{接線の傾き}\end{matrix} \right)$$

通常無差別曲線は原点に対して凸であると仮定されるが, これは同一無差別曲線上で第1財の消費を増やしていくにつれて, 第2財の第1財に対する限界代替率が減少していくことを意味する。これを限界代替率逓減の法則と呼ぶ。➡ 限界効用, 無差別曲線

限界費用 marginal cost ☞ 平均費用

限界費用価格形成原理 principle of marginal cost pricing 公益企業の料金設定原理の1つ。公益企業の生産物の価格および生産量を需要曲線と限界費用曲線が交わる点で設定する手法。

公益企業は多くの場合, 巨額の固定設備投資を必要とするため, 総費用のなかで固定費用が大きな割合を占める。その結果, 平均費用曲線は, 生産量がかなりの大きさになるまで低下し続け, その間限界費用曲線は平均費用曲線の下側にくる。もし右下がりの需要曲線が平均費用曲線の右下がりの部分で交わっている場合, 需要曲線は平均費用曲線の下側にある限界費用曲線と交わることになる。この需要曲線と限界費用曲線の交点で生産量および価格を決めれば, 社会的総余剰は最大となり社会的には望ましい。しかしこの場合には限界費用が平均費用を下回っているので両者の差だけ企業に赤字が生じる。この赤字を何らかの形で公的に補償しない限りこの企業は存続できない。➡ 限界費用, 公益企業, 社会的余剰, 需要関数, 平均費用, 平均費用価格形成原理

限界分析 marginal analysis 限界効用や限界生産力などの数学の微分に対応する限界概念を用いて, 各経済主体の意思決定を定式化し考察する分析方法。1870年代初頭にメンガー（Menger, C.）, ジェヴォンズ（Jevons, W. S.）, ワルラス（Walras, M.-E. L.）によりほぼ同時期に定式化された。限界分析は経済学の各分野

で応用され,分析の緻密性に貢献するとともに,数量分析を可能にした。

限界変形率 marginal rate of transformation　☞　生産可能性曲線

原価会計 cost accounting　☞　時価会計

原価主義 cost basis　☞　時価主義

減価償却 depreciation　年数の経過につれて価値が減耗していく固定資産について,取得原価から完全償却時の残存価額を控除した額を,固定資産の使用期間にわたって定められた方式で費用として計上する手続き。

固定資産の価値の減耗には,物理的減耗と経済的減耗がある。生産活動による機械設備,工場施設などの損耗および新しい技術を体化した機械設備の登場は,更新のための投資を必要とする。そして更新投資のための費用を見込まなければならないが,その正確な算定は困難である。したがって,耐用年数が切れたときに,少なくとも現有の機械設備,工場施設と同等の生産力を持つものに更新するために必要であると推定される金額を,耐用期間の各期に割り当てたものが,減価償却費である。

特に,物理的には使用可能な設備も,新鋭設備に比して費用が割高となるため,使用不適当となる(obsolescence:旧式化)可能性のあることを考慮すれば,企業は可能な限り早期に償却を完了しようとする傾向が生じる。➡資本減耗

現金給付 cash benefit　所得再分配政策において,現金支給の形をとるもの。例えば,児童手当,公的扶助などが挙げられる。児童手当は現金給付を行うことにより,所得保障を行い児童養育の負担を軽減するとともに児童福祉の改善という機能を期待されている。また,公的扶助は所得保障により最低限度の生活を保障するという役割を担っている。これに対して,直接的に財を提供する方法を現物給付と呼ぶ。この形をとるものには,医療保険,社会福祉サービスが挙げられる。医療保険については,無料あるいは低額の自己負担によって医療サービスの給付が受けられる。また社会福祉サービスは,社会的弱者に対して施設の設置や福祉サービスの提供を行っている。

現金残高数量説 cash-balance quantity theory of money　貨幣数量説の一類型であり,マーシャル(Marshall, A.),ピグー(Pigou, A. C.)らによってケンブリッジの伝統的理論として展開された説。それを表す方程式を現金残高方程式という。貨幣量をM,実質所得をY,一般物価水準をPとすれば次式で表される。

$M = kPY$

古典的貨幣数量説を示す交換方程式($MV \equiv PT$)が恒等式であったのに対し,この現金残高方程式は貨幣の需給均衡方程式である。kは経済主体が一定時点において,所得のうち貨幣の形で保有しようとする割合を示すものであって,マーシャルのkと呼ばれる。この場合,貨幣需要を所得に依存する取引需要しか考慮に入れていない点に注意を要する。またこの式においても,k, Yが不変ならば,Mが与えられるとそれに対応してPが決まるのであって,この限りでMの増減は正比例的にPを上下させるという貨幣数量説の基本的特色を持つものである。➡貨幣数量説,ケンブリッジ学派,交換方程式,マーシャルのk

現金主義会計 cash basis accounting　期間損益を計算する際に,現実に現金を入金・出金した時点で,収益または損益を計上することを原則とする会計処理の基準。これに対して,現金支出の有無にかかわらず,経済的取引により債権債務関係に変化が生じた時点で収益および損益を計上する方法を,発生主義会計と呼ぶ。現金主義会計は,現金の動きを適切に把握できる一方で,現金の直接的な動

きを伴わない減価償却費や信用取引などについては捕捉しきれないという特徴を持つ。現在、税法上は発生主義が前提とされ、現金主義会計による計算は青色申告者のうち小規模事業者等を除いては原則として認められていない。なお官公庁では現金主義会計が用いられ、発生主義であれば費用として認識されるはずの減価償却費、公的年金、公務員の退職金などの将来債務について適正に把握しきれていない。最近、発生主義会計に基づくバランスシートなどの整備が始められている。➡ 青色申告

減債基金 sinking fund　国債の償還を円滑に進めるために、毎年度、利子支払や償還に必要な財源を計画的に積み立てていく基金制度のことである。わが国では国債整理基金特別会計に、一般会計またはその他の特別会計から資金を繰り入れている。具体的には、①前年度期首国債残高の1.6％に相当する定率繰入れ、②一般会計における決算上の剰余金の2分の1を下らない額の剰余金繰入れ、③減税特例公債にかかる特例繰入、④必要に応じて予算で定めた予算繰入れ、これらの3つの方法からなる。さらに1985年度には国債整理基金特別会計法の改正が行われ、日本電信電話株式会社（NTT）および日本たばこ産業株式会社（JT）の株式を国債整理基金特別会計に帰属させ、その売却収入等も国債償還源として減債基金に充当されることとなった。しかしながら1982年度以降は、厳しい財政状況ということもあり、しばしば定率繰入れや剰余金繰入れは特例法によって停止されている。なお民間企業でも、転換社債等について減債基金の積立がなされる。➡ 公債、国債整理基金特別会計

現先市場 repurchase market　現先取引を行う短期金融市場のこと。一般に債券現先市場を指す。現先取引とは一定期間（10日～3カ月が中心）経過後に、一定の約定価格で買い（売り）戻すことを約束した債券の条件付売却（購入）のことで、これは売り手にとっては債券担保の短期資金の借入、買い手にとっては短期資金の貸付である。その貸借の金利に当たる部分は当初の売買価格と一定期間後の反対売買価格の差額で、この差額を年利に換算したものは現先レートと呼ばれる。現在レートは市場で自由に決まるため現先市場は先駆的自由金利市場といえる。現先取引の対象は国債が大部分で、あとは金融債、地方債である。➡ 短期金融市場

減資 reduction of capital　株式会社の資本金を減らすこと。従来、減資の形式には、資本金を減らすだけで会社の財産自体は減少しないパターンと、資本金以外の財産が減るパターンがある。前者は、名目的減資といわれ、累積欠損の埋め合わせや、災害発生時などに一定の株式を株主の持ち株数に応じて消滅させるために行われる。取り崩した資本金は累積損失の穴埋めに充当される。例えば、経営不振企業が第三者の出資を受ける場合、出資株主の発言権を高め、将来の配当受取りの可能性を高めるために減資をして累積欠損を減らす場合がある。後者は、実質的減資といわれ、株式の有償消却や額面の減額などで行われ、株主に持ち株数に応じた現金を交付するためになされる（なお、会社法の下では、減資した分を剰余金に組み入れて、その剰余金を分配するということになっている）。その他、資本金の端数整理や適正化などを目的として合併の際などに実施される。➡ 株式会社

顕示選好 revealed preference　与えられた予算制約の下である財の組合せが実際に選択された場合、この財の組合せは、消費者が予算内で購入可能な他の財の組合せよりも選好していることを表明

したと考えること。消費者が合理的であることを保証する公理に基づいて，実際の選択行動を観察することにより消費者の無差別曲線や効用関数の存在および需要理論の諸性質を推論することができる。これを顕示選好の理論といい，サミュエルソン (Samuelson, P. A.) らによって展開された。➡ 効用関数

顕示的消費 conspicuous consumption ☞ ヴェブレン効果，相対所得仮説，デモンストレーション効果

減収補塡債 deficit-covering bond 地方財政計画上において，見込まれている地方税の収入見込額が標準税収入額を下回る場合，その減収見込額を補塡するために発行が認められる特例地方債のこと。主に法人事業税や法人住民税などの法人関係税の減収に対して，その減収見込額を限度として起債が認められる。1975年度における大幅な地方税収入の減収見込みにより，「地方交付税及び地方債の特例に関する法律」の制定が行われ，地方財政法第5条に基づき地方債を発行してもなお適正な財政運営を行うにあたっての財源が不足すると考えられる場合，地方財政法第5条によって規定される適債事業以外についても起債を認めることとされた。➡ 地方債，地方財政計画，地方税

建設公債 construction bond, capital investment financing bond 財政法は，公債の発行を原則禁止としているが，第4条の但し書において，「公共事業費，出資金及び貸付金の財源については，国会の議決を経た金額の範囲内で，公債を発行し又は借入金をなすことができる」と規定しており，これに基づき発行される公債のこと。四条公債とも呼ばれる。他方，公共事業費以外の経常的支出を賄うための資金の調達のため公債を発行するには，単年度立法による法律 (特例法) が必要となるが，これに基づき発行される公債を赤字公債 (特例公債) と呼ぶ。➡ 借入金，公債

源泉徴収 withholding at source 税が給与等から自動的に徴収されて，納税者は所得と所得税との差額を受け取る制度。サラリーマン等の給与所得者に適用されている。給与所得のほかに利子所得，退職所得などがその対象となる。税務行政の効率化，歳入確保の確実性などが利点として挙げられる一方，納税者としての本来の意識が希薄になるなどの問題点が指摘されている。➡ 申告納税

源泉分離課税 separate withholding taxation 分離課税の一方式で，他の所得と分離して一定の税率により課税を行い，かつ税金の徴収は源泉徴収により行われ，その時点で課税関係が終了する方式。総合課税と対比して用いられる。原則的に総合課税の建前をとるものの，税務行政の効率化の観点から導入されている制度で利子所得などに適用されている。また分離課税の中には確定申告により課税を行う方法で土地建物等の長期譲渡所得等，さらには株式等譲渡益に対する課税などで他の所得と区分して税金を計算する申告分離課税もある。➡ 源泉徴収，申告納税

限定合理性 bounded rationality 意思決定者の立場，情報の質や量の多寡，能力に限界があり，合理的に行動できないという概念。経済主体は常に合理的であると考えられてきたが，現実では将来をすべて予見して，とるべき最適な行動の即時の計算はできないため，限られた範囲の合理性しか持ち得ないことから，サイモン (Simon, H. A.) によって概念化された。

現物給与 payment in kind ☞ フリンジ・ベネフィット

ケンブリッジ学派 Cambridge school ケンブリッジ大学経済学教授マーシャルを創始者とし，彼の経済学体系を発展さ

せようとした経済学者(近代経済学もしくは新古典派経済学)の一派。マーシャル(Marshall, A.)、ピグー(Pigou, A. C.)、ロバートソン(Robertson, D. H.)を主軸に、ケインズ(Keynes, J. M.)、スラッファ(Sraffa, P.)、ロビンソン夫妻、カーン(Kahn, R. F.)らによって構成され、彼らは理論の政策面への適用に関心が強く、より現実主義的な手法に心がけた点で共通する。ケインズの流動性選好や乗数理論のみならず、厚生経済学(ピグー)、景気変動論や貨幣金融論(ロバートソン)、不完全競争理論(スラッファ、ロビンソン夫人)なども、この学派の継承的ないし批判的発展として考えることができる。1890年のマーシャル『経済学原理』刊行以降、およそ半世紀にわたってケインズ革命が本格化するまで、アングロ・サクソン系の経済学は、「経済学説のすべてがマーシャルの中にある」という、経済学史上「マーシャルの時代」が出現するが、同時にそれはマーシャルを共通の祖とするケンブリッジ学派の全盛期でもあった。➡ 近代経済学、厚生経済学、新古典派経済学、ピグー、マーシャル

ケンブリッジ方程式 Cambridge equation ☞ マーシャルのk

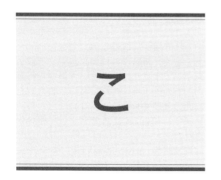

コアの理論 theory of core 社会を構成する個人には初期保有量が与えられていて、合理的な個人が自由に契約を結ぶことにより到達する配分が、どのような特性を持つかを考察するのに、協力ゲーム理論のコアの概念を織り込んで精緻化された理論のこと。エッジワース(Edgeworth, F. Y.)に端を発し、オーマン(Aumann, R. J.)、スカーフ(Scarf, H. E.)などにより考案された。社会のすべての個人の中から任意にメンバーを選んで構成されるグループを結託という。ある提案された配分に対して、あるメンバーが結託し、自分たちだけで再配分した方が自分たちに有利である場合には、提案された配分は協力が得られず実現されない。いかなる結託によっても実現が妨げられない配分の集合を、コアという。コアの配分は、定義から明らかなように、パレート効率的であるが、パレート効率的な配分がすべてコアであるわけではない。2個人から成る純粋交換経済を示すエッジワース・ボックス図では、コアの配分は契約曲線上にあって、かつ2人の初期保有量を通る無差別曲線によって挟まれた部分となる。また、選好と初期保有量が同じ2つのタイプの個人の数を増加していくと、次第にコアは狭くなり、個人の数が無限大となる極限では、コアは競争均衡に収束して一致する。これはコアの収束定理、あるいはコアの極限定理(またはエッジワースの極限定理)と呼ばれている。➡ エッジワース・ボックス、競争均衡、協力ゲーム、パレート効率的

広域行政 broader-based local government 都道府県や市町村という行政区画の枠を越えて複数の地方公共団体にまたがって実施する行政のこと。一般に公共サービスには規模の経済が働くと考えられるため、地方政府の管轄区域の拡大は意思決定の過程を簡素化し、公共サービスを提供するための施設の設置、事務処理などに関して効率性の上昇が見込まれる。国も広域行政を機能させるた

めにはある程度の人口規模が必要であるとして市町村合併を進めてきた。1965年に期限付きで制定された市町村合併特例法はその後延長され続けており、普通交付税や合併特例債などの財政的な支援を行うほか議会議員の定数、在任期間の特例、市となる要件の特例などが認められている。なお国の指導により2000年以降市町村合併が強力に推し進められ市町村数は急減した。これは「平成の大合併」と呼ばれている。

公営企業会計債 local public enterprise bond　☞　地方債

公営企業債 authority bond　地方公営企業の事業運営のための資金を融通するために地方公共団体が発行する地方債のこと。公営企業債の対象となる事業は、水道事業、工業用水道事業、交通事業、と畜場事業、電気・ガス事業、港湾整備事業、市場事業、地域開発事業、下水道事業、病院事業、介護サービス事業、駐車場整備事業、観光その他事業等となっている。地方公営企業は営利が目的ではなく、地域住民の日常生活に不可欠な財やサービスを提供することにある。私企業のように株式発行などにより資本調達できないため、公営企業金融公庫から低利な資金を調達することが認められている。なお公営企業は、地方公共団体金融機構から融資を受け、償還に関しては自らの収益をもってその財源とするとされている。

　なお、全額政府出資の公営企業金融公庫は2008年10月に廃止され、その業務は新たに設立された全額地方公共団体出資の地方公営企業等金融機構に引き継がれた。さらに2009年6月には、地方公営企業等金融機構は、地方公共団体金融機構と名称変更された。　➡　公的企業

公益事業 public utilities　日常生活に不可欠な財やサービスを提供する事業のこと。一般に必需性と自然独占性を持っていると考えられる。必需性とは財やサービスが必需品であるということを意味し、また自然独占性とはサービスの提供にあたっては規模の経済性が大きく働き、少数の企業によって供給を行う方が効率的であるという性質を持つ。したがって、この事業分類は所有や経営の形態による分類ではなく、業務による分類であるといえる。公益事業の具体例としては電気・ガス・水道などの供給事業、人や貨物の移動・輸送などの運輸サービス供給事業、通信サービスなどの供給事業が挙げられる。なお公益企業は自然独占性を持つことから、料金や参入に関して公的規制の対象となっている。➡ 規模の経済性、公的規制、自然独占

交易条件 terms of trade　1単位の輸出をすることで何単位の輸入が可能になるかを示した値。輸出財の価格をP_X、輸入財の価格をP_Mとすると、交易条件＝輸出財の価格/輸入財の価格＝P_X/P_Mで表される。交易条件の値が高くなるとき、交易条件は改善するという。輸出財の価格が輸入財の価格に比べて相対的に高くなると、同じ量の輸出でより多くの輸入が可能になるからである。その反対の場合、交易条件は悪化するという。輸入財の価格が輸出財の価格に比べて相対的に高くなると、同じ量の輸入に対してより多くの輸出をしなければならないからである。例えば、原油価格が高騰すると、日本の交易条件は悪化する。また、円高になると、ドル建では、輸入価格に比べ輸出価格の上昇率が高くなる傾向があり、日本の交易条件は改善することが多い。

公益法人 public corporation　一般社団・財団法人法を根拠に設立された社団法人または財団法人で、公益法人認定法により公益性の認定を受けた法人。近年、公益法人制度改革が実施されたことで、2008年12月より、公益法人は上記の

ように定義付けられた。公益性については，民間有識者からなる合議制機関により認定される。公益法人についてはいくつかの税優遇措置がとられる。また公益法人認定法別表には，学術及び科学技術振興目的事業，文化及び芸術振興目的事業など23の公益目的事業が掲載されている。

公開市場操作 open market operation
中央銀行が金融調節の目的で有価証券や手形の売買を金融市場で行うこと。市中の資金需要の調節をねらいとしている。日本銀行が有価証券や手形を市中銀行から購入するのは買いオペと呼ばれ，一般に不況の際に実施される。一方，売却するのは売りオペと呼ばれ，景気が過熱気味の際に実施される。金融政策にはそのほか，貸出金利（公定歩合）政策，預金準備率操作がある。従来，米国や英国での金融政策の代表的な手段であったが，日本でも公開市場操作は金融政策の中心になっている。➡ 中央銀行，金融政策

公開性の原則 principle of disclosure
財政面で政府を監視する必要性から，予算は公開されるべきという原則のこと。財政法第46条においても，内閣は予算，前々年度の歳入歳出決算ならびに公債，借入金などの財政に関する一般の事項について適当な方法で国民に報告しなければならないと謳われている。さらに内閣は少なくとも毎四半期ごとに予算使用の状況，国庫の状況その他財政の状況について，国会および国民に報告しなければならないと定められており，国民への報告義務が法的に整備されている。なおここでいう予算とは予算案，成立予算，予算執行実績，会計検査のすべてを意味し，またこれらにまつわる国会審議までをも含めて公開の対象となっている。

交換方程式 exchange equation　物価水準ないしその逆数としての貨幣価値は貨幣数量に依存して決まるとする貨幣数量説の趣旨を表す数式の1つ。

フィッシャー（Fisher, F. M.）によって提唱され，「フィッシャーの交換方程式」と呼ばれる。単位期間内の取引数量を T，物価水準を P，貨幣の流通速度を V，貨幣数量を M とし，$MV \equiv PT$ で表される。取引数量 T は資産能力等その経済の実物要因に支配され，また貨幣の流通速度 V もその経済の取引習慣，制度などに依存し，いずれも短期間には大きく変化しないことから，物価水準 P は貨幣数量 M に比例すると考える。この交換方程式自身は物価水準や貨幣数量の間に成立する恒等的関係を示すものとして提唱されたが，その後貨幣需要関数と解釈される方向に進んだ。$M = (1/V)PT$ と変形し，$1/V$ をマーシャルの k，T を実質国民所得 Y と置き換えると，ただちにケンブリッジの現金残高方程式 $M = kPY$ に帰着する。➡ 貨幣数量説，マーシャルの k，ケンブリッジ学派，現金残高数量説

後期高齢者医療制度 medical insurance system for over-75 year olds　2008年4月から始まった，75歳以上あるいは65歳以上で一定の障害のある人を対象とする医療保険制度。運営は，都道府県ごとの広域連合が行う。75歳になるとそれまで加入していた国民健康保険あるいは健康保険組合などから脱退させられ後期高齢者保険に加入させられる。保険料は年金支給額から天引きされ，病院の窓口負担はこれまでどおり原則1割である。急増する高齢者に対する医療費を抑制するために創設された制度であるが，今後は保険料負担が増加することが懸念され，改革が議論されている。➡ 国民健康保険，年金

公共経済学 public economics　数々の欠陥を持つ市場機構に介入しその有効性を維持あるいは補完する役割を持つ公共部門の活動を，ミクロ経済学の視点から分析する学問分野。

自由主義経済においては，資源配分等の経済的諸問題は市場機構により解決されることが原則である。しかし市場機構は万能ではなく，市場の失敗あるいは市場の欠陥と呼ばれる状況が存在する。市場の失敗が存在するときには市場機構は最適資源配分を達成し得ない。そこで公共部門(政府)は何らかの形で市場機構を補強するか，別の社会的調整制度を設けて最適資源配分を達成するようにしなければならない。また市場機構による所得分配は，必ずしも公平という社会的倫理基準を満たすとは限らない。この場合，公共部門が社会保障等により公平な所得分配達成のため介入する必要がある。

公共経済学の対象分野は，市場の失敗の問題，所得分配の公平の問題，社会的意思決定などである。➡ 公的部門，市場介入，市場の失敗，所得再分配

公共財 public goods　一般的に非競合性と非排除性という2つの性質を持つ財・サービスのこと，その性質を持つ程度により，純粋公共財あるいは準公共財に分けられる。

純粋公共財とは，①消費における非競合性，②消費からの非排除性の2つの性質を完全に満たしている財・サービスをいう。国防，警察，公衆衛生などの例が挙げられる。純粋公共財の場合，公共財の私的財に対する限界代替率の和が限界変形率に等しくなることが最適供給条件となる。しかし純粋公共財は，選好の非表示などにより最適供給条件を満たすことは一般的に難しい。

準公共財とは，非排除性を持たないかあるいは排除性が制限される財・サービスをいう。非競合性はある場合とない場合がある。非排除性を持たないため市場で取引されることが可能であるが，資源配分・所得分配あるいは各種の政策上の見地からその供給は公共部門により行われることが望ましいと考えられる財・サービスである。この準公共財はいくつかの場合に分けられる。①排除するのに費用はそれほど高くはないが，その利用のための追加費用がほとんどかからない場合。この場合，固定費用は公的に負担される。公園などがその例である。②費用逓減産業で，価格が限界費用に等しくするように規制されている財である。公営交通機関や有料道路などが相当する。③価値財とも呼ばれ，排除性も競合性も持つが，政策上の観点から公共部門により供給されることが望ましい場合である。例として，義務教育，社会教育，伝染病予防注射，老人・幼児医療の無料化などがある。

競合性と排除性を完全に持つ財を純粋私的財，排除性は持つが競合性を完全には持たない財を準私的財と呼ぶ場合がある。純粋公共財，準公共財が公共部門により供給されるかどうかは，国民，住民の選択により，財の性質だけから決まるわけではない。➡ 価値財，限界費用価格形成原理，公共財の最適供給，公的部門，非競合性，非排除性

公共財の最適供給条件 optimal supply condition of public goods　非競合性と非排除性を持つ公共財を，社会的に最適供給する(パレート最適条件を満足する)場合に満たさなければならない条件。今，A，Bの2個人からなる社会に私的財Xと(純粋)公共財Yの2財が存在するとする。私的財は各人に分割可能であるから，$X_A+X_B=X$と2個人の消費量の和は社会全体のXの量と等しくなる。これに対し，公共財は，$Y_A=Y_B=Y$と2個人それぞれの公共財の消費量は社会全体の量Yと同じになる。各人の効用関数を，$u_i=u_i(X_i, Y_i)(i=A, B)$，生産可能性曲線を$F(X, Y)=0$としてこの社会のパレート最適条件を導出すると次のようになる。

$$\frac{\partial u_A/\partial Y}{\partial u_A/\partial X_A} + \frac{\partial u_B/\partial Y}{\partial u_B/\partial X_B}$$
$$= \frac{\partial F/\partial Y}{\partial F/\partial X}$$

この式の左辺の各項は各個人の公共財と私的財の限界代替率を表し，右辺は公共財と私的財の限界変形率を表している。この式の意味は，公共財の存在する社会におけるパレート最適の条件は各個人の限界代替率の和が限界変形率に等しくならなければならないということである。この条件はサミュエルソン条件とも呼ばれる。これに対し私的財だけしか存在しない社会では各個人の限界代替率＝価格比＝限界変形率がパレート最適の条件である。私的財だけの社会では価格がパレート最適の条件を満たすように機能する。

公共財の存在する社会では公共財について真の選好が表明されず，市場が成立せず，市場メカニズムでは公共財は最適に供給されない。しかし公共部門が公共財を供給するとしても公共財が存在する場合のパレート最適の条件は満たすことは困難である。なぜなら公共財の性質より，公共部門が人々の公共財に対する真の選好を知ることが困難なためである。
➡ 公共財，ただ乗り問題，パレート最適条件，非競合性，非排除性

公共性 public aspects　不特定多数の人々に影響を与える性質のこと。経済学では一般に外部性と同義語として用いられる場合が多い。例えば，交通システムのように，財やサービスが不特定多数の主体に消費される場合に公共性があると考えられる。また上下水道や，電気・ガスなどのように非常に多数の社会構成員にとって必需品である場合，それらの財・サービスについて公共性があるといわれる。このような公共性を持つ財は，社会的に望ましい量を市場メカニズムにより供給することが難しいため，公的部門がその供給に干渉する根拠となっている。しかし，近年の公企業経営の非効率や財政状況の悪化から，国民全体の便益の低下を招く可能性が危惧されている。➡ 外部性，公的企業，公的部門

公共選択学派 public choice school
☞　ヴァージニア学派

公共選択論 public choice theory
経済学的問題を含めて政治・経済問題を社会的意思決定の問題として扱う学派。ヴァージニア学派とも呼ばれる。『公共選択の理論』(*The Calculus of Consent*, 1962) を著したブキャナン (Buchanan, J. M.) をリーダーとし，その名はブキャナンが米国ヴァージニア州にあるジョージ・メイソン大学・公共選択研究センター所長であったことに因んでいる。政治あるいは政府の活動に対する経済分析は財政学や公共経済学の主たるテーマであるが，そこでは政府の目的が社会の構成員の経済厚生を最大にするという理想主義的な立場で分析される。それに対して，公共選択では，現実の政府は利害の異なる各経済主体の対立を反映したり，政党や政治家，官僚や投票者である一般市民などのそれぞれ異なった集団の産物であるとする現実的立場をとる。公共選択では，投票者，政治家や官僚はそれぞれが自分の利益を追求するという意味で利己主義者であると想定する。このことにより，政治の問題が通常の経済学の手法を使うことを可能とし，その結果，正確なモデルを展開することや，実証的テストが可能となる。公共選択の扱うテーマは，投票者，政治家，投票過程，官僚の理論である。公共選択は，投票者が投票について偏った情報を持つことや，政治家が必ずしも全体の厚生を最大化する行動はとらないと想定するが，公共選択論によれば民主主義は他の統治形態の政府と比較すればそれほど非効率ではないとみなしている。公共選択論では，投票過程が投票

者と政治家を結び付け，政治の結果を生みだすものとして注目し，厳密に理論化されている。また公共選択論の官僚理論は官僚が常に組織拡大誘因を持つこと，ピラミッドの底辺を拡大する政策に従うこと，効率性を追求する誘因を持たないことを証明している。
➡ 一般不可能性定理，公共経済学，全員一致の原則，代表民主制，投票の逆理，投票の原理

公共投資 public investment 国や地方公共団体等の公的部門が主に社会資本の整備を目的として行う投資のこと。そのための事業を公共事業と呼ぶ。なお，公共投資の範囲についてはいくつかの考え方がある。代表的なものとしては，国の予算上「公共事業関係費」に分類される公共事業関係費，財政法第4条の建設公債の対象となる公共事業費がある。これらがその対象を一般政府としてとらえる狭義の概念であるのに対して，一般政府および公的企業をその対象とするより広義の公共投資概念もある。一般政府総固定資本形成と公的企業総固定資本形成をあわせた公的総固定資本形成，総務省により発表される行政投資実績などがこれにあたる。なお公共投資については総需要管理の意味からも重要視されてきたが，財政構造改革の流れの中で，その量および質の面について改めて議論されている。➡ 公的企業，社会資本，総需要管理政策

合計特殊出生率 total fertility rate 出産可能な年齢（15～49歳）の女性について，年齢ごとの出生率（当該年齢の女性が出産した子供の総数÷当該年齢の女性の総数）を合計した値。一般には，1人の女性が一生に産む子供の数を表す指標と解釈され，合計特殊出生率が2.09を下回ると，人口が減少の方向に向かう。日本では，1970年代半ば以降，継続して合計特殊出生率が2を下回るようになり，2005年には1.26まで低下しその後上昇傾向にある。しかし，全体としては少子高齢化，人口の減少の方向に向かっている。➡ 高齢化，少子化

公債 public loan (bond) 狭義には政府が財政支出を賄うために発行する債券のこと。広義には，政府の借入金，政府短期証券も含めて政府の債務一般を指す。公債のうち，国が発行するものを「国債」，地方自治体が発行するものを「地方債」と呼ぶ。地方債の中には地方自治体の借入金を含んでいる。

国債は，償還期間の長短によって，1年未満の「短期国債」，2年から6年程度の「中期国債」，10年程度の「長期国債」，15年以上の「超長期国債」に分類される。このほか，発行目的（歳入債，融通債，繰延債），発行根拠法（四条国債，特例国債，借換債），債券形態（利付債，割引債）などによる分類がある。財政融資資金特別会計債（通称財投債）も国債の一種である。

地方債は，普通会計の財源調達のために発行される「普通会計債」と，公営企業によって発行される「公営企業債」とに分類される。

公債に，公庫・公団・公社の発行する「公社・公団・公庫債」を含めたものを「公共債」と呼ぶ。公社・公団・公庫債は，元利金に対する政府の保証の有無によって，「政府保証債」と「非政府保証債」とに分かれる。なお財投機関が発行するものを「財投機関債」と呼び，形式的には非政府保証債である。➡ 借入金，建設公債，公営企業債，政府保証債

公債インフレーション inflation from the use of central bank credit 公債発行が原因となり，物価水準が継続的に上昇するインフレーションのこと。公債の発行方法としては，民間に引き受けさせる方法と中央銀行に引き受けさせる方法が考えられるが，公債インフレーションは

後者の場合に起こる可能性が高い。中央銀行が公債を引き受ける場合は、貨幣の増発を伴うため、公債の発行額に応じて貨幣供給量が増加することになり、その発行額が大きくなるとインフレーションが発生する可能性が高まる。公債の中央銀行引受けは、しばしば世界各国で戦時下での戦費調達のとき、経済復興などのために巨額の財政資金が必要なとき、金融市場が未発達で民間の公債の消化能力が低いときなどに用いられてきたが、いずれもインフレーションの原因となっている。その反省もあり、現在わが国では、財政法第5条によって日本銀行が直接的に公債を引き受けることを原則的に禁止している。 ➡ インフレーション、公債

公債の借換え conversion of public loan
国や地方公共団体の発行した公債は償還期限が来ればこれを現金償還するのが原則であるが、歳入不足等の理由により現金による償還が困難な場合、別の金融的条件を持つ公債と交換すること。つまり新規に発行する公債による収入金で償還期限の来た公債の債務の償還を賄うことを意味する。国債の場合、建設公債は、資産の平均耐用年数を考慮した60年償還ルールにより満期を迎えた額については借換債を発行することになっている。これに対して特例公債は資産を残さない性格のものであるため全額現金による償還を行うものとし、借換債の発行は認められてこなかった。しかしながら、特例公債の大量償還を迎えた1985年度以降は、全額を現金で償還することが困難になり、建設公債の場合と同様に借換債の発行が認められるようになった。 ➡ 公債

公債の中立性命題 neutrality theorem of debt burden　公債発行は単なる課税の延期にすぎないから、個人が将来まで見通して消費や貯蓄を決定するならば、課税と公債発行という2つの政府の財源調達手段の間で、消費、貯蓄、資本蓄積などに与える影響に差異がないとする考え方。「リカードの等価定理」ともいわれる。これは、リカード（Ricardo, D.）以来、古くからある考え方であるが、1970年代まで、公債償還のための増税が個人の生涯期間内に行われる場合に限定して議論されてきた。なぜなら、公債の償還が個人の生涯期間を超えて行われる場合には、税と公債との間で個人の全生涯を通じての税負担は等しくならないからである。これに対して、バロー（Barro, R. J.）は、個人が「利他的遺産動機」を持つ場合、公債償還のための増税分だけ遺産を増加させるため、中立性命題は維持されることを示した。中立性命題は、公債負担論においては、「公債の負担は将来に転嫁されない」という結論を導き、マクロ経済政策の有効性の観点からは、公債発行による政府支出の増大が増税による政府支出の増大と同じ経済効果しか持たないことを意味する。ただし、中立性命題が成立するためには、利他的遺産動機以外にも様々な前提条件が必要であり、それらをめぐって多くの論争が行われてきている。 ➡ 遺産動機、公債、リカード、流動性制約

公債の負担 burden of public debt
公債は最終的に誰の負担となるかについての議論。政府支出を公債発行によって賄うとき、現時点における税負担は生じないが、いずれ公債の元金および利払いは税により賄われなければならない。その場合、現在の政府支出の負担が、将来世代に転嫁されるか否かに関しては、前提条件および負担をいかに定義するかによって結論は異なる。ラーナー（Lerner, A.P.）は、負担を「民間で利用可能な資源の減少」と定義し、国内債の場合には、発行時点で資源を民間から政府に移転することになるので、租税と同じであり、償還時においても、公債の元利の受取りと負担はマクロ的には相殺されるので、負

担の将来への転嫁は起こらないとした。しかし，外国債の場合には，償還時に国内から海外に資源が流出するため，負担の転嫁が起こるとした。ブキャナン（Buchanan, J.M.）は，負担を「効用の減少」と定義し，公債購入者は効用面で損失を被っていないのに対し，公債の元利払いのために課税される将来世代の効用は明らかに低下するので，国内債であっても，負担は転嫁されるとした。ボーエン＝デービス＝コップ（Bowen, W.G., Davis, R.G. and Kopf, D.H.）は，負担を「生涯消費の減少」と定義し，ブキャナンと同様，負担は転嫁されるとした。モディリアーニ（Modigliani, F.）は，公債発行は利子率の上昇を通じて民間投資を減少させ，経済成長に悪影響を及ぼすので，負担は将来世代に転嫁するとした。これに対して，バロー（Barro, R. J.）は，個人が利他的な遺産動機を持つ場合には，公債発行は遺産の増加を招くために世代間の所得分配に影響を与えず，上述のいかなる定義による負担も将来に転嫁されないことを示した。 ➡ 遺産動機，公債，公債の中立性命題，租税

公債発行の歯止め brake on the bond issuance 公債発行が無制限に行われないように，何らかの形で公債発行に制限を設けること。第2次世界大戦中および戦争終結直後に日本銀行引受方式による大量の国債発行が，激しいインフレーションを引き起こし経済に混乱をもたらした。この経験から，1947年に制定された財政法では公債の発行に対して厳しい制限を設けている。同第4条では，公債発行を原則的に禁止し，特例措置として公共事業費等の財源に充当する場合に限り国会の議決を経た金額の範囲内で公債の発行を認めている。これを建設公債の原則といい，この規定に基づいて発行される公債は建設公債あるいは4条国債と呼ばれる。対象となる経費に制限を加え，過大な公債発行に歯止めをかけている。また財政法第5条では特別な理由がある場合を除き，公債の日本銀行引受けによる発行を禁止している。これを市中消化の原則といい，財政節度を保つとともに，通貨供給の増加と結びついてインフレを発生させることを回避している。 ➡ 公債

公債費比率 debt expenditure ratio 地方公共団体にとっての公債費負担の程度を示す指標で，公債費が一般財源に占める割合のこと。具体的には，次の式で表される。

$$公債費比率 = \frac{A-(B+C)}{D-C} \times 100$$

A：当該年度の普通会計にかかる元利償還金

B：元利償還金に充当された特定財源

C：普通地方交付税の基準財政需要額に算入された元利償還金

D：当該年度の標準財政規模

通常，財政の健全性が維持されるためには，公債費比率が10％を超えないことが望ましいといわれている。2005年以前の地方債発行許可制度の下では，公債費比率およびそれを精緻化した起債制限比率が起債制限の指標とされた。

2006年度に地方債発行が許可制から協議制に変わることにより起債制限の指標として実質公債費比率が導入された。 ➡ 起債制限比率，公債費負担比率，実質公債費比率

公債費負担比率 debt expenditure burden ratio 公債費負担の程度を示す指標で，次式で算出される。その値が大きいほど当該団体にとって公債費負担が大きいことを示し健全さが失われていることになる。 ➡ 公債

$$公債費負担比率 = \frac{\frac{公債費充当}{一般財源}}{一般財源総額} \times 100$$

交差弾力性 cross elasticity n種類の財が存在し，ある財iの需要q_iがi財自

身の価格p_iだけでなく，j財の価格p_jにも依存すると想定するとき，j財の価格p_jに関するi財の需要q_iの弾力性を，交差弾力性と呼ぶ。i財の需要関数を$q_i=q_i(p_1,\cdots,p_i,\cdots,p_j,\cdots,p_n)$と表すとき，交差弾力性$e_{ij}$は次式のように表すことができる。

$$e_{ij}=\frac{p_j}{q_i}\cdot\frac{\partial q_i}{\partial p_j}$$

これに対して，i財の価格p_iに関するi財の需要q_iの弾力性を，自己弾力性e_{ii}と呼び，次式で表される。

$$e_{ii}=\frac{p_i}{q_i}\cdot\frac{\partial q_i}{\partial p_i}$$

なお，ある財jの価格p_jが上昇したとき別の財iのq_iが増加(減少)するならば，すなわち$\partial q_i/\partial p_j>0(<0)$ならば，両財は互いに粗代替(補完)財であるといわれる。→ 弾力性

公社債市場 bond market 国，地方公共団体，公庫・公社・公団などの政府系機関，銀行，企業など民間企業が発行する有価証券が発行，取引される市場のこと。公社債は，一般に，国債・地方債・金融債・事業債等をいう。

公社債投資信託 bond investment trust 株式を含まず，国債や社債などの債券(公社債)だけで運用する投資信託のこと。約款上，株式の保有が許されていない。株式投資信託と同様，新規資金の追加が可能か否かによって，追加型と単位型に分けられる。前者には中期国債ファンド，MMF(マネーマネージメントファンド)，MRF(マネーリザーブファンド)，後者には無分配型の国債ファンドなどがある。追加型の公社債投資信託は基準価格が1万円を割ると設定ができないといった問題がある。そこで株式に投資はしないものの，株式投資信託として販売をするケースもある。→ 株式投資信託，投資信託

恒常所得 permanent income ☞ 恒常所得仮説

恒常所得仮説 permanent income hypothesis 今期の消費水準(C)は今期実現した所得のうち，恒常所得(Y_P)と見なせる部分に依存するという考え方。フリードマン(Friedman, M.)によって提唱された。臨時収入や所得のうち景気変動の影響を強く受ける部分を変動所得と呼び，将来ある程度長期にわたって安定的に期待できる部分の所得を恒常所得という。今期実現した所得(Y)は変動所得(Y_T)と恒常所得(Y_P)からなる($Y=Y_T+Y_P$)。恒常所得仮説では消費関数は$C=\delta Y_P$と表わされる。したがって，平均消費性向(C/Y)は変動所得の恒常所得に対する比率(Y_T/Y_P)の減少関数となり，所得に占める恒常所得の割合の高低が消費性向の高低を左右することになる。

$$\frac{C}{Y}=\frac{\delta Y_P}{Y}=\delta\frac{1}{\frac{Y_T}{Y_P}+1}$$

好況期で実現所得が上昇したとき，それが恒常所得の上昇とみなされれば平均消費性向は変化しない。逆に，不況期に実現所得が低下しても，恒常所得は変わらないとすれば，平均消費性向は上昇する。→ 相対所得仮説，平均消費性向

更新投資 replacement investment 今期に行われるすべての投資(粗投資)のうち，既存資本の減耗分を補充する投資のこと。これに対し，既存資本に新たな追加となる投資は純投資と呼ばれる。企業会計において資本減耗分の尺度として用いられるのは減価償却費であるが，両者はかならずしも一致せず，また資本減耗分は常にすべて補充されるわけではない。→ 減価償却，資本減耗

厚生経済学 welfare economics 一定の価値基準を設けて様々な経済状態の優劣を判定し，最適な経済状態を記述するとともに，市場経済システムをはじめ

とする種々の経済システムがこの最適状態を達成する上でどれほど有効であるか、また、最適状態を達成するためにどのような政策手段が有効であるかを検討する経済学の規範的分野。厚生経済学は、個人の効用の可測性と加法性を前提に、個人効用の総和を社会厚生とし、この社会厚生が最大化されている状態を最適状態とする、ピグー (Pigou, A. C.) によって体系化された「旧厚生経済学」と、個人効用の可測性や加法性を仮定せず、「どの個人の効用も引き下げることなく、少なくとも一個人の効用を引き上げることがもはや不可能な」パレート最適資源配分の達成を判断基準として旧厚生経済学を再構成しようとしたヒックス (Hicks, J. R.) らの「新厚生経済学」に分類される。➡規範経済学, 効用関数, 社会の厚生関数, パレート最適条件

厚生経済学の基本定理 fundamental theorems of welfare economics 　厚生経済学の2つの基本定理のこと。第1定理は、消費者の選好や消費可能な財の組合せの範囲に関する一定の仮定の下で、「完全競争市場経済における均衡では、パレート最適な資源配分が達成されている」ことを主張し、第2定理は、第1定理よりやや強い仮定の下で、第1定理とは逆に、「(個人間での初期保有資源の適当な再分配の下で) 任意のパレート最適資源配分状態は、完全競争市場均衡によって達成できる」ことを主張している。これらの基本定理の厳密な証明はアロー (Arrow, K. J.) らによって与えられているが、第1定理に関しては、完全競争市場における消費者の効用最大化行動と企業の利潤最大化行動から、消費における限界代替率と生産における限界変形率が均衡価格比率を媒介として均等化され、パレート最適条件が満たされることから、その成立を推測できる。➡アロー, 完全競争, 市場均衡, パレート効率的, パレート最適条件

合成財 composite commodity 　多数の財をあたかも単一の財のように取り扱うように考案された概念。ある財に焦点を当て、残りのすべてをまとめて単一の財として扱えば、2財のモデルで消費者選択の分析を行うことができる。また、マクロ経済学においては、財は集計されて1財のみとして扱われている。このように多数の財(バスケット)を単一の財として取り扱うものを合成財という。この概念を導入したヒックス(Hicks, J. R.) は、バスケットについて各財の相対価格が変化しなければ、この消費財のバスケットを購買力一般として取り扱うことができることを示した。すなわち消費財への支出を1つの財と考えることができ、合成財の価格をバスケットの価格指数で表すことができる。

厚生損失 welfare loss 　☞　死重的損失

公正な貿易 fair trade 　☞　フェアトレード

厚生年金 employee's pension 　厚生年金保険法に基づき政府により管掌される年金保険制度。その目的は、労働者の老齢、障害または死亡について保険給付を行い、労働者およびその家族・遺族の生活の安定福祉の向上を図ることである。被保険者の種別は、次のようになっている。①第1号厚生年金被保険者(会社員)、②第2号厚生年金被保険者(国家公務員)、③第3号厚生年金被保険者(地方公務員)、④第4号厚生年金被保険者(私立学校教職員)。なお、第1号被保険者については、常時5人以上の従業員を使用する事業所・事務所に適用される。保険料は、被保険者の賃金、給料、俸給、手当、賞与から報酬月額および標準賞与額を計算し、それぞれに保険料率を乗じて算出する。また、厚生年金の加入期間は70歳までとなっている。

年金給付については，厚生年金は国民年金(基礎年金)に上乗せした2階建て部分の報酬比例年金が支給される。給付の開始は65歳からである。

なお厚生年金の3階部分として企業年金である厚生年金基金がある。➡国民年金，企業年金，年金，年金問題

合成の誤謬 fallacy of composition
個々にとっては望ましくとも，全体にとっては望ましくないこと。この一例として，経済を構成する個人全員が貯蓄を増やそうとして消費を減少させると，経済全体の貯蓄は逆に減少してしまう現象が挙げられる。これを貯蓄のパラドックス，または節約のパラドックスという。直観的には，人々が消費を低下させることにより景気が悪化し，経済全体の所得が低下するため，貯蓄も低下することを指している。この議論はもちろん種々の前提の下に成立する。例えば貯蓄増大による資本蓄積の結果，経済成長が促進される等は考慮に入れられていない。しかし，合成の誤謬は，個々の経済主体にとって正しいこと，つまりミクロ的な議論で正しいことが，マクロ的な現象を把握するときに適切でない可能性があることを警告している。マクロ経済学は，単にミクロ経済学の延長ではなく，独自の考え方や分析方法に立脚するという認識につながる点に意義がある。➡節約のパラドックス

公正報酬率規制 fare rate of return regulation　公益事業における料金決定に関する規制の一形態。電力や都市ガスなどの料金は，総収入が総括原価に見合うように決定される。総括原価とは標準的な生産量の下で必要とされる費用に，適正利潤を加えたものである。ここでいう適正な利潤とは，生産や販売等の事業運営に必要な資産(レートベース)に一定率(公正報酬率)を乗じた値であり，一般にレートベースは貸借対照表のなかの固定資産，運転資本などを指す。➡総括原価方式

構造改革 structural reform　政府規制の緩和・撤廃，公企業・特殊法人等の分割民営化，地方経済の活性化・自立化，公共事業の見直しと財政再建などを総称して構造改革という。これらを推進することで市場を活性化し，活性化された市場の力によって産業構造の変革を進め，企業の経営効率改善，生産資源の有効利用が意図されている。1990年，バブル経済の崩壊以来，低迷する日本経済にあって，構造改革は歴代内閣によって最重要課題と見なされてきたが，現在に至るも目立った成果はかならずしも実現していない。欧米市場経済と比較して，官民関係，経営形態，雇用慣行等におけるわが国市場経済の競争制限的傾向は早くから指摘されていた。バブル経済崩壊後の経済低迷が続くに伴い，経済の情報化，グローバル化への対応とともにこうした競争制限的傾向，官主導型官民関係の改善としての構造改革の必要性が強く認識されている。➡規制緩和，民営化

構造調整 structural adjustment　被援助国である発展途上国の政府あるいは金融当局が，援助の供与を受ける際に国内経済政策あるいはその変更に関して，援助国あるいは援助機関から要求される諸条件のこと。1980年代から，経済援助が単なる資源の移転という目的だけではなく，長期的な経済発展を見据えたものを目的とすべきであるという考え方が生まれた。そのため，IMFと世界銀行が協調的に融資を行う際，価格統制の撤廃，関税の引下げ，国営企業改革，公務員給与引下げ等を発展途上国に求めることで，経済環境にまで変化を加えようとしたのである。➡IMF，世界銀行

構造的不均衡 structural disequilibrium
広義には構造不況，構造的失業あるいは構造的インフレーションなど，制度的，

長期的要因による経済的困難を含めていうが，むしろ狭義の経常収支の構造的不均衡を指すことが多い。わが国は1973年2月まで，旧IMF協定下，固定為替相場制を継続してきた。このIMF協定では，各国は自国の経常収支不均衡に対し，比較的短期的な循環的不均衡については自国のマクロ経済政策の発動によって対処するものとし，固定為替レートの変更はこうした手段では対応しきれない大幅かつ持続的不均衡に限るとしていた。このような経常収支不均衡は構造的不均衡または基礎的不均衡と呼ばれるとともに，限定条件付でこのような変更を認めた固定為替相場制をアジャスタブル・ペッグ（adjustable peg）制と呼んだ。しかし，現実の経常収支不均衡が構造的なものか循環的なものかは容易に判断できず，ことごとに議論を生じた。 ➡ アジャスタブル・ペッグ，経常収支

公租公課 taxes and other public charges
国または地方公共団体がその公の目的のために強制的に賦課徴収するものの総称。一般に公租とは国税および地方税を意味し，公課とはそれ以外の金銭的な負担をいう。公課の具体例としては，地方自治法で地方公共団体に課すことが認められている分担金や公共組合の組合費，罰金などが挙げられる。また税法上の取扱いとして損金扱いできるものとできないものがあり固定資産税，事業税などの公租，組合費などの公課は損金に算入できるが，法人税，住民税などの公租，罰金などの公課は損金に算入できない。

公定歩合 official discount rate　日本銀行が民間銀行に資金を貸し出すときに適用される金利。貸出は，国債や手形などを担保として行われる。

銀行は，一般預金者からだけでなく中央銀行からも貸出を受けている。この際の金利が公定歩合であるので，公定歩合の変動は銀行の企業などへの貸出金利に連動すると考えられた。かつてはこうした性質を利用して公定歩合は金融政策の重要な手段の1つとして用いられた。例えば不景気のときには公定歩合を引き下げて景気を活性化させる。景気が過熱してインフレーションが懸念されるときには公定歩合を引き上げて景気を抑制する。こうした金融機関に対するコスト効果の他，公定歩合操作が金融政策の基本的スタンスを示すものとして注視されることによるアナウンスメント効果を有するものとされてきた。1994年に日本銀行は公定歩合適用の日銀貸出を金融調節の手段としないことを明言したため公定歩合の金融手段としての地位は大きく後退した。

金利が規制されていた時代には，預金金利等の金利が公定歩合に連動していたため，公定歩合は金融政策のスタンスを示す代表的な政策金利であった。しかし，1994年に金利自由化が完了し，公定歩合と預金金利との直接的な連動性はなくなった。現在は，こうした連動関係に代わって，各種の金利は金融市場における裁定行動によって決まっており，公定歩合は，日本銀行の金融市場調節における操作目標である無担保コールレートの上限を画する役割を担うようになっている。現在の日本銀行の政策金利は，無担保コールレート（オーバーナイト物）であり，公定歩合に政策金利としての意味合いは薄くなっている。そのため，日本銀行は，2006年以降公定歩合という政策金利的な性格の強い名称を使うことをやめ，補完貸付制度（ロンバート型貸出制度）の「基準割引率および基準貸付利率」と呼ぶようになった。ただし，海外はもちろん，国内でも慣例的に公定歩合の用語は今も使われている。

日本の公定歩合は1973年の第1次石油ショックの頃，9％まで引き上げられた。その後，1978年には3.5％まで下げら

れたが、1980年には7％まで引き上げられた。1985年には急速な円高に対処するため、段階的に引き下げられたが、その後、景気の過熱により、引上げが段階的になされた。しかしバブル崩壊後、再び段階的に引き下げられ、遂に実質ゼロ（2001年9月に0.1％）にまで引き下げられたが、その後、2006年ゼロ金利政策の解除とともに引き上げられた。しかし、2008年12月の世界金融危機に際し、再び実施された。➡ アナウンスメント効果、金融政策、中央銀行、ロンバート型貸出制度

公的企業（公営企業・政府企業） public enterprise　政府（国と地方自治体）の所有（出資）と監督規制を受けて、国民に公共財的性質を持つ財・サービスを供給する義務を負う（公共性）一方で、自らの自立性と効率性を追求する企業的性格（企業性）を併せ持つ企業。公企業と呼称される場合もある。両者の性格をどのようにどの程度持つかにより、政府の単なる代行機関から民間企業に近いものまである。

政府企業としては、現業、特殊法人、政府出資法人からなり、地方公企業としては、地方公営企業、地方公社などからなる。➡ 一般政府、公共財、特殊法人

公的規制 public regulation　企業の経済活動や個人の経済活動に対して、公的主体が介入し法律や許認可行為を通じて制限を加えること。自然独占、情報の不完全性と不確実性、外部性などにより、市場経済では最適な資源配分を達成することができない場合に、公的規制の根拠があるとされる。実際にとられる公的規制としては、ある一定の基準を設けてその基準に適合しない経済活動を制限する場合や、本来は各経済主体が決定すべき財やサービスの価格や供給量を制限することなどが挙げられる。前者の例としては、環境を悪化させる企業活動に対する規制、消費者の安全確保のために食料品や医薬品に設けられる規制などがこれにあたる。後者の例としては、運賃や料金などに見られる公共料金の認可制や過当競争を抑制するための参入規制や事業免許規制などが挙げられる。➡ 許認可権

公的金融 public finance　公的部門が行う金融仲介。従来、郵便貯金、簡易保険、国民年金積立金などの形で資金運用部、簡保資金などが受け入れた資金は政府系金融機関により融資や債券購入などに利用されてきた。公的金融は、住宅金融、中小企業金融、地域開発など、民間金融のみでは資金供給が図られない分野に主に行われる。公的金融は高度成長期に大きな役割を果たしてきたが、日本経済の構造変化とともに、その役割をめぐって議論を呼んできた。その結果、小泉内閣の郵政民営化政策に代表されるように、公的金融機関の整理統合が大幅に進められた。

2007年4月に「住宅金融公庫」より移行した独立行政法人「住宅金融支援機構」が誕生し、2007年10月にゆうちょ銀行とかんぽ生命保険の民営化が実現した。さらに、2008年10月に中小企業金融公庫、国民生活金融公庫、農林漁業金融公庫、国際協力銀行が「日本政策金融公庫」に統合され、同時に商工組合中央金庫と日本政策投資銀行は完全民営化の方針が示され、公営企業金融公庫は廃止され、現在は「地方公共団体金融機構」に権利、義務が継承されている。

2017年7月の時点で次のような公的金融機関が存在する。株式会社日本政策投資銀行、株式会社日本政策金融公庫、株式会社国際協力銀行、株式会社商工組合中央金庫、地方公共団体金融機構、沖縄振興開発金融公庫、独立行政法人住宅金融支援機構、独立行政法人奄美群島振興開発基金、独立行政法人福祉医療機構 ➡ 簡易保険、国際協力銀行、国民年金、

政府系金融機関，ゆうちょ銀行

公的資金注入 capital injection　民間金融機関や企業の経営再建や破綻の処理のために，公的な資金を投入すること。日本では1998年に成立した金融機能早期健全化法と金融再生法に基づいて，60兆円の公的資金が用意され，1999年には金融システムの不安を取り除くため大手15銀行に約7兆5,000億円，他の地方銀行にも公的資金が注入された。公的資金の資本注入は，優先株，劣後債，劣後ローンを預金保険機構が購入する形で行われた。その後の不良債権処理の進展，景気の回復により，大手銀行の大半は2006年度までに資金を完済している。➡ 金融再生法，不良債権，優先株，劣後債

公的扶助 public assistance　☞ 生活保護

公的部門（公共部門） public sector　国内経済を構成する部門の1つで，非営利で国民の厚生最大化を目的とする国，地方自治体，公営企業などにより構成される部門のこと。現代の先進資本主義国において，経済・社会の管理運営は，「市場」と「政府」の分業として営まれている。市場を民間部門と呼ぶ場合，政府は公的部門あるいは政府部門と呼ばれる。公的部門の範囲はかならずしも明確ではないが，およそ次のものからなる。①一般政府，すなわち中央・地方の一般会計，特別会計のうち営利的でないもの，および社会保障基金，②公的企業，すなわち中央・地方の特別会計のうち企業の経営を行うもの，中央では政府関係機関，公団，日銀，地方では収益事業会計，地方公社などである。➡ 一般政府，公的企業，民間部門

公的欲求 public wants　人間の持つ欲求の中で，国または地方公共団体などによって提供される財やサービスにより充足される欲求のこと。これに対して，市場機構を通じて民間により提供される財やサービスにより充足されるものを私的欲求という。公的欲求を充足する例としては国防，司法，警察などが挙げられる。この種の欲求を充たすための財は，排除原理が適用されないので市場機構を通じて供給することが困難になったり，非効率な供給にならざるを得ない。したがって，公的欲求を充足する財は政府が公共財・サービスとして供給することになる。しかし公共財・サービスの供給には選好の非顕示の問題もあり，政府が供給するからといって，社会的最適が達成されるわけではない。なお，今日の公的欲求は人々の生活水準の向上とともに多様化してきており，政府の果たす役割がより重要となってきている。➡ 公共財

行動経済学 behavioral economics　人間はある状況の下では，どう選択し，その結果どうなるかを分析する，つまり実験や経験を通じてなぜそれが選択されたかを説明しようとする学問分野。このように行動経済学は，経済学に心理学を取り入れたものといえる。

心理学者のカーネマン (Kahneman, D.) がトベルスキー (Tversky, A.) と共に考案したプロスペクト理論が評価された。これを嚆矢として，その後ファイナンス，ゲーム，マーケティング等の分野で応用され発展してきた。これに対してこれまでの伝統的な経済学は合理的な経済人を前提として理論を構築してきた。つまり，ある仮定の下では，どのように行動すべきかを分析するものであった。

行動経済学と同じ問題意識をもつものとして実験経済学 (experimental economics) があるが，これは実験的な手法を主とするもの。実験により，選択の効果の推定，理論の検証，市場など各種のメカニズムの解明を行う。➡ プロスペクト理論

高度大衆消費時代 the age of high mass-consumption　☞ 離陸

購買力平価 purchasing power parity: PPP　2国間の為替レートが2国の通貨の購買力の比率によって決まるという考え方。為替レート決定の長期理論として知られている。スウェーデンの経済学者カッセル（Cassel, K. G.）によって唱えられた。アメリカではある特定の消費財のバスケットを買うのに1ドルかかり，日本ではそのバスケットを買うのにS円かかるとすると，そのバスケットに対する購買力を通じて，1ドル＝S円という購買力平価が成立する。これは絶対的購買力平価と呼ばれる。これに対して，基準時点を選び，そのときの為替レートにその後の2国間のインフレ格差を調整して得られる相対的購買力平価がある。今，国際収支が均衡していた年を基準時点とし，基準時点の為替レートを1ドル＝S_0円，基準時点の両国の物価指数を100としよう。その後のある時点におけるアメリカの物価指数をP_A，日本の物価指数をP_Jとすれば，相対的購買力平価は，$S_0 \times (P_J/P_A)$で表される。購買力平価は，インフレの非常に激しい国の為替レートや長期的な為替レートの動きを説明する。

公募地方債 publicly-offered local bond　地方公共団体が起債市場を通じて公募する地方債のこと。単に公募債ともいう。近年は地方分権の推進，財政投融資改革の流れに沿う形で，公募地方債の比率は年々高まっている。具体的には，発行額を大きくし発行コストを抑えている共同発行市場公募地方債や，地方債の個人消化や住民の行政への参加意識を高めるための住民参加型市場公募地方債などが挙げられる。発行にあたってはシンジケート団引受方式，主幹事方式，入札方式などがとられ，発行条件についてはすべての発行団体が個別に決定している。➡ 縁故地方債，地方債

公募入札方式 public offering　公債の発行方式の1つで，民間金融機関や証券会社など多数の応募者による入札によって発行条件および発行額を定めるもののこと。市場実勢をより正確に反映させることができる特徴を持つ。現在国債の発行にあたっては，短期国債，中期国債，超長期国債の発行等について公募入札方式が用いられ，表面利率，発行額を定めて発行価格を入札させる方式がとられている。以前は民間金融機関，証券会社等からなるシンジケート団を形成し，募集団体と発行額の引受契約を結び，一般投資家の応募を募るシンジケート団引受方式が主たる方法であったが，近年では保有者層の多様化などを念頭に置いた公募入札方式によるウェイトが高まってきている。➡ 公債

効用 utility　消費者がある財・サービスを消費するときに得られる満足のこと。多数の財サービスから得られる効用全体を総効用という。総効用の大きさは，どのような財をどれだけ消費するかに依存する。➡ 効用関数

効用関数 utility function　消費者が財・サービスの消費から得る満足感を効用といい，従属変数としての効用水準を独立変数としての個々の財・サービスの消費量で表す関数のこと。効用関数を構成する際，効用の性質として様々な想定を行うが，効用に可測性，数量的意味を認め，加減乗除が可能と想定するとき基数的効用と呼ばれる。これに対し，効用関数の値に順序的意味，つまり大小関係のみを認めるとき序数的効用と呼ぶ。現代の消費者行動の理論では，序数的効用が想定されている。そのほか，ある財・サービスの消費量が増大するにつれて効用の増加量が減少する限界効用逓減の法則，ある財・サービスの消費の増加が際限なく効用を増大させると想定するのを効用の不飽和性，逆に効用の最高点を認め，それ以上の消費は効用をかえって減少させると想定するのを飽和性という。

➡ 限界効用, 限界効用逓減の法則, 限界代替率

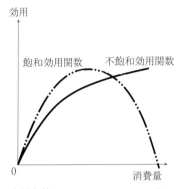

功利主義 utilitarianism　イギリスのベンサム (Bentham, J.) らによって唱えられ, 人間の幸福は快楽と苦痛から求まるとし, 社会の目的は「最大多数の最大幸福」を実現することにあるとする考え方。ピグー (Pigou, A.C.) は, この功利主義の考え方を受け継いで, もし社会全体の厚生が各人の効用の総和からなり, 各人の効用が所得に依存して決まり, かつ各人は同質的で限界効用が逓減するとするならば, 所得の均等な分配が社会的厚生を最大にするという命題を導き出した。このようなピグーの考え方に対して, 効用は基数的なものではなく, 個人間の効用の比較は不可能であるとする批判が提起された。バーグソン (Bergson, A.) やサミュエルソン (Samuelson, P.A.) は社会的厚生関数に基づく議論を展開した。➡ 効用, 効用関数, 社会的厚生関数

効率的市場仮説 efficient market hypothesis　金融市場は常に効率的であるという仮説。ここでの効率的とは, 情報が公開され, 不特定多数の投資家が平等に参加している金融市場では, 個々の金融資産の価格が, 将来のその資産から得られるキャッシュフローの割引現在価値(ファンダメンタルズと呼ばれる水準)に迅速に調整され等しくなることをいう。したがって, あらゆる情報が迅速かつ正確に価格に反映されるので, 特定の投資家が恒常的に市場全体を上回る実績を得るのは不可能になる。この仮説には, 市場がどのような情報を取り込むかにより, ①過去の株価情報を基礎に未来の価格の予想は不可能とする弱い形 (weak form) の効率性 (ランダム・ウォーク仮説), ②企業が公開する過去, 現在の全ての情報を基礎としても予想は不可能とするやや強い形 (semi-strong form) の効率性, ③公私すべての情報を基礎としても予測は不可能とする強い形 (strong form) の効率性, の3つの効率性が知られている。①の場合, 罫線分析等は役に立たないことになり, ②の場合, 証券アナリストの分析はあてにならないことになり, ③の場合, 特定のインサイダー情報も取り込まれているので, 金融市場ではインサイダーでも利益をあげられないことになる。効率的市場仮説に関する研究は, 近年金融市場を中心に大きな進展を見せている。➡ 割引現在価値, ファンダメンタルズ

合理的期待形成仮説 rational expectation hypothesis　経済主体の期待形成の仕方に関する仮説の1つで, 経済主体は意思決定を行う際, 真の経済モデルに基づいて, その時点で利用可能なあらゆる情報を用いて効率的に期待形成を行うという考え方。合理的期待形成の結果は平均的には常に正しく, システマティックな誤差は生じないとする仮説。1950年代にミュース (Muth, R. F.) により提唱された。1970年代以降, ケインズ理論と全く異なる古典派, 新古典派的な理論的枠組の下, ルーカス (Lucas, R. E., Jr.), サージェント (Sargent, T. J.), バロー (Barro, R. J.) らによって, この仮説に依拠した「新しい古典派」「マネタリズム・マークⅡ」という学説が展開された。その論

旨，政策的含意は，合理的期待の下では予期された裁量的な金融政策は長期的にも短期的にも無効であり，予期せざる政策のみが実体経済に影響を与えうるというものであり，ケインズ理論のそれとは鋭く対立する。

今，X, Y の変数間に次のような真の関係が成り立っているとしよう。$Y_t = \alpha_0 + \alpha_1 Y_{t-1} + \alpha_2 X_{t-1} + U_t$。ただし，$U_t$ は確率変数で平均値がゼロ，分散が σ_u^2 である。合理的期待形成仮説では，経済主体は Y_t や X_t の生起に関する因果関係式を知っている。つまり，$\alpha_0, \alpha_1, \alpha_2$ の値および U_t の確率分布を知っている。そして，これを含む $t-1$ 期の期末で得られるすべての情報 I_{t-1} を用いて Y_t を予想する。このとき I_{t-1} を所与とする条件付期待値を $E(Y_t \mid I_{t-1})$ で表すと，合理的期待形成とは，次式で表される。

$$Y_t^e = E(Y_t \mid I_{t-1})$$

つまり，Y_t の期待値を予想することに他ならない。合理的期待形成では，予想の誤差の期待値は，$E(Y_t^e - Y_t \mid I_{t-1}) = Y_t^e - E(Y_t \mid I_{t-1}) = 0$ により，ゼロとなる。このように，合理的期待に基づく予想は，生じ得べき変数の平均値を予測するため，どのようなタイプの予想より正確な予想となる。

合理的期待形成は，変数が決定されるモデルそのものから，予想を立てるものである。したがって，変数の主観的な確率分布と，正しいモデルから導かれる客観的確率分布とが一致していることになる。もし，不確実性が存在しないなら，合理的期待は完全予見（perfect foresight）と同一となる。合理的期待形成仮説は，不確実性の経済学，マクロ経済学や外国為替レートや株価決定理論など広く応用されている。➡期待形成

高齢化 aging　一般に，人口に占める高齢者の割合が上昇していくこと。高齢者とは，通常65歳以上の人を指すが，最近では，健康状態や就業状況の相違に着目して65〜74歳の高齢者を「前期高齢者」，75歳以上の高齢者を「後期高齢者」と分類することが多い。高齢化率（人口に占める高齢者の割合）が7％を超える社会を「高齢化社会」，高齢化率が14％を超える社会を「高齢社会」と呼んでいる。日本では，1970年の国勢調査で高齢化率が7％を超え，高齢化社会となり，1995年の国勢調査では高齢化率が14.5％となって高齢社会を迎えた。2015年の国勢調査時点での高齢化率は26.0％であるが，今後も高齢化は進行し，2060年には高齢化率が39.9％，後期高齢者の人口に占める割合が26.9％に達する超高齢社会になると見込まれている。

高齢化社会の問題の1つは，年金，医療，介護といった社会保障制度を，世代間の負担の公平を保ちながら持続させることが可能かどうかにある。また少子化による労働力人口の減少に対し，高齢者の労働参加を促進する方策も考える必要がある。これらの問題に対処するため，1995年には高齢社会対策基本法が制定されている。そして2001年および2012年には高齢社会対策大綱を定めた。➡社会保障，少子化

コースの定理 Coase's theorem　外部性が存在する場合に環境権を設定すると，環境権を外部性の出し手に付与しようと外部性の受け手に付与しようと資源配分上は同じパレート最適が成立するという理論。コース（Coase, R.H.）により提唱された。今，社会に外部不経済の出し手である企業と外部不経済の受け手である住民がいるとする。AB を企業の限界便益曲線，OC を住民の限界被害曲線とする。企業は何も規制がなければ純便益が最大となる B 点で生産を行い，純便益総額は $\triangle OAB$ となる。このとき住民の総損害額は $\triangle OBF$ となり，その生産が社会的にプラスの便益をもたらすかどうかは

△OAE と △BFE の大小関係で決まる。大小関係は曲線の傾きに依存し，社会的に最適でもない。そこで外部性に関して環境権を設定し，住民側に環境権を与えたとする。その結果，住民は企業の生産に応じて生じる損害額すべてを補償される。その時企業にとってはG点まで生産を減らし，△OGEだけ住民に補償金を支払えば△OAEの純便益総額が確保される。それ以上でもそれ以下でも企業の純便益総額は減少する。これに対し，企業側に環境権を与えたとすると，住民は代償金を払って生産を削減してもらわなければならない。G点まで生産を削減してもらうと代償金として△BGEを企業に支払い，△BEFの純損害額減が生じる。G点よりも大きくても小さくても住民側の純損害額は大きくなる。結局どちらの側に環境権を与えても，同じ生産量が達成されまたこの生産量は限界純便益と限界損失が等しくなっており，社会的にも最適となっている。 ➡ 外部性，環境権，パレート最適条件

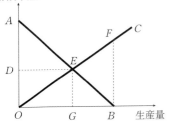

コーポレート・ガバナンス corporate governance 日本語で企業統治といわれ，企業が社会や株主・従業員・取引先等のためにどのような行動をとるべきかを示す考え方。企業は，適正かつ効率的な業務遂行により，競争力の強化，利益の確保を行わなければならない。経営者は，統治の主役は株主であることを基本としながら，経営を行う際には株主以外の利害関係者，すなわち従業員，取引先，顧客などの利害に影響されることから，株主とそれ以外の主体との関係を円滑に保持し，かつ利益を上げるような政策をとらなければならない。コーポレート・ガバナンスでは，統治のあり方，説明責任，情報公開や企業の内部統制，監査のあり方などが問題になる。その根底には，企業経営が誰のためになされるべきかといった議論がある。従来の日本の制度では十分対応できないとされたため，2003年の改正商法では，米国流の社外取締役の任命，権限を定めた「委員会設置会社」が導入され，2006年に成立した「金融商品取引法」で2008年度決算期より内部統制報告書の提出が義務付けされるなど，コーポレート・ガバナンスの強化が図られている。 ➡ 金融商品取引法

コーリン・クラークの法則 Colin Clark's law 経済の成長につれて労働力人口が，第1次産業から第2次産業へ，第2次産業から第3次産業へと移動する傾向があること。クラーク（Clark, C. G.）は，産業を第1次産業（農業，水産業，林業等），第2次産業（鉱業，製造業，建設業，公共事業，ガスおよび電気供給業），および第3次産業（卸売・小売業，サービス業，運輸・通信業，不動産業，金融・保険業，公務，教育，医療，福祉等）に分類し，成長しつつある国では，労働力人口が第1次産業から第2次産業へ，さらにもっと成熟した段階では，第3次産業へ，相対的に移動（就業人口構成比が変化）することを発見し，このような労働力人口移動こそ経済発展の基本条件であるとした。同様の傾向を発見していたペティ（Petty, W.）に因んでペティの法則（Petty's law）あるいはペティ＝クラークの法則（Petty-Clark's law）ともいわれる。

コール市場 call market 日本で最も伝統ある短期金融市場の1つで，イン

ターバンク市場において，金融機関同士がごく短い期間，支払準備の過不足調整のための取引を行う場，すなわちコール資金のやりとりが行われる場のこと。

日本のコール市場は，貸し手に担保を預ける有担保コール市場から始まった。それに対して無担保コール市場は1985年7月に創設されたもので，以降急速に拡大し，無担保翌日物（オーバーナイト）コールレートが金融政策の政策誘導金利に位置づけられている。例えば，1999年2月に始まったいわゆるゼロ金利政策とは，無担保翌日物コールレートを，短資会社への手数料を差し引くと実質ゼロになる0.02％程度に誘導する政策であった。なお，ゼロ金利政策を実施したため，資金の貸し手がほとんどいなくなってしまい，無担保コール市場残高はピーク時の半分程度に減少した。2006年3月の量的緩和政策の解除と以降の政策金利の引き上げにより，市場取引高は再び増加に転じた。➡ インターバンク市場，短期金融市場，短資会社

子会社 subsidiary company　会社の重要意思決定について他の会社により決定権を握られている会社のこと。会社法第2条および会社法施行規則によれば，ある会社が他の会社の議決権のうち過半数を所有している場合，あるいは，所有する議決権の割合が50％以下であっても，会社法施行規則で定められた，実質的に支配しているかどうかの基準を満たしていれば，前者を親会社，後者を子会社という。実質的に支配しているかどうかの基準は，所有する議決権の割合が40％以上50％以下または40％未満のいずれかによって異なるが，その基準は，緊密な関係者等の所有分を含めれば議決権が50％を越える，取締役会等の構成員の過半が自己の役員である，融資の比率が50％を越える，その他いくつかの要件から構成される。会社法は，旧商法第2編「会社」を中心に商法特例法や有限会社法等，関連する法律等をもとにつくられ2006年5月に施行された。会社法における子会社の定義は，旧商法における子会社の定義と比較して，財務諸表等規則（財務諸表等の用語，様式及び作成方法に関する規則）における子会社の定義に近づく形に拡大されたと言われることもある。子会社については，会社法や財務諸表等規則以外の法律等によって定められている場合もあるので注意を要する。

国際アムネスティ Amnesty International　イギリスの弁護士ベネンソン（Benenson, P.）によって1961年に創始された国際的な市民運動。「世界人権宣言」が守られる社会の実現をめざし，人権保障の促進や人権侵害の根絶に向けて活動している。特に，「良心の囚人」（暴力を用いていないのに，信念や信仰，人種，言語，性などを理由として囚われた人々）の即時無条件の釈放を求めていることで有名である。世界5カ国に10の国際事務局事務所，約80カ国に支部を持ち，150以上の国と地域に200万人以上の会員がいるとされている。日本にも，「社団法人アムネスティ・インターナショナル日本」という組織が設けられ，同社の発表によれば，2016年12月末日現在，2,473人の個人会員と2,174人の賛助・サポーター会員が活動に参加している。

国債依存度 proportion of revenue supplied by government bonds　一般会計歳出額に占める国債収入の割合のことをいう。通常租税収入等で歳出を賄いきれない場合，資金調達方法の1つとして国債が発行される。国債依存度は国の財政が国債の発行にどの程度頼っているかを示す1つの指標であり，財政の弾力性を確保する意味からも注目されている。なお公債のうち国が発行主体となるものが国債，地方が発行主体となるものが地方債と呼ばれる。国債依存度と同じ意味で公

債依存度という概念が使われることがある。近年の傾向としてわが国は国債依存度の高まりを見せているが、これに伴い、次のような問題点が指摘されている。①国債の発行は民間資金調達と競合するためクラウディング・アウトを生じさせる、②赤字国債の発行は負担を将来に転嫁させ世代間の公平を阻害する、③国債の利払いや償還のための国債費が膨張し、財政が硬直化、④課税による資金調達とは異なり負担感に乏しいため財政の膨張や放漫化を招く。 ➡ 建設公債、国債費

国際会計基準 International Accounting Standards：IAS 各国の会計士団体で構成される国際会計基準審議会（IASB）によって作成される国際財務報告基準（International Financial Reporting Standards：IFRS）の通称。IASBの前身である国際会計基準委員会（IASC）によって作られた会計基準が出発点になって、経済のグローバル化の下、国際会計基準審議会を中心とした世界的な会計基準の統一化が推進されている。日本ではIASBに参加するため、2001年に民間の会計基準設定機関として企業会計基準委員会（ASBJ）が設立された。IFRS（IAS）が必要とされている背景には、企業活動のグローバル化に伴い、透明性のある企業会計報告が求められていることがある。

例えば、従来の日本の会計基準では有価証券の評価は原価法を原則とし、任意で低価法の採用を可としていて、含み益による損益調整または含み損の先送りが可能であったが、IFRSでは時価評価となっている。また、棚卸資産の評価はIFRSでは低価法であるが、日本基準では原則原価法、任意低価法であり、不良資産処分の先送りが可能であった。さらにIFRSでは税効果会計を強制適用しているが、日本基準では連結財務諸表上に一部適用を可とするにとどまっているなど、世界の投資家から企業実態が不透明との指摘があり、いわゆるジャパンプレミアムの原因ともなっていた。

日本では官民そろって国際会計基準の適用に消極的な時期もあったが2007年10月、日本政府は2011年までにIFRSとの完全な収斂を約束し、「新会計基準」の制定など諸改革が進行している。➡ 時価主義、ジャパンプレミアム、税効果会計

国債管理 national debt management 広義に国債の発行、消化、流通および償還に関して行われる様々な政策の総称。狭義には、それらの政策のうち財政政策に関する部分だけをとらえて国債管理と呼ぶ場合もある。公債管理ともいう。国債管理の目的としては、景気の安定化、国債の利子費用の最小化が挙げられる。具体的には、国債を発行する際に、その発行時期、発行額、発行方法、償還期限などの決定を行ったり、公債価格支持政策を行うことを意味する。なかでも償還期限について、国債の期間構造をどうするかという問題は極めて重要なものである。景気の安定化の観点からは、不況期に流動性の高い短期国債を中心とした国債発行を行うことで、クラウディング・アウト効果を抑制しながら総需要を増加させ景気を刺激することが可能になる。また利子費用の最小化という観点からは、金利の低い不況期に長期国債を、金利の高い好況期には短期国債を中心に発行することによって国債の利払い負担の軽減が可能となる。

国際間労働移動 international labor mobility (migration) 国境を超えて労働力が移動すること。一般的には賃金の低い国から高い国へと、2国間の賃金格差により説明される。簡単なモデルおよび図による説明は以下の通りである。まず、A, Bの2国が存在し、それぞれには経済主体として賃金格差により移動する労働者のみが存在するものとする。各国において労働の限界生産力逓減を仮定

し，それを縦軸にとり，横軸には左から右にA国の労働量，右から左にB国の労働量をとり，それらの合計が全労働量となるように横軸の長さに等しくとった図を描く。当初労働移動が許されない状態では，A国の労働量が$O_A L_0$，B国の労働量が$L_0 O_B$であったとすると，労働の限界生産力に等しいだけの賃金を受け取り，A国，B国の賃金が$W_A < W_B$となる。ここで，労働移動を許すと，賃金の低いA国から賃金の高いB国へと労働移動が起こり，A国の労働が$O_A L^*$，B国の労働が$L^* O_B$となり，両国の賃金は$W_A = W_B = w^*$と均等化することになる。➡ 限界生産力説

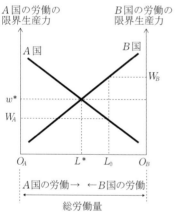

総労働量

国際競争力 international competitiveness 国際経済における競争力のこと。大きくは次の2つに分けられる。まず1つめは，ある1つの財やサービスに注目して使われる場合であり，それはさらに他国に比べて生産物価格が低いという価格競争力と，生産物の品質やデザインなどが優れているという非価格競争力の2つに分けることができる。次に，ある1つの産業あるいはすべての産業に関してというように，総体的に規定する場合である。これらの競争力を生む源泉は主として国内の諸要因にあり，労働者の熟練度，生産技術水準の高さ，国際的な需要動向の適切な把握や政府による政策などを挙げることができる。このような国内的要因以外にも，外的な要因として外国為替レートの動向なども挙げられる。➡ 非価格競争

国際協力機構 Japan International Cooperation Agency ☞ 独立行政法人国際協力機構

国際協力銀行 Japan Bank for International Cooperation ☞ 株式会社国際協力銀行

国際経済学 international economics 複数の国家間において行われる様々な取引について，そのメカニズムあるいはそれにまつわる諸問題を，経済学で使われるツールを用いて解明する経済学の一領域。財・サービス，資本や労働などの生産要素の取引を主に扱う国際貿易論，またそれをマクロの視点からとらえる国際マクロ経済学，金融や外国為替市場を扱う国際金融論などに分けられる。近年では，国際貿易論にゲーム論的視座を導入した戦略的貿易政策の理論という分野が確立されたり，また自然破壊，環境汚染等の進展から環境経済学的要素を考慮したりするなど，分析ツールの多様化とともに，取り扱われる話題も多岐にわたっている。➡ 国際マクロ経済学

国際決済銀行 Bank for International Settlement：BIS 各国の中央銀行間における通貨の売買を行ったり，中央銀行からの預金の受入れなどの銀行業務を行ったりする機関。国際的な金融に関する問題について，各国の中央銀行が討論を行う場にもなっている。1930年にドイツの賠償問題を処理するためにスイスのバーゼルに設立され，戦後は欧州各国の債権・債務の差額を多角的に相殺して外貨準備不足を補塡する欧州支払同盟の業務を行っていた。現在，G10中央銀行総裁会議が定期的に開催され，また，銀行規

制監督委員会が銀行監督責任体制の国際的な連携・協力の強化を図っている。同委員会は、一方で銀行業務の国際化や銀行に対する直接規制の緩和、他方で経営ガイドラインの提示によるリスクの防止を目的として、1988年7月に国際業務を営む銀行に対する自己資本規制の統一基準にかかわる提言（いわゆるBIS規制）を公表した。後に2006年からは新BIS規制（いわゆるバーゼルⅡ）の適用が開始された。さらに、2013年からは資本保全を含んだより厳しい規制が定められたバーゼルⅢが適用された。→外貨準備

国際資本移動 international capital movement　資本が国際間を移動すること。その主たる原因としては、為替レートの変動、国内の金利と海外の金利との間の差、投資機会の差などが挙げられる。国際間の資本移動には、直接投資、借款、株や債券などの証券投資、貿易信用などが挙げられる。投資期間の長短により、国際長期資本移動、国際短期資本移動に区別される。また、貸手機関の公私の別により、公的資本、民間資本の国際間移動が区別される。かつては、資本移動を制限する国が多かったが、資本取引の自由化が進み、近年、国際間の資本移動が非常に活発になり、その動向は各国の為替市場、金融市場に大きな影響を与えるようになってきた。各国間の金利差、為替相場の変動、政治不安など様々な要因により、国際間を移動する極めて不安定な短期資金を、ホット・マネーと呼ぶ。一時に大量の資金移動が起こるときは、国際経済に撹乱的な影響を及ぼすことになる。→円借款、直接投資、ホット・マネー

国際資本市場 international capital market　金融市場のうち、長期ローン市場や債券市場、株式市場など、満期1年超の中・長期資金の需給が行われる市場を資本市場と呼ぶ。このうち、国内の企業や政府だけでなく、外国の企業や政府にも広く開放された大規模な市場を国際資本市場という。ニューヨーク、ロンドン、チューリッヒなどがその代表。債券市場としては、ユーロ債（ユーロ・ボンド）市場と外債市場とがある。ユーロ債は、その債券の表示通貨国以外の国で発行される債券である。ユーロ債市場は、1960年代に生まれたが、1980年代半ば以降、企業の資金調達や運用が、国際化・証券化の度合いを高めるにつれ、一層急速な成長を遂げている。外債は、外国の企業など非居住者が発行地の通貨建てで発行する債券である。ニューヨーク外債市場（ヤンキー債市場）は、1974年の利子平衡税撤廃以降、再び国際資本市場として重要な役割を果たしてきている。また、ユーロ中期ノート市場は、多国籍企業等が低コストの中期資金を調達するための重要な国際資本市場となっている。さらに、ニューヨーク証券取引所では、世界の主要企業の株式が大規模に取引されている。東京市場は、1980年代半ばには、急速に国際資本市場へと拡大したが、バブル崩壊以降低迷傾向にある。→ユーロ・カレンシー

国際収支 balance of payments　一定期間における、ある経済圏（国または地域）とそれ以外の全世界との間の経済取引を、市場価格を基準に、所有権または債権・債務移転があった時点を計上時期とし、同額を2つの項目に貸記、借記する複式計上方式により、体系的に記録したもの。略称はBOP。国際収支勘定のこと。わが国では、1996～2013年までは、「IMF国際収支マニュアル第5版」（GPM5）に基づいた方式で国際収支統計が発表され、2014年から「BPM6」に基づき発表されている。国際収支統計の構成項目は図のようになっている。

各項目間には次の関係がある。

経常収支＋資本移転等収支－金融収支＝0

国際収支表 体系

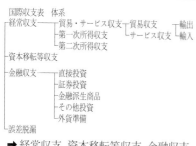

➡ 経常収支, 資本移転等収支, 金融収支, 貿易・サービス収支

国際収支の天井 balance of payments constraint　国際収支悪化のために経済成長を抑えざるをえない現象。1950〜60年代前半にかけての日本経済は, 景気拡大が続くと輸入の増大から経常収支が赤字となり, 外貨準備が減少して固定相場の維持に支障が生じてくるため, 金融引締めによって景気抑制をはからざるをえなくなり［景気拡大→国際収支の天井→金融引締め→景気下降］, というパターンを繰り返した。しかし, 1960年代後半に入ると, 国際収支の黒字が定着し, 国際収支の天井が消滅した。

現代においては, 急成長を続ける新興工業国においては, 国際収支の天井にぶつかる可能性があるが, 外国からの大規模な資本導入を受け入れることにより, この問題を回避している。しかしながら, 海外資本への依存度が高すぎると, 何らかの理由で海外資本が一斉に引き上げたときに, 通貨の暴落とそれに伴う経済的混乱の問題が起こる。➡ 外貨準備, 経常収支, 国際収支, 固定為替相場制

国債整理基金特別会計 Special Account for Debt Consolidation Fund　国債, 借入金, 政府短期証券の償還, 借換, 利払いを一括して処理する特別会計。その主な収入源は, 次の4つ, および借換債の発行収入である。①前年度期首の国債残高の1.6％に相当する定率繰入れ, ②財政法第6条に基づく一般会計決算剰余金の繰入れ, ③減債特例公債にかかる特例借入, ④必要に応じた予算繰入れ。➡ 公債, 公債の借換え, 国債費

国際通貨 international currency
☞　円の国際化

国際的二重課税問題 international double taxation　多国籍企業が本社所在国以外の国で得た所得に対して, その企業の本社のある本国（居住地）と, 実際に企業活動を行い所得の源泉地となっている外国とのいずれの政府からも税が二重に課されてしまうという問題。多国籍企業への課税方法としては, 源泉地主義に基づくものと居住地主義に基づくものの2つがあり, 多国籍企業の進出先の外国における課税方法と本社のある国におけるそれとが相異なる場合に二重課税問題が発生する。このような問題を回避するために国家間でなされる国際協定のことを租税条約という。➡ 租税条約, 多国籍企業

国債費 national debt service payments　国債の元利払いなどを処理するため計上される一般会計の歳出項目。国債費はすべて国債整理基金特別会計に繰り入れられる。その内訳は, 国債償還費, 国債利子, 借入金償還費, 借入金利子, 財務省証券割引料, 国債事務取扱費となっている。財政支出は何ら措置を講じないと膨張する傾向がある。これに対して, 税収は経済の成長がない限り増加しない。その結果, 国債の発行増が起こり, 国債費は増加していく。国債費の割合の増加は, 財政硬直化の大きな要因となる。➡ 一般会計, 国債整理基金特別会計, 財政硬直化, 財政支出膨張の法則

国際標準化機構 International Organization for Standardization　☞　ISO, デファクト・スタンダード, 標準化

国際貿易理論 international trade theory　国と国の間で行われる財およびサービスの取引, あるいは国際間で商品を輸入入

する取引について，理論的分析を試みる学問分野。異なる国々の間での経常取引を対象として，国際貿易はなぜ起こるのか，各国の貿易パターン（輸出入構造）はどのような要因によって決まるのか，関税，輸入割当などの貿易政策は国際貿易や経済厚生にどのような効果を及ぼすのか，保護貿易政策はどのようなときに経済理論的に正当なものとされるのか，資本や労働といった生産要素の国際間移動はどのようなメカニズムで生じるのか，などを明らかにする。➡関税，輸入割当制度

国際マクロ経済学 international macroeconomics, open macroeconomics 閉鎖経済を対象としたマクロ経済学を開放経済へと拡張した学問分野。国際貿易，国際資本移動を明示的に考慮に入れながら，マクロ経済の動きやマクロ経済政策のあり方について分析する。具体的には，1国の国際収支はどのような水準に決まるのか，為替レートはどのようなメカニズムで決定され，どのような要因で変動するのか，金融・財政政策は各国のマクロ変数（生産水準，雇用，物価，利子率，為替レート，国際収支など）にどのような影響を及ぼし，他国にどのように波及するのか，マクロ経済政策の国際協調の意義や限界はどのような点にあるのか，どのような為替レート制度が1国ひいては世界全体の経済厚生にとって望ましいのか，などが研究対象となる。➡開放経済，金融政策，財政政策，マクロ経済学

国際流動性 international liquidity 国際収支の赤字決済に利用できる政府・中央銀行の保有資産のこと。具体的には，金，外貨準備，IMFポジション，SDRである。

国際取引において，受取と支払が同時に起きるわけではないので，国際取引量の増大とともに国際流動性は増加しなければならない。第2次世界大戦後は，必要な国際流動性の増加の大部分が米ドルによって充足された。しかし，これは，アメリカが国際収支の赤字を継続することに他ならず，米ドルの信認低下とドル不安を発生させた。米ドルの信認を強化するためには，アメリカの国際収支の改善が必要であり，これは国際流動性の不足をもたらす。これがいわゆる流動性のジレンマ（トリフィンのジレンマ）である。そこで米ドル以外の国際流動性を増強するために様々な提案がなされたが，1970年よりSDRが各国の合意の下で計画的に創出されることになった。近年では，上のような決済手段のほかにユーロ（EURO）もその1つとして広く受け入れられるようになっている。➡SDR，国際収支，中央銀行，トリフィンのジレンマ

国際連帯税 international solidarity taxation 先進国と発展途上国の間における格差などの歪みを取り除くために，国際的な経済活動に課する税のこと。もともとは，トービン（Tobin, J.）が，外国為替取引における投機を抑制するために，それに対して課税をすることを提案したことにあり，「トービン税」とも呼ばれる。2005年9月に行われた国連総会特別首脳会議でフランスが国際航空券に対して国際連帯税の導入を行うことを発表し，フランスなど4カ国は2006年7月から実施，現在では10カ国に上っている。そこでの税収は，経済援助として利用されている。➡経済援助

国税 national tax 課税主体に基づいて租税を分類した場合に国が課税権を持つ税のこと。これに対して地方公共団体が課税権を持つものは地方税という。国税は主として所得税，法人税などの直接税と消費税，たばこ税，酒税，自動車重量税，地方道路税，揮発油税，航空機燃料税，関税などの消費課税および相続税，贈与税，地価税，印紙税，登録免許税などの資産課税等に分けられる。また国税の

各種税目のうち，所得税・法人税の33.1%，酒税の50%，消費税の22.2%，地方法人税の100%は地方交付税として地方公共団体に交付されるなど，国税であっても最終的に地方公共団体に譲与されるものも多い。なお国税についての基本的な事項および各税に共通の手続き等は「国税通則法」に定められ，各税目の軽減の特例等は「租税特別措置法」により規定されている。➡ 地方税

国勢調査 population census　日本国内の現状を調べるため，統計法に基づき総務省が実施する統計調査。第1回国勢調査が，大正9年（1920年）に行われて以来，10年ごとに実施される大規模調査と，その中間年に実施される簡易調査に分類される。国勢調査の調査内容は，出生や配偶者等の人口に関する事項，就業状態や従業上の地位等の経済に関する事項，住宅，人口移動，教育に関する事項等多岐にわたる。調査対象は，日本国内に常住している者であり，国籍にはよらない。国勢調査員が，各世帯を直接訪問し，調査票を配布，対象者が記入し，一定期間後調査員が回収する。国勢調査の結果は，衆議院議員や地方議会議員の定数，市および指定都市等の設置要件，地方交付税交付金の算定基準等に利用される。また，社会福祉政策，経済計画，防災計画の策定等に利用される。この調査は重要であるが，個人情報の管理，過剰な警戒心により調査への協力が得られないなどの問題が指摘されている。➡ 地方交付税交付金

国内企業物価指数 domestic corporate goods price index　企業間で取引される財の価格から計測される物価指数。日本銀行が作成・公表している企業物価指数は，3つの指数からなる。そのうちの1つが国内企業物価指数である。国内企業物価指数は，国内で生産され，かつ，国内の企業に購入される財を計測の対象としており，生産者から家計に直接販売される財は対象外である。多くは生産者出荷段階の価格が用いられる。以前は卸売物価指数という名称であったが，2000年基準から企業物価指数に変更され，同時に国内卸売物価指数は国内企業物価指数へと変更された。国内卸売物価指数と連続性がある。2016年時点では，基準率を固定する固定基準ラスパイレス指数算式が採用されており，基準率を前年とする連鎖方式による国内企業物価指数は参考として公表されている。なお，企業物価指数を構成する3つの指数とは，国内企業物価指数・輸出物価指数・輸入物価指数である。➡ ラスパイレス指数

国内均衡と国際均衡 internal balance and external balance　ある国の中にある資本，労働などの資源が完全雇用されている状態を国内均衡，経常収支が均衡している状態を国際均衡（あるいは対外均衡）という場合が多い。なお，国内均衡については上記の状態に加えて物価水準が安定していることを含む場合もある。また，国際均衡については，それを単に一時点の経常収支均衡を考えるのではなく，資本移転等収支，金融収支を含め，かつ，長期的に考えてとらえることもある。より具体的には，経常収支の不均衡の大きさが，将来自国の対外債務を返済不能に陥らせる程度ではない，あるいはその逆に，他国をそのような状況に陥らせる程度ではないことを国際均衡とする場合がある。このような国内均衡と国際均衡の2つをまとめて内外均衡という。➡ 完全雇用，経常収支，資本移転等収支，金融収支，物価水準

国内純生産 net domestic product　国内総生産から固定資本減耗を差し引いた額。国内総生産と並んで，一国内でのある一定期間における生産活動水準を示すのに用いられる重要な尺度である。国内総生産（GDP）には，固定資本減耗分の

引当が含まれているが，生産段階で新たに付け加えられた正味の価値額を求めようとするならば，生産活動に伴って失われた資本価値は差し引いて考える必要がある。国内総生産に対してこの点を考慮したものが国内純生産の概念であり，国内総生産から固定資本減耗を差し引いたものに等しい。一国内における正味の生産活動水準の尺度として見れば，国内純生産の方が国内総生産よりも優れていると考えられるが，一方では経済全体の固定資本減耗もあくまで推定値であるために，経済の実態を把握するための統計量としては，国内総生産の方がむしろ高く評価される面もある。しかし93SNA移行に伴い，これまで減耗しないとして扱われてきた，社会資本にかかる固定資本減耗が計上されるようになるなどの改善も見られる。 ➡ 国内総生産

国内総支出（GDE） gross domestic expenditure ☞ 国内総生産

国内総生産 gross domestic product：GDP　ある一定期間内の，財貨・サービスの国内における総生産額から中間生産物を差し引いたもの，すなわち付加価値の合計のこと。

これは国内総生産を生産面からとらえたものであり，「国内総生産（生産側）」と呼ばれる。これ以外に「国内総生産（分配側）」および「国内総生産（支出側）」の2つがある。「国内総生産（分配側）」は国内総生産が誰の手に分配されているのかについて見ており，雇用者報酬，営業余剰・混合所得，生産・輸入品に課される税および補助金，に分けられている。「国内総生産（支出側）」は国内総生産がどのように支出されているかについて見ており，民間および政府最終消費支出，総固定資本形成および在庫品増加，財・サービスの輸出マイナス輸入に分けられている。「国内総支出」とも呼ばれる。国内総生産は，事後的には分配，支出のいずれの側からみたものも同じ値となる。これを三面等価の原則という。この三面等価の関係を利用して日本では，基礎統計がよく整備されているという理由から，「国内総生産（支出側）」の値を国内総生産の値としている。 ➡ 三面等価の原則, 付加価値

国民医療費 national medical expenditure　全国民が，1年間に病気やけがの治療のために医療機関に対して支払った費用の総額。総額には，診療報酬額，調剤報酬額，入院時食事療養費，老人保健施設関係の費用が含まれるが，治療費に限定するため正常な妊娠・分娩，健康診断や予防接種，入院時室料差額分等は計上されない。

国民医療費は総額も1人当たりの額も増加を続けており，その社会的負担が社会的に耐えられるかどうか問題となっている。国民医療費増大の要因としては，①高齢者の割合の増加，②医療が上級財の性格を持ち，豊かなほど高度の治療方法が選好される，③医療技術・機器の高度化，④医療保険制度の充実などが挙げられる。今日，健康促進，予防医療の普及，ITの導入などにより医療の効率化が必要とされてきている。 ➡ 医療保険

国民経済計算 System of National Accounts：SNA　一国全体の経済活動を，フローとストックの両面から包括的に捉えるためのマクロの統計体系である。SNAとも呼ばれる。国連が1968年に国民経済計算体系の国際基準を定めたが，これは68SNAと呼ばれている。これは，1993年に25年ぶりに改定され，93SNAと呼ばれている。これを受けて日本でも2000年に統計基準が93SNAに移行している。主な統計表は，GDPの生産，分配，支出を扱う主要系列表，および産業連関表，国民資産・負債残高，勘定体系であり，また取引主体の分類には経済活動別分類と制度部門別分類の2つが採用されている。2000年における主要な変更

点は，所得支出勘定を4つに細分化し，社会保障などの所得再分配を示す勘定が設けられたことと，GDPの概念にコンピュータ・ソフトが含められるようになったこと，これまでは減耗しないものとして取り扱われてきた社会資本に関して，固定資本減耗を計上するようになったこと等であり，経済の変化に対応するために，様々な面での改定が行われている。さらに2009年には2008SNAが定められ，日本も2016年に「平成23年産業連関表」を取り込む形で対応した。この2008SNAではR&Dの資本化が図られ，これによりGDPが約20兆円大きくなった。 ➡ 国内総生産，産業連関表，資本減耗，ストック

国民健康保険 national health insurance 国民健康保険法に基づき，市町村あるいは国民健康保険組合によって運営される公的医療保険制度のこと。非被用者である農業者，自営業者等を対象にした医療保険で，その財源は原則として保険料収入および給付費等の一定割合にあたる国庫負担で賄われている。保険料については，世帯ごとに定額部分の応益割と負担能力に応じた応能割を組み合わせて徴収され，その額については法律により上限が定められているが，地域間で格差が存在する。また給付に関しては，世帯主あるいはその家族の区別を設けず，医療費の7割の給付となっている。なお厚生年金保険など被用者年金に一定期間加入し，老齢年金給付を受けている70歳未満等の人を対象にした退職者医療制度も国民健康保険に分類される。国民健康保険には低所得者層，高齢者層が多いことに配慮し，被用者保険から拠出金が出されるなど，給付額および国庫負担については取扱いが異なる。 ➡ 医療保険，厚生年金

国民純生産 net national product：NNP 国民総生産から減価償却を差し引いた額。68SNAにおいて，国民総生産（GNP）と並んで，一国の国民によるある一定期間内における生産活動水準を示すのに用いられる重要な尺度であった。国民総生産には固定資本減耗分に対する引当が含まれているが，生産段階で新たに付け加えられた正味の価値額を求めるには，生産活動に伴って失われた資本価値は差し引く必要がある。国民総生産に対して，この点を考慮した概念が国民純生産であり，国民総生産から固定資本減耗を差し引いたものに等しい。国民の正味の生産活動水準の尺度として見れば，国民純生産の方が国民総生産よりも優れていると考えられるが，一方では経済全体の固定資本減耗もあくまで推定値であるために，経済の実態を把握するための統計量としては，通常国民総生産の方が使用される。 ➡ 国民総生産，固定資本

国民所得 national income 国民の国内および海外での生産活動の結果生み出された財貨・サービスの総計は，その生産に寄与した労働，資本等の各生産要素に分配された報酬ないし所得の合計となっている。具体的に2008SNAに基づく国民経済計算においては，雇用者報酬，財産所得および営業余剰・所得混合の3つを合計したものになり，これが要素費用表示の国民所得である。なおここで雇用者報酬とは，賃金・俸給に社会保障等の雇主の負担を加えたものであり，財産所得は非企業部門，すなわち一般政府，家計，対家計民間非営利団体の利子，配当等の純受取を指す。またこれらの所得には，海外からの純所得が含まれている。この要素費用表示の国民所得に，生産・輸入品に課される税を加え補助金を差し引けば，市場価格表示の国民所得が得られる。 ➡ 国民経済計算，雇用者報酬，市場価格表示，要素費用表示

国民総支出 gross national expenditure：GNE 68SNAにおいて用いられた，

民間消費支出，民間投資支出，政府支出および純輸出（＝輸出－輸入）の合計。国民総生産に対する支出を表す。一国の国民によるある一定期間内における財・サービスの活動水準は，生産面，分配面の他に，支出面からも見ることができる。この国民総支出は，所得として各経済主体に分配される国民総生産が，どのように最終的に処分されるかを示している。国民総生産と国民総支出が常に等しくなる理由は，国民総支出の中の投資支出の定義によるものである。企業は意図した設備投資（固定資本減耗分を含む）や意図した在庫投資のほかに，財・サービスの需給のアンバランスによって生じる意図せざる在庫投資も最終的に引き受けることになるが，これを投資支出に含めれば（このような投資は，事後的投資と呼ばれる），国民総支出は常に国民総生産に等しくなる。 ➡ 国民総生産，在庫投資

国民総所得 gross national income: GNI ☞ 国民総生産

国民総生産 gross national product: GNP 68SNAにおいて用いられた，一国の国民が，ある一定の期間内に自国および外国で新たに生産した財・サービスを，市場価格で評価した付加価値総額のこと。国民総生産を求めるには，各生産段階で新たに付け加えられた生産物の付加価値額を合計すればよく，それにより中間生産物を二重に足し合わせるという重複計算を回避できる。またこの国民総生産には，固定資本減耗や間接税が含まれ，逆に補助金は含まれていない。したがって経済における生産活動に参加した各生産要素に賃金，地代，利子，利潤・配当等の形で分配される国民所得は，この国民総生産から減価償却と間接税を差し引き，補助金を加えたものに等しくなる。また国民総生産は，それに対する支出である国民総支出にも等しい。ただし現在では，この国民総生産（GNP）よりも国内総生産（GDP）の方が，一国経済の生産活動水準の尺度として重視されるようになっている。また，この国民総生産に代わり，93SNAにおいては国民総所得（gross national income: GNI）が用いられている。国民総所得は国内総生産に「海外からの所得の受注額」を加えたものである。
➡ 国内総生産，国民所得，付加価値

国民年金 national pension 国民年金法に基づき政府により管掌される公的年金保険制度。その目的は，老齢，障害または死亡によって国民生活の安定が損なわれることを防止し，健全な国民生活の維持および向上を図ることとされている。日本の3階建て年金制度の1階部分をなし，基礎年金とも呼ばれる。被保険者は，日本国内に住所を有する20歳以上60歳未満のすべての国民である。国民年金は，国民皆保険を実現している。被保険者の種別は，次のようになっている。①第1号被保険者（自営業者，農業従事者，学生等），②第2号被保険者（厚生年金保険の被保険者），③第3号被保険者（第2号被保険者の被扶養配偶者）。保険料は定額である。

年金の納入は，第1号被保険者は自ら保険料を納入し，第2号被保険者および第3号被保険者は，厚生年金保険第2号，第3号被保険者については，適用事業所あるいは共済組合が被保険者に代わり保険料を納入し，被保険者が直接納入することはない。

給付は，65歳から開始される。給付額は加入期間により異なり，40年間保険料を納付した場合には満額支給を受けることができる。国民年金の財源は保険料および積立金の運用収入ならびに基礎年金給付費の2分の1（2009年度から）にあたる国庫負担金からなっている。

業務は，日本年金機構が行っているが，一部の事務は，共済組合，市町村長が行っている。 ➡ 年金，年金問題，日本年

こくみ金機構

国民負担率 ratio of public burden to national income, national burden ratio 総納税額と社会保険料負担額を加えたものを国民所得で割った値。政府の活動費を賄うために国民が所得のうちどれだけを割いているかを示す指標である。国によっていろいろ異なり，30％前後の国から50％を超える国もある。この値があまりに高いとその負担感から経済的活力が失われる可能性がある。しかし基本的には国民の選択であり，国民負担率が高いかどうかと政府が効率的に運営されているかどうかとは別の問題である。➡ 国民所得，社会保険，租税負担率

腰折れ recovery stalling 回復基調にある景気の動きなどが失速してしまうこと。景気の腰折れの原因としては，政策判断のミス，外国経済の動向，人々の悲観的将来見込み等が挙げられる。バブル経済の崩壊後の日本は長引く不況に直面していたが，輸出の増加に牽引される形で生産を取り巻く状況が好転したことを受けて2002年5月に，政府によって景気底入れ宣言が出された。しかしながらその後は景気動向指数については改善が見られるものの鉱工業生産指数等の動きが緩慢なものとなっていたことなどから，景気がこのまま順調に回復していくかという点が極めて不安視された。当時は輸出先でもあるアメリカ経済の不安定さ，資産効果を通じて消費の動向に影響を与えると考えられる株価の低迷などがその理由として挙げられていた。

なお，景気が回復基調にあり，後退しているわけではないが，上昇する力が弱くなってほぼ横ばいで推移している状態を「景気の踊り場」という。➡ 景気動向指数

個人住民税 individual inhabitants tax 個人に課される道府県民税，市町村民税のこと。明治時代に導入された戸数割が個人住民税の起源であり，その後1940年に市町村民税，1954年に道府県民税が生まれ現行制度の骨格が確立された。納税義務者は当該地域内に住所を有する個人や事務所等を有する個人で当該地域内に住所を有しないものとなっている。個人住民税には所得の大小にかかわらず一定額を納める個人均等割と，所得に応じた個人所得割がある。均等割は誰もが地域社会の費用をある程度平等に負担するべきであるという考え方を反映しており，現在その標準税率は市町村民税，道府県民税ともに均一の税額とされている。所得割については前年の所得金額を計算した上で，各種の控除を行い算出された課税所得金額に税率を適用し税額を算出する。なおその標準税率は市町村民税，道府県民税ともに一律となっている。➡ 標準税率

コスト・プッシュ・インフレーション cost-push inflation 賃金や原材料価格といった生産費用の上昇によってもたらされるインフレーションのこと。物価水準は総需要と総供給により決定されるが，このインフレは総供給側の要因により発生する。例えば，貨幣賃金率の水準は，労働市場における労働の需給関係だけでなく，労使間の賃金交渉にも依存して決まると考えられるが，労働組合の強い賃上げ圧力に応じて貨幣賃金率が引き上げられると，生産物1単位当たりの労働コストが上昇し，それが物価上昇をもたらす。これが，さらなる貨幣賃金率の上昇を引き起こせば，物価は継続して上昇することになる。また，原油などの主要原材料価格の急騰に代表されるような，サプライ・ショックによって引き起こされることもある。➡ インフレーション

コスト・ベネフィット分析 cost-benefit analysis ☞ 費用・便益分析

護送船団方式 convoy system 銀行

間の競争を制限し，すべての銀行を保護する政策。戦後，日本では，信用秩序維持の観点などから，銀行倒産の回避を重要課題として銀行間の競争を制限し，保護する政策をとってきた。護送船団方式といわれるのは，船団を保護するには全体の速度を最も遅い船の速度に合わせなければならないが，これと同じように銀行行政においても，信用秩序の維持のために最も競争力の弱い銀行を基準にして競争を抑制し，金融機関を破綻させないように各種規制を策定する必要があるとの考え方による。

そのために銀行，証券，保険などの兼業を禁じ，業務内容を業界ごとに細分化して，競争を認めない姿勢を堅持してきた。また金融機関の経営状況が悪化した際には，合併を推進させたり，日銀特融などを行った。その結果，戦後の目覚ましい経済成長には貢献した。欧米では金融機関の自己責任が原則であり，日本でも護送船団方式による銀行行政は見直しが求められ現在では事実上，放棄されている。➡ 日銀特融

国家戦略特区 National Strategy Zone アベノミクスの成長戦略の1つ。国際競争力の強化や国際的な活動拠点の形成を図るため，政府が主導して規制緩和や税制優遇を進めることができる特定の地域のことをいう。東京圏(東京都，神奈川県，千葉市，成田市)や関西圏(大阪府，兵庫県，京都府)，新潟県新潟市，兵庫県養父市，福岡県福岡市，沖縄県の6つの区域が指定され，その後順次地方まで拡大されてきた。地方の場合は地方創生特区と呼ばれる。雇用，教育，医療，農業などの規制が強い分野で，大胆な規制緩和を行い，日本経済の構造改革を推進するのが目的である。➡ アベノミクス

国庫 national treasury 国を資金の受取りあるいは支払の主体としてみた場合の呼び方。国を財産権の主体として見た場合，立法，行政，司法の機能の主体である国と区別して国庫と呼ぶ。国庫には国がその活動のために必要とする現金，不動産，有価証券，物品などが含まれるが，そのうち特に重要な現金を国庫金といい，この国庫金の出納および経理の仕組みを国庫制度と呼ぶ。国庫金には，主に一般会計および特別会計の現金，各種政府資金の残高，公庫等の預託金，国庫金補てん勘定の残高などがある。また国庫制度は会計法，日本銀行法に基づき，国庫金の出納および経理は，日本銀行が集中的に取り扱い，統一的かつ効率的な経理をめざす国庫統一の原則がとられている。さらに，国庫金の支払は，原則として日本銀行を支払人として振り出した小切手により国の預金から引き落とすという方法がとられている。➡ 一般会計，特別会計

国庫債務負担行為 national treasury liabilities 財政法第15条に定められたもので，国が予め国会の承認を得て次年度以降にわたる債務を負担する行為。継続費と類似しているが，国庫債務負担行為では，債務負担権限は与えられるが，支出権限は与えられない。国庫債務負担行為には，予算の中で事項，債務負担内容を明確にし特定している「特定決議による国庫債務負担行為」と，事項が特定されていない「非特定国庫債務負担行為」がある。国庫債務負担行為の年限は原則5年である。

国庫支出金 national treasury disbursement 国が行政水準の向上および地域間の財政均衡化といった資金の使途を特定して，地方公共団体に対して交付する特定補助金のことをいう。これはその性格から，国庫負担金，国庫委託金および国庫補助金に分類される。国庫負担金は国と地方相互の利害に関わるもので，一般行政費，建設事業費，災害復旧費等に関する国庫支出のことをいい，国と地

方の負担割合については法令に基づいて定められている。また国庫委託金とは国会議員の選挙や国勢調査などのように国の利害に関係するもので，本来は国が行うべき事務であるが，地方公共団体に任せて実施を代行させた方が効率的である場合，その経費を国が負担するものである。また国庫補助金とは地方公共団体に対して援助的な意味あいで交付し，特定の事務事業を奨励するものであり，法令によらずに予算に盛り込まれる。以上の国庫支出金は個別の事業ごとに国によって定められた方法で事業費が算定され，これに補助率が適用されるので，実際の事業費が国から交付される国庫支出金の金額を上回り，地方公共団体の超過負担となる場合もしばしば見られる。➡国庫，補助金

国庫収支 revenue and expenditure of national treasury　国に属する現金（国庫金）の出し入れを管理する資金収支。国庫収支は，国の財政活動の反映であり，その動向は民間経済に多大な影響を与える。国庫とその相手方により，①国庫対民間収支，②国庫対日銀収支，③国庫対国庫収支に分かれる。経済社会に対する影響では，①は直接的，②は中立的，③は無関係となる。➡国庫

固定為替相場制 fixed (pegged) exchange rate system　外国為替市場において通貨当局が，為替レートを一定の水準に固定あるいはその変動を一定の小幅の範囲内に収める制度。固定相場制ともいう。固定をする対象に応じて，単一通貨固定制，通貨バスケット制，金本位制などと呼ばれる。ブレトン・ウッズ体制下では世界的規模で固定為替相場制が実施され，アメリカ以外の国は金と交換可能な米ドルに対して平価を設定し，その上下1％の変動幅を維持する義務を負っていた。1971年には，アメリカが米ドルの金交換を停止し，同時に変動幅を上下2.25％へと拡大した。1973年には，アメリカのインフレにより米ドルの金価値保証ができなくなったこと，各国政府が通貨の切上げ切下げを嫌い平価の変更が遅れがちになったこと，民間の国際資本移動が活発化し，平価変更を予期した投機的な資本移動が拡大したことなどから，市場介入によっては平価を維持することが不可能になり，固定為替相場制を放棄し，変動為替相場制へと移行した。➡金本位制度，変動為替相場制

固定資産税 fixed assets tax　土地・家屋および償却資産を課税物件として，その所有者に対して，資産の所在する市町村が課す地方税のこと。その安定性，普遍性から市町村税の主力税目になっている。ただし大規模償却資産は特例的に都道府県税となる。固定資産税の課税標準は固定資産の評価額で，固定資産課税台帳に登録された額となるが，評価額は総務大臣の定める固定資産評価基準に従って市町村長が決定する。土地および家屋については3年ごとに評価替えが行われ，価額は特別な場合を除き3年間据え置かれる。税額は固定資産税評価額に税率を乗じて算出される。なお，公共的性格を有する固定資産や住宅用地などについては非課税措置や特例措置がある。また土地や家屋に課される税金として固定資産税のほかに都市計画税がある。都市計画税は，都市計画事業または土地区画整理事業に要する費用に充てるための目的税となっているが，課税標準，納税義務者は固定資産税と同じとされ，その導入，税率等に関しては市町村が自主的に規定することになっている。原則として，固定資産税と都市計画税は併せて賦課徴収すべきものとされている。➡地方税

固定資本 fixed capital　民間法人，公的企業，一般政府などの建物および構築物，機械設備，輸送用機械など。実物資

本はボェーム・バヴェルク（Böhm-Bawerk, E. von），ヴィクセル（Wicksell, J. G. K.），ハイエク（Hayek, F. A. von）等の従来の資本理論においては，企業の機械設備など，繰り返しの使用によってその価値が徐々に生産物に転化されてゆく固定資本と，原材料などのように1回限りの使用で消耗する流動資本とに分けられる。ケインズ（Keynes, J. M.）は，固定資本以外のものをさらに2分して，企業の生産工程にある原材料・仕掛品を運転資本または経営資本とし，保蔵されている余剰在庫や完成品を流動資本と名づけた。

固定相場制 fixed exchange rate
☞ 固定為替相場制

固定費用 fixed cost ☞ 総費用

古典派経済学 classical economics
ケインズがケインズ以前の経済学に与えた呼称。マクロ経済学のパイオニアであるケインズ（Keynes, J. M.）は自らの理論を展開するに当たり，スミス（Smith, A.），リカード（Ricardo, D.）等の本来の古典派から，限界革命後のマーシャル（Marshall, A.），ピグー（Pigou, A. C.）等の新古典派に至るまでのケインズ自身以前の伝統的理論のマクロ経済学的な含意を「古典派」と呼んで一括した。価格理論を中心とする本来の古典派や新古典派にかならずしも統一された整合的なマクロ理論が存在したわけではないが，ケインズ自身がこの古典派的マクロ理論を構成し，自らのマクロ理論をこれに対峙させる形で提示したのである。

実質貯蓄S，実質投資I，実質利子率r，名目貨幣供給量M，マーシャルのk，物価水準P，実質所得Y，労働需要関数N^D，労働供給関数N^S，名目賃金率W，雇用量Nとして，古典派マクロモデルは次の4式で与えられる。

(1) $S(r) = I(r)$, （財市場の均衡条件）

(2) $N^S(W/P) = N^D(W/P)$ （労働市場の均衡条件）

(3) $Y = F(N)$ （生産関数）

(4) $M = kPY$ （貨幣市場の均衡条件）

また次の2つの仮定が置かれる。労働需要は労働の限界生産力と実質賃金率が等しいところで決まる（古典派の第1公準）。労働供給は労働の限界不効用と実質賃金率が等しいところで決まる（古典派の第2公準）。

この古典派理論では，実質所得，実質賃金率，実質利子率，雇用量など実質変数は(1)～(3)式が示す実質部門で決まる一方，物価水準は(4)式で決まる。このような実質変数と物価水準，名目変数が別々に決まるとする考え方は「古典派の二分法」と呼ばれる。➡ ケインズ経済学，実質値，名目値

古典派の二分法 classical dichotomy
☞ 古典派経済学

古典派利子論 classical theory of interest 利子率が貯蓄と投資のバランスで決定されるという考え方。一般に，貯蓄は利子率の増加関数である。一方投資は（資本の限界生産性を所与とすると）利子率の減少関数である。そして貯蓄と投資が等しくなる水準で均衡利子率が決定される。貯蓄・投資説，実物の利子理論などともいわれるように，金融的な要素が考慮されていない。そこで，金融機関の信用創造や家計の貨幣保有を考慮に入れて理論的に発展したのが，貸付資金説である。➡ 貸付資金説

コブ＝ダグラス型生産関数 Cobb-Douglas production function コブ（Cobb, C.）とダグラス（Douglas, P.）により提唱された生産関数。実証研究に対する有用性の高さ，計算の簡便性等から広く用いられている。資本Kと労働Lで生産物Yを生産する場合，次の式で表記される関数。

$Y = K^\alpha L^\beta$

α, βはそれぞれ資本と労働の限界生産

力を反映し、また$\alpha(\beta)$はYに占めるK(L)の取り分を表す。つまり次の関係が成り立っている。

$rK=(\partial Y/\partial K)\cdot K=\alpha Y$
$wL=(\partial Y/\partial L)\cdot L=\beta Y$

ただしrは資本のレンタルプライス、wは賃金率。コブ＝ダグラス型生産関数は$\alpha+\beta$が1より大か小かにより次のように分かれる。

$\alpha+\beta>1$　収穫逓増
$\alpha+\beta=1$　収穫不変
$\alpha+\beta<1$　収穫逓減

またこの生産関数の特徴は、要素間代替の偏弾力性＝1が成立することである。➡規模に関して収穫一定

個別消費税 specific consumption tax ☞消費税

コマーシャルペーパー commercial paper：CP　企業が短期の資金を調達するために発行する約束手形。元来、米国で誕生、発達したもので、日本では1987年に銀行借入に代わる企業の資金調達手段として解禁された。CPの発行要件については、満期までの期間（1年未満）、額面（1億円以上）、格付け（A-3相当以上）などの大蔵省通達があったが、1998年に全面的に撤廃され、発行主体に制限はなくなった。同年からは企業が機関投資家などに直接売り出す、直接発行も認められている。日本銀行は1989年5月より、CPの買いオペレーションを実施している。CPは、拡大傾向を辿っており、譲渡手続きが簡単であることもあり、短期の現先取引も増加している。➡機関投資家

固有値 eigenvalue　Aをn行n列の正方行列、xをn次元ベクトル、λをある実数とする。また、要素がすべてゼロであるn次元ベクトルをoとする。このときo以外のxに対して$Ax=\lambda x$が成立しているときのλの値のこと。なお、xを行列Aの固有ベクトルという。また、行列Aに対応したある1つの固有値λに対して、$Ab=\lambda b$を満たすすべてのベクトルbにoを加えたベクトルの集まりを、固有値λに対応する固有空間という。経済学においては、連立微分方程式や連立差分方程式の解の挙動を調べる際に固有値を用いることが多い。例えば、ミクロ経済学では、一般均衡における均衡価格の安定性の分析等に、マクロ経済学では、均衡経路の安定性の分析等に利用される。

雇用者報酬 compensation of employees　GDPのうち、雇用者の労働提供の代価として分配される部分。ここで雇用者とは、個人事業主と無給の家族従事者を除く、あらゆる生産活動従事者をいう。この雇用者報酬は、現金給与、現物給与など「賃金・俸給」、保険・年金等への負担金など「雇い主の現実社会負担」「雇主の帰属社会負担」からなる。GDPはその生産活動への貢献等に応じてすべて分配され、「雇用者報酬」「営業余剰・混合所得」「固定資本減耗」「生産・輸入品に課される税」、以上4者の合計から補助金を控除したものに等しい。➡国内総生産

雇用対策 employment policy　労働力の需給の質と量の両面における均衡、労働者の能力の有効な発揮、さらにこれらを通じて労働者の職業の安定と経済的・社会的地位の向上とを図るとともに、国民経済の均衡ある発展と完全雇用の達成とを目的として、国が労働者の雇用に関して実施する政策のこと。具体的な施策は、1966年に施行された雇用対策法において規定されている。また、1990年代に入って急速に悪化した雇用状況に対応して、政府は1999年6月に雇用・就業機会の増大を目的とする緊急雇用対策を策定した。近年の雇用状況に対応した雇用対策としては、労働力需給調整機能を強化するための労働市場のインフラ整備の促進、多様な働き方に対応する環境整備

等を通じた雇用・就業機会の整備，セーフティネットとしての雇用保険制度の充実，非正規雇用対策の推進，女性・高齢者・障害者の就労支援などが挙げられる。
➡ 完全雇用，セーフティネット

雇用調整 employment adjustment
企業の業績変化に伴い，望ましい雇用量は変化し，それに見合った雇用を確保すること。通常不況期の雇用削減の意味で用いられる。雇用調整を行う場合，退職者への一時金支払，組合との交渉に要する費用，雇用者募集にかかわる広告費等の費用が必要となる。具体的な雇用調整の方法として，残業規制，中途採用の削減・停止，配置転換，出向，臨時・季節・パートタイム労働者の再契約停止・解雇，一時帰休等があり，深刻な不況の場合は，正社員の解雇も含まれる。いずれの方策が選択されるかは一様でなく，企業の規模等によって異なる。例えば，子会社を持つ大企業は出向が可能で，また，職場の多様さから配置転換の余地も中小企業に比べて大きい。国により雇用調整のあり方は異なり，米国では，若年ブルーカラーを中心にレイオフ(一時帰休)がとられている。ヨーロッパ諸国においては，解雇に関してより厳しい法制度がある。

コンカレント・エンジニアリング
concurrent engineering　企画・設計・生産・販売などの各部門が初期段階から情報共有を図り，密接に情報交換しあいながら同時並行的に作業を進めていく手法，同時並行開発。エンジニアリングとは，一般に工学と訳されるが，的確にことを処理する最適化の手法のことである。コンカレント・エンジニアリングは，米国国防総省高等計画研究局(DARPA)で行われた設計プロセスの同時並行性を向上させる方法に関する研究に端を発しているといわれている。従来の設計プロセスでは，基本部分の設計を終えてから詳細部分にとりかかるといった各部門の流れ作業的な設計・開発であった。これに対して，各部門が情報を共有しつつ同時並行的に設計・開発を進めるという手法が考案され，設計期間を大幅に短縮できるようになった。この手法が民間企業の新製品開発に取り入れられてきており，開発期間の短縮化，開発資源の有効活用，コスト削減などに結びつくようになった。市場が要求する製品の開発期間を大幅に短縮できるのである。このような同時並行的な製品開発が行えるようになったのは，情報通信技術の発達とそれを利用した情報共有が可能になったからである。

コングロマリット conglomerate
相互に関連のない異業種の企業の買収，合併を行う複合企業をいう。米国において1950年のクレイトン法（Clayton Antitrust Act）7条改正で，水平的・垂直的合併に対する規制が強化されたために，1960年代に急速にコングロマリットの形成が促進された。その特色は，巨大企業である親会社が，異なった産業・業種の既存企業を，株式取得により次々に買収・合併していく点にある。その理由は，収益性が高い，将来性があるといった優良企業を買収し，親企業の株価や収益を高めることにある。代表例としては，ITT（国際電信電話会社），テネコ，リットン・インダストリーズ，リング・テムコ・ヴォートなどが挙げられる。コングロマリットは，技術的にも市場的にも相互に関連のない事業の集合体であることから，合併による技術的相乗効果等がなく，業績が悪化するケースも多く発生した。

混合経済 mixed economy　市場の意思決定に対して，程度の差こそあれ政府が介入している経済を混合経済という。希少な資源を何の生産にどれだけ使うのか，生産された財・サービスをだれがどれだけ消費するのかという問題に対する1つの考え方は，その解決を市場メ

カニズムまたは価格メカニズムに委ねることである。このような制度を市場経済と呼ぶ。純粋な市場経済とは、人々が取引する財・サービスの生産に関する意思決定をすべて市場に任せることを意味する。一方で、同じ問題を政府のみで解決するという制度設計も考えられる。このような制度を計画経済と呼ぶ。中央集権経済と呼ばれることもある。現実の経済では、市場経済を原則として、景気対策、成長政策、構造改革、税金や補助金政策などを含む分野は政府が補完的に担当するという形の混合経済体制をとっている。混合経済の体制を採用する国ごとに政府が市場経済活動へ介入する方途や度合いは異なり、その形態は多様である。
➡ 計画経済，市場経済，プライス・メカニズム

混合所得 mixed income ☞ 営業余剰・混合所得

混合便益財 mixed goods 純粋私的財的便益と純粋公共財的便益という2つのタイプの便益を生ずるような財。マスグレイブ（Musgrave, R.A.）は混合便益財の例として教育を挙げているが、教育というのは受ける本人には高い教養と将来の高い収入を得ることのできる可能性を与える。教育の便益のうちこの面は全く私的なものであり、競合性も排除性も存在する。しかし教育は単に教育を受ける人に便益を与えるばかりでなく、多くの人々が教育を受けることにより社会的に高い文化水準・生活水準が形成されるという便益がある。便益のこの面は純粋公共財的であり、非競合性・非排除性が存在する。以上のように全く異なる2つのタイプの便益を持つ財を混合便益財と定義するが、混合便益財を準公共財の一部であるとする考えもある。➡ 公共財，非競合性，非排除性

コンツェルン Konzern 金融機関または持株会社が株式保有、人的関係などを通じて各種の産業部門の企業を支配する独占的な巨大企業集団のこと。コンツェルンは、個々の企業の独立性を維持しつつ形成されるカルテルや、特定の産業部門内においてのみ形成されるトラストより高次な、最も発展した独占形態であるといわれる。また、コンツェルンは、企業集中の中心が産業資本であるか、金融資本であるかに応じて、産業資本型コンツェルン、金融資本型コンツェルンに分類されるが、後者の方が強固である。コンツェルンの代表例としては、アメリカのロックフェラー、モルガン、戦前日本の財閥である三井、三菱、住友などが挙げられる。ただし、コンツェルンという言葉はドイツ固有のものであり、アメリカではインタレスト・グループ（interest group）という語で代用される場合が多い。➡ カルテル，財閥，トラスト

コンテスタビリティ理論 contestability theory 市場がコンテスタブル（競争的）であれば、仮に市場が独占または寡占状態であったとしても、競争的な市場と同じ市場結果をもたらすという理論。ボーモル（Baumol, W. J.）、パンザー（Panzar, J.）、ウィリグ（Willig, R.）らによって提唱されたものである。このコンテスタビリティ理論を可能とする市場を完全なコンテスタブル市場というが、その条件としては参入・退出が自由なことが挙げられる。これには、参入障壁が存在しない、退出に際して参入時のコストをすべて回収できる、すなわちサンク・コストがないという2つの意味が含まれる。コンテスタビリティ理論は、市場が競争的ではない公益事業であっても、当該市場がコンテスタブルであれば規制は不必要であることを主張するものであり、公益事業の規制緩和の理論的な裏付けとされた。これに基づき、1970年代から1980年代にかけてアメリカで航空産業や電気通信産業で規制緩和が行われ

た。→ 寡占, 規制緩和, サンク・コスト, 参入障壁, 独占

コンドラティエフの波 Kondratieff waves　50～55年程度の超長期の周期を持つ景気経済循環の波。コンドラティエフ (Kondratieff, N. D.) は, 1920年代に景気の長期波動 (長波) の研究を行い, 周期的な技術革新や戦争などを要因として生じる, およそ50～55年程度の周期を持つ物価や産出量の循環を見出した。18世紀後半から今日までに, 4つの長波があったことが知られている。第1の長波は産業革命を原因とする1787～1842年, 第2の長波は鉄道建設を原因とする1843～97年, 第3の長波は電力, 自動車などの発達を原因とする1898～1939年 (期間はクズネッツ (Kuznets, S. S.) による), そして第4の長波はエレクトロニクス, 原子力などの発展を原因とする1949～2003年のもの (期間はメイガー (Mager, N. H.) による) である。→ 景気循環

コンドルセ基準 Condorcet rule　投票の逆理を発見したフランスの数学者で教育家でもあったコンドルセ (Condorcet, M.) により提案された社会的選択ルール。「単純多数決投票によって, 他のいかなる選択肢より優位となる選択肢を社会的決定とする」という基準である。コンドルセ基準によって選び出される選択肢を「コンドルセ勝者 (Condorcet winner)」と呼ぶが, 投票の逆理が生じる状況の下では, コンドルセ勝者は存在せず, コンドルセ基準によっては社会的決定を得ることはできない。→ 投票の逆理, 投票の原理

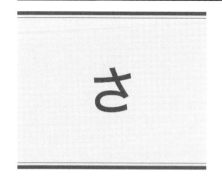

サービサー servicer 広義では，原資産を管理し，債権の徴収業務を行う機関。狭義では貸金，不良債権の回収を専門に行うノンバンクである。1999年2月に成立した「債権管理回収業に関する特別措置法（サービサー法）」により生まれた。金融機関などの債権者から委託を受けて，企業の債権や個人向けの住宅ローン債権の回収を行う。債権者にとっては，専門的な知識を持つ業者を利用することで，債権回収の確率が高まる可能性がある。

1999年まで日本では，弁護士法により，弁護士以外の者が債権者から委託を受けて，回収が困難になった債権の取立てや弁済の受領などの行為を行うことや訴訟を行って債権の回収を行うことなどが禁止されていた。しかし1999年に債権回収が民間業者にも解禁された。この背景には，不良債権とその処理の必要性，金融債権の流動化やセキュリタイゼーションの必要性に対応するためには，弁護士以外にもその仕事を拡大する必要性への認識が広がったことがある。また参入者の拡大は，専門ノウハウを持つ債権回収のプロの育成にもつながると期待されている。反面，参加するためには，厳しい条件が定められている。法務大臣の許可が必要である他にも，資本金5億円以上の株式会社，取締役会に弁護士がいることなどの要件が求められる。2001年9月には改正法が施行され，消費者金融への倒産企業の債権などの管理回収も行えることになった。➡ノンバンク，不良債権

サービス残業 unpaid overtime work 時間外労働（残業）に対して時間外労働手当を支払わない，不払い残業の通称。サビ残，賃金不払い残業ともいわれ，労働基準法違反である。残業が労働基準法違反とならないのは，①労使間で協定（36協定）を締結して行政官庁に届け出る，②使用者が労働者に対して残業代・時間外労働手当を支払う場合である。これまで日本では，サービス残業は通常の労働慣行であったが，仕事と私生活の好循環を目指すワークライフバランスから逸脱している。➡契約社員，ブラック企業，残業

サービス収支 service balance 国際収支表の経常収支の貿易・サービス収支を構成する勘定科目で，居住者・非居住者間のサービスの授受を計上したもの。サービス収支は，輸送，旅行，その他サービスの3つに大別される。輸送には，居住者・非居住者間で発生する旅客の運搬や貨物輸送，およびこれらに関連するサービス（輸送手段のチャーター等）を計上する。輸送は，輸送手段により，海上輸送，航空輸送，その他輸送に区分され，さらにサービスの内容によりそれぞれ，旅客，貨物，その他に分けられる。旅行には，旅行者が居住国以外の経済圏において取得した財貨およびサービスにかかわる受払いを計上する。例えば，宿泊費，食事代，娯楽費，現地交通費，土産品代等が含まれる。その他サービスには，輸送，旅行に属さないすべての居住者・非居住者間のサービス取引を計上する。その他サービスは，通信，建設，保険，金融，情報，特許等使用料，その他営利業務，文化・興行，公的その他サービスに区分さ

サーベンス＝オクスレー法 Sarbanes-Oxley Act　2002年7月に米国で制定された企業改革法。相次ぐ不正会計事件への対応として企業会計の正確性と透明性を高めることを目的に、企業経営者の責任・義務と不正行為に対する罰則を厳しく定めている。なかでもCEO（chief executive officer）、CFO（chief financial officer）はSEC（Securities and Exchange Commission：証券取引委員会）に提出する書類の正確性について証明と署名が求められ、虚偽の記載があった場合罰金もしくは5～20年の禁固刑が科せられる。日本では2006年4月に成立した「金融商品取引法」において同様な条項が2008年4月より適用された。➡ 金融商品取引法

最恵国待遇 most-favored-nation treatment　通商、関税、航海など2国間の関係について、第三国に与えている条件よりも不利にならない待遇を与えること。これは、通商航海条約など2国間の条約、協定で決められるほか、GATT（ガット）の締約国には自動的に供与される。第三国より有利な最恵国待遇を結ぶ場合には、その効力は他の最恵国待遇国にも適用されることになる。また、通商協定あるいは通商航海条約のなかで最恵国待遇を規定している条項を、最恵国約款という。➡ GATT

再決定仮説 dual decision hypothesis　非ワルラス経済学あるいは一般不均衡分析に沿ったケインズ経済学のミクロ経済学的基礎として、クラウワー（Clower, R. W.）によって提唱された家計の消費需要行動に関する仮説。家計はその最適行動においては、労働市場で望むだけの労働供給を行い、それがすべて需要され、雇用されることで得た所得に基づいて財市場での消費財需要を決定する。このような需要は概念的需要(notional demand)と呼ばれるが、もし労働市場で、家計が望むだけの労働が需要され、雇用されなかった場合、実際に需要された労働、それに基づくより少ない所得に応じて家計は財市場での消費財需要を改めて再決定することになるとする仮説。概念的需要に対し、このように再決定された需要を有効需要(effective demand)と呼ぶ。➡ ネオ・ケインジアン

債権国 creditor country　☞ 対外純資産

財源対策債 revenue source measures bonds　地方財政計画上、地方公共団体の地方交付税および地方税収不足を補填するための臨時的な財源対策として、発行が認められる建設地方債のこと。通常債の充当率（事業費のうち起債で賄う割合）アップあるいは適債事業の範囲を拡大することにより措置される。オイル・ショックによる景気の低迷により多額の地方財源不足が見込まれた1976年度の地方財政対策においてはじめて措置され、その後もしばしば発行されている。財源対策債の元利償還金については一定のルールに基づき基準財政需要額に算入されることになっているため、その全額あるいは一部が地方交付税で措置される。なお、財源不足に対しては、財源対策債以外に、地方財政法第5条の特例となる臨時財政対策債などがある。➡ 地方交付税交付金、地方財政計画

財源超過額 excess revenue　☞ 財源不足額

財源不足額 deficit revenue　地方交付税法の規定によって算定された基準財政需要額が、基準財政収入額を超える額のこと。また、基準財政収入額が基準財政需要額を超える額を財源超過額という。これらは、地方交付税の算定上用いられるものであって、現実の財源の不足額または余剰額そのものを示すものではない。基本的には、この財源不足額が普通交付税の対象額そのものとなる。ただ

し，地方交付税法では各地方公共団体について算定した財源不足額の合算額が，予算で決められている普通交付税の総額を超える場合については調整が行われることになっており，その結果財源不足額が小さい場合は普通交付税が交付されない場合がある。普通交付税は財源不足額を補うものであり国と地方の財源配分機能，地方の財源補償機能，地方間の財政調整機能を持つものである。 ➡ 基準財政収入，基準財政需要，地方交付税交付金

在庫 inventory 生産，販売の過程を円滑化するために，企業が生産の各段階で，原材料，仕掛品，あるいは製品等の一定量を保有すること。在庫の積増しは企業にとって1つの投資行動と見なされ，在庫投資と呼ばれる。予想外の需要の変化に対応して，その都度生産量や仕入額を変化させると余分の費用が必要となる。しかし在庫を保有すると，予期せぬ需要の減少（増加）には在庫の積増し（取崩し）で対応することができる。在庫の保有には，倉庫料や金利その他の費用が必要で，在庫が多いほど良いというものでなく，販売計画から見て適正な在庫水準が存在する。適正水準の在庫を意図した在庫という。予想外の需要の変化により生じる在庫は，意図せざる在庫と呼ばれる。適正水準を越えた過剰な在庫を削減し，また在庫の不足を補充することを在庫調整という。在庫調整は景気変動の要因ともなり，これによって生じる景気変動は在庫循環，あるいはキチン循環あるいはキチンの波と呼ばれ，3，4年周期を持つと言われている。最近はITを用いたPOS（販売時点情報管理）等の発展により在庫管理手法が進み，企業が保有する在庫も少なくなっている。 ➡ POS

最高経営責任者 chief executive officer
☞ 株式会社

再構築コスト replacement cost
☞ エクスポージャー

在庫調整 inventory adjustment
☞ 在庫

在庫投資 inventory investment
☞ 在庫，景気循環

最後の貸し手 lender of last resort
中央銀行が果たす機能の1つである。一時的に流動性が不足しているために経営危機に陥っている銀行に対して，中央銀行貸出という形で流動性の供給が行われる場合の日本銀行の果たす役割のこと。近年，金融システムの混乱の悪影響は大きくなっており，他の金融機関への影響からも，最後の貸し手機能の問題が重要になっている。1998年施行の新日銀法では，コンピュータ障害など偶発的に生じた一時的な貸出需要に対しても，信用秩序維持の観点から内閣総理大臣および財務大臣による要請があった場合に，特別の条件による貸出などをすることができるとしている。 ➡ 中央銀行

再雇用制度 reemployment system
定年を迎えた労働者を，その企業が引き続き雇用することを継続雇用という。これには，定年年齢に達した人との雇用契約を解消することなく，引き続き雇用契約を継続する勤務延長と，定年時にいったん雇用関係を解消し，退職金を支払ったうえで，再び雇用契約を結ぶ再雇用とに分類される。厚生労働省による2015年就労条件総合調査によれば，定年制を実施している民間企業のうち，勤務延長制度のみを実施している企業の割合は11.0%，再雇用制度のみを実施している企業の割合は71.9%，双方の制度を併用している企業の割合は10.0%であった。企業規模別に見ると，おおむね企業規模が大きいほど再雇用制度のみを実施している割合が増大し，1,000人以上の企業では，この割合は88.5%であった。反対に，勤務延長制度はおおむね小規模な企業ほど採用する割合が高く，30人以上100人未満の企業では12.9%である一方，1,000

人以上の企業では2.5%であった。

最終生産物 final goods　1年という期間において生産された財貨・サービスのうち,家計,企業,政府の消費または固定資本形成あるいは輸出という形で最終的に需要されるもののこと。これに対して,産業などにおいて原材料として生産過程に入り,中間消費されるものを中間生産物という。あらゆる生産過程は本源的生産要素の投入から始まる段階的な生産構造において,中間生産物の段階を経て最終生産物に至る。➡ 中間財

歳出 annual government expenditure　財政法第2条に規定され,国が1会計年度に行う一切の支出のこと。これに対して,1会計年度における一切の収入は歳入と呼ばれる。地方公共団体においても国に準じている。国の一般会計についての歳出を例に取れば,社会保障関係費,文教及び科学振興費,恩給関係費などの一般歳出と国債費および地方交付税等によって構成される一般会計歳出として表される。財政法では,歳出の定義を行うと同時に第4条において,原則として国の歳出は公債または借入金以外の歳入をもってその財源としなければならないと規定され,歳出規模が無秩序に大きくなることに歯止めをかけている。歳出は,国会において審議され議決された予算に拘束されるため,経費の目的やその金額などについて予算を超えて支出することはできない。➡ 一般会計

最小犠牲説 minimum sacrifice theory　課税に伴う個人の効用の喪失量すなわち犠牲量は,社会全体として最小にされるべきという考え方。この考え方は所得の増加とともに限界効用は逓減するという限界効用理論の命題を基礎にしており,個人間の所得の減少による限界犠牲性が等しくなることで達成される。したがって,均等限界犠牲説により導き出される結果と同一になる。しかしながら同一の課税額でも所得が高いほど限界犠牲が小さいと考えられるので,最小犠牲説に基づく課税制度においては所得の高い人から順次課税をしていくことになり,その結果として極度の累進課税制度となってしまう。そのため資本蓄積に対して大きな阻害要因となることには注意が必要である。この点を考慮した考え方として,個人の立場からではなく社会価値の喪失量を最小にするという社会価値説もある。
➡ 限界効用, 限界効用逓減の法則

最小二乗法 least squares method　線形回帰モデルの推定方法の1つ。与えられたデータ Y, X に対して,以下のような直線をあてはめることを考える。
$$Y = \alpha + \beta X$$
あてはまりの良い α, β を選ぶことが重要であるが,一般的に完全にあてはまる直線はあり得ない。つまり,Y と $\alpha + \beta X$ の間には誤差が生じているはずである。そこで,あてはまりの良さを客観的に評価できるように,変数 X, Y が具体的にとる値を X_i, Y_i として,以下のように残差の二乗和を定義する。
$$S = \sum u_i^2 = \sum (Y_i - \alpha - \beta X_i)^2$$
上式を最小化する α, β を求めるのが最小二乗法である。二乗和を定義するのは,残差の絶対値の総和 $\sum |u_i|$ の場合は計算が容易でないこと,単純な残差の総和 $\sum u_i$ の場合は残差に正,負があるためそれらが相殺されるからである。具体的には,S を最小化する α, β を求めるには,上式を α, β について偏微分したものを0とおき,α, β について解けばよい。

財政 public finance　中央政府,地方政府,政府関係機関などの公共部門の歳入・歳出を通じた経済活動。歳入は,租税徴収,公債発行,貨幣発行,罰金徴収,手数料徴収,公企業収入などから構成され,歳出は,政府消費,政府投資,移転支出,補助金などから構成される。また財政の制度的枠組みを財政制度という。す

なわち租税, 予算, 決算, 会計等にかかわる制度のことである。憲法第7章財政で定められた基本原則の下, 税法, 財政法, 会計法などが定められている。

財政赤字 fiscal deficit　公共部門の税収等強制力をもって徴収する収入と支出の差額がマイナスの場合のこと。プラスの場合を財政黒字あるいは財政余剰と呼ぶ。財政収支を考える範囲として, 中央政府, 地方政府, 社会保障基金を合わせた一般政府で考える場合と, 中央政府のみを考える場合とがある。後者の場合, 今年度の国債発行額と前年度からの剰余金の差額が財政赤字の定義となる。

また, 財政赤字に関する重要な概念として, 循環的赤字と構造的赤字がある。循環的赤字とは景気の後退局面で歳入不足が発生することによる赤字をいう。構造的赤字とは財政構造自体に起因する赤字をいう。財政赤字が構造的であるかどうかは, 完全雇用余剰(あるいは高雇用余剰)を計測することによって判断される。財政赤字が巨額化すると, 税収の多くが公債の元金償還あるいは利子支払いに回され, 財政本来の役割である, 公共財・サービスの供給が困難になるなどの問題が生じる。➡ 赤字財政, 一般政府, 完全雇用余剰, 公債

財政赤字の持続可能性 sustainability of fiscal deficit　将来的に財政破綻を起こすことなく, 財政赤字を半永久的に続けることの可能性の問題のこと。財政赤字が恒常的に続いた場合, 国債残高の累増, 国債費の増大が起こり, 本来政府が行わなければならない行政サービスの供給ができなくなる可能性がある。しかし財政赤字を続けていくことが可能かどうかは, 税収との関係で決まり, 国債の累積額だけを見ては判断できない。税収の伸びは, 経済成長率に依存する。したがって一般的には, 経済成長率が国債残高の伸び率より大きければ, 財政破綻は起こらず, 財政赤字は持続可能といえる。
➡ 経済成長率, 国債費, 財政赤字

財政改革 fiscal reform　財政構造全体を見直すことにより, 財政効率化, 財政再建を図る考え方。行政改革と一体となっている。財政支出は放置しておくと, 年々の経費の自然増, 公債発行増に伴う国債費の増大, 政府組織の肥大化などにより財政赤字が拡大し, 新規政策, 景気対策などを実施する余裕がなくなっていくなど, 財政硬直化が進むことになる。これを回避して, 国民の公共部門に対する数々の要望に応えていくためには, 歳入歳出構造を見直し, 特に支出の合理化, 効率化を図る必要がある。合理化あるいは効率化の1つの基準としてプライマリー・バランスという指標がある。➡ 行政改革, 公債, 公的部門, 国債費, プライマリー・バランス

再生可能エネルギー renewable energy　一度利用しても比較的短期間に再生が可能であり, 資源が枯渇しないエネルギーのこと。例として, 太陽光や太陽熱, 水力, 風力, バイオマス, 地熱など。本来, 「絶えず資源が補充されて枯渇することのないエネルギー」「利用する以上の速度で自然に再生するエネルギー」という意味である。対義語は枯渇性エネルギーであり, 石炭, 石油などが該当する。

再生可能な資源 renewable resources　自然の推移に任せておけば再生産される能力を有する資源のこと。例としては森林等の植物資源, 魚類等の動物資源, 大気中の物質濃度等が挙げられる。これらは人間が伐採, 捕獲して消費したり, 汚染したりしたとしても, その再生能力の範囲内であれば原状回復し, 継続的に利用することができる。しかし, その再生能力を超えた過剰利用を行うと, 再生可能ではなくなり, 将来的にはその資源が枯渇し利用することが不可能となる。再生可能な資源に対する概念として, 石油,

財政緩和 fiscal relaxation ☞ 財政引締め

財政黒字 fiscal surplus ☞ 財政赤字

財政健全化債 bond of making sound finance　財政状況が悪化した地方公共団体のうち、財政健全化の計画を策定して自主的に財政の健全化を図ろうとする団体に対して起債が認められる地方債のこと。地方財政法第5条によって地方債を財源とすることが適当と考えられる適債事業について、投資的経費の地方負担分にあたる地方債の割合を高めるなどの措置がとられ、健全化措置に伴う増収額と経費の節減額を考慮し、将来の財政負担の軽減が見込まれる範囲内において発行が認められる。1975年度以降、地方の財政状況が悪化したことを受けての特例措置である。なお地方債の許可は地方債計画に基づき行われるが、財政上やむを得ないものと判断されることから、財政健全化債は枠外債として取り扱われ、地方債計画には計上されない。➡ 地方債, 地方債計画

財政硬直化 inflexibility of public finance　財政支出に占める義務的経費の割合が高まることによって、財政運営に対する政府の裁量の余地が乏しくなり、財政の政策的機能を低下させてしまうこと。その原因として、財政赤字の累積に伴う公債の発行が政府支出に占める公債利払い負担を増加させてしまうこと、年金などに代表される社会保障政策の充実が高齢化時代の到来とともにその支出を増加させていくことなどが挙げられる。これらの経費はいずれも法令等により制度的枠組みを持っており、容易には支出を削減することができない義務的経費であるため、税収が大きく伸びない限りはその他の政策的経費を圧迫することにつながる。このような状況に陥った財政は弾力性を失い、新規や臨時の財政需要に応えることができなくなってしまう。➡ 義務的経費, 公債, 財政赤字

財政再計算 actuarial revaluation　公的年金制度等において年金財政の健全化を図る目的から、定期的に給付と負担についての将来見通しの見直しを行うこと。そもそも年金制度は長期的視点を必要とする制度であるため、将来の状況に関しての予想に基づいて制度設計が行われている。しかしながら、少子化や高齢化に伴う人口構成の変化や、賃金や物価の変動といった社会経済状況の変化により、しばしば予想と実績が異なる状況が生じる。そのため公的年金制度では、少なくとも5年に一度は財政再計算をすることが法律により義務づけられている。その際には、社会経済状況や社会保障制度に関する考え方の変化を考慮した上で、必要に応じて将来の保険料や給付水準、給付方法等について見直しが行われる。なお、企業年金や厚生年金基金等においても同様の取扱いがなされ、長期的な年金財政収支の安定が図られている。

財政再建債 financial rehabilitation bond　1955年に施行された地方財政再建促進特別措置法に基づき、財政再建を行っている財政再建団体に対して起債が認められた地方債のこと。1954年度における歳入不足に関して補填を行うこと、財政再建が完了するまでの間、財政再建計画に基づく退職者の退職手当に充当させる財源確保などがその目的とされた。また、財政再建債の利子については3.5％を超える部分について5％の額を限度として国が毎年度予算の範囲内で利子補給できるものとされた。ただし1955年度以降新たに赤字団体となった準用財政再建団体に対しては、財政再建債の発行は認められていない。なお財政再建債の中には、地方財政再建促進特別措置法

ではなく，地方公営企業法により企業債として認められているものもある。2007年には地方公共団体財政健全化法が制定され，新たな財政再建の枠組みが導入された。その中で財政再生のため，財政再生計画を策定し総務大臣の同意を得た地方公共団体においては一定の条件のもとで，再生振替特例債の起債が認められている。➡財政再建団体，地方公共団体財政健全化法，地方債

財政再建団体 local public entity under financial reconstruction　1955年に施行された地方財政再建促進特別措置法に基づき，1954年度の赤字団体で，財政再建を行っている地方公共団体のこと。1955年度以降の赤字団体については「準用財政再建団体」と呼ばれる。具体的手続きとしては，議会の議決を経て，総務大臣に地方財政再建促進特別措置法に基づいた財政再建を行う旨を申し出，財政再建計画を定めた上で承認を得て国の強力な監督の下で財政再建をめざす。市町村では標準財政規模の20％以上，都道府県では5％以上の赤字を出すと準用財政再建団体となり，地方債発行の許可制限や国の厳しい監視下におかれる。

なお，1990年代以降の地方における財政状況の悪化から，2007年には地方公共団体財政健全化法が制定され，新たな財政再建の枠組みが整備された。➡地方公共団体財政健全化法，地方債

財政錯覚 fiscal illusion　公共サービスの便益と費用負担に関して，個人が正しく認識できず，小さな費用負担で公共サービスが受けられると考えてしまうこと。古くはイタリアのプヴィアーニ(Puviani, A.)の理論に端を発している。費用負担に関して過小評価してしまう例として，直接税のみによって財源調達が行われている場合より，間接税等も含めた多様な税制度の方が，個人が直面する表面的な税率が低くなり，現実には同じ費用負担であっても個人は軽い負担だと感じてしまう。また租税による方法ではなく，公債の発行や貨幣の増刷などによって財源調達が行われても同様のことが生じる。いずれの場合も事実の誤認，情報の欠如により引き起こされた現象であるといえ，政府規模の過度な拡大傾向を生む恐れがある。

財政資金対民間収支 receipts and payments of treasury funds with the private sector　国の財政活動に伴う歳出や歳入は市場での貨幣量に影響を与えるが，政府部門と民間との間で行われる財政に関する資金の受払いを示すもの。政府資金は国庫金として日本銀行に一元管理されているため，この国庫金を基礎にして，経理上の問題点である時間調整を行い国庫金に準じる国際協力銀行，日本政策投資銀行などの資金を加えたものを財政資金として一般会計，特別会計等，調整項目などの項目に関してそれぞれの受払いが明らかにされる。なお財政資金対民間収支は年度内において，あるいは年度間においてかなり規則的な変動をすることが知られている。それらの原因として年度内の変動については租税の納入，地方交付税などの支出が特定の季節に集中すること，また年度間の変動については景気変動などが挙げられる。➡揚げ超，国庫

財政支出 public expenditure　国および地方公共団体等が，公共財・サービスの提供にあたって行う支出のこと。具体的な支出目的としては，一般公共サービス，防衛，経済業務，住宅・地域アメニティ，保健，教育，社会保障などが挙げられる。また，国民経済計算の観点からは，政府最終消費支出，公的総資本形成，および移転支出に分類される。政府最終消費支出は経済的なサービスに対する支出であるが，民間財のように市場価格で評価することが困難なため，サービスの提

供にあたって必要とした人件費などの費用で測られる。公的総資本形成は一般政府および公的企業の総固定資本形成と公的在庫品増加を加えたものとされ、政府最終消費支出とあわせて政府支出と呼ばれる。この政府支出に失業給付や恩給などの移転支出を加えたものが財政支出となる。なお高齢化等の社会環境の変化により財政支出は多様化し、国民経済のなかで占める役割は増大する傾向にある。
➡国民経済計算，政府最終消費支出

財政支出の平準化 levelling of public expenditure 金融市場への影響をできるだけ少なくするために、財政支出の変動をできるだけ小さくすること。財政支出は、季節的な要因あるいは景気動向により大きく変動し、金融市場への貨幣供給を大きく変化させる。貨幣供給の大幅な変化は、経済全体の攪乱要因となり経済の安定性を損なう。よって財政支出は年度内あるいは年度間でもできるだけ変動が少ないことが望ましい。➡マネー・ストック

財政支出膨張の法則 principle of growing fiscal payment 財政需要は絶えず増大する傾向があるという経験則。近代民主主義国家においては、国民のニーズは多様化し、国家はそれに応えなければならず、不断に政府活動の拡大あるいは新規に政府活動の創出がなされ、財政支出は膨張する傾向がある。ワーグナー (Wagner, A.H.G.) は、社会的進歩の結果として国家活動が増大し財政支出が膨張するものと考え、それを「経費膨張法則」と呼んだ。その後ピーコック=ワイズマン (Peacock, A.T. and Wiseman, J.) により、経費は永続的直線的に膨張していくのではなく、階段状に低い段階からより高い段階へ転位しながら膨張していくという考えが示された。これを「転位効果」と呼ぶが、転位が起こるのは戦争や不況がその契機となると考えられた。マスグレイブ (Musgrave, R. A.) は経費膨張の原因を、①経済的要因、②環境的要因、③社会的要因の3つに区分し3つの相互作用により経費は膨張していくと論じた。

財政障害 fiscal drag タイミングを失した財政政策、インデクセーションを施さない財政政策、税制の自動安定化装置等のために経済活動が抑制されること。フィスカル・ドラッグともいう。例えば景気回復期に名目所得が増加すると、累進所得税の下では、所得税率が上昇し、実質可処分所得を減少させ、景気回復を抑制してしまう可能性がある。あるいは、景気後退により税収が減少しているときに、均衡財政主義を厳守し、歳出を削減すれば、有効需要はさらに減少し、景気後退はさらに進行してしまう。経済を安定化する役割を持つ財政活動自身が経済の不安定性を高める要因になってしまう可能性がある。➡安定化政策，財政政策

財政乗数 budget multiplier 乗数理論において、外生変数として財政変数(政府支出あるいは租税)の変化がその何倍の均衡生産量(GDP)の変化をもたらすかを示す数値。政府支出乗数、租税乗数ともいう。たとえば政府支出乗数の要点は政府部門を加えた次頁の45°線モデルを用いて説明することができる。なおここでは海外部門は存在しないと仮定している。

① $C = C_0 + c_1(Y - T_0)$ （消費関数）
② $I = I_0$ （独立投資：定数）
③ $G = G_0$ （政府支出：定数）
④ $T = T_0$ （租税：定数）
⑤ $Y^D = C + I + G$ （総需要）
⑥ $Y = Y^S = Y^D$ （有効需要の原理：総需要＝総供給）

ただし、$0 < c_1 < 1$ であり、また C_0 は独立消費、$Y - T_0$ は可処分所得である。以上より均衡生産量(GDP)水準は次式のようになる。

$$Y^* = \frac{1}{1-c_1}(C_0 - c_1 T_0 + I_0 + G_0)$$

Y^* は安定的な財市場の均衡である。なお Y^* は労働市場の均衡とは無関係に決まってきている。今、働く意思と能力を持ち、現行賃金を受け入れる労働者をすべて雇用したときの生産量を完全雇用生産量(GDP) Y^F とする。もし完全雇用生産量(GDP) Y^F が均衡生産量(GDP) Y^* を上回るとき、$Y^F - Y^*$ の生産能力に対応する労働力は、自由な市場の調整に委ねる限り失業となって残り、この失業を解消するには、総需要曲線の上方シフトが必要である。政府支出が必要規模 ΔG_0 だけ増加すれば総需要曲線と45°線の交点はF点に移り、完全雇用生産量(GDP) Y^F が均衡生産量(GDP)と一致し失業は解消する。

なお政府支出乗数は次式のように表される。

$$\Delta Y^* = \frac{1}{1-c_1} \Delta G_0$$

$Y^F - Y^* = \Delta Y^*$ となるだけの政府支出が必要とされる。また、租税乗数についても同様にして得られる。

$$\Delta Y^* = \frac{-c_1}{1-c_1} \Delta T_0$$

政府支出の増加が増税で賄われた場合の均衡GDPにもたらす効果を考えてみよう。このとき $\Delta G_0 = \Delta T_0$ となるが、この場合の乗数は均衡予算乗数と呼ばれ、財政支出乗数と租税乗数を加えた値となる。

$$\Delta Y^* = \frac{1}{1-c_1} \Delta G_0 + \frac{-c_1}{1-c_1} \Delta T_0$$
$$= \frac{1-c_1}{1-c_1} \Delta G_0 = \Delta G_0$$

すなわち政府支出の増加はそれを賄う同額の増税が同時に行われたとしても、政府支出と同額のGDP増大効果をもたらす。➡ 完全雇用GDP、乗数理論、45°線モデル、有効需要の原理

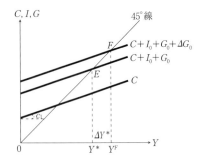

財政政策 public finance policy 広義には、財政という手段を用いて政府がその目的を達成しようとする政策全般のこと。政府には3つの主要な経済的役割が存在するが、それぞれの役割に対して財政的手段が存在する。例えば資源配分の効率性については、公共施設を建設したりして公共財を供給することによりその役割を果たす。所得の再分配については歳出面からの社会保障制度や歳入面からの累進所得税などの手段がある。経済の安定と成長については、自動安定化装置とフィスカル・ポリシー(あるいは補正的財政政策)といわれる総需要管理政策がある。狭義には、財政政策を安定政策に狭く解釈する場合もある。その場合には財政政策はフィスカル・ポリシーと同義となる。フィスカル・ポリシーは、不況期には公共事業の拡大や減税によって景気を刺激し、好況期には公共事業の縮小や増税によって景気過熱を抑制する。好況期と不況期にとられるこのような対称的な政策を財政政策の対称性という。➡ 公共財、社会保障、所得再分配、総需要管理政策、不況、累進税

財政投融資 fiscal investment and loan 政府の特定の目的を実現するために、政府の信用を通じて低利で資金調達をして、それを原資に投融資を行う制度。財政の資源配分機能を果たしている。

過去において、財政投融資の原資は、

郵便貯金，簡易保険の保険料，厚生年金・国民年金の保険料など，国の制度や信用により集められたもので，大蔵省(現在の財務省)が管理する資金運用部に預けられていた。そして，政府系金融機関や公団（日本道路公団など），事業団，特別会計(国立病院や国立学校)などへ貸し付けられ，社会資本整備や公共サービスなどの提供のために運用されてきた。この仕組みが財政投融資である。高度成長期には「第2の予算」とも呼ばれたが，政策金融機関の肥大化が民業を圧迫しているとの批判があった。

2001年4月には，中央省庁等改革基本法の規定に基づき資金運用部は廃止され，新たに財政融資資金が設けられた。主要特殊法人は自前で財投機関債を発行し民間から資金調達をすることが原則となった。財投機関債を発行しているのは，住宅金融支援機構，日本高速道路保有・債務返済機構，日本政策金融公庫などである。同時に郵便貯金，年金などで得られた資金は金融市場を通す自主運用に移行された。さらに，政策金融の改革によって，財投対象機関の民営化や廃止が行われ，財政投融資の規模の縮小が図られてきている。➡ 簡易保険，厚生年金，国民年金，政府系金融機関

財政引締め fiscal tightening 景気が過熱し需要超過に陥っている場合や輸入増大による国際収支の悪化を改善するために，政府支出の削減や繰延べ，増税などを行い総需要を抑制する財政的手段のこと。これに対して，不況などにより総需要不足が生じている場合に，政府支出の拡大，減税などを行い，総需要を喚起することを財政緩和という。なお一般に財政支出の増加等によって景気を刺激することを目的とした財政運営を積極財政，景気を抑制することや，財政収支の悪化を止めることを目的として経費の削減を行う財政運営を緊縮財政と呼ぶ。➡ 国際収支，総需要管理政策

財政法 Public Finance Law 1947年に制定され，国の予算・決算その他財政の基本に関して規定した法律。国民の権利や義務に直接かかわる法律ではなく，違反行為が生じた場合には，国の関係機関がその内部で責任を問われることとなる。広い意味での財政に関する基本法には，憲法第7章財政，財政法，会計法，予算決算および会計令が含まれる。
➡ 予算制度

財政力 power of public finance 地方公共団体が税収を用いて，どの程度，行政サービスを供給し，一定水準を維持していくことができるかを表す指標。各地方公共団体の財政力を測る基準としては，地方交付税法の規定に基づいて算定される財政力指数を用いるのが最も一般的である。地方交付税法では，財政力指数を，「基準財政収入額/基準財政需要額」の値の過去3年間の平均としている。
➡ 基準財政収入，基準財政需要

財団法人 incorporated foundation
☞ 公益法人

裁定 arbitrage, arbitration 同じ財に異なる価格が付いたときその価格差に注目して利益を得る行為。裁定取引，裁定行動と呼ばれる。先物と現物，新株と旧株，異種通貨間などで行われる。「同じ財が異なる2つの価格で取引されることはないという意味で一物一価の法則が成立する」ということがいわれるが，異なる市場における同じ財の価格に，あるいは他の財価格との比較である財の相対的な価格に，格差が生じる場合がある。例えば，東京市場における米ドルの円レートとロンドンにおける米ドル-ユーロレートが円-ユーロのレートと整合的でない等の場合である。このとき，相対的に価格が安い市場でその財（例えば米ドル）を購入し，より高い市場でそれを売れば利益が得られる。この裁定取引の

結果,非整合的な価格差は解消に向かう。ただし,財をある市場で購入し他の市場で売るには,一般に移動・運送費等の費用が発生するが,通貨や為替取引はこのような費用が最も少ない例と考えられる。裁定取引はどのような財でも考えられ,一物一価の法則の成立を促す要因でもある。 ➡ 一物一価の法則

最低価格 floor price ☞ チェック・プライス

最低賃金制 minimum wage system
1959年に制定された「最低賃金法」に基づいて国が最低賃金額を定め,使用者はその最低賃金額以上の賃金を労働者に支払わなければならないという制度。「最低賃金法」の目的としては,労働者の生活保障,労働力の質的向上,労働組合の発達,企業間の競争の公正化等が挙げられる。最低賃金は,原則として事業所で働く常用・臨時・パート・アルバイトなど雇用形態のいかんを問わず,すべての労働者とその使用者に適用され,一定の地域内(主として県)のすべての事業主に雇用される労働者に適用される「地域別最低賃金」と,特定の産業に従事する労働者に適用される「産業別最低賃金」の2つが定められている。

最適化行動 optimization behavior
経済主体が所与の条件下でその目的を最大化あるいは最小化する行動。家計については,その効用を最大化するための消費・労働量の選択が問題であり,企業については,利潤を最大化する,あるいは費用を最小化する,投入・産出の決定がなされる。このような最適化行動は,通常価格等の条件が確定的に与えられている確実な状況で考えられる場合が多いが,与えられる条件が不確実な状況においても,期待効用,期待利潤などを目的関数として最適化行動が定式化できる。

最適課税論 optimal taxation theory
与えられた税収を確保しながら,どのような課税制度が社会的厚生を最大にするかを分析する議論のこと。最適課税論はラムゼイ(Ramsey, F.P.)によって始められた商品課税の議論と,マーリーズ(Mirrlees, J.A.)により始められた所得税の議論に分かれる。ラムゼイは,純粋に税の効率性を検討するために,同質的な個人から成る経済を想定し,労働以外の財に異なる税率の商品税を課すときの最適商品税率の構造を検討した。彼の結論は次のラムゼイルールと呼ばれる2つの命題にまとめられる。①各財の需要が相互に独立である場合,最適商品税率は当該財の補償需要の価格弾力性と逆比例するように決められなければならない。②課税による補償需要の減少の割合はすべての財に対して同一でなければならない。①に関して,需要の弾力性は,必需品ほど低いと考えられるから,第1の命題は必需品に高い税率を課すべきであるということを意味している。

マーリーズはラムゼイと同様な枠組みで最適な所得税を検討した。彼は,賃金稼得能力の異なる個人が賃金と余暇の選択を行うとして,社会的厚生関数を最大化する所得税体系を求めた。分配の観点からは累進税が望ましいが,累進税が効率性を阻害するため,分配の公平と矛盾しないためにはどの程度の累進性が所得税に望まれるかを決める問題となる。彼の問題は一般的には確定的結論を導かないが,ある仮定の下では,最適所得税体系はきわめて線形に近いという結論を得た。 ➡ 社会的厚生関数,需要関数,需要の価格弾力性,補償需要関数,累進税

最適化問題 optimization problem
目的関数を最大化あるいは最小化するような解を見つける問題。例えば,消費者が効用水準を最大化するよう各消費財の数量を選択したり,生産者が自社製品の産出量を所与として,生産費用を最小化するよう生産要素投入量を選択するとい

うのがその例である。最適化の対象となる関数を目的関数（objective function）という。目的関数の独立変数として定式化されている，操作対象の変数，すなわち，問題を解く経済主体がその大きさを決定する変数を制御変数（control variable）という。上の例では，効用関数，生産費用が目的関数，消費財の数量，生産要素投入量が制御変数である。最適化問題を解き，最適値を求める手法は様々なものが開発され，分析で用いられている。目的関数が連続で微分可能な場合は微分法が，制約条件がついた場合はラグランジュ未定乗数法が用いられる。目的関数や制約式が一次関数の場合は線形計画法が用いられる。➡ 線形計画法，等号制約条件付き最適化問題

最適関税論 optimum tariff theory
国際価格に影響力を持つ大国の場合，輸入関税を課すことによって，自国の輸入品の国際価格を引き下げて，交易条件を自国に有利にし，自由貿易の場合よりも経済厚生を増大させることができるという理論。自国の経済厚生を最大にするような関税を，最適関税という。ただし，最適関税論では，自国の関税賦課に対して外国が報復措置をとらないことを前提としている。自国の関税が自国の交易条件を改善するとき，外国の交易条件は悪化し，外国の経済厚生は低下することになる。そこで，外国が報復措置として関税の引上げを行うと，自国の経済厚生は自由貿易の場合よりも下がってしまうことになりかねない。➡ 交易条件

最適成長理論 optimal growth theory
何らかの目標尺度から見て最適な成長経路の特徴やそれが実現するための諸条件を解明する規範的成長理論。なお経済成長のメカニズムそのものを解明することを目的とする理論を実証的成長理論という。1920年代の末に，ラムゼイ（Ramsay, F.P.）の論文に端を発し，その後，新古典派成長理論や多部門成長理論の発展を待って新たな展開を見せた。新古典派のソロー=スワン成長モデルを最適成長モデルとして拡張したのはフェルプス（Phelps, E. S.）であり，貯蓄率を操作変数とし，1人当たり消費量$c=C/L$を極大にするような1人当たり資本量$k^*=K/L$を見つける問題として解き，均衡成長経路上で，利潤率と人口成長率が等しいとき1人当たり消費水準は極大化するという黄金律ないし新古典派定理を導いている。また創始者ラムゼイのアイデアを踏襲して，消費に依存する個人の効用の将来にわたる割引現在価値の総和を極大化する貯蓄経路を求める問題としても解かれ，ラムゼイ型ターンパイク定理が導かれている。さらに最終時点における達成可能な最大の資本蓄積を実現する最適資本蓄積経路を与えるターンパイク定理，その他多部門成長モデルの枠組みにおいても様々なタイプのターンパイク定理がその後導かれている。➡ 黄金律，ソロー=スワン成長モデル，ターンパイク定理

歳入欠陥 revenue shortfall　ある会計年度で歳出が歳入により満たされない場合のこと。国と地方公共団体は4月から翌年の3月までの会計年度ごとに，議会で承認された歳出予算額を支出する。この歳出予算の財源となるのは税収，税外収入，公債金等で，これらが歳入予算の予定額として見込まれる。しかし景気の変動等による税収の減少や，金利の変動等による公債金の減少などによって実際の歳入額が歳出額を下回ってしまうことがある。➡ 会計年度，歳出

財閥 zaibatsu　同族的性格を有する持株会社を頂点に，株式保有や人的関係を通じて複数の事業分野の企業を支配する企業集団のこと。同族的性格の強いコンツェルンということもできる。第2次世界大戦前の日本や戦後の韓国等

NIEsやASEAN諸国において多く見られる。日本について見ると，多業種に広い勢力を持つ総合財閥（三井，三菱，住友）と，銀行中心の金融財閥（安田，川崎），鉱工業を主体とした産業財閥（浅野，大倉，古河，片倉などのほか，日産＝鮎川，日空＝野口，昭電＝森，日曹＝中野などの第1次世界大戦後に台頭した新興財閥）があるが，いずれも持株会社を頂点としたピラミッド型の集中形態をとり，同族・一門の支配を特徴とする。これらの財閥は，政府の特権的保護下で，軍国主義的性格を帯び，基幹産業と軍需産業を支配してきた。第2次世界大戦後，その支配力の排除を目的とするGHQの財閥解体により，財閥家族を中枢として結束していた人的支配網と持株会社を頂点とした資本的支配関係は弱体化した。しかしながら，それら旧財閥系は，資本上の結合を株式の企業間相互持合いという形態に移行させ，三井，三菱，住友の各グループに代表されるような戦後企業集団として，現在も多くの産業に大きな影響力を持っている。➡ コンツェルン，持株会社

再販売価格 resale price 　製造業者が小売業者の小売販売価格を決める場合に付ける価格。製造業者が，流通段階をコントロールする目的でこれらの価格を設定し，かつ強制することを，「再販売価格維持」という。例えば家電業界などでは，長年にわたって，メーカーが流通段階での「再販売価格」をすべて設定し，これによって卸売業者や小売業者の利潤まで統制してきた。しかし「再販売価格維持」は，市場の需給を反映せず，市場の効率性を阻害する要因となり，独占禁止法上原則違法とされている。さらに近年では家電量販店等の台頭で，流通業者側の交渉力が一気に増大したことなどを背景に，再販売価格制は崩壊し，代わって，流通業者が自由に消費者への販売価格を決定できる，「オープン価格制」が主流になった。現在も再販売価格維持制を採用しているのは，書籍や新聞等，限られた業界のみである。➡ 独占禁止法

債務国 debtor country 　☞ 対外純資産

財務省 the Ministry of Finance 　国の財政を総括的に取り扱う中央の行政機関の1つ。2000年に大蔵省から改称された。長官は財務大臣。予算の編成・執行，決算の作成，租税制度の企画・立案，徴税，関係機関への資金の貸付，国有財産の管理，国際通貨システムの安定，貨幣の鋳造などが主な仕事である。

財務大臣・中央銀行総裁会議 Finance Ministers and Central Banks' Governors Meeting 　国際経済，為替市場，金融問題などについて議論し，政策協調を図ることを目的に各国の財務大臣と中央銀行総裁が参加する国際会議。1962年にIMFと先進10カ国（米，英，仏，西独，伊，カナダ，日本，オランダ，ベルギー，スウェーデン）の財務大臣・中央銀行総裁の会合として発足した。10カ国財務大臣・中央銀行総裁会議，また単にG10と呼ばれる。1984年にスイスが加わった。1973年には，IMFにおいて割当額の多い米，英，仏，西独，日本の5カ国（G5）で財務大臣・中央銀行総裁会議が開催された。1986年の第12回東京サミットにおいてはイタリアとカナダを加えG7となった。現在は，それにロシアを加えた8カ国がメンバーとなっている（G8）。

1997年に発生したアジア通貨危機等により，国際金融システムの議論には，国際資本市場へアクセスが可能な新興市場国の参加が必要という認識から，1999年6月のケルン・サミットにおいて創設されたのが20カ国地域財務大臣・中央銀行総裁会議で，G20と呼ばれる。2016年でのメンバーはG8の米，英，仏，独，日本，伊，カナダとロシア，これに加えて中

国, 韓国, 印, インドネシア, 豪州, トルコ, サウジアラビア, 南阿, メキシコ, ブラジル, アルゼンチンの11カ国, さらにEUの合計20カ国・地域である。G20の会議には, IMF, 世界銀行, 国際エネルギー機関, 欧州中央銀行など, 関係する国際機関も参加している。なお, GとはGroupの略であり, この財務相・中央銀行総裁会議を指す場合と, 首脳会議を指す場合がある。➡ サミット

債務の株式化 debt-for-equity swap
企業が金融機関などに債務の返済を免除してもらう代わりに, 債務(融資)を出資に振り替えてもらい, 自社の株式を譲渡して増資すること。日本の金融機関が多額の不良債権を抱えていた頃, 企業も有利子負債の返済に苦しんでいた。債務の株式化が行われれば, 企業にとっては負債の減少分, 自己資本が増加する。金融機関にとっては, 不良債権の削減, 該当企業の株主として経営に参画, 監視するといったメリットの他, 将来企業再建がなされれば, 株価上昇の可能性もある。しかし, 経営者のモラルハザードをもたらす可能性もある。➡ 自己資本, 不良債権, モラルハザード

最優遇貸出金利 prime rate ☞ プライムレート

最尤法 maximum likelihood method
最小二乗法とは異なる原理により, 与えられたデータに基づいて回帰パラメータを推定する手法。誤差項がある確率分布に従うと仮定し, その分布関数のサンプルごとの積を定式化する。これを尤度関数 (likelihood function) と呼び, これを最大化するパラメータを推定するのが最尤法である。実際には, 尤度関数の対数をとることにより, 扱いやすい対数尤度関数として計算する。採用したモデルが信頼できるかどうかを調べるのには尤度比検定 (likelihood ration test) が用いられる。尤度比とは, 帰無仮説が成立した条件の下での尤度関数の最大値を, その条件がない場合の尤度関数の最大値で割った比であり, これを用いた検定方法が尤度比検定である。➡ 確率分布, 分布関数

裁量労働制 discretionary labor system
多様な就業形態に対応することを目的に, 労働時間を労働者自身の裁量によって決定できる労働契約の一形態。みなし労働時間制の一種である。1988年の労働基準法改正によって導入された。これに伴う給与形態として, 年間の給与総額を定める年俸制が採用されることがある。この契約を結んだ労働者は, 労働時間の配分や仕事の遂行方法を自分自身で決定することが可能で, 労使協定によって事前に決定した時間だけ労働したとみなされる。裁量労働制には, 専門業務型裁量労働制と企画業務型裁量労働制の2種類がある。前者は, デザイナーやシステムエンジニア等の専門的な業務に就く労働者が対象であり, 後者は, 事業運営の企画・立案・調査および分析の業務を行うホワイトカラー労働者が対象である。裁量労働制に類似したものに, 変形労働時間制やフレックス・タイム制等がある。

先物為替 forward exchange ☞ 先物為替レート

先物為替レート(先渡レート) forward exchange rate 先物為替取引に適用される為替レートのこと。所定の金額の外国為替を, 特定の将来時点(あるいは期間)に, 現在決めておいた為替レートで売買することを約束する取引を先物為替取引という。先物レートは, 1ドル＝100円のように実数で表すアウトライト方式と, 直物レートとの差額で表すスワップ方式とがある。アウトライト方式は主に対顧客市場で用いられ, スワップ方式は銀行間市場で用いられる。先物レートが直物レートと比べ, ドル高・円安のとき, ドルは円に対してプレミアムといい, ドル安・円高のとき, ドルは円に

対してディスカウントという。先物レートと直物レートとはそれぞれ独立に動くわけではなく，先物レートと直物レートの差を直物レートで割った先物マージン率は，金利裁定により，自国と外国との金利差に等しくなる。➡ 為替レート

先物取引 futures ☞ 債務の株式化

サブプライムローン subprime loans あまり豊ではない信用力の低い家計に対する住宅ローンのこと。返済能力がそれほど高くないので，借入金利は高くなる。他方，貸し手にとっては，ハイリスク・ハイリターンの商品である。モーゲージ金融・証券化の発達した米国では，サブプライムローンがモーゲージ担保証券（MBS）として証券化され，さらに複数のMBS等をもとに資産担保証券（CDO）が組成された。このハイリスク・ハイリターン性から，ヘッジファンド等の投資家がこのようなMBSやCDOに対して巨額の投資を行った。サブプライムローンの多くは，借入当初数年間，返済の金額が抑えられ，返済金額が増加する前に住宅の売却や借り換えを行うと利益を得ることになる。住宅価格が上昇する局面ではサブプライムローンは増加し，その反面住宅価格が下落すると返済や借り換えが困難となる。米国では2000年始めから住宅価格が上昇し始め，サブプライムローン残高も上昇した。しかし2006年頃から不動産価格上昇率が下落に転じると，サブプライムローンの延滞率が上昇し，それまで比較的高い格付けを得てきたCDOのリスクが顕在化した。実際，CDOに投資していたヘッジファンド等では収益性が悪化するようになると，一気に信用不安が広がった。2008年9月に名門投資銀行のリーマン・ブラザーズが破綻し，多くの金融機関も損失を被り，経営難に陥った。これがリーマンショックと呼ばれる世界的な金融危機の発端であり，1929年の世界恐慌に次ぐ混乱をもたらした。その後，2016年時点でも，世界経済にこの影響が残っている。なお，プライムローンとは信用力のある優良家計に対する住宅ローンをいう。

差別料金 discriminative price 同じ費用で生産された財・サービスを，消費者のグループごとに異なった料金を設定するときの料金。差別料金は，電力，都市ガス，水道などでは広く実施されている。差別料金政策が成立するには，次のような諸条件が必要とされる。①供給者が価格支配力を持っている。②需要の価格弾力性が異なるグループが存在する。③需要の価格弾力性の異なるグループを分割する利益の方が，そのグループを見分けるための費用よりも大きい。④料金格差以上の転売費用がかかる。➡ 需要の価格弾力性

サミット summit 主要7カ国首脳会議のこと。石油危機，為替の変動等，経済問題に対する国際的な政策協調を目的とする。主要参加国を表わして現在G7と呼ばれている。1975年にフランスのジスカール・デスタン大統領の提案で，フランスのランブイエに米，英，仏，西独，伊，日本の6カ国が集まったのが始まり（日本は三木武夫首相が出席）。以後，毎年1回開催。1976年の第2回プエルトリコサミットからはカナダを加え7カ国に，1977年の第3回ロンドンサミットでは当時のEC委員長が加わった（現在，欧州理事会議長，欧州委員会委員長が参加）。さらに1991年の第17回ロンドンサミットでは，会議終了後にゴルバチョフ・ソビエト連邦大統領とG7首脳による会合が行われ（G7プラス1），1994年の第20回ナポリサミットでロシアが政治討議に参加，1997年の第23回デンバーサミットで正式参加し，8カ国になった（G8）。2014年以降，クリミア半島，ウクライナ情勢を受け，ロシアの参加停止に

よりG7となっている。

リーマンショック後の世界金融危機の深刻化を受けて、2008年からは20カ国地域首脳会合 (G20) も開催されている。正式名称は「金融・世界経済に関する首脳会合」であり、金融サミットとも呼ばれる。各団体の長などにより開催される会合がサミットと呼ばれる場合もある。例えば、EU加盟国元首によるヨーロッパ連合理事会は「EUサミット」、1992年に開催された各国政府代表とNGOによる環境問題・南北問題を討議する国連環境開発会議は、「地球サミット」と呼ばれる。➡ EU、政策協調

サミュエルソン条件 Samuelson condition ☞ 公共財の最適供給条件

サムライ債 samurai bond ☞ 円建て債

残業 overtime work 所定労働時間を超える労働時間のこと。時間外労働とも呼ばれる。所定労働時間は、各企業の就業規則で定められるが、労働基準法で定められた法定労働時間である1日8時間、1週間40時間を超えてはならないとされている。所定労働時間を超えて1日8時間以内の法定労働時間内で行われる残業を法定内残業と呼ぶ。法定労働時間を超える残業を時間外労働と呼ぶ。法定労働時間を超えて労働を行った場合、割増残業代を支払わなければならない。なお、労働時間とは、使用者の指揮下に置かれている時間をいう。

もし、企業が法定労働時間を超える時間外労働または休日勤務などを命じる場合には、労働基準法第36条に定められた協定（36協定と呼ばれる）を労組などと書面により結び、労働基準監督署に届けなければならない。労働時間の延長限度は、原則として1カ月45時間・1年間360時間であり、さらに限度時間を超えて延長しなければならない特別の事情が生じた場合には、例外規定として「特別条項付き36協定」を結ばなければならない。しかし実情として、同協定を結んでいない、あるいは無視している、さらには結んだことが労働者に知らされておらず、異常な時間外労働が課せられていることも多い。結果とし、精神的に耐えられなくなったり、さらには自殺してしまうケースが起こっている。➡ サービス残業

産業間貿易 inter-industry trade ☞ 産業内貿易

産業構造 transformation of industrial structure 経済における各産業間の関係や枠組み、および産業の構成などのこと。各産業における付加価値額や就業者数、資本量、市場の集中度などの比較を通じて、産業構造の状態やその変化の方向を知ることができる。経済における産業を、第1次産業、第2次産業、第3次産業の3つに分類したのがクラーク (Clark, C.G.) である。また、労働力の比重が第1次産業から第2次産業へ、そしてさらに第3次産業へと移行することはペティの法則と呼ばれる。特に最近では、第3次産業、なかでも情報技術関連産業のウェイトが高まり、経済のソフト化、知識集約化の方向へと産業構造の転換が進んでいる。

産業政策 industrial policy 国あるいは地方自治体による産業の保護、育成、発展を目的とする政策。産業内の資源配分に関わる産業組織政策、産業間の資源配分に関わる産業構造政策が代表的なものである。つまり、産業政策は、市場において何らかの理由で社会的に望ましくない資源配分になるような場合に、産業間の資源配分や個別産業内の産業組織に介入することで、経済厚生の向上を図るために行われる経済政策であるといえる。したがって、産業政策の理論的根拠は、市場の失敗の是正と公平性の確保に求められる。また、産業政策は上記の2つの種類の政策に限らず、技術開発を支援す

産業組織 industrial organization
ある産業とその産業を構成する個々の企業の相互作用を含む、その産業の有する構造全般のこと。マーシャル（Marshall, A.）が生物の組織と産業の間に見出した類似性をもとに利用した用語。すなわち、多数の細胞や器官から1つの個体（組織）を形成する生物と、多数の企業から成る産業（組織）という対応関係に着目した。マーシャルによる『経済学原理』の第4編第8章から第12章にわたって解説がなされている。産業組織を、市場構造・市場行動・市場成果から分析するのが産業組織論である。

産業組織論 theory of industrial organization　価格理論を応用し、産業組織にかかわる諸問題を分析対象とする経済学の分野。価格理論よりも抽象度が低く、産業に固有の現象も考察する現実性、さらには政策指向性も特徴である。戦後の米国において、反トラスト政策と関連して分析の枠組みが整備、深化された。理論的には、ハーバード大学のメイスン（Mason, E. S.）、ベイン（Bain, J. S.）、ケイブズ（Caves, R. E.）らが中心となって発展させ、ハーバード学派と呼ばれる。基本的な考え方は、SCPパラダイムに要約される。すなわち、企業数、市場の集中度、参入障壁といった市場構造(structure)、価格設定、投資行動、研究開発といった企業行動（conduct）、生産の効率性、価格と費用の関係、技術進歩の速さ等で測られる市場の成果（performance）という3つの要素を基礎に、市場構造が企業行動に、企業行動が市場の成果に影響を与えるという因果関係を展開する。他方、ハーバード学派に対して、スティグラー（Stigler, G. J.）、アルチアン（Alchian, A.）、デムゼッツ（Demsetz, H.）らに代表されるシカゴ学派は、SCPの因果関係について理論・実証面から批判した。近年では、ゲームの理論を分析手法として活用し、企業の戦略的行動を分析する産業組織論が盛んで、これは新しい産業組織論と呼ばれる。➡ゲームの理論

産業内貿易 intra-industry trade　同じ産業に属する財が、一方で輸出されると同時に他方で輸入される現象のこと。例えば、日本は欧米に自動車を輸出すると同時に、欧米から自動車を輸入している。世界全体の貿易の大きな部分が、比較優位の差があまりない先進国間で、しかも産業内貿易の形で行われている。産業内貿易は、規模の経済性や消費の多様性によって説明される。貿易によって市場規模が拡大すると、多くの種類の差別化された財が供給されることになり、消費者は貿易前よりも多くの種類の財を消費できるようになる。この消費の多様化によって貿易の利益が生じるのである。これに対して、例えば日本は石油を輸入して、自動車を輸出するように、異なる産業の間で貿易が行われる現象を、産業間貿易と呼ぶ。産業間貿易は、比較優位の理論で説明することができる。➡外国貿易の利益、規模の経済性、比較生産費説

産業連関表 input-output table　一定期間（通常1年）に各産業部門が財・サービスをどの部門からどれだけ購入したのかを縦の欄（列方向）に、またどの部門へどれだけ販売したのかを横の欄（行方向）に記録した統計表。投入産出表、IO表ともいう。また、考案者の名に因んでレオンティエフ表ともいう。国民経済計算が生産された財・サービスのうち最終需要となったもの、および生産から発生した所得（付加価値）だけしか把握しない

のに対し，産業連関表は生産過程で原材料などとして中間投入されるものも含めてすべての財・サービスの流れを記録する。表の縦（列）方向から見た投入額（中間投入額＋付加価値額）の合計（列和）と横（行）方向からみた産出額（中間需要額＋最終需要額）の合計（行和）は，すべての産業部門で相互に一致するという特徴がある。現在，わが国では，基本表と呼ばれる産業連関表が5年ごとに，簡易推計による延長表は毎年，作成されている。また，地域間産業連関表，都道府県表，国際産業連関表がほぼ5年ごとに，それぞれの目的に応じて作成され，経済分析，経済予測，経済計画などに幅広く利用されている。 ➡ 国民経済計算，中間財

産業連関論 interindustry analysis
いくつかの産業部門に分割し，各部門の投入と産出の相互関係を示した産業連関表を用いて，経済の構造や変動を分析および予測しようとする学問分野。産業連関分析または投入産出分析とも呼ばれる。産業連関分析の手法は，ワルラスの一般均衡理論を念頭において，経済活動相互間の数量的な依存関係の実証分析に適用するために，産業連関表を開発したレオンティエフ（Leontief, W. W.）が創始したものである。産業連関表はある一定期間の経済活動を事後的に記述した統計表にすぎない。この事後的な記述モデルを連立方程式体系で記述された事前的な分析モデルに組み替えることによって，経済の外的環境の変化が経済全体にどのように波及し，各産業部門がどのように反応するかを定量的に分析することが可能となった。しかし，そのためには，相互依存の関係を単純化し，分析の範囲を限定する必要はあったが，経済構造の分析，政策の立案，経済予測，経済計画などに有効な分析手法として広く用いられている。 ➡ 産業連関表

サンク・コスト sunk cost　事業から撤退した場合に企業が回収できない費用のこと。埋没費用と訳される。通常は機械設備等の固定設備をいう。特に，航空業界での航空機やコンピュータネットワーク，鉄道での線路，電気通信業での電線網，交換機，光ファイバ網，電力産業でのダムや発電設備などは，他企業への転売が困難であるため，この例として挙げられる。サンク・コストが大きいと，それが参入障壁となり競争事業者の参入を困難にし，独占や寡占になる傾向がある。このため，政府による規制の根拠とされる。しかし1980年代以降，技術革新により上記の産業設備でも，リースや他企業への転売が可能になり，サンク・コストは小さいと認識されるようになった。これがその後の規制緩和へとつながっている。 ➡ コンテスタブル理論，参入障壁

産出・労働比率 output-labor ratio
産出量の労働量に対する割合であり，労働1人当たり産出量のこと。労働生産性の指標となる。資本と労働を生産要素とする周知のマクロ生産関数 $Y=F(K,L)$ は1次同次すなわち規模に関して収穫一定であれば，$Y/L=F(K/L,1)$ すなわち $Y/L=y$, $K/L=k$ として $y=f(k)$ といった産出・労働比率と資本・労働比率間の関係に変換することができる。経済成長理論はハロッド＝ドーマー成長モデル，新古典派のソロー＝スワン成長モデル以来，このような設定の下で展開されているが，先進諸国における産出・労働比率の恒常的成長を説明する要因として技術進歩が導入されている。 ➡ 規模に関して収穫一定，資本・労働比率，ソロー＝スワン成長モデル，労働生産性

サンセット方式 sunset legislation
☞ シーリング

暫定予算 provisional budget
☞ 当初予算

参入障壁 entry barriers　ある産業を考えたとき，「既存企業」にはかからな

いが，新規「参入企業」には必要となる費用が存在する場合に，これによって生じる，参入企業にとっての不利益のこと。特に，既存企業の持つ既得権等によって，（潜在的）参入企業の費用が常に，既存企業のものより高くなる状況は，「絶対的費用優位性」と呼ばれる。さらに，生産中止によっても回収できない「サンク・コスト」も，既存企業は既に支払済で，"現時点"では，新規参入企業のみにかかってくる費用であるため，参入障壁と考えられる。 ➡ サンク・コスト，費用関数

参入阻止価格 entry-preventing price
ある産業分野において，既存企業と利潤を獲得できる機会があれば当該市場に参入を検討している潜在的参入企業がある場合に，潜在的参入企業の当該市場への参入を阻止するために既存企業が設定する価格のうちで最も高い価格のこと。すなわち当該財について潜在的参入企業が参入しても利潤が確保できない価格をいう。つまり，既存企業が参入阻止価格よりも高い価格をつけていれば，潜在的参入企業に参入されて価格競争になる。したがって，既存企業はこうした参入を阻止するために，価格を参入阻止価格に設定しようとする。既存企業は自らの価格を参入阻止価格に設定することによって，利潤の極大化はできないが，長期にわたって安定的な利潤を得ることができる。

三面等価の原則 principle of equivalent of three aspects　一国経済の包括的活動水準を生産面，分配面，支出面の三面からとらえた国内総生産 (GDP)，国内総所得 (GDI)，国内総支出 (GDE) が事業的に恒等的関係にあること。一国経済の包括的な活動水準を生産面からとらえる経済指標がGDPである。しかし，市場経済の原則から見て当然のことながら，その生産活動の成果はかならずすべて誰かに所得として分配される。したがってGDPはこの分配された所得を集計したGDIに一致する。他方また，市場経済における生産は市場での売却を目的としてのものであるものの，売れ残りは生産者自身が買い取ると勘定すれば，生産されたものはすべて購入つまり支出の対象になるはずである。したがってGDPはGDEにかならず一致することになる。

GDP≡GDI≡GDE

三割自治 thirty percent autonomy
中央政府が地方政府に対して指導・監督を行い，地方自治に著しく制限を加えている状態のこと。財政力の弱い地方政府の主な自主財源である地方税収が，地方政府の収入全体の3割程度であることに由来する。 ➡ 財政力，自主財源

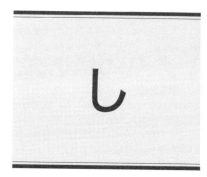

CI Composite Index　☞ 景気動向指数，一致指標

CIF cost, insurance and freight ☞ FOB

CES生産関数 production function with constant elasticity of substitution
生産量をY，資本をK，労働をLとしたとき，次の式で表記される関数。

$Y = \{aK^{-\rho} + bL^{-\rho}\}^{-1/\rho}$，

ただし $a, b > 0$。アロー＝チェネリー＝ミンハス＝ソローにより提案された。代替の弾力性 $(= \sigma)$ が一定という特徴を持ち，その特殊ケースとしてレオンティエ

フ型生産関数およびコブ＝ダグラス型生産関数を含む。代替の弾力性は $\sigma =1/(1+\rho)$ であり，$\sigma =1(\rho =0)$ がコブ＝ダグラス生産関数，$\sigma =0(\rho =\infty)$ がレオンティエフ生産関数であり，いずれもCES生産関数の特殊ケースとなっている。 ➡ コブ＝ダグラス型生産関数，レオンティエフ型生産関数

CEO chief executive officer ☞ 株式会社，サーベンス＝オクスレー法

CSR corporate social responsibility ☞ 企業の社会的責任

GNP gross national product ☞ 国民総生産

CFO chief financial officer ☞ サーベンス＝オクスレー法

CD（譲渡性預金） negotiable certificate of deposit 第三者に預金の譲渡が可能な自由金利預金商品。米国で開発された商品で，日本では1979年に導入された。日本の金利自由化に先駆け的な役割を果たした。金融機関にとっては自由金利での資金調達手段として，企業，官公庁，地方公共団体にとっては余剰資金の運用先として急速に普及した。発行者は銀行など預金の受入可能な金融機関に限られる。最低預金額は5,000万円以上がほとんどで，預金者は，個人はほとんどなく，金融機関（自己発行を除く）および関連会社，証券会社，短資会社などが主となっている。

当初は，発行限度枠，最低発行単位，期間制限などが存在していたが，1998年4月に預入期間に対する制限，同年6月に最低発行単位に関する制限が撤廃され，すべての規制がなくなっている。CDは貨幣供給の動向を把握する上で重要である。

GDP gross domestic product ☞ 国内総生産

GDPデフレーター GDP deflator 名目GDPの実質GDPに対する比率。消費者物価指数と同じくよく利用される物価指数である。消費者物価指数が消費財の価格の動向を測定しようとするのに対して，GDPデフレーターは国内で生産される財・サービスの一般物価の動向を測定しようとするものである。このGDPデフレーターを求めるには，現在の価格で計ったGDP（名目GDP）を，基準時点の一定の価格で計ったGDP（実質GDP）で割ったものに，100を掛ける。GDPデフレーターに含まれる財・サービスの数量と組合せは，それぞれの年にその経済で生産されたものに対応しているので，消費者物価指数のように固定的なウェイトを用いるのではなく可変的なウェイトを用いて計算は行われる。

なおこのGDPデフレーターは，名目GDPを実質GDPで割って間接的に求められるので，インプリシット・デフレーターと呼ばれる。

$$\text{GDP デフレーター} = \frac{\text{名目 GDP}}{\text{実質 GDP}} \times 100$$

➡ 実質値，名目値

シーリング ceiling 歳出抑制手段の1つで，各省庁の概算要求において，前年度比で一定の上限を設けて，歳出の伸びを抑制する方法。前年度予算と同額の概算要求基準をゼロ・シーリングという。1982年度にはじめて導入され，1984年から1989年までは経常的支出，投資的経費がともに前年比でマイナスとするマイナス・シーリングが設定された。同じく歳出を抑制する手法として，サンセット方式，ゼロベース予算などがある。サンセット方式とは，予算あるいは行政組織の肥大化を防ぐために，事業，組織，法律等にあらかじめ期限を設定し，期限が来たら確固たる存続の理由がなければ，自動的に廃止する方式をいう。ゼロベース予算とは，前年度の予算実績は考慮せず，個別に事業を評価し順位を付けて，優先度の高い事業から採用する予算編成

方式をいう。社会環境の変化等を考慮する場合の予算編成方法として有効であるが，予算編成作業が複雑となり行政費用がかさむ。 ➡ 増分主義

Jカーブ効果 J-curve effect　為替レートの変化直後に正常と考えられる効果とは逆の効果を生じること。一国の為替レートの上昇（下落）は，当該国の国際収支（経常収支）を悪化（改善）するものと期待される。ところが，為替レートの変化が経常収支にこの正常な効果を及ぼすまでには複雑なタイム・ラグがあり，レートの変化直後には正常な効果とは逆の効果がある期間にわたって生じる。これをJカーブ効果という。

この効果が生じる基本的な理由は，価格変化に対して数量変化が遅いことである。例えば日本の経常収支が黒字のとき，円レートの上昇にもかかわらず短期的には輸出入数量はそれほど変化しないために，ドル建の輸出金額は上昇し輸入金額はあまり変化しないため，経常収支の黒字幅は上昇することになる。しかし時間の経過とともに，数量が適正に変化し，正常な効果が現れることになる。これを横軸に時間，縦軸に経常収支をとって図示すると，逆J字（レートが下落する場合はJ字）になることから，Jカーブ効果と呼ぶ。 ➡ 為替レート，経常収支，国際収支

時価会計 market value accounting　会計制度における資産評価の手法の1つで，当該決算時の市場価格で評価する方法のこと。他方，資産を取得時の支払原価で評価する方法を原価会計という。原価会計は，資産取得時の評価で固定されるため，時間の経過に伴う資産価値の変動，特に金融資産等の含み益，含み損を評価に反映させることができない。また，企業経営における金融資産保有の重要性の高まりや，会計基準の国際化などから，2001年度以降，金融資産に関する時価会計が義務づけられるに至った。しかし，資産の損益は売却によってはじめて確定するので，未実現の損益を算入する時価評価は客観性を欠くとの指摘もある。 ➡ 時価主義，含み損益

時価主義 current value basis　企業会計上，資産およびその費消部分を表す費用の評価を決算時点の市場で形成されている価格，すなわち時価で評価する原則。帳簿に記載されている金額，すなわち簿価との差額を評価益もしくは評価損として認識し，損益計算書に計上する。これに対して，資産および費用の評価を当該資産の取得原価に求める原則を原価主義（取得原価主義）という。 ➡ 損益計算書

直物為替 spot exchange　☞　先物為替レート

直物取引 spot dealing　売買契約とほぼ同時に現品の受渡しを行う取引の総称。現物取引ともいう。近年は，直物為替取引の意味で使われることが多い。直物為替取引は，外国為替の売買契約の成立と同時にあるいは成立後2営業日以内に，外国為替とその対価の受渡しが行われる取引をいう。この取引に適用される為替相場は，直物相場（直物為替相場）と呼ばれる。一方，外国為替の売買契約の成立後3営業日以降に受渡しが行われる取引は，先物取引（先物為替取引）と呼ばれる。 ➡ 外国為替，先物為替レート

時間選好率 rate of time preference　☞　割引現在価値

事業所税 business facility tax　地方税の1つで，財貨の生産およびサービスの提供がなされる単位組織である事業所で事業を行う者または事業所用の家屋の建築主を納税義務者とし，事業所床面積や従業者給与総額等を課税標準とする税。目的税であり，都市環境の整備・改善に関する事業を行う費用に充てられる。東京23区，政令指定都市，中核市が課税

主体である。1975年に創設された。➡課税標準，政令指定都市，地方税，中核市

事業税 business tax　地方税の1つで，法人および個人の事業者に対して，事業者の事務所の所在地の都道府県が課税する法定普通税。通常は課税標準として所得をとるが，収入金額をとる場合もある。また2003年度の税制改正で，一定の法人については外形標準課税が導入された。事業税課税の根拠として，事業活動を行う場合には，地方政府の公共サービスを利用しそこから便益を受けているため便益に応じた負担をすべきであるという応益性の原則がとられている。地方税収のうち住民税，固定資産税に次いで大きな税収となっている。➡外形標準課税，個人住民税，法人住民税

事業部制組織 divisional organization　分権的組織の一形態。地域別あるいは販売製品別に事業部という単位で組織を分割し，それぞれの事業部に，例えば，製造，販売，財務管理といった部門を設置する。単一の事業部が製造，販売，財務管理を掌握するため，あたかも独立した企業のような性質を持ち，利益責任単位となる。事業部制組織は，1920年代に，経営の多角化に伴い，米国のデュポン社を皮切りに，ゼネラル・モータース社，シアーズ・ローバック社等で採用された。日本では，1930年代に松下電器産業（現パナソニック）が最初に採用した。事業部制のメリットは，事業部別に意思決定の権限が分散されるため，迅速な意思決定が可能になること，事業部間での競争が期待できること，本社は利益の上がる事業部に有効に資金を投入できること等である。反対にデメリットとしては，事業部が独立に意思決定を行うため，人員・設備投資等に関して重複が生じ，非効率が発生する，長期的な利益よりも短期的な利益を追求する，会社全体ではなく事業部の利益を追求すること等が挙げられる。

資金循環勘定 flow of funds account　一国の経済活動における資金の流れを簿記や統計の手法を用いて記録したもの。かつては，支払，決済などにおける財の動きの記録を主としたためマネーフロー表（money flow table）といわれたが，実体経済との関係で各主体の金融資産や負債がどのように形成されるかを明らかにするため，1955年，米国連邦準備制度理事会はマネーフロー（money flow）から資金循環（flow of funds）に表現を改めた。

日本銀行の資金循環勘定は四半期ベースで作成され，金融取引表と金融資産負債表の2つの表から構成される。部門ごとの資産増減と負債増減の差額が資金過不足であり，プラスであれば資金余剰，マイナスであれば資金不足である。合計したものは，対外資産・負債の増減に一致する。

資金循環勘定は，国民所得より速報性において優れており，各部門も細分化されており，その動向の理解や国際比較が容易である。反面，非金融部門については分類が細分化されていないという批判もあり，その点から，SNAや国民貸借対照表の利用がなされることもある。➡国民経済計算

資金循環分析 money-flow analysis
☞　マネー・フロー分析

資金不足比率 rate of shortage funds　地方公共団体財政健全化法のなかで，公営企業の経営の健全化を図るために設定された指標。次の算式で導出される。

$$資金不足比率 = \frac{資金の不足額}{事業の規模} \times 100$$

この値が20％を超えた場合には，当該公営企業は早期健全化を求められる。➡地方公共団体財政健全化法

仕組債 structured bond　金融市場で発行される債券に対して，金利スワップなど，各種ファイナンス商品やキャッ

シュフローの再編成の手法を取り入れたもの。例えば、償還金額が日経平均に連動するような証券や、為替レートが一定水準に上昇しない限り、高い利払いを行う証券など、様々なものがある。デリバティブを債券のキャッシュフローに組み込むことによって、投資家のニーズにより応えるものとなるが、投資家にとってリスクの全体像が見えにくくなり、本当に有利な商品かわかりにくいといったデメリットもある。➡ スワップ取引

事後 ex post ☞ 事前

自己査定 self-assessment 銀行が金融庁の定める「金融検査マニュアル」によって、貸出債権などの資産を自ら査定すること。基準は相手先の財務状況、返済能力、担保や保証などであるが、内容は各行により異なっている。分類は、第1分類(正常な債権)から第4分類(回収不能または無価値の債権)まで4段階で、第2から第4分類を「自己査定による分類債権」と呼び、不良債権とみなすことになっている。自己査定による不良債権額は1998年3月期から公表されている。自己査定は自己資本比率算定の基礎となるものであり、正確に行われる必要がある。このため、金融庁は通常検査や、特別検査で自己査定のチェックを実施している。➡ 金融庁、自己資本比率、不良債権

自己資本 own capital 狭義では、資本金、新株式払込金、法定準備金(資本準備金、利益準備金)、剰余金(任意積立金、当期未処分利益金)から構成される資本。これに引当金を加えたものが広義の自己資本である。総資産に対する自己資本の割合(自己資本比率)が高いほど、企業としての安定性が高い優良企業と考えられる。特に、金融機関の自己資本は、預金者保護という観点からも重要であり、自己資本比率についての法的規制がなされている。➡ 自己資本比率

自己資本比率 own capital ratio 通常の企業では総資産を分母、自己資本を分子として計算される比率。預金受入金融機関(銀行など)に対しては、総資産に対する自己資本の割合を示す国際的な指標として、資産の安全性を考慮に入れた計算式が用いられる。

1988年に策定されたバーゼル合意(バーゼルⅠ)では海外で営業を行う銀行は8%以上、国内だけで営業している銀行は4%以上にすることが義務付けられている。これをBIS規制という。早期是正措置においても、国際業務を行う金融機関の必要な自己資本比率の目安として適用されており、この基準をクリアできなければ、経営健全化計画の実施計画が金融庁から発動される。さらに、監督当局の役割を、銀行の健全性の検証に特化させ、情報開示を進めることも提案された。

1988年のBIS規制では分母にリスクの高さに応じてウェイト付けしたリスク・アセット・レシオが用いられていた。これは、自己資本比率の計算式の分母(総資産)を、リスクの高さに応じてウェイト付けするものである。その掛け目は、信用リスクの低い国債は0%、銀行向けが20%、住宅ローンは50%、民間企業向け債権は100%などとなっている。掛け目のウェイトはリスクが高くなるほど高くなる。リスクが高い資産を保有すると、自己資本比率は低下する。さらに、有価証券、土地の含み益の45%相当額や返済順位が低い劣後債を補完的項目として組み入れることを認めている。これらは一般の事業会社と異なる。1998年3月期からは、保証などのオフバランス取引もリスク・アセットとみなされ、金利リスクや為替リスクなどの市場リスクも分母に加わることになった。分子の自己資本は、資本金や準備金などの基本的項目(Tier 1)と貸倒引当金や保有有価証券の含み益、劣後債などの補完的項目(Tier 2)な

どの合計で，その半分以上をTier 1で満たさねばならないとされている。

2004年に公表され，日本では2006年末より施行されている新BIS規制（バーゼルⅡ）では分母の信用リスクの算出に，不良債権処理の状況が反映されることとなった。すなわち，従来の計算では不良債権は引当てのいかんにかかわらず分母に算入されていたが，新規制では，引当てのない部分のみを算入することとなり，不良債権処理が進むほど，自己資本比率が高くなる。さらに，オペレーション・リスクを加味することが定められた。ただし，新規制による計算手法の採用には金融庁の認可を要することとなっている。

2010年には，「バーゼルⅢ」が公表され，2013年から段階的に実施されている。そこでは以下のことが定められた。①自己資本比率の最低基準の引上げ，②資本保全バッファーの創設，③自己資本に参入できる条件の厳格化，④資本からの控除項目の拡大。➡ 金融庁，自己資本，不良債権

自己選択 self-selection　情報の非対称性の下では，モラルハザードや逆選択に対処したり，またレント・シーキング（超過利潤追求）のために，売り手企業が価格や料金の支払形態を工夫することで，買い手に自己の需要に関する情報を自主的に提供させること。高頻度利用者と低頻度利用者の間での価格差別によるレント・シーキングのために用いられる回数券は，自己選択の一例である。利用者は回数券を買うか買わないか決めることで自分が高頻度利用者か否かを自己選択することになるとともに，自己の需要条件に従って正直に行動するインセンティブが生まれる。これらは電車，バスなど交通機関のほか，喫茶店，レストランのコーヒー，ランチの回数券としても利用されている。➡ 逆選択，情報の非対称性，モラルハザード，レント・シーキング

自己相関 autocorrelation　ある変数の系列において，一定の間隔をおいた個々の変数間で相互に関連を持つこと。時系列データにおいては，数期ずらしたデータ間の相関をいう。そのデータが過去の自身の値にどれだけ相関しているかを示す。時系列データの分析において，その誤差項の異時点間の相関を系列相関（serial correlation）と呼ぶ。実証分析では自己相関よりも系列相関という言葉が用いられることが多い。時系列データによる回帰分析においては，誤差項の自己相関が問題となる。回帰モデルの誤差項間が相関している場合，t検定等の回帰パラメータの有意性を推定する際にバイアスが生じるなどの問題が発生する。一般的な系列相関を持つモデルに対しての対処方法は極めて困難であるが，通常の場合被説明変数がそれ自身の1期前の値によって決定されると仮定することが多い。系列相関の検定にはダービン＝ワトソン統計量が存在する。➡ ダービン＝ワトソン比

資産課税 asset taxation　特定の経済主体に所有権のある有形・無形の経済価値を資産と呼び，その資産に対する課税のこと。資産課税には，次の3つがある。

① 資産の保有に対する課税：個人・法人の保有する資産の資産価値に課税するものとして，地価税（国税），固定資産税，都市計画税，特別土地保有税，事業所税，自動車税，軽自動車税（以上は地方税）等がある。

② 資産の取引売買に対する税，あるいは資産の取引や移転に関連する各種文書の作成，登記・登録・免許等に対する課税：不動産取得税，特別土地保有税，自動車取得税（以上は地方税），有価証券取引税，取引所税，印紙税，登録

免許税（以上は国税）がある。
③ 資産の移転に対する課税：個人が相続，遺贈または贈与によって取得した財産に課せられる税として，相続税と贈与税（ともに国税）がある。

また，近年は資産から生じる所得である利子，配当等やキャピタル・ゲインに対する課税も資産課税に含める傾向にある。これらは厳密には資産課税ではなく所得課税であり，OECD歳入統計に基づく区分でも資産所得課税として所得税に含まれ，狭義の資産課税には含まれない。しかし，資産に関連した課税であるという意味で，広義の資産課税とみなすとする考え方もある。

資産効果 assets effect　広義には民間部門の保有する資産の総量もしくは実質価値の変化が消費需要や貨幣需要に及ぼす効果のこと。富効果ともいう。資産効果の例として，政府が公債を発行する場合に，公債残高の増加が消費需要や貨幣需要を刺激する効果が挙げられる。これを公債残高の資産効果と呼ぶこともある。狭義の資産効果は，資産価格や物価水準の変動を通じた実質資産価値の変化が民間消費や民間投資に及ぼす効果のことをいう。特に，物価水準の変化が実質貨幣残高の変動を通じて消費に及ぼす影響をピグー効果あるいは実質貨幣残高効果という。バブル期のように株価や地価の高騰により消費が刺激される効果についても資産効果と呼ばれている。また，バブル崩壊期のように株価や地価の下落により消費が抑制される効果は逆資産効果と呼ばれる。➡ 実質貨幣残高効果，ピグー効果

資産再評価 asset revaluation　資本の価値を時価で再評価すること。日本では第2次世界大戦後，激しいインフレーションに見舞われ，その終息を図るためのシャウプ勧告に基づいて税制の抜本的な改革が行われた。資産再評価もその1つである。1950年に公布された資産再評価法は，固定資産や株式の再評価を許容し，減価償却不足の解消と資産譲渡益に対する課税の適正化がねらいであった。1998年には，土地再評価法が，2002年3月までの時限立法で施行された。事業用の土地を時価で再評価し，含み益と含み損との差額を株主資本に反映させる法律で，金融機関には，自己資本比率規制をクリアするのに一定の効果があった。また，一部企業はバブル期に購入した土地の評価減を同法により処理したといわれている。➡ 減価償却，自己資本比率

自社株買い stock buybacks　企業が自社の発行した株式を購入すること。会社の財産の減少につながるので，日本では従来禁止されてきたが，1994年の商法改正による規制緩和で，これを行う企業が増加した。一般に1株当たりの利益は増加し，株主への利益配分は増加する。アメリカ企業では，配当よりも機動的に行えることから，株主への利益還元の重要な方法であると位置づけられている。

2001年の商法改正で，株式会社が原則として自由に自己株式を購入することが可能になった。それ以前には，買入償却や合併，ストック・オプションなどの場合を除いて認められていなかった。より具体的には，買い戻した自社株を償却せず保有してもよいことになった。これを金庫株という。そこで，株価維持，株式交換に用いられることになった。株価への影響については，1株利益などの投資指標はよくなり，需給の改善に効果をもたらすものの，株主資本比率は低下するため，一概に評価することはできない。最近では，経営権や株価への影響を考えて，持合解消のために大株主が売却する株式を買い取るという自社株買いもある。➡ 規制緩和，ストック・オプション

死重的損失 deadweight loss　市場独占あるいは政府による課税，補助金，

生産調整といった市場介入により，競争均衡が達成されずに，その結果失われる社会的総余剰。市場均衡により達せられる社会的総余剰と市場のゆがみの発生の結果としての社会的総余剰との差により測られる。厚生損失と呼ばれる場合もある。

間接税導入による死重的損失の大きさを図で示すと以下のようになる。間接税の導入される前の需要曲線はAB，供給曲線はCDとする。このとき需給が一致する均衡点はE_1となり，社会的総余剰は△AE_1Cである。ここで間接税である定額個別消費税が課税されると，供給曲線はGHにシフトする。課税額は$CG=p_2-p_3$である。課税後の需給均衡点はE_2となり，社会的総余剰はAE_2ICとなる。課税前の社会的総余剰と課税後の社会的総余剰を比較すると，課税後の社会的総余剰は△E_1E_2Iだけ小さくなっている。この△E_1E_2Iが，課税による死重的損失である。
➡供給関数，社会的余剰，需要関数，直接税，独占

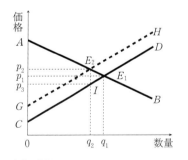

自主財源 independent revenue resources　地方公共団体の収入についての分類の一形態で，地方公共団体の収入のうち自らその金額を定め徴収するものを自主財源という。自主財源としては，地方税，分担金，負担金，使用料，手数料，財産収入などが挙げられる。これに対して都道府県であれば国，市町村であれば都道府県などの上部政府から交付されたり割り当てられる財源のことを依存財源という。具体的には地方交付税，地方譲与税，国庫支出金などが挙げられ，また地方債についてもその発行にあたっては国および都道府県との協議あるいは許可を必要とするため依存財源としてとらえられる。一般に地方自治の観点からは，自主財源が歳入に占める比率が高いほど地方財政の自主性・自立性が確保されていることを意味する。

支出関数 expenditure function　ある効用水準を実現するために必要な最小の支出額のこと。消費者は一定の効用水準の下で，支出額が最小になるように消費量の組合せを選択する。その組合せは，この無差別曲線の接線の傾きである限界代替率と価格比が等しくなる点で与えられる。選択される財の需要量は，このように各財の価格と効用水準の関数として表され，これは補償需要関数と呼ばれる。この財の組合せを購入するための支出額は，当然のことながら消費者が一定の効用水準を実現するために必要な最小の支出額(所得額)である。これは消費者が一定の効用水準を維持するために補償されなければならない最小の所得額を意味し，補償所得という。補償所得は各財の価格と効用水準の関数であり，支出関数または補償所得関数と呼ばれる。➡補償需要関数

支出税 expenditure tax　納税者から申告された所得額と貯蓄額の差である消費支出額を課税標準としてこれに課税する租税のこと。直接税とされる。消費支出額に対し累進的に課税される。通常の消費税が間接税であるのと区別して，直接消費税と呼ばれることもある。古くは，カルドア(Kaldor, N.)によって消費支出を1年ごとにとらえる年間支出税が提唱されたが，近年では生涯消費支出を課税ベースとしてとらえる生涯支出税が，所

得税に代わる税として注目されている。課税ベースとして所得を選択すると，生涯所得総額と生涯消費のパターンが同じ人同士であっても，所得の発生時期によって税負担に違いが生じ，水平的公平が確保できなくなる可能性がある。これに対して支出税は，所得の発生時期には関係なく，同じ税負担となり，水平的公平が満たされる。また所得税の場合，所得段階と利子所得段階で二重課税が生じるが，支出税では発生しない等のメリットがある。しかし貯蓄額の把握等の点で徴税技術上の問題があり支出税の導入は困難さがある。➡ 課税標準，消費税，水平的公平，直接税，二重課税

市場介入 market intervention, official foreign exchange intervention 通貨当局が，為替相場の乱高下の抑制や適正水準への誘導を目的に，銀行間為替市場で外貨を売買すること。前者の目的での市場介入は，スムージング・オペレーションと呼ばれる。市場介入には，特定国の通貨当局が単独で行う単独介入と，2国以上の通貨当局が協調して行う協調介入とがある。日本の場合，市場介入は，日本銀行が財務大臣の代理人として外国為替資金特別会計(外為特会)の円資金と外貨を使って行う。円高・ドル安が行き過ぎていると判断した場合，日銀は市場からドルを買うことによってドル相場の引上げを図る。逆に，行き過ぎた円安・ドル高の場合には，外為特会の外貨準備として保有しているドルを市場で売ることによって，ドル相場の下落を図る。市場介入によるドル買いやドル売りは，国内のマネーサプライを変化させ，国内金利に影響を与える。この影響を相殺するような売りオペ・買いオペが市場介入と同時に実施されるとき，この市場介入は，不胎化された市場介入と呼ばれる。➡ 為替政策，公開市場操作，不胎化介入

市場開放問題 market opening 経常収支黒字が高水準を続ける中で，海外諸国から，国内市場の閉鎖性が指摘され，市場開放が要求されること。日本への市場開放要求は，かつては輸入制限の撤廃，関税の引下げといったものであったが，最近では，要求の内容が，日本の制度・慣行に関するもの(基準・認証制度等の法的な規制，流通，排他的取引慣行，系列関係など)や，資本・技術の分野にまで拡大している。市場開放のメリットとしては，内外価格差の是正，財の多様性の増大などを通じて，消費者の利益が増加することや，国内市場への競争圧力が高まり，外国の優れた技術や経営ノウハウが自国に拡散することによって，生産性が上昇すること，などが挙げられる。このような日本に対する市場開放に加えて，最近では，途上国側が農産物関連の市場開放を先進国側に，また逆に先進国側が工業製品の市場開放を途上国側に求めるなどの形での市場開放をめぐる議論もかわされている。➡ 関税，輸入制限

市場価格表示 at market prices 市場における取引価格での評価のこと。生産者価格表示と購入者価格表示とがある。「要素費用表示」に対する概念である。要素価格表示よりも普通「生産・輸入品に課される税マイナス補助金」分だけ大きくなる。通常，国内総生産や国内総支出は市場価格表示で評価されるが，国民所得は両方の評価が発表される。しかし，通常は，国民所得というとき要素費用表示の国民所得の方を指す。➡ 国内総生産，国民所得，要素費用表示

市場型間接金融 market indirect finance 証券化された各種金融商品や投資信託など，市場型の取引形態を持つ間接金融のこと。直接金融でも間接金融でもない資金調達の手段として注目されている。日本では，1980年代に株式市場の活況とともに直接金融が進展したが，その後の市場の低迷とともにそうした動

きが一方的に進んでいるとはいいがたい。もっとも、金融自由化や国際化の動きとともに、証券を用いた取引は拡大しており、伝統的な間接金融からこれらの取引の拡充を進めることが急務とされている。➡ 証券化, 直接金融, 投資信託

市場均衡 market equilibrium　市場での需要と供給が等しい状態のこと。経済活動は、分業を前提として、各経済主体の取引によって決定されると考えることができる。すなわち、通常の財の場合買い手は家計、売り手は企業であり、各経済主体は、完全競争の状態では、価格を所与として自らの便益・利益が最大になるように何をどれだけ購入するか、あるいは生産するかを決定し、このようにして決定した需要量と供給量を市場で表明する。ここでもし、需給が一致しない場合には、価格が変更・調整される。つまり、需要が供給を上回（下回）る場合は価格が上昇（下落）し、価格の調整によって市場均衡がもたらされ、取引が行われると考えられる。このうち、ある特定の財の市場のみについて均衡が成立する場合を部分均衡といい、すべての財について同時に均衡が成立する状況を一般均衡という。➡ 一般均衡, 競争均衡, 部分均衡

市場経済 market economy　何をどれだけ生産するかという資源配分の問題とだれにどれだけ分配するかという所得分配の問題を市場価格に委ねる経済システム。財の生産や購入は、企業と家計により分権的に意思決定される。企業は、労働と資本を雇用し、利潤が最大になるように生産を行い、生産物を市場に供給する。一方、家計は労働を供給して得られた所得で効用が最大になるように財の需要量を決定し、市場に参加する。財市場では、家計による財の需要と企業の供給が対応し、この両者が一致するように市場価格が決定される。同様に労働市場では、家計による労働供給と企業の労働需要が対応し、両者が一致するように賃金率が決まる。この市場を均衡させる価格と賃金率、その時の財と労働の需給量は市場（競争）均衡と呼ばれる。完全競争市場では、このような市場均衡はパレート効率的となる。市場経済の対極になるのが、計画経済である。➡ 競争均衡, 計画経済, 市場均衡, パレート効率的, プライス・メカニズム

市場経済への移行 transition to market economy　社会主義の下での計画経済システムを、市場経済システムに置き換えること。具体的には、計画経済システムの下での諸制度を市場経済システムの原則により再構成すること、また計画経済システムには存在しなかった新たな制度を創設することなどがある。こうした移行での主要な政策は、自由化政策、安定化政策、民営化政策である。中でも市場経済においては、私有財産制度を取り入れるため、私有化が市場経済への移行過程における中心となる。また、市場経済への移行に当たっては、移行以後に経済活動が不安定になるため、マクロ経済安定化も重要となる。市場経済への移行を行ったのは、旧ソ連、東欧諸国等の旧社会主義国や、社会主義の政治体制を維持したまま市場経済を導入する中国やベトナム等の国、地域があり移行経済圏とも呼ばれる。前者の旧社会主義国は市場経済への移行の速度が速く、自由化、安定化、民営化政策を短期間に実施している。これに対して、後者の中国は1978年の改革・開放政策の導入以降、これらの政策を漸次実施してきた。➡ 安定化政策, 計画経済, 民営化

市場構造 market structure　その市場が競争状態という面から見てどのような構造をとっているかということ。市場構造は多くの要因から規定されるが、その中でも、①売り手と買い手の数、②製品差別化の程度、③参入障壁の高さ、こ

れら3つが重要である。売り手の数から見た場合，市場構造は，完全競争と不完全競争の2つに大きく分けられる。このうち不完全競争はさらに，競争の度合いが強い順に，独占的競争，寡占，独占に分けられる。具体的ないくつかの市場について，市場構造に関して特徴づけを行ったのが下表である。

	完全競争	独占的競争	寡占	独占
企業数	きわめて多数	多数	少数	1
市場への参入	自由	自由	困難	なし
製品差別化の程度	無	有	有あるいは無	無
市場例	農業	外食，コンビニ	自動車，鉄鋼	電力，ガス

➡ 参入障壁，製品差別化

市場支配力 market power　企業の数や，各企業の有するブランド力等に応じて，企業が市場に及ぼす影響力のこと。まず企業数で考えてみると，一般的に，1社で市場を「独占」している場合には，当然，市場支配力は非常に大きなものになる。一方，市場に比較的少数の企業が存在する「寡占」状態では，それぞれの企業がある程度の市場支配力を持つものの，企業数が増大していけば，その影響力は徐々に低下するであろう。しかし，たとえ企業数が相当多いケースでも，各企業の商品ブランドが確立している状況では，それぞれが大きな市場支配力を持つこともあり得る。したがって企業としては，自らのブランド価値の上昇を目指して，製品の差別化に力を注ぐことになる。➡ 寡占，製品差別化，独占

市場集中度 degree of market concentration　☞ 集中度

市場取引 market transaction　☞ 相対取引

市場の失敗 market failure　市場機構が資源の効率的配分(パレート最適)を達成できないこと。市場機構は資源の効率的配分には有効なシステムであるが，いかなる場合にも有効に機能するわけではない。次のような場合，市場機構は資源の効率的配分を達成できない。①完全競争の条件の不成立，②公共財・サービスの存在，③外部性を持つ財・サービスの存在，④費用逓減産業の存在，⑤不確実性を持つ財・サービスあるいは将来財の存在。

さらに市場機構は，所得分配の公平あるいは過度の外的ショックの吸収不能などの欠陥を持つ。市場は自らその失敗を是正することはできず，政府が公共財・サービスを供給したり，外部性に対して規制を行うなど政府が市場の代替あるいは補完をしなければならない。➡ 外部性，完全競争，公共経済学，公共財，パレート効率的，費用低減産業，不確実性

市場利子率 market rate of interest　☞ 貸付資金説

市場リスク market risk　☞ リスク

JIS Japan Industrial Standard　☞ ISO，デファクト・スタンダード，標準化

指数分布 exponential distribution　連続型の確率分布であり，確率密度関数が以下のように表現される分布。なお，λは正のパラメータである。

$f(x;\lambda) = \lambda e^{-\lambda x}, (x \geq 0)$

指数分布の例としては，放射性原子が崩壊するまでの時間の分布が挙げられる。➡ 確率分布，確率密度関数

システミック・リスク systemic risk　ある金融機関の破綻などが，他の金融機関へ連鎖的に影響を及ぼすリスクのこと。決済システムに参加している金融機関が何らかの理由で決済不能になった場

合，その金融機関から資金の受入れを見込んで資金計画をしていた別の金融機関に影響が及ぶことがありうる。こうした過程が連鎖的になされれば，決済システムが麻痺することがある。このようなリスクは，電子決済の進展，国際間取引の増加，24時間決済の進展とともに，高まる可能性がある。一方，各国の通貨当局や中央銀行間での協調体制がとられている。即時決済システムは，システミック・リスクの回避に効果的なことなどもあり，導入を図る国が増加しているが，一時的な流動性不足に対応できないなどの問題も提起されている。➡ 決済リスク，リスク

事前 ex ante　経済主体の最適化のための計画段階の状態のこと。経済主体の最適化のための計画として選択された，計画段階の値あるいはそれらの間の関係を事前という。これに対し実現した値あるいは実現した値の間にかならず成立する定義的，恒等的な自明の関係式を事後という。個々の経済主体の選択行動の結果を集計したマクロ経済変数値や，これらを含む関係式は事前の値と事後の値，あるいは事前的関係式と事後的関係式に区別される。

　例えば，事後の投資には売れ残りは在庫投資として含められる。この意図せざる在庫投資は，明らかに計画段階の事前の投資にないものであり，事前の投資と事後の投資は通常は一致しない。経済理論，モデルにおいて均衡は，事前の計画値が事後的に実現する状態である。これに対し国民経済計算で得られる統計数値やそれらの間の関係は事後の数値であり，この場合の事後の投資と貯蓄はかならず一致する恒等的関係である。➡ 在庫投資

自然失業率仮説 natural rate of unemployment hypothesis　☞　長期フィリップス曲線

自然成長率 natural rate of growth
一定の労働力人口増加率 ($\Delta L/L$)，労働生産性上昇率 ($\Delta \eta/\eta$) の下，完全雇用を維持する産出量増加率のこと。$\Delta L/L$ と $\Delta \eta/\eta$ の和に等しい。ハロッド＝ドーマー成長モデルで用いられた。今，産出量を Y，雇用量を L とすると，完全雇用の下では，産出量は $Y = (Y/L)\cdot L = \eta \cdot L$，すなわち労働生産性 $(Y/L)=\eta$ と労働供給 (雇用量) L の積で表わされる。これを変化率の関係に変換することで，当初の関係が得られる。労働生産性が一定であれば産出量成長率 $\Delta Y/Y$ は労働力人口の増加率 $\Delta L/L$ に一致する。➡ ハロッド＝ドーマー成長モデル

自然独占 natural monopoly　人為的行為ではなく，規模の経済性等の経済的要因により自然に発生する独占。生産量の増大に伴って平均費用が低下する，いわゆる費用逓減産業においては，各企業が完全競争下にある場合，(限界費用と価格が等しくなる) 利潤最大化点においては，実現利潤が負になってしまう。よってこうした状況下では，高価格を維持し正の利潤を確保すべく，1社が供給を独占する状況が生じることになる。このようにして実現する独占を，自然独占と呼ぶ。しかしこの状態を放置すれば，効率的な水準に比べて供給が過少になってしまうため，公営企業を設立して，生産量をコントロールしたり，または，独占化を防ぐために，当該産業の各企業に補助金を与えて，競争状態においても正の利潤を得ることを可能にする，などの対策が講じられることもある。➡ 規模の経済性，独占，平均費用，費用逓減産業，完全競争

自然利子率 natural rate of interest
☞　貸付資金説

時短 shortening of working hours
労働時間の短縮のこと。日本の労働時間が長すぎるという欧米諸国からの批判を

受けて，1988年に政府は1人当たりの年間労働時間を1,800時間とする目標を決定し，この促進のために，1992年に時短促進法（労働時間の短縮の促進に関する臨時措置法）が5年間の時限立法として施行された。同法は，政府に推進計画の策定を義務付け，推進計画の中で企業への指導や助成金などの支援措置を定めている。また，1994年には労働基準法が改正され，法定労働時間が原則週40時間に短縮された。この結果，1992年度には1,958時間であった年間総実労働時間は2003年度には1,853時間まで減少した。しかしこの減少は，サービス残業やパート・アルバイトなどの非正社員の増加によるもので，正社員に限定すれば労働時間はむしろ延びているという批判も出された。その結果，政府は年間労働時間を一律1,800時間とする目標を廃止し，2006年4月には労働時間等設定改善法が施行された。

自治事務 autonomous work　地方自治体が国の関与を受けずに固有の権利を持って自らの責任で行う事務のこと。1999年度までは地方自治体の事務は，固有事務，行政事務，団体委任事務，機関委任事務に分けられていたが，地方分権推進委員会の勧告によって，機関委任事務の廃止，事務事業の統合整理が行われ，事務は法定受託事務と自治事務に分類された。改正地方自治法2条9項において，自治事務は「法定受託事務以外のもの」と広く規定され，2000年度から施行された。 ➡ 法定受託事務

市町村税 municipal tax　☞　地方税

失業 unemployment　就業能力を有しながら，就業していない状態のこと。失業はインフレとともにマクロ経済のパフォーマンスを阻害する主要因である。失業は，労働力という生産資源の回収不可能な逸失を意味するだけでなく，経済的価値と別の自らのアイデンティティや尊厳の損失を意味するものでもある。失業は通常，自発的失業，摩擦的失業，非自発的失業の3種に分類される。自発的失業とは，当人が望む雇用条件が満たされずに就業しないことによるものであり，当人の意思による失業である。摩擦的失業とは転職，求職活動のために生じる失業やミスマッチなど労働市場の不完全性のために生じる失業である。非自発的失業は，現行の就業条件の下で，就業の能力も意思もあるにもかかわらず，就業機会が得られない状態で，自らの意思によらない失業である。自発的失業と摩擦的失業がある程度その存在を容認せざるを得ないいわば構造的失業であるのに対し，後者の非自発的失業は主に景気変動に伴う失業で，経済社会に対するマイナスの影響も大きい。 ➡ 完全失業率

実効為替レート effective exchange rate　ある国の通貨価値の変化を2国間の為替レートにより計測するのではなく，多国間の為替レートの変化から総合的に表すための指標。指標は当該国との貿易額の多い複数国を選び，それらの国との名目為替レートの変化率をそれぞれの貿易量で加重平均することで求められる。特に，IMFが日本，アメリカなど17の先進国の工業製品貿易に関するウェイトを考慮し算出した実効為替レートは，多国間実効為替レートと呼ばれる。日本における実効為替レートは，日本から当該国・地域への輸出額の対全輸出額比が1％超となる国・地域の通貨（米ドル，ユーロ，韓国ウォン，中国人民元，英ポンド，タイバーツ，など15通貨）をもとに算出されている。この実効為替レートにインフレ率による通貨価値の変化を考慮したものは実質実効為替レートと呼ばれる。ある国の財の価格競争力を考える際には，名目値で表現された実効為替レートよりも実質値で表現された実質実効為

実行税率 applied tariff rate　輸入品に対して実際に適用される税率のこと。関税率は，法律に基づいて定められている国定税率と，条約に基づいて定められている協定税率とに分けられる。国定税率には，基本税率，暫定税率，特恵税率がある。基本税率は，関税定率法で定められ，事情に変更がない限り，長期的に適用される基本的な税率である。暫定税率は，関税暫定措置法で定められ，一時的に基本税率を修正する必要がある場合に，一定期間基本税率に代わって適用される税率である。特恵税率は，開発途上国からの輸入品に対して適用される税率であり，最恵国待遇の例外として，実行税率よりも低く設定されている。協定税率は，WTO加盟国に対して一定率以上の関税を課さないことを約束している譲許税率である。税率は原則として，特恵税率，協定税率，暫定税率，基本税率の順に優先して適用される。ただし，協定税率が暫定税率または基本税率よりも低い場合にのみ，協定税率は適用される。基本税率（暫定税率が設定されている品目では暫定税率）と協定税率のいずれか低い税率が実行税率となる。➡ 関税，最恵国待遇，特恵関税

実効税率 effective tax rate　税率や控除を適用して計算された税負担額が，課税標準額に占める割合のこと。例えば所得税では，所得額に所得控除，累進税率，税額控除を適用し，算出された所得税額の課税標準である所得額に占める割合となる。法人課税では，法人税，法人住民税，事業税，事業所税などの総額の法人所得に占める割合をいう。➡ 課税標準

実質金利 real interest rate　☞　金利

実質公債費比率 real debt expenditure ratio　2006年度に，公債発行の起債制限の指標として導入された尺度。

$$\text{実質公債費比率} = \frac{(A+D)-(B+E)}{C-E} \times 100$$

A：当該年度の普通会計にかかる元利償還金
B：元利償還金に充当された特定財源
C：当該年度の標準財政規模
D：準元利償還金
E：普通地方交付税の基準財政需要額に算入された元利償還金・準元利償還金

準元利償還金＝（イ＋ロ＋ハ＋ニ＋ホ）
イ：満期一括償還地方債についての償還期間を30年とする元金均等年賦償還とした場合における1年当たりの元金償還金相当
ロ：一般会計等から一般会計等以外の特別会計費の繰出金のうち，公営企業債の償還財源に充てたと認められるもの
ハ：組合・地方開発事業団（組合等）への負担金・補助金のうち，組合等が起こした地方債の償還の財源に充てたと認められるもの
ニ：債務負担行為に基づく支出のうち公債費に準ずるもの
ホ：一時借入金の利子

地方公共団体財政健全化法の下では，25％を超えると早期健全化を求められ，35％を超えると財政再生が求められる。➡ 借入金，起債制限比率，基準財政需要，公営企業債，地方債，特別会計

実質残高効果 real balance effect　☞　ピグー効果

実質収支 balance of net income and expenditure　当該年度の歳入歳出差引額（＝形式収支）から翌年度へ繰り越すべき財源を控除した決算額のこと。翌年度へ繰り越すべき財源としては，①当該年度の歳出予算のうち，当該年度末までに支出負担行為をできず未執行とされたが，翌年度において新たに歳出予算とし

て計上して執行するもの，②支出負担行為をしたが年度内に支出を終わらなかったもの，③当該年度末までに債務が発生したが，その支払が当該年度においてできなかったため，翌年度に支払を繰り延べたもの，等が挙げられる。➡形式収支

実質収支比率 ratio of net excess of revenue　地方自治体の財政状況を測る指標の1つ。次式で表される。

$$実質収支比率 = \frac{実質収支}{標準財政規模} \times 100$$

実質収支が赤字の場合，実質収支比率の絶対値のことを実質赤字比率という。なお，地方財政再建促進法の下では，実質赤字比率が5％以上の都道府県，20％以上の市町村は，原則的に財政再建計画を立てて財政の再建を行っている場合のほかは地方債の起債が制限された。現行の地方公共団体財政健全化法においては，都道府県が3.75％，市町村が財政規模に応じて11.25～15％で財政健全化計画の策定など財政の早期健全化を求められる。さらに都道府県で5％以上，市町村で20％以上で財政再生計画の策定など財政の再生が求められる。➡財政再建団体，地方公共団体財政健全化法，標準財政規模

実質値 real value　経済変数について，物価水準ないし貨幣価値の変化の影響を除去した値のこと。これに対し，これらの影響を除去せず，含んだままの値を名目値という。実質値は，対応する名目値を物価指数で除したり，名目値から物価上昇率を差し引くことで得られる。例えばGDPは市場価格で評価された名目値であるが，実質GDPとの間には包括的な物価指数であるGDPデフレーターを介して実質GDP＝名目GDP/GDPデフレーターの関係にある。また実質利子率は名目利子率から物価上昇率を差し引くことで得られる。➡GDPデフレーター，物価水準

実質賃金率 real wage rate　雇用者が労働の対価として受け取る貨幣額を物価水準で除した値。その時点での受取貨幣額の実質的購買力を表す。なお雇用者が雇主から実際に受け取る単位時間当たりの貨幣額を名目賃金率ないし貨幣賃金率と呼ぶ。新古典派は，雇用者は自らの労働力の供給に際して実質賃金率に関心を持つと想定するのに対し，ケインズ経済学は名目賃金率に関心を持つと想定し，両者で著しい違いをなしている。ケインズ経済学の場合，雇用者に貨幣錯覚があるとして雇用者の行動の合理性の仮定を放棄するか，あるいは合理的であってもなお名目賃金率に固執する理由を別途説明する必要が生じる。➡貨幣錯覚，ケインズ経済学，実質値，名目値

実需 real demand　実際の需要の略。現在の消費や生産力増強をもたらす投資活動など現時点での実際の必要を充足するための現物の需要のこと。これに対して，将来の価格や為替レートの変化を予想し，その変化を利用して転売することで収益をあげる目的で，あるいは将来の変化を見越して将来必要なものを現在手当てする目的で，財や外貨を先物市場などで購入する投機の需要あるいは信用買いを仮需という。

実証経済学 positive economics　☞ 規範経済学

実証分析 empirical analysis　☞ 計量経済学

実証（的経済）理論 positive (economics) theory　☞ 規範経済学

実施ラグ action lag　☞ 政策ラグ

しっぺ返し戦略 tit-for-tat strategy　☞ 繰返しゲーム

指定管理者制度 designated manager system　2003年9月より施行された公共部門の民営化の一環と見なされる制度。営利企業・財団法人・NPO法人・市民グループなどが公の施設等の管理運営

を行うことを可能とする制度。指定管理者制度の導入により、利便性の向上、管理運営費の削減が可能となり、うまく機能すれば民間部門、公共部門双方にメリットがあると考えられるが、もともと利益が上がらないが社会的必要性から供給されてきた公共サービスが多いため、指定管理者の候補が現れないなどの問題点が指摘されている。➡ 公益法人、公的部門

私的費用 private cost ☞ 社会的費用

私的便益 private benefit ☞ 社会的便益

ジニ係数 Gini coefficient ☞ ローレンツ曲線

シニョリッジ seigniorage ☞ 通貨発行益

支配戦略 dominant strategy ☞ 繰返しゲーム

自発的失業 voluntary unemployment
現行賃金率あるいは労働条件が自らの要求水準に比べて低すぎるので、自ら進んで失業を選択している状態。古典派・新古典派経済学では、伸縮的な賃金率の調整によって労働市場は常に均衡していると想定しており、失業は自発的失業か、転職あるいは職探しのための摩擦的失業のいずれしか存在しない。こうした失業は労働者自身の最適選択の結果であるか、あるいは労働市場における何らかの不完全性のもたらすものであって、財市場における総需要の不足によって生じるものではなく、総需要管理政策の発動により解消できるものでも、すべきものでもない。➡ 失業、総需要管理政策

支払準備率操作 reserve ratio operation
民間銀行に対して、預金などの一定比率を中央銀行に預けることを義務付け、中央銀行はその比率を操作して、民間銀行の貸出行動に影響を与えること。中央銀行の金融手段の1つとされる。この義務付けられた中央銀行預け金の額と民間銀行の債務(主に預金)との間の関係を支払準備率という。

この制度は当初、預金の支払不能や銀行の倒産防止を目的に設立されたようである。しかし近年、各国ではこれを廃止したり、継続していても引き下げるケースが多くなっている。理由としては、預金取扱機関のみにこれを適用することが不公平であること、金融革新によって支払準備と関係のない商品が多くなってきたことなどが挙げられる。

この政策効果についても、他の手段と同様、コスト効果とアナウンスメント効果、そして流動性効果が存在する。コスト効果については、準備預金が無利子であることで効果は大きくなり、しかも準備率の上げ下げは信用乗数の低下につながる。アナウンスメント効果については、金融政策の転換としての色彩が濃い。準備率の変更は、主に長期的な政策スタンスの変更として受け止められることがある。流動性効果とは、法定準備率の変更が金融機関の運用資金量を変化させ、さらには貸出量を変化させる効果である。準備預金の積立は、1カ月の平均預金残高に法定準備率をかけた値を当月の16日から翌月15日までに積み立てる方式がとられる。その積立の進捗状況は、短期市場の動向を示す指標として重視される。➡ アナウンスメント効果、中央銀行

シビル・ミニマム civil minimum
地域ごとに気候・風土・経済水準その他の違いがあり、それに応じた地域における最低生活水準をいう。地方自治体が達成しなければならない水準と見なされる。1968年に東京都の美濃部革新都政の下、発表された「東京都中期計画」の中ではじめて用いられたとされる和製英語である。これに対して、義務教育や生活保護など全国的に統一的に達成されなければならない水準をナショナル・ミニマム

私募債 privately placed bond　金融商品取引法上の募集に該当しない形で発行される債券。公募債に対する概念である。少数特定の投資家を相手に販売されるのが一般的で，縁故債，私募事業債，私募円建外債などがある。金融商品取引法上のディスクロージャー義務がない上に，手続きも簡単で，低コストで機動的な発行が可能である。公募債と異なり，財務内容を公開する義務はない。ただし，転売されて多数の手に渡る場合などにはディスクロージャーが義務付けられている。➡ディスクロージャー

資本 capital　生産要素の1つ。労働や土地が本源的生産要素と呼ばれるのに対し，資本は，建物，工場，機械などの物的な生産設備の総称で，生産された生産手段であることを強調し資本財とも呼ばれる。資本財としての資本の概念は古く，スミス(Smith, A.)，リカード(Ricardo, D.)，ミル(Mill, J. S.)にまでさかのぼることができ，実物資本と呼ばれることもある。一方，教育や訓練により労働者の身につく知識や技能は，蓄積される点や生産へ貢献する点などの類似性から，人的資本と呼ばれ，人的資本も含めて資本と称されることもある。また，カッセル(Cassel, K. G.)やシュンペーター(Schumpeter, J. A.)らに見られるように，生産における企業家や資本家の役割を特に強調し，生産要素を所有する手段としての貨幣を資本と呼ぶこともあり，この場合貨幣資本ともいわれる。一方，会計用語としての資本は，これらとは異なる意味であるため注意を要する。

資本移転 capital transfer　☞資本移転等収支

資本移転等収支 capital transfers balances　国際収支の中の項目の1つで，対価の受領を伴わない固定資産の取得または処分に付随する資金の移転，固定資産の所有権の移転，債権者による債務免除を計上する移転を資本移転といい，これに非金融非生産資産の取得処分を加えたものからなる。例えば，前者には政府による相手国のインフラ等資本形成のための無償資金協力，相続税や贈与税等資産の取得に関連した税金の受払い，政府や民間による債務免除などが含まれ，後者には天然資源や商標権，ライセンスの取引などが含まれる。➡経常移転，国際収支

資本係数 capital coefficient　資本ストックの大きさを産出高で割った値。資本・産出比率(capital-output ratio)ともいわれる。産出1単位当たりに平均的に要した資本量を意味する。一方，資本係数の逆数を産出係数といい，資本の平均生産性を表す。また，資本ストックの増加分，すなわち投資を産出の増加分で割った値を限界資本係数という。これらは生産技術を特徴づけるときにしばしば採用される。また，分析の簡単化のため資本係数が一定と仮定されることもある。ハロッド(Harrod, R. F.)は，必要(限界)資本係数と実際の(限界)資本係数とを区別し，両者の関係から，成長過程における循環的変動の要因を明らかにしようとした。なお，労働量を産出高で割った値を，労働係数と呼ぶ。労働・産出比率(labour-output ratio)ともいわれる。平均労働生産性の逆数となっている。

資本減耗 capital depreciation　機械・設備などが，使用による摩耗や年月の経過に伴う陳腐化等によって，その価値がしだいに減少していくこと。この資本減耗があるために，企業が投資を行っても，実際にその企業の資本増加は，その値よりも資本減耗分だけ少なくなる。

すなわち，純投資＝粗投資－資本減耗，という関係が成立する。またこの資本減耗を，費用として評価することを資本の減価償却といい，それによって実際に費用とみなされるものが減価償却費である。物理的な資本減耗は計測できないので，この減価償却費でもって代用される。減価償却費の主要な計算方法には，定額法と定率法の2つがある。また耐用年数経過時点の資本等の有形資産の償却可能限度額は，企業の投資を促進し国際競争力を高めるねらいから，2007年度の税制改正によって変更された。➡ 減価償却，投資

資本コスト capital cost 企業の生産活動に使用される資本の調達や維持に必要な費用のこと。例えば投資家に支払う配当や銀行に返済する利息などを指す。資本が株主から調達した資本金および剰余金か負債かによって，自己資本コストと他人資本コストに分類される。また，資本の投入期間によって長期資本コストと短期資本コストに分類される。

自己資本コストと他人資本コストの使用比率をウェイトとして加重平均したものを平均資本コストという。伝統的な企業金融論では，企業は最適な資本構成を決定する際，この平均資本コストが指標とされてきた。しかし，1950年代から60年代にかけてモディリアーニ＝ミラー(Modigliani, F. and Miller, M. H.)が，自己資本と負債が無差別であり，企業の価値は資本構成とは独立であることを証明し，現在ではこの考え方が主流となっている。

資本・産出比率 capital-output ratio
☞ 資本係数

資本市場 capital market 設備投資資金など長期の資金を調達する金融市場のこと。証券市場と長期貸付市場に分けられる。証券市場は，企業が株式や社債などを発行して資金を調達する市場，長期貸付市場は，銀行など金融機関が資金を長期に貸し出す市場である。➡ 証券市場

資本自由化 liberalization of capital transactions 広義には，自国の対外投資および外国資本の国内への投資を自由にすること。狭義には，わが国における外国資本の対内直接投資の自由化措置を指す。わが国では，外国との資本取引は，1949年12月に制定された「外国為替及び外国貿易管理法」(外為法)によって原則禁止であったが，1980年12月の改正外為法の施行により，原則自由・有事規制の方式に改められた。さらに，1998年4月に施行された「外国為替及び外国貿易法」では，内外資本取引の事前許可・届出制の原則廃止，外国為替業務の完全自由化が達成された。➡ 外国為替，外国為替及び外国貿易法

資本集約度 capital intensity 資本と労働を生産要素として生産物を生み出す技術を考えるとき，投入される労働に対する資本の割合，すなわち，資本量を分子に労働量を分母にとった比率のこと。資本・労働比率または資本装備率と呼ばれることもある。資本集約度は労働1単位当たりの資本量と解釈できる。この定義より明らかに，資本蓄積のスピードが投入される労働量の増加スピードよりも早ければ，資本・労働比率は上昇し，反対の場合は低下することになる。資本・労働比率が上昇することを資本の深化(capital deepening)ということもある。

資本主義経済 capitalism 労働者を雇用して商品生産を行う資本家による利潤追求を原動力とする経済体制。資本主義は次のような特徴を持つ。①生産手段の私的所有，②労働力の商品化，③競争的な市場メカニズムによる調整，④市場での各経済主体による分権的意思決定。18世紀末にイギリスで起こった産業革命によって，工場での機械を使用した

商品生産が開始されるようになると、その工場や資金を所有する資本家と、その工場で雇われる労働者という2つの階級を生み出すことになった。歴史的には、資本主義の経済体制はこのような生産体制を基本として、それまでの土地所有者とそれに隷属する農民という関係であった封建制度に代わる経済体制として出現したものである。➡ 社会主義経済

資本ストック capital stock 工場や工場における生産設備そのほか生産とその管理に投入される再生産可能な有形固定資産の総称。単に資本と呼ばれる場合もある。資本ストックを例えば1年などの一定期間内に増加させたときの量を投資と呼び、時とともに資本ストックが増加していくことを資本蓄積と呼ぶ。資本蓄積は生産力を拡大させる1つの大きな要因であると考えられ、経済成長、経済発展の主要因とみなされることが多い。

近年では、労働者が有する生産に貢献するさまざまな能力を総称して人的資本と呼ばれる。この人的資本は、学校教育、職業訓練、オン・ザ・ジョブ・トレーニングなどにより新たな能力が労働者に体化される。この人的資本も生産性の向上に貢献する。この人的資本と対照させた場合には、上の工場などの資本のことを物的資本と呼ぶことが多い。➡ 資本, 資本蓄積

資本ストック調整原理 capital stock adjustment principle チェネリー(Chenery, H.B.), マシューズ (Mathews, R.C.O.) らによって、加速度原理と利潤原理の統合を意図して考えられた投資理論。Y_{t-1}, K_{t-1} を各々 $t-1$ 期の生産, 資本とすると t 期の投資 I_t は次式で表される。

$$I_t = \alpha(\delta Y_{t-1} - \lambda K_{t-1})$$

α は資本ストックの調整速度、δ は資本・産出比率、λ は資本の適正稼働率である。企業は生産活動に適正余剰資本ストックを保有して臨み、保有している資本ストックのうち適正余剰分を除いた部分 λK_{t-1} と必要資本ストック δY_{t-1} の差の一定割合 α が今期の投資によって埋められると考えるのである。したがって、加速度原理、利潤原理は資本ストック調整原理の特殊型であり、上式で変数係数を適宜再解釈したものと解することができる。➡ 加速度原理, 速度原理

資本蓄積 capital accumulation 生産要素である資本が時間の経過とともに増大していくこと。統計的には固定資本形成や在庫品増加を意味する。資本蓄積過程は、以下のように描写される。t 期に利用可能な資本ストックを $K(t)$, t 期に行われる設備投資を $I(t)$, t 期の間に摩耗する割合を意味する資本減耗率を $\delta(0 < \delta < 1)$ とすると、$t+1$ 期に利用可能な資本ストック $K(t+1)$ は、

$$K(t+1) = K(t) + I(t) - \delta K(t)$$

すなわち、今期の資本に、今期新たに投入した設備を加え、減耗分を差し引いたものとして表すことができる。長期的な産出量の増大には、このような資本蓄積が着実に進む必要がある。今期の資本ストックおよび資本減耗率を所与とすれば、次期の資本を決める要因は今期の設備投資である。そしてその設備投資には今期生産されたもののうち、消費されなかった量(貯蓄)が充当される。このように、貯蓄が資本蓄積を促進することは、経済成長のあり方の1つである。➡ 経済成長率, 総固定資本形成

資本逃避 capital flight 政治不安, 通貨不安, 戦争の危惧などによる資産価値の減少を防ぐために、資本を安全な国に移動させること。資本逃避は、債務国の国内投資を妨げ、債務返済問題を悪化させることになる。往々にして資本逃避は流動的で、一時的に大量の資本が移動するので、通貨不安をいっそう促進する

資本取引 capital transactions
☞ 海外勘定

資本の深化 capital deepening
☞ 資本集約度

資本・労働比率 capital-labor ratio
☞ 資本集約度

指名競争入札 designated competitive bidding ☞ 競争入札

シャウプ勧告 Shoup's recommendation　1949年，コロンビア大学のシャウプ(Shoup, C. S.)教授を団長とする税制使節団による税制に関する勧告のこと。わが国の税制に関して抜本的な改革案を打ち出した。その勧告を総称してシャウプ勧告という。国税に関するシャウプ税制勧告と，地方税に関するシャウプ地方財政勧告とに分けられる。国税については所得税に関する改革が中心で，第2次世界大戦以前のわが国の所得税制が，所得の源泉によって課税方式が異なる分類所得税であったのに対し，シャウプ勧告では，すべての所得の合計に累進課税する総合所得税を提案した。このことは後の包括的所得税の考え方につながるものである。地方税についても改革案が提案され，地方政府ごとに十分な税収が確保できるように税源を分離し，当時の連合国の政策にそって，アメリカ型の民主主義を定着させ，地方自治を確立することを目指していた。➡ 国税，地方税

社会資本 social capital　広義には，生活環境，生産環境，自然環境全体のこと。狭義には，生活環境あるいは生産活動の基盤をなす社会的な施設，設備をいう。公共資本，社会的間接資本，インフラ等と呼ばれる場合もある。具体的には，道路，鉄道，港湾，通信，電力，上下水道，公園，文教施設，病院，社会福祉施設，廃棄物処理施設等のことをいう。これらは生活関連社会資本と産業関連社会資本に分けられる。社会資本の建設・維持には巨額の資金を必要とするため，国，地方公共団体，公益事業体などにより供給されることが多い。また，財政政策の一環として公共事業の対象ともなる。社会資本は，生産能力を間接的に高める効果や，生活環境の面で外部効果を持つため，社会的間接資本と呼ばれる場合もある。どの社会資本に優先的に投資するかは，その国，地域の経済発展の程度により異なる。

社会主義経済 socialist economy　旧ソ連，東欧諸国など社会主義国で行われた経済体制のこと。社会主義経済は，生産手段の国有制あるいは公有制，計画経済つまり政府行政機構(中央計画当局)による集権的資源配分と所得分配によって特徴づけられる。歴史的には，社会主義経済を資本主義経済に代わる選択肢と位置づけたのは，ドイツの経済学者・哲学者マルクス(Marx, K. H.)であり，このマルクスの理論を背景として1917年にロシア革命で誕生したソビエト政権の下で社会主義経済が導入された。これ以降，東欧諸国や中国においても社会主義経済が導入された。その後社会主義経済における誘因合理性(incentive compatibility)の欠如やそれにともなう経済効率面での劣性に対する認識が進み，生産手段の私有制や分権的意思決定に基づく市場メカニズムの部分的な導入が試みられた。しかしその成果は芳しくなく，20世紀末，旧ソ連，東欧諸国，中国等で社会主義経済からの離脱，市場経済，資本主義経済への移行が相次いだ。なお政治体制として社会主義を存続させている中国の経済体制は社会主義市場経済と呼ばれることもある。➡ 資本主義経済

社会的限界生産物 social marginal product　ある生産要素を追加的に1単位増加したときに社会全体で増加する生産物の量のこと。外部性を持たない生

産物の場合には，私的限界生産物に等しい。➡ 外部性

社会的公正 social fairness　社会の構成員の大多数が公正な状態として同意できる社会状況のこと。民主的社会では，社会の構成員は，生存権と市民権を保障されていなければならない。この2つの権利が保障されている社会は公正な社会と考えられる。しかし，生存権，市民権の意味内容は人により様々であり，最終的には社会の構成員の大多数が望ましい状態と同意できる社会が実現していれば社会的公正は実現していると見なさなければならない。社会の構成員が同意する公正原則については多くの議論が存在する。生存権にかかわって，所得分配が公平であれば，生存権は保障されていると考えられるが，どのような所得分配が公平な分配かについても数々の議論がある。例えばロールズ（Rawls, J.）は，所得の最も低い個人の効用を最大化する所得分配を公平と定義した。市民権は公民権，参政権，社会権からなる。市民権は，基本的に社会の構成員の社会の中での扱われ方の原則である。扱われ方についての各構成員の受取り方は様々であり，社会的に一律には決められない。➡ 所得分配の公平

社会的厚生関数 social welfare function　一般的には，社会の経済状態を表す諸変数と社会の経済的厚生水準との間の関係を関数として表現したもの。社会厚生関数ともいう。通常は，消費者主権を前提として，社会を構成する個人の効用水準 u_i と社会的厚生の水準 W との関係を示す関数 $W = W(u_1, \cdots, u_n)$（n は個人数）を社会的厚生関数と呼び，パレート基準 $\partial W / \partial u_i > 0$（他の個人の効用水準を一定に保ちながらある個人の効用を高めることは社会的厚生の向上を意味する）を想定することが多い。このような形の社会的厚生関数は，一般的にバーグソン＝サミュエルソン型社会的厚生関数と呼ばれる。バーグソン＝サミュエルソン型社会的厚生関数は，社会的厚生に関する価値判断を関数形によって表現するのに便利である。例えば，最大多数の最大幸福をめざす功利主義的価値判断に基づけば，社会的厚生関数は各個人の効用の和 $W = \sum_{i=1}^{n} u_i$ として表現される。最も恵まれない者の経済厚生を高めることが社会的厚生の向上につながるとするロールズ流の価値判断は，$W = \min_i \{u_1, ..., u_n\}$ という形で表現できる。➡ 功利主義，正義の理論

社会的時間選好率 social time preference rate　1単位の現在消費を得るために犠牲にしてよいと，社会が全体として判断する将来消費の量，すなわち社会全体の異時点間の消費の限界代替率を表し，公共プロジェクト等がもたらす将来の便益を現在価値に還元する際の割引率（社会的割引率）。社会的時間選好率をどのように考えるかについては，現在時点の消費者の時間選好を反映したものであるべきだとする立場と，現在の消費者の選好のみならず，将来世代の経済厚生も考慮に入れて設定すべきだとする立場がある。資本市場が完全ならば，前者の立場からは，「市場利子率（長期国債の流通利回り等）＋1」を社会的時間選好率と考えることが正当化されるが，後者の立場では，現在世代の近視眼的時間選好を調整するために，それよりは低い水準に社会的時間選好率を設定する必要がある。➡ 異時点間の消費配分，限界代替率，割引現在価値

社会的責任投資 socially responsible investment　☞ メセナ

社会的費用 social cost　生産により外部不経済が発生する財の場合，当該生産者以外の経済主体に発生するマイナスの影響（費用）のこと。このとき，社会

全体が負担する社会的総費用は生産者自身が負担する費用に加え，外部性の影響を受ける経済主体が選択の余地なく被る費用を加えたものになる。当該生産者のみが負担する費用部分を私的費用という。外部不経済を発生しない生産の場合は，生産費はすべて生産者が負担し，私的費用と社会的総費用は一致している。外部不経済を発生する財・サービスの場合には，社会的費用分だけ社会的総費用は私的費用よりも高くなる。外部不経済を発生しない財の場合は，生産における限界費用が当該財の価格と等しくなる状態が社会にとって最適な状態（パレート効率的）である。しかし外部不経済を発生する財の場合には，すべてを市場機構に委ねておくと，生産は価格が私的限界費用に等しいところで決定され，社会的に望ましい生産量よりも大きくなるという市場の失敗が生じる ➡ 外部性, 社会的便益

社会的便益 social benefit 　消費により外部経済を発生する財の場合，当該財を消費する経済主体以外の経済主体に発生するプラスの影響（便益）のこと。なお消費する経済主体自身が受ける便益を私的便益という。外部経済を発生させる財・サービスの場合には，社会的総便益は，社会的便益分だけ私的便益よりも大きくなる。このような財の供給を市場に任せた場合には，社会の最適供給量よりも少ない量しか供給されないという市場の失敗が生じる。➡ 外部性, 市場の失敗, 社会的費用

社会的無差別曲線 social indifference curve 　シトフスキー(Scituvsky, T.)によって考案された経済分析用具。生産を含む経済において，パレート最適な財の配分状態で達成されている諸個人の効用水準を実現するために最低限必要とされる諸財の総量の組合せの軌跡を指す。2財2個人経済を想定する。まず，原点をOとして生産可能性曲線EFを描く。個人Aの原点をOとして無差別曲線I_A^cを描く。生産可能性曲線上の1点Cを個人Bの原点としてエッジワース・ボックスを描き契約曲線上の任意の点cをとる。c点において個人Aの無差別曲線I_A^cと個人Bの無差別曲線I_B^cは接している。そしてc点を通る個人Aの無差別曲線I_A^cと点dで接する個人Bの無差別曲線I_B^dが，c点を通る個人Bの無差別曲線I_B^cと同じ効用水準を表すように個人Bの無差別曲線図の原点Dをとる。I_A^c上でd点を様々に移動させて得られるD点の軌跡が，1つの社会的無差別曲線である。最初に契約曲線上で選択する点を変化させることにより，C点を通る社会的無差別曲線は無数に描けるが，2個人に共通する無差別曲線の接線の傾きがC点における生産可能性曲線の傾きに等しい点（図ではc点）を選んだ場合にのみ，社会的無差別曲線は生産可能性曲線とC点で接し，財の配分の最適性とともに生産上の効率性も達成される。➡ エッジワース・ボックス, 生産可能性曲線, パレート効率的, パレート最適条件, 無差別曲線

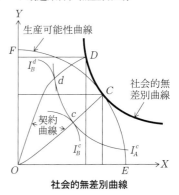

社会的無差別曲線

社会的余剰 social surplus 　特定の財の市場取引において，市場参加者全体（消費者と生産者）が得る純利益を貨幣

額で表現したもの。消費者の得る純利益（純便益）である「消費者余剰」と生産者の純利益（利潤）である「生産者余剰」の和で表される。市場均衡下において，貨幣の限界効用が一定であると仮定すれば，市場需要曲線の高さは，消費者が財の追加的1単位から得る限界便益（限界効用）を表しているため，消費者余剰は，市場需要曲線の高さを均衡取引量まで集計した総便益（図の台形OQ_0ED_0の面積）から，消費者の支出額（四角形OQ_0EP_0の面積）を差し引いた値（三角形D_0EP_0の面積）で示される。他方，供給曲線の高さは，財を1単位追加的に生産するために必要な限界費用を表しているため，生産者余剰は，売上収入（四角形OQ_0EP_0の面積）から，供給曲線の高さを均衡取引量まで集計した総費用（台形OQ_0ES_0の面積）を差し引いた値（三角形S_0EP_0の面積）によって表される。したがって，社会的余剰は，市場均衡点Eと需要曲線および供給曲線の切片D_0，S_0を頂点とする三角形D_0ES_0の面積で表される。➡貨幣の限界効用，供給関数，市場均衡，需要関数

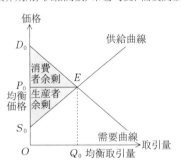

社会的欲求 social wants 公的欲求のうちで，純粋公共財・サービスにより満たされる欲求のこと。例えば国防や警察のような公共財・サービスにより満たされる欲求をいう。純粋公共財・サービスにより満たされる欲求であるため，どのような欲求がどの程度満たされる必要があるかを知ることは困難である。➡価値欲求，公的欲求

社外取締役 outside director 会社と直接的な利害関係のない社外の人から選ばれる取締役。欧米では一般的な制度である。取締役は他の取締役を監視する役割があるが，従来は親会社やメインバンクなどから受け入れるケースがほとんどで，取締役陣の経営を監視する力が弱く視野も狭いという批判があり，最近では，他社経営者，有識者などを社外取締役として起用するケースが増加している。委員会設置会社でも，実効性の点から様々な議論がなされている。現在，コーポレート・ガバナンスのあり方の中で，議論が起こっている。➡コーポレート・ガバナンス，メインバンク

社会保険 social insurance 老齢，疾病，傷害，失業などに際し，保険料収入を主な財源として，一定基準に基づいて被保険者あるいは遺族に給付を行う公的保険制度のこと。わが国の社会保障制度の中心的存在となっている。民間の私的保険と比較すると，強制加入であり，多くの制度で国庫から補助がなされ，事故発生確率と保険料率とがリンクせず，保険料負担に減免措置が講じられるなどの相違がある。現在，わが国の社会保険は，医療保険，年金保険，雇用（失業）保険，労災保険，介護保険および後期高齢者医療保険の6つがある。

社会保険では保険としての形態上，保険事故発生時に給付を受けるための対価として被保険者および事業主は保険料の支払を求められる。これを社会保険料という。社会保険料の算出には，保険の種類により，賃金比例方式，定額方式，所得割，資産割，人頭割などの方法がとられている。

社会保障 social security 人々が，貧困に陥った場合あるいは貧困に陥るような事態に立ち至ったときに公的に援助

の手を差し伸べて，貧困生活に陥らないようにする制度のこと。わが国の現在の社会保障制度は医療・年金・雇用・介護を内容とする社会保険，生活扶助・医療扶助などの公的扶助，児童福祉・母子および寡婦福祉などの社会福祉および精神衛生・保健衛生などの公衆衛生から成っている。なお，広義の社会保障にはこれらに恩給と戦争犠牲者援護が加えられる。→ 社会保険，社会保障関係費，社会保障給付，生活保護

社会保障関係費 social security-related expenditure 　一般会計のうち，社会保障に関係する費用のこと。社会保障関係費は，大きく分けると，生活保護，社会福祉，社会保険，保健衛生および失業対策の5つに分けられる。わが国の社会保障関係費は，近年の制度面における顕著な発展，また高齢化などの社会的変化を反映して，わが国の政府支出の中で，国債費を除いて最大の支出項目となっている。→ 社会保障，社会保障給付

社会保障給付 social security benefits 社会保障制度に則って，公的あるいは準公的機関から個人に付与・支給される現金・現物のこと。社会保障の給付については普遍主義と選別主義の2つの原則がある。普遍主義の原則は，給付の対象を特に限定せず，制度が対象とする現象が発生した個人に給付が行われるべきだとするもので，医療・年金・雇用・介護の社会保険に適している。選別主義の原則は公的扶助のように，給付の対象を所得なり資産なりの基準で選別すべきだとするものである。選別主義は必要度の高い人に給付が限られるため，給付額を低く抑えることができるが，適格かどうかを知るため資力調査が行われる。どちらの原則にも長所短所があり，他の政策目標との調整が必要である。現金給付がよいのか現物給付がよいのかについても一概に断定できない。なお個人あるいは家計が社会保障基金に対して支払う負担金（各種保険料など）を社会保障負担という。日本においては，医療，年金，介護などは公的保険制度として運営されており，その財源は，国・雇用者・加入者により賄われている。保険制度を取りながら，費用をすべて保険料で賄うことは不可能であり，税金が投入されている。→ 負の所得税

JASDAQ Japanese Association of Securities Dealers Automated Quotations
☞ 株式市場，マーケットメイカー

ジャストインタイム just-in-time
☞ かんばん方式

社団法人 incorporated association
☞ 公益法人

ジャパンプレミアム Japan premium 邦銀が欧米で資金調達をする際に，欧米の金融機関から要求された割増金利のこと。1990年代後半に，日本では金融破綻の危険がささやかれ，邦銀の信用力の低下などが相次ぎ，割増金利が発生した。具体的には，ユーロ市場で日本の金融機関が資金調達をする際の金利と，LIBOR (London Interbank Offered Rate) との差を指すことが多い。→ LIBOR

ジャンク債 junk bond 　格付けが低く，その分，利回りが高い債券のこと。少なくとも1社の格付機関に投資不適格とされた債券である。ジャンクとはガラクタの意味である。債券発行企業の債務不履行リスクが高いことを意味する。財務基盤の弱い企業が資金調達の手段として利用してきたもので，1980年代の米国ではM&Aの資金調達の手段としても利用された。その後，債務不履行（デフォルト）が頻発して，発行がほとんどない状態になったが，米国経済の回復，IT関連の好調さにより，発行が相次いだ。日本では1996年に適債基準の緩和があり，中南米，東欧諸国などが格付けの低い円建外債を発行した。利回りは当然高く，ハ

収益事業 profit making business from non-profit organization ☞ 地方公営事業

重回帰 multiple regression ☞ 回帰分析

収穫逓減の法則 law of diminishing returns　ある1つの特定の生産要素の投入を増やしていったとき生産量の増加分が減少していくこと。限界生産力逓減の法則ともいう。複数の生産要素の投入・産出過程では、他の生産要素の投入はすべて一定として、特定の生産要素投入を1単位増加させたときの産出の増加分を当該投入の限界生産力という。この限界生産力は徐々に低下してゆくと通常は想定される。例えば、資本K、労働Lの投入による産出過程を生産関数$Y=F(K, L)$で表すと、K_0, L_0におけるK, Lに関する偏導関数の値は次の2式で表される。

(1) $F_K(K_0, L_0) = \dfrac{\partial F(K, L)}{\partial K}\bigg|_{\substack{K=K_0 \\ L=L_0}}$

(2) $F_L(K_0, L_0) = \dfrac{\partial F(K, L)}{\partial L}\bigg|_{\substack{K=K_0 \\ L=L_0}}$

(1)式がKの限界生産力であり、(2)式がLの限界生産力である。通常その値は正であり、収穫逓減の法則(限界生産力逓減の法則)は、2階の導関数を用いて$F_{KK}<0, F_{LL}<0$と表される。➡ 限界生産力説、生産関数

従価税 ad valorem duties, ad valorem tax　課税物件の金額あるいは価額を課税標準とする税のこと。消費税、輸入関税などが従価税に当たる。従価税は、物価上昇時には税収は増加するが、物価下落時には税収も減少し、価格弾力性が高い。一般的に、価額の算定が煩雑で、困難な場合も多いことが指摘されている。これに対して数量を課税標準とする税を従量税という。従量税としては、酒税、揮発油税、石油ガス税などがある。数量税は、価格弾力性が低いが、課税標準が明確で、徴税の便宜性が高いといわれている。➡ 課税標準、需要の価格弾力性

自由競争 free competition　多数の自立した自由な経済主体が市場において自己の利益を追求して行う取引活動またはその際の市場状況のこと。資本主義的な市場経済では、生産者、消費者は、それぞれ利潤極大化、効用極大化主体と認知され、市場のルールに従う限り、自己の責任と才覚に基づいて自らの利益追求を行うことが許される。個々の経済主体の市場経済におけるこうした行動や市場環境を自由競争といい、スミス(Smith, A.)はこれを資本主義的な経済発展の原動力と見なして肯定的にとらえた。➡ 市場経済、利潤極大化仮説

集計量 aggregates　経済全体の活動水準を表わすもの。個別の変数の値を集めて何らかの数的な処理を施すことにより作成する。どのような処理を施すかは集計量によって異なる。必ずしも足し合わせることのみを意味しない。集計量の一例は国内総生産である。これは生産活動水準を測るためにしばしば使用される集計量であるが、単位の異なる個別生産物の数量を足し合わせることはできないため、金額ベースに変換する。また、消費者物価指数、国内企業物価指数など、物価水準を測る物価指数も集計量の代表的な例である。これはある期の個別生産物価格を特定の方法で集計することにより、平均的な価格を知るために用いられる。その他にも経済全体にわたって集計された資本、投資、雇用、貯蓄、消費、所得などが集計量である。集計量は主にマクロ経済学で取り扱われる。

重厚長大型産業 heavy industry　第2次世界大戦後の高度経済成長の牽引役を担った産業で，鉄鋼，造船，造機，自動車等の産業のこと。これらの製品の多くは，重い，長い，分厚い，大きい等の特徴を持つためこのように呼ばれる。また，これらの産業はいずれも，生産要素として日本国内には乏しい原料を必要とするため，原料を輸入し製品を輸出するという加工貿易の形態をとることになった。全国から大都市への人口集中，環境問題との関連からも，日本経済へ多大な影響を及ぼした産業であるが，新興工業国のキャッチアップもあり，現在の日本においてかつての影響力はない。重厚長大型産業と対照的な産業として液晶テレビやDVD等の耐久消費財，デジタルカメラや携帯電話等の情報機器，パソコンやプリンター等のOA機器等を軽薄短小型産業と呼ぶこともある。

重商主義 mercantilism　一国の富の源泉は，商業活動にあるとする主張。スミス（Smith, A.）がmercantile systemあるいはsystem of commerceと呼んだことからはじまる。15～16世紀から18世紀に欧州に出現した経済政策体系をさす。当初は，貨幣として金銀を国内に取り込むという重金主義から始まり，次第に国際貿易収支の黒字化，さらに輸出産業の育成・保護・国民の雇用を確保する国内産業保護までを含む内容となった。最後の重商主義者と呼ばれるステュアート（Steuart, J. D.）は，自由な商業社会の進展のためには，まず為政者が奢侈的な欲望によって有効需要を喚起し，財の供給増加によって人々に仕事を与えること，そして為政者の指導にもとづいた貿易，信用，租税などの政策によって商業社会は実現できるとした。重商主義はスミス的な自立した国民経済の経済思想とは対照的な思想であった。

終身雇用 lifetime employment　年功賃金制度および企業別組合と並ぶ，日本の雇用制度を特徴づける長期雇用制度のこと。文字通りの「終身」ではなく，「定年」までの，雇用に関する暗黙の契約形態である。労働市場の流動性を測る指標として，離職率，転職率，平均勤続年数等が考えられる。離職率や転職率が低く，平均勤続年数が長ければ，長期雇用制度が定着しているといえる。国際比較で見た場合，中小企業の従業員や日本人女性の離職率や転職率は突出して低いわけではなく，平均勤続年数もそれほど長くない。したがって終身雇用制度の主たる対象が，大企業の男性労働者にあった点に注意が必要である。長期雇用のメリットは，長期にわたる技能の修得機会が得られ，技術や熟練の伝承が行われ，労働者の生産性が向上する，新規の雇用に要する費用や，解雇に伴う組合との調整費用を軽減できること等が挙げられる。他方，長期雇用のデメリットとしては，労働者と企業のミスマッチが生じた場合であっても，労働者の生産性を発揮する機会がないため，社会的には損失が発生すること等が挙げられる。　➡年功賃金

囚人のジレンマ prisoner's dilemma　すべての経済主体の厚生を改善させる余地があるにもかかわらず，その状況が選ばれないこと。直観的には，個々人の戦略的な行動の結果，すべての経済主体にとって望ましくない経済状態に陥り，改善の余地がありながらも，そこから逸れる誘引が発生しない状況である。今，経済主体A, Bがそれぞれ戦略x_A, x_Bをとったとき，Aの利得が$f_A(x_A, x_B)$で表されるとする。ここでBがいかなる戦略を選択した場合でもAはx_A^*を選択することによって自身の利得を最大にすることができたとする。すなわち，すべてのx_Aとx_Bについて$f_A(x_A^*, x_B) \geq f_A(x_A, x_B)$を満たす$x_A^*$が存在するとき，$x_A^*$を$A$の支配戦略という。また，すべての経済

主体にとって支配戦略になる戦略の組が存在するとき，それを支配戦略均衡という．

支配戦略均衡の一例を挙げる．今，共謀して罪を犯した2人(A, B)が逮捕され，別々に取調べを受けている状況を想定する．それぞれが自白するか黙秘するかによって2人の利得は表のようになるとしよう．縦方向はAの戦略，横方向はBの戦略，表内の数値はそれぞれの戦略がとられた場合の両者の利得を表し，最初の数字はAの利得，2番目の数字はBの利得である．例えば，Aが自白しBが黙秘した場合，Aは捜査に協力したためBよりも罪が軽くなる．すなわち，Aの利得は5，Bの利得は−5である．

$A \backslash B$	自白	黙秘
自白	−3, −3	5, −5
黙秘	−6, 6	1, 1

このような状況では，相手がどちらを選ぼうとも，双方にとって自白することが支配戦略となり，したがって，(自白，自白)が支配戦略均衡になる．(黙秘，黙秘)の方が双方にとって利得が大きいにもかかわらず，その組合せが実現することはない．このような状況になぞらえて，囚人のジレンマと呼ばれる．

集積の経済 economies of agglomeration　特定の地域に多数の企業，工場が集中立地することによってもたらされる外部経済効果のこと．外部不経済効果を集積の不経済と呼ぶ．企業，工場の集積にはユニークなパターンがある．豊田市や日立市のように巨大企業とその関連企業が集中立地し，地域内に効率的生産ネットワークを構成することで様々な取引費用を節減する企業城下町を形成するケースや，鯖江市や燕市のようにメガネフレーム産業，ナイフ・フォーク産業など1つの産業に属する企業が多数立地し，製品販売，原料調達を効率化する地場産業を形成するケース等である．集積がもたらす都市化は，人材，情報等の交流機会を拡大，多様化することで，新たな創造の源泉となる．その結果，公共施設の利用効率の向上，労働市場の効率化，土地利用の高度化などの経済効果を有する．一方で，地価や労働コストの高騰，混雑現象や大気汚染，水質汚濁などといった不経済効果を生むこともある．➡外部性

集積の不経済 diseconomies of agglomeration　☞　集積の経済

重相関係数 multiple correlation coefficient　☞　相関係数

住宅金融 housing loan　住宅の取得，建築，増改築に必要な資金の長期貸付のこと．住宅金融は，最終的借り手が主に家計であるという特徴がある．さらに産業金融が預金取扱機関によって行われることが多いのに対して，日本では公的介入の度合いが強いところに特徴がある．住宅金融で主導的な役割を果たしてきたのは，住宅金融公庫である．これは住宅金融公庫法に基づく政府系金融機関である．1950年に，国民が住宅の取得に必要な資金を，民間金融機関ではできない低利(固定)かつ長期の融資を行うことを目的に設立され，資金源は政府出資，財政投融資資金がほとんどで，2000年には住宅ローン担保証券の発行がなされた．しかし，民業圧迫との批判が高まり，2001年12月の閣議で特殊法人改革の対象として，廃止が決定され，2007年4月より住宅金融支援機構として新発足した．個人への直接融資は民間融資の困難な場合などを除き，原則廃止し，民間金融機関と提携する住宅ローンの証券化業務と，民間住宅ローンを対象とした融資保険業務である．なお，従来の公庫ローン利用者に対する返済条件はそのまま受

け継がれた。→ 政府系金融機関

住宅投資 housing investment　住宅建設，住宅購入への資金充当。政府住宅投資と民間住宅投資からなる。政府住宅投資は，民間の住宅投資への資金融資という形で不況期の財政政策の一環として実施されることが多く，その変動は政府の意向が反映される。民間住宅投資については，家計の支出行動によるもので，人口・世帯数，婚姻件数等の人口要因と住宅建築費，将来所得予想，住宅ローン金利等の経済要因の影響を受ける一方，各種補助金や利子補給，税制面の優遇等の政策措置の効果も反映される。住宅の持つ外部効果は大きく，住宅投資は様々な関連産業に大きな波及効果を有し，在庫投資，設備投資とともに景気変動の主要因の1つとしても注目される。

集中度 degree of concentration, concentration ratio　経済や産業での独占の要素の強弱を見るための指標。一般集中度 (degree of overall concentration) と市場集中度 (degree of market concentration) の2つの指標が存在する。一般集中度は，一国経済全体または主要産業部門（製造業，商業等）における上位企業による集中の程度を示す。この概念は，総資産，資本金，売上高，付加価値，従業員数等を指標として，上位100社の合計が企業全体に占める割合によって示される。他方，市場集中度は，特定市場における上位企業による集中の度合いを指し，企業の市場支配力の強さを意味する。市場集中度を示す指標としてはハーフィンダール＝ハーシュマン指数（Herfindahl-Hirschman Index：HHI）がある。これは，当該市場における各事業者の有するシェア（市場占有率）の二乗和として算出される指標であり，市場が1社独占の場合には最大値10,000となり，企業数が極めて多い完全競争では0となる。HHIが大きいほど市場の寡占が進んでいると判断される。→独占，寡占

自由度調整済み決定係数 coefficient of determination adjusted for the degree of freedom　☞ 決定係数

重農主義 physiocracy　フランスを中心に展開された，一国の富の源泉は，農業生産にあると考える主張。フランスの体制的危機が深刻化した18世紀後半，ケネー (Quesnay, F.) を中心としたミラボー (Mirabeau, V. d. R.)，チュルゴー (Turgot, A. R. J.) らの一群の経済思想は，旧体制と輸出産業を優遇するコルベール主義によって圧迫された国民産業としての農業とその意義を理論的に明らかにした。重農主義という呼称は，スミス (Smith, A.) が彼らの体系をagricultural systemとしたことに由来するが，彼ら自身は，フィジオクラシー，「自然的秩序による支配」を意図する「エコノミスト」と呼称した。一国の富の源泉を農業生産のみに求め，貴族・商工業者などの非農業者の経済活動は農業者が生みだす純生産物水準に依存すると考えた。投資規模や収益性も農業生産の資本効率に制約されるとし，このような視点から，経済全体の生産と分配の循環および拡大システムを解明しようとした。経済進歩は産業全般の発展によると考える古典派経済学以降，重農主義は力を失うが，学説的にはワルラス (Warlas, M.-E. L.)，マルクス (Marx, K. H.)，レオンティエフ (Leontief, W. W.)，スラッファ (Sraffa, P.) らの近代経済学に大きな影響を与えた。→近代経済学，ケネー，重商主義

自由貿易 free-trade　国際貿易に対する国家の干渉を排し，貿易の自由が保たれている状態。逆に，関税などの貿易政策を用いて，貿易差額を獲得したり，国内産業を保護することを保護貿易という。

　自由貿易を是とする自由貿易論は，古典派の経済学者たちによって，確固とし

た理論的基礎が築かれた。それ以前は、重商主義に基づく保護貿易論が一般に主張されていた。しかし、スミス (Smith, A.) は、貿易差額が富の源泉であると主張する重商主義者を批判し、労働の生産物が富の源泉であるとし、リカード (Ricardo, D.) は、比較優位に基づく貿易が貿易当事国に利益をもたらすことを示した。その後、ミル (Mill, J. S.) は、貿易利益の源泉が、特化に基づく世界生産力の増大にあることを明らかにした。

一方、重商主義以後の保護貿易論としては、後発資本主義国ドイツの立場を代表する、リスト (List, F.) の主張がある。その典型は幼稚産業保護論である。それは、初期の困難な時期を乗り越えることさえできれば、比較優位のある産業として自立できる幼稚産業が存在し、そして、その保護のために関税などを用いて先進資本主義国との競争から守るべきであるというものである。➡外国貿易の利益、関税

自由貿易協定 Free Trade Agreement
☞ 経済連携協定

自由貿易地域 free trade area
☞ 地域経済統合

住民自治 resident self-governance
☞ 地方自治

従量税 specific duties, specific tax
☞ 従価税

受益者負担 benefit principle 国や地方公共団体が行う公共施設の整備や行政サービスにより特別な利益を受ける個人・団体に対して、その事業に必要とされる経費の全額あるいは一部を負担させるという考え方、あるいはその負担そのものを指す。水道料金等の公共料金の価格設定において適用されている。公共財的性質から、税でその費用を賄ったとすると、過大消費が行われるなど、資源配分上望ましくない状況が発生するために、利用量に応じた負担が求められる。道路法、都市計画法、湾岸法などにも規定されている。受益の限度に応じて課税される目的税は、事実上受益者負担と考えられる。➡公共財

酒税 liquor tax 製造場から移出された酒類および保税地域から引き取られた酒類にかかる国税消費税のこと。酒類とは、アルコール分1度以上の飲料で、清酒、合成清酒、焼酎、みりん、ビール、果実酒、ウィスキー、スピリッツ、リキュールなどの17品目をいう。税率は従量税となっている。

シュタッケルベルク均衡 Stackelberg equilibrium 売り手について複占市場にある場合、売り手の一方が主導者、他方が追随者として行動するとした場合に達成される市場均衡。主導者は、追随者が主導者の行動を所与として追随者自身の利潤を極大化すると予想して、自らの利潤の極大化をめざすとする。その上で実際にも追随者は主導者が想定するように行動するものとする。このとき成立する均衡をシュタッケルベルク均衡という。

企業1、企業2の費用関数を C_1, C_2 とするとき、それぞれの利潤は、$\pi_1 = p(x_1+x_2)x_1 - C_1(x_1)$, $\pi_2 = p(x_1+x_2)x_2 - C_2(x_2)$ で与えられる。この場合反応関数は、企業1にとって $dx_2/dx_1 = 0$, 企業2にとって $dx_1/dx_2 = 0$ と見なした場合(相手企業の生産量を所得とする)の、それぞれの利潤極大化条件 $d\pi_1/dx_1 = 0$, $d\pi_2/dx_2 = 0$ の $x_1 x_2$ 平面におけるグラフである。図では、AB が主導者である企業1の反応関数、CD が追随者である企業2の反応関数である。なお反応関数とは、相手のある水準の産出量を所与とした上で自己の利潤極大化を行ったときの産出量との関係を表わす。図の π_1^1, π_1^2, π_1^3 は企業1の等利潤曲線で、下方のものほど企業1にとって高利潤を意味する。企業1、企業2という状況は、企業1が

企業2の反応関数上の諸点を主導的に選択するということを意味し，企業1は企業2の反応関数CDと自己の最も下方に位置する利潤曲線との共通点，つまり接点S^eを選択する。このS^eがシュタッケルベルク均衡である。

なお，クールノーの均衡は，ABとCDの交点Q_eで達成され，シュタッケルベルクの均衡では産出量，利潤ともに主導者のそれは拡大している。→クールノー均衡，ナッシュ均衡

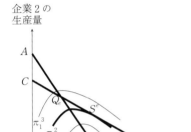

出向 temporary transfer　正規雇用されている企業や団体，官公庁から，子会社，取引先など関連の企業や団体，官公庁に両者の関係の深化を目的に派遣され，職場を移すこと。日本的雇用慣行の1つとされる。元の企業や団体，官公庁に在籍のまま一時的に他企業等へ出向する場合と元の企業や団体，官公庁から離脱，永続的に他企業等へ出向する場合があり，前者を在籍出向，後者を移籍出向と呼ぶ。いずれにせよ先に在籍した企業と出向先企業のいずれかあるいは両方の意向を受け，長期的な出資，取引関係の継続を前提として，出資，取引等に関するモニタリング機能など，両者の橋渡し役が期待される。→日本的雇用慣行

需要 demand　市場において，自らの欲求を満たすために代価を支払って，財・サービスを取得すること。一般に，取得しようとする数量は価格が低いほど増加する。これは，消費者の場合で考えれば，価格が低いほど，より多くの数量を取得でき，効用をより高めうるからである。このように，価格が低下すれば需要が増加する関係を需要の法則という。→ギッフェン財

需要関数 demand function　財の価格あるいは所得と需要量との関係を表す関数。完全競争市場において，合理的な消費者は予算制約の下で効用最大化行動をとると想定される。その結果，財の価格と所得を所与として，各財の購入量(需要量)が決定されることになる。財の価格や所得が変化すれば，選択される財の組合せも変わるため，需要量は変化する。このように需要量は財の価格と所得の関数として記述でき，これを需要関数という。第i財以外の価格と所得が不変であるとすれば，第i財の需要関数はこの財の価格のみの関数となり，これを図示したものが需要曲線である。この需要曲線は，第i財の様々な価格水準に対して，消費者が第i財をどれだけ需要するかを示したものである。正常財の場合には，需要曲線は右下がりの曲線で示される。なお，需要曲線図では，縦軸に価格を横軸に需要量を測っていることに注意する必要がある。この消費者の個別需要関数(需

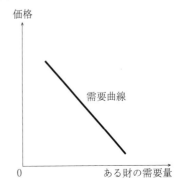

需要曲線 demand curve ☞ 需要関数

需要シフト・インフレーション demand-shift inflation 需要の部門間シフトにより発生するインフレーション。経済における総需要がたとえ一定であっても，需要が産業部門間でシフトすればインフレが発生する可能性がある。これを需要シフト・インフレーションといい，米国の経済学者シュルツ（Schultz, L. C.）が提唱したインフレに関する仮説である。このタイプのインフレが生じるためには，賃金および価格の下方硬直性が前提となる。需要の減少した産業部門では雇用量が減少するにもかかわらず賃金水準は不変であり，したがってまた財の価格も下落することなく，以前と同じ水準に保たれるのに対し，需要の増加した産業部門では雇用量の増大につれて賃金水準が上昇し，またそれに伴って財の価格も上昇する。すると経済全体では，需要シフトが生じる前に比較して，一般物価水準は上昇していることになる。

需要の価格弾力性 price elasticity of demand ある財の価格が変化した場合，その需要量の変化の程度を示す尺度。ある財の需要の価格弾力性は，その財の価格の水準を p，価格の変化量を Δp，需要量を x，需要の変化量を Δx として，次のように定義される。

需要の価格弾力性
$$= -\frac{\Delta x/x}{\Delta p/p} = -\frac{\Delta x}{\Delta p} \cdot \frac{p}{x}$$

すなわち財の価格が1％変化するときその財の需要量が何％変化するかを示す。需要の価格弾力性は，価格変化による需要量の反応の大小を財の価格や数量の測定単位とは独立に表すことのできる概念である。価格が上がる（下がる）場合，通常は需要量が減少（増加）し，価格の変化率と需要量の変化率の符号が異なる。マイナスの符号をつけるのは，弾力性の値をプラスで定義するためである。需要の価格弾力性が1よりも大きい（小さい）とき，需要は価格弾力的（非弾力的）であるという。需要の価格弾力性はその財の支出額とも関係している。需要の価格弾力性が1よりも大きければ（小さければ）価格上昇によって支出額は減少（増加）する。それが1の場合，価格が上昇しても支出額は変化しない。➡需要の所得弾力性，弾力性

需要の所得弾力性 income elasticity of demand ある個人の所得が変化した場合，ある財の需要量がどれほど変化するかを示す尺度。ある個人の所得を I，所得の変化量を ΔI，需要量を x，需要の変化量を Δx として，次のように定義される。

需要の所得弾力性
$$= \frac{\Delta x/x}{\Delta I/I} = \frac{\Delta x}{\Delta I} \cdot \frac{I}{x}$$

すなわち，所得が1％増加した場合に需要量が何％変化するかを示したものである。需要の所得弾力性は，財の性質を表す指標として使われる。まず，需要の所得弾力性は，(需要量の変化分÷所得の変化分) と (所得÷需要量) の積に変形でき，前者は需要関数の所得に関する偏微分であるので，需要の所得弾力性がプラスであれば，財は正常財（上級財または優等財ともいう）であり，マイナスであれば下級財（劣等財ともいう）である。需要の所得弾力性が1よりも小さい場合には，所得非弾力的といわれ，所得に占める財の支出額の割合が所得の変化前よりも変化後の方が小さくなる。所得増加によって支出割合が減少する財であり，このような財を必需品という。反対に，1よりも大きい場合には，所得弾力的といわれ，所得に占める財の支出額の割合が

所得増加により大きくなる。このような財は奢侈品という。→ 需要の価格弾力性

需要の法則 law of demand ☞ ギッフェン財

順イールド normal yield curve ☞ イールド・カーブ

順位評点法 plurality voting 投票者が表明した選択肢間の選好順序に従って，最も順位の高い選択肢に「選択肢の数－1」点，次に順位の高い選択肢に「選択肢の数－2」点，…，最も順位の低い選択肢には0点と点数を付け，選択肢ごとにすべての投票者の点数を集計して，合計点の最も高い選択肢を社会的決定とする投票方法のこと。ボルダ（Borda, J-C de）によって考案されたため「ボルダ・ルール」とも呼ばれている。単純多数決投票のように社会的決定を得るために2つの選択肢の組ごとに投票を行う必要がない点で優れている。しかし，この投票方式は単純多数決投票の一種の拡張であるため，2つの選択肢の組ごとにこのルールを適用すると，一般に投票の逆理が生じる。→ 投票の逆理，投票の原理，ポイント・ボーティング

準凹関数 quasiconcave function ☞ 凹関数

純概念 concepts of net 経済学においては，「粗」はある事柄についてすべてを包括する際に用いられ，「純」はその事柄の中で実質的な部分，あるいは意味のある部分のみを取り出す際に用いられる概念である。例えば，生産に用いられる機械設備等の固定資本のうち，摩耗などによってその価値が時間とともに減少する分は固定資本減耗と呼ばれるが，国内総生産からこの固定資本減耗を差し引いた値は国内純生産と呼ばれる。国内総生産は粗概念であり，国内純生産は純概念である。また，企業の利潤を考える際，収入から費用を引いたものは粗利潤（粗概念）と呼ばれ，それから固定資本減耗をさらに引いた値は純利潤（純概念）と呼ばれる。→ 資本減耗

準公共財 quasi public goods ☞ 公共財

純粋公共財 pure public goods ☞ 公共財

純粋戦略 pure strategy あるゲームにおいて，確定的に決定する戦略を純粋戦略，確率的に決定する戦略，すなわち，ある確率分布に従って決定する戦略を混合戦略という。例えば，じゃんけんを考えると，確実にグーを出すというのは純粋戦略である。ある行動をとる確率が1でそれ以外の確率が0である場合も混合戦略であるから，純粋戦略は混合戦略の特殊ケースとみなすこともできる。また，サイコロを振って，1か2が出ればグーを，3か4が出ればチョキを，5か6が出ればパーを出すという戦略は混合戦略である。純粋戦略ではナッシュ均衡が存在しない場合でも，戦略を混合戦略に拡張し，プレーヤーの行動原理を適切に設定すれば，ナッシュ均衡が存在する場合もある。→ ナッシュ均衡

準地代 quasi-rent リカード（Ricardo, D.）の地代概念を，マーシャル（Marshall, A.）が土地以外の投入物にまで拡張したものであり，総収入のうち主要費用（あるいは総可変費用）を上回る部分のこと。総供給量が固定された土地の賃貸料というところに地代の特徴を認め，これに因んで土地以外の総供給量が固定的で，需要が急増した場合などに一時的に得られる高い賃金，賃貸料の部分を準地代と呼ぶ。一部の人気アスリート，タレント等の高額報酬にも準地代が含まれていると考える。マーシャルは彼の著書である『経済学原理』において，準地代という用語が，人によって作られた生産のための機械，装置などから得られる所得に対して用いられると説明している。さらに，準地代が得られる確固とした予想が，

機械類への投資にとって必要な条件であるともしている。なお準地代は，生産要素供給の短期の非弾力性から生じる短期の概念であり，正常利潤のような長期の概念とは異なるものである。

準凸関数 quasiconvex function ☞ 凹関数

シュンペーター Schumpeter, Joseph Alois (1883～1950) アメリカで活躍した経済学者。オーストリア＝ハンガリー帝国の一部モラヴィア(現チェコ)に生まれる。ハーバード大学に移り，アメリカで活動。経済発展論，『景気循環論』(*Business Cycles*, 1939)，経済学説史『経済分析の歴史』(*History of Economic Analysis*, 1954)などの分野で大きな業績を残した。とくに新結合，新機軸(イノベーション)概念を用いて，企業家論から経済発展，景気循環を論じた点に特徴がある。『経済発展の理論』(*The Theory of Economic Development*, 1912)では，企業家の革新は，新製品，新技術，新市場，マーケティングと新供給源，新しい経営組織と結びついて資本主義的発展を引き起こす。イノベーションは既存のシステムの破壊を意味し，それを創造的破壊と名付けた。資本主義はその成功のゆえに次第に革新の源泉を失い，やがて技術革新において大企業が優位になる時期を経て，管理社会としての社会主義の到来を予言した。➡ 景気循環論

上級財 superior goods ☞ 下級財，需要の所得弾力性

証券化 securitization 債権や不動産などキャッシュフローを生む資産を証券に組み替えて発行すること。銀行などの金融機関が，抱えた不良債権の担保となっている不動産を証券化して小口に分けて販売する。ただし広い意味では，資金調達や運用における証券形態の割合が高くなることもいう。企業の資金調達が銀行借入から社債やコマーシャルペーパー(CP)になるようなケースが該当する。金融機関にとっては長期貸付のリスクの軽減，自己資本の強化といったメリットがある。一方で，2008年の世界的な経済危機の引き金になったといわれるアメリカのサブプライムローンの証券化に関して指摘されたように，様々な原資産が組み合わされた複雑な商品では，リスクの評価が困難になるデメリットも存在する。

日本では，1996年4月，リース，クレジット債権などを対象とした資産担保証券の発行が解禁され，1998年9月には新法施行で不動産流動化も可能になった。証券の小口化，定型化が進めば購入層が増加するメリットも期待できる。銀行や証券会社にとっては，仲介業者としてのメリットもある。➡ コマーシャルペーパー，サブプライムローン問題，不良債権

証券会社 securities company 金融商品取引法により証券の売買を扱う機関。証券取引法は2007年9月30日金融商品取引法に名称が変更され，証券会社は法律上の用語としては，金融商品取引業者となったが，経過処置として証券会社の名称・商号の継続が認められた。証券会社の4業務とは，①アンダーライティング業務，②セリング業務，③ディーリング業務，④ブローカー業務である。①は第三者が発行した証券を証券会社がまとめて買い取り，投資家に転売する取引であり，証券会社は売れ残りのリスクを負う。②は発行体である企業などの委託を受けて，新たに発行された証券の販売をする業務で，証券会社は売れ残りのリスクを負わなくてよい。③は証券会社が利益を得る目的で，自ら投資家として証券の売買を行う取引。④は投資家の依頼を受けて，有価証券の売買注文を市場に取り次ぐ業務である。

以前には，証券会社を設立するには，

旧大蔵省から免許を交付されなければならなかったが、ビッグバンの流れの中で、1998年には登録制になった。これまでの日本では、銀行からの借入、すなわち間接金融が中心であった。リスクが銀行に集中するので、銀行の弱体化に伴い、リスクが広く分散する証券市場からの資金調達の重要性が増加している。証券会社は従来、証券売買の仲介であるブローカー業務を中心にしてきたが、株式売買数の低迷は、その収入にマイナスの影響を与える。

最近、ディスカウントブローカーと呼ばれる証券会社が登場している。これは個人投資家を対象にブローカー業務のみを行い、手数料を安く設定する証券会社のことである。もともと、手数料の規制が緩和された米国で登場したもので、日本でも1999年の売買委託手数料の自由化を契機として登場し、店頭公開株や大口取引から手数料の値下げ競争が起こっている。さらにネット取引の興隆は価格競争を激化させている。 ➡ 直接金融、ビッグバン

上限金利規制 interest rate ceiling
借り手を保護するために、貸出金利の上限を規制すること。日本において出資法と利息制限法によって規制されている。2010年6月以前は、出資法に定める上限金利は年利29.2%であり、これを上回る貸付は刑事罰の対象であった。一方、利息制限法の定める上限金利は、貸出額が10万円未満の場合年利20%、10万円以上100万円未満の場合18%、100万円以上の場合は15%であった。利息制限法の上限金利と出資法による上限金利の間は俗にグレーゾーン金利と呼ばれ、貸金業法では借り手の同意などがあれば合法とされており、多くの消費者金融業者は出資法の上限に近い金利で貸し出していた。しかし、2010年6月からは、2007年に施行された改正出資法および改正貸金業法に基づき、出資法の上限金利が20%に引き下げられ、またグレーゾーン金利での貸出は行政処分の対象となるとされている。この上限金利引下げに対しては、いわゆる多重債務者の救済に寄与すると評価する意見がある一方、信用力の低い者にとって借入が困難になるという弊害も指摘されている。

証券市場 securities market 有価証券の売買が行われる市場の総称。発行市場と流通市場に分けられる。発行市場とは、発行体が有価証券を発行して資金調達をする場であり、投資家には資金運用手段を提供する。流通市場とは、有価証券の保有者に売買、換金の場を与えるものである。発行市場の取引価格は、流通市場の価格を参考に協議か入札によって定められる。流通市場は有価証券に流動性を付与するとともに、公正な価格を形成、提示する役割を持っている。流通市場の取引には、証券取引所取引と店頭取引とがある。世界の主要な証券取引所としては、ニューヨーク、東京、ロンドン、フランクフルト、ユーロネクストなどがある。またITの進展とともに、取引所外市場との競争も激化している。こうした動きもあり、証券取引所の株式会社化が2000年の証券取引法改正で可能になり実現した。 ➡ 有価証券

証券取引等監視委員会 The Securities and Exchange Surveillance Commission
証券市場を監視して、不正な取引を摘発、排除するため、1992年7月に大蔵省(当時)の付属機関として発足した委員会。現在は、金融庁の傘下にある。インサイダー取引や損失補填などの調査を行う。委員長の他、委員2名で構成される。1991年に証券会社による損失補填などのスキャンダルが頻発し、再発防止と投資家の信頼回復のため設立された。不正取引については強制調査や告発を行う権限を持つが、公正取引委員会のような処

しよう

分権限はない。 ➡ 金融庁

小国モデル small country model
当該国が国際価格に影響を与えず，一定の国際価格でいくらでも輸出・輸入ができることを前提とした経済モデル。当該国が国際経済の中で占める割合が小さい国であり，国際価格体系がこの国にとって所与となるケース。小国は輸出入量を多少変化させたとしても，世界全体の貿易量にはほとんど影響がなく，したがって国際価格も変化しない。一方，当該国の経済規模が国際経済の中で占める割合が大きいため，この国が国際価格に影響力を持つことを前提とする経済モデルを，大国モデルと呼ぶ。大国の場合には，ある財の輸出拡大は，その国際価格の下落をもたらし，輸入拡大はその国際価格の上昇をもたらす。小国モデルでは，小国が国際価格に及ぼす影響を無視できるので，分析はそれだけ単純になる。

少子化 trend toward fewer children
一国の出生率，出生数の低下傾向のこと。人口年齢構成における年少人口（15歳未満）の全人口に占める割合を低下させ，長寿化とともに高齢化の要因となる。

わが国の出生数と出生率は次のようになっている。

	出生数	出生率 （人口千人当たり）
1974年	2,029,989	18.6
1975年	1,901,440	17.1
1984年	1,489,780	12.5
2016年	976,979	7.8

また出生率の国際比較においては，アメリカ12.5，イギリス12.1，フランス12.0より低く，ドイツ8.7よりわずかに高い（いずれも2014年）。 ➡ 合計特殊出生率，高齢化

上場投資信託 exchange traded funds
主要な株価指数に連動して価格が変動する投資信託。この投資信託は証券取引所に上場されているので，取引時間中であればいつでも売買が可能である。日経平均株価など日常目にすることの多い指標に連動するので個人投資家にわかりやすく，市場で取引されるので通常の投資信託よりも売買手数料が安く手軽さに人気がある。2001年7月に売買が開始された。ETFと略称で用いられることが多い。
➡ 株価指数，投資信託

乗数理論 multiplier theory ケインズ（Keynes, J. M.）が自らの産出量，所得水準の決定理論の系として導いた理論のこと。需要項目のうち独立支出項目，例えば独立投資が1単位増加したとき，その何倍，何単位の国内総生産あるいは国内総所得の増加が得られるかを説明する理論。その要点は次の所得水準決定の45°線モデル①〜④式を用いて示すことができる。ここで海外部門はないものとする。

① ケインズ型消費関数
 $C = C_0 + c_1 Y$, $C_0 > 0$, $0 < c_1 < 1$
② 独立支出：民間投資 $I = I_0$,
 政府支出 $G = G_0$
③ 総需要 $Y^D = C + I_0 + G_0$
④ $Y = Y^S = Y^D$（有効需要の原理；総需要＝総供給）

なお独立消費C_0，限界消費性向c_1，独立支出I_0およびG_0は定数である。これらの4式より均衡GDP水準は次式のように決まる。

$$Y^* = \frac{1}{1-c_1}(C_0 + I_0 + G_0)$$

この均衡状態から独立投資I_0がΔI_0だけ増加したとき，均衡GDP水準の増加は，次式のようになる。

$$\Delta Y^* = \frac{1}{1-c_1}\Delta I_0$$

ΔI_0だけの有効需要増加である独立投資の増加は，その$1/(1-c_1)$倍の均衡GDP水準の増加をもたらすことになる。この

$1/(1-c_1)$ を乗数，特に独立投資の増加に伴う乗数との意味で投資乗数と呼ぶ。このような効果は乗数効果と呼ばれ，政府支出の増加 ΔG_0 によってももたらされるため，財政政策による景気回復の根拠になっている。財政支出の増加によってもたらされる乗数効果を政府支出乗数あるいは財政乗数という。→ケインズ型消費関数，国内総生産，財政乗数，投資乗数

消費 consumption 消費者が，効用を得るために行う経済活動のこと。国民経済計算における消費項目としては，「家計最終消費支出」「対家計民間非営利団体最終消費支出」「政府最終消費支出」がある。消費は投資，政府支出，輸出（控除）輸入とともに主要な支出の構成項目をなすが，その国内総支出に占める割合は「家計最終消費支出」と「対家計民間非営利団体最終消費支出」あわせて55％前後である。割合は小さいが変動幅が大きい投資と比べ，消費の動きは比較的安定している。→国内総生産，国民経済計算

消費関数 consumption function 消費水準決定の要因とメカニズムを説明する関数のこと。個々の消費者の消費を説明するミクロ消費関数と，集計された一国経済全体の年間総消費を説明するマクロ消費関数があるが，通常は後者を指すことが多い。消費が総需要の6割程度を占めることから，消費関数は総需要関数の構成要因として重要である。消費の決定要因として利子率，所得，資産その他が考えられる。利子率の変化が現在の消費と将来の消費（すなわち現在の貯蓄）の間で，現在の消費を増やすか否かを先験的には決定できない。この点に注目したケインズ（Keynes, J. M.）は，現在の所得水準を現在の消費水準の主要決定要因と見なすいわゆるケインズ型消費関数を提唱した。その後，消費に対する資産とりわけ実質通貨残高の効果がパティンキン（Patinkin, D.）によって指摘されている。物価の下落（上昇）が実質残高を増加（減少）させ，それが消費を拡大（縮小）すると考えるピグー効果に注目したのである。ケインズ型消費関数は，消費は現在の実際の所得水準に依存するという意味で，絶対所得仮説とも呼ばれる。その後展開された消費関数論争の過程では，消費を決定する要因として相対所得，流動資産，恒常所得などに注目する様々の代替的仮説が提起された。→ケインズ型消費関数，恒常所得仮説，相対所得仮説，ピグー効果，流動資産仮説

消費者均衡の条件 condition for consumer equilibrium 各財の需要量が予算制約を満たした上で，効用最大を達成するのに満たすべき条件。消費者は予算制約の下で効用を最大にするように財の購入量を決定する。各財の価格は消費者にとって与件であり，所得も所与であるとする。与件が変化しなければ，効用最大化を満たす各財の購入量(需要量)の決定は変更されないし，各財への需要が効用を最大に保つようにバランスしているという意味で消費者均衡という。消費者均衡条件は，任意の2財の限界代替率と価格比(相対価格)が等しくなることである。財が2種類の場合を想定すれば，第2財の第1財に対する限界代替率は無差別曲線の接線の傾きの絶対値であり，価格比は予算線の傾きの絶対値である。予算制約式は予算線そのものであるので，予算線と無差別曲線が接するというのが消費者均衡条件になる。この条件を満たす財の数量の組合せを合理的な消費者は購入(需要)することになる。現代の消費者行動の理論で取り扱われる効用は序数的なものであるが，古典派経済学では基数的な効用を想定し，この場合には，ある財の限界効用とその価格で割った比率がすべての財について等しくなるという加重限界効用均等の法則が成り立つ。価格の逆数は，貨幣1単位（1円）によって

入手可能な財の数量であり，その数量の追加的増加により得られる追加的効用（これを貨幣の限界効用ともいう）がすべての財について均等になることを意味する。

今，消費財 x_1, x_2 とその価格を p_1, p_2, 効用関数を $u(x_1, x_2)$ とする。予算線は AB で示される。予算線の傾きは，$-\dfrac{p_1}{p_2}$ となる。予算線の範囲内で効用を最大にするのは，無差別曲線 U_0 と予算線が接する E 点である。E 点では，第2財の第1財に対する限界代替率＝価格比が成立している。

$$\frac{\partial u/\partial x_1}{\partial u/\partial x_2} = \frac{p_1}{p_2}$$

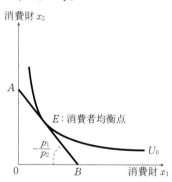

➡ 限界効用均等の法則，限界代替率，効用関数

消費者金融 consumer loans　広義では金融機関，クレジット会社などが消費者に直接融資すること。一般には個人を中心に無担保，即決，時に無保証人で少額の融資をするノンバンクを指すことが多く，俗にサラリーマン金融と呼ばれる。ほとんど無審査での融資や，それに伴う高金利が多重債務者を生んでいるとの批判があるが，深夜ATMでの引出しなどの利便さと，銀行の貸し渋りの影響で業績を伸ばしている。商品，金利，借入期間，借入限度，返済方法などはまちまちである。最近では銀行も従来とは異なる高金利でのカードローンなどの提供を開始している。➡ ノンバンク

消費者行動理論での双対性　duality in theory of consumer behavior　消費者行動理論において，予算制約下での効用最大化問題と，ある効用水準を確保するという制約下での支出最小化問題と対応関係があること。一方が原問題であれば，他方が双対問題になる。効用最大化問題の解として財の価格と所得の関数である需要関数が導出され，支出最小化問題の解として財の価格と効用水準の関数である補償需要関数が導出される。需要関数の所得が支出関数（支出最小化問題の解を支出額に代入したもの）であれば，需要関数と補償需要関数は一致する。補償需要関数の効用水準が間接効用関数（効用関数に需要関数を代入したもの）であれば，補償需要関数と需要関数は一致する。間接効用関数の所得がある効用水準における支出関数であれば，その効用水準と間接効用関数の値は常に一致する。支出関数の効用水準が間接効用関数であれば，効用最大化問題の所与の所得と支出関数の値は常に一致する。また，補償需要関数と支出関数を関連付けるシェパードの補題や需要関数と間接効用関数を関連づけるロワの恒等式などが成立することが知られている。シェパードの補題とは支出関数をある財の価格で偏微分すると，その財の補償需要関数が得られるというものである。マッケンジーの補題と呼ばれる場合もある。➡ 間接効用関数，双対性，補償需要関数，ロワの恒等式

消費者主権　consumers' sovereignty　何を，どれだけ，どのように，誰のために希少資源を活用するのかという経済社会の基本問題に対して，決定的な権能を持つのが消費者であるという考え方。完全競争市場経済は消費者主権を具現化する制度であるといわれる。完全競争市場に

おいて消費者は，何を，どれだけ消費するかを自らの好みにより選択することができる。これに対して企業は，利潤動機に基づき，何を，どれだけ，どのように生産するかを決定するが，競争市場においては，単に消費者の好みに合致するものを効率的に生産する存在に過ぎなくなるのである。そのため完全競争市場経済を擁護する規範的な価値を与える概念として用いられる。しかし，現実の市場経済では，消費者の優位性は十分に確保されておらず，むしろ生産者の権能が強いといえる。そのため消費者主権の回復のために消費者運動や消費者保護行政が必要とされる論拠になる。また，政策論では，消費者主権を尊重する立場から，完全競争市場への介入を最小限にとどめることがしばしば主張される。しかし社会的な観点から消費者の自由選択に委ねることが望ましくない場合もある。このような温情主義あるいは家父長主義の立場から，消費者主権に反して財の提供が行われることもある。この例が価値財である。➡ 価値要求

消費者物価指数 consumer price index　様々な消費財の数量と組合せをもとに，基準時点における総支出に占める各々の財・サービスへの支出の割合に等しいウェイトをつけて消費財価格の平均を求めたもの。基準時点を100とする指数の形で毎月公表されている。全般的な物価の動向を見る際に，最もよく利用され，また家計にとっては最も重要な物価指数である。ただしラスパイレス指数であるために，基準時点の消費者の購買パターンが前提になっており，相対価格の変化などによって消費者の購買パターンが変化すると，基準時点を更新するまでの期間中は，消費行動の実態を十分反映しなくなる可能性もある。また価格が上昇するようなときには，それと同時に財・サービスの品質が改善されていることも多いが，このような品質面の変化も指数には組み込まれていない。さらに，新商品の市場への導入が消費者物価に及ぼす実質上の様々な効果も，消費者物価指数には反映されていない。➡ ラスパイレス指数

消費者余剰 consumers' surplus
☞　社会的余剰

消費税 consumption tax　物品およびサービスの消費に伴う支出に課される税のこと。その中で，酒税やガソリン税などのように特定の消費支出に課税する個別消費税と，課税物件を特定せず広く一般的に課税する一般消費税がある。個別消費税については，課税範囲が狭いため税の公平性および中立性の点で，問題が指摘されている。また一般消費税についても低所得者層ほど所得に占める税負担の割合が高くなる「逆進性」の問題が指摘されている。なお「消費税は逆進的である」という場合は，課税標準である消費ではなく所得に対する消費税負担額の割合を基準にしている。➡ 課税の中立性，課税標準，付加価値税，累進税

消費税の中小企業者特例 exceptional measures for small and medium enterprises in consumption tax　中小企業者の消費税納税事務負担の軽減を図るために設けられた特例措置のこと。その1つに簡易課税制度があり，基準期間（前々事業年度）の課税売上高5,000万円以下の事業者に適用され，仕入率を一定にみなして納税額を計算できるものである。みなし仕入率は卸売業90％，小売業80％，製造業・農林業・漁業・建設業等70％，その他60％，サービス業等50％である。いま1つは，納税義務を免除する事業者免税点制度である。基準期間（個人事業者は前々年，法人は前々事業年度）における課税売上高が1,000万円以下の事業者は免税事業者となり，課税期間には消費税の納税義務が免除される。

商品ファンド commodity fund　投資家から集めた資金を主に商品先物で運用する投資商品。先物市場で取引されているすべての商品が取引の対象になる。具体的には原油，貴金属，農産物などがある。商品先物はハイリスク・ハイリターンが一般的であるが，現先取引などを組み込んで，元本の確保をしているファンドもある。日本では1991年4月に「商品投資に係る事業の規制に関する法律」が成立し，1992年4月から施行されている。1998年6月からは最低販売額の規制が撤廃された。

情報 information　様々な伝達手段から得られ意思決定主体の判断に影響を与える知識。人が知的活動によって得た意味内容，メッセージが認識，記憶としていわば人の頭脳に納まっている状態を知識と呼ぶのに対し，それらが伝達や処理，保存のために文字，音声，図柄あるいは記号，信号等によって表現形態をとり，人の頭脳の外部におかれるとき情報と呼ばれる。したがって情報というとき，記号，信号等の表現形態のみを指す場合と，それらに託される意味内容を指す場合とがあり，前者が定量的あるいは技術的情報と呼ばれるのに対し，後者は意味的あるいは価値的情報と呼びうる。コンピュータや通信技術の発達が情報の伝達，処理，保存に長足の進歩をもたらし，それがさらに現代の経済，社会における情報の重要性を格段に高めている。

情報技術 Information Technology　情報の収集や処理に必要なコンピューターに関する技術の総称。ITと略称される。今日ではインターネット等の通信を含め，情報通信技術（Information and communications technology: ICT）と呼ばれる。1980年代ではITは半導体やメモリーといったコンピューターと関連する技術革新と結びついていたが，1990年以降，コンピューターに加えてサーバーやルーターといったインターネットの発展と軌を同じくしている。特に，1990年代中頃からITは社会や経済の仕組みを変革し始め，その様相はIT革命と呼称されている。さらに2000年代のブロードバンド時代に入ってからは，ITはモノ作りのみならず，雇用，ビジネス，教育といった社会制度まで大きく変革している。2010年代中頃にはAI（人工知能）と組み合わされて，ロボット等が実際に使用されるようになった。実際多くの既存の職種がITにとって代わられたといわれる。今後ともITはますます経済社会を変革するものと思われる。➡ IT革命，IoT

情報スーパーハイウェイ information super highway　米国のクリントン政権により1990年代初めに推進された政策で，米国全土に高度情報通信ネットワークを構築し，社会基盤として活用する計画である。正式にはNational Information Infrastructure（NII）という。全国の行政機関，学校，医療機関，企業や家庭を高速の光ファイバ網で結びつけ，相互に情報をやりとりすることにより社会や産業の基盤とするものである。その後各国にも広がった。2000年中頃からブロードバンド時代に入り，情報のスーパーハイウェイはブロードバンド網に発展するようになり，米国では全米ブロードバンド計画（National Broadband Initiative），EUではデジタルヨーロッパ計画（Digital Agenda for Europe），日本では「光の道」が推進されている。現在先進国では政府等の公的機関はすべてネットで繋がっている。➡ ブロードバンド

情報の完全性 perfectness of information　次の4つの条件を満たす場合，情報は完全であると考えられる。
(1) 十分性（判断を下すのに十分な情報の質と量を保有している）
(2) 正確性（情報に不確実性・不明瞭性がない）

(3) 同質性（誰が，いつ，どこで得ようと同一の情報である）
(4) 取得費用がゼロである。

現実には情報の完全性の前提が満たされることはありえず，市場は「不確実性」や「非対称性」といった様々な情報の不完全性にとり囲まれ，様々な形で取引費用を必要とする構造になっている。不確実性とは，俗にいう「先のことは誰にもわからない」ということであり，将来に関する一般的な不確定性による「情報の欠如」を指す。例えば「来月10日の天気」「来年4月1日の為替レート」等でふつう誰にも分からない。これに対して情報の非対称性とは経済システムにおける情報の偏在の問題である。ある種の情報については取引の一方は熟知しているのに対し，他方は無知であるということがある。例えば中古車の売り手と買い手，保険者と被保険者などである。➡ IT革命，情報の非対称性，不確実性

情報の非対称性 asymmetry of information 　財や情報が取り引きされる場合，どちらか一方が，他方よりもその財についての情報を，より多く，あるいはより正確に持つ状況をいう。このような経済主体間での非対称性は市場メカニズムを歪めることになる。保険市場を例にとると，被保険者は自分自身のことをよく知っているが，保険会社はそれを正確には把握できない。中古車の所有者は自分の車のことはよく知っているが，購入者は事前的に知ることはできない。このような状況の下では，正常な取引が成立しなくなる。

保険の例では，火災保険に入ったからといって，保険に入っていない時よりも注意を怠ることも考えられる。被保険者がこのような行動をとると保険は成立しなくなる。これをモラルハザードという。また，中古車の例では，質の悪い中古車が増えると，購入者はどの車も悪質と思い込み中古車を購入しなくなり，中古車市場は消滅する。その結果，良質の中古車は市場に出回らなくなる。これは逆選抜といわれる。いずれのケースも，情報の非対称性が存在することで，市場の機能を失わせる，市場の失敗の例となっている。

情報の非対称性は，ゲーム理論や契約理論において分析されている。また，雇用や取引といった社会制度を，情報の非対称性から生じる弊害を除去するものとして理解されている。例えば，終身雇用制では長年にわたり雇用することから，企業が労働者の真の能力を知ることができ，モラルハザードや逆選抜を防止できる。この他には，情報を常時取得するモニタリング(監視)や，正しいことをすると褒める表彰制度（インセンティブ制度という）がそれらを防止する仕組みとして用いられている。➡ レモンの市場，モラルハザード，逆選抜

将来負担比率 future burden ratio 　地方公共団体財政健全化法に定められた地方公共団体の財政が健全かどうかを判断する基準の1つ。次式で表される。

$$将来負担比率 = \frac{A-(B+C+D)}{E-F}$$

A：将来負担額（イ＋ロ＋ハ＋ニ＋ホ＋ヘ＋ト＋チ）
　イ：一般会計等の当該年度の前年度末における地方債現在高
　ロ：債務負担行為に基づく支出予定額
　ハ：一般会計等以外の会計の地方債の元金償還に充てる一般会計等からの繰入れ見込額
　ニ：当該団体が加入する組合等の地方債の現金償還に充てる当該団体からの負担等見込額
　ホ：退職手当支給予定額のうち，一般会計等の負担見込額
　ヘ：地方公共団体が設立した一定の法人の負債額等

ト：連結実質赤字額
チ：組合等の連結実質赤字額相当額のうち一般会計等の負担見込額
B：充当可能基金額（イ＋ロ＋ハ＋ニ＋ホ＋ヘ）
C：特定財源見込額
D：地方債現在高にかかわる基準財政需要額算入見込額
E：標準財政規模
F：元利償還金・準元利償還金にかかわる基準財政需要額算入額

この値が市町村は350％，都道府県および政令市は400％を超えた場合は，地方公共団体は国から財政の早期健全化を求められる。

職場外訓練 Off-the-Job Training: Off JT　☞　企業内訓練

職場内訓練 On-the-Job Training: OJT　☞　オン・ザ・ジョブ・トレーニング，企業内訓練

職務給 wages based on job evaluation 個別賃金・給与の決定，算定方式の1つで，特定の職務に一定の賃金・給与を支給するという方式。その水準は職務体系におけるその職務の相対的な重要性や難易度によって決まる。同じ職務を担当している場合でも，職務遂行能力の違いによって賃金・給与水準の異なる能力給や，年齢，勤続年数，学歴等によって異なる年齢給，年功給，学歴給と対比される。実際にはいくつかの要素が組み合わせて用いられ，その合計として個別賃金・給与が決定されることが多い。　➡ 年功賃金

食糧管理制度 food control system 1942年に制定された「食糧管理法」に基づいて，政府が国民の主食である米を流通・価格の両面で管理統制する制度。戦時下における食糧不足を解決するために，政府がすべての米を買い入れて，国民に米の配給を行った。しかし，次第に米の生産が伸び，その一方で米の消費が伸びず在庫米を多く抱えて食管会計の赤字が増大，外食の増加，米の量よりも質を求める要求などの高まりが見られるようになった。そこで，政府は，徐々に食糧管理制度の自由度を増し，自主流通米制度等の導入を図ってきたが，結局小手先では対応できず，「食糧管理法」は1995年に廃止，食糧管理法に代わって1995年に「食糧法」（主要食糧の需給及び価格の安定に関する法律）が施行され，食糧に関する新たな制度が導入された。これによって，民間による自主流通米が主体となり，自主米価格センターでの米価を軸にすえて市場原理が導入された。また，集荷・販売についても許可(指定)制から，計画流通米を扱う場合のみの登録制へと規制が緩和された。

序数的効用関数 ordinary utility function　☞　効用関数

所得課税 income taxation 所得を課税対象として課税すること。所得としては個人所得，法人所得の2つに分けられる。国税では個人所得に対しては所得税，法人所得に対しては法人税が課税されている。地方税では，個人所得に対して個人住民税所得割，法人所得に対して法人住民税法人税割が課税されている。➡ 国税，所得税，地方税，法人税

所得効果 income effect 価格が変化した場合の需要量に対する効果の1つ。ある財の価格が下落した場合，名目所得は同じでも実質所得は上昇する。この実質所得の上昇が需要量に及ぼす効果を所得効果という。

消費者行動の理論では，所与の所得水準，価格体系の下で消費者の効用水準を極大化する最適消費の決定が説明されるとともに，任意の1財の価格変化の最適消費に及ぼす効果が分析される。任意の1財の価格が下落し，他のすべての財の価格は不変であるとする。このとき他のあらゆる財に対するこの財の相対価格の下落とともに，この価格水準の下で少な

くとも価格変化以上の消費財購入が可能になるので、実質所得水準の上昇(下落)がもたらされる。この所得効果は無差別曲線を用いて示すことができる。2財をそれぞれx, yとし、所与の価格水準の下で予算制約線がACとして与えられており、その時の最適消費すなわち効用最大化点は、無差別曲線U_1と接しているE_1で表されているとする。ここでxの価格が下落したとき予算制約線がABへと変化するため、最適消費点は無差別曲線U_2と接しているE_2に移る。この価格変化の効果は、E_1からE_3への変化と、さらにE_3からE_2への変化に分離できる。前者が相対価格の変化に伴う効果であり、代替効果と呼ばれるのに対し、後者が実質所得水準の上昇による所得効果に対応するものである。 ➡ 代替効果

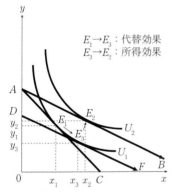

所得控除 deduction from income
所得の課税標準を計算する場合に、総収入から一定の条件を満たす金額を差し引く制度。それにより納税額を小さくし、生活に必要な額を確保することを可能とする目的を持つ。所得控除のうち基礎的人的控除として基礎控除、配偶者控除、扶養控除の3つがあり、特別な人的控除として障害者控除、老年者控除などがある。そのほか雑損控除、医療費控除、生命保険料控除などがある。 ➡ 課税標準

所得再分配 income redistribution
高所得者から低所得者へ所得を移転することにより、人々の間での所得の平準化を図ること。資源配分機能、経済安定化機能とならんで財政の三大機能の1つである。市場経済の下では、競争メカニズムを通じて所得分配が決まる。しかしその結果生じる所得格差があまりに大きい場合には、社会的活力を失わせ、社会の安定的発展の障害となるために、政府が介入し所得格差を是正する必要が求められる。具体的な所得再分配政策として、累進的所得税や相続税、社会保障支出などが挙げられる。 ➡ 社会保障、相続税、累進税

所得収支 income balance ☞ 第一次所得収支

所得・消費曲線 income consumption curve 財の価格が変化しないもとで所得が変化した場合に、最適消費点、すなわち消費者均衡がどのように変化するかを示す曲線。エンゲル曲線とも呼ばれる。2財モデルにおいて、消費者均衡は無差別曲線と予算制約線の接点で示される。2財の相対価格に変化がなければ、所得の増加(減少)は予算制約線を右上方(左下方)に平行移動させる。それに応じて消費者均衡点は右方または上方(左方または下方)に移動する。この消費者均

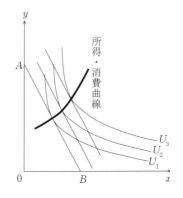

衡点の軌跡が所得・消費曲線である。その形状により、所得と消費希望量との関係を知ることができる。➡ 価格・消費曲線

所得税 income tax　個人所得に課せられる税。個人所得は、利子所得、配当所得、不動産所得、事業所得、給与所得、退職所得、山林所得、譲渡所得、一時所得、雑所得、その他の所得に分けられる。所得税は原則的にすべての所得を合算して課税する総合課税とされているが、山林所得、退職所得、利子所得など一部は個々の所得ごとに課税する分離課税とされている。直接税であり、納税者の個別の事情を配慮することが可能であるため、所得再分配を実施する上で非常に有効な税である。課税に際しては、超過累進課税、所得控除、税額控除等が適用される。➡ 所得控除、税額控除

所得の限界効用 marginal utility of income　☞ 貨幣の限界効用

所得倍増計画 income-doubling plan　1960（昭和35）年に池田勇人内閣の下で策定された長期経済計画で、1961年度からの10年間に国民総生産を倍増し、年率約7.2%の経済成長を実現するとともに、生活水準の向上、完全雇用を目標として掲げた計画。同計画においては、農業と非農業間、大企業と中小企業間、地域間や所得階層間に存在する生活上・所得上の格差の是正につとめ、国民経済と国民生活の均衡ある発展を目指すとされ、格差是正や地域開発政策を重視する姿勢が特徴である。また、課題としては、社会資本の充実、産業構造の高度化、貿易と国際経済協力の促進、人的能力の向上と科学技術の振興、二重構造の緩和と社会的安定の確保という5項目が挙げられた。結果的に実現した平均成長率は11%で、平均想定成長率（7.2%）を大きく上回り、所得倍増は目標よりも早い1967年度に達成された。

所得分配の公平 equity in distribution of income　どのような所得分配状態が公平であるかについての議論。大まかに分類すれば、「貢献主義に基づく分配原則」と「平等主義に基づく分配原則」に分けることができる。貢献主義原則は、所得分配は個々人の生産への貢献に応じてなされるのが公平であるという考え方である。平等主義原則の典型的なものは、事後的な再分配によって所得の均等化を図らなければならないという「結果の平等」原則の考え方である。平等主義原則ではあるが、所得の分配を受ける機会をすべての人に均等に分配すべきであるという「機会の均等」原則の考え方もある。ピグー（Pigou, A. C.）は所得に関する個人の効用関数は同一であると想定して、個人の効用の総和を最大化する功利主義の立場から均等所得分配を主張し、ラーナー（Lerner, A. P.）は、個人間で所得の効用関数が異なっていても、効用の総和の期待値は均等分配から乖離することによって減少するという「確率的均等分配論」を展開して、ピグーの議論を拡張した。しかし、文字通りの所得の平等化は人々の労働意欲を阻害し、分配すべき所得の総量を極端に減少させる恐れがある。この点を考慮に入れて、ある程度の所得分配の不均等を容認しつつ平等主義的な所得分配を公平と考える立場を主張した議論としては、ロールズ（Rawls, J.）の「マキシミン原則」がある。➡ 効用関数、功利主義、正義の理論、ピグー

所得分配の不平等度 degree of inequality in income distribution　所得分配がどの程度不平等かを示す指標。最も多く用いられるのが、ローレンツ曲線とそれをもとにしたジニ係数である。それ以外にも階層間所得比率（年間所得の5段階階層における最高階層平均の対最低階層平均比）や変動係数などがある。

所得分配の平等、不平等は、均等な所

得分配からの乖離を意味し，所得分配の公正と直接一致するものではない。所得分配の公正が何を意味するかは価値判断の問題に属する。 ➡ ローレンツ曲線

シロスの公準 Sylos' postulate　ある市場において新規企業が参入したとしても，既存企業はその生産量を変化させないとする潜在的参入企業の予想のこと。既存企業が既に生産設備等への投資を行っており，それがサンク・コストになることが潜在的参入企業の予想の根拠と考えられている。 ➡ サンク・コスト

新貨幣数量説 new quantity theory of money　貨幣数量説を貨幣需要の理論とし，貨幣需要を資産選択の一部としてとらえる考え方。貨幣量の変化が比例的に物価を変動させることを主張する貨幣数量説の歴史は古く，ロック (Locke, J.) やヒューム (Hume, D.) らの時代まで遡ることができる。しかしながら，ケインズ (Keynes, J. M.) による『雇用・利子および貨幣の一般理論』の発表以来，その影響力は低下した。そのような状況でも，シカゴ大学では貨幣数量説について教育・研究が継続されていた。1950年代以降のインフレーションの発生を契機に，フリードマン (Friedman, M.) を中心として研究が進められ，新しい貨幣数量説が再び脚光を浴びることとなった。この新貨幣数量説の大きな特徴としては，貨幣数量説を貨幣需要の理論と規定し，この貨幣需要を資産選択理論として把握したことが挙げられる。また，外生的に与えられる貨幣供給量と貨幣需要量が一致しない場合の調整プロセスを明らかにしたこと，貨幣供給量を自由裁量的に頻繁に増減させるのではなく，経済成長に見合った一定の割合 (k%) で貨幣供給量を増加させるべきであるとする政策論等も重要である。 ➡ 貨幣需要，貨幣数量説

神経経済学 Neuroeconomics　経済学，心理学，神経科学の手法を用いて，人間の経済的な意思決定のメカニズムを分析する学問。従来の経済学は，脳内をブラックボックスとして，選択行動の結果から選好関係がわかるとしている。選好関係の発生過程を，心理学を応用して理論を構築したのが行動経済学であり，心理学の実験手法を応用して経済理論の妥当性を検証するのが実験経済学である。また，実験経済学の手法を用いて，行動経済学の理論を検証しようとするのが神経経済学である。

1990年代後半から，fMRI（機能的磁気共鳴画像法），PET（ポジトロン断層法），tDCS（経頭蓋直流刺激），TMS（経頭蓋磁気刺激法）といった脳の血流量等を測定する機器が発達し，脳のどの場所が，どのように報酬を捉え，それをどのように行動選択に用いているか，この仕組みを調べることが可能となった。例えば，ドーパミンという物質は，報酬を用いた条件付け（学習）に関わることが実験で示されている。さらに人間が価値を感じる要因となる報酬の量や確率が，脳内でどのように構成されているかわかってきている。 ➡ 行動経済学

新興企業株式市場 stock market for new enterprise　規模や実績はないものの，成長が期待される企業の資金調達の場。伝統的な取引所取引の対象にはなじまないために創設されたと考えられる。日本では2つの大きな流れがある。1つは，日本証券業協会が1963年から新興企業・中堅企業向けに開設した株式店頭市場の流れをくむジャスダック（JASDAQ）市場である。1983年には登録基準，店頭公開企業の公募増資規制などが緩和され，以前の店頭売買有価証券市場から（旧）ジャスダックという名称が2001年7月より用いられている。もう1つの流れは証券取引所が主導したものであり，1999年11月，東京証券取引所がマザーズを，2000年6月には大阪証券取引所がナ

スダック・ジャパンを創設した。しかし、ナスダック・ジャパンは、大阪証券取引所と業務提携をしていた米国ナスダックの日本からの撤退により、ニッポン・ニュー・マーケット（ヘラクレス）に名称変更した。さらに2010年にはヘラクレス、NEO (New Enterpreneurs' Opportunity, 2007年創設)、旧ジャスダックを統合し新ジャスダックとなった。このほか各地の証券取引所が開設している市場としては、セントレックス（名古屋）、アンビシャス（北海道）、Q-board（福岡）がある。
➡ 株式市場

新興工業経済地域 Newly Industrializing Economies ☞ NIEs

人工知能 Artificial Intelligence 人間の知的営みをコンピューターに行わせるための技術のこと、または人間の知的営みを行うことができるコンピュータープログラムのこと。AIと略称される。コンピューターが人工知能と呼ばれるには、人間が用いる自然言語を理解したり、論理的な推論を行うことができたり、経験から学習して応用することができたり、といった知的で発展的な作業をこなすことが要求される。

申告納税 self-assessment of taxation 納税義務者が自らの所得金額と税額を税法の定めるところにより算出し、自ら申告し納税する制度。日本では、確定申告と呼び例年2月から3月の決められた期間に行わなければならない。納税義務者が納税行為を自ら行うことで税金の使い方等に関心を払うという利点が考えられる一方で、必要経費と個人消費の区分が不明瞭となることもあり、必要経費が過大に見積もられる場合は、源泉徴収制度の適用者との間で所得の捕捉率の乖離が生じ、いわゆるクロヨン問題につながるといわれている。➡ 源泉徴収, 不公平税制

新古典派経済学 neo-classical economics 狭義には、イギリス古典派経済学を引き継いだケンブリッジ学派を指すが、ローザンヌ学派、オーストリア学派、スウェーデン学派などを源流とする限界革命以後の今日のミクロ経済学に至る流れを指すことが多い。1870年代初頭以後に始まる限界革命を発端とし、限界分析を市場価格の需給調整機能に結びつけたワルラス (Warlas, M.-E. L.) やマーシャル (Marshall, A.) の均衡分析を骨格にして発展した。一般均衡概念と個別経済主体の経済行動、特に需要理論を完成させたヒックス (Hicks, J. R.)、あるいは財政・金融政策の運用によって完全雇用が実現すれば、その後は市場機構を通じて最適な資源配分が実現するとしたサミュエルソン (Samuelson, P. A.)（新古典派総合）らに対しても使われる。今日、市場経済の機能や成果に対する一定の評価と信頼を基礎に、均衡原理や限界原理を用いて、経済主体の最適化行動や市場の均衡状態を分析する点をもって定義の共通項とする場合が多い。➡ 近代経済学, 限界革命, 限界分析

新古典派総合 neo-classical synthesis 完全雇用と資源の最適配分とを同時に達成できるという考え方。サミュエルソン (Samuelson, P. A.) によって主張された。ケインズ的な所得分析に基づいて財政政策、金融政策を駆使することにより、完全雇用を維持できるような経済環境を創出できるならば、その状態の下では市場価格の調整機能によって資源の最適配分が達成され、新古典派の経済理論の妥当性が得られるというものである。しかし、このような新古典派総合の考え方に対しては、新古典派の経済理論とケインズ的な理論は容易に統一できないという批判がおこり、サミュエルソン自身も著書『経済学』の中でこの言葉を削除した。現在においては、新古典派総合の考え方は政策上の1つの提唱として学説史的にしか

評価されていない。

新古典派投資理論 neo-classical investment theory　投資主体の合理的行動，投資の調整費用が存在しないことなどを想定し，今期の投資は，来期の最適資本ストックの水準と今期の現存資本ストック水準の差に一致すると考える理論。投資規模に応じた調整費用を要しないのであれば，その差は一挙に埋められるものと考えられる。その投資関数は資本の減耗率をαとして次のように表される。

$$I_t = (K^*_{t+1} - K_t) + \alpha K_t$$

すなわち，今期の操業で失われる部分αK_tを補充したうえで，最適水準と現存水準の差$K^*_{t+1} - K_t$を今期すべて埋める投資を今期に行う。このような新古典派投資理論に関して，調整費用の存在やそれが投資規模や速度とともに逓増することを指摘したのがペンローズ曲線である。これら調整費用の存在を明示的に考慮した投資理論としてはトービンのq理論が挙げられる。

人材派遣 temporary employment　契約により一定の期間，人数，能力その他就労条件に合致した労働力を他の企業，団体に派遣する業務。派遣される労働者は派遣先ではなく，派遣元企業に在籍し，賃金・給与も派遣元企業から受け取る。医療，警備等若干の業務を除き労働者派遣事業法により許可されている。労働力のアウトソーシングによる費用節減，就労形態の多様化による労働市場の流動性向上などの面から注目され，業務として急増している。その一方で，正規（雇用労働者）に比して派遣（労働者）の雇用の不安定，同一職場に在籍する正規と派遣両労働者間の待遇，就労，雇用条件格差，人間関係等に関する問題が近年急速に高まっている。➡アウトソーシング

新自由主義 neo-liberalism　「小さな政府」，規制緩和，市場メカニズムの重視を特徴とする考え方。1970年代頃からこの考え方が広がり，1980年代に英国のサッチャー政権によるサッチャリズムや米国のレーガン政権によるレーガノミックスに影響を与えた。新自由主義では，財政を景気の動きに対応して発動させるケインズ主義的な裁量的財政政策に反対し，均衡財政を志向する。また，市場メカニズムを重視し，福祉・公共サービスなど従来政府が担ってきた機能までも市場に任せ，政府の介入を縮小し，民間部門の活性化が志向される。日本でも，1980年代に中曽根政権の下で，電電公社や国鉄の民営化を中心とした改革が進められた。こうした動きは日本において新自由主義的な政策が導入されたともいえるが，大きな政府の象徴である福祉国家路線が修正されたわけではなかった。実際に「小さな政府」に転換されるのは，バブル経済崩壊後の1990年代中頃であり，その後小泉政権による郵政民営化に代表される「構造改革」が実施された。しかし，「小さな政府」への動きが現在も継続されているわけではない。1990年代末の西欧諸国においては，新自由主義的な政策の行き過ぎへの反省から，社会民主主義と呼ばれる政権が台頭してきた。また，2008年のサブプライム問題に端を発した世界同時不況に対応するために，各国が大規模な財政政策を実施するなど「小さな政府」を修正する動きも出てきている。➡構造改革

信託銀行 trust bank　銀行法に基づく普通銀行のうち，信託（trust）業務を主な業務として行う銀行。信託とは，金銭，有価証券，不動産などの財産の所有者が，信頼できる他人にその管理や処分を委託することである。信託する資産のほとんどは金銭である。過去において短期金融は普通銀行，長期金融は信託銀行によって主に担われてきた。信託銀行の中心は，

貸付信託，金銭信託，証券投資信託，年金信託などの金銭の信託により集めた資金を長期に貸し付ける機能と財産管理機能であるが，投資顧問業務，不動産売買の仲介，証券代行業務なども行っている。

1985年，外資系信託銀行の国内参入が許可され規制緩和が進み，都銀や証券会社の信託銀行の設立も相次いだ。2004年には改正信託業法が施行され，受託可能財産の制限が撤廃され，特許権や著作権などの知的財産権についても受託することが可能になった。また，これまで金融機関に限定されていた信託業の担い手が拡大され，金融機関以外の会社も信託業に参入することが認められた。➡ 投資信託

人的分配 personal distribution
☞ 機能的分配

新BIS規制 New BIS regulation
☞ 自己資本比率

シンプレックス法 simplex method
単体法ともいう。線形計画問題を解くためにダンツィグ (Dantzig, G. B.) によって開発された数値解法。制約条件を満たす領域は凸多面体となり，最適解は有限個の頂点のなかにあることから，これらの頂点を逐次的に検索していく方法である。まず，一次不等式で表される制約式を連立方程式に変換する。そのために制約式の数と同数の非負の調整変数であるスラック変数を導入する。このときスラック変数の係数ベクトルは単位ベクトルである。スラック変数以外の変数をすべてゼロとおけば，連立方程式の解として頂点が1つ求められる。次に，目的関数のなかで最も貢献度の高い（係数の大きい）変数を選びスラック変数の1つをゼロとおいて解を入れ換える。入換えの対象となるスラック変数は，スラック変数をゼロとおいたとき，新たに選ばれた変数が最小になるものを選ぶ。このような手順で解の入換えをして目的関数の値を改善する。改善の余地がなくなったとき，解は最適となる。➡ 線形計画法

信用創造理論 credit creation theory
銀行システムが全体として，本源的な受入預金の何倍かの貸出を行うこと。X銀行にy円の本源的な預金がなされたとし，法定準備率をβとすると，X銀行は，法定準備金を除いた$y(1-\beta)$を貸出に回す。借受人aはこれを債権者bへの支払に当てる。bはこれをY銀行に預金をする。Y銀行はこれをもとにcに$y(1-\beta)(1-\beta)=y(1-\beta)^2$の貸出を行う。この繰り返しで，銀行全体の預金の累計はy/βとなり，信用創造によって創出される預金全体の額は，本源的預金/法定準備率の水準になる。$(1/\beta)$を信用乗数という。ただし，全額預金されることはないので，預金の歩留まり率がαの場合の信用乗数は，$1/(1-\alpha+\alpha\beta)$となる。

信用保証 credit guarantee 狭義では銀行が供与する債務保証であるが，信用保証協会が行う保証を指すことが一般的であり，顧客からの依頼で保証料を徴収し顧客の債務の保証を行うこと。広義では第三者が債務の保証を行う行為を指す。信用保証協会は1953年の信用保証協会法により設立された認可法人で，中小企業者に対する金融の円滑化を目的とし，全国に51の協会がある。上部組織として，全国信用保証協会連合会がある。

信用リスク credit risk ☞ 決済リスク

信用割当 credit rationing 貸出市場において，貸出金利が需給を一致させるように調整されずに，その金利で借りたいという借入需要が満たされない状態。超過需要があるにもかかわらず銀行が貸出金利を引き上げないのは，情報の非対称性があるためである。つまり，貸出金利を引き上げると，質の悪い借り手や危険な投資を行う借り手ばかりになってしまい，貸倒れが増えてかえって収益

が低下する。市場では一般的に，満たされない需要は長期的には存在しない。それは価格により調整されるはずで，価格がその役割を果たしていれば解消される。

信頼区間 confidence interval
☞ 区間推定
信頼係数 confidence coefficient
☞ 区間推定

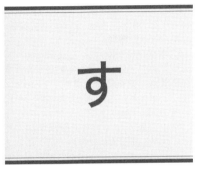

随意契約 optional agreement
☞ 競争入札
推移性 transitivity ☞ 完全性
随意的消費支出 optional consumptive expenditure ☞ 耐久消費財
垂直的公平 vertical equity ☞ 水平的公平

垂直的分業 vertical specialization
国際経済の分野で発展段階の異なる先進国と発展途上国との間で行われる国際分業の形態。先進国が資本集約的な工業製品を生産し，一方，発展途上国が労働集約的な原材料を生産するという形で分業体制を国際的に構築すること。これに対して水平的分業とは，先進国間，あるいは先進国と発展途上国との間で，互いに異なる種類の工業製品，あるいは互いに異なる種類の原材料の交換を行うことを指す。なお，国内経済の分野でも垂直的分業，水平的分業が定義される。➡ 資本集約度，発展途上国，労働集約度

水平的公平 horizontal equity 課税の公平性に関する概念の1つで，等しい経済力・負担能力のある人は，等しい税負担をすべきであるという考え方。

税は人々の間で公平に負担されるべきであると考えられる。この課税の公平性は税制に対する国民の信頼を確保する上で最も重要な概念の1つである。公平性に関するもう1つの重要な概念は垂直的公平である。垂直的公平は，大きな経済力・負担能力を持つ人は，大きな税負担をすべきであるという考え方である。この両者の公平性をともに実現していくための税制を考えるにあたっては，経済力・負担能力の尺度を何で測るのかということが重要になってくる。なお，最近では，異なる世代間における負担の公平性に着目した，世代間の公平という概念も注目されてきている。➡ 世代間公平の原則

水平的分業 horizontal specialization
☞ 垂直的分業
酔歩 random walk ☞ ランダム・ウォーク

スウェーデン学派 Swedish school
北欧学派，ストックホルム学派とも呼ばれる経済学派の1つ。この一群は，ダヴィッドソン(Davidson, D.)，ヴィクセル(Wicksell, J. G. K.)，カッセル (Cassel, K. G.)らの影響の下に，その理論はケインズ革命の先駆けともいうべき，貨幣的景気理論，マクロ経済学の側面で特色を持っている。ダヴィッドソンは，他の欧州諸国の資本理論を時間と限界生産力均等により資本の形成過程として論じた。ヴィクセルを経て，1930年代以降本格的に活動するこの学派では，静学的均衡を動学化するにあたり，事前的に計画を行うとある一定期間には変更されえず，事後的に達成された結果が新たな事前的計画のもととなっていく，というような継起的なアプローチを提示したミュルダール

(Myrdal, K. G.)，また消費財と投資財との需給を通じて価格変動の不均衡性と期間分析とを開発したリンダール(Lindahl, E. R.)，あるいは生産要素の相対的賦存量を基準とした比較優位の理論を共同で展開したヘクシャー(Heckscher, E. F.)とオリーン(Ohlin, B. G.)らの業績を挙げることができる。➡ ヴィクセル，カッセル

スーパー301条 Super 301 Provisions of the 1988 Omnibus Trade Act　アメリカの包括通商法の条項の1つ。1988年に，通商法(1974年)301条(不公正貿易慣行への報復)を強化する形で成立した。スーパー301条によれば，通商代表部(USTR)が不公正貿易を行っている国を優先交渉国として指定し，さらに優先交渉品目を指定して交渉を行い，指定後1年以内に合意に達しなかった場合は，関税引上げなど報復措置を発動することができる。GATTなどの国際的なルールに基づいた交渉ではない，いわゆる一方的措置だとして，各国から非難された。スーパー301条は1989，1990年の2年間の時限立法であったが，日本はスーパーコンピュータ，人工衛星の政府調達および木材製品の基準認証制度を不公正取引慣行と認定され，市場開放優先国として特定された。クリントン政権は1994年，スーパー301条を復活させ，1997年に期限切れになった後，1999年にも再復活させた。➡ GATT，市場開放問題，不公正貿易

数量調整 quantity adjustment　市場において需給の不一致が生じた場合の調整メカニズムの考え方の1つ。市場において数量の変更により行われる需給の調整。価格が硬直的なため，価格による需給調整が機能せず，数量により調整が行われ，均衡が達成される。またマクロ経済的にも，産出量や雇用量など数量変数自身が市場の状況に応じて変化する。先進諸国の寡占的な工業生産物の市場に典型的に見られるように，寡占企業はマークアップ原理に従って決定した価格を容易には変化させず，たいていは在庫の変動によって対応を行うのが一般的である。

伝統的な新古典派経済学では，市場における価格の調整機能を万全として，価格調整が支配的と考える。これに対しケインズ経済学の立場では，価格調整メカニズムの限界を強く認識し，数量調整が支配的であり，価格調整は例外的であると考える。➡ 価格調整，ケインズ経済学，フル・コスト原則

スタグフレーション stagflation　高い失業率と高い物価上昇率が併存する経済状態。景気停滞を意味するスタグネーションという言葉と，持続的な物価上昇を意味するインフレーションという言葉が合成されてできた経済用語である。景気停滞時には物価は下落し失業率も高くなっているのが普通だが，高失業率と高インフレ率が同時に存在している状態，あるいは失業率とインフレ率がともに増大している状態を指す。

インフレーションは，一般的に景気が過熱しているときにしか起こらないと従来は考えられていたため，特に1970年代の先進諸国を中心に生じたこのスタグフレーションは，経済学を大きく変え，その後インフレ期待の役割が特に重視されるようになった。➡ 物価上昇率

スタンドバイ・クレジット stand-by credit　銀行の取引先が第三者より融資を受けるときに，銀行が債務を保証するために供与する信用(クレジット)。金融機関相互間だけでなく，中央銀行と国家，IMFと加盟国間などで行われることが多い。IMFによる信用供与制度を，IMFのスタンドバイ・クレジットという。これは，6カ月ないしは1年で収支困難を克服するという条件を原則としている。1997年のアジア通貨危機では，タイ，韓

国，インドネシアが，この方法を利用した。

ストック stock　変数のある一時点における累積値のこと。フローとは一定期間内におけるストックの変化量のことをいう。ストックは一時点で，フローは一定の期間で測定される。例えば，毎月預金しているとすれば，毎月の預金金額はフローに相当し，ある時点での預金残高はストックに相当する。フローの蓄積がストックであるといえる。また，隣接する2時点のストックの差がその時点間のフローであるともいえる。フローの例として国内総生産や企業設備投資などが挙げられる。ストックの例として国富や資本ストック，M1やM2などの貨幣残高が挙げられる。フロー変数の決定メカニズムを分析するのがフロー分析，ストック変数の決定メカニズムを分析するのがストック分析である。国民所得の決定理論や株式の発行市場の分析などはフロー分析，株式の流通市場の分析はストック分析である。

ストック・オプション stock option　従業員や役員などに対して付与した，将来特定の価格で自社の株式を取得する権利。具体的には，市場から自社株式を取得して従業員などに売却する自己株式取得方式と，権利行使時に新株引受権に基づいて新株を発行する新株引受権付の2種がある。権利行使時に株価が権利行使価格より上昇していれば，買い取った株式を時価で売却して，売却益を得ることができる。ストック・オプションを付与された主体には，企業の業績向上が自己の収入増加に繋がることになり，労働意欲を高める制度といえる。一般に数年程度の権利行使禁止期間が設けられる。

1995年には一部ベンチャー企業に，1997年，すべての企業に導入が認められ，新しい報奨制度として役員や従業員もストック・オプションの購入が可能になった。さらに，1999年，ストック・オプションの付与対象が，子会社の従業員や役員に拡大された。また当初，付与限度は発行済株式数の10%であったが1999年には25%に拡大した。2001年の商法改正では規制緩和が行われ，付与対象者や発行株式数，権利行使期間などの制限が廃止され，ベンチャー企業などでの導入が加速している。ストック・オプションの税務上の扱いについては「一時所得」とするか「給与所得」とするかをめぐって訴訟が多発したが，2005年に最高裁が「給与所得とする」との判断を示した。会計上の処理については，費用として計上されなかったことから不正会計処理の一因ともいわれてきたが，2006年5月1日の会社法施行以降に付与されたストック・オプションについては費用計上が義務付けられた。

ストルパー＝サミュエルソン定理 Stolper-Samuelson theorem　伝統的ヘクシャー＝オリーン・モデル（2国2財2要素）において，閉鎖経済から貿易が開始された場合に，どの財を価値尺度財としても，その国に稀少な要素の価格が下落する現象。ストルパー（Stolper, W.F.）とサミュエルソン（Samuelson, P.A.）が示した。➡価値尺度財

ストレート外債 straight foreign bond　☞デュアル・カレンシー債

スピルオーバー効果 spillover effect　国際経済学上，ある国のマクロ経済政策がその国に影響を及ぼすだけでなく，国際的相互依存関係により他の国にも影響を及ぼすこと。例えば，ある国が金融緩和を行った場合には，その国の通貨価値の下落（すなわち，当該国通貨建為替レートの上昇）とともに外国への輸出（外国の輸入）が増加する。したがって，その国の国内生産水準が上昇する一方，外国では生産水準の低下が見られることとなる。

また，公共経済学上では，ある経済主

体の行う経済活動でその主体のみが影響を受けるのではなく,他の経済主体にも影響がもたらされることをいう。例としては,ある地域の公共財の便益が他の地域の住民にも便益を与える場合や,ある個人の教育水準の上昇が社会全体の教育水準の上昇をもたらす場合が挙げられる。➡公共経済学,公共財

スプレッド spread ☞ 利鞘

スプレッド取引 spread transaction 異なる市場や限月(先物取引やオプション取引の受渡し期限となる月)での価格差や金利差を利用して利益を得ること。

スポット・レート spot rate 2つの意味がある。1つは直物為替レートのこと。直物為替レートとは直物為替の売買に適用される為替レートである。もう1つは,割引債の金利のこと。割引債の場合には利付債や預金と異なり再投資を考慮に入れる必要がないので,当初から利回りが確定することになる。このような割引債の金利であるスポット・レートは取扱いが便利で頻繁に利用される。例えば,1年後に100円で償還される割引債が90.9円で売買されているとすれば,スポット・レートは10% (90.9×1.1＝100) となる。➡為替レート,割引債

スミス Smith, Adam (1723〜1790) イギリスの経済学者。スコットランド東岸の港町カーコーディに生まれる。まずその倫理学では見知らぬ人間同士の「同感」を通じて,交換社会の本能的機能が自然の原理として表されるとした(『道徳感情論』*The Theory of Moral Sentiments*, 1759)。これに対して,経済学の生誕ともいうべき主著『国富論』(*An Inquiry into the Nature and Causes of the Wealth of Nations*, 1776) では,自然法的な「見えざる手」を通じて,各人の利己心の追求が経済全体として資源の最適配分を可能にするとした。これは,自立的な文明社会の形成により,市場経済を基盤にした経済発展が可能であることを意味する。神学・倫理学・法学・経済学の一体化を市民社会関係の「徳」として基礎づけることによって,国富の増加を図ることこそが経済学の課題であり,その手段は分業を通じての生産性の向上による経済発展にあるとした。スミスの活躍は,産業革命前夜というべき時期に当たるが,それだけに自然的自由の意義と予定調和の世界観が経済社会の基調として強調されている。➡イギリス古典派経済学,重商主義,重農主義,見えざる手

スミソニアン合意 Smithsonian agreements ニクソン・ショックの後の1971年12月,ワシントンのスミソニアン博物館で開催された,アメリカ,イギリス,フランス,西ドイツ,イタリア,日本,カナダ,オランダ,ベルギー,スウェーデンからなる10カ国蔵相会議における,為替レート調整に関する新たな国際的合意のこと。アメリカが継続的な国際収支赤字による金流出に直面すると同時に,いわゆる流動性のジレンマに陥っており,それらに歯止めをかけるためニクソン大統領は1971年8月15日,外国の中央銀行に対し米ドルから金への自動的な交換を中止することと,アメリカへの輸入品に10%の税を課すことを発表した。これにより米ドルと金との関係は事実上絶たれ,これまでのブレトン・ウッズ体制に壊滅的な打撃を与えることとなった(ニクソン・ショック)。その打開を図るべくなされたスミソニアン合意により,米ドルは他の通貨に対して平均約8%切り下げられるとともに,アメリカが課していた10%の輸入課徴金が撤廃された。翌年にはアメリカが激しい経常収支悪化に陥り,スミソニアン合意でのドル切下げが不十分であったと市場に認識させた。これにより米ドルからドイツマルクや円などへの投機的な資本移動が進むこととなり,変動為替相場制へと移行すること

なった。このニクソン・ショックから変動為替相場制以降までの時期における国際通貨体制はスミソニアン体制と呼ばれる。➡ 国際収支, トリフィンのジレンマ, ブレトン・ウッズ協定, 変動為替相場制

スルツキー方程式 Slutsky equation
ロシアの統計学者・経済学者のスルツキー (Slutskii, E.) が定式化したもので, 価格の変化による需要量の変化は, 代替効果と所得効果に分解されることを示した式のこと。ある財の価格の下落は, 他の財の価格との相対価格を引き下げる。その結果, 相対的に安くなった財の需要量が増加する。この調整では効用水準が一定に保たれる（同一無差別曲線上での移動）。この調整部分が代替効果である。さらに, 価格の下落は, 名目所得が変わらなければ, これまでの財の組合せ以上を購入することが可能になり, その意味で実質所得が増加するため, 財の需要量の調整がなされる。この調整では効用水準が向上する（高位の無差別曲線への移動）。この調整部分が所得効果である。スルツキー方程式により, それまで説明できなかった需要の法則を満たさないギッフェン財の事例をも整合的に説明できるようになった。通常の財では価格の下落は, 所得効果と代替効果ともに財の需要を増加させ, 当然両者の合計も増加する。一方, 下級財では所得効果は需要を減少させるので, この減少部分が代替効果による需要の増加部分を超過すれば, 需要全体は減少することになる。➡ ギッフェン財, 需要の法則, 所得効果, 代替効果, 粗代替性

スワップション swaption ☞ スワップ取引

スワップ取引 swap transaction 将来のある時点で, 互いの異種の債務や債権を合意の上で交換すること。一般に金融においては債務の交換を, 外国為替市場においては直物為替の売りと先物為替の買い, または逆の取引を同時に同額行うこと（直先スワップ）をいう。前者の代表的なものとしては, 固定金利を支払わなければならない債務と変動金利を支払わなければならない債務を交換する金利スワップ, 異種通貨間, 例えば円建債務を持つ主体とドル建債務を持つ主体が, お互いの債務を交換するような通貨スワップがある。後者については, 受渡期日が異なる先物為替の売りと買いを同時に同額行う先先スワップもある。また, このようなスワップ取引に対し, 直物為替あるいは先物為替の売りまたは買いの一方だけを独立して行うことをアウトライト取引という。

類似した言葉としてスワップション (swaption) がある。これはスワップとオプションの組合せである。将来のある時点ないしは一定期間内に, あらかじめ決められた条件でスワップを開始することができる権利のことを指す。➡ 先物為替レート, 通貨スワップ

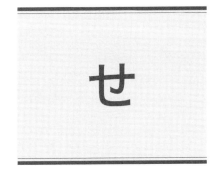

セイ Say, Jean Baptiste (1767〜1832) フランスの経済学者。フランス・リヨン生まれ。コレージュ・ド・フランスに新設されたフランス最初の経済学教授。スミス (Smith, A.)『国富論』を読み, 経済学を志す。主著『経済学概論』(*Traité d'économie politique*, 1803) は, スミスをフランス

に紹介する一方，貨幣は媒介物にすぎず，生産物は生産物で買われるという購買と販売の均等，あるいは生産は所得を生み所得は需要を生むという理由による生産と消費の均等は，生産は消費の規模によっては制限されないという意味で，一般的過剰生産と販路の停滞とを否定する「販路説」(「セイ法則」Say's Law) を唱え，イギリス古典派にも影響を与えた。すなわち古典派公準の１つ，「供給は自ら需要を生みだす」という主張のもとになり，後にケインズ (Keynes, J. M.) により『一般理論』の中で批判された。その他に，富の生産とは効用の創造であり，需給均衡論的立場から価格理論を説き，国民所得論，あるいは資本供給機能とは区別された企業家独自の役割を強調した。➡ 古典派経済学，セイ法則

税外収入 non-tax receipts 国および地方自治体の財政収入のうち，使用料，手数料など租税収入以外の収入のこと。国の場合，財政収入から租税収入，印紙収入，公債金収入を引いたもの。

静学 statics 時間概念を考慮に入れないである一時点の状況のみを考え経済を分析する学問分野。またその下に構成されるモデルを静学モデルといい，静学モデルに基づいて行う分析を静学分析という。この場合，モデルの変数間の関係を記述する方程式はすべて代数方程式とそれらの連立方程式となり，モデルの均衡は特定値をとることになる。現在は過去に行った選択に左右され，現在の選択が将来に影響を及ぼすという経済の実際から見ると，静学モデルはモデル作成の１つの簡便法である。静学モデルにおいては経済の変化は与件すなわち外生変数や先決内生変数の変化としてとらえられ，その結果生じる均衡値の変化が検討される。このようなアプローチは比較静学と呼ばれる。

これに対し時間概念を考慮に入れて，異時点間の状況の変化を考慮することを動学という。動学モデルでは，内生変数は時間の次元すなわち時間上の前後関係を有し，さらに内生変数の経時的な変化経路が関心事となる。したがって動学モデルは微分方程式や差分方程式より記述され，変分法や最大値原理，動的計画法によって問題が解かれることが多い。動学モデルに基づく分析を動学分析という。➡ 比較静学

税額控除 tax credit 算出された税額から一定の条件を満たす金額を控除する制度。控除は，二重課税の調整，税負担の調整，政策目的達成のための調整などを目的として行われる。住宅取得控除，配当控除，外国税額控除などがある。➡ 外国税額控除制度，所得控除，二重課税

静学的安定 static stability ☞ 安定

静学的安定条件 static stability conditions ☞ 安定条件

静学的期待 static expectations 静学的期待とは，前期に成立した変数値が今期も成立するとする予想の仕方。たとえばまだわかっていない今期 (t) の予想価格 P_t^e は前期 ($t-1$) の価格 P_{t-1} に等しいと予想する。

$$P_t^e = P_{t-1}$$

➡ 期待形成

生活保護 daily life security 国が，生活困窮者に対して，最低生活を保障するために困窮の程度に応じて保護(給付)を行い，自立を支援する制度。公的扶助と同義である。保護は，生活扶助，教育扶助，住宅扶助，医療扶助，出産扶助，生業扶助，葬祭扶助の７種類からなる。医療扶助以外は原則的に現金給付である。なお保護水準は，要保護者の年齢，家族構成，地域格差が配慮される。また水準均衡方式により，国民の消費の動向を考慮して見直しが行われる。在宅で扶助が困難な要保護者には救護施設・授産施設が

用意されている。生活保護制度は選別主義に基づく資力調査（ミーンズ・テスト）を行っており、恥辱感が申請をためらわせることもある。本人の資産・能力の活用が優先され、勤労による所得の増加が受給資格の喪失あるいは受給額の削減につながるため、勤労意欲に対してマイナスの効果を持つとされる。→ 選別主義、負の所得税

正義の理論 theory of justice　アメリカの政治哲学者ロールズ (Rawls, J.) によって展開された分配の公正の議論。ロールズは、「無知のヴェール」に包まれた原初状態において、合理的な諸個人が基本的自由や経済財(所得)の分配に関し社会契約を結ぶ状況を考え、ここで合意される分配上の原則を正義の基本原理とした。この基本原理においては、第1に、基本的自由はすべての個人に平等に認められなければならず、第2に、経済財（所得）の分配に関しては、最も恵まれない状態に陥る個人の経済厚生（効用）を最大にできるよう分配がなされるべきだとする「マキシミン原則」が主張された。今、相対的に高い生産能力を持つ個人Aと低い生産能力の個人Bからなる社会を考える。生産された財の分配（所得分配）が均等に近ければ労働意欲が阻害されることを考慮して、この社会で達成可能な2個人の効用水準の組合せを表す効用フロンティアは図のORFのように表されるものとする。ORF上で45°線に近いほど均等分配となる。ロールズのマキシミン原則に従えば、各個人が個人AになるかBになるかわからない原初状態で交される社会契約において選択される所得分配は、契約後の社会で最も恵まれない個人となるBの効用を最も高める点Rに対応する分配状態でなければならない。これに対して2個人の効用の和を最大化するのが公正であると考える「功利主義」では効用フロンティアの一番外側の点Uが選ばれる。したがってロールズのマキシミン原則は、「功利主義」の主張に比べ、かなり平等主義的な主張であるといえる。→ 功利主義

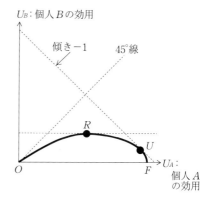

正規分布 normal distribution　釣鐘型の確率分布であり、統計的推測において多く用いられる最も重要な確率分布。自然・社会科学の現象の多くがこの分布に従うことが知られている。統計的推測で用いられるχ^2（カイ二乗）分布、F分布、t分布はすべて正規分布から派生した分布である。ある確率変数xが正規分布に従うとき、その確率密度関数は平均をμ、分散をσ^2とすると、

$$f(x) = \frac{1}{\sqrt{2\pi}\sigma} \exp(-\frac{(x-\mu)^2}{2\sigma^2})$$

という形で表現され、これを$N(\mu, \sigma^2)$と表す。ただし、πは円周率である。仮説検定や区間推定では、平均をゼロ、分散を1とする標準正規分布 (standard normal distribution) $N(0, 1^2)$が用いられること

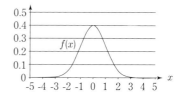

が多い。標準正規分布の確率密度関数は
$$f(x) = \frac{1}{\sqrt{2\pi}} \exp(-\frac{x^2}{2})$$
となる。

生計費指数 cost of living index 物価指数の1つで消費者物価指数と類似のものであるが、特定階層の勤労者世帯だけを対象とする物価指数。家計一般を対象としている消費者物価指数とは異なる。国連ではニューヨークを100とした世界各地の生計費指数を、約330品目の財・サービスの価格をもとに算定しているが、これは価格が異なる別の場所で、同等の生活をするのに必要な生計費の比を求めたものである。なお日本では現在このような生計費指数ではなく、標準生計費が総務省の家計調査などを用いて算定されている。これは国民一般の標準的な生活水準を求める目的から、5つの費目（食料費、住居関係費、被服・履物費、雑費Ⅰ、雑費Ⅱ）別、世帯人員別に、費目別平均支出金額に生計費換算乗数を乗じて得られたものである。➡消費者物価指数、物価指数

税源の配分 allocation of taxation sources 税源を国と地方自治体および地方自治体間で、財政需要に応じて配分すること。現在国に偏っている税源を地方に配分することにより地方の自主性を高めることが地方分権の観点から求められている。➡地方分権

税効果会計 tax effect accounting 業績利益の算定を目的とする企業会計と、課税所得の算定を目的とする税務会計との差を調整するための会計手法のこと。具体的には両者を切り離して、税金を企業会計上の税引前利益を基準にして計算し、実際に支払う税法上の税金額との相違を、前払税金や未払税金として処理する。例えば、貸倒引当金などを有税として計上した場合、税法上では損失が確定するまでは損失として認められないために、その期に税金を支払うが、税効果会計では、損失が確定した段階でいずれ還付する税金を見込んで、会計上は税金の支払がなかったことにする。

欧米では一般的な会計手法である。なかでも業績利益は、有用な情報であるものの、日本の情報には、期間比較の上で問題があると指摘されてきた。税効果会計の導入により期間配分を適正に行うことで、業績利益の期間比較の可能性が増し、国際的な会計上の数値の比較が可能となった。連結財務諸表制度では任意であったが、2000年3月期からは、連結、単独とも導入されることになった。

政策協調 policy coordination 各国の政府や政策当局が財政・金融・通貨・貿易などの諸政策を行う際に、複数の国が協調して実行すること。経済における国際協調。今日のように相互依存関係が強い世界経済においては、ある国の政府や政策当局が単独で行う諸政策は、その効果を自国に与えるだけでなく、他の国にもスピルオーバーとして与えてしまうため、自国に対しては想定したほどの効果をあげない可能性がある。また、他の国に対して近隣窮乏化的に負の影響を与える場合もあり得る。一方、各国の政府や政策当局が協調的に諸政策を行った場合には、自国の経済に対して正の効果を与えつつ、他国の経済に対する負の効果を抑制することが可能となる場合もあり、また時には両国ともに正の効果を与えるということもありうる。このような政策協調を実際に決定する場として、サミットや財務大臣・中央銀行総裁会議などがある。➡サミット、財務大臣・中央銀行総裁会議

政策変数 policy variable 政府が自由裁量的に制御できる経済変数のこと。理論経済モデルを連立方程式体系で表すとき、経済変数は内生変数と外生変数に分けられる。外生変数についてはさらに、

たんなる外生的な条件として与えられるものを与件変数，政策目標達成の手段として制御できる変数を政策変数という。例えば，一国のマクロモデルでは，世界貿易，人口，気象条件は与件変数とし，政府支出，税率，公定歩合，貨幣供給量は政策変数と考える場合が多い。

政策ラグ policy lag　政策の必要性を認識し，政策を実施し，その効果が現れるまでの期間のこと。例えば景気下降に伴い必要な対策がとられ，その効果が現れ景気が上昇し始めるまでにいくつかのラグが存在する。まず，景気が下降し始めて政策当局が景気後退を確認，認知するまでの間に時間的遅れが存在する。これを認知ラグという。次に景気後退が認知されてもそれに対する対策を実際に実施するまでには，対策の立案，議会の承認などの数々の手続きを踏まなければならない。これらの手続きに伴い発生する遅れを実施ラグという。さらに，景気対策が実施されても，企業家，家計の心理的要因なども影響し政策効果が現れるまでには時間がかかる。この時間の遅れを反応ラグという。これらのラグの存在により，景気対策がとられたとしても，景気動向は非常に複雑なものとなる。

政策割当問題 policy allocation problem　複数の政策目標を達成するためには複数の政策手段を必要とし，目標を効果的に達成するために採用されるべき手段との対応関係を考える問題。例えば，景気回復と経済成長という2つの目標がある場合，総需要管理政策により両方を達成しようとするのではなく，景気回復には総需要管理政策をとり，経済成長のためには構造改革を割り当てるといった考えである。理論的には，政策目標と同じ数の政策が必要とされる。➡ ティンバーゲンの定理

生産可能性曲線 production possibility curve　所与の生産要素賦存量 x の下で，2種類の生産物 y_1, y_2 を生産する場合，最大限可能な生産物の組合せを描いた曲線。生産（可能）フロンティアともいう（3財以上の生産物についても描くことが可能）。通常，図の AB 曲線のような右下がりでかつ原点に凹の形状をとる。別のより高い(低い)生産要素賦存量に対しては，右上方(左下方)に位置する別な生産可能曲線が対応する。

y_1 と y_2 の両軸と生産可能性曲線 AB に囲まれた扇形は生産可能性集合と呼ばれ，この範囲内のいずれの点も，所与の生産要素賦存量の下で生産可能である。しかし，生産可能性曲線の左下方，つまり内点での生産は，いずれか一方を減産することなく，一方あるいは両方の増産が可能であるという意味で，パレート効率的ではない。これに対し，図のような右下がりの生産可能性曲線上での生産は，いずれか一方の増産には少なくともいずれか一方の減産が不可避という意味でパレート効率的である。

生産可能性曲線の各点における接線の傾きは限界変形率と呼ばれ，y_1 を増産する場合に必要な y_2 の減産量を示している。生産可能性曲線が図のように原点に凹の形状を示すのは，y_1 の増産が進むにつれ，y_2 の減産割合が上昇すること，つまり限界変形率が逓増することを意味する。➡ パレート効率的

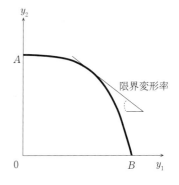

生産関数 production function　ある技術の下で，生産に用いられる生産要素（投入物）の数量と実現可能な生産物の最大数量との関係を表す関数。例えば，生産物 y を n 種類の投入物 $x=(x_1, x_2, \cdots, x_n)$ から所与の技術の下で生産するとき，生産と投入の関係は，生産関数 $y=f(x)=f(x_1, x_2, \cdots, x_n)$ と表すことができる。このとき，1次同次性すなわち $\lambda y=f(\lambda x_1, \lambda x_2, \cdots, \lambda x_n)$，あるいは任意の非負の x_i に対し，1階の偏導関数は正つまり限界生産力は正，2階の偏導関数は負つまり限界生産力の逓減等が仮定されるのが一般的である。また，成長理論では資本 (K)，労働 (L) を投入とする2変数の生産関数 $Y=F(K, L)$ がしばしば用いられる。そのほか一般的によく用いられる具体的な生産関数には，コブ＝ダグラス型生産関数，CES生産関数，レオンティエフ型生産関数等がある。➡ k 次同次性，コブ＝ダグラス型生産関数，CES生産関数，レオンティエフ型生産関数

生産期間 period of production　ある消費財について，本源的生産要素（土地や労働）を用いて生産を開始する時点から，消費財が完成するまでの期間。ある消費財を生産する場合，本源的生産要素から直接生産するのではなく，まず，本源的生産要素から中間財を生産し，その中間財から当初の目的である消費財を生産する方が効率的となる場合が多い。この生産過程には，ある中間財から別の中間財が生産されるといった何段階にも及ぶ中間財の生産を経て最終的に消費財が生産されることも含む。このような生産を迂回生産と呼ぶが，ボェーム・バヴェルク（Böhm-Bawerk, E. von）は，迂回生産の度合いを表す概念として生産期間という用語を用いた。ハイエク（von Hayek, F. A.）は，迂回度を示すために，年々の消費財生産に対する資本財生産の比率を用いた。また，複雑な生産構造を考える場合は，迂回度として資本集約度（資本・労働比率，1人当たり資本）を用いることもある。➡迂回生産，資本集約度，資本・労働比率

生産者余剰 producers' surplus
☞ 社会的余剰

生産性上昇率格差インフレーション differential productivity growth rates induced inflation　相対的に生産性上昇率の高い産業（企業）の貨幣賃金率の上昇率に合わせて，相対的に生産性上昇率の低い産業（企業）でも同程度の貨幣賃金率の引上げが行われた場合に生じる物価上昇。労働の平均生産性の上昇は，単位労働費用すなわち生産物1単位当たりの労働コストを引き下げる働きをする。したがって企業の生産物価格が，フル・コスト原理に基づいて設定されているときには，貨幣賃金率の上昇率がこの生産性上昇率の範囲内に収まっている限り，価格上昇は生じない。しかし相対的に生産性上昇率の高い産業（企業）の貨幣賃金率の上昇率に合わせて，相対的に生産性上昇率の低い産業（企業）でも同程度の貨幣賃金率の引上げが行われると，これが原因となって価格上昇が引き起こされるようになる。これが生産性上昇率格差インフレーションであり，特に労働力が経済全体で不足しているような状況では，労働を需要する企業間の競争によって生じると考えられる。➡インフレーション，フル・コスト原理

生産要素の供給 supply for a factor of production　消費者行動において，生産要素である労働量の供給の決定のこと。生産要素（労働）を含む消費者行動の理論において，消費者は所与の財の価格と生産要素の価格（賃金）の下で，生産要素供給量の決定と，それによって得られる所得を用いて購入できる消費財の数量を同時決定する。提供できる生産要素の供給量は消費者が所有する生産要素の存在量

以上にはなりえない。例えば，1日24時間から直接消費として利用する分（余暇時間）を差し引いたものが，供給する生産要素供給量（労働時間）となる。生産要素の直接消費（自家消費）を留保需要というが，生産要素の供給の問題は留保需要と表裏の関係にあり，生産要素供給量の決定は留保需要量の決定を意味する。

成熟への前進期 the drive to maturity
☞ 離陸

正常財 normal goods ☞ 下級財

製造物責任法 Product Liability Act ☞ PL法

正則 nonsingular ☞ 逆行列

税体系 tax system 　各種の税を組み合わせることによって構成される税の構成のこと。租税体系ともいう。いかなる税も固有の短所を持つため，財源を特定の税のみに依存させた場合には，資源配分のゆがみあるいは税負担の不公平等が発生する。そこで各種の税を組み合わせることにより，各税の短所を緩和することが必要とされる。わが国では，これまで所得課税を中心として，消費課税，資産課税，流通課税がそれを補完するように税体系は構成されてきている。2017年時点では所得税，法人税といった所得課税が大きな割合を占め，ついで消費課税，資産課税の割合が大きい税体系となっている。

生態系崩壊 collapse of ecosystems
生態系のバランスが，何らかの人為的あるいは非人為的な要因によって崩れること。生態系とは，異なる種からなる生物群集とそれを取り巻く非生物的環境（元素，化学物質，エネルギー等）からなり，その内部で再生産および物質・エネルギー循環が完結しているという属性を有する。生態系に属する生物は生産者，消費者，分解者に分けられ食物連鎖など相互に影響しあっており，これらと非生物的環境がバランスをとりながらその生態系を構成している。

成長会計 growth accounting 　国内総生産，国民所得等の成長要因の数量的分析手法の1つで，会計学的方法を用いるもの。国内総生産を含む主要なマクロ経済変数の定義式，あるいは事後的恒等関係を示す会計式を，各変数の成長率や弾力性の間の関係に変換し，操作を加えることで国内総生産など，めざす変数の成長率の要因分解，貢献度の検出を行うという手法である。例えば国内総支出に関する恒等式 $Y(t) \equiv C(t) + I(t) + G(t) + EX(t) - IM(t)$ から，次の式が得られる。

$$\Delta Y = \Delta C + \Delta I + \Delta G + \Delta EX - \Delta IM$$

なお Δ は変化分を表し，C は消費，I は投資，G は政府支出，EX は輸出，IM は輸入を表す。この式では国内総生産の成長率の各構成項目への要因分解により各々の貢献度を確認することができる。この貢献度については，寄与度と寄与率の2つが考えられる。上式より次式が得られる。

$$\frac{\Delta Y}{Y} = \frac{\Delta C}{Y} + \frac{\Delta I}{Y} + \frac{\Delta G}{Y} + \frac{\Delta EX}{Y} - \frac{\Delta IM}{Y}$$

寄与度とは，各構成項目の変化分を前期の国内総生産で割ったものと定義され，$\frac{\Delta C}{Y}$ などのように表される。また，上式より次式が得られる。

$$1 = \frac{\Delta C}{\Delta Y} + \frac{\Delta I}{\Delta Y} + \frac{\Delta G}{\Delta Y} + \frac{\Delta EX}{\Delta Y} - \frac{\Delta IX}{\Delta Y}$$

寄与率とは，各構成項目の変化分を国内総生産の変化分で割ったものと定義され，$\frac{\Delta C}{\Delta Y}$ などのように表される。

成長の限界 The Limits to Growth 1972年にローマ・クラブがマサチューセッツ工科大学のメドウズ（Meadows, D. L.）らに委託した研究の成果をまとめた報告書。同報告書は「人口増加，工業化，汚染，食糧生産，資源の消費が現在の成長率のまま続くならば，資源の枯渇等の要因で100年以内に地球上の成長は限界に到達し，最も起こる見込みの強い結末は人口と工業力の突然の制御不可能な減少であろう」と警鐘を鳴らし，地球が有限であること，文明の成長には限界があることを科学的に検証し，地球の破局を避けるためには「成長の趨勢を変更し，将来長期にわたって持続可能な生態学的ならびに経済的な安定を打ち立てる」ことが必要であり，成長から持続可能な均衡への転換の必要性を訴えた。地球環境問題の原点を論じたものであり，その果たした役割は大きい。➡ 地球環境問題

制度学派 institutional school 社会的に承認を受けた慣習的思考と行動様式を軸に人間の経済行動を捉えようとした学派。20世紀初頭米国で影響力のあった学派であり，創始者はヴェブレン（Veblen, T. B.）。ヴェブレンは，とくに自由競争価格メカニズムの自律性を疑い，古典派・新古典学派が想定する合理的経済人や自然調和的市場機構観を否定した。景気循環のコントロールに必要な統計資料を集める研究機関を組織化（NBER）し，実証的・計量的研究により経済社会の動態プロセスを明らかにし，その上で制度改革を模索しようとしたミッチェル（Mitchell, W. C.）や，社会保障の立法化を通じて，慣習と法の相互発展・進化プロセスを強調したコモンズ（Commons, J. R.）らは，この学派に分類される。今日，「新制度学派」と呼ばれる制度，市場，組織にかかわる研究や，社会秩序・制度の形成や選択プロセスを分析する進化経済学などは，この制度学派の延長線上にあるといえる。

税の帰着 incidence of tax 租税負担が最終的にいずれかの経済主体に帰属すること。税の負担は必ずしも納税義務者が負担するのではない。税は価格を変化させ納税義務者以外の経済主体に最終的かつ実質的負担を与える場合がある。例えば酒税が課されると，酒製造業者は酒の販売価格を引き上げて納税額分を回収しようとする。納税額を完全に回収できるだけ価格を引き上げることができれば酒製造業者は酒税を納税するが税負担はゼロである。他方，消費者は課税分だけ酒の価格が上昇し，支払金額が大きくなった分だけ酒税を負担することになる。どの主体にどれだけ帰着するかは，当該財の需要・供給曲線の形状に依存する。

特定の税が最終的に誰の負担になっているか，すなわち税の帰着は，税の経済効果を考える上で重要な問題である。市場は相互に依存しており，帰着の分析においても部分均衡論的帰着分析よりも一般均衡論的帰着分析が主流となってきている。帰着の考え方には，次の3つがある。

① 特定租税帰着（または絶対的帰着）：公共支出一定，他の租税の相殺的変更なしと仮定して，特定の租税の変更を行った場合の帰着。
② 均衡予算帰着：新税が導入され，その税収増と同額の政府支出増を伴う場合の帰着。
③ 差別的租税帰着：税収額と政府支出を固定しておいて，ある税を他の税と取り替えた場合の帰着。

➡ 税の転嫁，部分均衡

税の転嫁 shifting of tax 租税を納めた者が，その租税の一部または全部を他の者に移し替え，負担させること。生産の段階から消費の段階に向かって租税が転嫁されていくことを租税の前転とい

う(例えば,製造業者に課せられた租税が価格に上乗せされた場合)。これに対して,租税が生産から消費という段階とは逆の方向へ転嫁されることを租税の後転という(例えば,課税された製造業者が課税分だけ原材料仕入価格を切り下げた場合)。なお,広義には,租税の帰着(租税負担が最終的にある者に帰属することをいう)を含めて転嫁ということもある。

製品差別化 product differenciation 本来同質的で,完全に代替的と見なされるべき製品であるにもかかわらず,需要者がそれを供給する企業間あるいは製品間に差異を認め,特定の製品に対し相対的に強い選好を示し,代替の不完全性が生じること。製品差別化をもたらす要因としては,第1に製品の品質,性能,デザインなど企業により製品そのものに施された実質的差異,第2に需要者の習慣,嗜好に訴える企業の広告宣伝,ブランド・イメージによって形成される差異,第3に配達,アフター・サービスなど製品の販売活動に伴って形成される差異,さらには製品販売拠点の立地に伴う差異などがある。企業が競争上の戦術として,あえて製品差別化を行うことを製品差別化政策という。このとき完全競争の条件の1つである財の同質性が失われる。製品差別化政策下の競争は特に独占的競争と呼ばれる。 ➡ 代替財,独占的競争

政府関係機関 government affiliated agency 特別の法律を根拠として設立された全額政府出資の法人で,その予算および決算について国会の審議・議決を経なければならない機関。政府関係機関が国会の審議を受けなければならないのは,その設立根拠が法律に基づいており,資金・業務等の面で国と大きな関わりを持ち,国の政策実現のための機関となっているからである。2006年度までは,国民生活金融公庫,住宅金融公庫,農林漁業金融公庫,中小企業金融公庫,公営企業金融公庫,沖縄振興開発金融公庫,日本政策投資銀行,国際協力銀行の6公庫2銀行があったが,その後の行政の効率化の中で,統合・廃止が推し進められ,2008年10月以降は,沖縄振興開発金融公庫,株式会社日本政策金融公庫,株式会社国際協力銀行,国際協力機構有償資金協力部門の4つのみとなっている。➡ 特殊法人

政府間財政調整 intergovernmental fiscal equalization 地方政府に対して一定の財源を保証したり,地方政府間の財政力格差の是正を図ることを目的として行われる政府間での財政資金移転制度。財政資金の政府間移転には,国から地方政府への垂直的移転と,地方政府間での水平的移転の2つのタイプがある。多くの国での政府間財政調整は垂直的移転を通じて行われている。わが国における政府間財政調整の代表的なものが地方交付税制度であるが,この他,地方譲与税や国庫支出金もこの機能を持つといえる。➡ 国庫支出金,地方交付税交付金,地方財政調整制度,地方譲与税

政府系金融機関 government-affiliated financial institutions 政府の全額または一部出資による金融機関で,政府の指示により政策金融(産業や貿易の振興,中小企業の育成,住宅建設などを目的とする)を行う機関。資金源は政府の財政融資資金や政府出資である。民間金融機関では不可能な金融を引受け,それを補完する役割を果たすことになる。日本では政府系金融機関の比重が高いので,民間金融機関との競合性がかねてから指摘され,金融改革の対象とされた。かつては,住宅金融公庫,国際協力銀行,日本政策投資銀行,国民生活金融公庫など最大時12機関が存在したが,2017年時点で株式会社日本政策金融公庫,株式会社政策投資銀行,株式会社国際協力銀行,株式会社商工組合中央金庫などが存在してい

せいふ

る。なお，沖縄振興開発金融公庫については，地域の特殊事情に配慮して存続している。➡ 財政投融資，民営化

政府最終消費支出 government final consumption expenditure　一般政府部門の運営費用つまり国家公務員および地方公務員に対する人件費と公務遂行に伴う物件費からなる支出のこと。一般政府を生産主体と見立てて政府サービス生産者というが，その産出額（中間消費，雇用者報酬，固定資本減耗，生産・輸入品に課される税）から，他部門への商品・非商品販売額を差し引き，さらに医療保険の給付分等現物社会給付等を加えたものが，政府最終消費支出に相当する。

政府税制調査会 Government Tax Commission　租税制度に関する内閣総理大臣の諮問機関のこと。1959年に総理府設置法に基づき設置された。税制の改正に対する答申や長期答申などを出し，租税政策の方向付けから具体策までを検討する。委員は各界各層の有識者から選任され，任期は3年である。

生物多様性 biological diversity　生態系を構成する動物，植物等の地球上の生物種の多様性とその遺伝子の多様性，そして生態系の多様性を包含する概念。生物多様性の危機は現在最も深刻な環境問題として認識されており，その保全は国際的にも重要な課題となっている。生物多様性の保全に関しては，1992年の国連環境開発会議（地球サミット）において「生物多様性に関する条約」が採択され，1993年に発効した。日本は1993年に批准し，この条約の考え方に基づき，生物多様性の保全とその持続可能な利用という観点から1995年に「生物多様性国家戦略」をまとめている。

政府の失敗 government failure　政府による市場への介入が意図するとおりにいかないこと。行政の失敗ともいう。政府は，数々の市場の失敗を是正するために市場介入を行うが，その結果が必ずしも成功するとは限らない。政府が介入することで，かえって状況を悪化させてしまうこともある。例えばある種の規制あるいは保護政策が，特定産業の効率化意欲を喪失させるような場合があり，これは政府の介入の失敗である。➡ 市場の失敗

政府の役割 roles of the government　自由市場経済の下では，経済的諸問題は，市場機構により解決することが原則となっている。しかし市場機構は，完全なものではなく，数々の欠陥を持つ。そこで市場機構の欠陥を是正かつ補完することが必要となる。そのための組織として政府が存在し，政府は必要な役割を果たす。今日の民主的な政府は，資源の効率的配分，所得の再分配，経済の安定の3つの主要な役割を果たすべきとされている。資源の効率的配分では，市場の失敗と呼ばれる状況を政府が解決することが求められている。資源の効率的配分の役割は，政府の役割として最も早く，スミス（Smith, A.）の『国富論』の中で認められている。所得の再分配は，所得分配の公平から求められるもので，市場機構では達成されないため，政府が果たさなければならない。この第2の政府の役割は，市場経済の発達により貧富の差が拡大し，社会的に望ましくない状態にまで達した19世紀末頃から政府の役割と認識されるようになった。経済の安定という政府の役割は，ケインズ（Keynes, J. M.）の『雇用・利子および貨幣の一般理論』刊行以降に政府の役割と認識されるようになった。

しかし，政府の規模の拡大に伴い，1970年代以降「政府の失敗」も顕著になってきており，政府の役割を今一度見直し，小さくて効率的な政府を目指す動きも強くなってきている。➡ 大きな政府，市場の失敗，スミス，政府の失敗

政府保証借入金 government-guaranteed advance ☞ 政府保証債

政府保証債 government-guaranteed bond　特殊法人等が発行する債券で，政府が債務保証する債券のこと。また特殊法人等が，借入をする場合に政府が保証するものを政府保証借入金という。政府が債務保証を行う目的は，特殊法人等が政府資金以外での資金調達を容易にするためである。もし債務者がその債務を履行しない場合には，国がその債務を負担することになる。➡ 特殊法人

正方行列 square matrix ☞ 行列

セイ法則 Say's Law　貨幣の存在する経済で，貨幣を除くすべての財に対する総需要額と総供給額が常に一致するという命題。市場取引の対象となる財がn財あり，そのうち第n財が貨幣であるとする。貨幣の価格を1とし，残る$n-1$財の価格を貨幣の価格との比率で表し，$p_i(i=1,2,\cdots n-1)$とする。さらに第i財$(i=1,2,\cdots n-1)$に対する需要と供給をD_i, S_i，貨幣に対する需要と供給をD_n, S_nで表せば次式が成り立つことをいう。

$$\sum_{i=1}^{n-1} p_i D_i \equiv \sum_{i=1}^{n-1} p_i S_i$$

セイ法則が常に成立していることを主張することは，あらゆる財$(i=1,2,\cdots n-1)$に対する需要はあらゆる財に対する供給に一致するとの主張に等しく，このことはいわゆるセイ法則として「供給はそれ自ら需要をつくり出す」とも表現される。新古典派経済学はこのようなセイ法則成立という仮説に立って理論体系を構築するが，ケインズ経済学はセイ法則を否定する。

全く同じ経済で，貨幣も含むすべての財に対する総需要額と総供給額が一致するという命題はワルラス法則と呼ばれ，自明の恒等的関係である。➡ ケインズ経済学，古典派理論，新古典派経済学，ワルラス法則

生命保険会社 life insurance company　保険料という形で金を集め，金融市場などで運用し，被保険者の死亡や病気，けがなどの場合に一定額を保障する会社。

1990年代後半以降，超低金利の長期化や株式市場の低迷により，資産の運用利回りが契約上の利率（予定利率）を下回る，逆鞘現象が生命保険会社の経営を苦しめている。日本には長期の運用商品が乏しく，生命保険会社は，長期の保険契約によって集めた資金を，短い運用期間でつながなければならない。わが国の生命保険会社の多くは相互会社形式をとっており，株式会社のように株式を発行して機動的に資本を増強することが難しかった。こうした問題を解決するため，株式会社への転換を可能にするために1976年4月保険業法が改正された。また，保険業法によって生命保険事業と損害保険事業の兼営が禁止されてきたが，1996年4月に施行された新保険業法によって子会社による生命保険事業と損害保険事業の相互参入が認められることになった。➡ 損害保険会社

整理回収機構 resolution and collection corporation：RCC　不良債権の回収を促進させるため，1999年4月に設立された預金保険機構の全額出資子会社。東京協和，安全信用組合などの破綻した金融機関の受け皿銀行として1996年に設立された「整理回収銀行」と，同じく経営が行き詰まった住宅金融専門会社の営業を引き継ぐために同年に設立された「住宅金融債権管理機構」が合併して発足した。米国の整理信託公社（RTC）を参考につくられたため，日本版RTCなどとも呼ばれる。預金の受入，貸出，為替の，銀行の主要3業務は行っていない。債権の買取りに際しては，公的資金が投入されるため慎重な判断が必要である。そのため破綻先金融機関の経営者責任の追求や罰則付きの調査権限などを保有することが認め

られている。➡ 公的資金注入，不良債権

政令指定都市 ordinance-designated city　地方自治法第252条の19に定められた，政令で指定される人口50万人以上の都市のこと。1956年に制度化された。政令指定都市においては，本来都道府県が法律またはこれに基づく政令により処理すべきとされた事務の全部あるいは一部を政令指定都市独自に処理することができる。担当可能な事務は，児童福祉，生活保護，社会福祉，老人福祉，食品衛生，都市計画など14項目である。

セーフガード safeguard　緊急輸入制限のこと。特定産品の輸入が増加し，国内産業に重大な損害を与え，または与える恐れがある場合に，政府がその産品の輸入を一時的に制限する措置のことである。WTOセーフガード協定において，発動には輸入増と損害の因果関係の立証が必要であることや，発動期間は当初4年，最長8年，再発動の禁止などが定められている。また，遅延すれば回復しがたい危機的な事態が存在する場合は，200日以内の暫定措置の発動が認められる。WTOセーフガード協定に基づく一般セーフガードのほかに，ウルグアイ・ラウンドで関税化が合意された品目を対象として関税措置のみを発動できるWTO農業協定の特別セーフガードと，中国のWTO加盟から12年間の特例として，中国産品が国内産業に市場かく乱を起こし，またはその恐れがある場合に，WTO加盟国はその中国産品に対して発動できる対中国経過的セーフガードがある。セーフガードの目的は，急激な輸入増加のショックを一時的に和らげるとともに，他の産業への労働や資本の移動という産業調整を行うための時間を与えることである。また，セーフガードという安全装置があることにより，各国は前向きに貿易自由化を進めることができるのである。わが国は2001年4月，ネギ，生シイタケ，畳表という農産物3品目に対して，セーフガードを暫定発動したが，正式発動は見送られた。➡ 関税，WTO

セーフティネット safety net　金融機関や金融システムに規制・監督を実施して，経営破綻の抑止を図るとともに万一発生してもそれが波及しないようにする仕組み。現在，各金融機関は複雑な債権・債務関係で繋がっており，たとえ1つの金融機関が経営危機や破綻を迎えただけでも，それが他に波及して信用秩序の崩壊に繋がることがある。さらにそれに加えて，預金保険制度や中央銀行の最後の貸し手機能などの公的セーフティネットが存在するが，セーフティネットの存在がモラルハザードを引き起こすという現象が，しばしば指摘されている。➡ 最後の貸し手，中央銀行，モラルハザード，預金保険制度

世界銀行 The World Bank　発展途上国の経済・社会開発の促進，生活水準の向上を目的とする国際復興開発銀行（International Bank for Reconstruction and Development：IBRD）およびIBRDより緩やかな供与条件で発展途上国の中でもより貧しい国々の支援を行う国際開発協会（International Development Association：IDA）をあわせたものを一般にいう。1944年のブレトン・ウッズ会議においてIMFとともに設立が決定された。これらに加えて，姉妹機関である，発展途上国にある企業に融資を行い，金融市場の整備を行う国際金融公社（International Finance Corporation：IFC）と，海外直接投資における非商業的なリスクから投資家を保護し，その保証業務を行う多国間投資保証機関（Multilateral Investment Guarantee Agency：MIGA）をまとめたものを世界銀行グループと呼ぶ。これらの業務を行うための資金は，加盟国からの出資金と，国際復興開発銀行債券（世銀債）により賄われている。IBRDの当初の目的は，第2

次世界大戦後の世界経済の立て直しであったが，現在では上に挙げたような発展途上国支援へと重点を移している。現在は180以上もの国が加盟している。➡ 発展途上国，ブレトン・ウッズ協定

世界貿易機関 World Trade Organization ☞ WTO

セカンド・ベスト理論 second best theory　独占や外部効果といった要因によって経済の一部の分野でパレート最適な資源配分状態（ファースト・ベスト）を達成するための条件が満たされないとき，そのことを所与として，できるだけ効率的な資源配分状態（セカンド・ベスト）を達成するための条件を求める理論。経済の他のすべての分野において，パレート最適な資源配分状態を達成するための条件とは異なることを主張し，リプシー(Lipsey, R. G.)やランカスター(Lancaster, K. J.)によって提示された。その後の研究によって，セカンド・ベストを達成するための条件がパレート最適条件と異なるのは，経済の他のすべての分野ではなく，パレート最適条件を満たし得ない分野と関連性のある分野（例えば，独占の存在する産業と取引関係のある産業分野）に限られることが明らかにされ，セカンド・ベスト理論は部分的に修正されることとなった。➡ 外部性，独占，パレート効率的，パレート最適条件

石油輸出国機構 Organization of Petroleum Exporting Countries ☞ OPEC

世代会計 generation account　世代ごとに，生涯期間にわたって政府からの受益と負担を計算し，結果としての純便益あるいは純負担の割引現在価値を推計すること。現在の財政活動は現在世代だけに便益と負担をもたらすわけではなく，将来にわたっての受益と負担をもたらす。財政活動は，現在世代と将来世代の世代間の公平を図るように実施されなければならず，世代会計はそのための指標となるものである。財政赤字を測定する指標の1つでもある。➡ 財政赤字，世代間公平の原則

世代間公平の原則 principle of intergenerational equity　政府の経済活動の受益と負担は世代間で公平に配分されなければならないという考え方。政府の経済活動の中で，活動の行われた時の世代に便益を与えるものと，その時点では便益を生み出さないが次の世代になってから便益の現れるものがある。例えば税を財源として行政費等の政府消費に支出される場合には，公共サービスの便益は主に納税世代が受け取ることができる。しかし税を財源にして公共投資を実施した場合，公共施設の完成に時間がかかれば，納税世代は利用できない。納税世代は租税のみ徴収され便益を受けず，世代間の公平の原則が保証されない。公債発行による財源調達の場合には，公債の元利償還が将来発生するため，一般には負担は将来の納税世代が負うと考えられる。したがって公債による財源が政府消費によって使われた場合には，便益は公債発行時世代に生じ，将来世代は公債償還のための納税負担のみ残り不公平となる。しかし完成に時間のかかる公共投資に対する支出の場合には，利用世代と公債償還世代が一致し，世代間公平の原則を維持することが可能である。しかし公債償還世代は公共投資の内容の決定には参加できないため，公債償還世代が既に実施されてしまった公共資本を不必要としているかもしれないという問題が残る。➡ 公債の負担

世代重複モデル overlapping-generations model　ある期に複数の世代が共存する状況を明示的に取り入れた経済モデルのこと。重複世代モデルといわれることもある。個人は幼少期間，勤労期間，老齢期間等の多期間を生きるが，ある期だけを見ると経済全体では，老年世代，

勤労世代，幼少世代など2世代以上が同時に存在することになる。これ以前の経済モデルでは，明示的に世代の概念をモデル化することはしてこなかった。世代重複モデルの典型は，若年世代と老年世代が重複する2世代重複モデルであり，これにより，年金問題など世代間の利害が対立する経済問題や，経済成長論の分野において，世代間・親子間の遺産や教育などの人的資本の継承をモデル化しやすいという特徴を持つ。さらに，標準的な代表的個人モデルでは，分権的経済のもたらす資源配分は効率的になるが，世代重複モデルでは，同様の仮定の下でも必ずしも効率的にはならないことを示すことができる。

節税 tax planning ☞ 脱税

絶対価格 absolute price 通常，各財の価格はリンゴ1個100円というように，貨幣の単位で表示される。これを貨幣価格ないし絶対価格という。様々な財が貨幣価格で表されることで，各財の交換比率を考えることができる。例えば，リンゴが1個100円でみかんが1個20円とすると，リンゴとみかんの交換比率は，リンゴ1個に対してみかん5個である。これは，みかんを基準としてリンゴ1個の価値を表すことである。このように，ある財を基準として，その財の貨幣価格で他の財の貨幣価格を除したものを相対価格という。相対価格は各財の間の交換比率を表し，したがって無名数である。➡ 価値尺度財

絶対的危険回避度 measure of absolute risk aversion ☞ 危険回避の尺度

絶対的費用優位性 absolute advantage in terms of cost ☞ 参入障壁

設備資金 equipment funds 企業の建物，機械などの固定資本の購入に用いられる資金のこと。産業資金はその使途から見ると設備資金と運転資金に区分できる。設備資金の調達方法は一般に，内部資金，長期借入，証券などの長期資金である。運転資金とは原材料，燃料，消耗品などの流動資本の購入，賃金，地代その他の経常的な費用にあてられるもので，短期資金として調達される。資金を借り入れる場合，借入期間は設備資金の場合は長く，運転資金の場合は短い。ただし設備資金では，機械などの減価償却期間以内に限られるのが一般的である。

設備投資 plant and equipment investment 企業が生産能力拡充，経営効率改善を目的に，工場・倉庫・事務所等の建物，生産用・輸送用・事務用等の機械・装置・器具など耐久性のある固定資本の取得に資金を充当すること。政府企業によるものを含むが，大部分は民間企業によるものであり，将来の生産能力や経営効率にかかわるため，個々の企業にとっても一国経済全体から見ても成長，発展の要因として注目される。また変動が大きいことから景気変動の主要因とも見なされ，周期10年程度のジュグラーの波（主循環）との関連が強いことが指摘されている。➡ 景気循環

説明変数 regressor ☞ 回帰分析

節約のパラドックス paradox of thrift 節約により一時的には貯蓄は増加するが，最終的には総貯蓄額を減少させること。ケインズ（Keynes, J. M.）により指摘された。個々の経済主体の節約意欲，貯蓄意欲の高まりは一時的には貯蓄を増加させるかもしれない。しかし，それに伴う消費の減退は総需要を縮小し，景気を後退させることで所得の減少，これに伴う貯蓄の減少をもたらす。このように個人の行為として合理的であったとしても，全体が同じように行為した結果，当初の想定とは全く違った結果が生じることを合成の誤謬というが，これはその一例である。➡ 合成の誤謬

ゼロエミッション zero emissions 地球サミットにおいて「持続可能な開発

が採択されたことを受けて，1994年に国連大学が提唱した構想で，ある産業の製造工程から出る廃棄物を別の産業の再生原料として利用し，廃棄物を出さない生産システムの構築をめざすものである。これを達成するためには，従来の大量生産・大量消費・大量廃棄型の社会経済構造を循環型社会経済に転換し，投入された資源はすべて有効利用できるような環境保全的な産業構造を構築していくことが求められている。排出される廃棄物が，別の産業にとって資源となるように産業構造を転換するためには，新たな技術の開発や社会システムの整備が不可欠となる。日本でも，ゼロエミッションに向けた技術開発の促進（文部科学省，経済産業省），ゼロエミッション構築に向けた地域の取組みを支援するエコタウン事業（経済産業省）等が実施されている。また，地方自治体でも「屋久島ゼロエミッション構想」等多くの取組みが始まっている。

ゼロ金利政策 zero-interest policy　日本の深刻な景気悪化を回復させるために日本銀行が1999年2月12日の政策委員会・金融政策決定会合で決めた，政策誘導金利である無担保翌日物のコールレートをほぼゼロにする政策。日本銀行は2000年8月に景気が回復したと判断しゼロ金利を解除したが，その後，景気の悪化を受けて2001年2月に0.15％に下げ，さらに3月には量的緩和政策が始まり，政策誘導金利は再びほぼゼロ％に戻った。その後，数年にわたりゼロ金利政策は継続されたが，2006年7月に誘導金利水準を0.25％に引き上げ，ゼロ金利政策は解除された。しかし，2008年の世界金融危機から再びゼロ金利政策へと舵が切られた。➡ 量的緩和政策

ゼロサムゲーム zero-sum game　☞ 行列ゲーム（矩形ゲーム）

ゼロ次同次 homogeneous of degree zero　☞ k次同次性

ゼロベース予算 zero-base budget　☞ シーリング

全員一致の原則 unanimity rule　社会の構成員全員の選ぶ選択肢が一致したときのみそれを社会全体の選択肢とする社会的意思決定方法。満場一致の原則ともいわれる。全員一致の原則に従えば，厚生が悪化する提案については個人は拒否権を行使することができるため，決定はパレート効率的の結果をもたらす。しかし1人でも反対者がいれば，社会的選択ができず少数の横暴となる場合がある。また全員一致の解を得るためには時間がかかりすぎることも問題である。

全員一致の原則の欠陥を是正する決定方法として，多数決原理がある。これは，過半数の支持を得た選択肢を社会的選択とする決定方式であるが，多数の横暴，推移律の非成立などの問題がある。➡ アローの不可能性定理，公共選択論，パレート効率的

線形回帰 linear regression　☞ 回帰分析

線形計画法 linear programming　一次の等式または不等式で表される複数の制約条件の下で，一次式で表される目的関数を最大化（最小化）することにより，最適な計画を求める方法。リニア・プログラミング，略してLP（エル・ピー）ということもある。数理計画法の一手法で，最も基本的なものである。すべて一次式（線形）で最適問題が表現されることから線形計画法と呼ばれる。制約条件を満たす変数の領域は，2変数であれば凸多角形，一般的には凸多面体になる。この制約の下で目的関数を最大または最小にする最適解は凸多面体の頂点の中に存在する。この頂点における目的関数の値を計算して比較すれば，最適解が求まることになる。このような線形計画問題を解く手法としてシンプレックス法（単体法）

などが開発されており，生産計画，輸送計画，配分問題，分配問題など多くの実際問題に適用されている。また，コンピュータのプログラムも開発されており，広く利用されている。➡ シンプレックス法

先行指数 leading index　景気動向指数の1つ。先行系列と呼ばれる一群の指標から作成される。先行指数の場合，新規求人数，実質機械受注，耐久消費財出荷指数，東証株価指数等からなる先行系列から作成される。➡ 景気動向指数

潜在的インフレーション potential inflation　見かけ上は物価水準が安定しインフレーションがないように見えていても，実際には物価を押し上げようとする潜在的な圧力が存在している状態のこと。抑圧されたインフレーションともいう。価格は市場の需給関係に応じて変化し，最終的には需給が一致する均衡価格水準に落ち着く傾向を持つが，これを人為的に均衡価格以下の水準に低く抑えると，市場では需要が供給を上回ることになり，超過需要が発生する。この超過需要がたえず価格を押し上げようとする圧力として作用するので，いったん人為的な規制を外せば，価格はただちに上昇し，抑えられていたインフレーションが顕在化することになる。

潜在的過剰人口 latent surplus population　農業部門の効率的生産に必要な労働力以上の過剰な労働力のこと。近代的経済発展の初期あるいはそれ以前の段階において，都市の近代的工業部門の雇用吸収力は低く，残余人口の大半は前近代的農業部門に何らかの形で雇用吸収され，その多くは効率的な農業生産に必要な労働力の水準をはるかに超えていた。農村における家族や血縁，地縁による相互扶助を目的とした雇用吸収であり，これらを都市に見られた顕在的な失業者と対比して，潜在的過剰人口と呼ぶ。2部門経済発展理論を展開したルイス（Lewis, W. A.）の複合経済モデルやわが国の講座派，労農派などマルクス経済学の立場では，こうした潜在的過剰人口を産業予備軍と見なし，近代的経済発展の過程で工業部門に対する低賃金労働の無限に弾力的な供給源と見なされた。

潜在的失業 latent unemployment　近代的産業部門の雇用吸収力が不足するため，極めて低い生産性と賃金の下で前近代的産業部門に就業している労働者であり，完全失業者ではないが実態は失業者と大差がない失業。発展途上にある経済や農村などにしばしば見られる。ロビンソン（Robinson, J.）は，不況のために生じた失業者が，一時的により低い所得部門へ就業したものを偽装失業と呼んだ。なお，不況のために就業を一時断念して非労働力化した者は，表面上失業統計に現れないため，これを潜在失業（hidden unemployment）と呼んで区別することがある。

セント・ペテルスブルグの逆説 St. Petersburg paradox　☞ ベルヌーイの仮説

選別主義 selectivism　☞ 社会保障給付

戦略形ゲーム game in strategic form　☞ 標準形ゲーム

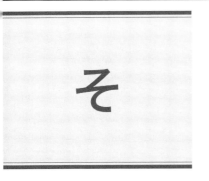

総括原価方式 full-cost principle
電気，ガス等の公共料金の決定方式。効率的な経営の下での適正な原価に適正な事業報酬を加えたものを基に料金が決定される。レートベース方式あるいはフル・コスト原理ともいう。適正な原価には，必要な原材料費や人件費，減価償却費などが含まれる。総括原価方式による公共料金の決定のメリットは，事業者に過大な利益・損失が発生せず収支均衡をもたらすことが挙げられる。他方，報酬率が規制されているため，資本を増加することにより，利潤額を大きくすることが可能で，過剰な投資が行われやすい点がデメリットである。この過剰投資の存在は，アバーチ＝ジョンソン効果と呼ばれる。さらには，原価に関する情報は事業者しか持たないため，適正かどうかの判断が難しいという点もある。その他，コスト削減等の経営の効率化に対するインセンティブが働きにくいことも挙げられる。この欠点のため，現在ではインセンティブ規制，ヤードスティック規制等が導入されている。➡公正報酬率規則，ヤードスティック規制

相関係数 correlation coefficient　2つの確率変数の間に線形関係があるかどうか，およびその強さについての指標。X, Yの2変数における相関係数は以下のように定義される。

$$r = \frac{\sum (X_i - \bar{X})(Y_i - \bar{Y})}{\sqrt{\sum (X_i - \bar{X})^2} \sqrt{\sum (Y_i - \bar{Y})^2}}$$

ここで，X_i, Y_iは確率変数X, Yの実現値，$\bar{X}, \bar{Y}$はその平均値である。相関係数は$-1 \leq r \leq 1$の範囲の値をとり，$r=0$であれば無相関，$0 < r \leq 1$であれば正の相関（順相関），$-1 \leq r < 0$であれば負の相関（逆相関）であるという。また，上の定義より，相関係数rの二乗は，Yを被説明変数，Xを説明変数とした線形回帰の決定係数R^2になる。重回帰の場合，同様に決定係数R^2の平方根は重相関係数として定義されるが，これは単相関係数とは違って負の値はとらない。これは，1つの説明変数と被説明変数の間では双方の変化の方向が同じ，あるいは逆ということに意味はあるが，2つ以上の変数との間では，変化の方向の一致，不一致をいうことはできないからである。➡決定係数

早期是正措置 prompt corrective action
経営が悪化した金融機関に対して，監督当局が早期に再建やその処理を行うよう指導する措置。1998年4月から実施された。自己資本比率が，国際業務を主として行う銀行については8％，国内業務を主とする銀行については4％をそれぞれ下回ると，その状況に応じて業務改善計画の提出や増資計画の策定，新規業務への進出禁止，業務停止命令が発動される。従来のように金融機関を救済するのではなく，むしろ経営状況が劣悪で市場に存続することが望ましくない金融機関は市場から撤退させ破綻の被害が連鎖するのを防ぐねらいがある。自己資本比率を基準に据えたため，同比率の向上のために「貸し渋り」が起こり，景気の悪化を招いているという批判もある。

世界ではこの制度の歴史は意外と浅く，1991年に米国で制定された連邦預金保険公社改善法がモデルになったといわ

れている。金融機関の破綻によって，多額の財政資金が投入されることになった反省と，経営危機を未然に防ぎ破綻処理を最小限に留める意図もあったとされる。➡ 貸し渋り，自己資本比率

操業停止点 shutdown point ☞ 損益分岐点

総計予算主義 gross budget principle　すべての収入を歳入とし，すべての支出を歳出として，予算に計上する考え方。歳入と歳出を相殺して差額だけで予算に計上すると，予算の全体像が見えなくなるなどの問題点があり，経理の適正化，責任の明確化のために設けられた原則である。

総合課税 taxation or aggregate income ☞ 総合所得税

総合収支 overall balance of payment ☞ 金融勘定

総合所得税 comprehensive income tax　ある個人に発生する各種の所得をすべて合算した額に課税する方式。総合課税ともいう。これに対して，分類所得税（分離課税）とは所得の源泉ごとに異なった税率あるいは特別な税率表を適用して別々に課税を行う方式である。分類所得税は，所得の源泉がそれほど多くなく，かつそれぞれの所得が異なった担税力を持つと考えられる場合には妥当な税制である。しかし，租税負担の垂直的公平あるいは租税の所得再分配機能の観点からは，すべての所得を合算して累進税率を適用することが望ましい。日本では貯蓄促進など種々の政策的見地から完全総合所得税ではなく利子所得，配当所得，不動産譲渡所得などに分離課税が採用されている。➡ 源泉分離課税，垂直的公平，担税力，累進税

総合予算主義 gross budget principle　当該年度におけるすべての予算案を総合的に比較検討し，その優先順位を判断して，原資を最も効率的に配分しようといぅ考え方。この立場からは，予算の組換えは認められるが，予算の追加は望ましくないとされる。したがって補正予算は認められない。➡ 当初予算

総固定資本形成 gross fixed capital formation　中古品，スクラップ，土地等を除き，民間法人，個人企業，家計，公的企業，一般政府，対家計民間非営利団体等の経済主体が新規に購入した有形，無形の資産のこと，具体的には次のようなものからなる。①有形固定資産（住宅，建物，輸送機器，機械設備，乳牛・果樹など育成資産など），②無形固定資産（鉱物探査，コンピュータ・ソフトウェア，プラント・エンジニアリング），③有形非生産資産の改良（土地の造成・改良，鉱山・農地等の開発・拡張等）。在庫品増加と合わせて国内総固定資本形成と呼ばれる。

増資 increase of capital　株式会社が資本金を増加させること。企業の健全性を示す代表的な指標が自己資本比率であるが，一定の自己資本を持つことは企業の安全性にとって不可欠である。そのために，資金を調達して自己資本を強化するために，新株を発行して払込金を得る方法が基本的である。また，準備金や利益の資本組入，転換社債の転換，株式配当など，払込金を株主からとらない形態による増資もある。

新株を発行して増資する場合，割当募集による方法と公募による方法がある。割当募集とは，株主に持株数に比例して割り当てる株主割当増資と，取引先などに限定して割り当てる第三者割当増資がある。また，発行価格をどう決めるかで区分すると，かつて日本で主流であった額面割当増資と，現在一般的となっている時価発行増資とがある。➡ 自己資本比率

総需要管理政策 aggregate demand control policy　失業率やインフレ率を適正な水準に維持する目的で総需要の水

準を管理する政策。均衡GDP（財市場の均衡状態でのGDP）が完全雇用GDP（完全雇用が達成されるGDP）を下回った場合，総需要が不足し，失業率が上昇するなど景気後退の状態にある。均衡GDPが完全雇用GDPを上回っている場合は，需要が過大で高い物価上昇率など景気の過熱が見られる。このような経済の不均衡状態に対して，政府は，財政的手段あるいは金融的手段を用いて，総需要を操作しようとする。総需要管理政策の財政的手段としては政府支出の増減や増減税があり，金融的手段としては公開市場操作，基準割引率および基準貸付利率の変更（公定歩合操作），支払準備率操作等を通じた通貨供給量や金利水準の管理政策がある。ケインズ経済学の立場では，総需要管理は政府の主要課題であると考えられてきたが，対立する新古典派経済学の立場では，政府の課題でもなければ，政策的に可能でもないと考えられてきた。

➡ 景気対策，ケインズ経済学，新古典派経済学，不完全雇用均衡

蔵相・中央銀行総裁会議 Conference of Finance Ministers and Central Bank Governors ☞ 財務大臣・中央銀行総裁会議

相続税 inheritance tax 死亡した人の財産の相続，遺贈（遺言による無償譲与），または死因贈与（贈与者の死亡により効力を生じる贈与）によって財産を取得した者に対して，その取得財産の価値額をベースとして課される税であり，直接税である。相続税を課税する根拠としては次の点が挙げられる。①相続による財産の取得は労働を伴わないこと，②大きな遺産を取得した者とそうでない者との間に，生まれながらに不平等が生じてしまうこと，③被相続人が生前に税制上の特典や租税回避等によって財産を蓄積した可能性があること。

現行相続税制度は，相続人その他の者が取得した財産の価値額に課税する遺産取得課税方式をベースにしながらも，これに被相続人の遺産額を課税物件とする遺産課税方式を加味したものとなっている。➡ 贈与税

相対価格 relative price ☞ 絶対価格

相対所得仮説 relative income hypothesis 消費Cは現在の絶対所得水準Yだけではなく，過去最高の所得水準Y_{max}や近隣社会の平均的所得水準$\bar{Y}$にも依存して決まるとする考え方。第2次世界大戦後の消費関数論争期に，ケインズ型消費関数の基礎となる絶対所得仮説に対置する考え方の1つとして提唱された。デューゼンベリー（Duesenberry, J. S.）は，近隣社会の消費水準や社会全体の消費水準に注目し，個人の消費水準は絶対所得水準が同じであっても，交際する人々の消費が高水準のときは大きくなると考えた。消費が持つこのような効果はデモンストレーション効果と呼ばれる。社会の平均所得水準を$\bar{Y}$とすると，次式のように表される。

$C = \alpha Y + \beta \bar{Y}$

過去の最高の所得水準Y_{max}に注目したのがモディリアーニ（Modigliani, F.）であり，その消費関数は次のように表される。

$C = \alpha Y + \beta Y_{max}$

この場合平均消費性向は次のように表される。

$\dfrac{C}{Y} = \alpha + \beta \dfrac{Y_{max}}{Y}$

好況期では，現行所得水準は過去最高所得水準でもある。しかし不況期には，相対的に高い過去最高所得水準は現行所得水準を上回り，過去最高所得水準に影響を受けた現行消費水準は，現行の低い絶対所得水準により決まる消費に比して高水準が維持されるとする。後退期の所得低下局面におけるこのような消費低下

抑制効果は，ラチェット効果（歯止め効果）と呼ばれる。➡ ケインズ型消費関数, 恒常所得仮説, 消費関数, デモンストレーション効果, 平均消費性向, ラチェット効果

双対性 duality　ある条件付最大化問題の解と同一の解を持つ条件付最小化問題があるとき，両者の間にある関係のこと。具体的には，消費者行動の理論の中では，効用最大化問題と支出最小化問題，間接効用関数の財に関する最大化問題と価格に関する最小化問題，間接効用関数と支出関数の間に双対性が存在する。企業行動の理論でも，同様に利潤最大化問題と費用最小化問題がある。特に包絡線定理を双対定理の一部に含めて捉える考え方もある。最も有名な双対性は線形計画におけるもので，双対定理では一方の問題（原問題）に解が存在すれば，双対問題である他方の問題にも一定の条件を満たす解が存在することが証明されている。➡ 消費者行動理論での双対性

相対的危険回避度　measure of relative risk aversion　☞ 危険回避の尺度

総費用　total cost　所与の生産技術，所与の要素価格の下で，ある財・サービスを効率的に生産する場合に必要となるすべての財・サービスの投入に対して支払われる金額。

一定の産出量 y を得る投入の組合せは普通多数存在するが，そのうち費用が最小となる投入の組合せを用いたときの投入費用がその産出量 y の総費用である。総費用 C は産出量 y に依存する可変費用部分と生産量 y に依存しない固定費用部分の関数となり，その関数は総費用関数 $C(y)$ と呼ばれる。固定費用は主として資本設備に関するもので，短期的には一定と見なされる。固定費用には生産設備の減価償却費，地代，利子，固定資産税などが通常含まれる。可変費用は，短期的に変動可能な費用で，生産量に比例して変化する比例的可変費用と，かならずしも比例的でない不比例的可変費用からなる。比例的可変費用には，直接投入される原材料費，生産部門の労働者の賃金，輸送費などが含まれるのに対し，不比例的可変費用には，間接的な原材料費，管理部門の労働者の賃金，一般管理費などが含まれる。短期の総費用関数のグラフが短期総費用曲線であり，S字型生産内数を仮定した場合には，図に示す曲線ABのような形状をとる。これは，生産関数について，生産要素の投入量が少ない段階では収穫逓増であるが，生産要素投入量が増大するにつれて収穫逓減となることを仮定していることによる。

なお，総費用曲線の接線の傾きを限界費用，原点と総費用曲線上の点を結ぶ直線の傾きを平均費用と呼ぶ。➡ 費用関数, 平均費用

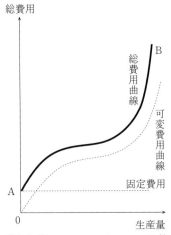

増分主義　incrementalism　予算編成の手法として，特別な事情の変化がない限り，歳出の構成比率をほぼ一定に保ち，前年度予算を基準にそれにどれだけ上積みするかを考えて決定していく方法。この方法によれば，各歳出項目に関する重要性の判断を毎年行う必要がな

く，予算編成作業にかかるコストを考えると有効な手法であると考えられてきた。しかし行き過ぎると既存の経費が既得権益化し，その見直しが不十分になる危険性があること，過去の歳出構造を踏襲することで，新しい時代の変化に対応できないという硬直性の問題等欠点も指摘されている。➡ サンセット方式，ゼロベース予算

贈与税 gift tax 贈与税は，死因贈与以外の財産の移転に対して課される税。贈与により財産を取得した者に対して取得財産の価値額を課税価格として課される。贈与税は相続税回避を防ぐという目的を持ち，相続税よりも強い累進税率となっている。➡ 相続税

総量規制（環境） regulation of total emission, pollution load regulation (environment) 環境基準達成のため，当該地域の汚染物質の総排出量を定め，この達成可能な範囲内で環境汚染物質の発生可能量を各発生源に割り当てる方法のこと。硫黄酸化物（1975年），窒素酸化物（1982年），排水（1979年）などについて，東京・神奈川・大阪などで実施されている。しかし，この割当量までは汚染物質を出しても良い，という誤った解釈も生まれ，一種の既得権を発生源者が主張する危険も指摘されている。なお，総量は次式で計算される。

総量＝濃度×排出量
➡ 濃度規制

総量規制（金融） total amount control (finance) 1980年代末に不動産業向け貸出を総貸出の伸び率以下に抑えようとした規制のこと。1980年代末に深刻な問題となった不動産価格の高騰（いわゆるバブル）を是正するために，1990年3月に大蔵省は銀行に対して通達「土地関連融資の抑制について」を出して，不動産業向け貸出の規制を行った。ただ，この総量規制では，ノンバンク（住宅金融専門会社など）の不動産業向け融資を規制しなかったために，ノンバンクが不動産融資にのめり込むことになった。なお，不動産価格が沈静化した1991年12月末で総量規制は廃止された。

ソーホー small office home office: SOHO 情報通信ネットワークを活用して自宅や小さな事務所（サテライトオフィス）をオフィスにして仕事をする勤務形態のこと。ソーホーは，このようなオフィスで業務を行う中小事業者や個人事業者の事業形態を指すこともある。近年，ソーホーの数が急速に増加しているが，これはパソコンやインターネットなどの高性能化と低価格化により，ソーホー環境が充実してきたことと，企業がソーホーにアウトソーシング（業務の外部委託）を推進していることが背景にある。また，情報通信を活用した遠隔勤務はテレワーク(telework)，あるいはテレコミューティング(telecommuting)とも呼ばれる。通勤時間や交通費の節減，交通混雑の緩和の効果が期待されるとともに，職住接近によるライフスタイルや価値観の変化が生まれるといわれている。

粗概念 concepts of gross ☞ 純概念

測定単位 measurement unit 基準財政需要額算定に使用される指標で，行政項目を量的に測定するための単位のこと。例えば，教育費では，児童数，学級数等が測定単位となっている。実際の経費との相関度の高い単位が選定されている。➡ 基準財政需要

速度原理 velocity principle 投資は国民所得と資本ストックの水準に依存して決まるという考え方。利潤原理とも呼ばれる。カレツキー（Kalecki, M.），カルドア（Kaldor, N.）らが景気循環の説明に用いた投資理論である。速度原理によれば，投資はその本来の目的である利潤の多寡に左右されるが，その利潤は売上

高と資本ストックに依存する。さらに所得水準が高いほど売上高は高くなる。また既存資本ストックの水準が高ければ、不況の時に過剰資本ストックを持つことになり利潤にマイナスとなる。したがって所得水準の増加関数、資本ストックの減少関数としての投資関数が定式化される。速度原理に基づく投資関数は、図のようにS字型をしている。すなわち国民所得水準の低い状態では、国民所得が上昇すると、売上高上昇の期待も大きいため投資は大きく伸びる。しかし、国民所得が十分大きな段階では国民所得が伸びても売上高の伸びの期待はそれほど大きくなく、投資もそれほど大きく伸びない。また既存資本ストックの量が大きいほど投資意欲が削がれることになり、投資関数は下方にシフトする。図においては k_0 がもっとも既存資本ストックの量が大きく k_2 がもっとも既存資本ストックの量が少ない状態が描かれている。なお資本ストック調整原理と類似している点もあるが、違いは速度原理では資本の完全利用を前提にしていないという点である。

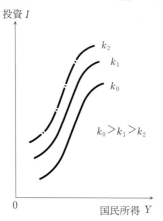

素材産業 material industry 産業分類において、製造業中、金属、合成樹脂・繊維、紙・パルプ等の素材原材料を生産し、加工組立型産業に供給する産業のこと。1960年代のわが国高度経済成長時代を支えた重化学工業は、量産型の典型的な素材産業であり、安価な輸入天然資源・エネルギーの大量消費に支えられて発展してきた。しかし、一般に低付加価値産業であり、石油危機、賃金の上昇、円高、資源・エネルギー価格の上昇によって、1980年代に入って比較優位の座を高付加価値生産の加工組立型産業に奪われた。その後、セラミック、炭素繊維などいわゆる新素材が普及してきたことにより、低付加価値産業とのイメージはかならずしも妥当でなくなりつつある。

租税 tax 政府（国または地方公共団体）が公共サービス等の供給に必要な経費を賄うために、直接的反対給付なしに徴税権に基づいて徴収する金銭。租税は、政府の財源調達手段の中心であり、わが国の一般会計歳入の大きな部分を占めている。政府がなぜ租税を徴収することができるかについは2つの考え方がある。1つは、政府の活動が個々の国民に便益を与えるが故に、その活動費用を徴収する権利があると考える。すなわち国民にとって公共サービス供給のための社会的コストの負担である。他は、政府の活動は、個々人を超えたところで便益をもたらしているが故にその活動費用を徴収する権利があると考える。すなわち権力組織である政府により強制的に奪われるものという考えである。➡ 能力説，利益説

租税回避 tax haven ☞ タックスヘイブン

租税関数 tax function 政府の租税収入が、何に依存して決まるかを示す関数のこと。例えば最も単純なマクロモデルにおいては、租税はGDP（あるいは国民所得）に依存して決まり、GDPが増加するにつれて租税も増加する関数になると想定される。➡ GDP

租税支出 tax expenditure 　租税特別措置により生じる減税・免税を納税者に対する補助金給付(隠れ支出)と見なし,その結果生じる政府収入減をいう。税歳出とも呼ばれる。効率性の観点から税はできる限り市場の資源配分を歪めてはならないし,税収入は納税者に最小の費用となるように課税されなければならない。しかし,政府はある特定の政策目的のために特定の活動に対して税を軽減したりする。これは政府がそれらの活動に対して補助金を給付すること,すなわち現金支出したことと同じである。➡租税特別措置

租税条約 tax treaty 　2国間において,二重課税を排除するとともに課税権の配分を調整し,移転価格等を利用した脱税の防止を図るために締結される条約。これにより税務当局の協力関係が強化され,資本交流の促進が期待される。2016年4月末現在,日本は65の租税条約(96カ国・地域)を締結している。➡移転価格税制,脱税,二重課税

租税制度 tax system 　租税の持つ仕組みおよび取決めのこと。公共部門それ自身その国の経済社会構造の一部であり,それによって作り出された租税制度も経済社会構造の一部をなしており,その制度設計は,その時々の経済社会構造を反映したものでなければならない。経済社会構造は常に変化しており,その変化に対応して租税制度も変革していかないと経済社会の健全な発展を阻害することになる。

また租税制度は政府の財政制度の一部であり,財政と同様に,資源の効率的配分,所得の再分配,経済の安定に貢献する制度でなければならない。そのために租税制度は数々のそれぞれ特徴を持った租税によって構成される。徴収主体によって,所得税,法人税等の国税と住民税,事業所税等の地方税に分けられる。また法的に納税者と担税者を異なったものと想定するかどうかにより所得税などの直接税と消費税などの間接税に分けられる。➡課税原則,国税,所得再分配,租税,地方税,直接税

租税逃避地 tax haven ☞ タックスヘイブン

租税特別措置 special taxation measures 　特定の政策目標を実現するために,税制上の例外規定・特別規定をもって行われる税の軽減措置・優遇措置のこと。税制調査会では「その時々の経済情勢に即して,負担の公平の基本原則を犠牲にしても,特定の経済部門ないしは国民階層に租税の軽減免除という誘因手段で政策目標を達成しようとする目的を持つ規定ないしは措置」としている。租税特別措置法にその根拠を持つ。租税特別措置がどれほど政策目標に貢献してきたかは明確ではない。➡政府税制調査会

租税の帰着 incidence of tax ☞ 税の転嫁

租税の後転 backward shifting of tax ☞ 税の転嫁

租税の前転 forward shifting of tax ☞ 税の転嫁

租税負担率 rate of tax burden 　租税負担率とは次の算式で示される指標である。

$$租税負担率 = \frac{国税総額 + 地方税総額}{国民所得}$$

しばしば税負担の指標あるいは政府規模の指標として用いられる。租税負担率が高くなると,脱税の誘因となったり労働意欲を阻害したりするといわれている。しかし,租税は政府の活動の費用を賄うものであり国民の財政需要が大きくなればなるほど税負担が大きくなるのは必然的で,資源の効率性を阻害しない負担率がどの程度であるかは明確ではない。➡国税,国民所得,租税,地方税

粗代替財 gross substitutes ☞ 交

差弾力性，代替財

粗代替性 gross substitutability　ある財の価格の下落が，その財の需要量を増加させ，他の財の需要量を減少させるという性質。価格の変化が需要に与える影響は，スルツキー方程式により代替効果と所得効果に分解できる。粗代替性とは，ある財の価格変化と他の財の需要量変化の関係において，この両者の合計が正であることを意味する。限界代替率の逓減が仮定される場合，ある財の価格低下により，その財に対する代替効果は必ず負となり，需要量は増加し，需要の法則を満たす。一方，所得効果は普通財と下級財で異なり，下級財の場合には所得効果は正になり需要が減少する。したがって，価格が下落した場合でも，所得効果が代替効果を上回り，結果的に需要が減少し，需要の法則を満たさない場合も生じるが，このようなケースをギッフェン財という。この場合，需要曲線は右下がりとはならず，超過需要があっても価格は上昇するとは限らない。また市場の安定条件を満たさない場合が起こりうる。粗代替性はこのような不都合をもたらすギッフェン財を排除するものである。また，粗代替性は一般均衡の一意性や安定性の証明にも仮定される。→限界代替率，所得効果，スルツキー方程式，代替効果

外税 excluding tax system　☞ 内税

ソブリンリスク sovereign risk　一国が発行した国債や政府保証債に対する信用リスクのこと。ソブリンとは君主や統治者という意味。同様な用語にカントリーリスクがあるが，違いはソブリンリスクが国にかかわるリスクであるのに対して，カントリーリスクは外国企業が直面するリスクとされることが多い。一般的に，途上国では経済が不安定でソブリンリスクが高く，先進国であっても財政赤字や公的債務が大きいとソブリンリスクは高まる。その例として，リーマンショック後のギリシャ，ポルトガル，アイルランド，スペイン，イタリアが挙げられ，財政赤字を削減するために増税や歳出削減が実施された。→決済リスク，カントリーリスク

粗補完財 gross complements
☞ 交差弾力性

ソルベンシーマージン比率 solvency margin ratio　保険会社の保険金支払能力を表す指標の1つ。大災害や株の大暴落など予測不可能なリスクに対する対応力を示す指標で資本金や準備金に加え，株式や土地の含み益などといった支払能力の余力（ソルベンシーマージン総額）を，リスクの合計額×0.5で割って算出される。その比率が高いほど支払能力は高く，200％を下回ると，早期是正措置の対象となる。→ 早期是正措置

ソロー＝スワン成長モデル Solow-Swan growth model　ソロー（Solow, R. M.），スワン（Swan, T. W.）あるいはミード（Meade, J.E.）らによって構築された新古典派成長モデル。資本・労働比率の可変性，つまり生産技術における資本と労働の代替性の想定の下，均衡成長経路の安定性が証明されている。

資本 K，労働 L の投入と産出 Y の間には生産関数 $Y = F(K, L)$ で示される関係が成立しており，F は K, L に関して1次同次，すなわち規模に関する収穫一定を仮定する。このとき生産関数は，労働1人当たり資本 $k = K/L$ と労働1人当たり産出 $y = Y/L$ の間の関係として，$y = f(k)$ と書き直すことができる。これを用いると1人当たり資本 k の増加分 Δk は，次の2つの定義的関係，$\Delta k/k = (\Delta K/K) - (\Delta L/L)$，$\Delta L/L = n$（人口成長率）と貯蓄はすべて投資されるという想定，$S \equiv sY = \Delta K$ から，$\Delta k = sf(k) - nk$（成長基本方程式）と表すことができる。均衡成長経路は Δy，Δk がゼロで

あるような状態，すなわち産出Y，資本Kが人口（労働）成長率と同率で成長するような状態である。均衡成長経路上のk, yをそれぞれk^*, y^*で表すと$sf(k^*)-nk^*=0$, $y^*=f(k^*)$が成立する。図では以上の関係を示している。

$k<k^*$ならば$\Delta k>0$，よってkは増加し，k^*に至る。$k>k^*$ならば$\Delta k<0$で，kは減少，やはりk^*に至り，k^*は安定となる。$k<k^*$ ($k^*<k$)は資本過少（過多）状態であり，市場において資本収益率の上昇（低下）が生じ，投資が促され（抑えられ）て，kは上昇（低下）することでk^*が達成される。すなわちソロー＝スワン成長モデルでは，可変的な$k=K/L$の下，市場の調整機能によって均衡成長経路の安定性が確保される。

なお，資本・労働比率一定，資本と労働の非代替性の想定の下，均衡成長経路の不安定性が示されたハロッド＝ドーマー成長モデルとしばしば対比される。➡黄金律，均衡成長，資本・労働比率，定常均衡，ハロッド＝ドーマー成長モデル

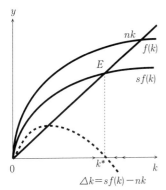

ソロー中立的 Solow-neutral
☞ 技術進歩

損益計算書 profit and loss statement, income statement　財務諸表の1つで，企業のある一定期間における収益と費用の状態を示す計算書。P/Lとも呼ばれる。日本の損益計算書の構成は，以下のA〜Nの項目が縦に並べられた表となっている。A売上高，B売上原価，C売上総利益，D販売費及び一般管理費，E営業利益または営業損失，F営業外収益，G営業外費用，H経常利益，I特別利益，J特別損失，K税引き前当期純利益または当期純損失，L法人税等，M法人税等調整額，N当期純利益または当期純損失。

損益分岐点 break-even point　ある企業について，平均費用曲線と限界費用曲線の交点のこと。これに対し，平均可変費用曲線と限界費用曲線の交点を操業停止点という。完全競争市場では，企業の供給曲線は，操業停止点より右方の，限界費用曲線の右上がりの部分となる。ここで価格が損益分岐点の水準まで下がったとすると，総収入が総費用に等しくなる。それ以下に価格が下がると総収入より総費用の方が大きくなり損失が生じるが，可変費用を上回る収入があり，その部分で固定費用の一部を賄うことができる。しかし価格がさらに操業停止点まで下がると，総収入は可変費用さえ賄いきれず，それ以下の価格では，固定費用に加えてこの可変費用の一部を賄わなければならず，操業停止を迫られること

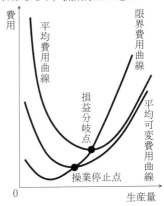

損益分岐点・操業停止点

損害保険会社 non-life insurance company　保険業法に基づいて財産に対する不測の損失を補償することを約して保険料を徴収する会社。損害保険の多くは財産を守るための保険である。対象は，家屋，家財，自動車などであり，火災保険，地震保険，自動車保険，傷害保険などが主要な商品である。1960年代半ばまでは火災保険が中心であったが，それ以降，自動車保険が急成長して現在でも中心になっている。

損害保険会社の資産の大部分は保険料収入から積み立てられた責任準備金であり，事故に対する迅速な支払が必要なので，流動性が重視されている。資産の運用は流動性が重視されるので有価証券投資が中心であり，貸付金の比重は低い。保険の募集は生命保険が外務員による直接販売が中心であるのに対して，大部分が委託契約を結んだ損害保険代理店によって行われている。

損害保険は契約期間が短く資金運用でも長期は困難で，短期の対企業向け融資が中心であり，生命保険会社よりもバブル崩壊の影響は少ないといわれている。日本では保険業法によって生命保険事業と損害保険事業の兼営が禁止されてきたが，1996年4月に施行された新保険業法によって，子会社による生命保険事業と損害保険事業の相互参入が認められることになった。　➡ 生命保険会社

損金 loss　法人税法上の用語で，次の3項目の総額のこと。①当該事業年度の収益に係る売上原価，完成工事原価その他これらに準ずる原価の額，②当該事業年度の販売費，一般管理費その他の費用（償却費以外の費用で当該事業年度終了の日までに債務の確定しないものを除く）の額，③当該事業年度の損失の額で資本等取引以外の取引に係るもの。法人税法上の損金と決算における費用は必ずしも同額ではない。　➡ 益金，法人税

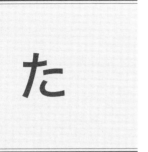

ターゲット・ゾーン target zone
変動為替相場制下において設定される為替レートの変動目標幅のこと。目標レート圏とも呼ばれる。固定為替相場制下では，通貨価値の変更が必要とされた場合には，通貨当局による為替レートの切上げあるいは切下げが行われていたが，変動為替相場制下では市場での通貨に対する需給を反映し，通貨価値の変化に応じて為替レートが変動する。したがって，為替レートが為替投機を受け，為替変動幅が大きくなる可能性を含んでいた。そのような為替レートの大きな変動を防止すべくターゲット・ゾーンを設け，ターゲット・ゾーンを超える変動が生じた場合には，通貨当局が為替市場への介入を行うことが提唱された。1987年のルーブル合意においては，経済のファンダメンタルズに見合う水準に為替レートを安定させることを約束することが公表され，同時に為替レートのターゲット・ゾーンの設定および外国為替市場への協調的な介入への合意もなされた。➡為替レート，変動為替相場制

ダーティ・フロート dirty float
通貨当局による為替市場介入が通貨当局の意図を反映したかたちで行われること。為替レートの安定をもたらすのに，ある水準でなされる市場介入が適当なものであるとすると，その水準を超えてなされる市場介入は，為替レートの安定以外の，その国自身にとって望ましい目的，例えば輸出の増大などを目的としてなされたものと考えることができる。ただし，どこまでが適当な水準で，どのような介入をダーティであると判断するかの基準は決して明確ではなく，状況に応じて判断される。➡クリーン・フロート，市場介入

ダービン＝ワトソン比 Durbin-Watson ratio
ダービン＝ワトソン統計量ともいい，時系列の回帰分析における系列相関の検定に用いられる統計量のこと。u_tを第t期における誤差項とした場合，以下のように定義される。

$$DW = \frac{\sum_{t=2}^{n}(u_t - u_{t-1})^2}{\sum_{t=1}^{n} u_t^2}$$

ダービン＝ワトソン比は0から4までの値をとり，誤差項間が正の相関を示したときは0から2までの値をとり，負の相関を示したときは2から4までの値をとる。つまり，ダービン＝ワトソン比が2に近い場合には系列相関が起こっていないとされる。経済モデル，経済変数を扱う際には負の系列相関はあまり起こらないため，経済の実証分析では0から2の値をとるのが一般的である。➡自己相関

ターンパイク制度 turnpike system
イギリス，アメリカの有料高速道路のこと。ターンパイクとは，もともとは，通行料金を徴収するために設けられた障害物を意味した。17世紀半ばのイギリスにおいて，それまでの公道では産業革命初期の交通量に対処することができなくなったため，議会は，道路経営主体のための財団法人（トラスト）設立を認可した。総延長距離は18世紀半ばでは1,000km足らずであったが，その後急速に普及し，19世紀初頭には，3万kmを超えた。有料

道路の普及に伴い，通行料金の徴収に不満を持つ人々の間で暴動が起きることもあったが，産業革命の進展を支えたという経済的側面は非常に重要である。

ターンパイク定理 turnpike theorem 最適成長モデル，多部門成長モデルにおける最適資本蓄積経路あるいは最適消費経路に関する定理。サミュエルソン(Samuelson, P. A.)によって提唱され，1960年代以降，様々なタイプが定式化された。生産が多段階からなり，一定の初期段階の賦存量から出発して目標の最終段階での最適産出量をめざす最適資本蓄積経路は，計画期間が十分長期間であれば，その初期と終盤のごく限られた期間を除き，計画期間の大半は資本蓄積率ないし成長率が最も高くなる経路（ノイマン経路）上になければならないとする。十分遠方のどこかへ車で向かうとき，最短時間で行こうとすれば，まず最寄りの入り口から高速道路（ターンパイク）に乗り，高速道路を走って目的地に最寄りの出口から出ることになろう。このようなイメージにちなんで，ターンパイク定理と呼ばれる。➡ 最適成長理論，フォン・ノイマン・モデル

第1次産業 primary industry 農業，林業，漁業のこと。クラーク（Clark, C. G.）は経済発展につれて，経済に占める産業の比重が，第1次産業から第2次産業へ，さらに第2次産業から第3次産業へと移って行く傾向があることを見出し，これを「ペティの法則」と名付けた。この法則は「コーリン・クラークの法則」とも呼ばれ，わが国についても第1次産業の比重は，就業者数の構成で見ても，GDPの構成で見ても，低下し続けている。➡ コーリン・クラークの法則

第一次所得収支 primary income balance 国際収支の経常収支を構成する勘定項目で，居住者・非居住者間の雇用者報酬と投資収益の受取・支払を計上したもの。雇用者報酬には，居住者による非居住者労働者に対する報酬の支払と，居住者労働者が外国で稼得した報酬の受取を計上する。投資収益には，居住者・非居住者間における対外金融資産・負債にかかわる利子・配当金等の受取・支払を計上する。ただし，実現したキャピタル・ゲインまたはロスは，所得ではなく，投資額の一部として金融収支に計上される。投資収益は，投資の内容に従って，直接投資収益，証券投資収益およびその他投資収益に区分される。直接投資収益には，直接投資家が直接投資資本を所有することから生じる所得，すなわち利子，配当金等を計上する。また，直接投資収益には，直接投資先企業の内部留保に当たる再投資収益も含まれる。証券投資収益には，直接投資先以外からの配当金，債券の利子および金融市場商品にかかわる利子の受取・支払を計上する。その他投資収益には，直接投資収益や証券投資収益以外の，居住者・非居住者間の債権・債務にかかわる利子の受取・支払を計上する。➡ 国際収支，経常収支，キャピタル・ゲイン，直接投資，第二次所得収支

第一セクター the first sector
☞ 第三セクター

対外公的債務 external public sector debts 対外債務のうち，政府，地方公共団体，政府系企業（公社・公団など），政府系金融機関などの借入等の債務。対外債務統計では，公的部門（一般政府，通貨当局）の対外債務について，長期・短期に区分し，また借入手段別にも区分して計上している。また，対外純債務残高は，対外資産負債残高で負債が資産を上回る場合において，対外負債から対外資産を差し引いた残高をいう。対外純資産残高は，対外資産負債残高で資産が負債を上回る場合において，対外資産から対外負債を差し引いた残高をいう。

対外支払準備 external reserve 一国が，輸入代金やその他の対外債務の決済など，対外支払にあてるために保有する金および外貨のこと。通貨当局が保有している対外支払準備を，外貨準備と呼ぶ。外貨準備は，金，外貨資産（預金，証券等），IMFリザーブポジション，SDR（IMF特別引出権）などから構成され，国際収支の赤字を補填したり，為替市場に介入したりするために必要である。また，対外支払手段は，外国通貨その他通貨の単位のいかんにかかわらず，外国通貨をもって表示され，または外国において支払のために使用することのできる支払手段をいう。外為法では支払手段として，銀行券，政府紙幣，小額紙幣，硬貨，小切手，為替手形，郵便為替，信用状，電子マネーなどが挙げられている。➡ IMFリザーブポジション，SDR，外貨準備，国際収支

対外純資産 net external assets 一国の対外資産から対外負債を差し引いたもの。対外資産は，本邦居住者が保有している海外資産の残高である。資産の構成は，直接投資（株式資本，その他の資本），証券投資（株式，中長期債，短期債），その他の投資（貸付，貿易信用，現・預金，雑投資），外貨準備の合計である。対外負債は，本邦居住者の非居住者に対する負債(非居住者が本邦に保有している資産)の残高である。負債の構成は，直接投資（株式，その他の資本），証券投資（株式，中長期債，短期債），その他の投資（借入，貿易信用，現・預金，雑投資）の合計である。対外資産より対外負債が多ければ，対外純資産はマイナスになり，債務国となる。対外資産が対外負債を上回れば，債権国となる。対外純資産の動きは，基本的に経常収支の動きに対応する。経常収支の黒字＝資本流出超＋外貨準備の増加≒対外純資産の増加となる。正確にいうと，対外資産負債は，期末時点の市場価格で評価されるため，為替相場や株式市況の変動などを反映して残高が増減することになるから，経常収支の黒字＝対外純資産の増加＋調整項目（評価増減など）となる。2016年末の日本の対外純資産残高は，349兆1,120億円であり，一部の非公表の国を除き世界最大の債権国となっている。➡ 外貨準備，経常収支

対外証券投資 foreign portfolio investment 対外投資の一形態で，居住者が資産運用を目的として外国の株式，公社債などの有価証券に投資すること。対外直接投資が，外国企業への経営参加・支配を目的として外国株式を取得することを指すのに対して，対外証券投資は，利子，配当，値上がり益などを目的として外国証券を取得することを意味する。また，非居住者が資産運用を目的としてわが国の株式，公社債などの有価証券に投資することを，対内証券投資と呼ぶ。➡ 直接投資

対外直接投資 foreign direct investment 海外子会社の設立，海外子会社に対する金銭の貸付，外国における支店，工場の設置もしくは拡張，外国企業の買収など，海外での経営権の取得を目的とした投資のこと。資産運用のための対外証券投資や貸付などを対外間接投資という。一方，対内直接投資は，外国投資家による，内国での経営参加を目的とした株式の取得や支店の設置などのことである。対内・外直接投資を行う主体の多くは多国籍企業で，複数の国にまたがって生産・販売活動を行っている。対内・外直接投資は，資本の移動だけでなく，企業固有の技術，経営ノウハウ，マーケティング・ノウハウなどの経営資源の移動も伴う。対内・外直接投資の理由としては，低賃金労働の利用，資源開発，現地でのアフターサービスや市場のニーズの把握，保護貿易政策や貿易摩擦の回避，金融や商社におけるグローバル・ネットワークの構築

などがある。➡多国籍企業，対外証券投資

対角行列 diagonal matrix ☞ 行列

対家計民間非営利団体最終消費支出 final consumption expenditure of private nonprofit institutions serving household 対家計民間非営利団体の生産額から販売額を差し引いたものであり，それはすなわちこれらの団体が自ら生産したサービスの自己消費のこと。対家計民間非営利団体とは，国民経済計算体系における取引主体の制度部門別分類の1つであり，取引主体は非金融法人企業，金融機関，一般政府，家計，対家計民間非営利団体の5つに分類される。具体的には，対家計民間非営利団体とは，社団法人，財団法人，学校法人，社会福祉法人，宗教法人等のことをいう。また国民経済計算では，この対家計民間非営利団体最終消費支出に家計最終消費支出を加えたものが，民間消費支出になる。➡国民経済計算

大規模小売店舗法 large-scale retail store law　略称「大店法」。「消費者の利益の保護に配慮しつつ，大規模小売店舗の事業活動を調整することにより，その周辺の中小小売業者の事業活動の機会を適正に保護し，小売業の正常な発展を図ること」を目的とし，1973年に施行された法律。百貨店，量販店などといった大型店の出店に際しては，この法律に基づき「大規模小売店舗審議会」が中小小売業者の事業機会を確保するために，開店日・店舗面積・閉店時刻・休業日数につき事前調整（いわゆる「出店調整」）を行うことが定められている。その後，対象となる店舗の面積が当初の500㎡から1,500㎡，さらには3,000㎡に順次緩和されるなど，規制の緩和が進められたが，2000年6月に廃止され，「大規模小売店舗立地法」が大店法に代わって施行された。「大規模小売店舗立地法」は，環境等の社会的側面から大型店を規制し，大型店と地域社会との融和の促進を図ることを目的としている。

耐久消費財 consumer durable goods 自動車や家具，家電製品など，購入してから長期間使用できる消費財のこと。ハード・グッズともいう。耐久消費財に対する支出は随意的消費支出に含まれることが多く，所得の増大とともに増える傾向にあるが，景気変動の影響を受けやすい。

対顧客レート customer's rate　銀行と個人，企業などの顧客との間の為替取引において適用される為替レートのこと。対顧客公示レートとも呼ばれる。外国為替市場は大きく分けて，対顧客（カスタマーズ）市場と銀行間（インターバンク）市場の2つがあり，前者における為替レートを指す。対顧客レートは，銀行間市場で決定された為替レートにマージンを加え，金利等を考慮して決定される。顧客が外貨を購入するときの為替レートはTTS (Telegraphic Transfer Selling Rate：対顧客電信売レート)，逆に顧客が外貨を売却する時の為替レートはTTB (Telegraphic Transfer Buying Rate：対顧客電信買レート）と呼ばれる。➡インターバンク市場

第3次産業 tertiary industry　日本標準産業分類の大分類項目による電気・ガス・熱供給・水道業，情報通信業，運輸業，卸売・小売業，金融・保険業，飲食店，宿泊業，医療，福祉，教育，学習支援業，複合サービス事業，サービス業，公務からなる産業分野のこと。わが国では第1次から第3次までの3つの産業部門分類の中で，就業者数の構成で見ても，GDPの構成で見ても，最も経済に占める比重が高まってきている産業部門が，この第3次産業である。これらの中で，「情報通信業」「医療・福祉」「教育・学習支援業」「飲食・宿泊業」「複合サービス業」の5つが日本標準産業分類の2002年改定に

伴って新設された。これらが新たに付け加えられた背景には，経済のソフト化・サービス化，情報通信の高度化，少子高齢社会への移行等に伴う産業構造の変化等が挙げられる。

第三セクター the third sector　国や地方自治体が民間企業と共同出資して設立された事業体のこと。公共性のある事業を，公共部門だけで実施するよりも民間の経営資源を利用することにより効率性，採算性，機動性を発揮できるとして導入された。しかし実際の運営が官主導となったり，官に対する民間の甘えからコスト意識が希薄となったり，需要予測が過大であったりして，多くの第三セクターが経営不振に陥り破綻してきている。

1991年の地方自治法の改正によって，地方自治体は公の施設の管理をも第三セクターに委託できるようになった。このうち自治体による出資が25%以上のものについては，定期的に実態調査を行っている。しかし第三セクターの破綻が多発してから，総務省では破綻に伴う負債等が地方自治体の財政を圧迫することを防ぐため，1999年に「第三セクターに関する指針」を示し，指導監督を行うこととした。なお政府や自治体を第一セクターといい，民間部門を第二セクターという。

第三分野 the third category　保険には第一分野である生命保険，第二分野である損害保険があるが，第三分野とは，第一，第二両分野の中間に位置付けられる保険分野のこと。例えば病気やけがをした場合の医療保険は生命にかかわれば生命保険であり，病気による損害を保障する場合は損害保険でもある。当初，大手生命保険は医療保険など細かい対応が必要な商品を売るよりも，傷害特約，入院特約といった形で提供した方が得策との営業判断があり，また損害保険では外資系保険会社の保護から医療保険などは扱えないことになっていたので外資系の独壇場であった。しかし経済のグローバル化の流れで医療保険単品での販売も解禁された。そして保険業界の競争の激化から第三分野の重要性が認識されるとともに，日米保険協議の結果，国内保険会社からも第三分野に関する新商品が続々と生まれている。➡生命保険会社，損害保険会社

貸借対照表 balance sheet　財務諸表の1つで，ある時点における企業の財政状態を示す計算書をいう。バランス・シート，B/Sともいう。借方（対照表の左側）に資産項目，貸方（対照表の右側）に負債および資本項目が書かれる。作成時点によって，開業貸借対照表，清算貸借対照表，決算貸借対照表，中間貸借対照表などがあるが，通常は決算貸借対照表を指す。

退出障壁 barriers of exit　企業が操業を停止し，事業を清算，その産業から撤退することを退出といい，企業にとってその産業からの撤退を困難にしたり，阻止する要因のこと。たとえば生産要素が衰退産業から成長産業へと円滑にシフトし，産業構造の速やかな再編，調整がなされ，効率的資源配分が達成されるには参入障壁とともに退出障壁が十分低いことが必要である。退出障壁となる要因としては，サンク・コスト（埋没費用）や政府規制の存在が挙げられる。事業へ投入した資本のうち，事業の清算，退出に際して回収不可能となる部分はサンク・コストとなり，これが巨大である場合，たとえ価格，生産量が操業停止点以下であっても企業は退出を見合わせることがあり，企業の退出を抑制する要因となる。また電気，ガス等の公益事業に見られるように，法的規制によって退出が阻止されることもある。➡産業構造，サンク・コスト，参入障壁

大数の法則 law of large numbers
確率論・統計学における極限定理の1つ。確率pで起こることが先験的にわかっている事象を実際に繰り返し行うときに，試行回数の増加に伴いその事象の起こる確率がpに近づくことをいう。このとき，ある試行は他の試行に影響を与えないと仮定されている。

代替効果 substitution effect 価格の変化後にも変化前と同じ効用水準を保つように所得を調整し，相対価格の変化のみの需要に対する影響をとらえるもの。この場合，価格上昇(低下)による実質所得の低下(上昇)を補正するように所得を調整することを想定している。したがって，代替効果は同一無差別曲線上で，価格変化前と後との財の組合せを比較することになる。消費者は効用を最大にするために，限界代替率と価格比が等しくなるところを選択する。限界代替率が逓減する消費者の選好，つまり原点に凸となる無差別曲線を仮定すると，価格の下落は必ずその財の需要量を増加させる。図はx_1財，x_2財のうち，x_2財の価格p_2^0は不変として，x_1財の価格p_1^0がp_1^1へ下落したときの代替効果つまりE_0からE_1への変化を示している。 → 限界代替率，所得効果，スルツキー方程式

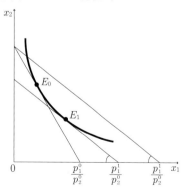

代替財 substitutes 2財の間の関係を示す名称の1つ。ある消費者にとって，X財の価格が上昇したとき，X財の需要を減らしてY財の需要を増やすことにより，同じ効用を得ることができる場合の両者の関係のこと。例えば，コーヒーの価格が上昇し，紅茶の価格が変わらないとする。消費者にとってコーヒーから得ていた効用と同じ高さの効用が得られるなら，消費者はコーヒーの需要を減らし紅茶の需要を増やす。このような場合，コーヒーと紅茶は，互いに代替財である。

なお，X財の価格上昇は実質所得の低下をもたらすが，この実質所得の低下の効果を含めて，X財の価格上昇がX財の需要を減らし，Y財の需要を増加させる場合，両者は粗代替財であるという。 → 粗代替性，補完財

代替の弾力性 elasticity of substitution
ヒックス(Hicks, J. R.)によって導入された生産要素間の代替の程度を測る概念。限界代替率の百分率変化に対する生産要素比率の百分率変化の比率と定義される。2要素からなる生産関数$Y=F(K,L)$を例にとれば，$w=(\partial F/\partial L)$，$r=(\partial F/\partial K)$とすると，代替の弾力性$\sigma$は次式のように表される。

$$\sigma = -\frac{\left(\dfrac{w}{r}\right)}{\left(\dfrac{L}{K}\right)} \cdot \frac{d\left(\dfrac{L}{K}\right)}{d\left(\dfrac{w}{r}\right)}$$

等量曲線の曲がり方を測る指標であるともいえる。また，完全競争と費用最小化行動という条件の下では，要素価格比の百分率の変化に対する投入生産要素比の百分率による変化の比率と定義することもできる。後者の定義の場合，相対価格1パーセントの上昇が，投入要素比率を何パーセント変化させるかという解釈ができる。コブ＝ダグラス型生産関数の場合は，$\sigma=1$となる。 → 限界代替率

タイド・ローン tied loan 援助物資となっているすべての財・サービスの

調達先国に関して，具体的に指定されて行われる借款のこと。ひもつき借款。逆にそれらが全く指定されない場合には，アンタイド・ローンと呼ばれる。また，その指定が名目的にはなされていないものの実質的には認められる場合には，部分的アンタイド・ローンと呼ばれる。調達先国だけでなく援助物資自体も指定される場合にはダブル・タイド，また，輸入を行う場合にのみ資金を限定される場合にはトリプル・タイドという。なお，日本からの貸付である円借款については，調達先の違いにより4種類に分類されている。具体的には，調達先について全く制限しないものを一般アンタイド，日本と発展途上国に限定したものを部分アンタイド，日本および借入国としたものを2国間タイド，日本のみとするタイドの4種類である。➡ 円借款，発展途上国

第2次産業 secondary industry 鉱業，製造業，建設業の産業分野のこと。クラーク(Clark, C. G.)等による産業の3部門分類の1つである。第2次産業の就業者1人当たり生産額は，第1次産業のそれに比べると明らかに高いものである。第2次産業の経済に占める比重は，就業者の構成で見ても，GDPの構成で見ても，わが国については1960～70年頃までの高度成長期に一度上昇したが，1970年代に入ってからはやや低下する傾向が見られる。また製造業内の構成についても大きな変化が見られ，特に加工組立産業(金属製品，各種機械)のGDP構成比は，重化学工業化が急速に進展した時期を中心として，高くなった。

第二次所得収支 secondary income balance 国際収支の経常収支を構成する勘定項目で，援助など対価を伴わない取引のうち，相手国の可処分所得に影響する取引を計上したもの。第二次所得収支は，公的部門とその他の部門に区分される。公的部門には，わが国政府と外国政府,国際機関等との間で行われる食糧・衣料・医薬品等の消費財にかかわる無償資金協力，国際機関への拠出金および分担金，所得税等の税金の受取や還付，年金等の支払などを計上する。その他には，居住者となった外国人労働者の本国送金，個人間の贈与，民間の災害援助，生命保険以外の保険金の受払い，慈善団体等に対する定期的な拠出金などを計上する。2013年までは経常移転収支と呼ばれていた。➡ 国際収支，第一次所得収支

第二セクター the second sector
☞ 第三セクター

第二地方銀行 second regional banks かつては相互銀行であったものが，普通銀行に転換したもの。主に地方を拠点とし店舗展開は本店所在の都道府県内にほぼ限定，主な融資先は地方の中小企業，地域住民，地方公共団体，預金は個人の定期預金が多いなどの特徴がある。第二地方銀行協会に加盟している。

相互銀行は江戸時代の無尽に端を発し，仲間同士で資金を持ち合い融通するものであった。明治時代にさらに発展して1931年には無尽業法が成立，金融業者として認められ，1951年相互銀行法が制定され相互銀行になった。相互銀行は地域の中小企業に融資を行う機関とされたが普通銀行にない規制を受けてきた。その後，都市銀行や地方銀行が地域の中小企業の融資に力を入れ始めたため普通銀行への転換の働きかけが起こり，すべての相互銀行は普通銀行(第二地方銀行)となった。➡ 普通銀行

代表民主制 representative democracy 国民(または住民)によって選挙等の民主的手続きを経て選ばれた代表(代議員，首長など)が主権者に代わって政治的意思決定を行う政治制度のこと。「間接民主制」とも呼ばれている。これに対し，主権者である国民(または住民)が，投票等を通じて直接，政治的意思決定を行う制度

を「直接民主制」という。現代の民主主義国では，政治的意思決定の対象となる問題の複雑化や地域的広がりの拡大等から，基本的には，代表民主制がとられているが，わが国においても憲法改正に必要な国民投票や地方自治体における直接請求など，直接民主制の要素も残されている。また，最近では，地方自治体における政策決定に際し，住民投票に法的有効性を付与しようという動きもあり，直接民主制への回帰も見られる。

TIBOR Tokyo Inter Bank Offered Rate ☞ LIBOR

第4次産業革命 Industry 4.0　インターネットの活用により製造業を高度化させること。ドイツ政府が提唱した概念。インダストリー4.0とも呼ばれる。18世紀後半に始まった蒸気機関による第1次産業革命，19世紀後半の電気による第2次産業革命，20世紀終わりに始まったITによる生産の自動化などの第3次産業革命に続くものと位置付けられている。第4次産業革命では，工場での生産現場，販売，R&D，物流などの全業務がインターネットにつながり(IoT)，リアルタイムで情報をやり取りし，生産から販売，維持管理など全業務の最適化を行うことが想定されている。機械同士がつながり，人工知能（AI）により自ら判断して生産を行うようになるため，人間が介在しなくてもよくなるといわれる。➡ IoT，フィンテック

代理人 agency ☞ プリンシパル＝エイジェンシー理論

高橋財政 fiscal policy of Takahashi　1931年に犬養毅内閣の蔵相高橋是清の行った財政政策のこと。その内容は，管理通貨制度の採用，低金利政策，公共事業費や軍事費を賄うための公債の日銀引受発行などであり，昭和恐慌からの脱却を目指した。これらの政策は実質的にケインズ政策であり，ケインズ（Keynes, J. M.）の『一般理論』が刊行される以前に行われたケインズ政策として後世に語り継がれることとなった。➡ ケインズ，財政政策

兌換銀行券 convertible bank note　発券銀行がそれを保有する者の要求があり次第，正貨（ある貨幣制度での価値の基準，つまり本位となる資産のこと。たとえば金本位制度では，金）と兌換することを約束する銀行券。銀行券はもともとこの兌換銀行券として発展したが，現在では兌換銀行券はどの国でも発行されていない。金本位制の下では，金準備との交換が保証されていた。兌換銀行券に対して不換銀行券とは，金などの正貨への兌換が行われない銀行券のことである。➡ 金本位制度

多極分散型国土 multipolar dispersed national land　1987年，中曽根内閣の下で閣議決定された第4次全国総合開発計画（四全総）において設定された基本目標。東京一極集中，地方圏における雇用問題の深刻化，情報化・国際化等を背景に，多極分散型国土形成促進法，地方拠点都市整備法などの制定により，経済機能の集積された多くの特色ある地方拠点都市を整備，交通・情報・通信網の整備により，東京圏を含むそれら相互の交流ネットワークの構築が構想された。

その後，自然環境保全，対アジア交流への関心の高まり，人口減少・高齢化，これらを重視した高度情報化等，社会的背景の変化に伴い，次の全国総合開発計画「21世紀の国土のグランドデザイン」が1998年橋本内閣の下で閣議決定されている。この基本目標は「多軸型国土構造を目指す長期構想実現の基礎づくり」となっている。➡ 東京一極集中

多国間交渉 multilateral negotiation　関税の引下げ，非関税障壁の撤廃，知的所有権の保護，投資・競争ルールの策定，為替管理，貧困撲滅，地球環境問題など，

国際的な調整を必要とする事項について，多くの国が一堂に集まって行われる交渉・協議。GATTの下で行われた多角的貿易交渉は，その代表である。GATT成立時の関税交渉から，1994年に終結したウルグアイ・ラウンドまで8回の多角的貿易交渉が行われた。最初の6回は関税引下げが主たる目的で，第6回のケネディ・ラウンド（1964〜67年）では，多数の品目について大幅な関税引下げが実現した。第7回の東京ラウンド（1973〜79年）では，関税引下げのみならず，非関税障壁についての幅広い交渉も行われた。第8回のウルグアイ・ラウンド（1986〜94年）では，サービス貿易，知的所有権，貿易関連投資措置など，新しい分野の問題も取り上げられ，WTO（世界貿易機関）の設立が合意された。このような多国間交渉に対して，当事者国の間でのみなされる2国間交渉もある。これらの交渉の結果により，FTAやEPA（経済連携協定）の締結に至る。➡ GATT, 経済連携協定，WTO, TPP

多国籍企業 multinational corporation 広い意味では複数国で経営活動を展開している企業のことであるが，一般に国際的大企業のこと。多国籍企業は本国の経済的主権の及ぶ範囲を越えたところで自企業の利潤極大化を目指して行動し，国益と衝突する場合もある。例えば，国ごとに税制が異なる場合，高税率国で利益を抑え低税率国で利益を多くするようにすれば節税できる。そのための親会社・子会社間での原材料や製品等の移転価格は，市場やコストに基づく適正価格でないこともある。これらは資源の最適配分上から好ましくなく，先進国では産業空洞化が進み，また，巨大な資本，高度な経営技術や製造技術などに基づく競争力の強さが現地企業を窮地に追いやることもある。他方，直接投資は経営資源のパッケージの移転でもあり，投資受け入れ国への技術伝播の効果は大きく，現地の雇用増加，所得の国際的平準化などの好ましい効果がある。➡ 空洞化

多重共線性 multicollinearity 重回帰分析において説明変数間の相関が高いために，不自然な推定結果が生じる現象。具体的には，以下のような場合である。
① 推定値の符号条件が理論と合わない。
② 決定係数は高いが，個々の説明変数のt値が小さい。
③ サンプル数の増減により，推定値が大きく変化する。
④ 説明変数の増減により，推定値が大きく変化する。

したがって，重回帰分析においては，推定前の仮定として，説明変数は他の説明変数の線形関数では表されないという条件が必要である。➡ 回帰分析，決定係数，t値

多数決原理 majority rule ☞ 全員一致の原則

ただ乗り問題 free-rider problem 人々が公共財・サービスの供給費用の負担をできるだけ小さくしてその便益だけをできるだけ多く受けようとする行為の結果生じる問題。フリーライダー問題ともいわれる。ただ乗り問題は公共財の非競合性・非排除性という性質から生じる。私的財の場合，競合性・排除性といった性質を持つため，各人は市場において自分の欲しい財・サービスに対して正しく選好を表明し，対価を支払わなければ必要な財を手に入れることができない。これに対し，公共財の場合はその与える利益が個々人に分割できず，またその供給費用を負担しないからといって公共財の利用から排除されない。そこで個々人は真の選好を表明せず，費用負担を軽減し，ただで公共財を利用しようとする。その結果，公共財供給費用を賄うことができず，公共財の供給が過少になる恐れがあ

タックスヘイブン tax haven　一般的には，海外から進出してきた企業や多国籍企業の子会社，支店などに対して課す租税を著しく低く設定するなど，税制上の優遇措置が与えられている地域のこと。租税逃避地ともいわれる。優遇措置としては，段階的な税率の軽減から完全な免税という税率上の優遇，また国外源泉所得からのすべての所得に対する優遇という課税対象の優遇等がある。OECDによるタックスヘイブンの判定基準は，金融・サービス等による所得に対して無税か名目的課税であり，かつ，①他国と納税者に関して有効な情報交換を行っていない，②税制，法制度が不透明，③誘致される金融・サービス等による実質的活動を要求しない，の3つのうちいずれか1つが該当することとなっている。このような活動がタックスヘイブンに許容されてしまうと，他の国々の課税標準(課税ベース)が浸食されるなどの弊害が生じることとなる。それを回避すべく，OECDは2000年にタックスヘイブンのリストを公表するとともに，タックスヘイブンと認められる諸国との対話による解決を図っている。2009年において，タックスヘイブンとされている国・地域の数はバハマ，パナマ，リベリアなど35である。なお，日本では1978年に設けられた規制税制，すなわちタックスヘイブン対策税制により，企業の節税目的によるタックスヘイブンの利用の抑制を図っている。
➡ 課税標準，多国籍企業

脱税 tax evasion　意図的に課税を逃れようとする不正行為のこと。所得税法では5年以下の懲役，または500万円以下の罰金に処される。懲役と罰金が併科されることもある。法人税や相続税にも同種の規定がある。特に悪質なものに対しては強制的に査察が行われる。意図的な不正行為とは区別して，所得の計算方法の相違を活用したり，特別措置を利用するなどして，税負担の軽減を図るやり方として節税があるが，脱税との区別は微妙なものも多い。

タトヌマン tâtonnement　☞ 模索過程

他人資本 borrowed capital　銀行などの金融機関，取引先など，企業外部から調達された資本のこと。株主資本(自己資本)と対になっている。その具体的内容は借入金，社債，買掛金，支払手形，未払金などである。

WTO World Trade Organization　世界貿易機関。ウルグアイ・ラウンドの結果，1995年1月に設立された，GATT(関税及び貿易に関する一般協定)に代わる国際機関。本部をジュネーブに置き，加盟国は2012年4月現在154カ国・地域である。WTOは，モノの貿易だけでなく，サービスや知的所有権を含めた世界の貿易を統括する機能を持つ。ウルグアイ・ラウンドで合意した協定を参加各国が遵守するように監視するほか，紛争解決についても手続きを明確化し，解決機能を強化した。WTOの最高意思決定機関は，全加盟国が参加し，少なくとも2年に1回開催される閣僚会議である。この閣僚会議が開催されない期間は，随時開催される一般理事会がその任務を遂行している。この一般理事会には紛争解決機関と貿易政策検討機関が設置されている。2001年11月のドーハ閣僚会議で，WTO発足後初となるラウンド(関税などの一括交渉)の開始が決定された。ドーハ・ラウンド(ドーハ開発アジェンダ)は，農業・工業品・サービス貿易の自由化のみならず，貿易円滑化，アンチ・ダンピング等のルール策定・強化なども含んだ包括的なものであり，貿易を通じた途上国の開発を最重要課題の1つにしている。しかし，

今もなお，主に農業分野において先進国と途上国との間，あるいは先進国どうしにおいても対立が見られ，交渉は難航している。➡ GATT，反ダンピング関税

タリフ・エスカレーション tariff escalation　傾斜関税のこと。加工度の高い製品を生産する産業を保護育成するために，原材料から半製品，製品へと加工度が高まるにつれて，関税率が高くなっていく関税構造をいう。タリフ・エスカレーションの下では，実際の保護の度合いは，見かけの関税率よりもはるかに強くなる。先進国があまり極端なタリフ・エスカレーションをとっていると，開発途上国が製品輸出を拡大する場合の障害となってしまう。➡ 有効保護理論

タリフ・クオータ（TQ） tariff quota　☞ 関税割当制度

単位株・単元株 unit stock　1981年の商法改正以来，日本では単位株制度が採用されてきた。額面合計を基本的に5万円とし，額面50円のものは1,000株ずつ，500円なら100株ずつといったように取引単位が定められていた。そして上場企業は例外なくこの基準を満たすことが求められ，単位に満たない株は様々な制約を受けた。その理由としては物価に対して株券の1単位は額が小さすぎると考えられたこと，さらに事務負担の軽減などを考慮に入れたためである。保有株式が単位未満であると，配当や株式分割を受ける権利はあるものの，株主総会に出席して議決に参加することはできなかった。2001年の商法改正で発行株式はすべて無額面となり，単位株制度は廃止され一定株数を1単元として議決権行使や売買を行う単元制度が導入された。議決権付与の最低単位に対する制約はなく，企業は定款の定めにより1単元の株数を自由に決定することができる。市場での売買単位が小さいこともあり，個人投資家にとっては取引が容易となった。

単位行列 identity matrix　☞ 行列

単一通貨固定制 a single currency fixed exchange rate system　☞ 固定為替相場制

単位費用 unit cost　地方交付税額算定にあたり，基準財政需要額を計算する場合の測定単位の単位当たり価額のこと。標準的条件における標準的規模の団体を想定して決められている。➡ 基準財政需要，測定単位

単回帰 simple regression　☞ 回帰分析

短観 short-term economic survey of all enterprises in Japan, "Tankan"　☞ 日銀短観

短期金融 short-term finance　通常1年未満の金融資産を対象とする取引のこと。運転資金が中心で商業手形の割引などはその典型例であり，銀行側から見てリスクの少ない取引である。長期金融は通常1年以上の取引であり，設備資金や長期の運転資金が中心であって，代表的なものは長期の借入金であるが証券の発行も含まれる。短期金融と比べて一般的にリスクも大きくなる。

短期金融市場 money market　通常，期間が1年未満の短期資金を取引対象とする市場。参加者は金融機関，機関投資家，企業などである。取引形態は市場型であり相対（あいたい）ではない。銀行を中心とした金融機関で構成されるインターバンク市場と事業法人や大口投資家など非金融機関も含まれるオープン市場から構成される。インターバンク市場にはコール市場，手形市場などがある。オープン市場にはCD（negotiable certificate of deposit）市場，CP（commercial paper）市場，債券現先市場，FB（financing bills）市場，TB（treasury bills）市場などがある。

短期金融市場の1つの機能は，資金の受取りと支払の短期的に生じるずれを調

節することである。一時的な余剰資金を運用したり不足資金を調達することで効率的な資金の利用を図るのである。個々の金融機関の流動性過不足が調整されたり，事業法人などの余剰資金の短期的な運用の場になっている。同市場のもう1つの機能は中央銀行が短期金融市場の価格である短期金利に影響を与えることである。中央銀行は，様々な短期金融市場でのオペレーションを通じてハイパワード・マネーの調節を行っている。

最近はグローバル化の流れが一層進展し，規模，内容の拡充が図られ，各市場間での金利裁定取引が活発化して市場金利相互間での連動が強まっている。➡ コール市場，コマーシャルペーパー，CD

短期限界費用 short-run marginal cost
☞ 長期平均費用

短期と長期 short-run and long-run
短期と長期の区別は，分野によって異なる。例えば金融取引では1年未満を短期，1年以上を長期ということがあるが，経済理論では通常このような具体的な長さで短期と長期を区別しない。マクロ経済学では，賃金や物価等の価格が伸縮的に動き市場が均衡するような期間を長期，それらの価格が市場の需給のアンバランスを解消せず，不均衡が発生する期間を短期と呼ぶ。また，インフレ率と失業率のトレードオフの関係を示すフィリップス曲線を用いた分析では，人々の期待（予測）をモデルに導入するが，このとき期待（予測）が変更される程度の期間を長期，期待（予測）が変更されない程度の期間を短期と呼ぶこともある。一方ミクロ経済学では，固定的生産要素，すなわち，生産量水準を変化させてもその投入量が変化しないような生産要素が存在する期間を短期と呼ぶ。固定的生産要素が存在しない程度の期間，言い換えれば，すべての生産要素が可変的生産要素，すなわち，生産量水準を変化させるとその投入量も変化するような生産要素となる期間を長期という。したがって生産設備の規模が変化しない期間は短期，生産設備の規模も変化しうる期間は長期となる。このような意味での短期における均衡を短期均衡，長期における均衡を長期均衡と呼ぶ。➡ フィリップス曲線

短期費用関数 short-run cost function
☞ 費用関数

短資会社 bill broker 短期金融市場での仲介業者。短資会社の業務内容はコール市場での貸借や仲介，外国為替売買の仲介，手形の売買，ドルなどのコール資金貸借の仲介，国債を含む証券の売買，CD（譲渡性預金）の売買などである。日本銀行はコール，手形市場などの短期金融市場におけるオペレーションを通じて金融調節を行い，金融政策の手段として，短期金利をコントロールしている。日本銀行が短資会社と当座預金取引，為替取引，貸出取引，オペなどを実施していることもあり，短資会社は金融政策を実施する場としても役割を果たしている。したがって一般貸金業者と異なり日本銀行と短資会社とは密接な関係にある。➡ コール市場，短期金融市場

男女雇用機会均等法 Equal Employment Opportunity Law 憲法第14条で規定された法の下の平等の基本理念に基づき，雇用面での男女の均等な機会と待遇を図る法律。正式名称を「雇用の分野における男女の均等な機会及び待遇の確保等に関する法律」という。この法律は，1985年に勤労婦人福祉法の改正法として「雇用の分野における男女の均等な機会及び待遇の確保等女子労働者の福祉の増進に関する法律」という名称で制定された。その後，1999年に大幅に改正されて内容が強化され，現在の名称となった。この法律の内容は，募集，採用，配置，昇進，教育訓練，福利厚生，定年，退職，解雇の各分野での女性に対する差別を禁止

するものである。当初は事業主の努力義務であったが，1999年の改正後は事業主の義務となった。さらに，セクシャル・ハラスメントに対する配慮義務や，ポジティブ・アクションの促進が定められている。紛争解決のために，都道府県婦人少年室に機会均等調停委員会が設置されている。

担税力 ability to pay　租税を負担できる経済的能力をいう。一般的に，担税力の指標としては所得，消費，資産が挙げられる。18, 19世紀には，租税は公共サービスの受益に応じて課税すべきであるという利益説が支配的であった。しかし，20世紀に入ると，租税は能力に応じて課税すべきであるという能力説が主張されるようになり，担税力が課税上，重視されるようになった。➡ 能力説, 利益説

団体自治 self-governing　☞　地方自治

単年度主義 one year budget　☞　会計年度

ダンピング dumping　一般に，生産費を賄えないような価格で商品を販売すること。国際貿易においては，ある企業がある国から他の国へある商品を輸出する場合，その商品を輸出国の国内市場において一定の価格で販売し，同種商品を輸入国に輸出する場合にそれより安い価格で販売し，輸入国の競合関係にある国内産業に打撃を与えること。ダンピング販売によって，輸入国の産業が損害を被っていることが正式な調査で明らかになった場合，輸入国は損害を被っている国内産業を救済するために，アンチ・ダンピング措置をとることができる。また，賃金や労働条件を不当に切り下げ，価格を安くして輸出を伸ばすことを，ソーシャル・ダンピングという。輸出品の対外競争力を強めるために，自国通貨の為替レートを不当に切り下げることを，為替ダンピングと呼ぶ。➡ 為替レート，反ダンピング関税，不当廉売規制

単利 simple interest　☞　金利の計算

弾力性 elasticity　2つの変数の変化率の比。2つの変数のうち一方が変化したときに，他方がどの程度変化するかを，変化量ではなく変化率を用いて表したものである。需要・供給の価格弾力性，需要の所得弾力性，代替の弾力性などがある。➡ 交差弾力性，需要の価格弾力性，需要の所得弾力性，代替の弾力性，輸出・輸入の価格弾力性

弾力性アプローチ elasticity approach　為替レートの切下げまたは切上げが経常収支にどのような変化を与えるかを分析するもので，為替レートの変化が輸出と輸入の価格弾力性を通じて輸出入に及ぼす影響を重視する考え方。弾力性アプローチでは，為替レートの切下げが経常収支を改善させるかどうかは，輸出と輸入の価格弾力性に依存すると考える。輸出と輸入の価格弾力性が比較的高ければ，為替レート切下げに対する輸出入の反応は大きくなり，経常収支の赤字は縮小（黒字は増大）することになる。これに対して，輸出と輸入に対する価格弾力性が比較的低ければ，切下げに対する輸出入の反応は小さくなり，経常収支の赤字が増大（黒字は縮小）することになる。為替レートの切下げによって経常収支が改善するためには，輸出と輸入の価格弾力性の和が1より大きくならなければならない。これをマーシャル＝ラーナーの条件と呼ぶ。弾力性アプローチとアブソープション・アプローチとは相補う性格のもので，この2つのアプローチから総合的に経常収支を見ることによって，経常収支の動向とその決定要因をより的確に把握することができる。➡ アブソープション・アプローチ，為替レート，経常収支，マーシャル＝ラーナーの条件，輸出・

輸入の価格弾力性

ち

地域開発金融 regional development finance　地方への政策的, 優先的な資金配分のこと, 地域間格差の是正や地域開発にとって重要である。地域開発金融の資金提供者は民間の地域金融機関だけでなく, 日本政策投資銀行 (1999年, 北海道東北開発公庫, 日本開発銀行が合併, 2008年10月に民営化, 沖縄振興開発金融公庫などの公的金融機関もその役割を担ってきた。➡第二地方銀行, 地方銀行

地域格差 regional differentials　一国内の各地域間の社会的, あるいは経済的格差のこと。とくに経済的格差では, 1人当たり所得格差で評価されることが多い。自然条件, 歴史的経緯等により, 経済発展の過程で有力産業の立地に地域間の不均等が生まれ, それに伴って生じる雇用機会や所得の不均等は拡大を要因とする。社会・経済諸機能の集中・集積により大都市への人口過密を生む一方, 人口流出による過疎地域との地域格差を拡大してきた。これまで経済発展の全国への波及は一般的に経済格差の縮小, 緩和をもたらすと考えられてきたが, 国や地方による地域開発政策は, 必ずしも十分な成果をあげていない。わが国では, 1人当たり都道府県民所得は, 最高の東京都は最低の沖縄県の2.145倍 (2013年) となっている。地域格差の国際比較においては, わが国のそれは低い水準にある。

地域経済統合 regional economic integration　同一地域に属する多国間の経済的協調のこと。地域経済統合は, その結合の度合いによって, 自由貿易地域 (free trade area), 関税同盟 (customs union), 共同市場 (common market), 経済同盟 (economic union) に分類される。自由貿易地域は, 域内の貿易障壁を撤廃することにより域内の貿易を自由化する一方, 域外国に対しては域内各国が独自の貿易障壁を設定するものである。関税同盟は, 域内の貿易障壁が撤廃されるだけでなく, 域外国に対して共通の貿易障壁を設けるものである。共同市場は, 貿易のみならず, 労働を含む生産要素の移動も域内で自由化するものである。経済同盟は, 共同市場の持つ要素に加えて, 統一された経済組織の下で共通の経済政策が行われるものである。地域経済統合の経済効果としては, 貿易創出効果 (域内の貿易障壁撤廃により, 域内貿易が拡大する効果), 貿易転換効果 (域内の貿易障壁撤廃により, 域外の効率的な生産国からの輸入が域内からの輸入に転換される効果) といった静態的効果に加え, 市場拡大効果, 競争促進効果, 技術拡散効果, 制度革新効果, 資本蓄積効果などの動態的効果もある。地域経済統合の例としては, NAFTA (北米自由貿易協定), AFTA (ASEAN自由貿易地域), MERCOSUR (南米南部共同市場), EU (欧州連合), 中米共同市場などがある。➡EU, メルコスール

地域独占 local monopoly　ある特定地域での特定の財やサービスの市場において, 供給者が1つの企業のみの場合のこと。生産が規模に関して収穫逓増的で規模の経済性が著しいとき, 市場においてこのような財・サービスを多数の企業が競争的に供給を行った場合, 1企業

当たりの生産額は,相対的に少なくなり,規模の経済性を生かすことができなくなる。また競争の結果1つの企業だけが生き残り,当該市場は独占化される。電力,都市ガス,水道,電気通信等はその例である。多くの国においては,電力,ガス,水道などの公益事業は,日常生活に不可欠な財・サービスを提供している事業であるため,政府が1つの企業に特定地域の市場における独占的供給権を与える一方,当該企業の価格決定を規制している。地域独占とされる理由は,住民の生活に直結するサービスで,全国一律に供給することにより非効率が発生するためである。また,旧国鉄のように,全国ネットワークをいくつかの地域独占に分割したが,これは地域会社間でヤードスティックな競争を促し,効率化を推進させるためである。➡ 規模の経済性,公的企業,独占,ヤードスティック規制

チェック・プライス check price
輸出価格が,正常範囲以上に上がるか,または下がる場合,これを抑制するために輸出国によって法律で定められた制限価格のこと。正常範囲以上に上がる場合として,輸出企業が自己の利潤動機から不当に高い輸出価格をつける場合などがある。この場合に,この制度の下では,輸出国は輸出拡大の観点から輸出価格に最高価格を設定し,それ以上での輸出を認めない。また,ダンピングや輸出の過当競争によって,輸出価格が正常範囲以下に下がる場合には,最低価格(floor price)を設定し,これ以下の輸出に輸出承認を与えない。この場合の目的は,輸出国が,輸入国での輸入制限や出血輸出による自国の国民経済上の損失を防止することにある。制限価格は,生産コストや需給関係に基づいて決定される。➡ ダンピング

チェンバリン Chamberlin, Edward Hastings(1899〜1967) 独占的競争の理論を打ち立てたアメリカの経済学者。1899年にアメリカ・ワシントン州に生まれ,1920年にアイオワ州立大学を卒業,1922年にミシガン大学で修士を取得し,ハーバード大学に進み,1927年に同大学で博士の学位を取得した。その後教職生活に入り,残りの生涯をほとんどハーバードで過ごした。1933年に出版された『独占的競争の理論』(*The Theory of Monopolistic Competition*)は,製品差別化による新たな市場構造のモデル化により競争と独占が混在する独占的競争の理論を構築した。同じ1933年に出版されたイギリスの経済学者ロビンソン(Robinson, J. V.)の『不完全競争の経済学』も内容的には同様の理論を展開しており,両者の理論は,従来の経済学が完全競争の理論と独占理論の両極端に二分されていたものを大きく変革するものであった。チェンバリンはロビンソンの研究との差異について執拗に主張し,独占的競争の理論の詳細な論点について多くの論文を発表した。主著以外に編著 *Monopoly and Competition and Their Regulation* (1954),論文集 *Towards a More General Theory of Value* (1957)がある。チェンバリンの研究はその後の産業組織論の発展に大きく貢献している。➡ 製品差別化,独占的競争

地価公示 land price publication 適正な地価の形成に寄与することを目的に,地価公示法(1969年制定)に基づいて国土交通省の土地鑑定委員会が,毎年1回,全国の都市計画区域内に設けた標準地における1月1日時点の正常な価格を調査し,3月下旬に公表する土地価格。正常な価格は,複数の不動産鑑定士または不動産鑑定士補による鑑定評価を土地鑑定委員会が審査・調整して判定するもので,これを公表したものが公示価格である。鑑定評価には,取引事例比較法,収益還元法および原価法の3手法が用いられる。公示価格は,一般の土地取引価格の指標となるほか,公共用地の取得価格

や相続税・固定資産税評価の目安となる。

地価税 land value tax　土地基本法に定められた土地についての基本理念に則り，1991年の土地税制改革において創設された租税（1992年1月1日から実施）。創設の趣旨は，公共的性格を有する資産である土地に対する適正・公正な税負担を確保しつつ，土地の資産としての有利性を縮減する観点から，土地の資産価値に応じた税負担を求めるものである。1998年度改正において，長期にわたる地価の下落，土地取引の状況などの土地をめぐる状況や現下の経済情勢にかんがみ，臨時的な措置として，1998年以後の各年の課税時期において，当分の間，地価税の課税は停止されている。

地球温暖化 global warming　人類の経済活動から排出される二酸化炭素，メタン等の温室効果ガスの大気中の濃度の上昇が主因となり，地表面の温度が上昇すること。気候変動に関する政府間パネル（IPCC）では，温室効果ガスの濃度が現在の増加率で推移した場合には，21世紀末までに地球の平均気温が1.4℃～5.8℃上昇する可能性があると予測している。地球温暖化が進むと，北極・南極での氷山の融解等による海面の上昇，農業生産の減少，絶滅する種の増加等様々な影響が予想されている。

地球環境問題 global environmental problem　人類の将来にとって大きな脅威となっている地球規模における環境問題のこと。地球環境は人類の経済活動が地球規模での環境破壊を起こす水準になってきているにもかかわらず，それを適切な水準に制御，抑制するための仕組みが整備されていないことからますます悪化している。現在，地球環境問題として認識され，問題解決に向けての取組みが実施されているのは，①地球温暖化，②オゾン層の破壊，③森林破壊，④野生生物種の減少，⑤酸性雨，⑥砂漠化，⑦海洋汚染，⑧有害廃棄物の越境移動，⑨開発途上国の公害，⑩国際的に価値の高い環境の保護，の10項目である。➡地球温暖化

遅行指数 lagging index　過去の景気の山や谷と比較して，3カ月以上遅れて動く景気指数。景気の上昇や下降に連動する景気指数は，その変動のタイミングによって先行，一致，遅行の3つのグループに分けられる。遅行系列とも呼ばれる。わが国では，内閣府のディフュージョン・インデックス（DI）に含まれる遅行指数は現在のところ9つあり，それらは家計消費支出（全国勤労者世帯），実質法人企業設備投資，最終需要財在庫指数，常用雇用指数（調査産業計），完全失業率，法人税収入，第3次産業活動指数（対事業所サービス業），きまって支給する給与（製造業），消費者物価指数（生鮮食品を除く総合）である。これらは景気との連動性が薄れると，指数から除外される。遅行指数は，景気の動きを確認するために用いられる。

知的財産権 intellectual property right　発明，デザイン，芸術作品等の人間の知的活動から生み出される成果を保護する権利のこと。主要な権利として特許権，実用新案権，商標権，意匠権からなる工業所有権，著作権が挙げられる。その他にも半導体回路配置利用権，不正競争防止法上の権利，植物新品種の権利がある。パリ条約，ベルヌ条約，万国著作権条約等で国際的な取決めがされているが，知的財産権を保護する制度は国ごとに異なるため，経済のグローバル化とともに知的財産制度の国際的調和が大きな課題となっている。特に特許権については，権利の帰属に関して米国の先発明主義と日本等それ以外の国の先願主義との間で大きな相違があり，世界知的所有権機関（WIPO）等で協議が続けられているが，依然として国際的な統一は実現していな

い。

地方揮発油（譲与）税 local gasoline tax　揮発油に対して課税される。国税の1つ。地方揮発油譲与税法に基づき，交付税および譲与税配付金特別会計に組み入れられ，全額地方公共団体に譲与される。地方道路税額のうち42%相当額は，都道府県および指定都市に対して譲与され，58%相当額は市町村に対して譲与される。その際，一般国道および都道府県道または市町村道の延長および面積にそれぞれ2分の1ずつ按分して譲与される。なお，2008年度までは地方道路(譲与)税と呼ばれた。➡ 国税

地方銀行 regional bank　銀行法に基づく普通銀行のうち主として地方都市に本店を置き，本店の所在する都道府県内を主たる営業基盤としているもの。預金は都市銀行や信託銀行と比べて個人預金が多く，貸出は中小企業が中心となっている。

地方公営事業 local public utilities　地方自治体が実施する事業のうちで，水道事業，交通事業，病院事業など公共性と企業性を併せ持つ事業のこと。公営事業を経理する会計を「公営事業会計」と呼ぶ。公営事業会計は，地方公営企業会計，収益事業会計，その他の事業会計からなる。

地方公営企業会計は，水道，工業用水道，軌道，自動車運送，鉄道，電気，ガス，病院の事業については「地方公営企業法」が適用され，発生主義会計による特別会計によって処理することが義務づけられている。これらを「法適用企業」という。これに対して，交通（船舶），簡易水道，港湾整備，市場，と畜場，観光施設，宅地造成，公共下水道，介護サービス，駐車場整備，有料道路，その他（有線放送等）等の事業は「法非適用事業」といわれ，任意適用事業である。なお後ろの4つの事業は地方財政法第6条に規定する特別会計設置義務のない公営事業である。

収益事業会計は，地方公共団体が収益を目的として行う事業(収益事業)を経理する特別会計をいう。収益事業は，地方財政法に定められており，競輪，競馬，競艇，オートレースからなる公営競技と宝くじを含めた5事業を指す。

その他の事業会計としては，国民健康保険事業，老人保健医療事業，公立大学付属病院事業，農業共済事業，交通災害共済事業，公益質屋事業が含まれる。また，地方公営企業法が適用され，地方公共団体が経営する企業を地方公営企業という。➡ 公的企業，特別会計

地方公共財 local public goods　地方公共団体が供給する公共財のうち，その便益が限定されたある地域内のみにとどまり，その地域内では公共財の性質である非排除性と非競合性が成り立つ財をいう。理論的には，家計が同質で，地方公共財に関してスピルオーバー効果（便益が地域を越えて及ぶことをいう）がない場合，地方公共財の最適供給条件は，限界代替率の和が(私的財と地方公共財の)限界変形率に等しいことが地域ごとに成立する。これは公共財供給のパレート最適条件を示し，サミュエルソン条件といわれる。➡ 限界代替率，公共財，公共財の最適供給条件，スピルオーバー効果，パレート最適条件，非競合性，非排除性

地方公共団体 local public entity
☞　地方政府

地方公共団体財政健全化法 Law of Sounding Local Government Finance　2007年6月に制定され，2009年4月から本格施行された「地方公共団体の財政の健全化に関する法律」の略称。この法律は，地方公共団体の財政の健全性に関する指標を用いて，財政的に問題のある地方公共団体を洗い出し，早期に財政の健全化，財政の再生，公営企業の経営の健全化を図ることを目的としている。指標

は，実質赤字比率，連結実質赤字比率，実質公債費比率，将来負担比率，公営企業における資金不足比率の5つである。それぞれの指標に，基準値が設定され，それを超えた場合には，財政再建団体に相当する財政再生団体に指定され，早期健全化さらには財政再生が該当地方公共団体に要請される。➡財政再建団体，資金不足比率，実質公債費比率，将来負担比率，連結実質赤字比率

地方交付税 local allocation tax
☞ 地方交付税交付金

地方交付税交付金 transfer of local allocation tax 自治体間の財源調整および自治体の財源保障を目的とした使途を指定しない国から地方自治体への補助制度。地方交付税の総額は，国税である所得税および法人税の33.1％，酒税の50％，消費税の22.3％，地方法人税の全額であり，その総額の94％が普通交付税として，6％が特別交付税として地方公共団体に交付される。普通交付税とは，原則として，基準財政需要額が基準財政収入額を超過する地方公共団体に対しその超過額を補填するために交付されるもののことをいい，特別交付税とは，基準財政需要で捕捉されない特別の財政需要の発生した地方公共団体に対し交付されるもののことをいう。なお，地方交付税のうち普通交付税が交付されている地方公共団体を交付団体，交付を受けない団体を不交付団体という。

交付税交付制度については，地方の国への依存体質の助長，地方の行政改革意欲の阻害，財源調整の行き過ぎ等が問題視されており，市町村合併とともに改革が試みられている。➡基準財政収入，基準財政需要

地方債 local public bond 地方公共団体が債券の発行を通じて行う債務のうち，期間が1会計年度を超える債務のこと。事業別の起債許可予定額や資金手当の内訳は，総務省が毎年度策定する地方債計画に示されている。地方債は資金の調達目的別に，普通会計の各種事業に充てられる普通会計債と，地方公営企業や準公営企業の資金を調達するための公営企業債に分類される。地方団体が地方債の発行によってその歳出を賄うことができるのは，地方財政法第5条によって，公営企業に要する経費や地方債の借換えのための経費，災害復旧事業や公共施設の建設事業のための経費，出資金・貸付金の財源とする場合，その他特例として認められる場合となっている。特例の中には，例えば過疎債がある。

地方債の発行については，2005年度までは，都道府県は総務大臣の，市町村は都道府県知事の「許可制」であった。また普通税の税率が標準税率を下回る地方団体や「公債費比率」あるいは「起債制限比率」が過去3年間20％を上回る地方団体は地方債の発行について許可あるいは発行制限が課せられていた。2006年度より，地方自治の促進のために，地方債の発行は「協議制」となった。また普通税の税率が標準税率を下回る地方自治体については従来通り許可制とし，実質公債費比率が18％を超えた場合には発行制限が課せられるようになった。➡起債制限比率，公営企業債，公債の借換え，実質公債費比率，地方債計画，標準税率

地方債依存度 local loan-dependency ratio, ratio of local loans 地方財政指標の1つ。地方公共団体の予算において，歳入総額（地方税，地方譲与税，地方交付税，地方特例交付金，国庫支出金，地方債，その他より構成される）に占める地方債発行額の割合をいう。当該年度の地方財政運営の健全さを示す指標の1つである。

地方債計画 local loan program 毎年度，国が策定する地方公共団体全体における地方債の年間所要見込額と，それ

に対応する資金手当の内訳のこと。国の予算と並行して策定される財政投融資計画および地方財政計画と密接に関連したものとなっている。地方債発行許可制度の下では，地方債許可の量的な運用基準になるとともに，地方債の原資を保障する役割を果たしてきた。特に法律に基づいて作成されるものでなく，国会の議決も不要とされてきたが，2006年度の地方債許可制度の廃止および協議制度への移行後は，地方財政法第5条の3第6項に定める書類として公表され，法定の地方債計画となった。➡ 地方財政計画

地方財政 local public finance 地方公共団体の財政。国のような単一の主体ではなく，都道府県，市町村，特別区，一部事務組合といった個々に独立した主体の財政の総称。地方公共団体の基本的財源である地方税収入はその地域の経済活動に依存しており，経済活動の地域間格差は非常に大きい。その結果地方公共団体間の財政力格差も著しい。地方税収だけでは全国の地方公共団体がほぼ等しい公共サービスを提供することは不可能となっており，政府間財政調整が必要不可欠となっている。しかし国も大幅な赤字状態にあり，地方への財源配分機能も低下しつつある。➡ 財政力，政府間財政調整，地域格差

地方財政計画 local public finance program 地方交付税法第7条に基づき，国の予算編成終了後1カ月ほど遅れて，翌年度の国の予算と地方財政の整合性を図るために，地方公共団体の歳入歳出総額の見込みに関して作成される計画。その第1の目的は地方財源を確保することにあり，財源不足が生ずることが明らかになる場合には，財源措置を講ずることにある。第2の目的は，国の財政政策や財政投融資資金計画，長期計画と地方財政の関連を明らかにし，財政運営の指標を得ることにある。➡ 財源不足額，歳出，財政投融資，地方財政

地方財政調整制度 local finance adjustment system 地方財政の不均等を調整する制度。2つの機能を持っている。1つは財源保障機能であり，全国的または地域的に必要な行政サービスを維持するための一般財源を保障する機能である。いま1つは財政調整機能であり，各地方公共団体間における税源の不均等を緩和し，財政力を均等化する機能である。国の財源から財政需要の大きい地方公共団体または財政力の弱い地方公共団体に対して資金を移転するもの（垂直的財政調整）と，地方公共団体間で財政調整を図るもの（水平的財政調整）とがある。➡ 政府間財政調整

地方債適債事業 project eligible for local loan 地方債を財源とすることができる対象事業のこと。これは地方財政法5条によって規定されているため，その対象事業について発行される地方債は5条債とも呼ばれる。同法5条によれば，地方債の対象事業としては，①公営企業に要する経費（交通，ガス，上下水道事業等），②出資金および貸付金，③地方債の借換え，④災害応急事業，災害復旧事業および災害救助事業，⑤普通税の税率が標準税率以上の地方公共団体における公共・公用施設の建設事業とされている。

地方債発行制度 system of local loan issuance 地方債についての意義および機能ならびに発行および運用に関する制度的体系のこと。2006年度以前では，地方債を財源にできる事業は，地方債適債事業と呼ばれた。地方債の発行に関しては，起債の目的，限度額，起債方法，利率および償還方法を予算で定めなければならず，また，地方公共団体が地方債を発行する場合には，総務大臣または都道府県知事と「協議」しなければならなかった。さらに，財政指標が一定の基準値を超えた場合には「許可」を必要とする起債

制限が設けられていた。 ➡ 地方債適債事業

地方自治 local autonomy　広義には，一定地域の住民が中央政府から自立して，居住地域の管理・運営を自主的・自立的に行うこと。地方自治は，住民自治と団体自治の2つから構成される。住民自治は，当該地域における住民による自主的な地域の管理・運営をいう。ある地域において，そこに居住する住民が，その地域の自治体の行政に対して，積極的な住民参加によって，その負担と責任を自主的に決定・処理することが求められることを指す。これに対して団体自治は，中央政府からの干渉に対して地方自治体が自主的・自立的に行政を実施することをいう。

地方自治体 local authority　☞ 地方政府

地方自治法 Local Self-government Act　憲法第92条の「地方自治の本旨」に基づいて，1947年に制定された地方自治に関する基本法をいう。地方公共団体の区分，組織，運営の大綱が規定され，地方公共団体が自主的に行政および財政上の権限を持つことと，住民参加型を基本とした自治の実践が強調されている。しかし，実際には，事務権限や財政面において地方公共団体は国からの規制を受け，自主・自立の運営体制になっていなかった。そこで，1999年7月に地方分権一括法が制定され，国と地方公共団体の関係は対等・協力の方向へ改められ，機関委任事務は廃止されることとなった（2000年4月施行）。

地方消費税 local consumption tax　地方分権の推進および地域福祉の拡充のために，1997年4月1日から施行された都税・道府県税のこと。地方消費税の創設によって，従来の消費譲与税は廃止された。地方消費税率は，2014年以降消費税率8％のうちの国税部分6.3％の63分の17，すなわち1.7％である。地方消費税は，その税負担を最終消費者に求める消費課税であるが，流通段階では最終的な消費地を確定できないため，都道府県における消費指標を基準として清算されている。さらに，都道府県は地方消費税収の2分の1に相当する金額を，人口および従業員数按分を基準に，地方消費税交付金として特別区および市町村に交付することになっている。 ➡ 消費税

地方譲与税 national tax revenue transferred to local treasuries　本来地方税として徴収すべきところを，課税の便宜などの理由から国税として徴収し，一定の基準に従って地方公共団体に譲与される税の総称。2015年度時点で，地方揮発油譲与税，石油ガス譲与税，自動車重量譲与税，航空機燃料譲与税，特別とん譲与税，地方法人特別譲与税がある。このうち航空機燃料譲与税は地方自治体に配分されたのちの使途について制限される。➡ 一般財源，国税，地方税，特定財源

地方税 local taxes　地方公共団体がその経費を支弁するため，地方税法に従い条例の定めるところによって賦課・徴収する租税。地方公共団体の一般的経費に充当される普通税と，特別の経費に充当される目的税がある。また地方税は，課税主体である自治体によって道府県税と市町村税に分かれる。道府県税には道府県民税，事業税，地方消費税および道府県たばこ税などが，また市町村税には，個人住民税と法人住民税からなる市町村民税，固定資産税，たばこ消費税などがある。東京都の税についてはこれにほぼ準じ，例えば道府県民税，道府県たばこ税は，それぞれ都民税，都たばこ税に，市町村税，市町村民税，市町村たばこ税は，それぞれ特別区民税，特別区民税，特別区たばこ税に対応している。

地方税課税原則 principles of local taxes　地方税制度を構成し運営していく

ための基本原則。租税一般に共通する原則には公平の原則, 中立の原則, 簡素の原則がある。これらの原則に加えて, 地方税にはその性格に由来する独自の租税原則があり, ①税源の普遍性の原則, ②安定性および伸長性の原則, ③応益原則, ④負担分任の原則, ⑤課税自主性の原則が挙げられる。

地方制度調査会 Local Government System Research Council　地方制度調査会設置法に基づき, 憲法の基本理念を十分に具現するように, 地方制度全般にわたって検討を加えることを目的とした, 内閣府の附属機関のこと (1957年発足)。内閣総理大臣の諮問に応じて地方制度に関する重要事項を調査審議することを任務とする。内閣総理大臣が任命する50人以内の委員で構成される。

地方政府 local government　一般政府を構成する部門の1つである。一般政府は中央政府 (国), 地方政府 (地方公共団体), 社会保障基金から成る。政治的・行政的目的のために区分された範囲内において, 財政, 司法, 行政上の権限を有する法的実体でもある。わが国の場合, 地方政府は制度的単位として都道府県および市町村を意味するが, 通常, これら制度的単位から資金供給を受けている非営利団体も含む。都道府県および市町村は地方自治体あるいは地方公共団体と呼ばれる。

地方単独事業 local public nonsubsidized project　地方公共団体が, 国からの国庫支出金等の補助金を受けず, 地方税, 地方交付税等の一般財源および地方債を用いて単独で行う事業のこと。国の直轄事業および補助事業としての公共事業に対する用語である。地方単独事業は, 道路整備, 下水道整備, 廃棄物処理施設の建設等, 生活関連の社会資本整備に多い。国の補助対象事業ではないため, 当該地域に即した事業計画を策定できる利点を持つ。しかし, 景気低迷により地方税収が落ち込む場合, 地方単独事業の財源を地方債に依存せざるを得ず, 地方債依存度の上昇が問題となる。➡直轄事業

地方分権 decentralization　国に集中している権限や財源をできる限り地方自治体に移行させること。戦後日本が経済の高度成長を達成するため中央集権型の行政システムが強化されてきた。しかし, 成熟社会への移行とともに人々の価値観が多様化する中で, 地域が抱える様々な課題に対処するためには, 画一性や効率性を重視する中央集権型の行政システムでは対応が困難になった。国と地方自治体との役割では, 住民に身近な行政はできる限り地方自治体に委ねることが基本である。1999年7月に地方分権一括法が成立し, 2000年4月から施行された。これにより, 機関委任事務は廃止され, 国と地方自治体は対等・協力の関係に改められた。財源の移譲については, 国において三位一体の改革として国庫補助負担金の改革, 地方交付税の改革, 税源配分の見直しが検討されている。また, 都道府県のあり方をめぐって道州制の議論もある。➡税源の配分, 地方交付税交付金

中央銀行 central bank　一国の金融機関の頂点に立ち, 金融制度の中核的機関としての機能を果たす銀行。中央銀行の業務は銀行券を独占的に発行する発券銀行, 金融機関の預金を預かるとともに金融機関に信用供与をする銀行の銀行, 政府の預金を預かったり関連する業務を行う政府の銀行などである。これらの機能は先進各国中央銀行にほぼ共通である。こうした業務を基礎として通貨価値の安定, 経済の安定や発展のために金融政策を実施する。伝統的な金融政策の手段としては, 公定歩合操作, 公開市場操作, 準備率操作などがある。中央銀行のもう1つの役割は, 信用制度の維持, 育

成であり，金融システムの安定性の確保である。

日本の中央銀行である日本銀行は組織上，旧大蔵省から独立していたものの，大蔵省に業務命令権，総裁の人事権などを掌握され，日本銀行独自に金融政策を実施することはできなかった。大蔵省，政府の介入は金融政策を歪めるとの批判が世界的なものになり，1998年4月，改正日本銀行法が施行され政府からの独立性が高められ，政策決定過程がより透明化されることになった。改正の重要な点は，政策委員会の機能強化，大蔵大臣（現在は財務大臣）による業務命令権の廃止，政策委員会の議事録の公開と国会への業務報告などである。また人事権でも政府との意見の相違を理由にした日本銀行の役員の解任はできなくなった。各国の主要な中央銀行としては，イングランド銀行（英国），フランス銀行，ブンデスバンク（ドイツ），連邦準備銀行（米国），欧州中央銀行（ユーロ圏）などがある。➡金融政策, 公開市場操作, 公定歩合, 支払準備率操作

中核市 core city 人口20万人以上の都市が対象で，市議会の議決と都道府県議会の同意の議決により，総務大臣により政令で指定を受けた都市のこと。中核市には，民生，保健衛生，都市計画，環境保全行政に関する事務などの権限が都道府県から移譲されるため，市の自主的，主体的な判断で地域の実情に応じ，迅速できめ細かな対応が可能となる行政が実現できるとされる。中核市制度は，1994年の地方自治法改正により，1995年4月に創設された。制度創設時には，面積要件（面積100平方km以上）や昼夜間人口比要件（昼間人口が夜間人口よりも多いこと）も必要であったが，その後の法律改正により廃止され，現在では人口20万人以上という要件のみである。2016年1月に中核市は45市となり，政令指定都市に次ぐ都市として位置づけられている。中核市の制度は，現在の日本の大都市に関する政令指定都市と並ぶ特例制度の1つである。

中間財 intermediate goods 生産活動のために使用される加工過程を経た財。

あらゆる生産活動の究極の目的は消費の対象となる財・サービスである最終消費財の生産であるが，最初の投入は生産されたものではなく，最初から既に存在した労働や土地など本源的生産要素と呼ばれるものである。今日の投入・産出プロセスにおいては，本源的生産要素だけではなく生産活動の成果である多くの産出物が，投入物として用いられるが，これらを本源的生産要素や最終消費財と対比して，中間財，ないし中間投入財と呼ぶ。➡最終生産物

中継貿易 entrepôt trade 輸出国から輸入国へ直接に貨物を送らずに，いったん第三国で陸揚げして，貨物をそのまま，もしくは修繕・加工などを行い，輸入国へ再輸出すること。中継貿易では貨物がいったん第三国に輸入されるが，輸入手続きがとられずにそのまま第三国を通過するならば，仲介貿易ということになる。中継貿易港の条件としては，関税のかからない自由港であること，国際的な交通の要所にあること，外貨取引が容易にできること，などがあげられる。香港やシンガポールなどが代表的な中継貿易港である。また，中継国である第三国が，政府認可の保税工場で，原材料を製品化させ，これを指定の輸入国へ再輸出することを，特に中継加工貿易と呼ぶ。

中小企業 small and medium-sized enterprise 大企業に対して，小規模ないし中規模の企業のこと。政府が政策対象とするための適用基準として，次の定義が与えられている。例えば，1999年に改正された中小企業基本法の定義によれ

ば，資本金3億円以下，ならびに従業員300人以下の企業を中小企業という。ただし，卸売業では資本金1億円以下，従業員100人以下，サービス業では資本金5千万円以下，従業員100人以下，小売業では資本金5千万円以下，従業員50人以下の企業を中小企業としている。また，従業員20人以下（ただし，商業・サービス業では従業員5人以下）の事業者を小規模企業と規定している。日本の企業のほとんどは中小企業である（99％超である）。中小企業は，大企業に比べて経営資源が乏しいため厳しい競争環境の中では不利な立場にある。しかし，中小企業の持つ多様性とダイナミズムが日本経済再生の鍵であるといわれている。

中小企業基本法 Small and Medium Enterprises Basic Act　中小企業政策の基本となる法律。中小企業に関する施策の総合的な推進を図ることを目的に1963年に制定された。中小企業の憲法とも呼ばれる。当初は，企業間の格差是正を政策目標とし，中小企業の全体的な底上げをめざしてきた。90年代での国際化の進展や急速な経済環境の変化に対応するため，産業構造政策から規制緩和・競争政策へと政府の政策転換が図られた。これを受けて，中小企業基本法は1999年に改正され，「多様で活力ある中小企業の成長発展」を新たな政策理念とし，全体の底上げから自助努力の支援へと重点を移した。中小企業の範囲についても，従来の「生産性，賃金等で大企業との格差が存在する層」から，「企業が積極的な事業活動を行う際に必要な各種の経営資源を，市場から調達することが困難な層」へととらえ直された。独立した中小企業者の自助努力を前提として，経営の革新や創業の促進，経営基盤の強化，市場の競争条件の整備，セーフティネットの整備などの施策を掲げている。➡規制緩和，セーフティネット

中小企業金融 small business finance　中小企業に対して，円滑な資金の供給と自己資本の充実を図るための金融制度。中小企業の資金調達は，信用力や担保力が十分でないため必要な資金調達が困難な場合が多い。中小企業金融制度が設けられ，国や地方自治体による金融支援が実施されている。主なものは，政府系中小企業金融機関による低利融資制度と信用保証協会による信用補完制度である。前者の例としては，特殊会社の日本政策金融公庫と商工組合中央金庫の2つがあり，後者の信用補完制度では，信用保証協会が民間金融機関による中小企業への融資を保証し，それを中小企業総合事業団が国の特別会計で再保険する仕組みが挙げられる。また，直接金融の中小企業金融制度として，投資育成株式会社などの公的機関が株式や社債の引き受けをしている。中小企業を対象とした債券市場の整備も図られているが，地域に密着した地銀，第二地銀，信金，信組などの地域金融機関が中小企業金融の重要な地位を占めている。

中小企業政策 SME (small and medium-sized enterprise) policy　1963年に制定された中小企業基本法を中心に，中小企業を保護・育成するための一連の政策のこと。当初は中小企業を「二重構造の底辺」の弱者として位置づけ，「大企業との格差の是正」を政策目標としていた。しかし，近年の産業構造の変化により，中小企業の役割や課題も変化したことを背景に，中小企業は機動性，柔軟性，創造性を発揮する「わが国経済のダイナミズム」の源泉として位置づけられ，①市場競争の苗床，②イノベーション，③就業機会創出，④地域経済発展，これらを担う役割が期待されるようになってきた。これに対応して，1999年に中小企業基本法が抜本的に改正された。改正法では，政策目標を「大企業との格差の是正」から，「独

立した中小企業の多様で活力ある成長・発展」に変更し，中小企業が，厳しい経営環境を克服し，活力ある成長発展を遂げられるように，①経営基盤の強化，②経営の革新や創業の促進，③セーフティネットの整備，これら3項目が政策の柱に置かれている。

中心極限定理 central limit theorem　確率論・統計学における極限定理の1つ。どのような分布から抽出された標本であっても，その平均値の分布が正規分布に従うことを表す定理である。つまり，平均値μ，分散σ^2をもつ母集団からとられた大きさnの標本の平均値$\bar{x}$の分布は，nが十分大きいときに近似的に正規分布$N(\mu, \sigma^2/n)$に従う。言い換えれば，
$$u = \frac{\bar{x}-\mu}{\sigma/\sqrt{n}} \sim N(0, 1^2)$$
である。中心極限定理が，多くの場合に正規分布を仮定する根拠となっている。
➡ 正規分布

中進国 semi-advanced countries　経済の発展段階から工業化の進展の度合いや所得水準などを総合的に判断し，発展途上国と先進国との間に位置する国。所得面のみに焦点をあてると，世界銀行の2015年の定義に従った場合には，中進国とは1人当たりGNIが4,036ドル以上12,475ドル以下の高位中所得国にあたると考えられる。また，その定義によると，12,476ドル以上の国は高所得国，1,026ドル以上4,035ドル以下の国は低位中所得国，1,025ドル以下の国は低所得国とされる。➡ 発展途上国

中途採用 hiring midway through the year　学卒者の新規採用に対し，学卒後就業経験者で，その退職後再就職を希望したり，就業中であるが転職を希望する労働者を労働市場で随時採用すること。学卒新規採用，社内人材育成，終身雇用，年功賃金中心の日本的雇用慣行の形骸化，解体が進むとともに，労働市場の流動化が進み，中途採用の増加が見込まれている。雇用，就業形態の多様化を可能にし，特に企業にとっては社内人材育成に伴う時間短縮，費用節減を可能にする期待が持たれている。労働市場の国際化，情報化によっても後押しされている。
➡ 終身雇用，日本的雇用慣行，年功賃金

中立化介入 intervention on neutralization　☞ 不胎化介入

中立的技術進歩 neutral technical progress　労働と資本に対する分配率を変化させない技術進歩のこと。ハロッド中立的，ソロー中立的，ヒックス中立的の3種類の定義がある。産出量Y，資本K，労働L，技術水準を表す係数をTとすれば，生産関数$Y=F(K,L)$に関してそれぞれ，$Y=F(K,TL)$，$Y=F(TK,L)$，$Y=TF(K,L)$と表すことができる。もし，生産関数がコブ＝ダグラス型$Y=K^\alpha L^{1-\alpha}(0<\alpha<1)$であれば，3種類の中立性はすべて同じものとなる。

現代の経済成長理論は，「定型化された事実」と呼ばれる先進諸国の経済成長におよそ共通して見受けられる現象に対する説明が求められている。その一つは資本と労働に対する分配率不変であり，いま一つは労働生産性つまり1人当たり産出量の恒常的上昇である。ハロッド＝ドーマー成長モデルにせよ，新古典派のソロー＝スワン成長モデルにせよ，当初のモデルでは均衡成長経路上で産出量，資本，労働の3変数は同率で成長し，労働生産性の成長は説明できなかった。この問題を克服するために導入されたのが中立的技術進歩の内生化である。それまでの経済成長理論では，技術進歩を外生的に与えられるものと想定しており，国によって異なる技術進歩率や技術進歩率を決定するプロセスを説明するものではなかった。技術進歩の内生化をはかる内生的成長理論への発展によって，労働生産性の恒常的な上昇現象が説明されるよ

うになった。➡技術進歩, 内生的成長理論, 労働分配率

超過課税 taxing at an excessive rate　地方税法において「通常よるべき税率」とされる標準税率を超えた税率を適用すること。個人住民税など多くの地方税では標準税率が採用されている。標準税率以外の税率を採用する場合には, 従来「特別の理由によって特別な財政需要が生じると認める場合」と規定されていたが, 「その財政上その他の必要がある場合」と改正され, 超過課税の適用上の緩和が図られた。なお, 市町村民税の法人の均等割および法人税割, 道府県民税の法人税割, 固定資産税, 事業税, 自動車税, 軽自動車税, ゴルフ場利用税については, 制限税率が定められている。➡標準税率

超過供給 excess supply　☞ 超過需要

超過需要 excess demand　ある財の市場において, 所与の価格の下で需要と供給の差が生じ, それが正である場合のこと。負であるときを超過供給と呼ぶ。この超過需要を価格の関数として表したものが超過需要関数である。超過需要関数に負の符号をつけたものが超過供給関数である。ワルラス的な価格調整メカニズムの下では, 超過供給(需要)は価格の下落(上昇)をもたらし, 価格の下落(上昇)が超過供給(需要)の縮小を促すことで均衡が達成される。一般均衡理論では任意の第i財についての需要と供給の差を超過需要として次のように表す。

$$E_i(p) = D_i(p) - S_i(p)$$
$$i = 1, 2, 3, \cdots, n$$

ただし, E_i, D_i, S_iは第i財のそれぞれ超過需要, 需要, 供給を表し, pは価格ベクトル$p=(p_1, p_2, \cdots, p_n)$である。財の数は$n$個である。超過需要関数は連続性, ゼロ次同次性を満たすとし, 一般均衡体系の記述や, 一般均衡解の存在証明, 安定性分析などに重要な役割を果たす。➡一般均衡, k次同次性

超過負担 extra financial burden　国庫支出金が交付される事業において, 地方公共団体が実際に支出した金額よりも, 国庫支出金の交付の基準額(国庫補助基本額)が下回る場合, 当該支出額と国庫補助基本額との差額のこと。しかし厳密にいえば, 地方公共団体が, 本来, 負担すべき金額を超えて不当に負担を強いられている金額をいう。超過負担が発生する要因としては, ①単価差, ②数量差, ③対象差(補助対象となるべき経費が除外されている場合に生じる)などが指摘される。➡国庫支出金

超過利潤 excess profit　総売上高から総費用を差し引いた額。一般的に利潤と呼ばれるものと同義である。なお企業が最低限獲得したいと望む利潤を正常利潤と呼び, 総費用の中に含まれる。

完全競争下, 利潤極大化をめざす企業は価格(=限界収入)を所与と見なし, 限界費用が価格と一致するところで生産量を決定する。その生産量の下で, 限界費用=価格が平均費用を上回る部分と生産量の積をその生産量の下での超過利潤と呼ぶ。図では, 矩形$ABCD$により表される。

なお独占市場においては, 独占利潤が

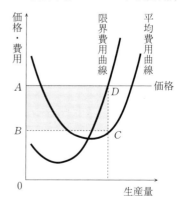

超過利潤となる。➡ 平均費用, 利潤極大化仮説

長期金融 long-term finance ☞ 短期金融

長期限界費用 long-run marginal cost ☞ 長期平均費用

長期費用関数 long-run cost function ☞ 費用関数

長期フィリップス曲線 long-run Phillips curve　長期に, インフレ率(物価上昇率)と失業率の間に存在すると考えられる関係を描く曲線。現実のインフレ率, 失業率と期待インフレ率との間には次の関係があると考えられる。

$\pi = f(u) + \pi_e$

πは現実インフレ率, π_eは期待インフレ率, uは失業率である。これは短期のフィリップス曲線を表している。短期的には, 現実インフレ率は期待インフレ率と一致しない。しかし, 長期的にインフレが続くとインフレ状態が常態と認識され, 現実インフレ率と期待インフレ率が一致してしまう。すなわち, $\pi=\pi_e$が成立する。したがって, 長期には, $0=f(u)$となり, インフレ率をゼロにする失業率(これは自然失業率と呼ばれる)で垂直となる。このような考え方は, 長期的には失業率を政策的に変化できないことを意味し, 自然失業率仮説と呼ばれる。以上はマネタリストの理論である。他方, ケインジアンは長期フィリップス曲線の勾配は絶対値で大きくなるが, トレード・オフ関係は依然残ると主張している。つまり, インフレ期待が長期ではインフレ率に完全に反映されるならマネタリストの主張が, 部分的にしか反映されないならケインジアンの主張が成立することになる。また合理的期待仮説を用いる新しい古典派では, 短期にも長期にも$\pi=\pi_e$が成り立ち, いかなる予期された貨幣政策も有効ではないと主張されている。➡ 物価上昇率, マネタリズム

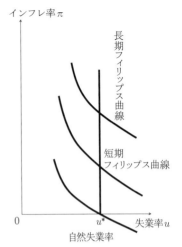

短期フィリップス曲線と長期フィリップス曲線

長期平均費用 long-run average cost　生産量1単位当たりの長期総費用。産出量を可能な限り最少の費用で生産するときの総費用をその産出量の関数として表すものを費用関数または総費用関数という。特にすべての投入生産要素を可変的と見なすことができるときの費用関数を長期費用関数または長期総費用関数とい

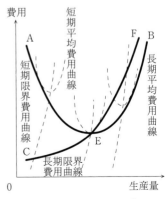

長期平均費用・長期限界費用

う。生産量をyとし，長期総費用関数を$c(y)$と表すとき，$c(y)/y$を長期平均費用関数，$(dc(y)/dy)$を長期限界費用関数と呼ぶ。長期平均費用曲線は，短期平均費用曲線の下方からの包絡線となる。図では長期平均費用曲線はAEBで示されている。長期平均費用曲線上の各点にはその産出量に対応する最も低い短期平均費用曲線が存在し，その短期平均費用曲線に対応する短期限界費用曲線上の点がその産出量の長期限界費用曲線上の点となる。このような諸点の軌跡が長期限界費限界費用曲線のうち，両曲線の交点から右上の部分EFが長期供給曲線になる。

調整インフレーション adjustment inflation 　特定の経済問題を解決するために，政策的な意図をもって引き起こされるインフレ。固定為替相場制の時代には，国際収支黒字の解消のため政策的にインフレが引き起こされた。また最近では，物価の持続的な下落と景気の悪化が相互に生じるデフレ・スパイラルに対処するために，穏やかなインフレを意図的に生じさせることを指す。その背後には，経済にとって望ましいのはインフレ率がゼロの状態ではなく，ある程度のインフレがあった方が，失業の改善や景気回復に良好な成果が得られるという考え方がある。数パーセント程度のインフレがあれば，経済に大きな負担を与えることなく，経済の調整が容易に行われるからである。しかし，物価安定を優先する中央銀行が，政策的にあえてインフレを引き起こすことは，現実には難しい。➡インフレーション，中央銀行，デフレ・スパイラル，インフレーション・ターゲット

長短金融分離の原則 separation of long-term and short-term credit　長期金融と短期金融を別々の金融機関が分業するという日本固有の規制や慣行のこと。従来日本では，この考え方に沿って金融機関の業務分野が規制されてきた。長短分離の根源は明治政府による近代的銀行制度の導入に遡る。戦後も，商業銀行(普通銀行)には経営健全の観点から短期金融に特化させ，別途，長期金融を専門で行う金融機関，すなわち長期信用銀行と信託銀行を設けることになった。この長短分離主義は，1952年の「長期信用銀行法」と「貸付信託法」でその基礎を与えられた。長期信用銀行は金融債，信託銀行は貸付信託という安定的な資金調達の手段を与えられたことによって，重化学工業を中心とした強い資金需要に応じることになった。こうした状況は高度成長の実現に大きく貢献したが，1993年の金融制度改革で普通銀行に中長期預金，長期信用銀行に短期金融債の導入が認められ，両者の境はほとんどなくなった。なお現在，長期信用銀行はない。➡短期金融

直接金融 direct financing　資金の借り手と貸し手，企業と投資家が直接結びついている仕組みのこと。証券会社などが仲介する。企業は株式, 社債, コマーシャルペーパー(CP)など(本源的証券)を発行し, 投資家は市場からそれらを購入する。間接金融とは, 銀行などの金融機関が預金を集め, それを企業などに貸し出す仕組みである。資金の貸し手と借り手の間に，金融機関が入っている。戦後の日本は産業育成の政策が銀行を巻き込む形で行われたこともあり，間接金融が中心であったが，近年ではリスクを広く分担できる直接金融の機能を強化すべきだとの議論も強い。➡コマーシャルペーパー，証券会社

直接借款 direct loan 　☞　円借款

直接税 direct tax　納税者と担税者が一致している税のこと。間接税とは，納税者と担税者が一致していない税をいう。納税者が担税者と一致するかしないかは，その税が転嫁するかどうかに依存する。しかし転嫁するかどうかは財の需

給関係で決まり，予め確定しているものではない。そこで通常は税法上で転嫁が予定されているかどうかで直接税か間接税かに区別される。直接税としては，所得税，法人税，相続税，住民税，固定資産税などがある。間接税としては，消費税，酒税，たばこ税，揮発油税などがある。

なお総税収に占める直接税と間接税の割合を直間比率という。直間比率には理論的に妥当な水準があるわけではなく，歴史的経緯あるいは国民性から決まってくる値である。課税方法から直接税の割合が上昇しやすいという傾向がある。直接税，間接税共に経済に対する影響は長所・短所があり両者をバランスよく組み合わせる必要があり，その意味で直間比率は重要な指標である。今日，日本では直間比率はほぼ 7：3 となっている。 → 税の転嫁

貯蓄 savings 一般に家計貯蓄のことを指し，可処分所得から消費を差し引いた金額。したがって，貯蓄の決定要因は，消費の決定要因と表裏の関係にある。古典派理論によると貯蓄は利子率に依存するが，ケインズ理論では所得に依存するとされる。貯蓄はフローの概念であるが，各種の資産保有の変化に結びつくので，それら資産ストックの変化をもたらす。なお家計部門における貯蓄と企業の留保利潤である企業部門における貯蓄の合計は民間貯蓄と呼ばれる。また，この民間貯蓄に公的貯蓄（政府の税収から歳出を差し引いたもの）を加えたものは，国民貯蓄と呼ばれる。貯蓄は企業の投資をファイナンスする原資の役割を担うので，その水準はマクロ経済にとって重要である。

貯蓄関数 saving function 貯蓄水準の決定要因とメカニズムを説明する関数。経済学的には貯蓄は可処分所得のうち消費されずに残された部分と定義されるので，消費関数とは表裏の関係，すなわち「貯蓄関数＝所得水準－消費関数」と考えることができる。つまり消費関数を特定すれば，貯蓄関数も同時に特定化されることになる。

貯蓄超過主体 surplus units 収入が支出を上回るなどにより，資金の余剰が生まれている経済主体。貯蓄の主体は主に家計（ないし個人部門）である。家計の貯蓄は，可処分所得のうち消費を上回る部分をいう。これを資金の面から見ると，貯蓄は余剰資金として，預貯金，株式，保険，投資信託のような金融商品の形で保有される。家計のこれらの余剰資金は，直接金融や間接金融を通じて，資金不足の状態にある経済主体（企業や政府）に対して貸し付けられる。またこのような資金の流れは，国民経済計算の「資金循環表」から把握される。

貯蓄の動機 motivation for saving 貯蓄を促す要因のこと。貯蓄は消費の繰り延べであり，貯蓄の動機は将来消費のための現在消費の抑制と説明できる。従来わが国では他の先進国に比して貯蓄性向が高く，それに対する説明として注目されてきたのが家計の貯蓄動機であり，①病気・失業等の不時の出費への備え，②老後の生活費への備え，③結婚・住宅購入・子供の教育など将来の大口出費への備えなどが挙げられる。そのほか一般的に貯蓄動機を強める要因として，社会保障制度の不備，ボーナスなど給与支払制度のあり方などが指摘される。ただわが国の貯蓄性向は，その後，低下傾向を示し，近年は他の先進国並みかそれ以下となっている。

直轄事業 projects under the direct control of central government 国が主体となって行う公共事業。直轄事業であっても，経費をすべて国が負担するわけではない直轄で行う事業の経費に対する地方公共団体の一部負担額を直轄事業負担額という。国が行う直轄事業とは，①便益

が地方公共団体に及ぶ場合, ②事業区域が2府県以上にわたる場合, ③事業規模が著しく大きく地方公共団体だけでは経費を負担しきれない場合, ④高度な技術や機械力が必要な場合など, 地方公共団体が実施することが困難または不適当と認められる事業とされる。例えば, 道路, 河川, 砂防, 海岸, 港湾等の建設事業およびこれらの施設の災害復旧事業が該当する。国の直轄事業における地方公共団体の負担割合は, 法律または政令によって定められている。 ➡ 地方単独事業

直轄事業負担金 financial burden of projects under the direct control of central government ☞ 直轄事業

直間比率 direct and indirect tax ratio ☞ 直接税

賃金の下方硬直性 downward rigidity of wage 労働市場において労働の超過需要が発生すれば貨幣賃金率は上昇するが, 労働の超過供給が発生しても容易に貨幣賃金率が下落しない傾向のあること。伝統的な新古典派経済学では伸縮的な価格の変化, 弾力的な需給変化の想定の下, 完全雇用命題が導かれた。これに対しケインズ経済学ではこの想定を非現実的とし, 特に労働市場における賃金の下方硬直性の想定に依拠して不完全雇用均衡の成立を説明した。このような下方硬直性が生じる理由として次のような説明がなされている。強力な交渉力を持つ労働組合を通じて集団的な賃金交渉が行われる場合, 直接交渉対象の貨幣賃金率の切下げに組合は強い抵抗を示す。また最低賃金率の法制化, 現在の被雇用者への雇用主側の配慮の影響もある。従来のケインズ経済学がいわばアドホックな仮定として賃金率の下方硬直性を用いたのに対し, 近年の新しいケインジアンの立場では, 経済主体の合理的選択行動の結果として賃金率の下方硬直性を説明しようとする動き, すなわち暗黙契約の理論,

メニュー・コストの理論などが近年注目されるに至っている。 ➡ 暗黙契約の理論, ケインズ経済学, 不完全雇用均衡, メニューコスト

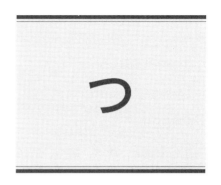

ツィアン=ゾーメン・モデル Tsiang-Sohmen model 外国為替市場の分析のために, ツィアン (Tsiang, S. C.) およびゾーメン (Sohmen, E.) が1960年前後に提示した短期部分均衡モデルであり, 今日でも, 短期の時間的視野の下で, 直物・先物両為替市場の均衡, 為替相場の決定メカニズム, 金利裁定および投機を中心とした国際短期資本移動を分析・理解するための出発点として利用されることが多い。このモデルでは, 為替需給の動機を, ①決済, ②金利裁定, ③投機, ④過去に行った投機の清算の4つに求める。決済は, 輸出入等国際取引に伴う「直物決済」とリスク・ヘッジのための先物為替の需給としての「カバリング」に分けられる。金利裁定は, 現時点で資金が自国から流出 (自国へ流入) する場合には, 直物為替の需要 (供給) と先物為替の供給 (需要) をもたらす。投機に基づく為替需要は, 専ら先物為替の需給として市場に出てくると仮定される。また, 前期に行った先物為替による投機は, 今期に清算され, 直物為替の需給をもたらす。

このモデルの定式化は次のようにな

る。Eを直物相場，Fを先物相場，πを将来の直物相場の予想値，iを自国金利，i^*を外国金利，D, A, S_{-1}をそれぞれ，直物決済と金利裁定と投機の清算のための直物為替の超過需要，H, Sをそれぞれ，カバリングと投機のための先物為替の超過需要とすると，直先両市場の同時均衡は，

直物市場の均衡：$D(E)+A-S_{-1}=0$

先物市場の均衡：$H(F)-(1-i^*)A+S(F-\pi)=0$

金利裁定式：$(1+i)E=(1+i^*)F$

なお，通常は，$D'<0$, $H'<0$, $S'<0$で表される。ここで，i, i^*, π, S_{-1}が与えられれば，この3本の式から，直物相場E, 先物相場F, 金利裁定量Aが決定され，その結果，投機額Sも決まる。➡為替レート，裁定，先物為替レート（先渡レート），直物取引，投機，カバリング

通貨 currency 狭義には，流通貨幣すなわち貨幣の機能のうち交換手段機能（支払手段機能あるいは決済手段機能）を果たす貨幣のこと。本位貨幣，銀行券，補助貨幣などの現金通貨と預金通貨などのすべての信用貨幣をも含む。広義には，貨幣と同義である。なお現金通貨のうち日本銀行券は日本銀行が発行し，硬貨は財務省が発行している。➡貨幣，ビットコイン

通貨オプション foreign currency option 将来の特定の期日あるいは期間内に，あらかじめ決めた価格で外貨を売る権利あるいは買う権利のこと。この権利の売買（通貨オプション取引）を含めて呼ぶこともある。外貨を売る権利をプット・オプション，外貨を買う権利をコール・オプション，あらかじめ決められた外貨の売買価格を行使価格，権利の価格をオプション料（プレミアム）という。例えば，今，3カ月先にドルを受け取る予定の輸出企業が，1ドル当たり2円のオプション料を支払って，3カ月後に1ドル＝120円で売る権利を購入したとしよう。このとき，3カ月後の直物相場が120円より円高になれば，この輸出企業は権利を行使して，1ドル＝120円で売ることによって，オプション料を差し引いた118円を確保できる。逆に，120円を超える円安になった場合には，権利を放棄して，直物市場でドルを売ることによって1ドルについて（直物相場－2円）を獲得できる。通貨オプションは，先物為替とともに，為替リスクを回避する手段であるが，先物為替が期日に必ず実行する義務があるのに対し，権利を放棄することができ，為替リスクの回避とともに，為替差益が期待できるのが特徴である。➡先物為替レート（先渡レート），直物取引

通貨危機 currency crisis 為替レートが暴落あるいは暴騰し，為替取引の安定性が著しく損なわれる，あるいはそのシステム自体が維持不可能な状況に陥ってしまうこと。一国の通貨に対する信認が失われることにより投機がなされる場合や，あるいは投機自体を目的として投機がなされる場合に，巨額の資本の流出あるいは流入が突然発生することで引き起こされる。例えば，1992年から1993年にかけての欧州通貨危機は，欧州各国が通貨統合をめざす中，ファンダメンタルズの格差から英ポンドとイタリア・リラが売り込まれるとともに，フランス経済の脆弱さの再認識からフランス・フランが投機的に売られた。その結果，為替レートの変動幅をそれまでの上下2.25％から15％へと拡大することを余儀なくされた。また，1994年にメキシコで発生した通貨危機は，それまでの経常収支の継続的な赤字と為替レート切下げに対する期待から，メキシコ・ペソの投機的な売りが発生したものであった。これによりメキシコは固定為替相場制を放棄し，

変動為替相場制を採用せざるを得なくなった。1997年のアジア通貨危機では、タイ経済の成長に対する懸念からタイ・バーツが大きく売られ、それまでのドル連動性の為替相場制から管理フロート制へと移行することとなった。また2010年にはギリシャ共和国の財政赤字隠蔽からユーロ危機が発生した。➡固定為替相場制、投機、変動為替相場制

通貨協定 monetary agreement 2国間あるいは多国間で各国の通貨に関する環境に対して、規制を行うあるいは調整をするための協定。主な目的は、協定加盟国間の決済を円滑にし貿易を促進すること、加盟国内の物価水準の安定性を確保することと、為替レートを安定的に維持することにある。通貨協定の代表的なものとして、第2次世界大戦前のイギリス、アメリカ、フランスによる3国通貨協定が、また、第2次世界大戦後の1958年に設立された多国間通貨協定である欧州基金と多角的決済制度から構成されていた欧州通貨協定（EMA）がある。

通貨先物 currency futures 外国通貨を、将来の特定期日に、あらかじめ決められた価格で売買する、金融先物取引所で行われる取引の契約。先物（先渡し）為替と異なる点は、取引額や決済期日などが規格化されているところ、および取引が相対ではないところである。通貨先物取引では、買付代金と売戻しによる売受代金または売付代金と買戻しによる買付代金の差額だけを決済する差金決済が一般的である。また、契約に際しては、一定の証拠金の積立が求められ、相場の変動によって証拠金の追加や返却が行われる。通貨先物取引は、差金決済によるため、わずかな資金（証拠金）で大きな取引ができ、為替投機の手段として利用される。一方、輸出入業者等にとっては、通貨先物取引によって、直物取引と先物取引の損益が逆に動くことになり、リスク・ヘッジが可能となる。代表的な通貨先物市場としては、シカゴ・マーカンタイル取引所をはじめ、東京、シンガポール、フランス等の国際金融先物取引所がある。
➡為替投機、先物為替レート、直物取引、通貨オプション

通貨主義 currency principle 銀行券の発券を裁量に委ねず、準備金量で規制すべきであるとする考え方。19世紀、英国においてイングランド銀行券の増発と物価、金価格の高騰との因果関係をめぐって論争が展開された。通貨主義の主張では、純粋金属貨幣制度の下では、通貨の余剰により起こる物価上昇（インフレーション）は、金属の対外流出を通じて自動的に調節され、均衡が図られる。けれども銀行券が並列的に存在すれば、自動調節機能が働かないので、物価上昇を引き起こす。

これに対して銀行主義では、金属の流出入は商品としてそれが退蔵されることになり、通貨量を増減させることにはならない。銀行券の発行量は、銀行の裁量によるのではなく、取引の必要に応じて増減するもので、発券銀行が手形、小切手を割り引いている限り、銀行券は必ず還流するので、過剰な発券は起こりえない。通貨供給は経済上の必要に対応すべきであるとする。

この論争は、1844年にピール条約が成立しイングランド銀行を発行部と銀行部に二分させ、通貨主義に軍配があがったが、これによってイングランド銀行は中央銀行としての特権的地位を得て、金本位制の確立に影響を与えることになる。同論争は、国と中央銀行のあり方を含め、以降の金融理論、銀行制度の論議にも大きな影響を与えている。さらに同種の問題は、第2次世界大戦後の日本のインフレーションに際しても再燃した。➡金本位制度

通貨スワップ currency swaps 異

なる通貨で債務を持つ2つの借入者が、互いの債務を交換する取引のこと。原則として、取引開始時に、そのときの直物レートで債務の元本交換が行われ、取引終了時に同一のレートで債務の再交換が行われる。例えば、A社は1億ドルのドル資金を、B社は100億円の円資金を必要としており、A社のドル調達金利は5％、円調達金利は4％、B社の円調達金利は5％、ドル調達金利は4％とする。また、直物レートは1ドル＝100円である。このとき、A社が金利4％の円建て債100億円、B社が金利4％のドル建て債1億ドルを発行し、両者が債務を交換することによって、A社は100億円と引き替えに1億ドルを、B社は1億ドルと引き替えに100億円を入手することができる。その後、利払い時には、A社はドル建て債の金利400万ドルをB社に、B社は円建て債の金利4億円をA社に支払う。これによって、A社がドル建て債を、B社が円建て債を発行したときと比べ、A社とB社はそれぞれ100万ドルと1億円の金利を節約できる。取引終了時には、A社とB社は、元本の再交換を行い、それぞれ相手から100億円と1億ドルを受け取り、債券の償還を行う。通貨スワップは、金利や手数料コストの節約の手段としてだけでなく、為替リスクの回避の手段としても利用される。➡ 為替リスク

通貨バスケット制 currency basket system ☞ 固定為替相場制

通貨発行益 seigniorage 管理通貨制度において中央銀行が銀行券発行や準備預金受入に見合う資産からの利息を運用することによって得る利益。通貨発行益は貨幣、銀行券発行の過程で生じるが、国が中央銀行に銀行券発行を独占的に認めた結果発生する利益で、本来は国民に帰されるべきものである。そのため銀行券の製造費、事務諸費用などを差し引いた残りは、国庫に納付される。諸外国でも国庫に納付されるのが普通である。➡ 管理通貨制度、中央銀行

通貨ブロック currency block 複数の国あるいは地域が通貨の価値基準の統一を図り、それら以外の国あるいは地域に対して相対的に安定的な為替レートを形成すること。またはそれを形成している地域。1931年に金融恐慌が発生したことでイギリスが金本位を停止した後、各国が通貨切下げ競争を行うとともに、イギリスおよびカナダ以外のイギリス連邦諸国などを中心としてスターリング・ブロックを形成したことはその1つの例である。このような通貨ブロックは、不況を他国に押しつけ自国経済の不況からの脱出を試みる近隣窮乏化政策の主たる手段であった。➡ 近隣窮乏化政策

通関 customs clearance 国境を通過する輸出入貨物に対し、正規の手続きに従い所轄の税関を通過させること。税関は、関税法等に基づく一般関税行政のほかに、外国為替及び外国貿易法、輸出入を規制するその他の法律等による輸出入管理業務を行う。また、通関統計は、貿易統計の別称で、日本から輸出入されるすべての商品の動きを把握するため、税関に提出された輸出入の申告書に基づいて、財務省が毎月作成し、公表するものである。貿易額をとらえる場合、税関を通過した貨物の流れを基準にして集計したものを通関ベース貿易額といい、通関統計において表示される。貨物の通関量に関係なく、外国為替の受払いを基準にして集計したものを為替ベース貿易額という。通関ベース貿易額は、為替の受払いを伴わない経済援助などを含み、輸出はFOB、輸入はCIFで集計するので、為替ベース貿易額とは一致しない。近年では、輸出入・港湾関連情報処理システム（NACCS）が、税関、関係行政機関と運輸業者、倉庫業者や金融機関など関連民間業界をオンラインで結ぶことにより輸出

入等にかかわる業務の効率化を図っている。 ➡ 外国為替及び外国貿易法

通商政策 trade policy ☞ 貿易政策

積立方式 reverse financing scheme
年金制度において，ある個人が労働期に支払う保険料を積み立て運用し，これを引退後給付金として受け取る仕組みのこと。支給開始時点で積立金の元利合計と老後に受け取ると推計される受給額の現在価値合計が一致すれば年金財政は均衡する。しかしながら労働期における保険料積立が不十分であったり，老齢期における費用が掛かりすぎると年金額が不足し，年金財政は破綻する。積立方式の公的年金は一種の強制貯蓄であり，異時点間の所得再分配の機能を持つ。現役時代に老後に備えた貯蓄をしない個人が存在すると，社会はその個人が老齢になったときに支える必要があり，政府が予めそうした個人に貯蓄を強制するという面がある。また，政府の経営であることから，保険料の減免，支給額の上限設定など貧富の差を考慮した措置がなされることが可能である。日本では，将来の年金給付額の増加を緩和するために，年金積立金を保持しつつ，保険料率を段階的に引き上げる修正積立方式を採用している。 ➡ 年金，賦課方式

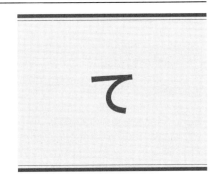

DI Diffusion Index ☞ 景気動向指数，一致指標

ディーセント・ワーク decent work
1999年，ILO（国際労働機関）のフアン・ソマビア事務局長が就任時に掲げたスローガンで，ILOの活動の主目標と位置づけられ，「人間らしいやりがいのある仕事」「適切な仕事」などと訳される。具体的には，人間らしい生活を営むため必要な人間らしい仕事のことであり，「ディーセント・ワークとは，権利が保障され，十分な収入を生み出し，適切な社会的保護が与えられる生産的な仕事を意味する。それはまた，全ての人が収入を得るのに十分な仕事があること」と表現されている。ディーセント・ワークの実現に向け，①仕事の創出，②社会的保護の拡充，③社会対話の推進，④仕事における権利の保障，これら4つを戦略目標としている。ディーセント・ワークの実現を図るため，各国は①ILOで制定された労働に関する国際的な基準の適用，②雇用と収入の確保，③社会的保護や社会保障の適用，④政労使三者による対話促進，これらの状況に照らし，国内事情に応じた達成可能な目標を設定することが求められている。

TOB take-over bid ☞ 株式公開買付け

ディスインターメディエーション

financial disintermediation　元々は中間業者を中抜きする取引を意味する言葉。金融市場では、銀行などの金融機関を通じた金融仲介機能が縮小すること。具体的には、銀行預金からの資金流出と貸出資金の減少による銀行部門のシェアの低下を指す。短期金融市場の金利の上昇は、預金よりも各種自由金利金融商品の保有を有利にさせて銀行は資金量の減少から貸出を減少させることになる。インフレーションも預金流出を招く。➡ 短期金融市場

ディスインフレーション　disinflation　インフレーションあるいはインフレーション率がしだいに緩和され、持続的な物価上昇ないし物価上昇率が収束していくこと。ただしその程度は、物価上昇率が持続的にマイナスの値を取り続けるデフレーションにまでいたるような、大幅なものではない。人々のインフレ期待を収束させることが、インフレーション収束のための極めて重要な要素であることが、1970年代のスタグフレーションの経験からしだいに理解されるようになった。具体的には、1980年代に、英国のサッチャー政権や、米国のヴォルカー議長の下での米連邦準備理事会が、インフレ期待の収束をめざすディスインフレーション政策を採用した事例がある。➡ スタグフレーション，物価上昇率

ディスクロージャー　disclosure　企業や団体等が自らについての情報を公開すること。株式等の有価証券が適切に価格付けされるためには、企業に関する正確な情報が迅速に投資家に伝達されねばならない。また、経営状態の良し悪しが利用者にとって重要な関心事である銀行業や保険業などの金融業においては、利用者の自己責任を求めるための前提条件であるといえる。制度上、金融商品取引法により、上場企業は財務諸表などを記した有価証券報告書を金融庁に提出しなければならない。また、保険業法や銀行法は、それぞれの業態に対して、ディスクロージャー資料を作成・公開する義務を課している。さらに、証券取引所は、上場企業に対して情報の適時開示義務を課している。近年では、有価証券報告書等の電子開示サービスであるEDINETや、東京証券取引所のTDnet（適時開示情報伝達システム）など、インターネットを利用したディスクロージャーも発達している。また、特に投資家や証券アナリスト等に対して、情報を公開することによって企業評価の向上を目指す活動をインベスター・リレーションズ（IR）と呼ぶ。➡ IR，金融商品取引法，金融庁

t値　t-value　計量経済モデルにおいて、回帰パラメータの有意性の検証において用いられる指標。以下の回帰モデルについて説明する。

$$Y = \alpha + \beta X$$

上式において、βはXがYをどのように説明しているかを示す重要なパラメータである。特に、XがYを説明できるかどうかが重要であるため、帰無仮説を$H_0: \beta = 0$としてβの有意性を検定する。一般的なt検定の検定統計量は以下のように表される。

$$t = \frac{\hat{\beta} - \beta}{s_{\hat{\beta}}}$$

ここで$\hat{\beta}$は推定値、βは帰無仮説で指定された定数、$s_{\hat{\beta}}$は$\hat{\beta}$の標準誤差である。上式において$\beta = 0$としたときの検定統計量がt値である。分母の標準誤差は小さく、一方で分子における推定値$\hat{\beta}$と帰無仮説で指定された定数とは差が大きい方が良いため、t値は高い値をとっていることが望ましい。一般的に3が目安とされる。

ディマンド・プル・インフレーション　demand-pull inflation　総需要が、経済全体の供給能力を上回っているときに発

生するインフレーションのこと。経済が完全雇用以下の状態にあれば、総需要が増大してもそれに応じた産出高の増大が可能であり物価上昇は生じないが、完全雇用に対応する産出高を上回る総需要があれば物価上昇が起こる。こうした考えは1970年代の自然失業率仮説の登場以後は、完全雇用に対応する産出高に代わり、自然失業率の下で実現する産出高を上回る総需要が、インフレーションを引き起こすと説明されることが多い。サプライ・ショックなど総供給の変化を原因とする場合とは異なり、この型のインフレには総需要管理政策が有効であり、総需要を適正水準まで引き下げるような財政・金融政策によって対応できる。➡インフレーション、総需要管理政策、長期フィリップス曲線

定額税 fixed amount taxation, lump-sum tax　税額が一定であり、収入、年齢、家族構成等の納税者についての属性を考慮しないで課される租税をいう。直接税では住民税の均等割や、間接税では酒税、たばこ税などに見られる従量税がある。

低金利政策 low-interest rate policy　公定歩合や政策金利などの引下げのほか、公開市場における買い操作、支払準備率の引下げ等、通貨供給の増加により、市場における通貨需給の緩和から市場金利を引下げ、総需要拡大、景気拡大を目的とする緩和的金融政策をいう。わが国では1990年代の金融危機、長期不況の下、究極の低金利政策としてゼロ金利政策がとられ、コール・レートを実質ゼロにまで低下させたが、その後、金融政策の操作目標を金利から数量、つまり日銀当座預金残高に移し、コール・レートがゼロとなった後も残高引上げ措置、つまりさらなる量的緩和がとられた。こうしたいわば市場的低金利政策、緩和政策のほか、企業の金利負担を軽減、投資活動を促進する目的で、金利規制、信用割当による規制的低金利政策があり、わが国では高度経済成長期に採用された。➡金融政策、信用割当、ゼロ金利政策、量的緩和政策、マイナス金利、アベノミクス

テイク・オフの先行条件期　pre-condition for take-off　☞　離陸

帝国主義　imperialism　帝国主義とは、独占資本と金融資本が支配力を確立し、市場の確保のために、国家と一体となり植民地や領土拡大に向けて行う活動、またそのような活動を生み出す資本主義の段階を指す。1874年に成立した英国のディズレイリ保守党内閣が行った海外膨張主義が嚆矢とされる。欧米先進国では19世紀後半に重化学工業が急速に発展し、少数の大企業がカルテル・トラストなどの独占を形成するようになった。この独占企業が銀行資本と結びつき金融資本が形成され、資本主義経済は独占資本主義の段階に入った。この段階では、国内市場で消費される以上の大量生産が行われ、海外での原料供給地と商品市場の確保や、金融資本による余剰資本の投資先も必要となった。これを実現するために、独占企業は国家との結び付きを強め、その海外での経済活動自体が政治的・軍事的目的となった。1870年代以降、欧米の資本主義諸国はアジア、アフリカなどへの進出を図り、英国、フランスなどの先進資本主義国と、ドイツ、ロシア、日本などの後発資本主義国の間で植民地の獲得をめぐり国際的な対立が激化し、第1次世界大戦の原因となった。➡カルテル、独占資本主義、トラスト

定常均衡　stationary equilibrium　動学的システムにおける変化のプロセスで、一定の条件の下、一旦実現してしまえば、新たな変化の要因がなくなり、新たな与件の変化がない限り、時間の経過にもかかわらず同一の状態が持続するような状態。定常状態ともいう。微分方程

式による1変数システム$\dot{x}=f(x)$において$f(x^*)=0$を満たす$x=x^*$、あるいは2変数システム$\dot{x}=f(x,y), \dot{y}=g(x,y)$において$f(x^*, y^*)=0, g(x^*, y^*)=0$を満たす$x=x^*, y=y^*$は定常均衡である(ただし$\dot{x}=dx/dt, \dot{y}=dy/dt$)。新古典派のソロー＝スワン成長モデルでは、貯蓄率s、人口成長率n、資本・労働比率kとし、1人当たり産出量yを説明する生産関数$y=f(k)$の下で、動学的システムはkを変数とする微分方程式$\dot{k}=sf(k)-nk$で与えられる。このとき定常均衡は$sf(k^*)-nk^*=0$を満たす$k=k^*$として求められる。➡静学、ソロー＝スワン成長モデル

抵当証券 mortgage　抵当証券法(1931年)に基づき、不動産などを抵当に一般投資家から資金を借りるために発行される証券のこと。例えば抵当証券会社が企業や個人にビルなどの建設資金を、抵当証券発行の特約をつけた不動産抵当付で融資する場合、抵当証券会社は登記所に貸付債権と抵当権を一体にした抵当証券の発行申請をし、認められると証券が交付され、これを投資家に売却する。抵当証券は長期貸付債権を流動化できることが抵当証券会社にとってメリットとなる。投資家にとっては同一期間の債券に比べて高利回りが期待できることがメリットとなる。一般に期間は1～5年、販売単位は100万円である。抵当証券は抵当証券会社、銀行、証券会社のほか、百貨店、スーパーでも販売を取り次ぐところがありバブル期には残高が急増した。しかし抵当証券会社の相次ぐ破綻で投資家が損失を被ったこともあり、残高は減少傾向にある。

TPP　☞　環太平洋パートナーシップ

テイラー・システム Taylor system　20世紀初頭に米国人技師テイラー(Taylor, F. W.)によって提唱された生産管理についての体系のこと。主著*The Principles of Scientific Management*は当時の産業界に大きな影響を及ぼした。労働者・職人が伝習的に計画を作成し、それを目の子勘定的に監視するという従来の管理手法を、成り行き管理と批判し、科学的管理法と呼ばれる課業管理(task management)を提唱した。課業とは、労使双方が了承できるよう、客観的指標により定められた労働者1日当たりの作業単位を意味する。一連の作業を要素に分解し、その要素に必要な時間を研究する動作時間研究によって課業管理を行う。この課業の概念に基づき、それまでの生産現場で問題となっていた組織的怠業に対応するため、差別出来高給制(differential piece rate system)を作り上げた。ここでいう組織的怠業とは、単純出来高給制の下で、能率の上昇に伴う所得の増加分を雇い主が吸収することを念頭に置いた労働者が、対抗策として能率を低下させることを指している。

定率法 fixed percentage on reducing balance method　減価償却費の算定方法の1つ。減価償却資産の取得原価に定率の償却率を乗じて毎期の減価償却費を算定する方法のこと。2007年度税制改正により、2007年4月1日以後に取得する減価償却資産については、償却可能限度額(取得価額の95%)および残存価額が廃止され、耐用年数経過時点に1円(備忘価額)まで償却できることとなった。➡減価償却

ティンバーゲンの定理 Tinbergen's theorem　m個の独立した政策目標を同時に達成するには、少なくとも同数の独立の政策手段が必要であるという定理。経済政策の目標と手段の個数に関し、ティンバーゲン(Timbergen, J.)によって1950年代に提唱された定理。

手形交換 clearing　銀行に持ち込まれた手形、小切手を銀行間で決済する

仕組み。各銀行が決まった日時に，各地の手形交換所に集まり，手形や小切手を持ち寄り交換する。銀行間で交換を行った後の受払差額(交換尻)は日本銀行に各銀行が保有する当座預金を通じて決済される。手形交換所は，銀行協会が運営しており，手形や小切手の不渡りを出した者に対して銀行取引停止処分を課す業務も行っている。

適応的期待 adaptive expectations
前期に予想した予想値と，それが実際と比べてどれだけはずれたかを考慮して，新しい予想をたてるものとする期待形成。P_t^e, P_{t-1}^e をそれぞれ t 期, $t-1$ 期の期待価格，P_{t-1} を $t-1$ 期の実際の価格として，次式のように表すことができる。

$$P_t^e = P_{t-1}^e + \alpha(P_{t-1} - P_{t-1}^e)$$

$P_{t-1} - P_{t-1}^e$ が予測の誤差を示し，それがはずれた分の $100\alpha\%$ $(0<\alpha<1)$ だけ今期の予想を修正するものである。またこの式を書き換えると，$P_t^e = \alpha P_{t-1} + (1-\alpha)P_{t-1}^e$ となり，適応的期待は，前期の予想値とその実現値の加重平均値によって，今期の値を予想するといってもよい。さらに，$P_{t-i}^e = \alpha P_{t-i-1} + (1-\alpha)P_{t-i-1}^e$ $(i=1,2,\cdots)$ となり，これを順次代入すれば，$P_t^e = \alpha P_{t-1} + \alpha(1-\alpha)P_{t-2} + \alpha(1-\alpha)P_{t-3} + \cdots + \alpha(1-\alpha)^{n-1}P_{t-n} + \cdots$ となり，過去のすべての実現値を考慮して予想していることがわかる。➡ 期待形成

適債基準 qualification standard for bond issuing 社債の発行に際し，発行企業に要求される条件。財務状態や格付けなどが一定水準を満たし，信用力のある企業に社債発行を限定することで，投資家保護を図る目的があったが，社債の自由な発行の妨げとなり，社債市場，特に低格付け債市場の発展を妨げることになった。適債基準は，普通社債，転換社債など債券の種類別に基準が定められていた。1996年に撤廃され，以降はいかなる企業も自由に社債を発行できるようになった。また，中小企業が発行する私募債を信用保証協会が保証する「中小企業特定社債保証制度」においては，保証を引き受ける条件を適債基準と呼ぶこともある。➡ 格付け

適正成長率 warranted rate of growth
一定の貯蓄率 $(s=S/Y)$ と資本係数 $(v=K/Y)$，貯蓄はすべて投資され，また資本は完全利用されるとの想定下，達成される産出量増加率のこと。s/v で表わされる。ハロッド＝ドーマー成長モデルにおいて用いられた。上の想定の下で産出量は $Y=(1/v)K$ と表わすことができる。この関係は時間 t で両辺を微分することで次のような変化分の関係に変換できる。$\dot{Y}=(1/v)\dot{K}$。この両辺を Y で除して，$S=\dot{K}=sY$ を考慮すれば次式を導くことができる。

$$\frac{\dot{Y}}{Y} = \frac{1}{v}\frac{\dot{K}}{Y} = \frac{1}{v}\frac{S}{Y} = \frac{1}{v}\frac{sY}{Y} = \frac{s}{v}$$

ここでは適正成長率 v/s と自然成長率 n が一致したとき，均衡成長率が達成されるが，それぞれ別個に決まる定数 v, s, n が $v/s=n$ を満たすのは偶然であり，これが満たされないとき，両者の乖離がさらに拡大する「ナイフ刃の不安定」の発生が説明される。➡ ハロッド＝ドーマー成長モデル

適用除外 contracting out 公的年金と同額か，もしくはそれ以上の給付を行う私的年金に対して，公的年金の適用を除外し，公的年金を私的年金に代替することを認める制度のこと。例えば，イギリスのサッチャー政権の年金改革では，公的年金の一部が職域年金(いわゆる企業年金)や私的個人年金に代替された。ただし日本では，恩給法で規定される公務員，共済組合の組合員，臨時に使用される者(日雇い労働者，季節労働者等)など，社会保険庁長官の認可を受けて，被保険者の資格の喪失を指すこともある。

テクニカル・アナリシス technical

analysis　株式等の有価証券や商品先物等の投資判断において，過去の資産価格のデータ系列を利用して，将来の資産価格を予想する手法。証券の発行体の業績や財務指標，景気動向や金利等の経済状況を表す諸指標などの経済的要因を分析して投資判断を行うファンダメンタル・アナリシスと対比される。テクニカル・アナリシスに分類される分析手法は，いわゆるチャート（罫線）を利用したチャート分析や，統計学の手法を応用するものなど様々である。資産価格のデータ系列は，誰でも容易かつ安価に入手可能であるから，効率的な市場ではそのような情報はすべて現在の資産価格に反映されているはずである。この場合はテクニカル・アナリシスによって超過収益を得ることは不可能であり，テクニカル・アナリシスの有効性は否定される。しかし，機関投資家等を含め，長期にわたってテクニカル・アナリシスが活用されているのは，何らかの有効性があるからとも考えられ，テクニカル・アナリシスは完全に否定されるべきだとは断言できない。➡ 有価証券

デジタル情報　digital information
すべてのデータを数字の「0」と「1」の組合せで表した情報のこと。アナログ情報とは，量やデータを連続的に変化する物理量で表した情報をいう。数学的な用語でいうと，デジタル情報とは離散量（不連続量）で表された情報であり，アナログ情報とは連続量で表された情報である。自然界にあるものはアナログ情報であり，例えば，光や音などのように連続的に変化する。しかし，現在のコンピュータはデジタル情報しか処理できないので，これらのアナログ情報を細かく区切って数字に置き換えデジタル情報として処理している。情報をデジタルに変換することにより，情報技術と結びつき，大量の情報が超高速に送受信され処理できるようになった。デジタル情報は，いわゆるスピードの経済性を生み出す源泉である。

デジュリ・スタンダード　de jure standard　☞ ISO，デファクト・スタンダード，標準化

デノミネーション　denomination
日本で一般にデノミネーションという場合にはリデノミネーション，すなわち通貨の呼称単位の変更のこと。例えば，現在の100円を100分の1に切り下げて，新1円にするといった変更がデノミネーションである。変更の理由としては，トルコ，ブラジル，アルゼンチンなどのように，ハイパー・インフレーションに対処するためというものが多い。なお円のデノミネーションの経済的効果については，端数切上げによる物価上昇などのマイナス面と，円の国際化や需要創出効果などのプラス面の効果の両方が指摘されている。

デノミネーションという言葉の本来の意味は，通貨の呼称単位，あるいは金種のことである。例えば100円硬貨，500円硬貨といった金種がそれに当たる。

デビット・カード　debit card　即時払いで決済を行うカード。クレジット・カードが，利用代金をいったん発行会社が立て替え，後から利用者に代金を請求するのに対し，デビット・カードは，利用者がカードによる決済手続きを完了した瞬間に，利用者の預金口座から代金が引き落とされる点で異なる。実際には，銀行のキャッシュ・カードにデビット・カード機能を持たせている。クレジット・カードと比較すると，デビット・カードは与信を伴わないため，信用力の低い者でも容易に利用でき，また加盟店側にとってはクレジット・カードに比べ負担する手数料が低いという点で優れている。日本では，一部を除き金融機関等が設立した日本デビットカード推進協議会

がデビット・カード業務を運営しており，同協議会が運営しているJ-Debitやクレジットカードである VISA, JCB と提携したデビットカードが利用できる。→ クレジット・カード

デファクト・スタンダード de facto standard　公的機関等の決定によって確立された規格ではなく，市場における競争の結果として，当該市場において標準とみなされるようになった規格あるいは製品のこと。ラテン語の de facto standard をカタカナ表記したもの。事実上の標準，あるいは，業界標準と訳される場合が多い。例えば，電気製品の部品等の仕様に共通化された規格があれば，各企業はその規格に沿った製品を作ることによって，当該市場に参入することができる。多数の規格が併存している状況は，生産者にとっても消費者にとっても弊害は大きい。そのような状況を避けるため，工業製品の国際標準化を目的として設立されたのが，国際標準化機構 (International Organization for Standardization: ISO) である。また，ISO に対応する日本の規格が日本工業規格 (Japan Industrial Standard: JIS) である。しかしながら，公的機関が標準規格を策定しなくても，市場における競争の結果，デファクト・スタンダードとして確立される場合もある。パーソナルコンピュータ向けオペレーティングシステム市場における Windows と Mac，光ディスク市場における Blu-ray Disc と HD-DVD などがデファクト・スタンダードをめぐる競争として知られている。一方，デジタル機器とパーソナルコンピュータの間で利用する小型の記憶装置のようにデファクト・スタンダードが確立していない市場もある。→ ISO, 標準化

デフォルト default　債務不履行のこと。債務者が，元金もしくは利子を約束した期日に支払うことができなくなる状態を指す。また，そのようなリスクを指してデフォルト・リスクと呼ぶ。格付けは各格付け機関が推定したデフォルト・リスクの大小を表したものである。1997年には三洋証券がコール市場でデフォルトを発生させたため，コール市場参加者が経営に不安のある金融機関への資金提供を止めたことが，山一証券や北海道拓殖銀行の破綻の直接の引き金になったとされる。また2001年末にはアルゼンチンが，総額約1,300億米ドル相当の史上最大規模のデフォルトを宣言した。アルゼンチン国債の事例では，結局投資家は元本，利子，あるいはその両方を大幅に削減した新債券への交換を強いられることとなった。→ リスク

デフレーション deflation　一般物価水準が持続的に下落する状態のこと。デフレーションのもたらす重要な問題の1つは，債務者と債権者の間で，実質的な所得移転が発生することである。例えば，債務額が名目値で固定されているような場合を考える。物価水準の持続的な下落によって，債務の実質値は上昇を続けることになり，その結果，債務者の側では，実質上その負担の増大が生じる。しかし債権者の方ではそれとは逆に，債権の実質値の増大を享受できるので，債務者から債権者へという所得移転が起こることになる。もう1つの問題は，物価水準の下落予想が人々の期待において恒常化すると，例えば予想実質利子率の上昇などを通じて，景気の悪化を招き，それがさらなる物価下落を引き起こす悪循環が生じることである。→ 実質値, 物価水準, 名目値

デフレギャップ deflationary gap
☞ インフレギャップ

デフレ・スパイラル deflationary spiral　人々がデフレ期待を醸成することによりさらに実態経済がデフレ状態を強めること。一般物価水準の持続的な下

落があるとき，その経済はデフレの状態にあるといわれるが，このデフレに関する人々の予想が恒常化すると，実際的にも経済でデフレがさらに昂進することになる。例えば，一定の名目利子率の下で，物価下落が予想されると実質利子率が上昇し，これは企業の投資を抑制する。この投資の減少は，その乗数倍だけのGDPの減少を引き起こす。また，物価水準の下落は企業の実質債務負担を増大させ，景気にはマイナスに作用する。それらの結果，人々のデフレ心理はよりいっそう強くなり，それに応じて実物経済の縮小の程度も一段と激しさを増すと考えられる。このように，現実のデフレと，それにより形成された人々のデフレ期待が，物価水準の持続的な下落と実物経済の縮小が進行する。これをデフレ・スパイラルという。➡ 乗数理論，デフレーション，物価水準

デフレ政策 deflation policy 政府が，激しいインフレーションを収束させることを目的として実施する，縮小的財政・金融政策のこと。1880年代の松方財政，第2次世界大戦後のドッジラインによる一連の政策，同じく第2次世界大戦後のイギリスにおける増税等が知られている。松方財政とは，1877年に起こった西南戦争の戦費調達のため発行した不換紙幣の大量発行によって引き起こされたインフレを収束させる目的で，当時の松方正義大蔵卿が実施した増税，緊縮財政政策，紙幣整理等を指す。これに続くデフレを松方デフレともいう。第2次世界大戦後のイギリスにおいても，増税による需要の抑制によってインフレを収束させようとした。また日本においては，戦後復興のため設立した復興金融金庫が，その財源を日銀引受けによる復興金融債（復金債）発行で資金調達したため，激しいインフレに見舞われた。これに対処すべく，GHQの財政顧問ドッジ（Dodge, J. M.）がとった一連の緊縮財政・均衡予算等の政策をドッジラインという。また，デフレ政策は，ディスインフレーション政策を含む。➡ 金融政策，財政政策

デモンストレーション効果 demonstration effect ある個人の効用水準は自らの消費内容や消費水準だけでなく，他人の消費内容，消費水準にも影響されること，消費に伴う外部効果のことである。これをデューゼンベリー（Duesenberry, J. S.）はデモンストレーション効果と名づけた。社会生活，ことに消費内容や水準が社会的地位や成功の尺度と見られるような雰囲気の中では，自らの（一定の）消費から得られる満足度は他人の消費内容や水準に大きく左右され，そのことが逆に自らの誇示的消費による消費の高級化，高額化につながる。また途上国の消費傾向が先進国の消費傾向の影響をしばしば受けるのもこの1つといえよう。デューゼンベリーのこうした考え方は現在の消費水準は現在の所得水準のみならず，過去の最も高かった時の所得水準にも依存するという考え方につながり，相対所得仮説の1つの根拠ともなった。➡ ヴェブレン効果，外部性，効用，相対所得仮説

デュアル・カレンシー債 dual currency bond 購入および利払いと償還とが異なる通貨建てで行われる債券。二重通貨債，デュアル債ともいう。日本の投資家を対象としたデュアル債の場合，多くは，購入代金と利払いを円建て，償還を外貨建てにしている。これによって，購入，利払い，償還のすべてが外貨建てであるストレート外債と比べ，投資家の為替リスクが軽減されるという特徴を持つ。購入代金と償還を円建て，利払いを外貨建てとしたものは，リバース・デュアル・カレンシー債と呼ばれる。

デューゼンベリー Duesenberry, James Stemble（1918～2009） アメリカの経

済学者。1939年ミシガン大学卒業後，1948年同大学より博士号を取得。これに先立つ1942～1945年には空軍所属という経歴も持つ。研究者としての活動の多くをハーバード大学で過ごした。1969～1974年には，ボストン連邦準備銀行（Federal Reserve Bank of Boston）の議長も務めた。1940年代半ば以降米国ではケインズ型消費関数の現実的妥当性をめぐって論争があった。この消費関数論争において，モディリアーニ（Modigliani, F.）とともに，相対所得仮説を提唱したことで有名。その他にも乗数理論と加速度原理を融合することによる景気循環のモデル化への貢献などがある。➡景気循環論，ケインズ型消費関数，相対所得仮説

デリバティブ derivative 金融派生商品のこと。

具体的には，①先物・先渡し，②オプション，③スワップやこれらを組み合わせた複雑な金融取引のことを指し，基本的な金融市場取引から派生した取引ということから金融派生商品（デリバティブ）と呼んでいる。

① 先物・先渡し：将来の一定期日に，一定の約定価格で資産の売買を行うもの。これに対して通常の売買と同時に代金が決済されるものを現物取引と呼ぶ。

② オプション：オプションとは，選択権のことを意味し，購入者に対して資産売買の権利を与えるもので，原資産（例として，金利，金などの貴金属，大豆などの農産物，株価指数，為替レートなどがある）を将来の特定期日（または特定期間）に予め定められた行使価格で購入する権利をコール・オプションといい，原資産を将来の特定の日（または特定の期間）に，予め定められた行使価格で売却する権利をプット・オプションという。

③ スワップ：将来のある時点における債権・債務やキャッシュフローの交換契約を意味し，金利スワップは異なった金利方式のキャッシュフローの交換，例えば固定金利債務と変動金利債務，通貨スワップでは異なった通貨建てキャッシュフローの交換，例えばドル建債務と円建債務の交換，を意味する。

金融派生商品は元来はリスク・ヘッジの手段として開発されたが，投機，裁定機会の提供も担い，少額の資金で多額の取引が可能で，レバレッジ効果が期待でき，リスクとリターンの要素分解を可能にした。デリバティブの市場参加者は銀行，証券，機関投資家をはじめとして，事業法人も増加してきている。デリバティブ市場が発達した背景には，新たな商品が求められていたことやコンピュータ，情報・通信技術の発展が挙げられる。規制緩和でますます活発化していくと思われるが，デリバティブによる損失事故が相次いだのも事実であり，リスク管理体制の確立が必要であろう。➡オプション取引，裁定，投機，ヘッジ，リスク，レバレッジ効果

デリバティブ市場 derivative market デリバティブが取引される市場のこと。大きく取引所取引と店頭取引に分けられる。取引所で取引されるデリバティブの例は，TOPIX（東証株価指数）先物や，日経225先物や日経225オプションなどである。店頭（相対）市場では，為替予約，金利スワップ，気温や天気に連動して支払が行われる天候デリバティブ，信用リスクを対象とするクレジット・デリバティブなどが取引される。取引所取引は規格化されたデリバティブ商品に対し高い流動性を提供し，また取引相手の信用リスクを考慮する必要がない，取引コストが低いなどの利点がある。一方，店頭市場では，デリバティブの特徴を活かして，きめ細かな条件設定による取引が可

能であるが，取引相手の信用力について留意する必要がある。➡ 株価指数，決済リスク

展開形ゲーム game in extensive form ☞ 完全情報ゲーム，標準形ゲーム

転換社債 convertible bond 社債の一種。発行時に転換価額および転換請求期間が定められており，転換社債の保有者は転換請求期間中，転換価額で社債を株式に転換するよう発行企業に要求することができる。例えば，転換価額500円の転換社債を額面100万円分保有する者は，この転換社債を100万円÷500円＝2,000株に交換する権利を有する。仮に株価が600円になった時点で株式に転換して直ちに売却すれば，600円×2,000株＝120万円を得ることができる。逆に株価が低迷した場合は，権利を行使しなければ満期に償還を受けることとなる。社債の買い手にこのような権利を与える代わりに，金利や発行価格等，発行企業側に有利な条件で社債を発行することが可能になる。ただし，転換社債の発行は潜在的な株式供給量の増加につながるため，将来の株価の低下を招く可能性がある。そのため，既存の株主にとっては必ずしも有利ではない。なお，2002年の商法改正により，転換社債の正式名称が「転換社債型新株予約権付社債」となった。

電気通信産業 telecommunications industry 電気通信事業者法第2条に規定する電気通信役務を事業としているサービスを提供している産業のこと。テレコム産業とも呼ばれる。

電気通信事業者が提供するサービスは，大きく固定通信，移動通信およびインターネット接続の3つに分けられる。1980年代までは，電気通信産業の提供するサービスは，アナログ回線による音声伝送であった。1980年代後半にはファクシミリ，IT革命のあった1990年代にはPCの普及によって電子メール（Eメール）が普及し，既存のメタル回線を利用したナローバンド中心の文字や画像の通信が始まった。2000年前後には，既存のメタル回線を利用した高速通信技術の商用利用や光ファイバー化の開始などにより，効率的で高速な情報伝送を可能とさせるブロードバンド化が進展した。これと並行し，携帯電話の小型化とデジタル化が進み，NTT docomoがiモードのサービス提供を開始したことで，音声通話の可能な携帯電話によるインターネットへの接続が可能となった。2010年頃から従来の携帯電話よりも多機能化された通話可能な携帯PCの性格を持つスマートフォンが登場し，高速通信化が進んでいる。➡ ブロードバンド

電気通信産業における競争 competition in telecommunications industry 電気通信産業において，PCの普及および技術革新により数々の規制が緩和され，競争促進策が採られた状況。

電気通信産業は，長い間，規模の経済性，範囲の経済性やサンク・コストの存在から，多数の企業によってサービスが提供されるよりも単一の企業によって提供される方が効率的と考えられ，市場独占が容認されてきた。また，規制当局は，料金規制，参入・退出規制等を実施してきた。しかし，1980年代以降の市場原理主義の世界的流れの中で，わが国の電気通信産業においても，規制緩和，民営化，自由化が図られた。

1984年までは，音声伝送は日本電信電話公社および国際電信電話株式会社（KDD）が担っていた。1984年にこの分野に競争原理を導入し，市場の効率化や活性化を図るため電気通信事業法が制定され，通信回線開放，通信自由化及び通信民営化が実施された。それに基づき1986年に日本電信電話公社が民営化されるとともに民間企業の参入が認められ，日本テレコム，第二電電（DDI），日本移動通

信（IDO）等相次いで新企業が設立され，市場に参入した。これらの新規参入事業者はNCC（New Common Carrier）と呼称された。これにより，固定電話（一定の場所に固定された電話）サービスの多様化や料金の低下を促した。1999年にはNTTのNTT西日本，NTT東日本への分割とNTT持株会社の発足，2000年にはDDIとKDD等の合併ならびに2001年のKDDIへの名称変更など，業界の再編があった。

インターネット分野では，2001年にソフトバンク系のYahoo BBによってブロードバンドのデータ通信サービスが開始され，大幅な料金低下が起こった。さらに，テレビ放送の難視聴地域におけるケーブルテレビ局の地域開放とインターネットサービスの提供が行われるとともに，インターネット回線を利用した料金が安価なIP（Internet Protocol）電話が利用され始めた。

移動通信事業分野では，2000年に携帯電話サービスを提供していたDDIとKDD等が合併し，auとしてサービスを提供開始し，2004年にソフトバンクが日本テレコムを買収し移動通信事業に参入した。これ以降，移動通信事業者（Mobile Network Operator：MNO）は現在のNTT，au，ソフトバンクの大手三事業者体制となった。また，2004年の電気通信事業法の改正により，通信サービスごとに提供形態や料金を自由に決められるようになり，提供されるサービスが多様化され，2006年にはMNO間で携帯番号持ち運び（Mobile Number Portability：MNP）が可能となった。MNOは3社の寡占が続いたものの，移動通信料金は2005年から2013年までに約6割の水準に低下した。

スマートフォンが登場した頃から，携帯電話分野ではMNPを意識したキャッシュバック等によりのユーザーの奪い合いや囲い込みが熾烈となる一方で，料金は高止まりした。それを打破するために回線を借りて通信サービスを提供する格安simと呼ばれる多くの仮想移動体通信事業者（Mobile Virtual Network Operator：MVNO）が移動通信分野に参入し，2016年時点ではスマートフォンユーザーの約1割が利用している。 ➡ ブロードバンド，ナローバンド，IT革命，IoT

電子証券取引所 Electronic Communications Network ☞ 株式市場

電子マネー electronic money　現金や預金通貨の代わりに，電子データを用いた決済手段。あらかじめ現金等を電子マネーに交換しておくプリペイド方式と，クレジット・カードのように利用後に利用者に請求がなされるポストペイ方式に大別される。後者は，利用者があらかじめ与信を受ける必要があり，本質的にクレジット・カードと変わらないが，読み取りが非接触式であり，利用の際に署名を要求されないなど，使い勝手が電子マネーと類似している点を考慮して，電子マネーとして扱われることが多い。電子マネーはそれ自体が購買力を持っているため，データを支払先に転送した時点で決済が完了する。店頭での支払以外にも，読み取り端末を用意すればインターネットショッピングで使用できるものもある。現在日本で実用化されている電子マネーとして，プリペイド方式では，JR東日本の「Suica」や楽天の「楽天Edy」などがあり，またポストペイ方式では，NTTドコモの「iD」やモバイル決済推進協議会の「QUICPay」などがある。 ➡ クレジット・カード

点推定 point estimation ☞ 区間推定

伝統的社会 traditional society ☞ 離陸

同一性命題 equivalence of tariffs and quotas 関税と輸入数量割当は同じ効果を持つという命題。関税・数量割当の同値命題ともいう。関税がかけられると、国内価格は上昇して、国内消費は減少し、国内生産は増加し、輸入は減少する。このとき、消費者余剰は減少し、生産者余剰は増加することになる。これらと同じ効果を、輸入数量割当によって達成することができる。しかし、1つの大きな違いは、関税の場合、内外価格差が関税収入として政府に入るのに対して、輸入数量割当の場合、輸入枠を持つ輸入業者の収入となる。ただし、輸入枠の入札が行われるならば、内外価格差は入札金として政府に入ることになる。関税と輸入数量割当の同等性は、国内市場で完全競争が維持されるという仮定に依存している。関税から輸入数量割当への政策転換によって、国内の市場構造が独占化するような場合には、両者の同等性は成り立たない。また、輸入数量割当は関税よりも弊害が多い。輸入数量割当の行政費用は大きく、輸入枠の分配には、ロビイングや政治圧力、ひいては腐敗が入り込む余地がある。➡関税、輸入割当制度

動学 dynamics ☞ 静学

動学的安定 dynamic stability ☞ 安定

動学的安定条件 dynamic stability conditions ☞ 安定条件

等価変分 equivalent variation ☞ 補償変分

投機 speculation キャピタル・ゲインを得ることを目的として、有価証券や土地等の資産を売買すること。広い意味での投機とは、リスクと引き換えに収益を得ようとする資産取引全般を指す。リスクを回避するための取引（ヘッジ取引）や、リスクを負わずに利益を得ようとする裁定取引は投機とは呼ばれない。投資と厳密な区別をすることは難しいが、一般的には、特に短期的な視野で、ファンダメンタルズと無関係に取引を行い、利益を得ようとする行為を指して投機と呼ぶことが多い。➡キャピタル・ゲイン、ファンダメンタルズ、リスク

投機的動機 speculative-motive 資産選択の対象資産の1つと貨幣を考えた場合の貨幣保有動機。ケインズ（Keynes, J. M.）が取引動機、予備的動機とともに提唱した3つの貨幣保有（需要）動機の1つ。古典派等ケインズ以前の経済学は取引動機あるいは予備的動機による貨幣需要つまり取引需要しか考慮しなかったが、ケインズは今ひとつの貨幣保有動機として投機的動機に注目した。すなわち人は取引目的ではなく資産目的で貨幣を保有することがあるとする。通常、資産は利子の付く債券等で保有されるが、金利水準が低下すると、金利収入低下の所得損失を被る。加えてこの時将来の金利上昇予想が強まるが、金利の上昇は債券価格の下落つまり資本損失を引き起こす。このような損失を避けるため、金利の低下時、債券は売られ、資産を貨幣で保有しようとする傾向が強まる。そしてある水準まで利子率が低下するとすべての人々が債券保有をやめ、資産をすべて貨幣で持とうとするようになる。これをケインズは流動性の罠と呼んだ。ケインズはこのような貨幣保有動機を投機的動

機と呼び，投機的動機に基づく貨幣需要を流動性選好と呼んだ。➡貨幣需要，取引動機，予備的動機，流動性の罠

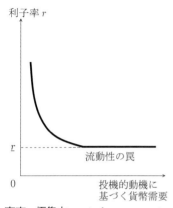

東京一極集中 unipolar concentration in Tokyo　1980年代，バブル経済のさなか，激しい地価高騰を伴いながら人口，経済，政治に加え文化の面でも見られた東京への著しい一極集中現象のこと。戦後，復興期や高度成長期を通して重化学工業化の波によりわが国では著しい都市化が進行，首都圏，関西圏，名古屋圏の三大都市圏への人口，経済活動の集中が進んだ。こうした傾向は石油危機，公害問題，折からの円高などにより1970年代を通じて収束していった。こうした傾向はその後1980年代に入って産業のサービス化，ソフト化，あるいは加工組立型先端技術産業化によっても克服されたが，その過程を先導した地域が東京であり，1980年代を通じ，関西圏，名古屋圏が停滞的に推移するなか，東京圏のみの人口，経済活動の集中，拡大，著しい地価の高騰が見られた。都市機能集積の相乗効果が，国際的なレベルで，経済，政治のみならず芸術，レジャーなど文化的分野でも生じたといわれている。こうした傾向は1980年代の終わり，バブル経済の終焉とともに一応の終息を見た。しかし近年再び東京一極集中が起っている。➡多極分散型国土，バブル経済

統計上の不突合 statistical discrepancy　本来2つの数値が理論的に等しくなるべきところが，統計の結果を見比べたときに両者の間に生じている不一致のこと。例えば，国内総生産の生産側と支出側は，概念上いずれも同じ値になっていなければならないが，実際には食い違いが生じる。これは国民経済計算での統計量が推計値であることに起因しており，統計の抽出誤差，推計方法や基礎統計の相違等によって起こると考えられる。このようなことから，国民所得統計では生産側に「統計上の不突合」という項目を設けて，両者が一致するように調整をしている。➡国内総生産，国民経済計算

等号制約条件付き最適化問題 optimization problem with equality constraints　制約条件が等式の形式で与えられた最適化問題のこと。経済学における最適化問題では，ラグランジュ未定乗数法によって解を求める方法がしばしば用いられる。今，n次元ベクトルxに対して，次のような問題を考える。

目的関数　　　　$f(x)$,
制約条件　　　　$g(x) = 0$

この場合，ラグランジュ関数は次式で定義される。

$L(x, \lambda) = f(x) + \lambda g(x)$

ラグランジュ関数$L(x, \lambda)$に対し，$n+1$個の独立変数について偏導関数をゼロとおいた等式は$n+1$個得られるから，それぞれの関数形が適切に選ばれていれば，$n+1$個の連立方程式から，すべての変数について解くことができる。この場合の2階の条件は縁つきヘッセ行列の小行列式によって特徴づけられる。一方，制約条件が不等式の形式で与えられた最適化問題を不等号制約条件付き最適化問題という。例えば，制御変数が非負であることを条件として課す必要がある

場合には，制約条件に $x \geqq 0$ が追加される。不等号制約条件付き最適化問題については，クーン＝タッカーの1階条件がその解法としてしばしば用いられる。しかしながら，クーン＝タッカーの1階条件は，一般に，最大化のための必要条件でも十分条件でもない。クーン＝タッカーの1階条件が最適化の十分条件となるためには，最適化問題で扱う関数が一定の条件を満たしていなければならない。一方，必要条件となるためには，制約条件が満たすべき条件を意味する制約想定（constraint qualification）を満たさなければならない。制約想定としては，スレーターの制約想定，一次独立制約想定などが知られている。

投資 investment 新たに設備を増強したり設備の減耗分を補塡すること。企業が生産を拡大するには，従業員を増加したり，固定資本である機械設備を増強したりする必要がある。既存の固定資本に新たに付け加えられる投資分を純投資という。また，企業は，生産における機械設備の損耗である資本減耗を補う必要があり，そのための投資を更新投資あるいは置換投資と呼ぶ。純投資と更新投資を足した値が総投資である。企業の投資行動を説明する理論には，投資が国民所得の増加分に依存して決まるとする加速度原理や，利子率の水準に依存すると考えるケインズの投資の限界効率理論などがある。さらに投資という用語は，民間企業の固定資本に対してばかりではなく，社会資本や人的資本などに関しても用いられる。なお日常で用いられる，金融資産の購入という意味での投資は，上記とは別の概念である。➡加速度原理，更新投資，資本減耗，投資の限界効率

投資関数 investment function 投資水準決定の要因とメカニズムを説明する関数のこと。投資の総需要に占める割合は2割前後で消費に比べて小さいが，その変動は大きく，景気変動要因として重要である。また将来の生産能力水準を左右することから，経済成長要因としても注目される。代表的な投資関数としては，以下がある。

① ケインズの投資関数：限界効率の高い投資から実施され，それが利子率に一致するところまで実施されるため，投資環境に変化がない限り利子率の低下は投資を増加させるとする。
② 加速度原理：投資は前期から今期にかけての産出量の増加分に比例して実施されるとする。
③ 速度原理（利潤原理）：今期の産出量ないし利潤の水準に依存すると考える。
④ 新古典派投資関数：投資コストに注目し，最適資本ストックと既存資本ストック差の一定割合を埋める投資が今期行われるとする。
⑤ トービンのq理論：当該企業の市場評価額すなわち株式時価総額の，その企業の保有する全資本ストックの再購入費用総額に対する割合をトービンのqとし，そのq値が1を上回る限り投資は実施されるとする。

➡加速度原理，新古典派投資理論，速度原理，投資の限界効率，トービンのq理論

投資銀行 investment bank, merchant bank 大企業や政府・自治体等が証券発行等による資金調達を行う際，証券の発行条件などの助言を行ったり，証券の引受け，シンジケートローンの提供による資金調達業務を行ったりする金融機関のこと。また，M&AやMBO，公企業の民営化などに際して助言や資金提供等も行う。企業金融に関する高度な知識，金融技術や世界的なネットワークが要求される。投資銀行という特別な銀行があるわけではなく，このような業務を行う金融機関を総称して投資銀行と呼ぶ。銀行

だけでなく，証券会社等も投資銀行業務を行っている。また，マーチャント・バンクはイギリスでの呼び名である。➡M&A，民営化

投資顧問会社 investment adviser
顧客に対して資産運用に関する助言（投資助言業務）をし，あるいは顧客の資産運用についての意思決定を一任されて資産運用業務(投資一任業務)に従事する会社のこと。日本では1986年に投資顧問業法が制定され，登録制(投資一任業務は認可制)となった。現在では金融商品取引法の適用を受け，投資助言業務は「投資助言・代理業」，投資一任業務は「投資運用業」と呼ばれ，どちらも登録制となった。

投資財 investment goods　資本財とほぼ同義語であり，将来の生産能力を高める財。消費の対象となる消費財に対立する概念。過去の生産活動の成果であり，かつ新たな生産のために用いられる財で，原材料，用具，機械設備，工場，建物などからなる。土地や労働などは生産に用いられるが，生産物でないため投資財には含まれない。

投資者保護基金 investor protection fund　証券会社が破綻しても，投資者に一定額だけ補償を与え投資者を保護する基金。証券会社は，金融商品取引法に基づき，顧客の預かり資産を証券会社自身の資産と区別して分別管理する義務を負うため，証券会社が破綻しても顧客が証券会社に預けた資産を失うことは原則としてない。しかし，犯罪的行為や事故などにより，破綻証券会社が預かり資産を返還することが不可能になった場合は，証券会社が共同で設立した投資者保護基金が顧客１人当たり1,000万円まで補償を行う。1998年より，外国証券会社の在日支店も含め，すべての証券会社は投資者保護基金に加入することが金融商品取引法により義務付けられている。投資者保護基金の前身は1969年に設立された「寄託証券補償基金」であるが，これは法律に基づいたものではなく，証券会社が自発的に資金を拠出して設立したものである。投資者保護基金設立当時は，国内証券会社中心の「日本投資者保護基金」と，主に外資系証券会社が参加する「証券投資者保護基金」の２つが並存したが，2002年７月より統合され，日本投資者保護基金に一本化された。なお，銀行等，証券会社以外で販売された投資信託等の証券関連商品は，投資者保護基金の保護対象外であることに留意する必要がある。➡金融商品取引法，証券会社

投資乗数 investment multiplier　45°線モデルで，外生変数である独立投資１単位の増加によるGDPの増加分をいう。GDPをY，消費関数を$C = C_0 + c_1 Y$ ($C_0 > 0, 0 < c_1 < 1$)，独立投資をI_0，政府支出をG_0とおいた簡単なモデルで，財市場の均衡条件は$Y = C + I_0 + G_0 = C_0 + c_1 Y + I_0 + G_0$で，均衡GDPは$Y^* = (C_0 + I_0 + G_0)/(1 - c_1)$となる。これに基づき，具体的には，投資乗数は次式で表される。

$$\frac{\Delta Y^*}{\Delta I_0} = \frac{1}{1 - c_1}$$

つまり$\Delta Y^* = 1/(1-c_1)\Delta I_0$と書き換えて，独立投資の増加はその乗数倍の均衡GDP水準の増加をもたらすことがわかる。全く同様の効果が独立消費C_0，政府支出G_0の増加によってももたらされる。➡ケインズ型消費関数，乗数理論

投資信託 investment trust, mutual fund
投資家から資金を集め，有価証券等に投資して成果を投資家に分配する仕組み。株式や公社債に投資するものが一般的だが，不動産を投資対象とする不動産投資信託（REIT）もある。１万円程度の小額から投資可能で，かつ分散投資を実現することができる点と，資産運用にまつわる情報収集や資産売買などを専門家（ファンド・マネージャー）に任せることができる点で，株式等を直接売買するよ

りも優れている。ただし、日本の投資信託委託会社の多くが証券会社系列であり、事実上の親企業である証券会社の利害が運用判断に影響を与えていると問題視する意見もある。また、専門家であるファンド・マネージャーが自らの判断で運用するアクティブ運用型投資信託の運用成果が、市場平均と比較して必ずしも優れているとはいえない。➡株式投資信託、公社債投資信託、ファンド・マネージャー、分散投資、有価証券

投資税額控除制度 investment tax credit　租税特別措置の1つで、企業の設備投資を促進するために、設備投資額の一定割合を税額控除する制度。投資税額控除に、特別償却を含めて投資減税という場合もある。➡税額控除、租税特別措置、特別償却

同次性の公準 homogeneity postulate　関数がゼロ次同次性を満たすこと。ゼロ次同次性とは、関数のすべての変数が同一比率で変化するとき、関数の値は変化しないというものである。例えば、需要関数は、すべての価格と所得の関数であり、ゼロ次同次性を満たす。消費者均衡においては、予算線上で無差別曲線と接する(限界代替率と相対価格が等しい)財の組合せが選択される。今、すべての財の価格と所得が同一比率で変化したとしても、予算線そのものは全く変化しない。また、消費者の選好自体も価格や所得には全く影響を受けないので、消費者均衡点は価格と所得の変化前の状態にとどまる。したがって、各財への需要量は全く変化しないのである。➡需要関数、消費者均衡の条件

投資超過主体 deficit units　自らの投資がその貯蓄を上まわり、資金の不足が生まれている経済主体。このような投資超過主体として具体的には民間部門の企業(法人企業部門)がある。政府(公共部門)もまた、資金不足に陥りやすい経済主体である。投資超過主体のこれらの資金不足は、直接金融や間接金融を通じて、貯蓄超過主体からの余剰資金の金融によって補われる。なお投資超過主体は最終的借り手、貯蓄超過主体は最終的貸し手といわれる。

投資の限界効率 marginal efficiency of investment　ある投資案件の現時点での取得価格をS、その投資案件の将来収益の流列を$Q_1, Q_2, \cdots, Q_n$とするとき、この将来収益の流列の割引現在価値をSに一致させるような、すなわち次式を充たすような割引率mをこの投資の限界効率と呼ぶ。

$$S = \frac{Q_1}{(1+m)} + \frac{Q_2}{(1+m)^2} + \frac{Q_3}{(1+m)^3} + \cdots + \frac{Q_n}{(1+m)^n}$$

次にこの投資案件の将来収益の流列の割引現在価値は、割引率に利子率iを用いて次のように計算される。

$$D = \frac{Q_1}{(1+i)} + \frac{Q_2}{(1+i)^2} + \frac{Q_3}{(1+i)^3} + \cdots + \frac{Q_n}{(1+i)^n}$$

ケインズ(Keynes, J. M.)は、割引率mが利子率iを上(下)回る限りこの投資は実施される(されない)とする投資理論を提唱した。

すなわち$m > i$は$D > S$を意味し、投資収益の現在価値が投資の取得価格を上回り、投資が実施される。これは、特定の投資案件について、投資の限界効率が利子率を上回れば投資は実施されることを示す。

経済において有利な投資、収益性の高い投資から順次実施され、投資が増加するにつれ追加される個々の投資の限界効率は低下していくので、投資の限界効率曲線は右下がりとなる(図参照)。

市場利子率をi_0とすれば、i_0より高い限界効率を有する投資はすべて実施され

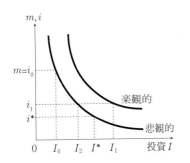

るので、投資は I_0 まで実施されることになる。したがってこの経済の投資収益環境に変化がない限り利子率の低下（上昇）は投資の増加（減少）を意味し、利子率の減少関数としての投資関数が得られる。また、企業の期待収益の流列は企業が将来に対し楽観的であればより大きくなり、悲観的であればより小さくなる。したがって、企業が楽観的であれば投資の限界効率曲線は上方にシフトし、悲観的であれば下方にシフトする。➡ 投資関数、割引現在価値

投資の二重性 dual character of investment　投資が、総需要と総供給にはプラスとマイナスの影響をもつこと。投資の需要面への影響とは、総需要の構成要素の1つとして投資が入っていることから、投資の増大は総需要の増大を通じて均衡GDPを増大させ経済を活発化させるという効果を持つ。経済の活発化はさらに投資意欲を高める。一方、供給面への影響とは、投資が資本ストックを増大させ総生産能力を拡大する。生産能力の拡大は供給過剰の危険を生み出し、そのため投資意欲に対して抑制効果を持つ。このような投資の二重性に着目した理論に、ハロッド＝ドーマー成長理論がある。➡ ハロッド＝ドーマー成長モデル

当初予算 initial budget　原則として前年度中に編成され年度はじめまでに国会で審議・可決された当該年度1年間の予算のこと。本予算ともいう。これに対し、当初予算の成立後に生じた経済・社会情勢の変化によって予算の過不足や内容の変更の必要が生じた場合に当初予算を修正するために編成される予算を補正予算という。国会での審議・可決の必要な点は当初予算と同様である。

様々な理由から国会が4月1日までに当該年度の予算を議決できなかった場合に、内閣は当該会計年度のうちの当初予算が成立するまでの間の暫定的な予算を作成し国会に提出し承認を受ける。これを暫定予算と呼び、本予算が成立しない場合の応急措置である。暫定予算の内容については特に制限はないが、本予算において審議・議決すべき政策経費の計上は避けるべきであるなどいくつかの制約があると考えられている。

等生産量曲線 isoquant　2種類以上の生産要素を投入して、1つの生産物を生産する場合に、ある一定量の生産物を生産できる生産要素投入の組合せの軌跡。等量曲線とも呼ぶ。2種類の生産要素の場合には、両生産要素の間に代替を認めるならば、図のように、通常、原点に向かって凸の滑らかな右下がりの曲線となる。

同一産出量に対応する等生産量曲線は1本描き、同一平面上に様々な産出量に対応する多数の等生産量曲線を描くことができる。この場合、異なる産出量に対応する2本の等生産量曲線が交わることはない。また、右上に位置する等生産量曲線ほど高い産出水準に対応する（$Y_0 < Y_1 < Y_2$）。等生産量曲線が右下がりとなるのは、一定量の産出を得るのに、一方の投入を減らせば他の投入は増やす必要があることによる。また原点に向かって凸となるのは、等量の生産において、投入の代替を進め、一方の投入を減らすにつれて、増やさなければならない他の投入は一層多く必要とされることを

示す。

もし，生産要素間に代替関係がない場合には，等生産量曲線は原点に対して凸で，直角となる。これをレオンティエフ型という。 ➡ レオンティエフ型生産関数

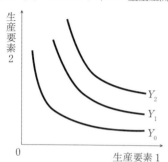

動的計画法 dynamic programming 動学的最適化問題を解く手法の1つ。ベルマン（Bellman, R. E.）によって提唱され，各段階で意思決定を行いつつ多段階にわたって最適化を行う多段階逐次意思決定問題に対する解法を提供している。その基本的なアイデアは，最初の状態と決定がどのようなものであったとしても，その後の決定は最初の決定によって導かれた状態に関して最適な決定になっていなければならないという「最適性の原理」に従っている。最適性は，ある時点での意思決定のそれ以降の意思決定との整合性を求めるので，これを解く場合，逆にある段階で一定の結果を得るには，その前段階でどうあらねばならないかを問う後方遡及型のロジックを用いる。変分法や最大値原理が扱う関数の微分可能性など詳細な仮定を必要とするのに対し，動的計画法はそれらを必要としないため，生産管理から人工衛星の制御に至るまで，はるかに応用範囲が広い。

投入係数 input coefficient ある産業において，それぞれの生産要素の投入量をその産業の産出量で除した値。産業連関表は各産業における財・サービスの投入と産出の関係を示している。実際の産業連関表は価値額表示で作成されているが，原理的には物理的な単位で測定されている。j産業部門の産出量をx_j, j産業部門によって使用されるi産業部門からの投入量をx_{ij}とする。x_{ij}をx_jで割った値は，j産業部門の財・サービス1単位を生産するのに必要なi産業部門の財・サービスの投入量を意味し，これが投入係数である。当然，この投入係数の値は非負である。投入係数をすべての産業部門相互について表記したものが投入係数表である。産業連関分析は，投入係数が常に一定であると仮定して，投入係数で表される非負の投入係数行列が技術的に安定であることを前提としている。 ➡ 産業連関表，産業連関論

投入産出分析 input-output analysis ☞ 産業連関論

等費用線 iso-cost line 生産を行う際に，一定の費用がかかる様々な生産要素の投入量の組合せを描いた直線。与えられた等費用線上のいかなる点も，全く同じ費用になっている。等費用線が直線である理由は，要素価格が一定であり，等費用線の傾きが生産要素価格の比であることによる。具体的には，2つの生産要素の投入量をx_1, x_2, それらの市場価格をw_1, w_2, 一定額の費用をCとすると，等費用線は$C = w_1x_1 + w_2x_2$と表せる。

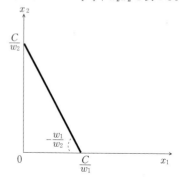

投票の逆理 paradox of voting 社会状態間の優劣を単純多数決投票によって決定しようとした場合，導かれる順序付けが必ずしも首尾一貫性(推移律)を満たさない現象のこと。今，3人の個人A, B, Cが，3つの状態x, y, zに関して下表のような選好順序を持っているとする。このとき，3人の単純多数決投票でxとyの優劣を決めるとxの方が優位となり，yとzではyの方が優位となる。もし，単純多数決投票による状態間の順序付けが推移律を満たすならば，上記の結果からzよりxの方が優位になるはずであるが，xとzを対象として単純多数決投票を行うとzの方が優位となり，パラドックスが生じる。➡ 投票の原理

順位 個人	1	2	3
A	x	y	z
B	y	z	x
C	z	x	y

投票の原理 principle of voting 複数の個人が1つの社会的決定を行う場合，全員一致である選択肢を選びとることができるならば問題はないが，人々の選好が異なる場合には，何らかのルールによって人々の選好を1つの社会的決定ないしは社会的選好順序にまとめ上げていく必要がある。その際，一部の個人の選好のみに基づくのではなく，すべての個人の選好に基礎を置く民主的なルールとして，投票が考えられる。投票ルールとしては，単純多数決ルール，順位評点法，ポイント・ボーティング等があるが，いずれの方法も，個人の選好がどのようなものであっても論理的に首尾一貫した社会的選好順序を生み出す理想的な社会的選択ルールとはなり得ないことが，アロー(Arrow, K. J.)の「一般不可能性定理」によって示されている。➡ アロー，一般不可能性定理，順位評点法，全員一致の原則，投票の逆理，ポイント・ボーティング

道府県税 prefectural tax ☞ 地方税

ドゥブリュー Debreu, Gerard (1921〜2004) フランスの経済学者。フランスのカレーに生まれる。1948年ロックフェラー・フェローシップによりアメリカに渡り，1950年からシカゴ大学で数理経済学の研究生活に入る。1955年にイェール大学，1960年にスタンフォード大学に在職後，1962年にカリフォルニア大学バークレー校に教授として迎えられた。

1954年にアロー(Arrow, K. J.)とともに発表した"Equilibrium for a Competitive Economy" *Metroeconomica* で一般均衡解の存在を証明し，この分野の第一人者として認められた。1955年の『価値の理論』は一般均衡分析の古典となっている。一般均衡は競争均衡，ワルラス均衡と同じ意味で使われることもあるが位相的なアプローチにより数学的に精緻化されたアロー＝ドゥブリュー・モデルでは，異時点間，不確実性下，製品差別化などの条件を加え，より包括的に議論されている。1976年にフランスのレジオン・ド＝ヌール勲章，1983年にはノーベル経済学賞を受賞した。➡ 一般均衡，競争均衡，ワルラス均衡

等利潤曲線 iso-profit curve 一定の利潤を生じる産出量と投入量の組合せを表す曲線。ある企業の生産における利潤極大化プロセスにつき，労働投入n，産出y，生産関数$y = f(n)$，利潤π，賃金率w，産出価格pとして，利潤は$\pi = py - wn$と表すことができる。ここで一定の利潤π_0をもたらす労働投入n，産出yの

組合せのn-y平面におけるグラフは等利潤曲線と呼ばれる。その方程式は$y=\dfrac{w}{p}n+\dfrac{\pi_0}{p}$と表され，図に示すように，高利潤（$\pi_0<\pi_1<\pi_2$）になるほど等利潤曲線は上方にシフトする。生産関数$y=f(n)$は企業にとって選択可能なyとnの組合せを示すが，生産関数上にあって，かつ最も高い等利潤曲線上の点が，企業の利潤を極大化するyとnとの組合せである。すなわち生産関数のグラフと等利潤曲線の接点Eが利潤極大点である。この接点Eでは等利潤線の傾きと生産関数の接線の傾きが一致し，$\dfrac{w}{p}=f'(n)$となっている。ただし，$\dfrac{dy}{dn}=f'(n)$。これは$\pi=pf(n)-wn$におけるπの極大化の条件となっている。

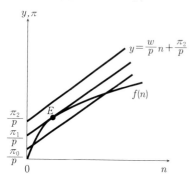

トービン Tobin, James (1918〜2002) アメリカのイリノイ州に生まれ，1939年ハーバード大学卒業後，1947年に同大学より博士号を取得，1955年よりイェール大学教授。サミュエルソン（Samuelson, P. A.），ヒックス（Hicks, J. R.）と並ぶアメリカ・ケインジアンの中心的経済学者であった。有効需要の原理・流動性選好説・*IS-LM*分析を基礎とする理論とそれらの経済政策への応用は，ニュー・エコノミクスと呼ばれた。1961〜1962年にかけて，ケネディ政権の大統領経済諮問委員会委員を務めた。トービンの業績は多岐にわたる。投資の決定理論の1つである「q理論」，不確実性の下での行動を扱う「資産選択理論」，国際通貨取引への「トービン税」，ノードハウス（Nordhaus, W. D.）とともに提唱した社会福祉の指標であるMEW（measure of economic welfare）などが特に有名である。1981年にはノーベル経済学賞を受賞した。➡*IS-LM*モデル，国際連帯税，トービンのq理論，有効需要の原理

トービン税 Tobin tax ☞ 国際連帯税

トービンのq理論 theory of Tobin's q トービン（Tobin, J.）によって提唱された投資理論。ある企業の資本市場における評価額つまり企業価値とは株式時価総額を，その企業の有する全資本ストックの財市場での物的評価額すなわち全資本ストックの再購入費用総額で割った値をトービンのqという。

$$q=\dfrac{\text{株式時価総額}}{\text{全資本ストックの再購入総額}}$$

トービンは，企業は$q>1$のとき投資を行い，資本ストックと生産活動の拡大を行う，$q<1$のとき投資の手控えまたは資本ストックの売却を行うとした。$q>1$は財市場において資本ストックが購入される際の価値よりも，それが当該企業によって所有され生産活動に用いられるときの価値が上回るということであり，当該企業の収益性の高さを意味していると考える。

特殊法人 special public corporation 特定の行政・公共目的のために，政府自ら設立する法人のこと。法令においては，「法律により直接に設立される法人又は特別の法律により特別の設立行為をもって設立すべきものとされる法人」（総務省設置法第4条第15号）をいう。狭義にはこれらの法人のうち，その新設・改廃等に関して，総務省の審査の対象とされて

いる法人をいう。独立行政法人は除く。

特殊法人は，政府が必要な事業を行おうとする場合，その業務の性質が企業的経営になじむものであり，これを通常の行政機関に担当させると，各種の制度上の制約などから効率的な経営を期待できないときなどに設立されてきた。特別の法律によって独立の法人を設け，国家的責任を担保するに足りる特別の監督を行うとともに，その他の面では，できる限り経営の自主性と弾力性を認めて，効率的経営を行わせることを目的としている。特殊法人は，特殊会社，公庫，特殊銀行・金庫，公営競技などによって構成される。

なお特殊法人の経営の非効率から近年の特殊法人改革が強力に推進され，独立行政法人化，民営化，廃止により急速にその数は減少している。2017年4月時点で33の特殊法人が存在する。 ➡ 政府関係機関，独立行政法人，民営化

独占 monopoly 市場において売り手あるいは買い手が1人あるいは1組織しか存在しない状態のこと。市場参加者の一方である売り手が1人の状態を売手独占，買い手が1人のときを買手独占，両者を総称して独占という。通常，売り手に注目した場合について，単に独占ということが多い。独占状態にあっては，市場取引量が十分大きい場合には，市場価格に対し影響力を有することになる。そのとき，売り手は右下がりの市場需要曲線に直面することになる。 ➡ 買手独占

独占禁止政策 antitrust policies 寡占，独占のもたらす競争制限的効果が資源配分を阻害する点を重視し，個々の産業における企業数を充分多く保ち，個々の企業の産業全体に占めるシェアを充分小さく維持しようとする政策のこと。加えてカルテルなど不当な取引制限，差別的取引や不当な抱合せ販売など不公正な取引方法に対する取締りも含む。独占禁止法に基づき，公正取引委員会がその運用を行う。ある産業において，企業数が少なく，独占度が高まるに従いその産業の資源配分の効率性は低下するというクールノー(Cournot, A. A.)の極限定理の考え方に沿うものである。しかしその後現れたコンテスタビリティ理論によれば，例えば規模の経済性が著しい産業で独占度の高い企業が存在したとしても，参入・退出の自由等のコンテスタブルな市場の条件が満たされている場合，パレート効率的ないし次善的な資源配分が達成可能である。このような考え方に沿って，1980年代，レーガン政権以降のアメリカでは，従来からの独占禁止政策が見直され，大企業間の合併がしばしば見られるようになった。 ➡ カルテル，規模の経済性，独占度

独占禁止法 Anti-Monopoly Law 1947年4月に制定され，正式名称を「私的独占の禁止及び公正取引の確保に関する法律」のこと。独占禁止法は独占禁止政策に法的根拠を与え，その目的は，市場での公正かつ自由な競争を促進させることにより，消費者の利益を保護し，国民経済全体の健全な発展を促す点にある。基本的な規制内容は，①私的独占，②不当な取引制限，③不公正な取引方法，これら3つが禁止される。①の私的独占の禁止とは，事業支配や排除による競争制限の禁止のことである。②の不当な取引制限の禁止とは，カルテルや入札談合など競争を制限する企業間の協定が禁止されることを指す。また，③の不公正な取引方法とは，公正な競争を阻害する恐れのある行為，具体的には不当な価格差別，不当廉売，再販売価格，優越的地位の乱用などが禁止されることである。独占禁止法の運用主体は内閣府の外局である公正取引委員会である。独占禁止法に違反すると，違法行為を除くために排除措置命令が出されたり，課徴金が課せられ

たりする。➡ 価格差別，カルテル，再販売価格，独占

独占資本主義 monopoly capitalism
マルクス主義の考え方に沿って発展段階論的に見た場合の，資本主義経済の1段階。自由競争段階の次に現れる寡占競争段階の資本主義経済をいう。資本間の自由競争における優劣は勝者による敗者の吸収，併呑の過程を通して寡占的巨大資本が成立するに至ると考える。19世紀終盤から20世紀初頭にかけて英，仏，独，米の先進資本主義国で，重化学工業を中心に巨大株式会社が誕生，寡占体制が成立したことに対応する。トラスト，カルテル，シンジケート，さらにはプライス・リーダーシップ等を通じて市場支配力が発揮され，価格は硬直化，非価格競争が支配的となる一方，遊休生産能力，過剰資本が保有される。そのことが海外進出すなわち帝国主義の契機となるとともに，生産能力過剰の国家による調整の必要を生み，国家独占資本主義へと進化すると考えるなど，寡占的市場経済のもっぱら否定的側面に注目した見方である。
➡ 寡占，カルテル，市場支配力，資本主義経済，トラスト，プライス・リーダーシップ

独占的競争 monopolistic competition
チェンバリン（Chamberlin, E. H.）によって主張された，不完全競争の一形態。ある産業における企業数が相当大きい場合であっても，各企業の商品が，何らかの形で差別化されていれば，それぞれの企業は一定の「市場支配力」を持つことになる。このような市場の状態を「独占的競争」と呼ぶ。こうした状況では，企業同士は競争関係にあるものの，個々の企業は，あたかも「独占企業」であるかのように行動するため，均衡では，「限界収入＝限界費用」という関係が成立している。長期的には，企業の参入によりもたらされる利潤がゼロになるまで，新規参入が続くと考えられ，産業の均衡は最終的に，個々の企業の需要曲線と平均費用曲線とが接する状態に落ち着くことになる。➡ 限界収入，市場支配力，独占，不完全競争，平均費用

独占度 degree of monopolization
独占市場が，完全競争状態から乖離している程度を，数値的に表した指数。ラーナー（Lerner, A. P.）によって提唱された，「ラーナーの独占度」が代表的である。これは，財の価格を p，限界費用を MC，需要量を q とすると次式で表される。

$$独占度 = \frac{p - MC}{p} = \frac{1}{\dfrac{p}{q}\dfrac{dq}{dp}}$$

この式から独占度は，需要の価格弾力性の逆数に等しいことがわかる。つまり，需要の価格弾力性が小さくなればなるほど，独占度も上昇し，独占（販売）企業の市場支配力は大きくなるといえる。市場が独占状態にあれば，完全競争時と異なり，財価格も（限界費用より）高く設定され，経済厚生の低下をもたらすことになる。➡ 完全競争，需要の価格弾力性，独占，平均費用

特定財源 earmarked revenue sources
地方公共団体の収入についての分類の一形態で，使途が決められている財源のこと。一般財源と対比して使われる。特定財源として分類されるものは，①国庫支出金，②都道府県支出金，③地方債，④分担金および負担金，⑤使用料および手数料，⑥使途が指定されている寄附金などである。なお，地方税や地方譲与税の中には法律に使途が定められているものがあるが，その定め方が包括的であるため，通常は特定財源には分類せず，一般財源として扱われる。➡ 一般財源

特定補助金 specific grants ☞ 補助金

特別会計 special account 国においては，財政法第13条2項に基づいて法

律をもって設置される会計，地方においては地方自治法第209条2項に基づいて政令をもって設立される会計。すなわち国あるいは地方自治体が特定の事業を行う場合，特定の資金を保有してその運用を行う場合，その他特定の歳入をもって特定の歳出にあてる場合について，一般の歳入歳出と区別して経理する必要がある場合に限り設けられる会計をいう。本来，国あるいは地方自治体の収入・支出活動は国民・住民にとって明瞭であるために1つの会計で処理されることが原則であるが，今日，国民・住民の選好の多様化，経済の複雑化を反映し，国・地方自治体の活動も広範多岐にわたってきており，1つの会計で記述することは不可能となってきている。財政運営の明確化，行政効率の向上のために会計区分も多様化せざるを得なくなり，多くの特別会計が設けられている。その性質により，事業特別会計，管理特別会計，保険特別会計，融資特別会計，整理特別会計の5つに大別できる。

なお近年，特別会計の経理自体が非常に複雑化して，国民・住民に見えなくなってきており，行政改革の一環として，特別会計の統廃合が積極的に進められている。また，一般会計と異なり，会計制度として，特別会計は決算余剰金を積み立てることが許されている。その結果巨額の余剰金を積み立てている特別会計もあり，霞ヶ関「埋蔵金」と呼ばれている。この埋蔵金を財政政策に役立てようという考え方がある。 ➡ 一般会計

特別償却 special depreciation 租税特別措置の方法で，設備投資，設備の近代化を促進するために普通に許容されている償却額の限度額を超えて初年度に特別に許される減価償却のこと。
なお広義には広く割増償却も含めて特別償却という。 ➡ 租税特別措置

特別地方公共団体 special local public entities 地方公共団体のうち，特別の目的のために設けられたものをいう。具体的には，①特別区（東京都23区），②自治体の組合（一部事務組合，広域連合等），③財産区（市町村の一部の区域にある財産を管理するためにだけ設けられたもの），④地方開発事業団（自治体が共同して事業を行うために設けられたもの）を意味する。なお，都道府県および市町村は普通地方公共団体と呼ばれ，一般的に自治体とはこれを指す。

特別転貸債 special subletting loan 地方公共団体が特定の公社に対して転貸する際，その資金調達として起こす地方債のこと。具体的には，①指定都市高速道路公社が行う有料道路整備事業，②重要港湾において港湾施設設置者が行う特定用途港湾施設整備事業（フェリー埠頭，コンテナ埠頭等），③空港周辺整備機構が行う空港周辺整備事業，④奄美群島振興開発基金が行う融資事業などを対象として発行する転貸債をいう。

独立行政法人 independent administrative corporation 独立行政法人通則法および個別法を根拠に設立される法人。その設立目的は，①国民生活および社会経済の安定等の公共上の見地から確実に実施されることが必要な事務および事業，②国が自ら主体となって直接に実施する必要のないもの，③民間の主体に委ねた場合には必ずしも実施されない恐れがあるものを，効率的かつ効果的に行わせることとされている。

特殊法人の，業務の非効率性などから行財政改革の一手法として，独立行政法人化が進められてきた。独立行政法人は，組織運営の面で高い裁量権・自律性を与えられている。一方，特殊法人制度の弊害から，業務運営の効率化，国民へのサービスの質の向上などについて目標を設定し，3年以上5年以下の中期計画を定めなければならないとされている。さ

らに，主務官庁に設置された独立行政法人評価委員会が，各事業年度および中期目標期間の業務活動の評価を行うことになっている。

独立行政法人国際協力機構 Japan International Cooperation Agency　独立行政法人国際協力機構法に基づいて2003年に設立された，外務省所管の独立行政法人。略称JICA（じゃいか）。その目的は，「開発途上地域に対する技術協力の実施，有償及び無償の資金供与による協力の実施並びに開発途上地域の住民を対象とする国民等の協力活動の促進に必要な業務を行い，中南米地域等への移住者の定着に必要な業務を行い，並びに開発途上地域等における大規模な災害に対する緊急援助の実施に必要な業務を行い，もってこれらの地域の経済及び社会の開発若しくは復興又は経済の安定に寄与することを通じて，国際協力の促進並びに我が国及び国際経済社会の健全な発展に資すること」とされている。

事業内容は，有償資金援助，無償資金援助，技術協力，ボランティア派遣，国際緊急援助となっている。その基本は，「人を通じた国際協力」である。前身は，1974年に設立された国際協力事業団である。
➡ 有償資金協力，無償資金協力

独立採算制 self-supporting accounting system　☞ 平均費用価格形成原理

独立支出 autonomous expenditure　モデルの体系外で決まる変数。モデルにおいて外生的に与えられる外生変数には，独立消費，独立投資，独立政府支出，独立輸出，独立輸入などがあるが，これらを総称して独立支出という。例えば消費支出につき，しばしば用いられるケインズ型消費関数 $C = C_0 + c_1 Y$ で，定数部分 C_0 が独立消費にあたる。

独立税 independent tax　☞ 付加税

都市銀行 city bank　大都市に本拠を置き，全国的に店舗を展開する普通銀行を指す通称であり，法的に定義されたものではない。1990年代後半以降の相次ぐ合併により大きく数が減少し，またグループ内の再編成などもあり，その定義は曖昧になっている。2010年3月現在では，みずほ，みずほコーポレート，三菱東京UFJ，三井住友，りそなの5行を指すとされる。近年では，マスコミ等では都市銀行の呼称が使われる機会は減少し，みずほ，三菱東京UFJ，三井住友の3行を指して「3大メガバンク」あるいは単に「メガバンク」と呼ぶことが多くなってきている。➡ 普通銀行

都市問題 urban problems　都市自体に発生原因があって発生する様々な問題，例えば住宅難，貧困，地価高騰，交通混雑，公害等を総称したもの。このような都市問題により，都市的生活様式が破綻したりするなどして，健康で文化的な市民生活にとって支障が生じることがある。都市問題が最初に発生したのは19世紀前半のイギリスの工業都市であり，下層労働者の居住環境が悪化するという住宅問題が発生した。20世紀に入り，先進諸国で大都市の発展が始まると，過度の集積による都市問題が発生し始めた。今日では，自動車の増加による交通混雑，地価高騰に伴う住宅難，大気汚染・騒音などの都市公害，人口の急増に伴う公共施設の不足，増大を続けるごみ処理問題などが，主要な問題として挙げられる。いずれの問題も解決するには根源的な対策が必要であるが，その決め手がなく問題が慢性化しているのが現状である。➡ 集積の経済

土地神話 myth of land　地価は中，長期的に確実に上昇し，土地は収益性かつ安全性の面から見て極めて優れた資産であるという思い込み。わが国の可住地面積の狭隘，可住地面積当たり人口密度の高さ，高度経済成長の持続などが土地神話にリアリティを与えた。税制面にお

いても土地神話を助長する傾向があった。これらが土地供給を抑制する一方、土地需要を高めることで地価を押し上げ、期待実現的傾向を持った。そのため土地は運用資産としてだけでなく、担保物件として重視され、戦後わが国の間接金融において大きな役割を果たした。1980年代後半のバブル経済における高騰の後、急激な抑制策によって地価は崩壊、1990年以降著しい地価下落傾向の持続するなかで土地神話も崩壊した。➡バブル経済

土地税制 system of land taxation 土地の保有、譲渡、取得の各段階に課される租税制度のこと。保有段階には、国税として地価税が、市町村税として固定資産税、都市計画税、保有に係る特別土地保有税がある（ただし、地価税は1998年度以降、特別土地保有税は2003年度以降、当分の間、課税を停止）。譲渡段階には、譲渡益に対して、国税として所得税または法人税が、地方税として住民税がある。取得段階には、国税として贈与税・相続税、登録免許税、取得に係る特別土地保有税が、地方税として不動産取得税（道府県税）、取得に係る特別土地保有税（市町村税）がある。

土地税制改革 land-tax reform 主に1980年代から1990年代にかけて行われた土地税制に関する一連の改革についての総称。1980年代後半、バブル経済の渦中で高騰した地価の抑制、調整のために、1990年代初頭に地価税の導入をはじめ土地税制の強化が行われた。その直後バブル経済は崩壊、地価を含む資産価格は急落、それに伴い1990年代は深刻な資産不況、金融危機が持続した。これを受けて1990年代末以降、土地税制は再び緩和方向に改められることになった。その後、1998年度に地価税が凍結され、また個人の譲渡所得税の重課措置が一部停止を経て廃止された。2003年度からは、不動産登記に伴う登録免許税軽減、住宅ローン控除の適用復活、相続税の引下げ、簡素化、親の子供に対する住宅取得や増改築資金贈与の非課税枠の拡大などが行われている。➡地価税、バブル経済

特化 specialization 特定の生産物だけを生産し、他は交換により手に入れること。国際貿易においては、一国が比較優位にある産業の生産に集中することをいう。ある国が比較優位にある財の生産だけに集中している状態を、完全特化という。また、比較劣位にある財の生産も行っている状態を、不完全特化という。比較生産費説によれば、それぞれの国が比較優位にある財の生産に特化し、他の財の生産は他国に任せ、貿易によって特化した財を相互に交換すれば、各国は貿易を行う前よりも経済厚生を高めることができる。➡比較生産費説

凸関数 convex function ☞ 凹関数

特恵関税 preferential duties 特定国または植民地に対し、関税率を特別に低くしたり、関税そのものを廃止したりして、他の国よりも貿易上有利な待遇を与える制度のこと。WTO（世界貿易機関）の最恵国待遇の原則に反するので、特恵関税は例外的な措置と考えられる。また、一般特恵関税制度（Generalized System of Preferences：GSP）は、開発途上国に対する関税上の特別措置として、先進国が開発途上国から輸入する産品に対し、最恵国待遇に基づく関税率よりも低い関税率を適用する制度である。先進国と開発途上国の間の南北格差を是正し、開発途上国の経済発展を促進することを目的としている。UNCTAD（国連貿易開発会議）の合意に基づき、わが国は1971年に一般特恵関税制度を導入した。➡関税、WTO

凸集合 convex set 平面上の集合Aから任意の2点x、yをとり、両者を結ぶ線分が集合Aに属するような集合の

こと。いま $0 \leq \alpha \leq 1$ なる任意の実数 α に対して $k(\alpha)=\alpha x+(1-\alpha)y$ を考える。このような $k(\alpha)$ がすべて集合 A に属するとき，集合 A は凸集合であるという。直観的には，平面の集合の場合，任意の2点から求められる $k(\alpha)$ は，それらの内分点となるが，この内分点がすべて集合 A に属するとき，集合 A は凸集合となる。例えば円，三角形で表される平面の集合は凸集合である。一方，図のような多角形で表される集合は，集合内の A 点と B 点を結ぶ直線上にある C 点が，その集合に属さないため，凸集合ではない。経済学では，企業の生産技術や，消費者の選好を特徴づけるために凸集合を用いる場合がある。

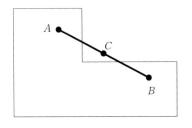

都道府県支出金 prefectural disbursement, subsidy from a prefecture 都道府県が，法令の規定に基づきまたは行政上の必要によって，市町村や各種団体あるいは個人に対して交付する負担金，補助金，委託金の総称。都道府県支出金には，都道府県が自らの施策で単独に交付する支出金と，都道府県が経費の全部または一部として市町村に国庫支出金を交付する支出金（間接補助金）がある。➡ 国庫支出金

TOPIX Tokyo Stock Price Index ☞ 株価指数，デリバティブ市場

土木費 public works expenditure 地方公共団体の目的別経費の 1 つであり，公共投資の主力をなす費用。都道府県分と市町村分がある。具体的には，道路橋梁費，都市計画費（区画整理，街路整備，都市公園整備），河川海岸費，住宅費，港湾費，空港費などによって構成される。従来，土木費の中では道路橋梁費のウェイトが最も高かったが，近年，都市計画費がそれを上回っている。➡ 公共投資

富効果 wealth effect ☞ 資産効果

トラスト trust 同一業種の企業が資本的に結合し，競争を排除することで独占的利潤を確保しようとする集中形態のこと。企業合同ともいう。市場における自由競争による過剰生産，価格低下を避けることを目的に形成される。加盟企業は法律上独立した企業とは見なされず，カルテル，シンジケートよりもその独占力はいっそう強固となり，巨大独占企業が形成される。カルテルがドイツで発達したのに対して，トラストは米国で発達し，その典型的なものに1879年に形成された米国のスタンダード石油トラストがある。その後，米国ではシャーマン法，クレイトン法，連邦取引委員会法，西ドイツでは競争制限禁止法，日本においては独占禁止法等，各国で反トラスト法の立法化が進められた。➡ 独占，独占禁止法

トラッキング・ストック tracking stock 企業内の事業部門，もしくは子会社の業績に配当を連動させる株式。発行会社は親会社であり，株主は親会社に対して議決権を有する。また株式発行に際して投資家から払い込まれた資金は親会社が得る。発行者側にとっては，有望部門・子会社を分離したり，支配権を失うことなく資金を調達できる点で有利である。また，トラッキング・ストックを利用したストック・オプションを当該部門・子会社の従業員に与えることで労働意欲を高めることも考えられる。米国では1984年にゼネラルモーターズが発行したのが最初であり，日本では2001年にソニーが子会社ソニーコミュニケーション

ネットワークの業績に配当が連動するトラッキング・ストックを東京証券取引所に上場したのが唯一の事例であるが，2005年にはソニー株に転換する形で消滅した。 ➡ ストック・オプション

トラベル・コスト法 travel cost method　森林や河川等のリクリエーション地までの所要時間や消費行動を実際に調査して，リクリエーション・サービスの価値を測定する手法のこと。これは，消費者の選好は需要行動に顕示されるという顕示選好理論を適用したものといえる。消費者の具体的行動を所与としてとらえ，そこから消費者の効用関数の存在や特性を解明することによって，最終的には需要された財・サービスが評価される。 ➡ 顕示選好

ドラライゼーション dollarization　米ドルが他国において通貨として流通すること。ドル化ともいう。狭義では，自国の通貨を廃止して米ドルを正式な通貨として採用することを指し，広義では，自国通貨と併用されている場合を含め，何らかの形で米ドルが事実上の通貨として流通している状態を指す。特に，インフレが激しく，米国との関係が深いラテンアメリカ諸国において見られる。エクアドル，パナマ，エル・サルバドルではすでに自国通貨を放棄したドラライゼーションが実施されており，ペルー，アルゼンチンなどの中南米諸国でも米ドルが流通している。ドラライゼーションにより，激しいインフレからは解放されるが，自国独自の金融政策を実施することは事実上不可能になる。

トランスファー・パラドックス transfer paradox　2国の間で供与国から受取国へ所得移転（トランスファー）が行われた場合に発生する各国の経済厚生に対する逆説的効果。普通のケースでは供与国の経済厚生が所得の減少に応じて低下し，受取国の経済厚生が所得の増加とともに上昇する。しかし，所得の移転は2国間の貿易財に関する交易条件を変化させるという二次的効果を持ち，その方向は各国における貿易財・非貿易財に対する選好や，生産関数の形状に大きく依存する。したがって，所得移転の一次的効果と逆方向になるような交易条件の変化等が生じると，各国の経済厚生について，①供与国と受取国でいずれも低下，②供与国と受取国でいずれも上昇，③供与国で上昇，受取国で低下，という効果が現れる可能性がある。この①，②については「弱い意味でのパラドックス」，③については「強い意味でのパラドックス」といわれる場合がある。このような逆説的な結果が発生するためには，経済において関税や輸送費が存在する，あるいは他の何らかの歪みが存在することを必要とすることが，サミュエルソン（Samuelson, P. A.）によって示された。その後理論的にはモデルの中に様々な形の歪みを導入することで展開されてきた。 ➡ 交易条件

トリガー価格 trigger price　アメリカが1978年に鉄鋼の輸入規制を強化するために設けた価格制度。各国の対米鉄鋼輸出価格があらかじめ設定した最低価格（トリガー価格）を下回った場合，その対米輸出を自動的にダンピングと認定し，対抗措置をとることを可能にした。この制度は，鉄鋼の対日輸入規制を主眼としたが，その後，中進国からの鉄鋼輸入の増加により1984年に廃止され，量的規制がとられるようになった。 ➡ ダンピング，貿易摩擦

トリガー戦略 trigger strategy
☞　繰返しゲーム

取り付け bank run　銀行が短期的かつ巨額の預金の払戻し請求に対して応えられなくなること。銀行は，流動性の非常に高い預金によって資金を調達する一方，流動性の低い貸出を主な資金運用手段としており，預金の払戻しに必要な

準備は預金総額に比べてきわめて小さい（部分準備）。そのため，大量の預金の払戻し請求が短期間になされると，銀行は預金を払い戻すことができなくなる恐れがある。これが取り付けである。取り付けは，銀行の経営状態が悪化し，預金の払戻しが確実でないと考えられるときに発生しやすいが，根拠のない伝聞や噂によっても発生しうる。1973年には，豊川信用金庫に対して取り付けが発生したが，同金庫には経営上の問題はなかった。取り付けの原因は，同金庫の経営に不安があるという，高校生による根拠のない噂話であったとされる。また2003年には佐賀銀行の経営に関する根拠のない内容の電子メールが出回り，同行への取り付け騒動が発生している。預金保険制度や，中央銀行の最後の貸し手機能は，預金者の預金への信頼を維持し，取り付けを防止し，あるいは取り付けによる銀行の破綻を防ぐための重要な手段である。➡最後の貸し手，預金保険制度

取引動機 transactions-motive　家計あるいは企業が通常の経済活動を行うに当たって，貨幣の受取と支出の時期の乖離を調整するために貨幣を保有しようとする動機。ケインズ（Keynes, J. M.）が，予備的動機，投機的動機とともに提唱した3つの貨幣保有（需要）動機の1つ。取引において支払決済には貨幣が必要であるが，貨幣の受取と支払の時期と金額に差がある以上，その間相応の貨幣を保有せざるを得ないことによる。貨幣数量説は専らこの取引動機に注目したものであり，この点については古典派，ケインズ両者に大きな違いはない。こうした取引動機に基づく貨幣需要は予備的動機に基づくそれと合わせて取引需要と呼ばれるが，これは経済活動の活発さを反映し，産出量ないし所得水準の増加関数と考えられる。しかし貨幣の取引動機に基づく保有には，古典派やケインズが考慮しなかった費用がかさむという面がある。例えば，利子率は貨幣保有の機会費用であり，換金費用も生じる。これらを明示的に考慮した理論にトービン（Tobin, J.）による貨幣取引需要の在庫理論がある。➡貨幣需要，貨幣数量説，投機的動機，予備的動機

取引費用 transaction cost　財・サービスや金融資産の売買，資本調達などに伴い，取引対象の対価以外に発生する費用の総称。例えば，企業間の取引の場合では，①取引情報の収集・分析，②取引相手についての調査，③交渉・契約，④取引相手の変更などにかかる費用を指す。企業はこれらの費用を最小化し内部化するために，企業内組織や制度を選択すると考えたのがコース（Coase, R.）である。この概念はさらに拡張され，経済活動の様々な局面で発生する付随的な費用が取引費用と呼ばれるようになった。現在では取引費用の存在を「市場の失敗」の一種とし，公共財のただ乗りを排除する費用や，市場価格に関する情報伝達にかかる費用などもその範疇に含むとするのが一般的である。取引費用が存在すると資源配分の効率性が損なわれ，あまりに高すぎると取引が行われないなどの問題が生じる。➡市場の失敗，ただ乗り問題

トリフィンのジレンマ Triffin's Dilemma　ドルを国際通貨とした場合，国際流動性をいかなる水準にしようとも，世界経済の成長を保証することとドルの信認を獲得することとは二律背反の関係にあり，両立することは不可能であること。1960年にイェール大学の経済学者トリフィン（Triffin, R.）により指摘された，ブレトン・ウッズ体制の基本的問題点である。世界経済の成長のためには貿易の進展が必要であり，それを支えるためには国際流動性の供給の成長が必要と考えられる。当時の金為替本位制の下では，国際流動性は基軸通貨国であるア

メリカによりドルの形で供給されており，その成長のためにはアメリカの国際収支赤字の成長が求められる。しかし，アメリカの国際収支の大幅な赤字と，ドル供給の拡大による金準備の相対的な減少が，ドルの信認を低下させる原因となる。これをトリフィンのジレンマ(あるいは流動性のジレンマ)という。トリフィンは，このジレンマから逃れる１つの方法として，超国家機関を創設し，それにより供給される国際流動性の成長率を適正な水準に維持することを提唱した（トリフィン案）。その後これはSDR (Special Drawing Rights：特別引出権) の創設という形で実現することとなった。➡ 国際流動性，ブレトン・ウッズ協定

トリプル安 triple sell-off　株式，債券，為替の３つの市場で同時に相場が下がること。株式市場では日経平均やTOPIX等の指標の低下，債券市場では国債価格の低下（金利の上昇），為替市場では米ドルに対する円の減価を指す。これら以外にも資産は存在するから，３つの指標のみで一国経済の資金移動について判断することは困難であるが，株式と国債の間の代替関係が強く，かつ，預貯金への資金移動等の影響も無視できるとすれば，株式，債券，為替の相場が同時に低下するということは，自国資産が売られ，海外の資産が購入されていると考えることもできる。不況時にテレビ，新聞等において使用されることがある。

ドル為替本位制度 dollar exchange standard system　本来は一国の通貨である米ドルを，国際的にも度量単位としての本位貨幣とする貨幣制度。米ドルが国際市場において貿易取引，資産取引に用いられるとともに，各国の通貨当局により準備として保有される。第２次世界大戦後のブレトン・ウッズ体制下では，米ドルを媒介として金と各国通貨の等価関係が成立する金為替本位制であった。1971年８月にアメリカが金・米ドルの交換停止を行ったことで，ドル為替本位制が開始したものとされる。➡ 金本位制度，ドルペッグ制，ブレトン・ウッズ協定

ドル危機 dollar crisis　米ドルを基軸通貨とする金為替本位制が，米ドルの信認の失墜により不安定化を加速させていったこと。1958年にそれまで１オンス35ドルで安定していた金の公定価格が35.14ドルを，また1960年には41.6ドルをつけ，米ドルの価値の低下が次第に明らかなものとなるにつれ，欧米諸国は米ドルの金への交換を進めた。公定価格を維持するためには，アメリカは金を大量に放出せざるを得なかったが，それがかえって米ドルの信認を失わせることとなった。このような状況に対処すべく，アメリカのみならず各国が協調的に「ドル防衛」を行うものの，金の公定価格を維持することが極めて困難なものとなり，金の公定価格と市場価格との乖離を許容するという金の二重価格制が採用されることとなった。➡ 基軸通貨，金本位制度

ドル・ショック dollar shock　1971年８月15日にニクソン大統領が発表した新経済政策により，それまでの米ドルと金の自由交換性を基本とした固定為替相場制によって特徴付けられるブレトン・ウッズ体制の崩壊をもたらしたこと。およびそれに伴う世界経済への影響。ニクソン・ショックともいわれる。ブレトン・ウッズ体制時の金為替本位制の下では，国際流動性は金と公定価格で交換が可能である基軸通貨としての米ドルがその役割を担っていた。しかし，世界経済の成長の保証と米ドルに対する信認の獲得の両立は不可能であるという，いわゆる流動性のジレンマにアメリカが陥ると同時に，西欧諸国がアメリカに対し手持ちドルの金への交換を請求した。特に，イギリスによる請求が巨額であったこと

から、それによる取り付けを回避しようと、アメリカが急遽米ドルと金との交換を停止し、輸入品に10％の税を課すことなどを内容とする新経済政策を発表した。後にワシントンで行われた10カ国蔵相会議において、固定為替相場制度の再編をめざしスミソニアン合意がなされたものの、1973年にはその維持が困難なものとなり、変動為替相場へと移行することとなった。➡ 基軸通貨，金本位制度，固定為替相場制，スミソニアン合意，ブレトン・ウッズ協定，変動為替相場制

ドルペッグ制 dollar pegging 一国の通貨の為替レートを米ドルの為替レートと連動させることで、それらの間の交換比率を固定すること。ペッグとは「釘付け」のことをいい、一般的には一国の通貨と他の通貨との交換比率を固定し、為替レートを連動させることをいう。連動させる対象としては、米ドルなどの通貨のほかに金の場合もある。ブレトン・ウッズ体制下では米ドルを金にペッグする一方、米ドル以外の通貨を米ドルにペッグする金本位為替相場制度がとられていた。また、交換比率の固定とは、必ずしも為替レートを1つの公定平価の水準に維持することを意味するのではなく、為替レートの変動を公定平価の上下一定幅に収める場合にもいわれる。➡ 金本位制度，ブレトン・ウッズ協定

トレードオフ trade-off ある1つの目的を達成しようとすれば、もう一方の目的の達成が困難になる場合、すなわち同時に双方の目的が達成できない場合のこと。例えば右下がりのフィリップス曲線からは、インフレ率と失業率の間にトレードオフの関係が見てとれる。また、効率性の観点から望ましい政策が、公平性の観点からは望ましくない状況を発生させる場合、効率性と公平性はトレードオフの関係にあるといわれることがある。このようなトレードオフの関係は、先験的に確定している現象ではなく、様々な要因により変化すると考えることもできる。

とん税 tonnage duties 外国貿易船が入港したとき、とん税法（1957年施行）に基づいて課せられる国税のこと。船舶が入港した際、水の供給や港湾施設の利用等といった便宜を受けることへの一種の使用料といえる。納税義務者は入港した船舶の船長または運航者である。課税標準は船舶の純トン数（船舶トン数）である。また、特別とん税（1957年施行）はとん税とともに徴収され、その徴収相当額は開港市町村に対して、特別とん譲与税として全額譲与される。

内外価格差 price gaps between home and abroad　同一の商品あるいはサービスに関して,国内の価格と海外の価格を比較した場合に格差がある状態のこと。内外価格差を計測する方法としては,①調査した実際の価格をもとに何らかのウェイトで合成し全体としてのレベルを比較する方法,②購買力平価と実際の為替レートを比較する方法の2つがある。為替レートが円高になると,国内の価格が海外価格より割高になる。1985年のプラザ合意以降の円高の中で,内外価格差が拡大し,内外価格差の是正が政策目標の1つとして取り上げられた。➡購買力平価

内外均衡 internal and external balance ☞ 国内均衡と国際均衡

内国為替決済制度 domestic exchange clearing system　日本における民間ベースの資金決済システムの1つ。国内における個人,企業相互間で行う送金(内国為替)が,銀行振込,銀行振替によってなされる際に,銀行間での決済を行う制度。全国銀行データ通信システム(全銀システム)というオンライン交換決済システムによって事務処理がなされている。銀行間の為替貸借が,全国銀行データ通信センター(全銀センター)で集中計算され,日本銀行内に持つ当座預金の受払いにより決済される。これ以外の民間ベースの資金決済システムとしては,個人や企業の海外から日本への円による振込みや,金融機関相互の外国為替売買の円による決済を行うためのシステムである外国為替円決済制度と,個人や企業により振り出された小切手や手形を金融機関が相互に決済するためのシステムである手形交換制度の2つがある。前者は東京銀行協会が,後者は各地の銀行協会などが運営している。

内需 domestic demand　国内需要のこと。経済ジャーナリズムの世界では略して内需ということが多い。総需要Y^D, 消費C, 投資I, 政府支出G, 輸出EX, 輸入IMとして,総需要$Y^D = C + I + G + EX - IM$のうち純輸出$EX - IM$を除いた部分$C + I + G$を指し,アブソープションともいう。景気予測を行うため総需要の先行きを占うとき,まず内需と外需に分けて行う。したがって予測値や事前の計画に注目されることが多いが,事後の数値としては,GDEから「財貨・サービスの輸出」(控除)「財貨・サービスの輸入」を差し引いたものに相当する。

内需拡大策 expansion of domestic demand　総需要Y^D, 消費C, 投資I, 政府支出G, 輸出EX, 輸入IMとして,総需要$Y^D = C + I + G + EX - IM$のうち国内需要(アブソープション)である$C + I + G$すなわち内需を拡大する政策のこと。特に個人消費や企業投資を拡大する減税,公共投資の拡大,民間投資を刺激する金融緩和等を一般的に指す。1980年代半ば,双子の赤字下,アメリカの巨額の貿易赤字によるドル暴落が懸念された際,巨額の貿易黒字を擁したわが国が,1985年G5(プラザ合意)やその後のサミットを通して,市場開放とともに輸出抑制,輸入拡大の手段として求められた「内需拡大策」を指すことが多い。わが国の対応としての市場解放と内需拡大

策は1986年，元日銀総裁前川春夫氏を執筆者とする前川レポートに示されたが，当時から，貿易不均衡の改善策としての有効性を疑問視する向きがあり，この際の金融緩和政策がわが国のバブル経済の種をまいたとの見方が強い。バブル崩壊後しばしば内需拡大策がとられたが，成功していない。→ 市場開放問題，双子の赤字

内需主導型経済成長 a type of economic growth led by domestic demand 国内消費，国内投資，政府支出といった国内需要の増加に牽引される経済成長のこと。これに対して，輸出に牽引される経済成長を外需依存型経済成長という。後者の外需依存の経済成長が持続すれば，早晩対外経済摩擦を誘発し，内需主導型経済成長への転換が求められることが多い。また内需主導型経済成長についても，公共事業の拡大など政府支出拡大による場合は政府主導型であり，民間消費，民間投資の拡大による場合は自律型あるいは民間主導型といわれる。→ 外需依存経済，経済摩擦

内生的技術進歩 endogenous technical progress モデルの主要な内生変数である産出量や資本，労働の動きそのものが，資本や労働の生産性を向上させるメカニズムを持つことでもたらされる技術進歩。例えば資本の増加に伴う産出量の増加が労働の熟練度，生産ノウハウの蓄積を通して，資本の増加による収穫逓減を回避し，労働生産性の向上をもたらすようなメカニズムが想定される。そのほか教育，研究による人的資本の蓄積，技術，知識の持つ外部効果，さらには生産物多様化のもたらす生産効率向上などが技術進歩要因として用いられる。このような内生的技術進歩が考えられる以前においては，例えば新古典派のソロー＝スワン成長モデルでは，資本，労働等生産要素の生産性が時間とともに一定率で成長することが直接仮定される外生的技術進歩が用いられた。→ 外部性，ソロー＝スワン成長モデル，内生的成長理論

内生的成長理論 endogenous growth theory 技術進歩を明示的かつ内生的に取り入れることにより経済の成長を説明する理論。伝統的ないわば第1世代の経済成長理論であるハロッド＝ドーマー成長モデルや新古典派のソロー＝スワン成長モデルにおいて，先進国においてしばしば観察された1人当たりGDP水準の恒常的な成長を説明する要因として導入されたのが技術進歩であった。しかしこれらにおいては技術進歩率は外生的に与えられており，技術進歩率そのものの決定メカニズムや各国における経済成長率の格差を説明しうるものではなかった。これに対し，1980年代初頭に誕生した第2世代の経済成長理論では，ローマー（Romer, P. M.），ルーカス（Lucas, R. E.），バロー（Barro, R. J.）らは技術進歩を明示的，内生的に説明しようとする内生的成長理論を展開してきた。これらにおいては，技術進歩率を左右する要因として，意図的な教育，研究・開発活動がもたらす人的資本蓄積の効果，研究・開発の成果つまり技術や知識の持つ外部効果，それによってもたらされる収穫逓増効果，さらには生産される財の多様化がもたらす効果に注目している。

収穫逓増の想定がもたらす内生的成長のメカニズムは，ごく簡単に図を用いて説明できる。まず1人当たり資本kの増加Δkを示す成長基本方程式は，1人当たり生産関数$f(k)$，貯蓄率s，人口増加率nを用いて$\Delta k = sf(k) - nk$と表すことができる。図に示すようにソロー＝スワン成長モデルでは収穫逓減的な生産関数fの下，$k^* < k$のとき$\Delta k < 0$となることから，安定的な均衡成長$y^* = f(k^*)$が実現した。これに対し，内生的成長モデルでは収穫逓増的な生産関数$h(k)$の下，

$\Delta k = sh(k) - nk > 0 (k^* < k)$ となる。すなわち k^* より大きい k では，k は一定値に収束することなく，益々増加する。同様に，1人当たり生産関数が $y = ak$ (a はパラメータ) のような収穫一定の形であっても，sa が人口成長率 n を上回るのであれば，k は常に成長し続ける。➡ 内生的技術進歩

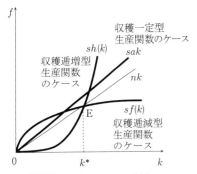

内生変数 endogenous variable
☞ 外生変数

内部経済 internal economics 経済主体が市場での取引を通じて利潤あるいは効用といった利得を得ること。これに対し自らは費用負担することなく，他の経済主体の行動の結果，市場を通さないで効用水準や利益水準を向上させることを外部経済(効果)という。逆に自らの効用水準，利益水準が低下することを外部不経済という。環境汚染などの外部不経済に関して，汚染者に対する課税や浄化費用負担は内部経済化と呼ばれ，外部不経済回避の1つの方法となりうる。なお，マーシャルのいう内部経済とは企業が生産規模を拡大することにより企業内部のコストを引下げて生じる経済的利益をいう。➡ 外部性

ナイフの刃の不安定性 knife edge instability 均衡がパラメータの値の偶然の一致から成立し，一旦均衡から乖離すると，ますます均衡から離れていく状態。現代成長理論の出発点となったハロッド＝ドーマー成長モデルでは，均衡成長は，貯蓄率 s，資本係数 v，人口成長率 n の間に $s/v=n$ の関係が成立するときに限って実現する。しかしこれら3つのパラメータ間にこうした関係が成立するのは全くの偶然であって，こうした関係に一旦乖離が生ずると乖離はますます拡大し，均衡成長への復帰はない。このような状況を指してナイフの刃の不安定性という。不安定性の源は，生産要素の代替不可能性にあるが，この生産要素間の代替を認めて成長理論を構築したものがソロー＝スワン成長モデルである。➡ ソロー＝スワン成長モデル，ハロッド＝ドーマー成長モデル

内部補助 internal subsidization 内部補助とは，複数の事業部門を有する企業内で行われる部門間の補助のこと。通常は高収益部門で得た収益で低収益部門の補助を行う。代表的な例としては，鉄道や郵便があげられる。鉄道の場合，幹線(黒字路線)からローカル線(赤字路線)への内部補助が行われることによって，高収益部門のサービスを受ける消費者に高い価格・料金が課せられ，逆に低収益部門のサービスを受ける消費者には低い価格・料金が課せられる。したがって，この場合には消費者にとって負担の不公平が生じることとなり，また，企業にとっても効率性が損なわれることとなる。一方，郵便のように，当該サービスの供給が少なくても社会的に是認される場合には，内部補助が認められてきた。具体的には，全国一律料金をとっているが，都市部と地方とでは配達のコストが異なるので，前者から後者への内部補助が行われている。➡ ユニバーサル・サービス

ナショナル・ミニマム national minimum ☞ シビル・ミニマム

NASDAQ National Association of Securities Dealers Automated Quotations

☞ アメリカの株価指数，マーケットメイカー

ナスダック総合指数 NASDAQ composite index ☞ アメリカの株価指数

ナッシュ均衡 Nash equilibrium ある経済主体の行動が与えられたとき，もう一方の経済主体にとって最も利得が大きくなる戦略を最適反応戦略といい，双方の経済主体にとって最適反応戦略になるような戦略の組みをナッシュ均衡という。最適反応戦略およびナッシュ均衡は，形式的には次のように表現できる。まず，経済主体A, Bがそれぞれ戦略x_A, x_Bをとったとき，A, Bの利得がそれぞれ$f_A(x_A, x_B)$, $f_B(x_A, x_B)$で表されるとする。Bが戦略x_B^0を選択した場合の，Aの最適反応戦略はすべてのx_Aについて$f_A(x_A^*, x_B^0) \geq f_A(x_A, x_B^0)$を満たす$x_A^*$である。同様に，$A$が戦略$x_A^0$を選択した場合の，$B$の最適反応戦略はすべての$x_B$について$f_B(x_A^0, x_B^*) \geq f_B(x_A^0, x_B)$を満たす$x_B^*$である。したがって，ナッシュ均衡は，戦略の組$(x_A^*, x_B^*)$が，一方を所与とした場合の，もう一方の最適反応戦略の組になっている状況，すなわち，
$f_A(x_A^*, x_B^*) \geq f_A(x_A, x_B^*)$かつ
$f_B(x_A^*, x_B^*) \geq f_B(x_A^*, x_B)$が成立している状況である。一旦ナッシュ均衡が実現すれば，定義上，その状態から戦略を変更する誘因は存在しない。しかしながら，ナッシュ均衡は必ずしもパレートの意味で効率的とは限らないことには注意を要する。ミクロ経済学では，複占状態における数量競争のモデルの解をクールノー=ナッシュ均衡，同様に価格競争の解をベルトラン=ナッシュ均衡と呼ぶこともある。ナッシュはこのようにゲーム理論での均衡概念を定式化し，1994年ノーベル経済学賞が授与された。→ クールノー均衡

ナローバンク narrow bank 基本的に決済サービスのみを提供し，その手数料で運営される銀行。狭義銀行などとも訳される。銀行業は，決済手段である預金を資金調達手段として，リスクが低いとはいえ，かつ流動性の低い貸出債権を主要な運用先としているが，このことが不良債権問題や取り付けなどの問題を引き起こし，決済システムの安定性にとっては好ましくないとも考えられる。ナローバンクの主張は，論者によって多少異なるが，決済性預金の裏づけとして，現金や短期国債，高格付けCPなど，安全性・流動性の非常に高い資産しか認めないというものである。資産運用による収益があまり見込めないため，ナローバンクは決済サービスを提供し，手数料を得ることを主要業務とする銀行となる。このように，決済性預金に厳しい規制・保護を適用し，貸出業務から隔離することにより，決済システムを安定させることを目指すのがナローバンク提案である。必ずしも一銀行全体がナローバンクになる必要はなく，同一銀行内で勘定を分離する方法も考えられる。日本では，セブン銀行が，資産の大半を現金，コールローン，国債の形で保有し，事業融資を行わないなど，ナローバンクの概念に比較的近いと考えられる。

南南問題 South-South problem 「南」の国々の間の経済格差の拡大や利害対立によって生じた諸問題の総称。南北問題における「南」の開発途上国の間にも，産油国や急速な工業化に成功した新興工業国・地域（NIEs）のように比較的経済力の豊かな国と，資源が乏しく，工業化が遅れ，今後も工業化が困難と思われる後発開発途上国（LDC）・最貧国（LLDC）と呼ばれる国が存在しており，特に石油危機以降，両者の間の経済格差が著しく拡大してきている。また，このような中で，先進国の政策や石油価格の引上げのような開発途上国自体の政策が，「南」の国々に異なる影響を与えるよう

になり,「南」の国々の間で利害対立が生まれることになった。南南問題の発生に対応して,1970年代半ば頃から,開発途上国間の政府開発援助あるいは経済協力としての南南協力がいわれるようになってきている。➡南北問題,発展途上国

南北問題 North-South problems 多くが地球上の北半球に位置するとされる先進諸国と,多くが南半球に位置するとされる発展途上国との間に存在する,経済・社会上の諸問題。第2次世界大戦後,植民地諸国は民族自決の下に政治的に独立したものの経済的には従属的な地位にあり続けた。旧宗主国の多くは復興・発展を遂げたが,発展途上国は大きく遅れをとり貧困状態が続いた。そのために先進国は経済援助協力等を行ってきたが格差はなかなか縮小せず,むしろ拡大していった。このような状態は,人道的な立場からはもちろん,資源の安定確保等に関して不安定要素が増大するので北側先進諸国にとっても放置できなかった。発展途上諸国は国連のUNCTADを中心に先進諸国に援助を要請し,特に石油ショック以後は資源主権等を要求する新国際経済秩序を主張した。しかし,発展途上諸国は資源保有国,NIEs諸国などと,逆に最貧国に分極していった。また,先進工業諸国は,貧困層に直接的に接近するようなBHN (Basic Human Needs) 戦略に転向したり,援助の効率性を模索するようになっている。➡経済援助,NIEs,発展途上国

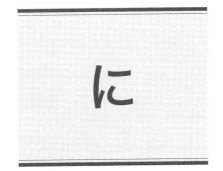

NISA Nippon Individual Savings Account 投資額が小さい個人投資家を対象とした証券投資優遇税制。「にーさ」と読む。英国の同種の個人貯蓄口座を参考に2014年に創設された。年間120万円(設立当初は100万円)に限り,株式や投資信託の売却・配当からの利益が5年間にわたり非課税となる。しかし,利用者の半数以上が高齢者で,口座数の拡大と特に若年層への浸透が課題といわれる。

NIEs Newly Industrializing Economies 新興工業経済地域のこと。1970年代末にOECDが,発展途上国の中で工業生産の総生産に占める比率が高い,あるいは1人当たり国民所得が高いなどの特徴を持った国・地域をNICs (Newly industrializing countries:新興工業国) と定義し,韓国,台湾,香港,シンガポールのアジア諸国をはじめ,メキシコ,ブラジル,アルゼンチン,ギリシャ,トルコ,スペイン,ユーゴスラビアの11カ国がそれにあたるとした。しかし,中国への配慮から台湾,香港を国家と呼ばず地域とするのがより適切であるとし,1988年のトロント・サミット以降はNICsに代わりNIEsが用いられるようになった。1990年代に入ると,特にアジアの4カ国の成長が著しいものとなり,それらはアジアNIEsあるいはアジアの4匹の龍と呼ばれた。➡国民所得

ニクソン・ショック Nixon shock
☞ ドル・ショック

二項分布 binomial distribution 毎回それぞれ確率 p, q で，いずれか一方が生起する2つの事象があるとき（$p+q=1$），n 回の試行のうち確率 p で起こる事象が x 回起こる確率の分布。その確率密度関数は以下のように表現される。
$$f(x) = {}_nC_x p^x q^{n-x}$$
ただし C は組み合わせを表す数学記号である。二項分布の例としては，コインを投げて表が出る回数の分布が挙げられる。➡ 確率分布，確率密度関数

二重課税 double taxation 同一の課税対象に2度以上課税することをいう。二重課税は，特定の課税対象の税負担を過度に重くし，資源配分を歪めるために望ましくないとされる。配当所得に対する法人税と個人所得税，貯蓄に対する利子所得への課税，多国籍企業の利益に対する2国以上での課税などで二重課税問題が存在する。➡ 外国税額控除制度，国際的二重課税問題，多国籍企業，法人税の二重課税問題

二重経済 dual economy 前近代的な農業に代表される伝統部門がその国の経済の中である程度の規模を占めながら，他方で近代的な技術をもって生産を行う工業によって代表される近代部門が存在する経済のこと。発展途上国に見られる。二重経済モデルの代表的なものはルイス・モデルである。近代部門では利潤最大化を目的として都市に存在する企業により生産が行われている。この部門では利潤最大化のため労働賃金は労働の限界生産性に等しい水準に決められる。一方，農村社会を中心とする伝統的農業部門では，長い間の伝統として受け継がれてきた農業生産に支配され，それによって長期安定的な社会を維持している。地主は小作人に収穫のある一定割合を要求するが，その割合は伝統的慣習に従って農村の人々の生活が維持できる程度にとどめられており，地主が自由に変更できるものではない。通常，農村には大量の余剰労働が存在する。農村社会のすべての人々の生活を保障するために，余剰労働を含めてすべての人々を雇用する。したがって伝統部門では労働の限界生産性はゼロであり，労働の報酬は収穫から地主の取り分を引いた残りの分配，すなわち平均賃金として決まる。その水準は大量の余剰労働を抱えているため，近代部門で成立している賃金水準に比べて低い。そこでより高い賃金を求めて，伝統部門から近代部門への，すなわち農村から都市への労働移動が生じる。この移動は賃金格差がなくなるまで続く。このような経済における経済発展のための政策は伝統部門である農村からの大量の労働移動を十分に近代部門が吸収できるように近代部門を育成することである。それによって両部門の労働賃金水準の向上が可能となる。

このルイス・モデルを発展させたモデルにハリス＝トダロー・モデルがある。それは近代部門の賃金は最低賃金法などの制度的要因で固定的であると考えるものである。したがって，近代部門が吸収できる雇用量は限られているため農村から都市への移動は失業を発生させる。しかし都市においては期待賃金が農村伝統部門における賃金を上回る限りは農村から都市への労働移動は続き，失業を増大させる。このような状況において，近代部門の育成は都市における期待賃金を高めて，農村から都市への労働移動を促進させ，失業を増大させることになる。この場合の経済発展にとって望ましい政策は伝統部門の近代化を図ることである。それによって，農業部門の賃金が上昇し，農村から都市への労働流出とそれに伴う都市の失業も解消する。➡ 限界生産力説，離陸

二重構造 dual structure　　近代部門と前近代的な部門から成る経済社会の構造のこと。日本における二重構造は、第1次世界大戦後にその萌芽が見られ、第2次世界大戦後、経済が大きく発展する中で顕著となった。急速に拡大・発展する近代的な大企業部門と、中小零細企業や農業などの前近代的な部門からなる二重構造で、両部門の労働生産性格差や賃金格差という形で表面化した。これは希少な資本が大企業に集中し、過剰な労働力が前近代部門に集中したことによる。昭和32年度の『経済白書』において分析され広く知られるようになった。

日銀短観 short-term economic survey of all enterprises in Japan, "Tankan"　　日本銀行が行う「企業短期経済観測調査」のこと。毎年3月、6月、9月、12月に、資本金2,000万円以上の様々な規模、業種の企業から抽出した約1万社を対象に行われるアンケート調査である。調査の規模や、企業から直接調査している点、調査から公表までの期間が短いことなどから、経済活動の実態を知るための重要な調査とされている。アンケートの内容は、業況や在庫、金融機関の貸出態度等の最近および先行きの状況（「判断項目」と呼ばれる）、財務状況などであり、判断項目については「良い」「どちらでもない」「悪い」などの3つの選択肢から選択する形式となっている。第1選択肢を選択した企業の百分率から第3選択肢を選択した企業の百分率を除いた値をDI（ディフュージョン・インデックス）と呼び、調査結果はDIの値で公表される。日銀短観で特に注目されるのは「業況判断指数」であり、景気判断に用いられる。また、資本金10億円以上の大企業を主な対象とする「主要企業短期経済観測調査（主要短観）」も存在したが、2003年12月調査をもって廃止された。➡ 一致指標

日銀特融 emergency finance　　日銀貸出のうち、緊急時に実行される無担保貸出のこと。破綻金融機関の円滑な預金払戻しを可能にするための信用秩序維持を目的とする場合と、コンピュータの故障などにより一時的に資金繰りが悪化した経営が健全な金融機関への援助を目的とする場合の融資が、現在の日本銀行法によって定められている。戦後初の日銀特融は1965年の山一證券に対する融資である。その後、山一證券や北海道拓殖銀行等の破綻の際にも用いられた。破綻した山一證券に対して公的資金が投入され、約1,500億円が回収不能になったとされる。その他、みどり銀行（現みなと銀行）に供与した劣後ローンなども日銀特融に含まれる。

日経平均株価指数 Nikkei Stock Average　☞　株価指数、デリバティブ市場

二部門経済成長モデル two-sector economic growth model　　生産部門を消費財生産部門と生産財生産部門の2部門からなるとしたうえで経済の成長を考える理論モデル。1960年代に新開陽一、宇沢弘文らの日本の経済学者を中心に展開された。消費財、生産財ともに労働と資本から生産されるが、それぞれの技術的条件は異なり、2本の生産関数が導入される。これによって経済成長プロセスにおいて、生産資源が両部門にどのように配分されるかが分析され、均衡成長経路が安定であるためには、消費財生産部門の方が、生産財生産部門より資本集約的であることの必要性などが明らかにされている。

二部料金 two-part pricing　　総費用は固定費用と変動費用（可変費用ともいう）に分けられるが、その回収方法としての料金制度も、固定費用を回収する部分と変動費用を回収する部分に二分されている料金制度のこと。具体的事例としては、電力・ガス、通信、水道等の料金制度に見られ、原則として基本料金は固定

費用の回収に，使用料金は変動費用の回収に充当される。現実には，固定費用をすべて基本料金で回収しようとすると，基本料金が非常に高くなり低所得者層に大きな負担となる。そこで固定費用の一部を使用料金の一部に含め，逓増料金を採用することにより，低所得者層の負担を軽減している。

日本工業規格 Japan Industrial Standard ☞ ISO，デファクト・スタンダード，標準化

日本的雇用慣行 Japanese employment practices 中途採用や転職を特殊ケースとし，新規学卒採用後，定年まで同一企業に勤続するのを普通とする終身雇用制，初任給から定年退職前まで，年功とともに賃金階梯を上昇する年功賃金制，職種にかかわらず，特定企業の雇用者が一体となって労働組合を形成する企業別組合制など3つの日本独特の雇用慣行のこと。そのほかボーナス制度，社内教育制度，出向制度，残業・パート雇用制度などをサブ・システムとして含む。これら諸制度は総じて企業と被雇用者を利益共有者として結びつけるものであり，労使間競争を企業間競争に転換するメカニズムとして機能する。また労働者間競争は通常の労働市場におけるものから企業内の労働者間競争，すなわち内部労働市場の競争に転換される。➡ 終身雇用，出向，年功賃金

日本年金機構 Japan Pension Service 厚生労働省から委任・委託を受け，公的年金（厚生年金・国民年金・共済年金）の運営業務を担う特殊法人。職員の身分は非公務員であるが，役職員は「みなし公務員」である。公的年金の運営で，効率的業務，情報公開，コンプライアンス等を徹底するために，2010年に社会保険庁に代わり設立された。➡ 厚生年金，国民年金

日本標準産業分類 Standard Industrial Classification for Japan 統計調査の結果を産業別に表示する場合の統計基準にすることを目的として，わが国における産業を，事業所において社会的な分業として行われる財貨およびサービスの生産または提供にかかわるすべての経済活動と定義し，総務省が分類を行ったもの。1949年に最初の分類が設定されてから，現在までに13回に及ぶ改定を経ており，2015年現在の最新の分類は2013年に改定されたものである。改定のねらいは，新産業や新制度の状況，既存産業の状況変化等に適合するように見直すことであった。全体は大分類項目，中分類項目，小・細分類項目の3つに大別されている。これまで大分類項目においては，「農業」，「林業」の分類を統合し「農業・林業」を新たに設けたり，「情報通信業」内の中分類項目「信書送達業」を分離し，「運輸業」内に中分類項目「郵便業」として新たに設けるなどの改定が行われ，2015年時点で大分類項目は20となった。これにより，国際連合作成の国際標準産業分類等との比較可能性が向上している。また中分類項目は99，小・細分類項目は1990項目となっている。

日本貿易振興機構 Japan External Trade Organization：JETRO 1958年に貿易を総合的かつ効率的に実施するための機関として誕生した日本貿易振興会と，1960年に発展途上国の政治・経済等の諸問題に関する研究機関として誕生したアジア経済研究所とが，1998年に統合したことで誕生した総合機関。略称ジェトロ。日本貿易振興会はその設立当初，日本の経済成長の牽引役であった輸出の振興を中心として活動していたが，1980年代からの日本を取り巻く世界経済環境の変化，すなわち日本の貿易黒字の増大とそれに伴う経済摩擦の表面化などで，輸入促進を中心とする活動へと転換した。一方，アジア経済研究所は，主に発展途上国の現地主義・実証主義に基づく調

査研究，研究交流，資料や情報の収集および発信，研修事業などを行っている。
→ 経済摩擦

日本輸出入銀行 The Export-Import Bank of Japan : JEXIM ☞ 国際協力銀行

ニューエコノミー new economy
ITの活用により見込み生産や需給のアンバランスが解消し景気循環がなくなるという仮説に基づいた新しい経済状態のこと。1990年代の米国経済では，実質GDP成長率が3〜4％で推移し，失業率も90年代初頭の8％弱から90年代後半の4％台まで低下した。一方で，消費者物価指数は3％前後で安定的に推移した。このように良好な経済状態が長期間持続したことを受けて，一部の論者は，当時社会的にも影響力を増しつつあった情報技術の進展と情報技術産業のアメリカ経済への浸透を結びつけ，ニューエコノミーと呼ばれる新しい経済環境が生まれたと主張した。ニューエコノミー論の共通認識は，大きな景気変動やインフレがない，持続的な経済成長が見られる，情報技術の進展による生産性向上がこれに大きく寄与している等である。当初より，このような考え方には反対意見があったが，2000年前後のITバブルの崩壊を契機にこの言葉は急速にすたれていった。

ニュー・パブリック・マネジメント new public management　1980年代半ば以降，イギリス，ニュージーランド等のアングロ・サクソン系諸国を中心に，行政実務の現場を通じて形成された行政運営理論のこと。その中心的な議論は，民間企業における経営理念・手法，さらには成功事例などを可能な限り行政現場に導入することによって，行政部門の効率化・活性化を実現することにある。具体的には，①経営資源に関する裁量の拡充と業績・成果による統制，②民営化手法，エイジェンシー，内部市場等の契約型システムの導入，③統制の基準を顧客主義（住民をサービスの顧客と見る）へと転換，④統制しやすい組織への変革(ヒエラルキーの簡素化）などがある。→ 民営化

ニューヨーク・ダウ Dow Jones industrial average ☞ アメリカの株価指数

認可法人 approved corporation　法律上の定義はないが，特別の法律に基づいて数を限定して設立され，主務大臣の認可を得て設立される法人。特殊法人と異なり，総務省の審査の対象とはならない。行政改革の対象となり，認可法人の多くが独立行政法人，特別民間法人，一般民間法人となった。→ 独立行政法人

認知的不協和 cognitive dissonance
人間が自身の中で矛盾する認知を同時に抱えた状態，また，その状態で覚える不快感を示す心理学の用語。実験経済学や行動経済学でも用いられている。アメリカのフェスティンガー（Festinger, L.）によって提唱された。
　例えば，「私は煙草を吸っている」という認知と，「喫煙者は肺がんや心臓病になる可能性が高い」という認知は不協和となる。不協和の存在は心理的緊張・不快感を生み出すため，不協和な状態を低減させることは望ましい。不協和を低減させる方法として，①認知を変える(調査は信用できない，証明されたわけではない，禁煙する），②新しい協和な情報を収集・追加する（喫煙は会話の小道具でリラックスする），③重要度を変える（他の危険はいくらでも存在する，いずれ肺がんは治る）がある。上記のいずれかの方法によって，「喫煙者は肺がんや心臓病になる可能性が高い」という認知を低減させることで，不協和を低減させることができる。

認知ラグ recognition lag ☞ 政策ラグ

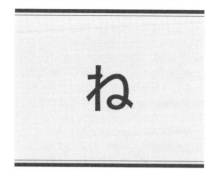

ネオ・ケインジアン Neo Keynesian ケインズ (Keynes, J. M.) のマクロ経済学に対して、ミクロ経済学の立場からその理論的基礎を与えようとする学派のこと。これは、クラウワー (Clower, R. W.) の再決定仮説を出発点として、ケインズ経済学の革新性を、ワルラス的な価格調整よりマーシャル的な数量調整に置くレイヨンフーヴッド (Leijonhufvud, A.) のケインズ解釈を軸にして展開された。フランスのマランヴォー (Malinvaud, E.)、ベナシー (Benassy, J. P.) 等がその代表で、ネオ・ケインジアンはベナシーの命名による。

分析の方法として前述のクラウワーのアイデアを軸に、ヒックス (Hicks, J. R.) の固定価格法を、新古典派の一般均衡理論と結合させた「一般不均衡分析」を用いる。価格や賃金率を固定し、その結果生じる各市場での需給の不一致を、産出高・雇用といった数量変数が価格に代わって調整する過程を分析する。この理論は、ケインズが指摘した不完全雇用均衡の存在やその安定性を数学的に証明した。このことは、ケインズが仮定として置いた貨幣賃金率の硬直性や数量調整を内生的に説明するものである。

一般不均衡分析が、ケインズ経済学の本質にどこまで迫っているのか定評はないが、理論的には従来均衡理論でしか分析されていなかったワルラス的一般均衡を、不均衡状態での経済主体の意思決定プロセスや市場の調整過程まで拡張した。これは同時に、ケインズ経済学を、ワルラス的な一般均衡理論をも特殊ケースとして包含する、非ワルラス経済学として位置づけることにほかならない。➡ケインズ経済学、ケインズ経済学のミクロ的基礎、不完全雇用均衡

ネットワークの経済 economies of network ネットワーク形成によりもたらされる外部経済効果であり、ネットワークの加入者が増加するほどそのネットワークの価値が大きくなること。利用者数やマーケット・シェア等のネットワークの規模が増大すると、それに加入することから得られる便益が増大する。この性質は、電話やインターネット等の情報通信産業、ビデオ等のAV機器、クレジットカード、自動車や家電製品等のサービス網等に広範に見られる。一般的にネットワーク外部効果には、直接的効果と間接的効果がある。前者は、ネットワークの利用者数の増加自体がそのネットワークから得られる便益を増大させることをいい、典型的な例として電話等の情報通信サービスが挙げられる。後者は、ネットワークの利用者の増加によって補完関係にある製品やサービスが充実し、そこから得られる便益が増加することをいい、コンピュータやAV機器のハードウェアとソフトウェアが例として挙げられる。➡外部性

年金 pension 主に稼得能力が十分でない高齢者などに継続的に給付される金銭のこと。またはその制度そのもの。年金には、民間で運営される私的年金と、政府により運営される公的年金との2つがある。私的年金には、企業による退職金の代替または補完としての企業年金と、個人が自発的に金融機関と契約して行う個人年金がある。

公的年金は，国民年金（基礎年金）とそれに上乗せされる厚生年金からなる。国民年金は20歳以上のすべての国民が強制的に加入させられる。国民年金は，第1号被保険者，第2号被保険者，第3号被保険者に分類される。このうち第1号被保険者については，任意で国民年金基金に加入できる。国民年金を受け取るには，60歳までに10年以上一定額の保険料を支払わなければならない。厚生年金は，厚生年金保険の適用を受けている事業所に雇用されている従業員が強制的に加入させられ，厚生年金加入者は自動的に国民年金に加入させられる。厚生年金の保険料は，稼得所得に依存して決まる。さらに，厚生年金加入者のうち，公務員以外には企業年金が，公務員には年金払い退職給付制度といった上乗せ制度が存在する。

公的年金は，2017年時点では原則として65歳になると給付される。年金給付については，大きく分けて積立方式と賦課方式がある。現在，急速な少子高齢化により，年金財政が破綻する可能性が高まっている。そこで財政再計算を5年ごとに実施し，保険料，給付額，給付開始時期，国庫負担の見直し，新たな税財源の検討がなされてきている。国民年金と厚生年金の積立金についても，より高い利回りを得て，将来の年金給付に備えるために，2001年に年金積立金管理運用独立行政法人を設置し，より大きい運用利回りを得る努力がなされている。

➡ 企業年金，厚生年金，国民年金，財政投融資，年金積立金管理運用独立行政法人

年金会計 pension account　年金の拠出，給付にかかわる会計のこと。企業年金を採用している企業は，従業員に対して将来年金を支払う義務，すなわち債務を有し，一方で年金支払に備えて拠出を行っており，積立額は資産であると考えられる。従来は，これらの資産，負債は企業の貸借対照表には計上されておらず，積立が十分か否かを外部の者が知ることは難しいとされた。2001年3月期から導入された年金会計では，企業は企業年金についての債務，資産を貸借対照表に計上し，年金債務に対して資産が不十分な企業は追加拠出をする義務がある。また，公的年金については，厚生保険特別会計年金勘定および国民年金特別会計，あるいはこれらの勘定への資金の出入を年金会計と呼ぶ。年金特別会計において，基礎年金勘定，国民年金勘定，厚生年金勘定，健康勘定，子ども子育て支援勘定，業務勘定の6つの勘定からなる。
➡ 国民年金，特別会計

年金受給権 pension right　年金を受け取る権利。国民年金，厚生年金ともに2017年7月までは加入期間は25年以上であったが，同年8月より加入期間は10年以上と短縮された。また支給開始年齢は国民年金，厚生年金ともに65歳である。ただし厚生年金については，60歳から特別支給の厚生年金の受給資格が発生するが，1999年の年金改革で段階的に支給開始年齢を引き上げ，1961年4月2日以降生まれの者は65歳に達するまで全く年金を受給できなくなる。➡ 国民年金，厚生年金

年金積立金管理運用独立行政法人
Government Pension Investment Fund: GPIF
公的年金のうち，厚生年金と国民年金の積立金の管理・運用を行う厚生労働省所管の独立行政法人。資産規模は2015年度

末で140兆円と，世界最大の機関投資家と呼ばれている。実際の運用は金融機関に委託されている。最近は収益性を向上させるため，内外株式の比率を高めている。 ➡ 日本年金機構

年功賃金 seniority-order wage　職場における勤続年数，年齢，学歴等に応じて支払われる賃金のこと。職務に関する遂行能力に応じて決まる能力賃金，その重要性，難度に応じて職務ごとに決まる職務賃金と対比される。勤続年数，年齢の高まりとともに増していく熟練度，年齢とともにライフサイクルに沿って増加していく生計費等を反映していると見なせば，年功賃金に一定の合理性を認めることができる。年功賃金は，終身雇用，企業別組合とともに高度経済成長期に企業や経済の拡大を支えたわが国における雇用慣行の伝統的特徴の１つと見られてきた。しかし高度成長の終息とともに，労働市場の伸縮性，流動性が求められるに至り，その存在や意義は後退しつつある。 ➡ 日本的雇用慣行

年金問題 pension problems　日本社会が抱える，年金の財政収支問題のこと。日本の年金制度は，企業年金あるいは個人年金からなる私的年金制度と国民年金あるいは厚生年金からなる公的年金制度の２つから構成される。1985年から国民皆年金制度を達成し，維持してきたが，近年，公的年金についていくつかの問題が指摘されてきている。

①退職世代の給付金を勤労世代の保険料，積立金および国庫から賄っている。しかし，現在では，高齢者の急増により，給付金のかなりの部分を勤労者の保険料で賄う賦課方式となっている。また，急速な少子高齢化により，保険料を支払う勤労世代が減少して退職者世代の給付金を賄えなくなりつつある。結果として，現行の国民皆年金制度が維持できなくなる恐れが出てきている。

②国民年金の第１号被保険者は自ら保険料を納めなければならない仕組みとなっている。国民年金納付率は1996年度までは80％を超えていたが，2011年度には58.6％まで低下した。その後回復し，2014年度には63.8％まで回復している。しかし相変わらず約40％の加入者が保険料未払いの状態にある。このままでは，高齢になっても年金を貰えない者が増大して，皆年金制度が維持できなくなる可能性がある。

③公的年金の給付水準は，原則的に65歳に年金を受け取る時点ではどの年代でも勤労世代の平均収入の50％以上は維持するとされている。しかしながら，少子高齢化の進展により，年金給付水準の切下げが不可避になり，年金収入だけによる最低生活水準の確保が不可能になりつつある。年金未納者を含めて年金制度に対する信頼が失われつつある。

④現在，多くの企業で定年が60歳に設定されている。これに対して，年金の支給が開始されるのは65歳からである。定年年齢と年金支給年齢の差の５年間の生活をどのように保障するかが問題となっている。定年年齢の延長が図られているが，十分な状態ではない。今後さらに年金の財政状態から，年金支給開始が68歳さらには70歳に延長されるとした場合，定年から年金支給年齢までの期間の生活をどのように保障していくかが大きな問題となっている。 ➡ 年金，国民年金，厚生年金

農業革命 agrarian revolution, agricultural revolution　イギリスにおける一連の農業に関わる社会変革のこと。時期として大きく2つに分けられる。まず，15世紀末から16世紀に行われた第1次エンクロージャー（囲込み，土地囲込み）は，当時のイギリスの羊毛工業の拡大と羊毛価格の高騰の下で，従来全部または一部にわたって共同権が存在していた土地（荒蕪地，入会地，開放耕地）から農民を追い出し，私有地としての羊牧場に転化しようとする運動であった。この第1次エンクロージャーは，イギリスの農村の諸階層および社会経済構造に急激な変動をもたらしたため，第1次農業革命と呼ばれている。また，18, 19世紀には，穀物増産を目的とした第2次エンクロージャーがなされたが，それに先立つ新農法の成功とともに第2次農業革命と呼ばれる。これらの第1次，第2次農業革命は，イギリスの資本制農業の発展の基礎となるとともに，イギリスが農業国から工業国に転換し，世界に先駆けて産業資本主義を確立する前提を準備するものであった。

濃度規制 emission concentration regulation　工場等から排出される煤煙や排出中に含まれる汚染物質の割合を一定濃度以下に規制すること。濃度規制では，例えば水質汚濁の場合などで，薄めることにより規制基準をクリアーしてしまい十分な汚染防止規制とはならないという問題がある。➡ 総量規制（環境）

能力説 ability-to-pay approach　公平な課税に関する考え方の1つで，社会全体の厚生が各人の厚生のみならず公共部門の活動にも依存するものと考え，公共部門の活動を賄う租税は個人が公共サービスから受ける利益とは無関係に個人の租税支払能力により決まってくるという考え方。応能説ともいう。能力説は，政府の果たす所得の再分配の役割にはその根拠を与えることができるが，公共サービスからの便益と負担の関係は曖昧となり，資源の効率的配分の議論には妥当しない。➡ 均等犠牲説，租税，利益説

農林漁業金融機関 financial institutions for agriculture, forestry and fishery　農業協同組合および漁業協同組合の金融機関的側面のこと。農業協同組合および漁業協同組合は，貯金の受入れや融資などの信用事業や保険類似商品を提供する共済事業を行っており，金融機関の側面を有する。特に，信用事業の側面を取り上げて農林漁業金融機関（系統金融機関と呼ばれることもある）と呼ばれる。農漁協は主に組合員等に対して貯金の受入れや融資を行う。都道府県レベルの上部団体である信用農業協同組合連合会および信用漁業協同組合連合会は，各農漁協と融資，貯金等の取引を行い，資金の過不足を調整する。さらに，全国組織として農林中央金庫があり，信用農業協同組合連合会などと預金・融資の取引を行う。農林中央金庫は，このようにして得た資金を地方自治体や農林水産業関連企業に対して貸し付けたり，金融市場で運用したりするなどしている。なお，農林漁業金融機関は，貯金を受け入れていることから銀行等と同様に経営破綻への対応が必要であり，預金保険と類似した農水産業協同組合貯金保険制度や，相互援助制

度が設けられている。 ➡ 預金保険制度

ノーマティブ・セオリー normative theory ☞ 規範経済学

ノンバンク non-bank 銀行等の預金受入れ金融機関を除く金融機関のうち，与信業務を行うものの総称。主なものとして，商工ローン会社，リース会社，消費者金融会社，信販会社，クレジット・カード会社が挙げられる。銀行等の預金受入れ機関の設立が免許制であるのに対し，ノンバンクは登録制であるなど，規制が少なく，業務上の制約が緩いため急速に発達したが，不動産融資に傾倒した結果，1990年代の地価下落で苦境に陥ったものも存在する。従来は資金調達手段を規制され，銀行借入が主要な調達手段であったが，1999年施行のいわゆるノンバンク社債法により，社債やコマーシャルペーパー（CP）発行により，資金を市場から直接調達することが可能になったことも，ノンバンクの成長の一助となっている。 ➡ 消費者金融

ノンプロジェクト援助 non-project aid ☞ プロジェクト援助

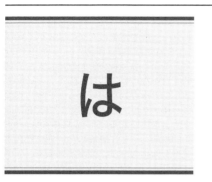

パーシェ指数 Paasche index　物価指数の算式の1つ。比較時点のさまざまな財・サービスの購入量の組合せ（これをバスケットと呼ぶ）にその時点での価格をかけて算出した総購入額を，その購入量の組合せに基準時点での価格をかけて算出した額で除した値。基準時点0における第i財の価格水準および購入量をp_i^0, x_i^0とし，比較時点tにおけるそれらをp_i^t, x_i^tとすれば，次式で表される。

$$\frac{\sum_i p_i^t x_i^t}{\sum_i p_i^0 x_i^t}$$

パーシェ指数を応用している指数としては，GDPデフレーターがある。物価指数の算式としては，他にラスパイレス指数がある。ラスパイレス指数より優れた点として，指数算定の基礎になる財バスケットが比較のたびに更新されるため，物価指数やその変化率と実感されるそれらとの乖離が少ない点がいわれている。しかし財バスケットを毎回改訂することになるため，算定に要する時間はラスパイレス指数よりも大きくなり，速報性に欠けるのが難点と見られている。

また，価格変化が起こった場合，各経済主体は，相対的に安くなった財・サービスの購入を増やし，相対的に高くなった財・サービスの購入を減らすように，バスケットの変更をしていると考えられる。このような場合，パーシェ指数では，基準時点のバスケットをウェイトに用いるラスパイレス指数と比較して，物価上昇率を過小評価してしまう可能性がある。これを，パーシェ効果と呼んでいる。
➡ GDPデフレーター，フィッシャー指数，ラスパイレス指数

バーゼルⅡ Basel Ⅱ　☞　国際決済銀行

バーター貿易 barter trade　財・サービスの貿易（例えば輸入）に対して，国際通貨によりファイナンスするのではなく，財・サービスの逆方向の貿易（輸出）により決済する形での貿易。国際市場における物々交換。例えば，第2次世界大戦後から1960年代にかけ，ソビエト連邦を中心とする旧社会主義諸国の間では，バーターによる国際的取引が行われていた。➡ 物々交換

バーチャル・コーポレーション virtual corporation　コンピュータ・ネットワークを利用し，それぞれ異なる特徴を持った複数の企業が研究・開発・製造・販売等の分野について，人材・知識・経験等を相互に利用しつつ，共通のサービスを提供するという企業形態のこと。この企業はネットワーク上では存在するが，実際の企業ではないことから，仮想企業体（virtual corporation: VC）と呼ばれる。情報技術の進展がこのような企業形態を可能にした。それぞれの企業は，自分に不得手な分野をアウトソーシングすることになる。企業設立にあたって，新規の社屋建設が不要あるいは，実際に建設するよりもはるかに安価であるため参入・撤退が容易で，情報技術の進展に伴う経済環境の変化に対して柔軟に対応できるのが特徴である。また，企業数に関わりなくインターネット上でのみ操業する企業を指すこともある。

ハーディング現象 herding phenomena　自分で意思決定して行動するより，他人

と同調して行動することで安心感が得られ，全員が同じ行動をとり，群れたようになる現象のこと。herdingが英語で（動物の）群れを意味している。バブル時に，多くの人が株式，不動産などへの投資を行ったこと，などが例として挙げられる。人間は常に合理的な行動をとるとは限らず，往々にして非合理的な行動もとるという行動経済学の見方に基づいている。
➡ 行動経済学

ハーフィンダール＝ハーシュマン指数 Herfindahl-Hirschman Index：HHI
☞ 集中度

ハーベイ・ロードの前提 presumption of Harvey Road 一国での経済政策は厳正に中立的な公共精神に富んだエリートにより策定され，一般大衆はこのエリートの政策決定を受け入れるという考え方。ハロッド（Harrod, R. F）の『ケインズ伝』により指摘された，ケインズ（Keynes, J. M.）が抱く知的エリート観で，ケインズの生家のあったケンブリッジにあり，エリートが多く居を構えた通りの名前に由来する。現実には，実際の議会制民主主義制度の下では，政策担当者は選挙の洗礼を受けなければならず，選挙民に人気のある政策を実施せざるを得ない。結果として国経済としては望ましくない政策も採らざるを得ない状況になる。このように，ケインズのハーベイ・ロードの前提は現実を全く反映していないと，ブキャナン（Buchanan, J. M.）などにより激しく批判された。

ハイエク Hayek, Friedrich August von (1899〜1992) オーストリア生まれの経済学者，哲学者。最初は，信用創造が，消費財産業と投資財産業との間に不均衡を生みだし，これが景気の変動に波及する側面を究明した（『価格と生産』*Prices and Production*, 1931）。その後，社会主義経済計算論争に加わり，市場が存在しない社会では知識や情報が有効に利用できないことを指摘した。社会経済にとって有効な知識や情報は人々の間に広く散在し，それらは集計，集約し，合理的に処理できるような性質のものではなく，分権的で自由な市場における個々人の行動を通してのみ有効利用できるとした。その後ハイエクは，自由な市場が慣習的に確立する市民法的ルールを，自由社会の「自生的秩序」として評価した。逆に社会主義や全体主義では，情報と知識を一元的に管理し，過不足のない経済活動を計画・指導しようとするが，現実には不可能である（『自由の条件』*The Constitution of Liberty*, 1960）とした。彼の考え方は，ミーゼス（Mises, L. E. von）とともに，今日，アメリカを中心とする新オーストリア学派に影響を与えている。➡ オーストリア学派

配偶者控除 special exemption for spouse ☞ 課税最低限

買収 acquisition ☞ M&A

買収防衛策 hostile takeover defensive measures 買収対象の企業の経営陣が反対しているにもかかわらず，株式の過半数を掌握して力ずくで買収を行おうとする買収者に対抗する手段のこと。

例えば，敵対的な買収者が提示するよりも高い価格で株を買い取ってくれ，経営陣を支持してくれる友好的な買収者（ホワイトナイト）を捜したり，経営陣自らが資金を用意して買収する（MBO：マネジメント・バイアウト）といったことが対抗策の１つである。さらに，毒薬条項（ポイズンピル）と呼ばれるが，敵対的買収者の株式保有比率が高くならないように，新しい株式を（敵対的な買収者以外の株主に対して）発行するルールをあらかじめ定めておく方法もある。また，その株式を持っている株主が反対すれば合併を拒否できる権利を与える特別な株式（黄金株とか，拒否権付き株式と呼ばれる）を発行することも制度的に可能と

ただし，敵対的買収の脅威は，企業経営者に対する規律付けとして機能しているので，過剰な防衛策は経営者の保身に使われてしまい，企業の業績にとってマイナスとなる心配がある。➡M&A，株式公開買付け

排出権取引制度 emissions trading system　環境問題に対処するための経済的手段の1つとして，環境税とともに注目されている制度である。基本的な仕組みは，汚染物質の排出許容量をまず総枠として決め，個々の汚染主体（国や企業）ごとに一定の排出権を割り当て，市場においてその取引を認めるものである。汚染物質の排出量全体を規定した上で，当事者間で排出権を売買させ，市場メカニズムを通して費用低減を図りつつ，所定の排出総量目標を達成するのである。理論的には効率的な制度であり，米国では1976年から酸性雨の原因となる硫黄酸化物や粒子状物質の削減対策として導入されてきた。また，地球温暖化防止対策の一環として，京都議定書で定められた温室効果ガスの排出削減目標値を達成するための手段としても，導入がなされてきている。温室効果ガスの削減を対象とした排出権取引制度としては，2001年にデンマーク，2002年に英国において導入される。2005年にはEUもEU全域を対象とした欧州連合域内排出権取引制度を導入した。➡環境税，地球温暖化

配当割引モデル discounted dividend model　ある企業の妥当な株価（ファンダメンタルズ・バリュー）を判断する最も標準的な方法である。これは将来の予想配当の現在価値が企業価値であると考える。将来の1万円は現在の1万円に比べれば価値が低いことから，単純に将来の受取配当を合計するのではなく，将来の受取配当を何らかの割引率で割り引いてから合計する必要がある。例えば，未来永劫に1万円の配当が得られるとし，その配当の現在価値を割引率3％として計算してみると，1年後の配当の現在価値は0.97万円（=1/1.03），2年後の配当の現在価値は0.94万円（=$1/1.03^2$），3年後の配当は0.92万円（=$1/1.03^3$）といったようになる。これを合計していくと，33.3万円となる。一般に無限等比級数の和の性質から，受取配当の額をD，割引率をr（上の例では0.03）とすると，将来の受取配当の現在価値はD/rで示すことができ，それが配当割引モデルに基づく株価となる。➡ファンダメンタルズ，割引現在価値

ハイパー・インフレーション hyper inflation　☞　ギャロッピング・インフレーション

ハイパワード・マネー high-powered money　マネタリー・ベース（monetary base）とも呼ばれ，銀行外の流通現金通貨と銀行の支払準備との合計のことをいう。ハイパワード・マネーは民間金融機関の信用創造の基礎となり，その乗数倍のマネー・ストックを生み出すのでハイパワード・マネーと呼ばれる。金融当局はハイパワード・マネーを操作してマネー・ストックをコントロールしている。ハイパワード・マネー（H）とマネー・ストック（M）の関係は，

$$M = \left(\frac{\alpha+1}{\alpha+\beta}\right) \times H$$

となり，係数$(\alpha+1)/(\alpha+\beta)$を信用創造乗数と呼ぶ（$\alpha$は銀行内部の預金歩留り率，$\beta$は支払準備率）。この式より預金歩留り率$\alpha$および支払準備率$\beta$が低いほど信用創造乗数は大きくなる。逆に民間金融機関の支払準備率が上昇すると，マネー・サプライは減少する。➡支払準備率操作，信用創造理論，マネー・サプライ

バウチャー方式 voucher system　補助金の一種で，あらかじめバウチャー（利用券，引換券）を配られた利用者は，

パッシブ運用 passive asset management ☞ アクティブ運用

発展途上国 developing countries　1人当たり実質所得が低く，産業としては農林水産業あるいは鉱業にかたよっているアジア・アフリカ・ラテンアメリカの国々のこと。発展途上国は貧困の悪循環にあり，所得の低さから，一方で国内の貯蓄や資本蓄積が少なく，他方で需要も市場も小さい。生産性は向上せず，技術水準も低い。この困難な情況で2つの開発戦略が考えられた。1つは輸入代替開発戦略であり，国内生産が可能な輸入製品の国内産業を振興させ，他方で，貴重な外貨は資本財等の輸入に割り振る。この開発戦略を志向したのは比較的国内市場が大きく天然資源の多い国であるが，市場に基づく投資より一般的に効率性の悪い輸送等のインフラ投資が必要となり，累積債務問題を引き起こした。他の1つは輸出志向開発戦略である。経済成長著しいアジアNIEs諸国に見られるように，市場の効率性を追求しながら積極的に輸出産業を育成する。そこに多くの資金を集中的に投入し，技術導入にも積極的であるため一時的には債務問題が発生したが，効率的資本利用と輸出代金により返済は比較的順調であった。➡ 輸出志向型工業化，輸入代替，累積債務問題

バブル経済 bubble economy　不動産や有価証券等の資産価格が，それらの持つ本来の価値を大きく，持続的に超えている経済状態のこと。また，バブルが発生している状態をバブル経済という。ただし，資産の持つ本来の価値をどのように計測するか，どの程度の乖離をもってバブルと呼ぶかには定説があるわけでない。したがって，バブルの発生を示すことは，定量的，定性的にも意見が分かれる。日本の場合，1980年代後半，資産価格の持続的上昇が生じたが，これは一般にバブルであったとされる。このとき，日経平均株価は1989年末に3万8,915円（終値）を記録し，その後下落してバブル期は終了した。資産価格の著しい上昇とその後の不況については，17世紀前半のオランダにおいて，チューリップの球根価格が急騰し，その後急落して生じたチューリップ恐慌，18世紀イギリス政府の設立した南海会社の株価が急騰し，その後同社が破産したことから生じた南海泡沫会社恐慌等が知られている。➡ 株価指数

パラメータ parameter　経済モデルにおいて，それを構成する要素の中で，モデルを構築する側があらかじめそのとりうる値を決定し，モデル内の要因により変化することがないと規定して組み込む諸量のこと。例えば，ケインズ型消費関数において限界消費性向は0より大きく1より小さいとされるが，これはパラメータの例である。経済モデルの中で何がパラメータとなるかは事前に確定しているものではなく，モデルを構築する側が決めることであり，あるモデルではパラメータとして組み込まれているものが，他のモデルでは内生的に決まるようにモデル化されることもある。一方，確率や統計の分野では，確率分布やその他の関数の特徴・形状を規定する量をパラメータという。例えば，正規分布の平均や分散などがこれに該当する。この意味で用いられるときは母数（ぼすう）といわれることもある。

バリューアットリスク value at risk : VAR (VaR)　資産の収益率の標準偏差を過去のデータから推定し，その推定値に基づいて，所定の確率で発生しうる最大の損失額。例えば，資産収益率が正規分布に従い，資産収益率の標準偏差がσ，期待収益率が$E(r)$と推定されたと仮定

する。所定の確率を仮に95％と想定すると，資産総額がWであるならば，正規分布表より95％の確率で損失額は$W\{1.64\sigma-E(r)\}$を下回ることがわかる。このとき，$W\{1.64\sigma-E(r)\}$がバリューアットリスクと呼ばれる。また，$1.64W\sigma$の値をバリューアットリスクとみなすこともある。バリューアットリスクは，自己資本比率規制の一種であるBIS第2次規制でも，市場リスクの測定手法として採用されている。➡ 自己資本比率，正規分布，分散，リスク

パレート Pareto, Vilfredo Federico Damaso (1848〜1923) イタリアの経済学者，社会学者。ワルラス(Warlas, M.-E. L.)の後継者としてローザンヌ大学教授となり，一般均衡論の精緻化を試みた(『経済学提要』*Manuale di economia politica,* 1906)。消費者均衡の理論においては，基数的効用概念を序数的効用概念に転換することによって，消費者均衡の無差別曲線を用いた選択理論的説明を可能にした。その1つの成果が，資源配分についてのパレート効率性の定義である。つまり「他のいずれかの主体に，不利な配分をすることなしには，どの主体にも，有利な配分を行うことができない状態」を効率的な状態と定義し，経済学における効率性概念を確立した。これはもとより1つの価値判断に立つものではあるが，きわめて広範な合意形成を可能にするものであり，それによって厚生経済学の発展を促した。➡ 厚生経済学，効用関数，パレート効率的

パレート改善 Pareto improvement ある経済状態がパレート最適でないならば，他のいかなる個人の効用を下げることなく，ある個人の効用を高めることが可能な別の経済状態が存在し，そのような経済状態への移行のこと。また2つの経済状態A，Bがあり，社会の構成員全員がBがAよりも好ましいと感じないときAはBよりパレート優越であるという。
➡ エッジワース・ボックス，パレート最適条件

パレート効率的 Pareto efficient ある資源配分において，その経済の構成員の少なくとも誰か1人が効用水準を下げなければ，もはや他の誰の効用水準をも引き上げることができない状態。パレート最適ともいう。また，いずれの構成員の効用水準をも低下させることなく，少なくとも誰か1人の効用水準を改善できるとき，新しい状況をパレート改善された状態という。➡ エッジワース・ボックス

パレート最適条件 Pareto optimal condition 他の個人の効用を下げることなく，ある個人の効用を高めることができない状態において満たされなければならない条件。私的財のみしか存在しない経済と私的財と公共財の両方が存在する経済ではパレート最適条件が異なる。

今，2個人A, Bと2財X, Yの存在する経済を考える。各人の効用関数を$u_i=u_i(X_i, Y_i)(i=A, B)$，生産可能性曲線を$F(X, Y)=0$とする。

①X, Y財ともに私的財の場合には$X_A+X_B=X$　$Y_A+Y_B=Y$と両個人の消費量の和は社会全体のXの量と等しくなる。市場経済を考え，X, Y財の価格をp_X, p_Yとすれば次の関係が成り立つ。

$$\frac{\partial u_A/\partial Y_A}{\partial u_A/\partial X_A}=\frac{\partial u_B/\partial Y_B}{\partial u_B/\partial X_B}$$
$$=\frac{P_y}{P_X}=\frac{\partial F/\partial Y}{\partial F/\partial X}$$

すなわち，私的財しか存在しない経済では，各個人の2財の限界代替率がすべて等しく，かつ価格比をつうじて限界変形率に等しいというのがパレート最適条件である。

②私的財Xと（純粋）公共財Yの場合には私的財は各人に分割可能であるから，$X_A+X_B=X$と2個人の消費量の和

は社会全体のXの量と等しくなる。これに対し，公共財は，$Y_A = Y_B = Y$と2個人それぞれの公共財の消費量は社会全体の量Yと同じになる。この時，次の関係が成り立つ。

$$\frac{\partial u_A/\partial Y}{\partial u_A/\partial X_A} + \frac{\partial u_B/\partial Y}{\partial u_B/\partial X_B}$$
$$= \frac{\partial F/\partial Y}{\partial F/\partial X}$$

すなわち，私的財と公共財の存在する経済では，各人の私的財と公共財の限界代替率の和が限界変形率に等しくなるというのがパレート最適条件である。 ➡ エッジワース・ボックス，限界代替率，公共財，効用関数，消費者均衡の条件，生産可能性曲線

パレート最適所得分配 Pareto optimal distribution of income　高所得者が自己の所得のみならず，低所得者の所得の増加からも効用を得る利他的な選好を持っていることを想定した場合に，いずれの個人の効用も引き下げることなく一方の個人の効用を引き上げることがもはや不可能な所得分配状態のこと。ホックマン(Hochman, H. M.)とロジャーズ(Rodgers, J. P.)によって提案された。

2個人A, Bからなる社会を考え，簡単のために所得の総額は所得分配状態によって変化しないものとする。また，各個人の効用は，当該個人が高所得者ならば，自己の所得のみならず，低所得者の所得の増加関数で，原点に対し凸の無差別曲線で表される。なお高所得者の場合自己の所得により高いウェイトを置くものとする。

低所得者の場合は，自己の所得のみの増加関数として表されるものとする。このとき，パレート最適所得分配は，個人A, Bの所得Y_A, Y_Bを横軸と縦軸に測った図において，総所得Yを切片とする傾き-1の直線YYと，個人A, Bの無差別曲線U_A, U_Bとの接点D_AおよびD_Bを両

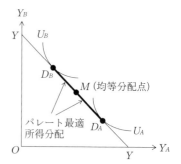

端とする線分$D_A D_B$上の任意の点で表される。U_AはAが高所得者の場合のAの無差別曲線であり，U_BはBが高所得者の場合のBの無差別曲線である。このように，パレート最適所得分配は，直線YY上の一部の区間に限定されるものの，高所得者が極端に利他的で均等所得分配点Mに収斂する場合を除いて，無数に存在する。

➡ パレート効率的，パレート最適条件，無差別曲線

ハロッド中立的 Harrod-neutral
☞ 技術進歩

ハロッド＝ドーマー成長モデル Harrod-Domer's growth model　有効需要の原理に基づくケインズ(Keynes, J. M.)の産出量決定モデルの動学化として構築された経済成長モデル。レオンティエフ型生産関数の想定の下，資本・労働比率が一定となることから，成長経路の不安定性が示された。資本・労働比率(K/L)が一定とは，生産技術における資本と労働の間の代替がきかず，一定の産出量Yを得るのに一定量の資本($K = vY$)，一定量の労働($L = uY$)が必要とされることを意味する。したがって，資本・労働比率がv/uのとき両者に過不足はないが，v/uから乖離するときいずれかが過剰となってしまう。このようなケースは，各パラメータが独立であるため，偶然のケースに限られることになることから，

範囲の経済 economies of scope　複数の財・サービスを生産する場合，これらすべてを1社で生産する方が，それらの財・サービスを1社が1種類ずつ生産するときの費用よりも安価となる現象のこと。規模の経済が，同一の生産財について生産規模を増大させたとき，当該財の生産量がどの程度増大するかに注目した概念であるのと対照的である。1社が複数の業務を多角的に経営することにより，効率的なビジネス活動が実現する場合などが範囲の経済を示す例である。この背景には，複数の財・サービスの生産に共通する作業や工程は，別々の企業であれば重複して費用を負担しなければならないが，同一の企業であればその費用を抑制できるため範囲の経済が発生すると考えられる。この概念は80年代後半の金融業での規制緩和の根拠とされ，その後銀行，証券会社，保険会社が，これらの業務すべてを営業できるようになった。➡ 規模の経済性

ハンセン　Hansen, Alvin Harvey（1887～1975）　ミネソタ大学等での教歴を経て，1937年から1956年までハーバード大学教授。先駆的アメリカ・ケインジアンとして活躍。ヴィクセル（Wicksell, J. G. K.），カッセル（Cassel, K. G.），シュピートホフ（Spiethoff, A. A. C.）等大陸系経済学者の景気循環論に関する研究から転じたあと熱烈なケインジアンとして，長期停滞からの脱出のための公的投資，補整的財政政策の必要性を主張。公共投資による雇用，産出量に及ぼす効果を乗数・加速度理論によって説明，後年のサミュエルソン（Samuelson, P. A.）による景気循環理論に道を開いたほか，ニューディール政策の理論的支柱にもなった。戦後のインフレや私的部門と公的部門のアンバランスなどアメリカの経済問題に関する取組は後年のガルブレイス（Galbraith, J. K.）による議論の先駆けとなった。主著『財政政策と景気循環論』（*Fiscal Policy and Business Cycle*, 1941）。➡ ケインズ経済学

反ダンピング関税　anti-dumping duties　不当に安い価格（ダンピング）の商品の輸入によって，国内の産業が損害を被ることを防止するために課される関税。ダンピング防止税あるいは不当廉売関税ともいう。ダンピングとは，ある商品の輸出向け販売が，その商品の国内向け販売より安い価格で行われていることをいう。ダンピング販売によって，輸入国の産業が損害を被っていることが正式な調査で明らかになった場合，輸入国は損害を被っている産業を救済するために，ダンピング輸入された商品に対して，国内向け販売価格と輸出向け販売価格の差額（ダンピング・マージン）を最高限度とする反ダンピング関税を賦課することができる。アンチ・ダンピング（AD）措置は，最恵国待遇の例外として特定国を対象として発動することができ，また，相手国から補償を要求されたり，対抗措置をとられたりすることもない。このため，AD措置は発動しやすく，国内産業保護措置として濫用される傾向にある。AD措置は，輸入価格の上昇によって発動国の消費者やユーザー産業に損失を与え，AD調査の開始のみで輸出国側の輸出量を抑制させることになる。なお，ADにかかわる利害対立は決して少なくない。➡ 最恵国待遇，ダンピング

バンドワゴン効果　bandwagon effect　ある財・サービスの他者の需要量が多いほど，同じ財・サービスの自分の需要量も増加するという効果。他人の消費による外部性の一種。近年では，マーケティングの分野でも用いられ，流行しているという空気を醸成することでその製品・サービスへの支持は一層強くなること，の意味でも用いられている。バンドワゴ

ンとは行列の先頭の楽隊車のことで,「バンドワゴンに乗る」とは,時流に乗る・勝ち馬に乗る,といった意味でも使われる。
→ 外部性

反応ラグ reaction lag ☞ 政策ラグ

P&A purchase and assumption 資産・負債の承継と訳され,破綻銀行の処理方法の1つ。この枠組みの下では,銀行が破綻すると,金融庁が金融整理管財人を破綻銀行に派遣する。金融整理管財人は破綻銀行の資産・負債の購入希望を募り,最もよい条件を提示した銀行等に売却する。破綻銀行は,ほとんどの場合資産が負債を下回っているが,売却の際には預金保険機構はペイオフ・コスト(ペイオフを実施したと仮定した場合,預金保険機構が拠出すべき額)を上限として資金援助を行うことができる。すぐに買い手が見つからない場合はブリッジバンクに移行する。P&Aが優れている点として,迅速に実行できるため資産の劣化を抑えることができ,また顧客との取引が継続されるため顧客に与える影響が少ない。さらに,ペイオフと比べて顧客・社会に動揺を与えることが少ない。このため,ペイオフがすでに実行されているアメリカにおいても,大半の銀行破綻処理はP&Aによって行われている。→ 金融庁,ブリッジバンク,ペイオフ,預金保険制度

PER price-earnings ratio ☞ 株価収益率

PFI private finance initiative 民間資本等を活用した社会資本整備の新しい手法。社会資本整備のための設計,資金調達,建設,運営にいたるまで,できる限り民間部門のノウハウや市場原理を導入することによって,社会資本の整備およびその運営の効率化を図る手法をいう。もとはイギリスで1992年行政改革の一環として導入された政策で,民間企業主導でその資金および経営ノウハウを活用し,事業リスクは民間が負い,そのサービスを政府が購入するという官民共同事業の形態をいう。日本のPFI推進法(1999年成立)は,事業を行う民間企業への公的融資や債務保証等の政府の財政的関与が認められており,政府の役割を事業の立案・監督等に制限するイギリスの制度とは異なる。

PL法 Product Liability Act 製品の欠陥によって消費者が被った損害に対して,製造者側の損害賠償責任を定めた製造物責任法のこと。ピー・エル法と呼ばれる。1994年に制定,1995年7月から施行された。ここでいう欠陥とは,製品が通常備えるはずの安全性を欠いていることをいう。製品の欠陥は消費者には分かりにくく,そのため大きな損害が発生することもある。以前は,被害者が損害賠償請求をする場合,欠陥について企業に故意または過失があったことを立証する必要があった。これを被害者側で証明するのは困難であり,このPL法では被害者側は欠陥があったことだけを立証すればよく,損害賠償請求が容易になった。さらに,事後的に被害者を救済するだけでなく,欠陥製品の流通を抑止し,事故の未然防止や再発防止といった事前的な安全確保のインセンティブを与えるものである。製造物責任は,事故が発生して

ピーク・ロード・プライシング peak load pricing　需要のピーク時の価格を高く設定して需要を抑制し、オフ・ピーク時の価格を低く設定して需要を喚起することにより設備利用の効率化を図る価格設定方式。電力・ガス・水道・都市交通などの公益事業は、需要が1日の中で大きく変動し、かつこれらの事業の供給する財・サービスは貯蔵が困難なため、需要のピーク時に設備に対する負荷が最高になる。これをピーク・ロードという。

公益事業の場合、供給している財・サービスが生活、産業に不可欠なものであるため、供給義務が課されており、ピーク時の需要に対応できる設備を保有しなければならない。ピーク時の需要に対応できる設備を保有すると、オフ・ピーク時には大幅に設備を遊休させなければならなくなり、非効率かつ不適切な負担が発生する。そこでピーク時の価格を高く、オフ・ピーク時の価格を低く設定して、ピーク時の需要を抑制し、オフ・ピーク時の需要を喚起することにより設備利用の効率化を図ることができる。ピーク・ロード・プライシングは、公営事業だけではなく、民間企業でも、ある期間で需要変動が激しく、かつ供給している財・サービスの貯蔵ができない場合にしばしば採用されている。➡公益事業、公的企業、差別料金、二部料金

p値　p-value　与えられた標本に対する検定において、帰無仮説を棄却することができる最小の有意水準をいう。p値がaより小さい場合、有意水準aで帰無仮説は棄却されるという。言い換えれば、p値が小さいほどより強く対立仮説が採択されることになる。通常、有意水準として1%、5%、10%が用いられ、p値は、それぞれ0.01、0.05、0.10の値をとる。➡仮説検定

PB　private brand　大規模小売業者が、自主企画商品に付与する自社のブランド（商標）のこと。プライベート・ブランドの略称であり、ピー・ビーと呼ばれる。その販売力を背景に、商品を独自に企画・開発し、価格・品質・仕様を決めて製造業者に生産させ、自社ブランドで販売している。例として、日用品、食品、衣料品など様々な商品がある。製造業者が企画・開発し、全国販売を目指す商品やブランドは、ナショナル・ブランド（national brand）といい、略してエヌ・ビー（NB）と呼ばれる。NB商品は複雑な流通経路や広告宣伝費を必要とするため価格競争において不利な面がある。PB商品は低価格で品質も劣らない商品として登場してきたが、最近はそれに加えて差別化を図る商品として企画・開発されるものが主流になっている。そのため大規模小売業者が、技術や品質で定評のある製造業者と協力関係を構築する製販連携が進展している。

PPBS　planning-programming-budgeting system　長期的計画策定と短期的予算編成とを有機的に結びつけることによって、行政の資源配分に関する意思決定プロセスを改革しようとする制度。具体的には、政策目的の設定の下で、その目的を実現するために、複数以上の予算案ごとの政策効果に関する分析結果を提示し、目的達成のために最も効率的な予算を選択するというものである。1961年にアメリカ国防長官であったマクナマラが国防総省予算に採用したことに始まり、1965年度予算ではジョンソン大統領がすべての省庁へと波及させた（1973年度予算より廃止）。

非価格競争　non-price competition　価格以外の手法を使って他企業との競争を行うこと。利潤極大化をめざす企業にとっての販売量拡大の戦術として、価格の引下げで他企業のシェアを奪う価格競

争以外のあらゆる手段の総称。寡占化の進んだ今日の先進経済では,価格競争はただちにライバル企業によって追随されるため販売量は変わらない一方,価格の低下から売上げと利潤の低下を招くことが多い。したがって価格競争は普通採用されず,非価格競争がもっぱら展開される。この場合,非価格競争の主な手段として用いられるのは製品差別化政策であり,製品の品質,性能,デザインなど製品そのものに施される実質的差異,需要者の習慣,嗜好に訴える企業の広告宣伝やブランドイメージによって形成される差異,さらには配達,アフターサービス,立地など販売活動に伴って形成される差異である。 ➡ 製品差別化

比較静学 comparative statics　所与として扱っていたパラメータを変化させることにより,最適解あるいは均衡がどのように反応するかを分析すること,またその分析手法。例えば,今,目的関数 $F(x,y)$ を制約条件 $G(x,y,\alpha)=0$ の下で最大(小)化したとする。ここで α はパラメータであり,問題を解く場合これを定数とみなす。解が存在したとすれば,一般に,最適解は α を含むため,$x(\alpha), y(\alpha)$ と書ける。あるいは両者を目的関数に代入すると,$F(x(\alpha),y(\alpha))$ を得る。α が異なった値をとったときに $x(\alpha), y(\alpha), F(x(\alpha),y(\alpha))$ がどのような影響を受けるか,このような関係を分析するのが比較静学である。消費理論では,消費財価格が変化した場合に財消費量(需要量)の変化や効用への影響を分析すること,生産理論では,生産要素価格が変化した場合に生産要素投入量(要素需要量)や利潤への影響を分析することは比較静学の一例である。

一方,均衡条件を満たす内生変数の時間的経路に対してパラメータの変化が与える影響を分析する手法が比較動学である。例えば,新古典派成長モデルにおいて,貯蓄率,人口成長率,資本減耗率などのパラメータが変化したとき,均衡経路がどのように変化するかを分析するのが比較動学である。 ➡ パラメータ

比較生産費説 theory of comparative costs　自由貿易が貿易国相互に経済的メリットがあるという説に根拠を与える理論の1つ。異なった国の間で貿易が行われる理由を説明する。この考え方によると,各国はそれぞれ自国内で生産費が相対的に低い財,すなわち比較優位にある財の生産に特化し,他の財の生産は他国に任せて,貿易によって特化した財を相互に交換すれば,各国は貿易を行わなかった場合よりも利益を得ることができるとされる。国際貿易論では最も基本的な理論で,イギリスの経済学者リカード(Ricardo, D.)によって提唱された。比較優位説(comparative advantage theory)ともいう。いま,自国と外国の2国からなるリカード・モデルを考えよう。自国における工業品と農業品の労働投入係数はそれぞれ1と2であり,外国の工業品と農業品の労働投入係数はそれぞれ8と4であるとしよう。このとき,自国は外国に対し両財ともに絶対優位を持っている。しかし,比較生産費説によれば,貿易が行われると,自国は比較優位を持つ工業品を輸出し,外国は比較優位を持つ農業品を輸出することになる。貿易パターンは絶対優位ではなく比較優位に基づいて決定される。自由貿易に根拠を与える他の理論として要素賦存説がある。 ➡ 国際貿易理論,投入係数,特化,リカード,要素賦存説

比較動学 comparative dynamics　☞ 比較静学

比較優位説 comparative advantage theory　☞ 比較生産費説

非関税障壁 non-tariff barriers　関税以外の方法で行う輸入制限のことで,非関税措置(non-tariff measures)ともい

う。非関税障壁の種類・形態としては，輸入数量割当，輸入課徴金，アンチ・ダンピング，国家貿易，政府補助金，政府調達，関税評価，検疫制度，基準・認証制度，輸入手続き，商慣習など，広範にわたっている。非関税障壁には，輸入数量制限のように直接貿易を制限する目的で設けられたものだけでなく，国内規格制度のように他の目的で設けられた国内措置が結果的に輸入の障害になっているようなものもある。このため，一国の措置が非関税障壁と指摘された場合，指摘した国とされた国との間で，その判定をめぐって論争が起こり，摩擦の種となっている。
➡ 関税，反ダンピング関税，輸入割当制度

非競合性 non-rivalness　ある一定量存在する財を2人以上の人が同時に消費することが可能で，ある個人が消費しても他の個人が消費できなくなることがない性質のこと。このことは同一の財が同量消費されるからといって，各人が同一の主観的便益を受けることを意味していない。例えばラジオやテレビの放送は，同一のプログラムから同時に不特定多数の人々が便益を受けることができ，非競合性を持つ財・サービスの代表的な例である。非競合性は公共財を定義する概念の1つである。➡ 公共財，非排除性

非協力ゲーム　non cooperative game
☞　協力ゲーム

ピグー　Pigou, Arthur Cecil (1877～1959)　イギリスの経済学者。マーシャル (Marshall, A.) の後をうけ，ケンブリッジ大学教授となる。ケンブリッジ学派の1人として，実践志向性のある精密な理論体系の発展に寄与した。主著『厚生経済学』(*The Economics of Welfare*, 1920) は，経済厚生（経済的福祉の尺度）が，国民分配分（所得）の増大，分配の公平と安定によって向上できることを示した。また，その達成には経済主体の私的水準（私的限界生産物）とそれを取り巻く社会的レベル（社会的限界生産物）との間で乖離がある場合，レッセ・フェールに委ねるだけでは解決できず，課税・補助金による政策的介入の重要性を強調した。外部性の概念を通じて，公共経済学，法と経済，環境と市場メカニズムなどのテーマに大きな影響を与えた。また，失業に関して，貨幣賃金率の引下げが雇用を創出するか否かをめぐるケインズ (Keynes, J. M.) との論争では，実質残高効果により雇用が創出されると主張した。(『雇用と均衡』*Employment and Equilibrium*, 1941)。
➡ 外部性，ケンブリッジ学派，ピグー効果，マーシャル

ピグー効果　Pigou effect　貨幣賃金の切下げは物価を低下させることになるが，それが貨幣残高の実質価値を高め，その結果，消費支出の増加を促し，総需要の拡大となり雇用が増加する効果。資産効果の一種であり，ピグー (Pigou, A. C.) によって主張され，パティンキン (Patinkin, D.) によってピグー効果と名づけられた。パティンキン・ピグー効果とも呼ばれている。実質残高効果ともいう。これは，ピグーが雇用に関するケインズ (Keynes, J. M.) との論争の中で主張した。流動性の罠に陥っている経済状況下では，貨幣賃金を切り下げてもその分物価も低下するため実質賃金は変化せず，雇用の改善にはつながらない。しかし，ピグー効果を考慮すれば，貨幣賃金の切下げが物価の下落を通じて完全雇用に結びつくことになる。ピグー効果は実証的に確認されたわけではないが，マクロ経済学理論では実質貨幣残高にも依存する消費関数が用いられることもある。➡ 資産効果，消費関数，流動性の罠

ピグー的税・補助金政策　Pigou's tax-subsidy policy　ピグー (Pigou, A.C.) により提案されたもので，政府が，外部性を解消し社会的最適状態を達成するため

に税・補助金を用いる政策のこと。外部性が存在する場合，私的限界費用（便益）と社会的限界費用（便益）が乖離しているが，外部性の発生者に対し課税するか補助金を与えることにより，私的限界費用と社会的限界費用の乖離を解消しようとするものである。例えば外部不経済が発生している場合，市場競争下における生産量は社会的最適生産量より過大になっている。そこで生産量の過大部分に対して課税することにより生産量を減少させ社会的最適生産量を実現させようとする。なお補助金を与えても同じ資源配分上の結果を達成しうる。しかし所得分配の面では補助金が与えられる場合，外部性の発生者に有利となる。ピグーの税・補助金政策の特徴は，まず第1に外部経済の発生者には補助金を与え，外部不経済の発生者には税をかけるというように外部性の発生者のみに適用され，外部性を受ける側には関係しないことである。第2に政策実行に当たり，政府は外部性を受ける側についての限界的利害得失について完全な情報を持っていなければならない。したがって外部性是正の利益よりも，情報収集等の費用の方が大きい場合にはピグーの税・補助金政策は有効ではない。➡ 外部性，外部性の内部化，平均費用，補助金

ビジネスモデル特許 business method patent　ビジネスの方法やその仕組みに与えられる特許のこと。コンピュータ・システムやネットワークを利用したビジネスが対象となることが多い。従来はビジネスの方法自体は特許にならないとされていたが，1999年1月，米国のシグナチャー・ファイナンス・グループが持つ投資信託に関するデータ処理システムに対し特許が認められ（ハブ＆スポーク特許事件），以後特許化されるようになった。例として，アマゾン・ドット・コムによる「ワンクリック特許」，プライスライン・ドット・コムの「逆オークション特許」，トヨタ自動車の「かんばん方式特許」が有名である。日本では，1999年12月に特許庁が「ビジネス関連発明に関する審査における取扱いについて」を公表し，ビジネスモデル特許に対する概括的な審査基準を明らかにした。特許庁はビジネスモデル特許をソフトウェア関連特許として捉えており，通常の特許と同様に，①発明性，②新規性，③進歩性の3つの要件を挙げている。

非自発的失業 involuntary unemployment　☞　完全雇用

BIS規制 BIS regulation　☞　自己資本比率

ヒステレシス効果 hysteresis effect　ある経済変数の長期均衡が，その変数に強い影響力を持つ過去の事象に依存して決まること。履歴効果ともいう。このような変数自身の履歴(hysteresis)の持つ効果を，為替レート，経常収支や失業率の動向の説明に採り入れたのがヒステレシス理論である。

ヒステレシス効果をもたらす要因の1つとして注目されるのはサンク・コスト(sunk cost：埋没費用)の存在である。1980年代前半のドル高時代に対応する価格政策でアメリカ市場に進出した日本企業は，その後1980年代後半に円高期を迎えたとき，かなりの負担を負いつつも従来の価格政策を維持し，容易に撤退しなかった。アメリカの市場進出のために費やした費用が撤退によってサンク・コストとなり，回収できなくなるからである。マクロ変数で見た場合，ある時期のドル高という為替レートの過去の履歴が，円高にとなった後も影響力を維持し，為替レートの経常収支調整力を弱めているともいわれる。➡ サンク・コスト

被説明変数 regressand　☞　回帰分析

ヒックス中立的 Hicks-neutral

☞ 技術進歩

ビッグデータ big data 多種多様な膨大な量の情報のこと。ITの発展とともに，各種のセンサー類，ワイヤレスの情報伝達手段，データの処理技術が発達し，多種多様なデータを大量に収集，保存，検索，分析できるようになった。GPSからの位置情報，乗車履歴，SNSなどの書き込み，オンラインショッピングでの購入履歴，クレジットカード情報，患者の電子カルテ，気象情報等々がビッグデータの例に挙げられる。ビッグデータではデータの量的側面はもとより，どのデータをどのような目的で利用されるかといった質的側面が重視される。これらのデータを用いて新しいビジネスが生まれると期待されている。一方，データには個人情報が含まれているので，プライバシーをどう守るかという課題がある。

ビッグバン big-bang 1980年代半ばにイギリスで実行された証券市場自由化のこと。証券市場の規制緩和・撤廃が主な内容であり，ビッグバンによって市場の拡大，手数料の低下，外国金融企業のイギリスへの進出などの効果があった。1996年，日本においてイギリスの改革を参考にして提唱された金融システム改革は日本版ビッグバンと呼ばれる。日本版ビッグバンは，証券市場のみならず，保険や銀行，外国為替分野の自由化や企業会計制度，金融関連税制の改革を含む広範囲の自由化であり，2001年までに完了するスケジュールで実行された。主な内容として，株式委託手数料の自由化，投資者保護基金や保険契約者保護機構の創設，各業態の相互参入に関する規制緩和・撤廃などが挙げられる。➡ 規制緩和

ビットコイン bitcoin インターネット上の商取引を中心に決済に利用可能な電子マネーのこと。また，その決済や取引データを記録するシステム全体のことでもある。単位はビットコイン (bit-coin) で，標記はBTC，XBTなど。ビットコインの基盤技術は公開されていて，誰でもダウンロードして使用が可能である。インターネットに接続可能な個人間の端末を直接結ぶ通信処理技術を活用しているのが特徴であり，取引情報は暗号化され匿名データとしてネットワーク上に履歴が残る。この通貨には中央銀行に相当する発行主体がなく，通貨の発行は，ユーザーが高度な演算問題を解くmining（採掘）という作業などを通して行われる。ただし，その演算処理は発行量が増えるに従って複雑になり，2,100万bitcoin以上は創出できないように設計されている。ビットコインによる財・サービスの購入や，現実通貨との交換も可能になってきている。➡ 電子マネー

ビナイン・ネグレクト benign neglect アメリカの政府および通貨当局による国際金融政策の姿勢を表現する用語の1つ。アメリカが他の国々より国際収支赤字，為替レートの急激な変動など国際経済上の問題の解決を迫られることに対しては「耳を貸す」ものの，実際には何ら手段を講じることなく「無視する」行為を指す。例えば，1977年からの米ドル急落に際して，アメリカ通貨当局が1978年11月に為替市場への協調介入，公定歩合の引上げなどのドル防衛総合対策を打ち出すまでの姿勢についていわれる。➡ 為替レート，公定歩合，国際収支

非排除性 non-excludability いったん供給されるや，いかなる個人も対価を支払わなくてもその利用から排除されないという性質のこと。これには次の3つの場合がある。①排除が技術的に不可能かあるいは困難である場合。ラジオ放送など。②技術的に可能であるが排除費用が高すぎて排除できない場合。一般道路など。③排除費用はそれほど高くないが社会的に排除しない方が望ましい場合。無料の橋など。非排除性は公共財を

微分 differential　独立変数xの微小な変化分に対する従属変数の変化分yの割合を求めること。1変数の関数$y=f(x)$の場合，次の計算の値である。

$$\lim_{x \to x_1} \frac{f(x)-f(x_1)}{x-x_1}$$

$y=f(x)$がxについてn次関数あるいは非線形関数の場合，xについての1階微分，2階微分，……が定義される。1階微分はy', f', df/dx，2階微分はy'', f'', d^2f/dx^2と表記される。例えば，$y=x^2$とすると，1階微分は$y'=2x$，2階微分は$y''=2$となる。1階微分は，関数の接線の傾きである。

多変数関数の場合には，偏微分と全微分の区別がある。独立変数がn個の多変数関数$y=f(x_1, x_2, \cdots, x_i, \cdots, x_n)$を考える。

偏微分は，n個の独立変数のうち$n-1$個の変数は一定として，残りの1個の変数のみ変化したときの従属変数の変化分を計算する。数学的には次のように表される。

$$\frac{\partial y}{\partial x_i} = \frac{\partial f(x_1, x_2, \cdots, x_i, \cdots, x_n)}{\partial x_i}$$

関数が効用関数の場合は，x_iについての1階の偏微分はx_iの限界効用を示す。2財の限界効用の比は限界代替率と呼れる。関数が，生産関数の場合は，x_iについての1階の偏微分はx_iの限界生産力を示す。

全微分は，n個の独立変数がすべて変化した場合の従属変数の変化分である。次のように表される。

$$dy = \frac{\partial f}{\partial x_1}dx_1 + \frac{\partial f}{\partial x_2}dx_2 + \cdots + \frac{\partial f}{\partial x_i}dx_i + \cdots + \frac{\partial f}{\partial x_i}dx_n$$

なお，変数xを時間で微分したものを次のように表す。

$$\frac{dx}{dt} = \dot{x}$$

微分方程式　differential equation　一般に，導関数を含む方程式のこと。例えば，aを定数としたとき，$\frac{f'(x)}{f(x)} = a$は，式の中に導関数を含むため微分方程式である。微分方程式の解は，その微分方程式を満たす関数である。この例の場合，$f(x) = Ae^{ax}$が解となる（ただし，eは自然対数の底，Aは任意の定数）。なぜならこの式をxで微分すると，$f'(x) = aAe^{ax}$となり，上式を満たすからである。微分方程式には一般的な解の求め方は存在せず，微分方程式のタイプに依存して解き方は異なる。また，解が存在しない場合もある。経済学では時間変化を伴う経済構造の分析に，微分方程式が応用されることがある。例えば，実数で表される時間を独立変数tで表し，変数yはtの関数として$y(t)$と表されるとしよう。このとき$y'(t)$は微小な時間変化に伴う変数yの微小な変化を意味するため，$\frac{y'(t)}{y(t)}$はyの成長率を表すことになる。$y'(t)$は$\dot{y}$と表記されることもある。$\frac{\dot{y}}{y} = a$はyの成長率が一定となることを示し，解$y(t) = Ae^{at}$はそのような変数$y(t)$の経路を表す。経済学では，主体的な均衡条件や経済環境を規定する関係式を複数の微分方程式，すなわち連立微分方程式として定式化し，これを解くことにより動学的な分析を行うこともある。

費用一定　constant cost　☞　費用逓増

費用関数　cost function　生産を常に最小費用で行うと想定して，産出yの変化に伴うその総費用Cの変化を記述する関数$C = C(y)$のこと。費用関数に

は長短の区別があるが，両者を総称あるいは区別を捨象して単に費用関数と呼ぶ。例えば生産が資本と労働の投入によって行われるとしたとき，短期的には資本量を変更することはできず，不変，所与と見なされる。費用最小化に際して労働のみが可変的とされ，このように投入の一部を不変的と見なす費用関数を短期費用関数という。長期的には資本も労働も可変的で，費用を最小化する資本と労働を選択できる。このようにすべての投入を可変的と見なす費用関数を長期費用関数という。長期費用関数を図に描いたものを長期費用曲線，短期費用関数を図に描いたものを短期費用曲線と呼ぶ。短期費用曲線は，生産関数について収穫逓減を仮定すれば，図のように逓増的な形状となる。

より長期を考えると固定的な投入が少なくなってくることから，固定費用が低下していき，そのとき短期の総費用曲線は$A \to B \to C$と下方にシフトしていく。結果として長期総費用曲線は点線EEのように短期総費用曲線の包絡線となる。
➡ 費用最小化，費用逓増

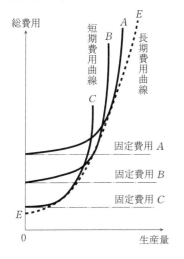

費用最小化 cost minimization　利潤極大化をめざす企業行動が，特定の産出量を生産するために投入する生産要素費用を最小化する行動。企業の要素投入量を$x_1, x_2, \cdots x_n$，産出量をy，要素価格を$q_1, q_2, \cdots q_n$，産出物価格をp，生産関数を$y = f(x_1, x_2, \cdots x_n)$とすれば，次のような費用最小化問題として表される。

min $C = q_1 x_1 + q_2 x_2 + \cdots + q_n x_n$,
s.t. $y = f(x_1, x_2, \cdots x_n)$

この問題を解くことによって得られた最適な$x_1, x_2, \cdots x_n$を$C = q_1 x_1 + q_2 x_2 + \cdots + q_n x_n$に代入して，$y, q_1, q_2, \cdots q_n$の関数として，$C$を表せば，$C = C(y; q_1, q_2, \cdots q_n)$となる。これは財を$y$だけ生産するための総費用を表し，これを費用関数と呼ぶ。なお，企業は，この費用関数を用いてさらに利潤$\pi = py - C(y)$を極大化する産出量を求める。➡ 完全競争，費用関数

標準化 standardization　企業間で製品の規格等の共通化を図ること。パソコン，AV機器，通信機器等では，製品が複数個集まり機能するので，ハードウェアとソフトウェアの互換性，機器間の組合せが重要となる。それには製品の技術的な規格の共通化が必要になる。この共通の技術的規格が技術標準である。技術標準には，市場競争の結果，事実上市場の大勢を占めるに至った事実上の標準（デファクト・スタンダード）と，公的な標準化機関が策定する公的標準（デジュリ・スタンダード）がある。近年，IT技術の発展により様々な分野でネットワーク化が進み，自らの技術を市場においていかに標準とするかが企業にとり重要な戦略となった。事実上の標準化競争の例では，ビデオテープにおけるVHSとベータ，パソコン用OSにおけるWindowsとMacOSの競争が有名である。最近では書き換え可能DVDにおけるDVD-RAM，DVD-RW，DVD+RW，小型メモリー

カードにおけるスマートメディア，メモリースティック，コンパクトフラッシュ，マルチメディアカードが事実上の標準を獲得するために競争が繰り広げられている。➡ ISO, デファクト・スタンダード

標準形ゲーム game in normal form
プレーヤー，戦略，戦略に対応したプレーヤーの利得によって記述されるゲームのこと。プレーヤーが2人の場合，戦略と利得の対応関係は行列の形で表現できる。ゲームの表現方法として代表的なものに，標準形ゲーム（あるいは戦略形ゲームと呼ばれることもある）と展開形ゲームがある。展開形ゲームはゲームの木 (game tree) によって記述される。ゲームの木は，各プレーヤーの位置する時点を表すノード (node)，ノードにおいて選択可能な選択肢を表す枝 (branch) からなる。ノードは点と呼ばれるときもある。あるノードへ至る枝がない場合，そのノードは始点と呼ばれる。あるいは，あるノードから先に枝がない場合，そのノードは頂点と呼ばれる。頂点を除くノードを手番という。また，展開形ゲームでは，どのプレーヤーがどの時点でどのような情報を持ってどのような行動をとるのかについて明示的に描写できる場合もある。

標準原価方式 standard-cost principle
ヤードスティック規制を行う場合に使用される方式の1つ。私鉄，バスなどの料金設定に用いられている。具体的な算定方法は，例えばバス料金においては，全国をブロックに分け，ブロックごとにバス料金の平均値を標準原価とし，これと個々のバス事業者の実績額を比較して，その中間値を原価として用いるという方式である。この方式によると，実績額が標準原価よりも低いバス事業者は，料金を実績額に標準原価と実績額の差の2分の1を上乗せした水準にできるために，さらなる経営効率の向上へのインセンティブが働くことになる。逆に，実績額が標準原価よりも高いバス事業者は，料金を実績額よりも低くせざるを得ず，こちらもコスト削減等の経営効率の向上へのインセンティブが働くことになる。➡ ヤードスティック規制

標準財政規模 standard financial scale
地方自治体の一般財源の標準的規模を示す指標であり，次の算式で決まる値のこと。

（基準財政収入額−譲与税等）×100/75
　　＋譲与税等
　　　　＋交通安全対策特別交付金
　　　　　＋普通交付税

標準財政規模の値は，実質赤字比率，実質公債費比率，将来負担比率等を算定する場合に用いられる。➡ 将来負担比率, 財政再建団体, 実質赤字比率, 実質公債費比率

標準税率 standard tax rate 地方公共団体が税率を定める場合に，通常よるべきものとして地方税法に規定されている税率のこと。財政上その他必要がある場合には，地方公共団体の判断によって，標準税率とは異なる税率を条例で規定することができる。標準税率は地方交付税の金額を決定する際，基準財政収入額の算定の基礎として用いられる。また，普通税の税率について標準税率未満の地方公共団体が，建設地方債の発行を行うときには，総務大臣または都道府県知事の許可を受けなければならない。➡ 基準財政収入, 地方交付税交付金

標準偏差 standard deviation ☞ 分散

費用逓減 decreasing cost ☞ 費用逓増

費用逓減産業 industry with decreasing returns 生産量の増大につれ平均費用が逓減する産業のこと。例えば，電力やガス，鉄道といった各種公益産業においては，巨額の初期投資が必要なため，生

産量を増やせば増やすほど、平均費用は低下することになる。この費用が逓減する領域では、限界費用の方が平均費用よりも低い水準にある。この状況下で社会的余剰が最大となるように、限界費用と価格が等しくなる水準まで生産を行うと、利潤は負になる。したがって費用逓減産業では、多数の企業が競争するよりも、1社が供給を独占し高価格を設定する状況が生じやすい。➡公的企業（公営企業・政府企業），平均費用

費用逓増 increasing cost 一般に産出量の増加に伴い平均費用が増加する状態のこと。減少するとき費用逓減、不変であるとき費用一定という。費用逓増をもたらす要因としては、適正水準を超えた組織や生産の拡大、特殊で希少な技能労働力の使用などがある。また費用逓減をもたらす要因としては、巨大な初期投資、固定費用の存在がある。なお、限界費用に関して使われる場合もあり、そのときには y を算出量とし、費用関数 $C(y)$ の2階の導関数 $C''(y)$ が正のとき費用逓増、負のとき費用逓減といわれる。➡費用関数，平均費用

費用・便益分析 cost-benefit analysis 公共的な施策を実行することが望ましいのかどうか、あるいはどれぐらいの規模の施策を行うことが望ましいのかという問題に関して評価を行う方法。コスト・ベネフィット分析とも呼ばれる。政府の財政支出は、一般的には、市場による評価が困難であり、また、外部効果が大きい。このような財政支出の外部効果をも合理的に測定して、ある事業計画に投入した費用と、それから得られる便益と比較考量すれば、どのような施策が最も効率的か判断することができる。そのような観点から、具体的には、公共投資などの生み出す社会的便益の現在から将来までの割引現在価値が社会的費用の割引現在価値を上回る場合、その政策は実施することが望ましいと判断される。なおこれまでにもわが国では大きな公共事業に関して、しばしば費用便益分析が用いられてきたが、便益に関する推計が過大な需要予測に基づいていたといった問題点も指摘されている。➡外部性，公共財，社会的費用，社会的便益

標本 sample ☞ 母集団

ビルト・イン・スタビライザー built-in stabilizer 経済システムの中に組み込まれており、裁量的な政策が実施されなくても、景気の変動に従い自動的に、その変動を抑える方向に働き、経済の安定に寄与する制度のこと。自動安定化装置とも呼ばれる。代表的な例として、所得税と失業保険制度が挙げられる。所得税は累進構造を持っているため、好景気の所得増大時に所得の増加率以上に増加し、不景気の所得減少期には所得の減少率以上に減少して、総需要の変動を緩和する効果がある。失業保険は好景気のときには給付が減少し、不景気のときには給付が増加するという景気とは逆の動きをするので、総需要の変動を抑え、景気を安定させる働きがある。これら以外には、社会保障制度、農産物価格支持制度等がビルト・イン・スタビライザーの例として挙げられる。しかし、この効果は限定的であり、景気変動を十分制御するには自由裁量的な景気対策が必要とされる。➡所得税，社会保障

比例税 proportional tax ☞ 累進税
貧困の罠 trap of poor ☞ 負の所得税

ファースト・ベスト first best
☞ セカンド・ベスト理論

ファイナンシャル・プランナー financial planner　金融商品に関する知識を提供するなどして，個人に対して資産管理等の金銭にまつわる助言をすることを業とする者。独立開業する者もいるが，多くは金融機関に所属している。日本では，NPO法人・日本ファイナンシャル・プランナーズ協会と財団法人・金融財政事情研究会がそれぞれ独自に設ける民間資格として導入されたが，2002年度より国家試験である「ファイナンシャル・プランニング技能検定」が開始され，合格者はファイナンシャル・プランニング技能士（FP技能士）の資格を得ることとなった。FP技能士には，検定の難易度や実務経験等により，3級から1級までの区分がある。ただし，FP技能士は弁護士や税理士等の業務独占資格ではないため，資格がない者であっても，ファイナンシャル・プランナーとしての業務を行い，報酬を得ることは可能である。

ファイヤー・ウォール fire wall　もともと防火壁という意味であるが，転じて，金融業における企業間の協力関係の制限を意味する。銀行業と証券業，生保と損保などの分野で相互参入が進み，様々な金融サービスを同一グループで提供可能になるにつれて，利益相反の懸念が生まれた。また，例えば，損失を被った子会社を救済するために銀行が資金を無秩序に投入すれば，銀行経営の安定性の観点からは問題となる。このような問題を防ぐため，例えば，銀行とその証券子会社の間などの人事交流や情報交換，資金の流れに制限を設けるのがファイヤー・ウォールである。ファイヤー・ウォールは利益相反を防ぐためには有効であるが，一方で顧客の利便を損ない，範囲の経済による効率化を妨げる可能性もある。また類語としてチャイニーズ・ウォールと呼ばれるものもある。これは，例えば，証券会社の引受部門が得る企業の内部情報を利用して，営業部門やディーリング部門が利益を得る行為を防ぐため，社内での部門間の情報交換を制限するものである。

ファシズム fascism　第1次世界大戦後，後発資本主義国を中心に出現した全体主義的・排外主義的な政治思想およびそれに基づく政治体制をいう。代表的なものとしては，イタリアのムッソリーニのファシスト党政権，ドイツのヒトラーのナチズムが挙げられる。その他，日本の天皇制ファシズムがこの例として挙げられることもある。ファシズムは，第1次世界大戦後の資本主義体制が危機に陥った時代に後発資本主義国で出現した議会制民主主義を否定する独裁的な政治形態である。ファシズムの下では，国家の発展が最高の目的であり，国家や社会全体の利益が優先され，国民はそのために奉仕すべきものと考える政治思想が採られた。

ファンジビリティ仮説 fungibility hypothesis　通常，援助資金は特定の支出目的のために用いられるが，その援助資金が他の支出に費消されることによって，援助資金の純増につながらず，援助の本来の目的が達成されないという説のこと。多くの場合，対外的な資金援助に

関して使われる。援助資金が指定された支出に充当されたとしても、受入国は政府支出の項目別シェアを変化させることによって、実質的に援助資金を転用することが可能となる。また、投資促進のための援助資金が、受入国において消費に回され、貯蓄・投資バランスに影響を与えるという問題も指摘される。

ファンダメンタル・アナリシス fundamental analysis ☞ テクニカル・アナリシス

ファンダメンタルズ fundamentals 一国のマクロ経済の現状やパフォーマンスを捉える基礎的指標。経済成長率、物価上昇率、失業率、あるいは経常収支など元来は1978年のボン・サミットで、アメリカのカーター大統領がファンダメンタルズ論の中で使用した。なお為替レートや株価変動の主要因を指すこともある。

ファンド・マネージャー fund manager 投資信託や生命保険等の商品を販売して集めた資金（ファンド）の運用を担当する専門家。投資対象の候補となる株式や債券についての情報を収集し、それぞれの対象へ投資する金額の配分を決定するのが主な業務である。ファンドの規模などに応じて、1人または複数のファンド・マネージャーが運用業務に当たる。特にアクティブ運用を行うファンドでは、ファンド・マネージャーの手腕が運用成績に影響を与える。➡ アクティブ運用、投資信託

フィスカル・ドラッグ fiscal drag ☞ 財政障害

フィスカル・ポリシー fiscal policy ☞ 財政政策

フィッシャー Fisher, Irving (1867~1947) 米国における数理経済学開拓者の1人。厳密な数理に従って、統計的に検証しうるものだけを経済学の対象にしようとした。とくにフィッシャーの交換方程式と呼ばれるものを、M（貨幣残高）、V（貨幣の流通速度：貨幣が取引を媒介するために手渡される回数）、P（取引の平均価格）、T（実行取引量）とすると、$MV \equiv PT$ と表し、一定期間内の交換取引額は経済に存在する貨幣残高が順次流通することで支えられることを示した。もし取引額 PT について、そのなかに最終生産物の売買のみを含める場合、V は所得流通速度として、T は実質GDP、P はGDPデフレーターとなるから、$M = P \cdot (T/V)$ となる。もしこの V と T が一定であるならば、M の変化は P の比例的変化をもたらすという貨幣数量説の結論が導かれる。この考えは、貨幣理論としてのケンブリッジ学派の現金残高方程式と並んで現代マネタリズムに大きな影響を与えた。その他の業績として、物価指数の算定式、オーストリア学派からヒントを得た名目利子率と実質利子率の関係を明らかにしたことや利子の時間選好論などを挙げることができる。➡ 貨幣数量説、交換方程式、マネタリズム

フィッシャー効果 Fisher effect インフレ期待が名目利子率に影響を与えるという考え方。名目利子率と実質利子率の間には、次の関係が成立する。

名目利子率＝実質利子率
　　　　　＋期待インフレ率

この等式をフィッシャー方程式と呼ぶ。フィッシャー効果は、期待インフレ率の変化が名目利子率の変化を引き起こすことを指す。フィッシャー効果が完全に働くとき、名目利子率は期待インフレ率と同率で変化する。フィッシャー効果の存在は、金融政策の有効性に疑問を投げかける。例えば、金融緩和を意図してマネー・サプライの増加を図った場合、中長期的にはインフレが発生する可能性がある。この場合、フィッシャー効果によって名目金利が上昇し、金融緩和政策の効果は損なわれる。仮に名目利子率の

上昇率が期待インフレ率と一致すれば，実質利子率は不変であり，民間設備投資を促進するという本来の目的は達成されなくなる。➡インフレ期待，実質値，名目値

フィッシャー指数 Fisher index　ラスパイレス指数とパーシェ指数の幾何平均。フィッシャー (Fisher, I.) の理想算式と呼ばれる。ラスパイレス指数とパーシェ指数の欠陥を調整する指数である。

$\sqrt{t 期のラスパイレス指数}$
$\times \sqrt{t 期のパーシェ指数}$

➡パーシェ指数，ラスパイレス指数

フィッシャー方程式 Fisher equation
☞　フィッシャー効果

フィランソロピー philanthropy
社会貢献活動のこと。フィランソロピーは，ギリシア語のphilos（愛する）とanthropos（人類）に由来する言葉で，人間愛，博愛，慈善等と訳される。企業が行えば，企業フィランソロピーということもある。欧米では，キリスト教の影響から，社会貢献や奉仕の考え方が定着しており，企業も経済社会の構成員である以上，何らかの社会貢献を行うことは当然との認識がある。さらに，富めるものから恵まれないものへの何らかの行為をなすという倫理的な規範も加わり，富める企業は社会に貢献しなければならないとされる。活動内容は，教育，文化，医療，環境等への奉仕活動や寄付等幅広い。日本でも，企業活動の一種として注目されるようになった。日本経団連は1990年に個人，企業を対象として1％（ワンパーセント）クラブを設立し，社会貢献活動を支援している。企業による，芸術・文化の支援を意味するメセナはフィランソロピーの一分野である。

フィリップス曲線 Phillips curve
貨幣賃金上昇率と失業率の間で負の相関があることを示す曲線。フィリップス (Phillips, A. W. H.) は，英国の1861～1957年の失業率と貨幣賃金率の変化率の間の関係を分析し，両者間に負の傾きを持つ非線形の安定的な相関関係を見出した。この曲線は後に，フィリップス曲線と名付けられた。失業者数が減少するにつれて，労働の超過需要が生じ，貨幣賃金率が上昇するのは当然である。しかし，フィリップスの貢献はその関係を100年にもわたり1本の非線形の方程式で示した点にある。その後，貨幣賃金率の変化率と物価の変化率(インフレ率)間の正の相関関係から，フィリップス曲線は，失業率と物価上昇率(インフレ率)の間の関係に読み替えられ，修正フィリップス曲線と呼ばれるようになった。修正フィリップス曲線は，政府が総需要管理政策により，この線上の特定のインフレ率と失業率を選択することができることを意味し，ケインズ経済学の裁量政策の理論的基礎を与えるものであった。しかし，石油ショック以後，フィリップス曲線の安定性が失われ，フリードマン (Friedman, M.) をはじめとするマネタリストが主張するように，人々のインフレに対する期待の変化により修正フィリップス曲線はシフトすることが示された。これにより，石油ショック以後のインフレ経済の分析には期待インフレ率を導入した修正フィリップス曲線が多用された。

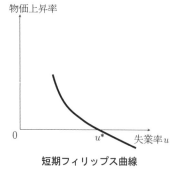

短期フィリップス曲線

➡ 長期フィリップス曲線

フィンテック FinTech　金融 (finance) と技術 (technology) を合わせた造語。ITを利用した新しい金融サービス，あるいはそれを提供する企業のことをいう。例として，スマートフォンを活用してクレジットカードの決済を行うことが挙げられる。従来の決済用の端末を店舗に設置する必要がなくなる。さらに，資産運用や資金決済などもインターネット上で可能となる。決済業務以外にも，投資，融資，資産運用といったこれまでの金融機関の業務全体を，AI (人工知能) を用い自動的に行うことも含まれる。先行している欧米では，フィンテックを実際に事業化しているのは既存の金融機関ではなく，IT系の事業会社である。その開発にはITベンチャーや既存の金融機関などが取り組んでいて，その投資額も急増している。製造業のインダストリー4.0と同様に，従来の金融制度を大きく変革する新しい金融革命をもたらす可能性がある。 ➡ 金融革命

ブーム boom　経済活動が活発である好況状態のこと。一般的には，様々に使用されている。例えば，①景気循環における好況期，②ある特定の産業における生産活動の活発化，③ある特定の商品・サービスの売れ行きが好調などについて，ブームと表現される。

ブーメラン効果 boomerang effect　先進国から発展途上国などに経済援助や直接投資の形で移転された産業が，国際競争力を高めていくことで先進国への製品輸出を増加させること。発展途上国での生産を増加させると同時に，先進国の生産を減少させるように企業が企図する場合もある。製品の動きを，先進国により投げられたブーメランに喩えている。 ➡ 経済援助，直接投資，発展途上国

フェアトレード fair trade　「公正な貿易」のこと。需要者としての先進国が，発展途上国からの原材料・製品の輸入に対して一般的に優位な立場にあることから，発展途上国により望ましい価格設定などを含めた貿易環境を整える必要がある。これにより，「公正な貿易」を実現させ，最終的な目標としては，相対的に貿易上の劣位にある途上国における生産者，労働者の生活環境改善をめざす。なお，この逆は「不公正貿易」と呼ばれる。 ➡ 発展途上国，不公正貿易

フェデラルファンド (FF) 金利 federal funds rate　米国の民間銀行が連邦準備銀行に積む準備預金のこと。FF金利は，この準備預金を調達するために銀行同士が資金の融通をする際の金利であり，日本の無担保コール翌日物金利に相当する。米国においては，中央銀行貸出は例外的にのみ行われるので，公定歩合は金融政策の手段としてはさほど重視されず，代わりにFF金利の誘導目標が金融政策の方向性を示す指標とみなされている。 ➡ 金融政策，公定歩合，連邦準備制度

フォン・ノイマン・モデル von Neumann model　多部門経済成長理論の1つ。1940年代の半ばに，フォン・ノイマンによって提唱され，産業連関モデルの動学化というアイデアにより一般均衡モデルの動学化を意図したものである。多数の線形生産技術，財の結合生産を擁する経済において，多数財の産出量と価格に関する連立不等式体系の解として，均衡成長経路の存在を証明している。それは特定の初期条件の下で生じる均衡成長経路であり，それ以外の初期条件の下での均衡成長経路への収束のプロセスを論じるものではない。均衡成長経路上での利潤率と成長率の一致など最適資本蓄積経路の存在とともにその特徴を記述するものであり，後のターンパイク定理や資本理論などに大きな影響を与えることになった。 ➡ ターンパイク定理

付加価値 value-added　生産物の価値から原材料や中間投入財の価値を差し引いた値。すなわち、企業が生産過程において新たに付け加えた価値のこと。生産の各段階における企業の付加価値を合計したものは、最終財の価値に等しい。したがってこれらの付加価値をすべて集計すれば国内総生産（GDP）が得られ、付加価値から固定資本減耗を差し引いた純付加価値をすべて集計すれば国内純生産（NDP）が得られる。なお単純に各企業の生産物価値の総和を求めると、原材料や中間投入財を重複計算してしまうことになる。➡国内総生産, 資本減耗, 中間財

付加価値税 value-added tax　欧州諸国で広く採用されている一般消費税の一種であり、付加価値を課税標準とする税。財・サービスの提供に際して各段階で税額が徴収されるが、税額の負担者は最終消費者である。事業者は自己の売上額に付加価値税を加えた額を受け取り、自己が仕入に際して負担した付加価値税額を控除して、その差額を税務当局に納めることになる。付加価値税の利点としては、①個別消費税より多くの税収が得られる、②多段階取引税のように税の累積がない、③各取引段階での税負担が明確である、等が挙げられる。日本では、同様の税として、1989年度に消費税が導入された。➡課税標準, 付加価値

不確実性 uncertainty　将来発生する事象の発生確率がわからない状況。経済主体は、将来どの状態が生じるかがわからないために、自らの選択の結果を事前に確定することができない。将来の状態は各状態の生じる確率がわからない場合とわかっている場合とに区分される。そして、前者が不確実性、後者がリスクと定義される。マランヴォー（Malinvaud, E.）は次のように整理している。すなわち、状態をeとし、eのとりうる値の集合をΩとするとき、経済主体はどのeが実現するかを知ることなく、可能な集合Ωにのみ基づいて意思決定をすることになる。このΩ上にあらかじめ与えられた客観的確率（objective probability）分布が存在しない状況を不確実性とする。他方、このような客観的確率分布が存在する状況は危険（リスク）と呼ばれる。ただし、両者の定義には諸説があり注意を要する。➡リスク

付加税 additional tax　地方公共団体が、他の団体が課税した税を基準にして、その上に付加して課税する税のこと。これに対して、国や地方公共団体が他の税とは関係なく、独立して課税する税を独立税という。日本の地方税制は、戦前、国税に対する付加税主義を採用していたが、1950年のシャウプ勧告に基づく税制改革によって、すべての付加税が廃止され、現在の地方税制は独立税となっている。➡シャウプ勧告

賦課方式 pay-as-you-go financing plan　社会保険で用いられる財政方式の1つであり、社会保険の給付に必要な費用をその時々（通常は1年間）の加入者からの保険料収入で賄う方式。賃金上昇率に人口増加率を加えた率が利子率より大きければ、賦課方式による保険料負担は低くなる。賦課方式は、市場金利の変動や経済変動の影響は受けにくいが、人口構成の変化による影響を受けやすい。特に、公的年金の場合、高齢化率の上昇によって給付総額が増大するが、保険料率の上昇、あるいは給付額の減額を伴わない限り、年金財政収支は大幅に悪化する。➡社会保険

不完全競争 imperfect competition　ある産業を考えたとき、それを構成する各企業が市場支配力を有している状態。企業（それに消費者）が無数に存在し、価格に対して全く影響を及ぼさない、完全競争のケースと対照的である。具体的には、市場に1社のみが存在する「独占」か

ら，数社で市場の需要を分け合っている「寡占」のケース，あるいは企業数が多くとも各企業が一定の市場支配力を有する独占的競争のケースなどがある。完全競争状態にある企業が，財の価格を所与として自らの行動を決定するのに対して，不完全競争下では，各企業の行動が市場価格にも影響を与えるため，それをも考慮に入れて企業戦略を決定することになる。特に寡占の状況下では，それぞれの企業の利潤が他企業の行動にも左右される，いわゆる「戦略的相互依存関係」が生じている。よってこうした状況の分析では，生産・販売や，新製品開発にいたるまで，常にライバル企業の戦略を考慮に入れながら，計画を策定することが重要になる。➡寡占，完全競争，市場支配力，独占

不完全競争理論 theory of imperfect information 不完全競争の状態にある市場を分析する学問分野。ある商品の供給において企業数が相当大きい場合であっても，各企業の供給する商品が差別化されているとすると，各企業は他の企業と競争しながらも一定の市場支配力を持つことができる独占的競争のケースと，各企業の供給の決定が，他社の利潤にも影響を与えることから，他者の企業の供給の決定とも相互に影響しあうというように，企業同士がいわゆる戦略的相互依存関係にある寡占のケースとがある。➡寡占，独占的競争

不完全雇用 under employment 完全雇用を下回る過少雇用の状態であり，ケインズ経済学の立場では，財政・金融政策等の発動による対処が求められる雇用水準。失業は通常，自発的失業，摩擦的失業，非自発的失業に分類されるが，このうち自発的失業，摩擦的失業は経済主体の合理的選択の結果であったり，経済の構造的，制度的要因によるものであり，その経済の自然失業率に対応するものである。したがって現実の失業率がこの自然失業率に近ければほぼ完全雇用状態にあると見なされるが，自然失業率を上回って非自発的失業の存在する状態は不完全雇用と見なされる。ケインズ経済学の立場では不完全雇用，非自発的失業は財政・金融政策などマクロ経済政策で直ちに対処すべきと考えられてきたが，他方，市場の機能の万全を想定する新古典派経済学の立場では，不完全雇用状態は存在しないか存在しても一過性のものと考えられる。➡完全雇用均衡，ケインズ経済学，不完全雇用均衡，失業

不完全雇用均衡 under employment equilibrium 労働市場において，非自発的失業の存在したままで，財市場が均衡する状態。ケインズ経済学において，財市場における均衡産出水準（均衡GDP）は価格調整ではなく，数量調整によって有効需要の水準に一致して決まる（有効需要の原理）。この均衡GDPは完全雇用GDPとは無関係に決まってくる。均衡GDPが完全雇用GDPを下回る場合，これを不完全雇用均衡という。この不完全雇用の均衡GDPと完全雇用GDPの差は労働市場における非自発的失業の存在に対応する。労働市場においては賃金率の下方硬直性のために非自発的失業が発生し，不完全雇用均衡が擬似的均衡として持続する。またこうした非自発的失業に伴う所得不足が財市場における有効需要不足に対応する。市場にはこのような不完全雇用均衡を解消するメカニズムはなく，放置する限り非自発的失業は持続する。ここに総需要管理政策による有効需要創出の必要性の根拠を求めるのがケインズ経済学の立場である。

なお伝統的な新古典派経済学では市場の機能を万全として，労働市場においても伸縮的な実質賃金率の調整によって労働の需給はただちに一致し，完全雇用均衡が成立するとしている。➡ケインズ経

済学，総需要管理政策，不完全雇用

不況 depression　経済が停滞し，ものが売れず非自発的失業者が多数存在する状況。景気循環において谷の時期をいう。一般的な需要の縮小期であり，生産をはじめ消費，投資，取引その他あらゆる経済活動が縮小する。企業活動も低迷，操業短縮から資本設備遊休化，雇用の削減が行われる。失業率の上昇，物価上昇率・経済成長率・企業利潤率等の低下が広く見られる。DI (Diffusion Index) では，遅行DIが50％ラインを下回り始めてから上昇に転じるまでの間を指す。➡ 一致指数，景気循環，物価上昇率

不況カルテル　anti-depression cartel
☞ カルテル

不均一課税　taxation on a differential basis　地方公共団体が，特別の場合に限って，条例により一般の税率とは異なる税率で課税すること。地方税法における課税標準および税率の規定は，地方公共団体の課税権を制約するものであるが，不均一課税はその例外規定といえる。これによって，地方公共団体は納税者に対して税率を高く設定したり，新税を課したりすることができる。しかし，不均一課税の限度は，これらの課税が応益原則に従うという観点から，受益の範囲とされている。

不均一分散　heteroskedasticity　回帰モデルにおいて誤差項が異なる分散を持つ状態をいう。こうした誤差項を持つモデルを不均一分散モデルと呼ぶ。不均一分散の典型的な例は，ある説明変数の値が大きくなるのに従い誤差項のばらつきが増大するケースである。一般的には，説明変数の増減が被説明変数のばらつきの増減を示しているのではなく，単に被説明変数のばらつきが一定でないことを意味している。不均一分散が発生している場合，得られる最小二乗法による推定量は望ましい性質を持たなくなる。この場合に，有効な推定量を得るための様々な手法が開発されている。➡ 最小二乗法，分散

不均衡動学　disequilibrium dynamics
☞ 均衡動学

不均衡理論　disequilibrium theory
需給不均衡の状態における経済活動・取引の決定様式を想定し，経済主体の意思決定の説明を行う分析方法の総称。経済学では通常，取引が行われるのは需要と供給が一致する状況においてであり，経済活動とその結果である資源配分，所得分配はそのような均衡において定まると考えられている。しかし，現実の取引・経済活動では，供給が需要に追いつかない状態や，逆に生産過剰の状態が一般的に生じ，その場合でも取引が行われている。そこで経済理論においても，需給不均衡の状態でも取引・経済活動が行われ，それを前提として経済状態が決定されていく状況を説明することが必要と考えられる。このような理論の例としては，ケインズ (Keynes, J. M.) の不完全雇用均衡理論があり，また経済状況の推移を上記のような不均衡過程の繰り返しとしてとらえようとする不均衡動学理論が提唱された。➡ ケインズ経済学，不完全雇用均衡

福祉国家　welfare state　国民の福祉の増進を最優先することを目標とする国家のこと。福祉国家は，主として北欧諸国の現実の経済社会のあり方，政策運営の方向から生まれてきた，国家や社会に関するイメージであり，厳密な定義を与えることは困難である。しかし，一般には，広範な社会保障制度の整備と完全雇用の維持を国家の責任と考える経済社会のあり方，所得や富の分配が比較的平等で貧富の差が小さく，失業者の少ない社会が，福祉国家のイメージである。経済体制の面では，自由市場経済を基礎とするが，これを補完し，ときには代替する公共部門の役割を大幅に認める混合経

済体制が基盤となっている。1960〜70年代にかけて、日本を含む多くの先進諸国で、福祉国家は経済社会のあり方の理想とされたが、1970年代後半以降の経済状況の悪化の中で、寛大な福祉政策が経済の活力を削ぎ、また、官僚主義の弊害を生み出しているとの批判が強まり、福祉国家の見直しが求められている。➡完全雇用、混合経済、市場経済、社会保障

複数為替レート multiple rates of exchange system　同一通貨において2つ以上の異なる為替レートを設ける制度。一般的には、経常取引のための為替市場で決定される為替レートを一定の変動幅内に収める一方、資本取引などのための為替レートは為替市場の需給により自由に決定させる、という二重為替レートが多く見られる。通貨当局が複数為替レートを採用するのは、投機などによる為替市場の混乱を避ける、経常取引のための為替レートをより安定的なものとする、あるいは自国にとり重要な特定商品の輸出入について有利なレートを適用するなど、為替管理の手段の1つとするためである。

含み損益 unrealized profit and loss　評価(未実現)損益と同義。資産の市場価格と会計上評価された価格(簿価)の間に乖離が発生したとき、これを含み損益といい、市場価格が会計上の価格より高い場合は含み益、低い場合は含み損と呼ぶ。日本企業の多くは、保有有価証券や土地の含み益を、本業で損失を被った場合の埋め合わせなどに利用してきた。銀行の自己資本比率規制においては、有価証券含み益の45%をTier2(補完的資本)に算入することが可能である。このことから、邦銀は有価証券含み益に依存した経営を行い、株価の上昇時には貸出を大きく増加させることができたが、株価の下落時に苦境に立たされることとなった。さらに含み損が表面化しにくいため、企業の経営実態が明瞭でないなどの問題も発生した。資産・負債が市場価格で評価される時価会計が導入されたため、含み損益は実現損益と同様に扱われることになった。➡自己資本比率、自己資本比率規制、有価証券

複利 compound interest　☞　金利の計算

不公正貿易 unfair trade　政府の介入などによって、自由な貿易競争が阻害されていること。例えば、国内価格より低い輸出価格で輸出を行うダンピング輸出、輸出国において生産・輸出につき補助金を受けている産品の輸出、知的財産権を侵害するような輸出などである。また、相手国市場が閉鎖的で、輸出が期待するほど伸びない場合や、各国の環境基準や労働基準の差が、競争条件を不均等にし、貿易を歪曲する場合も、不公正貿易とみなされる。不公正貿易を防ぐために反ダンピング関税や相殺関税などがあるが、これらの不公正貿易規制は濫用されると、保護主義的な機能を果たすことになる。わが国では、経済産業大臣の諮問機関である産業構造審議会が、「不公正貿易報告書」を毎年公表している。WTO協定など国際的に合意されたルールを分析基準として、主要貿易相手国が採用している問題のある貿易政策・措置を明らかにし、それらの撤廃や改善を促すことをねらいとしている。➡WTO、反ダンピング関税、フェアトレード

不公平税制 inequitable tax system　政策的な配慮または徴税上の技術的な問題から、税を減免する特別措置が適用される特定の納税者と、適用外にある納税者との間で生じる制度上の不公平性のこと。何が不公平税制かは論者によって異なるが、以下の事例がしばしば取り上げられる。医師の必要経費を大幅に認めた医師優遇税制、公益法人の優遇税制、所得捕捉率の差を意味するクロヨン問題

ふたい

(所得捕捉率がサラリーマンは9割，自営業者は6割，農業従事者は4割)，法人税における租税特別措置などが挙げられる。→ 租税特別措置

不胎化介入 sterilization intervention インフレ抑制などのためにマネタリー・ベースの水準を変化させないように外国為替市場へ介入すること。通貨当局が外国為替市場において外貨の売買を行う形での市場介入は，自国のマネタリー・ベースの水準を変化させ，マネー・ストックおよび利子率の変化をもたらすことになる。それらの変化が国内経済にとって望ましくない場合に変化を抑制するためには，マネタリー・ベースの水準の変化を相殺するように公開市場操作等他の手段を講じることが必要となる。このように，介入前と介入後においてマネタリー・ベースの水準を変化させない形で外国為替市場への介入を行うことになる。中立化介入ともいう。逆に，その変化を放置する場合には，非不胎化介入といわれる。

また，国内において金融当局が行った政策によるマネー・ストックの変化を，公開市場操作等で相殺する政策は，不胎化政策と呼ばれる。→ 公開市場操作，マネタリー・ベース，マネー・ストック

双子の赤字 twin deficits 巨額の財政赤字と経常収支赤字の並存した状態のこと。アメリカ経済は1970年代以来のスタグフレーション（インフレと失業の併存）下，アメリカ経済の混迷を打破すべく1981年に登場したレーガン政権の経済政策（レーガノミックス）は規制緩和，金融引締，大幅減税，軍事を除く歳出削減であったが，ソ連との軍拡競争の結果，軍事支出は拡大した。その結果，インフレ終息，景気回復がもたらされる一方，巨額の財政赤字，高金利，貯蓄不足を招来し，外国からの巨額の資本流入とドル高，それに伴う巨額の経常収支赤字を導き，1985年にはアメリカの債務国化を招いた。こうした双子の赤字によってレーガノミックスのサステナビリティが問われ，1985年，プラザ合意による先進国の協調介入によるドル高是正が図られた。その後，1990年代に入りクリントン政権下，アメリカ経済は長期にわたる好況（ニューエコノミー）のもたらす歳入増加，増税政策で財政収支は好転，1998年に黒字化，経常収支赤字は持続するものの，双子の赤字は解消した。しかしその後，ブッシュ政権下，2002年の景気後退や9.11同時多発テロの影響で財政収支は再び悪化，赤字化して双子の赤字は再現，持続している。なお，英国についても双子の赤字状態にある。→ 経常収支，財政赤字，スタグフレーション，ニューエコノミー

負担力料金 burden ability pricing 負担力の小さいものは安い料金を，負担力の大きいものには，高い料金を課すような料金設定をいう。例えば鉄道貨物輸送において，重量当たり平均費用で運賃を決定すると，砂利のように重量は重いが，重量当たりの価格が安いものと，絹のように重量は軽いが，重量当たり平均費用が高いものとでは，運賃を支払う側からすれば負担力が異なることになる。そのため，利用者の負担力に応じて料金を設定すると，砂利には平均費用よりも低い運賃を，絹には平均費用よりも高い賃金を課すことになる。→ 差別料金，二部料金，ピーク・ロード・プライシング，平均費用

普通会計 ordinary account 地方財政において一般会計と地方公営事業会計以外の特別会計を加えたもの。地方財政において，一般会計と特別会計の範囲が地方団体別に異なっているため，統一された基準で地方財政の収支を把握するために定義された。会計間の重複を控除した純計として示される。→ 一般会計，地

方公営事業，特別会計

普通会計債 ordinary account bond
☞ 地方債

普通銀行 commercial bank　銀行法に基づき免許を受けた国内銀行を指し，特に他の銀行と区別する必要がある際に用いられる名称。ただしその範囲は若干曖昧である。「金融機関の合併及び転換に関する法律」では，普通銀行を銀行法第2条第1項で定義されるものとしている。この場合，普通銀行には，都市銀行，信託銀行，地域銀行（地方銀行，第二地方銀行および埼玉りそな銀行），およびその他（新生銀行等）が含まれることになる。しかし，日常の用例では，信託銀行は普通銀行には含まれないとみなすことも少なくない。そのほか普通銀行に含まれない銀行として，長期信用銀行法に基づいて設立された長期信用銀行，外国銀行，ゆうちょ銀行，政府系の日本政策投資銀行および日本銀行がある。ただし現在では長期信用銀行は実在しない。そのほか，外国為替銀行法に基づく外国為替（専門）銀行がかつて存在したが，同法は1998年に廃止された。

普通建設事業費 ordinary construction works expenditure　道路，橋梁，学校，庁舎等公共用または公用施設の新増設等の建設事業に要する投資的事業費のこと。普通建設事業費は国からの補助金または負担金を交付され施行する補助事業，地方公共団体が独自に施行する単独事業，および国が建設事業を直轄で行う場合，地方公共団体がその経費の一部を法令に基づき負担する国直轄事業負担金，都道府県営事業負担金(都道府県が行う事業に対する市町村の負担金または委託費をいう)，同級他団体施行負担金（都道府県相互間，市町村相互間での負担金または委託費をいう)，受託事業費に分類される。

普通交付税 ordinary local allocation tax　すべての地方公共団体が同程度に行うべき事業を実行できるように国が交付する税（補助金）。地方交付税は普通交付税と特別交付税に大別されるが，普通交付税はその本体をなすものである。地方交付税の総額は，所得税及び法人税の33.1％，酒税の50％，消費税の22.3％，地方法人税の全額であり，その総額の94％が普通交付税として地方公共団体に交付される。地方公共団体ごとの普通交付税額は，原則として，基準財政需要額が基準財政収入額を超過する額（財源不足額）となる。特別交付税とは，普通交付税とは別に地域の特性を考慮して配布される交付金をいう。考慮の内容としては，次のような事項が挙げられている。①基準財政需要に算定されない特別な財政需要がある場合②基準財政収入額に著しく過大に算定された財政収入がある場合③普通交付税額算定後に災害など特別の財政需要が生じた場合等である。特別交付税額は，地方交付税総額の6％となっている。➡ 基準財政収入，基準財政需要

普通税 ordinary taxes　地方税法上で定義され地方公共団体がその一般的財政需要を充足させるために課する税。ある特定の財政需要を充足する目的で課する目的税と区別される。地方税における普通税には，税目が法律によって定められている法定普通税と，地方公共団体が特別の要件と手続きに基づき課すことができる法定外普通税とがある。

法定普通税は，地方税法4条および5条によって税目が定められ，道府県においては，道府県民税，事業税，地方消費税，不動産取得税，道府県たばこ税，ゴルフ場利用税，自動車税，鉱区税，固定資産税（特例分）が，市町村においては，市町村民税，固定資産税，軽自動車税，市町村たばこ税，鉱産税，特別土地保有税が該当する。地方税法の中で定められていない，法定外普通税の新設または変更に関

ふつう

普通地方公共団体 ordinary local public entity ☞ 特別地方公共団体

物価指数 price indexes　個別の財貨あるいはサービスの価格をもとに、マクロ的な平均物価の水準を示す指数。代表的な物価指数には、GDPデフレーター、消費者物価指数、国内企業物価指数等がある。このうちGDPデフレーターは、現在の生産量をウェイトとして求められる型のパーシェ指数を用いて算出され、消費者物価指数や国内企業物価指数は、基準年の購入数量をウェイトとして求められる型のラスパイレス指数を用いて算出される。これら2つの物価指数には、上方バイアスや下方バイアスの生じやすいことが知られているが、GDPデフレーターについては、固定基準年方式から連鎖方式と呼ばれる基準年を常に前年に変更する現在の方式に移行し、バイアスへの対処が図られている。➡企業物価指数、GDPデフレーター、消費者物価指数、パーシェ指数、ラスパイレス指数

物価上昇率 rate of change of prices　今期の物価水準と前期の物価水準の差を、前期の物価水準で割った値。期間の長さをどのようにとるかに応じてその値は変わってくるが、よく用いられる長さとしては、四半期や一年が挙げられる。また対前年同期比で物価上昇率の値を求めることも、よく行われている。この物価上昇率を説明する理論の代表的なものに、貨幣数量説がある。それによれば物価上昇率は、名目貨幣供給量の変化率から貨幣の流通速度の変化率と実質経済成長率を引いたものに等しくなる。したがって貨幣の流通速度の変化率をほぼ一定とみなしうるなら、物価上昇率をコントロールするには貨幣供給量の増加率をコントロールすることが重要であるということになる。しかしながら、貨幣供給量を通貨当局がどこまでコントロールできるのか、またM1、M2、M3などと定義されたマネーストックのうちのどれを用いればよいのか等の問題点が指摘されている。➡貨幣数量説、物価水準

物価水準 price level　経済において売買される様々な財・サービスの名目価格の平均水準のこと。ミクロの分析では個々の財・サービスの相対価格が重視されるのに対して、マクロの分析では勘定単位の価値をとらえるために、物価水準を用いる。物価水準の変化は、様々な種類の物価指数、例えばGDPデフレーターをはじめ、消費者物価指数、国内企業物価指数等の変化によって測られる。またこの物価水準そのものの決定に関しては、マネタリストによる貨幣供給量との長期における等比例的な関係を主張する貨幣数量説をはじめ、単位労働費用に一定のマーク・アップ率を乗じるフル・コスト原則、ケインジアンの総需要と総供給による決定等いくつかの重要な学説がある。さらに物価の変化率については、失業率との間に負の相関関係を見出したフィリップス曲線の理論もある。➡GDPデフレーター、フィリップス曲線、フル・コスト原則

物価スライド制 indexation　契約などにおいて、名目値を物価の変動に連動させて自動的に改定すること。インデクセーションとも呼ばれる。インフレの弊害の1つは、契約が名目値でなされる賃金等について、その実質価値がインフレによって減少するため、その結果として所得の再分配が生じることである。このようなインフレの影響を防ぐには、物価スライド制による契約が有効であると考えられる。これにより、物価の変化が実質上の契約内容に、全く影響を与えなくなる。また賃金以外では、物価スライド制は租税、年金等に対しても適用されている。しかし、物価スライド制の下で

は，初期の分配率が固定され続けてしまうとの欠点も指摘されている。➡インフレーション

ブックビルディング book-building 証券の発行価格を決定するための方法。まず機関投資家等から意見を聴取し，仮条件として発行価格帯を提示する。その後，投資家は仮条件の範囲内で購入希望価格，数量を提示し，高い価格を提示した投資家から順に証券を割り当てる。発行価格帯の上限での申込み数量が発行量を上回った場合は抽選による配分となる。株式については，以前は入札方式のみであったが，発行価格が高騰し，その後流通市場における価格が低迷するなど問題となり，1997年よりわが国でも株式のブックビルディングが開始された。➡機関投資家

物々交換 barter 貨幣を媒介としないで，自分の所有する品物と他人が所有する品物とを直接交換する取引。この物々交換は，貨幣が取引を媒介する貨幣経済より非効率的である。なぜならば，物々交換は相手が所有している品物が欲しくても，相手が自分の所有している品物を欲しなければ成立しないからである。これを「欲望の二重の一致」(double coincidence of wants) という。しかし，貨幣経済はこれを必要とせず，財と貨幣との交換のみを考えればよい。貨幣は，通常の財にはない価値尺度財としての機能を持つからである。

不等号制約条件付き最適化問題 optimization problem with inequality constraints ☞ 等号制約条件付き最適化問題

不動産取得税 real property acquisition tax 不動産の取得（売買，贈与，交換，建築等）に担税力を見い出して，その不動産が所在する道府県が，その取得者に対して課税する税。不動産とは土地および家屋を総称するものであり，その範囲は固定資産税と同一である。課税標準は，不動産取得時の不動産価格である。標準税率は，100分の4である。➡固定資産税，担税力，標準税率

不当廉売規制 restriction of dumping 独占禁止法の定めにより公正取引委員会によって，不公正な取引として指定されている行為を差し止める手段の1つ。競争相手の企業の販路を奪うことを目的として，商品を生産費用を下回る価格もしくは不当に低い価格で販売することを不当廉売といい，他企業を競争から駆逐した後，価格の引上げ，超過利潤の獲得をめざすことを典型とする。➡超過利潤，独占禁止法

負の価値財 negative merit goods
☞ 価値欲求

負の所得税 negative income tax 中・高所得世帯に対して所得税を課すと同時に，ある所得水準以下の所得世帯に，あらかじめ定められた一定所得水準と当該所得の差に一定率を乗じた値の金額を給付して，低所得世帯に限って所得保障を行おうとする制度。一定以上の所得世帯に税が課せられるのを逆にしたような方式であるため，負の所得税という名称が用いられる。負の所得税のメリットとしては，①「貧困の罠」（生計を立てるための選択肢が限られているため貧困から脱出できない状態）からの脱却，②福祉行政コストの削減，③資力調査（ミーンズ・テスト）に伴う屈辱感の解消，④低所得者層の労働意識の向上が挙げられる。➡所得税

部分均衡 partial equilibrium 他の市場からの影響が一切ないと想定して，分析対象とする特定の財・サービスの市場にのみ注目し，当該市場における需給が一致・均衡している状態。これに対し，複数の財が存在し，そのすべての市場が相互依存的であるとき，それらの需給が同時に一致・均衡している状態を一般均衡と呼ぶ。現実経済においては市場間の

相互依存は密接であり、その描写としては一般均衡の方がすぐれているが、分析は複雑なものとなる。したがって分析目的によっては、簡便な部分均衡を想定することにより、特定の市場に関心を限定し詳細な分析を行うことに意義が認められている。➡一般均衡、市場均衡

部分ゲーム（サブゲーム） subgame ある展開形ゲーム（元のゲーム）に含まれ、その元のゲームの一部ではあるが、それ自身、1つの展開形ゲームとしての要件を満たしているゲーム。部分ゲームは、始点として任意のノード以降のすべてのノードを含んでいなければならない。さらに、部分ゲームの任意のノードが属す情報集合は、そのノードが元のゲームで属す情報集合と同じでなければならない。また、元のゲーム自体も1つの部分ゲームと考える。元のゲームのナッシュ均衡解が、すべての部分ゲームについてナッシュ均衡になっているとき、その解を部分ゲーム完全（サブゲーム・パーフェクト）均衡という。➡完全情報ゲーム

普遍主義 universalism ☞ 社会保障給付

不飽和性 nonsatuation ☞ 効用関数

扶養控除 exemption for dependents ☞ 課税最低限

プライス・キャップ規制 price cap regulation 公共料金の決定の際に用いられるインセンティブ規制の1つ。これは、被規制企業の効率性に基づき料金・価格の上限を定めるので、事業の効率化を促すインセンティブを持つ。例えば、毎年の料金・価格の決定を、消費者物価上昇率から当該事業の生産性向上率を控除すること等により設定される料金改定率の上限の範囲内で、事業者に自由に行わせるものである。事業者の利潤ではなく料金・価格を規制するもので、上限の料金・価格の範囲内で、事業者は利潤拡大（費用の最小化）に向けて自由に効率性を向上させることが可能である。しかし、この際に、規制当局が生産性向上率をどのように設定するかが重要となり、いくつかの決定方式がある。プライス・キャップ規制は、総括原価方式と異なり被規制企業の会計情報が必要とされないので、規制のコストも小さくなる。

プライス・テイカー price taker 市場参加者が売り手であれ買い手であれ価格支配力を一切持たず、自己の利潤、効用を極大化するに当たって価格を所与と見なして需要量、供給量を決定する経済主体。逆に何らかの価格支配力を有し、これを発揮するとき、プライス・メイカーあるいはプライス・セッターといわれる。

市場が本来の機能を十分に発揮し、パレート効率的な市場均衡を達成するための完全競争の条件の1つである。市場参加者の多数性とは、市場参加者が売り手、買い手ともにプライス・テイカーであることを要求するものである。市場参加者が極めて多数であると、いずれの参加者といえども、市場全体からすれば微小な存在となり、市場価格の決定に際し全く影響力のない存在となる。➡完全競争、パレート効率的

プライス・メカニズム price mechanism 需要−供給間の不均衡を解消させる機能そのもの、あるいはそのような機能を抽象的にとらえたもの。価格メカニズム、価格機構とも呼ぶ。市場での需要と供給を一致させる上で重要な働きをするのが価格であり、通常は、需要が供給より多い場合には価格が上がり、逆に需要が供給より少ない場合には価格が下がることによって、需給の不均衡が解消されると考えられる。これは、スミス(Smith, A.)が「見えざる手」の働きによって需給均衡がもたらされると説明したこ

プライス・リーダーシップ price leadership　ある産業において，1社が価格を設定すると，それを考慮して他企業も同水準の価格を設定すること。最初に価格を決定する企業を，価格先導者(リーダー)，それに従う他企業を，価格追随者(フォロワー)と呼ぶ。ある企業が圧倒的なシェアを持つなど，大きな市場支配力を有するケースで成立しやすい。実質的にはカルテルと同様の効果を持つが，明らかに企業間での共謀が示されない限り，独占禁止法に違反するとはみなされない。➡ カルテル，市場支配力，独占禁止法

プライベート・バンキング private banking　富裕層を対象に，個人の事情に合わせて，海外金融商品やデリバティブなどを含む様々な金融商品による資産運用の提案，実行を行う銀行。個人顧客に対して住宅ローンや預金等，定型化された商品のみを提供することがほとんどである通常の銀行業務と対比される。なお，プライベート・バンキングの明確な定義はなく，M&Aや事業承継についてのアドバイスを行ったり，私募債等の案内を行うなどの本格的なものや，既存金融商品への投資に関する簡単な助言を行うだけのものなど，各社ごとに対象とする顧客層や用意する商品は大きく異なる。また銀行に限らず，証券会社などが同様のサービスを提供するケースもある。➡ M&A，デリバティブ

フライペーパー効果 flypaper effect　中央政府から地方政府に使途を定めずに交付された一般定額補助金が，地方公共財供給のための支出に貼り付いて公共財供給量を過大にしてしまい，効用水準を下げる効果のこと。その理由は，中央政府から地方政府への補助金は地方公共財に支出しなければならず，そのために供給量が最適水準より過大となっても，地方政府は自由に地方税額を決められないため，それを減らすことができないからとされる。これは，いったん地方政府に入った補助金は，蝿が「蝿とり紙(フライペーパー)」に貼り付くように，それ自体で経済効果をもたらすことから，フライペーパー効果と呼ばれる。➡ 地方公共財

プライマリー・バランス primary balance　公債発行額を除いた税収等の歳入から公債の償還および利払からなる公債費を除いた歳出(＝一般歳出＋地方交付税交付金)を引いた値。基礎的財政収支ともいう。この値がゼロの場合，プライマリー・バランスが均衡しているという。プライマリー・バランス均衡の状況では，名目金利と名目GDP成長率が等しければ，債務残高の対名目GDP比は一定に保たれることになる。また，現世代の受益と負担が均衡していることにもなる。➡ GDP

プライムレート prime rate　最優遇貸出金利。銀行が最も信用力の高い企業に資金を貸し出す際に提示する金利であり，貸出市場における指標金利である。1年未満の貸出に適用される短期プライムレートと，1年以上の長期貸出に適用される長期プライムレートがある。短期プライムレートは公定歩合に，長期プライムレートはみずほコーポレート銀行(以前は日本興業銀行)が発行する5年物利付金融債金利にそれぞれ連動していた。しかし，近年では短期プライムレート，長期プライムレートともに各銀行が資金調達コストなどを考慮して独自に決定することになっている。➡ 公定歩合

プラザ合意 Plaza accord　1985年9月22日，過度のドル高を是正するため，ニューヨークのプラザホテルにおいてアメリカ，イギリス，フランス，西ドイ

ツ，日本のG5による蔵相会議でなされた合意事項のこと。持続的成長の維持のためには，主要通貨の米ドルに対するレート上昇が望ましいこと，保護主義に抵抗し，一層の市場開放を進めること，などに関して合意するとともに，各国個別に政策目標の設定がなされた。合意翌日には米ドルの暴落が，またその後の米ドルの趨勢的な下落が見られるなど，変動為替相場制下における最初の大規模な為替市場への協調介入は一定の成功を収めた。しかし，アメリカではインフレーションが発生したため，1987年2月22日，G5に加えてイタリアおよびカナダを含めたG7の蔵相がパリにおいてそのドル安を抑制するためのルーブル合意がなされることとなった。➡ 変動為替相場制

プラセボ効果 placebo effect 薬効成分を含まないプラセボ（偽薬，placebo）を薬だと偽って投与された場合，患者の病状が良好に向かってしまうような治療効果のこと。偽薬効果。プラシーボ効果とも呼ばれる。心理学や実験経済学で用いられる。このような効果は必ずしも偽薬を投与されなくても，思い込む（思い込まされる）ことで効果を発揮する側面があることから，思い込み効果として用いられる場合もある。例として，中身が同品質であっても包装がプライベートブランド（PB）と有名メーカーの商品であれば両者の品質が異なると考える，などがある。

ブラック企業 sweatshop 労働基準法を無視，あるいは法の不備を悪用し，労働者を酷使，使い捨てにする企業のこと。かつては反社会的企業（暴力団系やそのフロント企業など）を指す言葉であった。ブラック企業の多くで，コーポレート・ガバナンス（企業統治）の欠如やコンプライアンス（法令遵守）が軽視されている。ブラック企業の特徴として，法令に抵触する，またはその可能性がある条件下で，①意図的・恣意的に従業員に労働を強いる，②営業行為や従業員の健康面を無視した極端な長時間労働（サービス残業）・労災隠し，③パワーハラスメントや時には暴力的強制をもちいて本来の業務とは無関係な労働を強いるなどが挙げられる。➡ ブラックバイト，労働基準法

ブラック＝ショールズ・モデル Black-Scholes model ブラック（Black, F）とショールズ（Scholes, M）によって導出されたオプション価格モデル。権利行使価格をK，権利行使期限をT，安全利子率をr，現在の資産価格をS，ボラティリティ（資産収益率の標準偏差）をσとすると，ヨーロピアン・コールオプションの価格Cは次のように表記される。

$C = SN(d_1) - Ke^{-rT}N(d_2)$

ただし$N(\cdot)$は標準正規分布関数，eは自然対数，

$d_1 \equiv [\ln(S/K) + (r + \sigma^2/2)T]/\sigma\sqrt{T}$
$d_2 \equiv d_1 - \sigma\sqrt{T}$

と表現できる。同じ条件のプット・オプションの価格Pはプット＝コール・パリティと呼ばれる裁定式$P + S = C + Ke^{-rT}$より求めることが可能である。➡ オプション取引，裁定

ブラックバイト part-timer abuse 学生が学生らしい生活を送れなくしてしまうアルバイトのこと。または，ブラック企業のアルバイト版のこと。学生の無知や立場の弱さにつけ込むような形で，残業代・割増賃金不払い，休憩時間の不付与，不合理な罰金の請求，パワハラ（パワーハラスメント）・セクハラ（セクシャルハラスメント）の放置，違法な長時間労働，契約内容と違った業務，厳しいノルマ賦課などの違法行為や，労働側の意図しない定期試験期間中の労働等をいう。➡ ブラック企業

ブラック・マーケット black market 非合法な財・サービスの取引市場のこと。公式な統計の中には含まれず，通常，正確な数量や価格がわからない。取引が禁

止されている財・サービスを売買する場合と，取引することは禁止されていないが，取引するにあたって定められている規則を破って売買する場合に分けられる。前者の例としては，拳銃，麻薬，取引が禁止された動植物等の取引が，後者の例としては，違法な資金の貸借などが挙げられる。戦後直後のわが国において米等の生活必需品の配給制が実施されたとき，非公式に売買する，いわゆる闇米の取引が見られたが，これらもブラック・マーケットの例である。

フリードマン Friedman, Milton（1912～2006）　マネタリスト，新自由主義の旗手，反ケインズ主義者として著名。1948～1977年，シカゴ大学教授の地位にあり，シカゴ学派のリーダーとして君臨。1976年，ノーベル経済学賞を受賞。研究スタッフとして長くNBERに関係し，貨幣分野における実証，理論，政策の広範にわたる多くの業績を残した。マネタリストとして新貨幣数量説の理論的展開，安定成長のための通貨政策としての「100％預金準備」，「通貨ストック増加率固定の提唱（x％ルール）」，恒常所得仮説の提唱のほか，変動為替レート制，負の所得税，教育バウチャー，インデグゼーション（物価スライド制）の提唱など新自由主義者として経済を政府の裁量から切り離して自由な市場の選択に委ねることを強く主張し注目を浴びてきた。➡恒常所得仮説，物価スライド制，変動為替相場制

フリー・トレード・ゾーン free trade zone　国内のある一定地域を区切って，原材料の輸入に税関手続きを必要とせず，また税金を免除し，貨物の積戻，蔵置，改装，加工，製造なども行うことができる特別地域のこと。開発途上国では，加工貿易の振興を目的としてフリー・トレード・ゾーンが設置され，そこには，安い労働力を利用し，製品を低コストで生産しようとする外国企業が多数進出している。わが国では，沖縄県那覇市の一部が「自由貿易地域那覇地区」として指定を受けている。これに対して，自由貿易地域（free trade area）は，特定の国や地域の間で，物品の関税やサービス貿易の障壁などを削減・撤廃する地域統合をいう。
➡関税

BRICS BRICS　ブリックス。ブラジル（Brazil），ロシア（Russia），インド（India），中国（China）の，人口規模が大きく，かつGDP規模も大きな4カ国の頭文字をとった造語のこと。これらの国々は中国，ロシア，インドのような核を保有する国，また中国，ロシアは国連安全保障理事会における常任理事国となっている。このように国際政治の中においては，これらの国々は常に高い地位を占めてきたが，さらにこれらの国々に経済的な実力が備わりつつある。また，これらの4つの国に加えて，Sに南アフリカ（South Africa）を入れるとする場合や，最近ではBRIICSと表記し，インドネシアまで加える場合もある。さらには，BRICSを追う形で高い経済成長率が見込まれるイラン，インドネシア，エジプト，韓国，トルコ，ナイジェリア，パキスタン，バングラデシュ，フィリピン，ベトナム，メキシコについては，ネクストイレブンと呼ぶ場合が多い。

ブリッジバンク bridge bank　銀行の経営が破綻した場合，監督当局は通常，直ちにP&Aなどの手段により，業務を継続させようとするが，適切な相手方銀行が見つからない場合は，一時的に監督当局が破綻銀行を保有・経営し，業務を継続しながらP&A等の相手となる銀行を探す仕組み。これがブリッジバンク（承継銀行などとも呼ばれる）である。日本では，預金保険機構の子会社として設立され，破綻から最長3年以内に破綻銀行を引き受ける相手銀行を見つけることと

なる。破綻から3年経過後もなお相手を見つけることができない場合、ブリッジバンクは清算される。わが国最初のブリッジバンクは、破綻した石川銀行と中部銀行の業務を承継した日本承継銀行である。➡ P&A

不良債権 bad debt 　銀行、保険会社等、民間の金融仲介機関が貸し出した資金、つまり債権のうち、借り手の経済状態が悪化して金利の支払や元金の返済、回収が困難となった債権のこと。1980年代後半、バブル経済さなかの積極的な貸出によって生じた巨額の債権の多くが、1990年のバブル経済の崩壊後、不良債権化し、金融危機を招いた。その後、景気が低迷し不良債権の累増、その処理の遅れの因果連鎖の下、1990年代を通して日本経済の低迷をもたらした。わが国における不良債権の定義、分類は、金融再生法に基づくもの、銀行法に基づくもの、銀行等の自己査定によるものの3通りがある。例えば金融再生法では、債権は「正常債権」から「要管理債権」、「危険債権」、「破産更生債権」に4分類され、「正常債権」を除く、以下3分類を「開示債権」、つまり不良債権とし、2003年度末で44.5兆円程度と評価されていた。➡ 金融再生法、バブル経済

プリンシパル＝エイジェンシー理論 principal-agency theory 　代理人（エイジェンシー）が依頼人（プリンシパル）の意に反して、自らの利益を優先する行動をとってしまうことを回避するために、代理人にどのようなインセンティブを与えればよいかを研究する学問分野。依頼人が自分の利益のために労力を払うことを代理人に委任することをプリンシパル＝エイジェンシー関係という。こうした関係は、弁護士と依頼人のほか、家庭教師と雇主、経営者と株主、プロ野球選手と球団経営者など広範に存在する。プリンシパル＝エイジェンシー理論によれば、代理人は自らの真剣さを当然知っているが、依頼人には代理人の真剣さがわからないという情報の非対称性の問題であり、そのため代理人は必ずしも依頼人の利益のために真剣に行動しないというモラルハザードの問題が発生する。このような問題に対処するために用いられるのが誘因契約つまり代理人報酬を成功報酬とし、依頼人の実現した利益に応じて代理人に報酬を支払うことを事前に契約するというものである。➡ 情報の非対称性、モラルハザード

フリンジ・ベネフィット fringe benefit 　広義には、経済取引に際して主な給付に付随して与えられるあらゆる種類の付加的給付のこと。通常は、雇主から被用者に与えられる現金以外の付加給付を意味しており、「現物給与」と呼ばれることもある。日本におけるフリンジ・ベネフィットの代表的な例は社宅であり、社宅が同質の賃貸住宅の家賃より安く貸し出されていれば、その差額がフリンジ・ベネフィットを構成する。所得課税においてフリンジ・ベネフィットが正しく評価され課税されていないと、同額の貨幣所得を得ている被用者間でも、現物給与の多寡によって課税の不公平が生じる。また、フリンジ・ベネフィットの形で提供される財・サービスへの需要が増大して資源配分の効率性を阻害する要因ともなる。➡ 総合所得税

プルーデンス政策 prudence policy 　金融秩序維持政策。銀行預金への信認を維持し、経済活動の混乱を防ぐことを目的とする。プルーデンス政策の手段は、銀行破綻を未然に防ぐための事前的規制と、個々の銀行破綻が金融システム全体に影響を与えるのを防ぐ事後的規制に大きく分類される。事前的規制は、主に銀行経営を安定させることを主眼としており、銀行に一定の自己資本を保有することを要求する自己資本比率規制等のバラ

ンスシート規制や，競争を抑制することにより銀行に超過利潤を得させ，自己資本を充実させる競争制限的規制，監督当局による銀行検査，経営内容が悪化した銀行に経営改善を要求する早期是正措置などが挙げられる。事後的規制は，銀行が破綻もしくはそれに近い状態に陥った場合に預金者の動揺を防ぎ，ほかの銀行への取り付けを防止することを主な目的としており，銀行の流動性危機に対応するための，中央銀行の「最後の貸し手」機能や，預金保険制度が主な手段である。

ただし，事後的規制の強化は，銀行経営者に安易に銀行救済の期待を抱かせて健全経営への誘因を損ねる（モラルハザード）ため，事前的規制との調和が不可欠である。➡ 最後の貸し手，自己資本，早期是正措置，モラルハザード，預金保険制度

フル・コスト原則 full-cost principle 価格は，費用要因のみによって決まるという，寡占企業の価格形成に関する考え方。1930年代，英国での実態調査にもとづき，ホール（Hall, R. L.），ヒッチ（Hitch, C. J.）によって提唱された。マーク・アップ原理ともいう。この考え方は後にキャプラン（Kaplan, A. D. H.），ダーラム（Dirlam, J. B.），ランチロッティ（Lanzillotti, R. F.）によって行われたアメリカの大企業に対する実態調査によっても支持された。

寡占企業の多くは，価格形成を行う際に限界費用を限界収入に一致させるのではなく，まず生産物1単位あたりの生産費用である平均費用cを求め，次に製品1単位当たりの目標利潤率γを決定し，これらの積から価格pを$p=(1+\gamma)c$として決める。この目標利潤率はマーク・アップ率とも呼ばれ，一般にはライバル企業の状況や市場の需給状況等によって決定される。ただし，通常は寡占企業はこれを一定に維持するため，価格が変化するのは生産費用が変化する場合に限られる。したがって，フル・コスト原則は，寡占企業の生産物価格の硬直性についての1つの説明と見られてきた。なぜ企業がこのような価格政策をとるかということについて，その後メニュー・コストの理論など，経済主体の合理的選択の結果として説明する理論の発展につながった。

ふるさと納税 home town tax payment system 2008年4月の地方税法の改正で導入された制度。地方自治体に対する寄附金の内，5,000円を超える部分について，個人住民税においては所得割から，所得税においては総所得額から控除することができる。この制度は地方自治体間の税収格差の是正，人々の地域への貢献の促進を目的として導入された。2015年4月1日に，確定申告の不要な給与所得者等がふるさと納税を行った場合でも，寄附金控除を受けられる「ふるさと納税ワンストップ特例制度」が創設された。この制度を利用した場合，所得税からの控除は発生せず，寄附を行った翌年の6月以降に支払う住民税が減額される。
➡ 個人住民税，所得税

フレーミング効果 framing effect 同じ事実であっても，問題や質問の提示のされ方や，情報の受け手の意識や心的構成によって意思決定が異なってしまうこと。広い意味で，思い込み効果でもある。特上（5,000円），上（3,000円），並（1,500円）だと上が選ばれる傾向や，2割引き（20%OFF）より100円均一，8％引きより消費税還元セール，と表示すると効果が高い，などの例がある。また，初対面で印象のほとんどがその場で決まってしまうように早い段階で印象が定着する初頭効果，終わりよければすべてよしのように最後の印象が判断を大きく左右する親近効果などがある。

ブレトン・ウッズ協定 Bretton Woods

Agreements　1944年，ブレトン・ウッズ（アメリカ）で開かれ45カ国が参加した連合国通貨金融会議で締結された国際金融機構についての協定。戦後の自由貿易の推進と円滑な国際取引に必要な国際金融体制を構築するために，国際通貨基金（IMF）と国際復興開発銀行（IBRD。通称，世界銀行）の創設を決定した。自由な為替取引，安定した平価を維持する固定相場制，金ドル本位制の下での国際流動性の確保，国際収支難に応ずる短期的な融資制度などについてはIMFが，経済復興・開発のための長期的融資についてはIBRDがその役割を担うことになった。自由貿易体制についてはGATTが締結され，以上が戦後の国際金融・貿易体制を形作ることになった。しかし，1960年代からドル不安による大規模な金投機や固定相場制の下での通貨投機が発生し，1970年代のニクソン・ショック，変動相場制への移行，金本位制の廃止などにより当初のブレトン・ウッズ体制は大きく変化した。➡ IMF, GATT, 金本位制度, 国際流動性, 固定為替相場制, 世界銀行, 変動為替相場制

ブレトン・ウッズ体制　☞　ブレトン・ウッズ協定

プレビッシュ＝シンガー命題　Prebisch-Singer thesis　工業製品を輸出する先進国と1次産品を輸出する途上国が貿易をする場合,途上国の交易条件（1次産品価格の工業製品価格に対する比率）が長期的に悪化するという命題。1950年代にプレビッシュ（Prebisch, R.）とシンガー（Singer, H.）が独立に発表したことから，このように呼ばれる。1次産品に対する需要の所得弾力性も価格弾力性も工業製品に比べて低いため，途上国が1次産品の輸出を拡大すれば，1次産品価格は大幅に低下して，途上国の交易条件は悪化することになる。途上国の交易条件の永続的な悪化を踏まえて，途上国が経済発展するためには，貿易を制限し，輸入代替工業化政策によって，1次産品依存型の経済からの脱出を図らなければならないと主張された。➡ 交易条件, 需要の所得弾力性, 輸入代替

フロー　flow　☞　ストック

フロー・アプローチ　flow approach　為替相場は，一定期間におけるフローとしての為替の需要と供給によって決定されるとする考え方。フローの為替需要は，輸入と海外への資本の流出，フローの為替供給は，輸出と海外からの資本の流入によってもたらされる。資本の流出入の差額である資本収支は，自国と外国の金利差によって決まると考えられており，資本取引より輸出入などの経常取引が重視される。為替相場は，一定期間の経常収支と資本収支の合計である国際収支を均衡させる水準に決まるとする考え方ということもできる。1960年代には為替相場決定理論の主流であったが，その後国際資本移動の活発化に伴って為替取引に占める資本取引の割合が増大するにつれ，ストックとして存在する異なる通貨建ての金融資産間での資産の持替えが為替相場を決定するというアセット・アプローチが主流となっている。アセット・アプローチが超短期的視野，購買力平価説が長期的視野に立った為替相場決定理論であるのに対し，短・中期的視野に立った理論である。➡ アセット・アプローチ, 為替レート, 購買力平価, 国際収支, ストック

ブロードバンド　broadband　大容量のデータを超高速で送受信できる通信網のこと。広帯域通信網とも呼ばれる。米国の連邦電気通信庁（FCC）では下り（受信）25Mbps，上り（送信）3Mbps以上で大容量通信ができるインターネット接続サービスと定義している。ブロードバンドには，光ファイバやCATV回線を用いる固定と携帯電話等を用いるモバイル

(ワイヤレス)に大別できる。近年はモバイルの通信速度が速くなり，固定と遜色がなくなってきた。ブロードバンド化により，超細密で立体的な映像の送受信が可能となり，動画，テレビ番組の配信だけではなく，医療，教育分野でも利用されている。今後も生活，ビジネス，学術等で利活用が進むと期待されている。さらに，インターネットを通じて商品の購入，各種予約が可能になり，これらはe-コマース，あるいはネット・ビジネスと呼ばれる。ブロードバンドの対義語はナローバンド(narrowband)であり，低速な通信回線のことで，特に，電話回線を通じたインターネットへの接続のことを指す。ブロードバンドよりも多重化可能な回線数が多い，距離伝送が同じならエネルギーが少ない，回線規模を小さくできるなどの利点があり，IoTではブロードバンドとナローバンドの組合せも考えられている。 ➡ 情報技術, IoT

プログラム援助 program aid 特定の目的・プロジェクトに直接的には結びつくことのない，資金の融資や贈与のこと。ノンプロジェクト援助の1つ。代表的なものとしては，世界銀行の構造調整プログラムに基づく融資(SAL)が挙げられる。これは発展途上国における経済の諸問題の解決には，経済構造を大きく変える必要があるとの認識から，長期的視野に立ち，公共部門改革・貿易政策変更などを伴いつつ融資を行うものである。このようなプログラム援助により供与される資金は，援助の受取国が比較的自由に利用できるという長所がある一方，援助の供与国からはその資金による貢献が目に見える形で表れない，という点も指摘されている。 ➡ 構造調整

プロジェクト援助 project aid 対象および目的が明らかであるプロジェクトに対して供与され，援助のプロジェクトに対する効果について供与側と受取側の責任範囲が明確な援助。農業金融の整備，灌漑施設の建設や畜産振興といった農業プロジェクト，発電所の建設や肥料プラントの建設などの工業プロジェクト，初等教育援助などの教育プロジェクト，家族計画などの人口プロジェクトなどがある。このようなプロジェクト援助は，基本的には収益率などの数値による評価が可能である。これに対して，ノンプロジェクト援助とは，広範囲にわたる問題についてその解決を図るために供与される援助のことをいう。国際収支支援のための援助などがこれに分類される。また，発展途上国に対する財政援助も，マクロ経済の安定に供されるものであり，その効果の評価も具体的になされることが困難であることから，一般的にはノンプロジェクト援助の1つとされている。 ➡ 国際収支

プロジェクト・ファイナンス project finance 元利の返済が，融資先のプロジェクトが生み出すキャッシュフローに依存する融資等であり，いわばプロジェクトに対する資金供給をいう。特に，融資の形態をとるものをプロジェクト・ローンと呼ぶ。通常の融資が，企業に対する融資であり，仮に企業が融資によって得た資金で投資を行い失敗しても，企業は融資を返済する義務を負うのとは異なる。貸し手の観点からは，通常の融資の際には，不動産担保等を含めた融資先企業の信用力が重視されるのに対し，プロジェクト・ファイナンスではプロジェクトが生み出す収益が重視される。プロジェクト・ファイナンスが行われる例として，石油プラント，発電所などの工業・エネルギー施設，道路や橋などのインフラストラクチャーなどが代表的なものであるが，大学・美術館等公立施設のPFI事業に対してプロジェクト・ファイナンスが行われた例もある。 ➡ キャッシュフロー

プロスペクト理論 prospect theory
不確実性の下での意思決定理論で,これまでの伝統的理論である期待効用理論が説明できない現象を説明しようとするもの。1979年にカーネマン(Kahneman, D.)とトベルスキー(Tversky, A.)が心理学を基に提唱し,今日の行動経済学の基礎的な考え方となっている。この理論は,意思決定基準を価値関数と確率加重関数におき,現実の現象を説明しようとするものである。価値関数はこれまでの効用関数に対応し,それを確率加重関数によって重みづけされた確率と掛けることで,意思決定者の期待を表す。特に,リスクが存在する場合,期待効用が同一であっても,利得よりも損失の方をより重視するという人間の傾向を説明できる。➡行動経済学,価値関数,確率加重関数,期待効用理論

プロダクト・サイクル理論 product cycle theory 商品には初期段階,成熟段階,標準化段階というサイクル(プロダクト・サイクル)が存在するという理論。ヴァーノン(Vernon, R.)により展開され,サイクルの各段階で生産形態や貿易形態が大きく異なると論じた。第1の初期段階では,1人当たりの所得水準が高く,かつR&D投資を活発に行っている先進国において,新製品が開発される。製品を開発し改良していく過程では,消費者のニーズを汲み取ることが不可欠であるため,消費地に近い所で製品開発や生産が行われる。第2の成熟段階では,生産技術・商品の標準化が始まり,需要が拡大し,生産が急増する。大量生産が行われるようになって,規模の経済性を実現することになる。他の先進国市場の開拓によって,輸出が増加する。また,多国籍企業の活動や技術模倣により,他の先進国でも生産が開始される。第3の標準化段階では,標準化がさらに進み,生産技術がありふれたものとなる。生産拠点は,最終的には開発途上国に移り,海外で生産された製品が当初開発した先進国に輸入されることになる。➡R&D

フロベニウスの定理 Frobenius theorem 非負正方行列の固有値および固有ベクトルに関する諸定理。n次正方行列Aに対して,ゼロでないn次ベクトルx,スカラーλが,$\lambda x = Ax$となるとき,λをAの固有値,xをλに対する固有ベクトルという。このとき,非負正方行列Aについて,次の定理が成り立つ。①Aは非負で実数の固有値を持ち,その中で最大のものをAのフロベニウス根$\lambda(A)$といい,$\lambda(A)$に対する非負の固有ベクトルが存在する。②Aの任意の固有値は,その絶対値が$\lambda(A)$を超えない。③$\lambda(A)$はAの単調増加関数である。④ρを実数,Iをn次単位行列とするとき,$\rho I - A$が非負の逆行列$(\rho I - A)^{-1}$をもつための必要十分条件は,$\rho > \lambda(A)$である。⑤Aの転置行列のフロベニウス根はAのフロベニウス根に等しい。定理④は,$\rho = 1$とすれば,産業連関モデルにおいて,非負の解の存在を保証する。したがって,ホーキンズ=サイモン条件と等値である。フロベニウスの定理は,産業連関論のほか一般均衡理論での応用も多い。➡産業連関論,ホーキンズ=サイモン条件

分散 variance 確率変数のばらつきを表す値。連続型確率変数xの分散$\sigma^2 = V(x)$は,$E(x) = \mu$をxの期待値(平均値)とすれば,以下のように表現できる。
$$\sigma^2 = V(x) = E[\{x - E(x)\}^2]$$
$$= E[(x - \mu)^2]$$
つまり,分散とは,xの期待値(平均値)からの差の二乗の期待値(平均値)である。期待値(平均値)からの差を二乗しているのは,その差が正にも負にもなることから,和によってそれらが相殺されるのを防ぐためである。また,分散の平方根の値$\sigma = \sqrt{V(x)}$を標準偏差と呼ぶ。➡期待値

分散投資 diversified investment　多様な資産に投資することにより，投資に伴うリスクを軽減すること。仮に各資産の収益率が互いに独立な確率変数であれば，ポートフォリオに含まれる資産の種類を増やしていくことで，一定の条件の下でポートフォリオのリスクをゼロに限りなく近づけることができる。実際には，各資産の収益率は必ずしも互いに独立ではなく，また投資対象を増やすと運用コストが増加するので，投資対象を増やすには限度があるため，リスクをゼロにするような分散投資を行うことは難しい。投資信託は分散投資によるリスクの軽減を利用した商品である。➡ 確率変数，リスク

分社化 company split-up　企業が国際的な競争の激化や顧客ニーズの多様化など経営環境の変化に速やかに対応するための組織再編の1つであり，既存の事業の一部を切り離し，分割することで，企業の本体規模を縮小，適正化すること。2001年の商法改正による会社分割制度の導入後，活発化した。分社化のために設立された新設会社に事業の一部を継承させる新設分割と，既存の別会社に事業の一部を継承させる吸収分割とがある。また分社後の新設会社または継承会社の株が元の会社自身に割り当てられる場合を分社型，元の会社の株主に割り当てられる場合を分割型と呼ぶ。

分布関数 distribution function　ある変数が分布している形状を示す関数。確率分布関数 (probability distribution function) は，確率変数のとりうる値に対してそれぞれの確率が対応していることを表す関数である。確率変数はそのとりうる値のどれかをとることは確実であるので，それらの値のどれかをとる確率は1である。その性質上，確率分布関数という場合には離散型の確率変数が主に対象となる。連続型の確率変数については，確率密度関数として用いられる。➡ 確率密度関数

分離課税 separate taxation　☞ 総合所得税

分離定理 separation theorem　☞ 平均・分散アプローチ

分類所得税 classified income tax　☞ 総合所得税

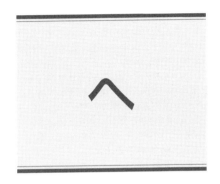

ペイオフ payoff　狭義には，金融機関が破綻した場合，預金者1人当たり一定額までの預金の支払を保証する制度に従って預金者に預金を払い戻すこと。日本では元本1,000万円およびその利子までの預金の払戻しを保証している。金融機関が破綻した場合には，この狭義のペイオフの他，他の金融機関に資金援助をして破綻金融機関の預金を引き継がせる方式がある。なお，日本において預金保険制度が発足したのは1971年である。

ただし，日本では1,000万円を超える預金が金融機関の破綻に伴って一部カットされることをペイオフと呼ぶことの方が多い。1996年の預金保険法の改正で，臨時的措置として預金の全額保護が続けられてきたが，定期性預金などの貯蓄性預金については，2002年4月よりペイオフが解禁されており，また当座預金や無利息の決済用預金を除いて残りの普通預金等についても2005年4月よりペイオ

フが解禁された。日本で最初にペイオフが実施されたのは2010年の日本振興銀行の破たん事例である。→ 預金保険制度

平価 parity ☞ 為替レート

平均消費性向 average propensity to consume 消費の可処分所得に対する割合，すなわち可処分所得のうちからどの程度の割合が消費に振り向けられるかを示すもの。単に消費性向という場合もある。短期において，所得水準と無関係に一定の基礎消費があるときには，平均消費性向は所得水準が高くなるにつれて減少する傾向を持つ。しかし長期においては，消費は所得の範囲内でしか行えなくなり，所得がゼロなら消費もゼロとなるので，その結果平均消費性向は所得水準の変化と関係なく一定の値をとる。この場合，その値は限界消費性向に等しくなる。→ 限界消費性向

平均税率 average rate of tax ☞ 限界税率

平均値 mean value ☞ 期待値

平均費用 average cost 生産のための総費用を生産量で割った値。一方，生産量を1単位増加させた場合に増加する総費用は限界費用と呼ばれる。生産関数，生産要素価格を所与として，一定の産出量 y を実現しうる最小の生産費用 C は y の増加関数として表される。これを $C = C(y)$ と表したものを総費用関数または費用関数という。その両辺を産出量 y で割った値である産出量1単位当たりの費用が平均費用である。

$C/y = C(y)/y$

また費用関数 $C = C(y)$ の産出量 y に関する導関数，

$dC/dy = C'(y)$

は限界費用である。この限界費用も平均費用と同様に産出量とともに変化する。

逆S字型の総費用関数とそれに対応する平均費用関数，限界費用関数のグラフは図に示す通りである。産出量が E のときの平均費用は，総費用曲線の図における，$CE/0E$ である。また D 点における限界費用は，D 点における総費用曲線の接線の傾きに等しく，平均費用は $0D$ の傾きである。C 点においては，平均費用は最も低くなっており，さらに C 点での接線の傾きに平均費用が等しくなっている。すなわち，平均費用曲線の最低点を限界費用曲線が通ることになる。→ 費用関数

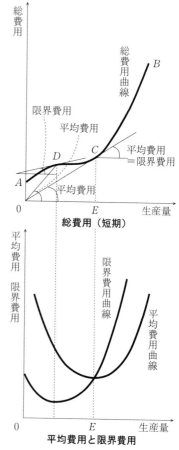

平均費用と限界費用

平均費用価格形成原理 principle of average cost pricing 公益企業の料金設

定原理の1つで，平均費用曲線と需要曲線の交点で当該生産物の価格を決める方式のこと。公益企業は多くの場合莫大な固定設備投資を必要とするため，総費用のなかで固定費用が大きな割合を占める。その結果，平均費用曲線は，生産量がかなりの大きさになるまで低下し続ける。このような産業を費用逓減産業という。いま右下がりの需要曲線が平均費用曲線の最低点の右側にある場合，平均費用曲線と需要曲線が交わる点で，生産量および価格を決めれば，当該企業の総収入と総費用は等しくなり，利潤も生じないが赤字も発生しない。この意味で公益企業に独立採算性を求めるものであり，社会的に見た場合には，独占企業に独占利潤を認めるよりも望ましい。

平均費用価格形成原理が適用された場合には，費用はすべて料金収入で賄われるため「独立採算制」とも呼ばれる。企業の収支均衡を図るため，サービス供給の総括原価を計算し，それに等しい総収入をあげるように料金設定がなされるため，「総括原価主義」と呼ばれる場合もある。➡ 限界費用価格形成原理，公益事業，総括原価方式，独占，費用逓減産業，平均費用

平均・分散アプローチ mean-variance approach ☞ ポートフォリオ選択

並行輸入 parallel import 外国企業の製品を輸入する場合に，当該外国企業の国内子会社あるいは総代理店等を通じて輸入されるルート（いわゆる「正規輸入ルート」）を通さずに，一般の輸入業者が，当該外国企業が海外で販売した製品を現地で購入し直接輸入すること，あるいは，輸入業者が第三国の当該外国企業の総代理店等を通じて輸入すること。内外価格差が大きい場合，並行輸入を行うメリットも大きい。

閉鎖経済 closed economy ☞ 開放経済

ベキ分布 power distribution ビッグデータでしばしば見られる分布で，極端な値をとるサンプルの数が正規分布より多く，そのため大きな値の方向に向かって曲線は長くなだらかになる分布。これまで正規分布は統計の基礎として，特に，経済学で数学モデルを作る時に使われてきた。しかし，近年の経済物理学の研究から，株価，為替などの市場価格の変動，所得の分布，純資産の分布などのような事象はベキ分布に従っていると考えられるようになった。

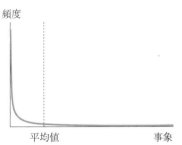

➡ 経済物理学，ビッグデータ

ヘクシャー＝オリーンの定理 Heckscher-Ohlin theorem 生産要素の賦存比率の相違が貿易パターンを説明するという定理。ヘクシャー（Heckscher, E.F.）とオリーン（Ohlin, B.G.）によって展開された。要素賦存説（factor endowment theory）とも呼ばれる。この定理は，各国は国内に相対的に豊富に存在する生産要素を集約的に使って生産した財に比較優位を持つ，と主張する。例えば，労働に比べて資本が相対的に豊富な国は，資本集約的な財に比較優位を持ち，その財を輸出するのが利益が大きい。2国，2財，2要素のモデルにおいて，この定理が成立するためには，両財の生産関数が1次同次で，両国の生産関数が同じであること，要素集約度の逆転がないこと，両国の効用関数が同一でホモセティックであること，などを必要とする。このヘクシャー＝オ

リーンの定理に関する実証的な立場からの反証として，レオンティエフ（Leontief, W. W.）による，アメリカは資本が豊かでありながら労働集約的な財の輸出と資本集約的な財の輸入を行っていたとする「レオンティエフの逆説」がある。➡ 資本集約度，比較生産費説，要素価格均等化定理，レオンティエフの逆説，労働集約度

ヘッジ hedge　現在保有している，または将来保有する予定のある資産の価格変動リスクを回避するために，主にデリバティブや信用取引などを利用した取引を行うこと。リスクを完全に回避することをフル・ヘッジ，リスクの一部を回避することをパーシャル（部分）・ヘッジと呼ぶ。例えば，3カ月後に100万米ドルを受け取る日本企業が，為替リスクを完全にヘッジするためには，3カ月後に受け渡しが行われる円・ドル先物を100万ドル取引（先物の円買い・ドル売り）すればよい（フル・ヘッジ）。仮に50万ドル分だけドル先物を売れば，パーシャル・ヘッジとなる。また，オプションなどを用いて，保有資産のキャピタル・ロスが一定額以上に大きくなることを防ぐことも，ヘッジの一種と考えられる。➡ デリバティブ，リスク

ペティ＝クラークの法則 Petty-Clerk's law　☞　コーリン・クラークの法則

ペティの法則 Petty's law　☞　コーリン・クラークの法則

ヘドニック・アプローチ hedonic approach　差別化された財・サービスの価値を評価するために，その財・サービスにおける特性を考慮して計測する手法をいう。差別化された財・サービスの価格は，質的要因等の特性から決まる部分と，それ以外の要因（価格要因）で決まる部分から構成される。市場では，財・サービスの特性がパッケージとして取引されるため，差別化された財・サービスの価格はヘドニック（快楽）価格と呼ばれる。実証的には，ある財・サービスの市場取引データから各特性の帰属価格を回帰分析によって明らかにする。例えば，住宅の家賃は建築年数，立地条件，居住面積（部屋数）等の質的要因とそれ以外の価格要因によって決まることを，アドホック型の回帰分析によって計測する事例などがある。➡ 回帰分析

ベルヌーイの仮説 Bernoulli's hypothesis　個人が利得から得る効用は，利得の対数関数で表わされるという考え方。ベルヌーイ（Bernoulli, D.）により立てられた仮説。歪みのない硬貨を表が出るまで投げ続け，n回目にはじめて表が出れば，2^n単位の利得が得られる，という賭は「セント・ペテルスブルグ・ゲーム」と呼ばれている。ベルヌーイによって提案されたこのゲームでは，利得の数学的期待値は $\sum_{n=1}^{\infty} 2^n (1/2)^n = \infty$ と無限大になるため，参加者は賭金がいくら大きくてもゲームに参加すると結論づけられる。しかし，実際には，人々は多額の賭金を支払ってこのようなゲームに参加しないであろう。このような理論的結論と実際的判断との乖離は「セント・ペテルスブルグの逆説」として有名である。ベルヌーイは，この逆説を解くために，ベルヌーイの仮説を立てた。このベルヌーイの仮説に従えば，利得から得られる効用の数学的期待値は $\sum_{n=1}^{\infty} (1/2)^n \log(2^n) = (\log 2) \sum_{n=1}^{\infty} (n/2^n) = \log 4$ となり，参加者は4単位以上の賭金を支払おうとはしないであろう。利得の期待値そのものではなく，利得から得られる効用の期待値に着目してセント・ペテルスブルグの逆説を解こうとしたベルヌーイの考えは，後の期待効用理論を先取りしたものとして評価されている。➡ 期待効用仮説，期待値，効

用

変額保険 variable life insurance 運用成果次第で保険金の額が変動する保険商品。従来の生命保険は，保険金額があらかじめ確定している。日本では，変額保険は1986年に認可された。変額保険では，契約者が支払った保険料は，手数料等を除いた後，一般勘定とは分離された特別勘定において運用される。また，多くの場合，運用において，投資対象の異なる複数の選択肢が用意されており，契約者が保険会社に運用方法を指示する。すなわち，契約時に予定利率を定める従来の保険商品では，保険会社が運用リスクを負っていたのに対し，変額保険では契約者側がリスクを負っており，リスクのある資産運用商品としての側面を持つ。1990年前後に銀行融資によって変額保険を購入した契約者が，その後の運用成績低迷で損失を被り，社会問題となったが，その後の一般勘定の予定利率引下げにより，再び注目を集めることとなった。変額保険のうち，特に保険金が年金の形で支払われるものを変額年金保険と呼ぶ。➡ リスク

ベンチャーキャピタル venture capital firm 自己資金を投資し，あるいは投資家から資金を募り，設立間もないが将来有望と思われる企業の株式や転換社債等を引き受け，キャピタル・ゲインを得ることを目的とする機関。投資家の出資により投資事業組合を組成し，ベンチャーキャピタルは業務執行組合員として運営にあたり，報酬を得る。新興企業は，一般的に豊富な投資機会を有するが，知名度や信用力の低さや，担保の不足等の理由により，資金調達が容易ではない。一方，投資家にとっては，投資先企業が将来株式を公開，上場すれば大きなキャピタル・ゲインを得るチャンスがある。この両者を結びつけるのがベンチャーキャピタルである。ベンチャーキャピタルの役割は，投資先候補となる企業の将来性を見極め，また投資先企業の事業が成功するよう助言等を与え，場合によっては役員を派遣することにある。資金の出し手は事業会社，銀行，個人，年金基金などである。またベンチャーキャピタルの設立母体は，銀行，証券会社，事業会社，独立系など様々である。➡ 転換社債

ベンチャービジネス venture business 独創的で高度な技術を駆使して未開拓分野で新規事業を興したり，新技術，新製品の開発といった創造的な事業活動に取り組んだりする設立年数の若い中小企業のこと。ベンチャー企業とも呼ばれる。経営者が積極的に経営を拡大しようとする企業家精神に富んでいることが特色である。ベンチャービジネスは将来性はあっても，大企業とは異なり経営基盤が弱いことが多く，リスクも大きい。ベンチャービジネスを起こす起業家としては，大企業をスピンアウトした技術者，大学の理工系の研究者や学生が挙げられる。米国の1990年代初頭の景気回復は，インターネットなどの情報技術分野で多くのベンチャー企業が輩出したことが要因であり，IT革命の担い手となった。現在の世界的大企業である，マイクロソフト，インテル，アップル，グーグルなどはかつてのベンチャービジネスの典型的な成功例であり，マイクロソフトのビル・ゲイツやアップルのスティーブ・ジョブズは成功した起業家の例である。

変動為替相場制 floating exchange rate system 各国の通貨の相対的価値を表す為替レートが，外国為替市場における需給関係により決定される制度。フロート制，変動為替レート制とも呼ばれる。為替レートの変動に対して，通貨当局によって外国為替市場に介入が一切なされない自由変動相場制と，状況に応じて介入がなされる管理変動相場制がある。変動為替相場下の市場においては，自国通

貨の売りとそれに伴う外国通貨の買いがあった場合には，自国通貨の減価と外国通貨の増価が引き起こされ，それを調整するように為替レートが変化する（自国通貨建て為替レートでは，その数値が大きくなる）。 ➡ 固定為替相場制

変動金利 variable interest rate　預金や貸付，債券等の金利支払において，支払金利がその時点での市場金利に従って変動する場合の金利のこと。逆に，満期までの支払金利が契約時にあらかじめ固定されていることを固定金利と呼ぶ。変動金利商品において金利を決定する際に参照される市場金利は，LIBORや新短期プライムレートであることが多い。身近な金融商品では，普通預金は変動金利であり，一般の定期預金や住宅金融公庫の融資は固定金利である。近年，銀行の住宅ローンでは，当初の金利は一定であるが，3年・5年といった期間ごとに金利を見直す，変動金利と固定金利の中間的商品も登場している。 ➡ プライムレート，LIBOR

変動所得 variable income　☞ 恒常所得仮説

変動相場制 floating exchange rate system　☞ 変動為替相場制

ペンローズ曲線 Penrose curve　投資量の変化に伴う投資費用の変化を示すグラフ。企業の成長に対する制約条件ないし資本ストックの調整速度を説明する理論において宇沢弘文（Uzawa, H.）によって用いられた。その名称はこれらに最初に注目したペンローズ（Penrose, E. T.）にちなむ。新古典派の限界生産力原理からすれば，企業は望ましい資本ストックの水準と現水準との格差を完全に埋めるような投資を即座に実施するのが効率的と考えられる。しかし普通企業はそのようには行動せず，むしろ時間をかけて望ましい水準に向けて徐々に投資を行うが，その理由は投資，つまり資本ストックの調整に伴う費用が存在するからである。管理や取引に伴う費用であり，これらは図のペンローズ曲線が示すように投資の増大につれ逓増的である。企業は投資を拡大し，望ましい資本ストックの水準を速く達成することの収益性とそれによって増大する調整費用の増加との比較から各時点における適切な投資規模，すなわち資本ストックの調整速度を決定する。 ➡ 資本ストック調整原理

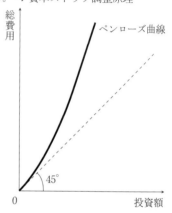

ほ

ポアソン分布 Poisson distribution　一定期間に平均的に λ 回起こる事象が x 回起こる確率を表す分布。確率密度関数は以下のように表現される。

$$f(x) = \frac{e^{-\lambda}\lambda^x}{x!}$$

ポアソン分布の例としては，ある一定の時間内に起こる事故の発生回数の分布が挙げられる。➡確率分布，確率密度関数

ポイント・ボーティング point voting 投票者に一定の持ち点を与えて選択肢間に配分させ，配分された点数を選択肢ごとに集計して最も点数の多い選択肢を社会的決定とする投票方式。単純多数決投票のように社会的決定を得るために2つの選択肢の組ごとに投票を行う必要がない。また，順位評点法のように選択肢に関する投票者の選好順序のみを反映するのではなく，選好の強度を反映した社会的決定を得ることができる点でも優れている。しかしその反面，選好を偽って表明することによって自己に有利な社会的決定を得ようとする戦略的投票行動によって，投票結果が左右されやすいという問題点をはらんでいる。➡順位評点法

貿易依存度 trade dependency 一国の経済がどの程度国際貿易に依存しているかを表す指標で，一国の国民所得または国内総生産(GDP)に対する貿易の割合を示した値。国内総生産あるいは国民所得をY，輸出をX，輸入をMとすると，貿易依存度は$(X+M)/Y$によって示される。経済規模の大きな国ほど，貿易依存度は低くなる傾向がある。また，一国の国民所得または国内総生産に対する輸出の割合を輸出依存度と呼び，一国の国民所得または国内総生産に対する輸入の割合を輸入依存度という。輸出依存度と輸入依存度はそれぞれX/Y, M/Yによって示される。

貿易外経常取引 invisible current transaction 貿易外取引のうち資本取引以外の取引で，運輸保険業務に関する経常的経費，海外渡航の費用，その他サービスの対価など広範な取引を含んだもの。また，貿易外経常取引は，貿易関係貿易外取引と貿易関係以外の貿易外取引に分類される。貿易関係貿易外取引は，貿易に直接伴う取引として経済産業大臣が所管するもので，貿易代金の決済や賠償金・調整金の決済などを含んでいる。

貿易協定 trade agreement 2国または多数国間で，相互の貿易取引に関して取り決めたもの。協定参加国間で，一定期間の輸出入の品目，数量，金額，輸出入の時期，船舶の待遇，関税などについて定めるものである。多角的貿易を行うため3カ国以上の多数国間で結ばれる協定を多角的貿易協定，2国間で結ばれる協定を双務的(2国間)貿易協定という。2国間貿易協定の場合，協定参加国とそれ以外の国との貿易取引に差別的措置が設けられるという短所がある。また，コーヒー，砂糖など特定1次産品の国際需給調整と価格安定の目的で輸出国と輸入国の政府が締結する協定を，国際商品協定と呼ぶ。近年では特に，自由な貿易を目指そうとする自由貿易協定(FTA)や，それをさらに進めた経済連携協定(EPA)が締結されている。➡経済連携協定

貿易金融 trade finance 輸出や輸入などの貿易に必要な資金を融通したり，外国為替の決済に関連して信用を供与したりすること。貿易金融の発生する時期によって，為替そのものが発生する為替金融と，為替金融の前段階の金融，後段階の金融に分けられる。為替金融とは，外国為替の決済時における金融であり，具体的には，輸出手形の買取り(輸出金融)，輸入ユーザンス(輸入金融)などが主なものである。為替金融の前段階の金融としては，輸出の船積前の生産・集荷のための輸出前貸や，季節性商品などの見込生産のための輸出つなぎ融資がある。為替金融の後段階の金融としては，輸入手形の決済資金を融通する輸入はね返り融資がある。その他に，商社の海外

貿易・サービス収支 goods and service balance　国際収支表の経常収支を構成する勘定項目で，財貨の輸出入取引を計上する貿易収支と，居住者・非居住者間のサービスの授受を計上するサービス収支を合わせたもの。→国際収支，サービス収支，貿易収支

貿易三角形 trade triangle　貿易（輸出・輸入）が存在する場合に生産点と消費点の乖離から描かれる三角形のこと。図の曲線 AB は自国の生産可能性曲線（生産フロンティア）を，曲線 UU は社会的無差別曲線を表している。2財の相対価格が直線 pp の傾きに等しいとき，自国の生産点は P 点，消費点は Q 点となる。このとき，自国は PR だけ X 財を輸出し，QR だけ Y 財を輸入する。そこで，図の三角形 PQR は，底辺と高さが自国の輸出量と輸入量を表しているから，貿易三角形と呼ばれる。→社会的無差別曲線，生産可能性曲線

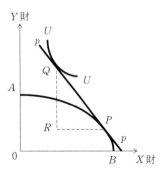

貿易収支 trade balance　国際収支表の貿易・サービス収支を構成する勘定科目で，財貨の輸出入を計上したもの。計上される項目は，一般商品，仲介貿易商品，非貨幣用金である。居住者・非居住者間で財貨の所有権が移転した取引を，輸出入ともにFOB（本船渡）価格で計上する。計上データは，一般商品，加工用財貨，財貨の修理，輸送手段の港湾調達財貨，および非貨幣用金が対象となる。貿易収支の基礎的な資料となるのは，毎月財務省が税関の書類によって作成し，公表している貿易統計（通関統計）である。貿易統計では，輸出はFOB価格，輸入はCIF（運賃・保険料込）価格で計上される。このため，貿易収支を作成するには，輸入については運賃・保険料を除いてFOB建てに修正し，また，計上範囲や計上時期の調整を行う必要がある。→FOB，国際収支

貿易乗数 foreign trade multiplier　一国の独立輸出額あるいは独立輸入額の1単位の増加に伴い，その国のGDPが何単位増加するかをそれぞれ輸出乗数，輸入乗数といい，貿易乗数とは両者の総称である。貿易を含む45°線モデルにおいて，消費 $C = C_0 + c_1 Y (0 < C_0, 0 < c_1 < 1)$，投資支出 $I = I_0$，政府支出 $G = G_0$，輸出 $EX = EX_0$，輸入 $IM = IM_0 + m_1 Y (0 < m_1 < 1)$，とする。ただし，ここで輸出は産出水準 Y に左右されない定数つまり独立支出とし，輸入は産出水準 Y に左右される部分 $m_1 Y$ と定数の独立輸入 IM_0 の部分からなるとする。総需要 Y^D は $Y^D = C + I + G + EX - IM$ と表されるため，均衡産出水準は $Y = Y^D$ のとき総需要 Y^D に需要項目をそれぞれ代入して解くことで，次の値となる。

$Y^* = (C_0 + I_0 + G_0 + EX_0 - IM_0) / (1 - c_1 + m_1)$

ここから，輸出乗数 $dY^*/dEX_0 = 1/(1 - c_1 + m_1)$，輸入乗数 $dY^*/dIM_0 = -1/(1 - c_1 + m_1)$ を導くことができる。独立輸出，輸入1単位の増加は同額の産出水準の変化をもたらすが，輸出が産出水準を増加させるのに対し，輸入は減少をもたらす。→乗数理論，独立支出

貿易政策 trade policy　国際貿易に対して実物面から干渉する諸政策のこと。通商政策とも呼ばれる。したがって，貨幣面から干渉する為替政策とは区別される。

具体的な政策手段としては，間接的な統制手段の輸入関税，輸出補助金と直接的な統制手段の輸入制限，輸入割当制，輸出自主規制などがある。競争的な国際市場においては，自由貿易がパレート最適な状態を達成することは，厚生経済学の基本定理において明らかにされているため，貿易政策を用いるには特別の論拠が必要になる。第1に，市場の失敗であり，外部効果の存在，市場の歪みなどが挙げられる。第2に，調整過程の問題がある。世界経済に何らかの変化が起こったときにそのショックを緩和するために貿易政策が必要とされる。第3に，食糧の自給自足などの非経済的理由がある。

貿易統計 trade statistics　財務省が発表する財の輸出入に関する月次の統計。通関統計ともいう。輸出入貨物が税関を通関する際の申告書に基づいて作成される。貿易統計の計上時点は，輸出については積載船舶または航空機の出港の日であり，輸入については輸入許可または承認の日である。計上価格は，輸出の場合はFOB（本船渡）価格，輸入の場合はCIF（運賃・保険料込）価格となる。貿易統計では，輸出は最終仕向国（地域），輸入は貨物の原産国（地域）ごとに計上されている。なお，貿易統計と国際収支統計における貿易収支は，計上時点（国際収支では所有権の移転），計上価格（国際収支では輸出入ともFOB価格）などの点で，統計の計上方法が異なる。また，貿易指数は，貿易統計を基礎にして金額，価格，数量を指数化したものである。貿易物価指数は，実際に取引された輸出入商品の価格を指数化したもので，財務省の貿易価格指数(通関申告価格ベース)と日本銀行の輸出入物価指数（契約価格ベース）とがある。➡ FOB, 国際収支, 貿易収支

貿易摩擦 trade friction　商品の輸出入をめぐる関係国間の経済的紛争。貿易摩擦は，個別商品の集中豪雨的輸出をきっかけとして起こることが多く，貿易相手国では失業問題や深刻な不況地域の出現などの社会問題が生じることになる。こうした摩擦品目が広がり激化すると，全面的な経済摩擦にまで発展する。日米間では，1960年代に繊維摩擦が起こり，1970年代に入ってからは，鉄鋼，カラーテレビ，工作機械で貿易摩擦が発生し，1980年代に入ると，自動車摩擦が生じた。これらの貿易摩擦は，日本側が輸出自主規制を行うことで決着した。1980年代後半の半導体摩擦や日米構造協議においては，日本の輸出急増よりも，日本の市場開放が日米貿易摩擦の焦点となった。日本国内の規制，政策，取引慣行，系列関係，流通機構などの問題が取り上げられたのである。➡ 市場開放問題, 輸出自主規制

包括補助金 comprehensive grants ☞ 補助金

法人擬制説 fictional theory of corporation ☞ 法人税, 法人税の二重課税問題

法人実在説 real entity theory of corporation ☞ 法人税, 法人税の二重課税問題

法人住民税 corporate inhabitant tax　法人に課せられる道府県民税と市町村民税の総称。法人住民税の納税義務者は，①道府県・市町村内に事務所または事業所のある法人，②道府県・市町村内に寮などはあるが事務所または事業所のない法人，③道府県・市町村内に事務所，事業所または寮などのある人格のない社団等である。①については均等割および法人税割が，②および③については均等割の

みが課税される。なお，2つ以上の地方公共団体にまたがって事務所または事業所を有する法人は，それぞれに均等割を納付するとともに，従業者数に基づく分割基準に従って法人税割の税額を分割して納付することになっている。なお，この法人住民税にあたるものとして，東京都には法人都民税がある。

法人税 corporation tax 　営利法人の所得＝利潤に課される税をいう。法人税の根拠として，「法人実在説」と「法人擬制説」の2つの考え方がある。法人実在説では，法人を株主とは別の独立した存在と見なす。他方，法人擬制説では，法人を株主と一体化した存在と見なす。2つの議論とは別に，企業に独自の経済的存在を認める立場から法人税を正当化する考え方もある。例えば株式会社の有限責任制のメリットや正常利潤を超える超過利潤への課税，さらにキャピタル・ゲインには個人レベルでは非課税であるから法人レベルでの課税はやむをえないという見方もある。

法人税の税額は，法人の各事業年度の益金（法人取引の収益）から損金（事業年度に帰属する費用）を控除した所得金額に，各法人に対応した税率を適用したのち，各種税額控除を行って決まる。なお，法人税の課税所得額は，法人企業の決算での収益から費用を差し引いた利益額とは異なっている。なお法人税と法人住民税と法人事業税の3つを総称して法人三税という。→キャピタル・ゲイン，法人住民税

法人税の二重課税問題 double taxation on corporation tax 　法人所得に対して法人段階と株主段階で2度課税されること。租税理論では，課税上，法人を株主とは独立した存在とみなす法人実在説と，法人と株主は独立した存在ではなく，法人は株主の集合体であると見る法人擬制説がある。後者の場合，法人に対する法人税の課税と，株主に対する配当課税は二重課税となり，何らかの調整が必要となる。日本では法人擬制説がとられ，二重課税の調整措置として，配当所得を得た個人に対して，所得税額から配当所得の一部を差し引く配当控除制度がある。→二重課税

法定外普通税 ordinary tax unstipulated in the Local Tax Law ☞ 普通税

法定受託事務 legally delegated work 　地方分権一括法により改正された地方自治法において規定された地方自治体の事務分類の1つである。国が法律あるいは政令に基づいて地方自治体に委託する事務（第1号法定受託事務）および都道府県が市町村・特別区に委託する事務（第2号法定受託事務）の2種類がある。旧来の機関委任事務の多くが法定受託事務とされた。

法定普通税 ordinary tax stipulated in the Local Tax Law ☞ 普通税

飽和性 saturation ☞ 効用関数

ホーキンズ＝サイモン条件 Hawkins-Simon's condition 　レオンティエフ (Leontief, W.W.) 行列の首座小行列式がすべて正であること。産業連関モデルが経済的に意味を持つためには，最終需要と産出量は非負でなければならない。n部門の産業を想定し，Aを投入係数行列，Iをn次の単位行列，xを産出量ベクトル，cを最終需要ベクトルとすれば，産業連関モデルは，方程式体系$(I-A)x=c$で表される。任意の非負の最終需要ベクトル$c \geqq 0$に対して，方程式体系が非負解$x \geqq 0$を持つための必要十分条件は，レオンティエフ行列$(I-A)$の左上隅から順次とった首座小行列式がすべて正であることであり，これをホーキンズ＝サイモン条件と呼んでいる。首座小行列式とは，もとのn次正方行列からいくつかの同じ番号の行と列を取り除いた行列（これを首座小行列という）の行列式で

ある。また，もとのn次正方行列の行列式$|I-A|$も首座小行列式である。したがって，ホーキンズ＝サイモン条件が成り立てば，$|I-A|>0$であり，レオンティエフ逆行列が存在することになる。

ポートフォリオ・アプローチ portfolio approach　為替レートの短期的な決定は，各種金融資産残高のそれぞれの需給均衡によってなされると考える理論。資本移動は完全に自由であり，外国資産とそれ以外の(国内)資産が存在しているものとすると，国内資産からのリターンである国内利子率と，所与となっている外国資産に関する利子率の差により国内資産の需給均衡が，さらにそれに加えて為替レート水準にも依存する形で外国資産の需給均衡が達成される。これら2つの資産市場の同時均衡から，国内利子率および為替レート水準が決定される。

ポートフォリオ選択 portfolio selection　運用資産を，株式の各銘柄，各種債券，預金等のそれぞれに対していかなる割合で配分するかを決定すること。マーコビッツ(Markowitz, H.)の平均・分散アプローチは，それぞれの資産の収益率の分散，期待収益率，および共分散を用いて，投資家のリスク選好にあわせて最適なポートフォリオを組成することを提案している。複数の危険資産が存在するとき，各危険資産を適当な比率で組み合わせることにより実現可能な期待収益率と収益率の標準偏差の組み合わせは，一般的に図で示したような形状の曲線AXBで囲まれた領域となる。その領域の中で分散(標準偏差)が最小の点Xに対応するポートフォリオを最小分散ポートフォリオと呼び，Xより右上の部分が有効フロンティアと呼ばれる(図の曲線の実線部分)。一般に人はより大きな期待収益率とより小さなリスクを求めるため，有効フロンティア上の点のどこかに対応するポートフォリオを選好することとなる。さらに安全資産の存在を考えると，安全資産の利子率を切片として，接点Mで有効フロンティアと接する直線上の点は，Mに対応する危険資産ポートフォリオと，安全資産を適当な割合で保有することにより実現できる（Mより右上方の点では，借入れをして危険資産ポートフォリオを購入することになる）。この直線上の点に相当するポートフォリオが，実現可能であり，かつ期待収益率およびリスクの両面からもっとも望ましいポートフォリオとなる。直線上のどの点を選択するか，別の言い方をすれば，危険資産と安全資産に配分する金額の割合は投資家のリスク態度に応じて異なるが，危険資産ポートフォリオの内容は，すべてM点に対応した同一のものである。これを分離定理と呼ぶ。

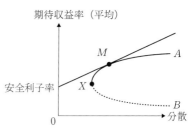

以上の分析は，資産の収益率の分散と期待収益率(平均)を用いて行われるため，平均・分散アプローチと呼ばれる。平均・分散アプローチの利点は，数学的に取扱いが容易な平均値と分散を用いることで，資産分析を容易にしたことにある。このアプローチは，収益率が正規分布等，平均と分散によって完全に表現可能な分布に従っているとの仮定の上に成り立っているが，現実には必ずしもそのような仮定が満たされている保証はない。また，消費者行動の理論からも，このアプローチが常に正当化されるわけではない。→共分散，正規分布，分散，リスク

ホームメイド・インフレーション

home-made inflation 国内要因によって生み出されるインフレーションのこと。例えば、国内の貨幣供給量の増加、賃金コストの上昇、需要超過によるものなど、その要因には様々なものが考えられる。これに対して、輸入インフレーションなどの海外要因によって引き起こされるインフレーションは、これと相対する概念である。また、このような国内要因によるインフレの度合を見るための物価指標としては、輸入財価格の影響を受けないGDPデフレーターが最も適していると考えられる。➡インフレーション, GDPデフレーター

ボーモル゠オーツ税 Baumol-Oates tax 政府が外部不経済を及ぼしている経済主体に対して課税する際、外部不経済をもたらす要因を目標の水準まで抑制するために課税する方法。提唱者のボーモル(Baumol, W.J.)とオーツ(Oates, W.E.)に因んでボーモル゠オーツ税と呼ばれる。外部不経済に対する伝統的課税理論であるピグー税は、政府が市場における外部費用構造(限界外部費用)を的確に把握していなければならない。しかし、外部費用構造の把握は技術的に困難である。そこで、温暖化ガスや有害物質等の外部不経済をもたらす要因を決められた環境目標まで抑制するために課税する方法がより現実的となる。➡外部性, ピグー的税・補助金政策

ボーモル゠トービン・モデル Baumol-Tobin Model 所得の受取から支出までの期間の貨幣の取引需要を、この間貨幣を保有することに伴う機会費用から説明するモデル。貨幣の取引需要の在庫アプローチとも呼ばれる。

一定期間の所得総額が全て支払いに当てられるとして、支払総額Y、一定期間中毎回の換金額Z、各回の換金費用tとすると、期間内の総換金費用は$t(Y/Z)$となる。一方、期間中の平均現金保有額$Z/2$、利子率rとすると、現金保有によって失う金利収入つまり機会費用は$r(Z/2)$となる。したがって現金保有に伴う総費用は$C=t(Y/Z)+r(Z/2)$と表され、費用Cを最小にする毎回の換金額は$dC/dZ=0$から$Z^*=(2tY/r)^{1/2}$、期間内の平均現金保有額つまり貨幣の取引需要額は$Z^*/2=(tY/2r)^{1/2}$となる。すなわち貨幣の取引需要は所得水準=取引総額Yの逓減的な増加関数であると同時に利子率rの減少関数であることがわかる。➡貨幣需要

ホールセール・バンキング wholesale banking ☞ リテール・バンキング

ホールドアップ問題 hold-up problem 取引成立後に、特殊な関係においてのみ価値を持ち、他の取引への転用ができないような関係特殊的な資産(ある特定の投資やハードウェア、ある用途にカスタマイズしたものなど)が伴う場合、契約時よりも不利な条件を無理やり押し付けられること。不完備契約のために、関係特殊的であることを立証することが難しいことから発生すると考えられる。

補完財 complementary goods 2財の間の関係を表す名称の1つ。同時に一緒に消費されることで1つの欲求を満たすような2財を互いに補完財と呼ぶ。例えばコーヒーとコーヒー・フレッシュ、食パンとバターなどがそれで、補完財は通常2財がほぼ一定の比率で消費されるため、一方の価格の上昇はその需要の減少だけでなく、その補完財の需要も低下させる。より厳密には、XとYの2財が存在するとき、X財の価格の上昇により、所得効果を除き代替効果のみによってY財の需要が減少するときX財とY財は互いに補完財であるという。所得効果を含めて所得効果と代替効果とでY財の需要が減少するとき、両財は粗補完財であるという。これとは逆の関係にある2財を代替財と呼ぶ。➡交差弾力性,

所得効果,代替効果,代替財

補完性の原則 principle of complementarity 生活保護を受ける前提として,生活困窮者はまず自らの持つすべての能力・資力・私的な扶養などを活用し,最低生活維持のために自ら可能なことは自ら行わなければならないという原則をいう。自ら全力を尽くしてそれでも最低生活維持が不可能な場合に,不足部分について公的援助が実施される。生活困窮者の自立を促し,モラルハザードを防ぐための原則である。

さらに広い意味で,公共部門の効率性の議論の中で,住民でできることは住民に任せ,住民にできないことを市町村が行い,市町村ができないことを都道府県が行い,都道府県ができないことを国が行う形で行政配分を考える場合に補完性の原則の適用といわれている。➡生活保護,モラルハザード

補給金 subsidy 一定の事業に関して,その経費の一部または全部を,国または地方公共団体が補給する金銭をいう。利子補給金,元利補給金,価格差補給金等がある。利子補給金は,事業主体が金融機関から資金を借り受けた場合,国または地方公共団体がその事業者に対して利子相当分を支払うものである。利子補給の事例としては,新産業建設事業債,交通事業再建債,地下鉄特例債等に対する利子補給がある。元利補給金は,事業主体が借り入れた元金償還分の一部または全部を補給するものである。価格差補給金は,生産者価格と消費者価格との差額を国または地方公共団体が補給するものであり,その事例としては政府米の買取りのケースが挙げられる。

保険 insurance 病気,死亡や天災,事故,盗難など将来事象に関する一般的な不確定性,情報の欠如としての不確実性に対し,リスクの分散,縮小を目的とする制度。普通,保険者が契約に基づき被保険者から事前に保険料を受け取り,被保険者が期間内に該当の事象に遭遇した場合,保険金を支払うという形をとる。

保険が成立する原理は図に示すような仮設例で説明できる。ある事業者が事業に成功する場合1,000万円の所得,100の効用水準を得るが,失敗すると200万円の所得,50の効用水準を得るとする。成功,失敗の確率はいずれも50%であるという状況にあるとする。この事業者のこの事業の期待所得水準は600万円(=1,000万円×0.5+200万円×0.5),期待効用水準は75(=100×0.5+50×0.5)である。このとき保険者はこの事業者に対し,400万円の保険料で,事業失敗の場合にのみ800万円の保険金を支払うという保険の提供が可能である。保険者は400万円の保険料を受け取り,50%の確率で800万円を支払うので,400万円=800万円×0.5で,経営上のコストを無視すれば,この保険は採算がとれる。この事業者にとっては,この保険に加入することで,成功したときの所得は600万円(=1,000万円-400万円),失敗したときの所得も600万円(=200万円+800万円-400万円)となり,期待所得600万円となる。しかしこの期待所得600万円は確実な所得であり,その効用水準は88となり,保険加入前に不確実性下の同じ期待

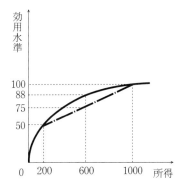

所得水準600万円の場合よりも高くなる。

現実経済の不確実性下，保険によるリスク回避は様々なケースがあるが，これらは常に可能というわけではない。保険市場の基本的な成立阻害要因として知られるものに，モラルハザード，逆選択などがある。➡ 危険回避の尺度，期待効用仮説，逆選択，モラルハザード，リスク

保険契約者保護機構 Insurance Policy-holder Protection Corporation　保険会社が破綻した場合に保険契約者の利益を保護するための機関。外国保険会社の日本支店を含む，国内全保険会社の加入が義務付けられている。生命保険会社が加入する生命保険契約者保護機構と，損害保険会社が加入する損害保険契約者保護機構が1998年に設立され，それぞれ生命保険，損害保険の契約者を保護することとなっている。生命保険会社が破綻した場合は，責任準備金の90％が保証される。また損害保険会社が破綻した場合，自賠責保険および地震保険については責任準備金全額が，また疾病・傷害に関する保険では責任準備金の90％，その他の保険では破綻後3カ月以内は責任準備金全額，それ以降は同80％が保証される。ただし，①損害保険では，個人・小規模法人等のみが保証の対象となる商品（火災保険等）が存在すること，②生命保険や，積立傷害保険などで予定利率が基準利率（2015年12月現在3％）を超える契約は責任準備金がさらに削減されること，③保険契約を他社に移転する際に予定利率が引き下げられる可能性があり，その場合には契約者が受け取る保険金はさらに減額されることに注意すべきである。また契約者保護機構は，破綻保険会社の受け皿となる保険会社が現れた場合は，受け皿保険会社に資金援助を行う。また，受け皿保険会社がすぐ現れない場合は，子会社として承継保険会社を設立して保険契約を継承させるか，あるいは機構自らが保険契約を承継しつつ，受け皿となる保険会社を探すこともできる。➡ 生命保険会社，損害保険会社

ポジティブ・セオリー　positive theory　☞ 規範経済学

母集団　population　ある調査の対象とする集合について，その集合全体のこと。これに対し，母集団の中からn個だけ選び出す場合，その選ばれたn個の集合のことを標本と呼ぶ。例えば，世論調査を行う場合国民全体が母集団となり，一方で調査対象となった選ばれた回答者の集合が標本となる。2つの集合の特性値（平均，分散，標準偏差）について特に区別が必要な場合，それぞれ母平均（標本平均），母分散（標本分散），母標準偏差（標本標準偏差）といったように明示的に表す。統計的推論とは，このように与えられた標本から母集団の特性値である母数，あるいはパラメーター（parameter）を推測するものである。

補償原理　compensation principle　経済状態Aから別の状態Bへの移行がある個人を有利にするが別の個人を不利にするような場合に，移行が望ましいかどうかを判断する基準。このような問題は，経済的効率性の基準として広く受け入れられているパレート基準では判定できない。補償原理は，このようなパレート基準では判定できない経済状態の移行について可能な限り優劣の判定を行おうとする試みであり，カルドア（Kaldor, N.）やヒックス（Hicks, J. R.）によって提唱された。カルドアの基準では，状態AからBへの移行によって利益を得る個人が，不利益を被る個人に事後的に補償することによって，後者の効用が移行前の水準に保たれ，かつ前者の効用が移行前より高い水準に維持できるならば，このような移行は優れているとする基準である。ヒックスの基準は，AからBへの移行に

より不利益を被る個人が,利益を得る個人に移行後の効用水準を実現できるような補償を移行前に行うとした場合,自己の移行前の効用が移行後より低下してしまうならば,AからBへの移行は望ましいとする基準である。これらの補償原理の基準は,受け入れやすい価値判断を示しているが,AからBへの移行が望ましいと同時に,BからAへの移行も望ましいとする判断を下す場合が少なくなく,パレート基準の強化の試みとしては不十分であるといえる。➡ 効用,パレート改善

補償需要関数 compensated demand function　ある効用水準と財の価格が与えられ,支出額を最小にする財の組合せが決定されるとき,この需要を効用水準と価格の関数で表したもの。効用水準一定の下で(同一無差別曲線上で)の支出額最小化条件は,限界代替率と価格比が等しくなることである。これは予算制約の下での効用最大化条件と同じである。しかしパラメータとして与えられているのは,効用最大化問題では各財の価格と所得であるのに対し,支出最小化問題では各財の価格と効用水準である。これをグラフ化したものが補償需要曲線,あるいはヒックス(Hicks, J.R.)の需要曲線と呼ばれる。補償需要曲線上では消費者の効用水準は同一である。

なお価格と所得を所与として,効用最大化の結果得られる需要量は,価格と所得の関数として表され,需要関数あるいは普通需要関数と呼ばれる。➡ 限界代替率

補償変分 compensated variation　他の財の価格は変化せず,ある財の価格が変化した場合に,価格変化前と同水準の効用を保つために補償されなければならない所得額。これに対して,価格変化後と同水準の効用を保つために減額されるべき所得額を等価変分という。

2財(x財,y財)の価格をそれぞれ$(p^0, 1)$,ある消費者の所得をIとするとき,予算線はABとなり,この消費者の消費選択は$E_1(x_1, y_1)$で与えられる(効用無差別曲線u_1と予算線ABの交点)。今,所得Iに変化はなく,x財の価格がp^1に変化したとする。変化後の価格$(p^1, 1)$で変化前と同じ効用u_1をもたらす消費選択は$E_3(x_3, y_3)$で与えられるので補償変分は$(p^1 x_3 + y_3) - (p^1 x_2 + y_2)$となる。図では,$GA$で表される。

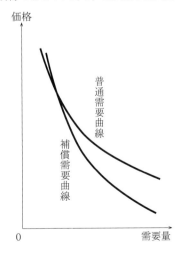

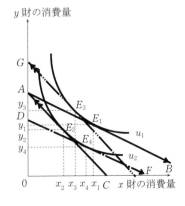

これに対して，変化前の価格$(p^0, 1)$で変化後と同じ効用u_2をもたらす消費選択は$E_4(x_4, y_4)$で与えられるので，等価変分は$(p^0 x_1 + y_1) - (p^0 x_4 + y_4)$で表される。図では$AD$で表される。

補助金 grant 政府が公益的必要から下位政府あるいは民間に交付する金銭的給付。国から地方公共団体への補助金は，一般補助金，特定補助金，包括補助金に分類される。一般補助金は，地方公共団体独自の事業計画とは直接結びつかず，その使途が限定されていないものをいい，地方公共団体にとっては一般財源補助となる。特定補助金は，ある特定の事業計画に対して支出され，地方公共団体にとっては使途が特定されたものとなる。包括補助金は，一般補助金と特定補助金との中間的な存在といえ，いくつかの特定補助金を分野別にグループ化して支出され，地方公共団体はその使途の範囲内において裁量的に使用できるものである。日本の補助金制度においては，地方交付税交付金は一般補助金にあたり，国庫支出金は特定補助金に該当する。→一般財源，国庫支出金，地方交付税交付金

POS point of sales スーパーマーケットやコンビニエンスストアなどの小売業で，商品の販売時点でリアルタイムに売上情報を収集できる販売時点情報管理システムのこと。販売時点情報管理，ポスと呼ばれる。このシステムにより，販売管理，商品管理，在庫管理，物流，販売促進などを総合的に管理することが可能になった。POS端末であるレジのスキャナーで商品に付けられたバーコードから商品コードを読み取り，その商品情報をオンライン接続されているホスト・コンピュータに送信する。POSシステムにより，商品単品ごとの売上情報を収集し記録できるため，リアルタイムに売れ筋商品を分析して仕入れ，品揃え，陳列などの商品管理に利用できる。さらに在庫管理や発注管理，さらには需要予測やマーケティングに広く活用されている。

ポスト・ケインジアン Post Keynesian 広義のケインズ派であるが，ケインズ理論の革新性を歴史的時間の枠組みでの分析と不確実性の導入に求める学派。ロビンソン(Robinson, J. V.)，カルドア(Kaldor, N.)，スラッファ(Sraffa, P.)，シャックル(Shackle, G. L. S.)等がこれに属する。別名イギリス・ケインジアン。

この学派によれば，ケインズ理論の革新性は歴史的時間の枠組みでの分析と不確実性の導入にある。現時点で何らかの意思決定を行う経済主体は，過去の実現した歴史という制約と不確実な将来とを同時に考慮せざるを得ない。不確実性について重要であるのは，ケインズ(Keynes, J. M.)のいう長期期待で，投資の決定はこれによってなされる。長期期待は，市場の弱気・強気に支配され，新古典派のように確率分布で表されたり，期待効用の極大化行動で示される選択理論では分析できないと主張する。ポスト・ケインジアンが重視するのは，こうした投資であり，投資の意思決定には資本家の利潤率，所得分配の状況や資本家・労働者の貯蓄率が影響するとし，分析に階級性を導入している。

新古典派やアメリカ・ケインジアンは論理的時間のうえに構築され，歴史的時間を含まない議論であるとして，それではケインズが重視した資本・貨幣の概念や期待の役割は分析できないと批判している。資本理論については，アメリカ・ケインジアンとの「ケンブリッジ(米)対ケンブリッジ(英)」論争が有名である。→ケインズ経済学，不確実性

補正係数 modification coefficients 普通交付税額の算定に用いられる基準財政需要額は，標準的な団体および施設等を基準にして画一的に法定されている

が，それと地方公共団体の実態との差を解消するために用いられる割増率または割落率のこと。基準財政需要額と地方公共団体との実態差は，団体規模の大小，面積差，都市型と農村型，寒冷地と温暖地等の諸条件の差によって生じる。現行制度における補正は，種別補正，段階補正，密度補正，態容補正，寒冷補正，数値急増補正，数値急減補正，財政力補正，合併補正がある。 ➡ 基準財政需要

補正予算 supplementary budget
☞ 当初予算

ホット・マネー hot money 　国際資本市場において移動の速度が高い短期資金。各国間の金利差による差益，あるいは為替レートの変動に対して投機的行動をとることで利益を得ることを目的とする経済的な要因によるものと，資本需要国における通貨不安，政情不安等から資本逃避を行うことを目的とする政治的な要因によるものの2つに大別できる。いずれの要因によるものであれ，その規模が大きい場合には，為替レート，金利に急激な変化をもたらし，国際金融市場の攪乱要因となりうる。そのため，1944年に採択されたIMF協定では，通貨の交換性を経常取引に限って認め，資本取引については固定為替相場制維持の観点から，為替管理を認めることでホット・マネーの抑制に努めようとした。➡ 国際資本市場，資本逃避，投機

ボトルネック・インフレーション bottleneck inflation 　ミクロレベルでの供給不足が原因となってマクロレベルの供給不足となり，物価上昇が引き起こされる状態。経済全体では生産能力に余力があっても，特定の原材料や資材，もしくは生産財に対する需要が急増するような事態が生じた場合，供給の増加がそれに追いつかなくなり，供給不足からそれらの価格が上昇し，次にこの効果が経済全体にも波及するときには，インフレーションが引き起こされることがある。特定の部門における供給の隘路に起因していることから，これをボトルネック・インフレーションという。➡ インフレーション

ホフマンの法則 Hoffmann's law 経済発展につれて，消費財産業付加価値／資本財産業付加価値が低下していくという法則。ドイツの経済学者ホフマン(Hoffmann, W. G.)は，経済発展をリードしてゆく製造工業を消費財産業(食料品，繊維，皮革)と資本財産業(金属加工，輸送用機械，一般機械，化学工業)とに分け，2つの産業の相対的関係の実証分析によって，工業発展の型と段階を明らかにしようとした。まず，彼は消費財産業付加価値を資本財産業付加価値で割った比率(ホフマン比率と呼ばれる)を考え，この比率が工業化の進行に伴って次第に低下してゆく状況を，次の3つの段階に区分している。第1段階は消費財産業が圧倒的に優位を占め，ホフマン比率が5(± 1.5)に達している段階であり，第2段階は資本財産業の重要性が増大し始め，ホフマン比率が2.5(± 1)に低下した段階であり，さらに第3段階は資本財産業がついに消費財産業とバランスして，ホフマン比率が1(± 0.5)となり，なお資本財産業が消費財産業よりも急速に拡大する傾向を持っているような段階である。ホフマンはこれらの段階区分に基づいて，資本主義諸国の工業発展段階を比較している。しかし，ホフマン比率とは，理論的には消費需要によって直接間接に誘発された付加価値÷投資需要によって直接間接に誘発された付加価値，すなわち製造工業付加価値の最終用途別の割合である。このような本来のホフマン比率を産業連関分析によって計測したのは，塩野谷祐一である。それにより，工業化過程において本来のホフマン比率は2〜3の値に安定していることが明らかとなっ

ボラティリティ volatility 資産の収益率の変動性のこと。収益率の変動が激しい資産ほど、ボラティリティが大きいといわれる。通常、ボラティリティは収益率の標準偏差で表現される。オプションの価格形成において、ボラティリティは重要な役割を果たす。過去の一定期間の統計から算出されるボラティリティは、ヒストリカル・ボラティリティと呼ばれる。また、実際に観察されるオプション価格とブラック＝ショールズ・モデルから逆算されるボラティリティは、インプライド・ボラティリティと呼ばれ、市場参加者が予想するボラティリティの平均値であるといえる。→ オプション取引、ブラック＝ショールズ・モデル、分散

ポリシー・ミックス policy mix 複数の政策目的を実現させるために、複数の政策手段を組み合わせること。マクロ経済政策を論じる場合に用いられる概念。マクロ経済政策の目標としては、完全雇用、物価の安定などがある。ある政策の実施が1つの目標については望ましい方向に作用し、別の目標については望ましくない方向に作用する場合、望ましくない方向に動いたもう一方の目標を達成するためには、別の政策手段が必要になる。財政政策と金融政策を組み合わせて実施することが考えられるが、これはポリシー・ミックスの一例である。もちろん、それらをどのように組み合わせるかということも重要な問題である。「n個の独立な政策目標を達成するには、少なくともn個の独立な政策手段を必要とする」というティンバーゲンの定理や、「政策の諸手段は、相対的に最も大きな効果を発揮する政策目標に割り当てられるべきである」というマンデルの定理が知られている。→ 金融政策、財政政策、ティンバーゲンの定理

本船渡し free on board ☞ FOB

マーク・アップ率 mark-up ratio
☞ フル・コスト原則

マーケットメイカー market maker
証券市場において、証券の在庫を保有し、常に売値と買値を提示し、その値段で一定量の取引に応じることを義務付けられた主体。特に取引高の少ない市場においては、証券の流動性を維持する重要な役割を担う。また、マーケットメイカーは、常時証券の在庫を保有するためリスクを負うが、その対価として売値と買値の差（スプレッド）により利益を得ることができる。米国の店頭市場であるNASDAQは、マーケットメイカー制度を導入した市場である。また、日本のJASDAQ市場においても、一部の銘柄でマーケットメイカー制度が導入されたが、2008年3月に廃止され、新たにリクイディティ・プロバイダー制度が導入された。➡ 証券市場、リスク

マーシャル Marshall, Alfred (1842～1924) スミス（Smith, A.）以来のイギリス古典派の再構築をめざすケンブリッジ学派の創始者。限界分析による価値論と分配の需給均衡論を、主著『経済学原理』（*Principles of Economics*, 1890）の中で展開した。その究極的な目的は、たえず成長する有機体としての消費者、企業、産業そして経済発展の解明におかれていた。背景には、広範に残存する貧困・教育や環境悪化などの「社会問題」、さらには大英帝国の産業力も、米独との大競争の結果、永続的でも強固でもない現実があった。彼の提供した分析用具としては、外部経済、現金残高方程式、オファー曲線、均衡の安定性、消費者余剰、収穫逓増、需要の弾力性などがある。しかし彼の視線は、経済システムの進化と国民所得の増大との相互進展関係のなかで「経済騎士道」（企業家モラル）と「生活基準」（労働者モラル）との結合に裏付けられた、人的資源への投資とその成果である経済成長に注がれていた。「経済学者のめざすメッカは経済力学というよりはむしろ経済生物学にある」というマーシャルの言葉は、有機体の進化のアナロジーで経済発展をとらえた点で、最近発展しつつある、生物学、特に進化論の考え方を敷衍した進化論的経済学に大きな示唆を与えている。➡ イギリス古典派経済学、外部性、限界革命、ケンブリッジ学派

マーシャルの安定条件 Marshallian stability conditions ☞ 安定条件

マーシャルの k Marshallian k 現預金残高を名目GDPで除した値。貨幣需要が経済規模に比例すると考えられるならば、貨幣需要 M は次式で表される。

$M = kpY$

ただし、p は物価水準、Y は実質所得である。この等式はケンブリッジ方程式と呼ばれ、定数 k がマーシャルの k と呼ばれる。マーシャルの k は貨幣の流通速度の逆数であり、長期的には上昇傾向にあるが、少なくとも決済制度が変化しない短期では安定的であると考えられてきた。しかし、近年では短期の安定性にも疑問を呈する意見もある。➡ 貨幣需要

マーシャル＝ラーナーの条件 Marshall-Lerner condition 輸出と輸入の価格弾力性の和が1より大きいという条件。為替レートが切り下がったときに、貿易収支が改善するための条件となる。

自国財の価格をP，外国財の価格をP^*，名目為替レートをE，実質為替レートを$q=EP^*/P$とする。自国財の輸出量をX，外国財の輸入量をMとすると，自国の貿易収支Bは，$B=X-qM$と表される。輸出の価格弾力性をη_X，輸入の価格弾力性をη_Mとし，実質為替レートqについて微分すると，

$$\frac{dB}{dq} = \frac{dX}{dq} - q\frac{dM}{dq} - M$$
$$= \left(\frac{X}{q}\right)\left[\frac{dX/X}{dq/q} - \frac{dM/M}{dq/q} - 1\right]$$
$$= \left(\frac{X}{q}\right)(\eta_X + \eta_M - 1)$$

となる（貿易収支の均衡条件$X=qM$を用いて式を変形）。$dB/dq>0$となる，すなわち，実質為替レートの切下げによって貿易収支が改善するためには，$\eta_X+\eta_M>1$が成立しなければならない。➡ 為替レート，貿易収支，輸出・輸入の価格弾力性

マイナス金利政策 Negative Interest Rate Policy: NIRP 　中央銀行が政策金利をゼロ％よりも低い水準にする政策。家計や企業が民間銀行に預ける預金金利をマイナスにするわけではなく，一般的には，民間銀行の中央銀行への預金に対する金利をマイナスにする。これにより，民間銀行は資金を中央銀行に預けると金利を支払う必要が生じることから，融資や債券購入に回すことを見込み，経済での資金量増加を目的とする。経済に与える効果として，貸出や住宅ローンの金利低下による投資（特に不動産投資）の増加，銀行経営の悪化，金融資産を運用する保険，証券業も悪影響を被る可能性などがある。政策的なマイナス金利の導入は，2012年のデンマーク，ECB（欧州中銀），2014年のスイス，スウェーデンがある。日銀は2016年2月に実施した。➡ 金利

マイナンバー The Social Security and Tax Number 　2013年5月に制定された「行政手続における特定の個人を識別するための番号の利用等に関する法律」により，国民に割り当てられる個人番号のこと。住民票を有する全ての人(中長期在留者や特別永住者などの外国人も含む)に対して12桁の番号が付与される。また，法人にも13桁の番号が指定される。法人の支店・事業所等や個人事業者には指定されない。付与された番号を生涯利用し，原則的に変更できない。マイナンバーのみでは行政手続ができないほか，情報の分散管理やシステムへのアクセス制御，通信の暗号化など，制度・システム両面で様々な安全管理措置が講じられている。

2016年から，国の行政機関や地方公共団体等により，社会保障，税，災害対策の分野で複数の機関に存在する様々な形式の個人の情報(住民票コード，基礎年金番号，医療保険被保険者番号など)を確認するために利用されている。例えば，年金・各種公的保険の手続，生活保護・児童手当その他福祉の給付，確定申告などの税の手続等で，マイナンバーの記載が求められる。また，勤務先や金融機関からもマイナンバーの提示が求められる。その一方で，マイナンバーには，個人情報の漏洩や不正利用が危惧されている。

埋没費用 sunk cost 　☞ サンク・コスト

マキシミン原則 maximin principle ☞ 正義の理論

マクロ経済学 macroeconomics 　経済システムをマクロ経済変数間の関数関係としてとらえ，その動向や法則的関係を解明する経済分析の手法。なおマクロ経済変数とは，国内総生産，消費，投資，経常収支，物価水準といった一国経済全体について集計された変数，あるいは利子率，失業率，経済成長率，為替レートといった一国経済全体に対応する変数をい

う。

スミス(Smith, A.)の古典派経済学の伝統を受け継ぐ新古典派経済学は基本的にはミクロ経済学であったが，1930年代の大不況に対する有効な処方箋を示すことができなかった。それに対し有効需要の原理や流動性選好理論を通して有効な解決法を示したのがケインズ(Keynes, J. M.)を実質的な創始者とするマクロ経済学であり，また，ケインズ経済学と呼ばれた。ミクロ経済学である伝統的な新古典派経済学が，消費者，生産者など個々の市場参加者の最適化行動を通して，市場機構の機能を解明することを目的とし，市場機構の成果に万全の信頼を置くのに対し，マクロ経済学，特にケインズ経済学は市場機構の不安定性，特に総需要と総供給の不一致が起こる可能性に注目し，政府による総需要管理政策の必要性を提唱した。マクロ経済学は，このように分析手法，基本的な経済観いずれの面でもミクロ経済学と対立してきた。しかし近年では，新古典派経済学的な経済観，ミクロ経済学的手法からマクロ経済現象を解明しようとする新たな展開が見られている。➡ 経済成長率，ケインズ経済学，国内総生産，失業，有効需要の原理

マクロ・ダイナミクス macro dynamics 内生的成長理論，リアル・ビジネス・サイクル理論など動学的手法を用いたマクロ経済分析の総称。45°線モデル，*IS-LM* モデル，*AD-AS* モデルなど静学的なマクロ経済モデルでは，マクロ経済変数は時間的要素を含まず，産出量，利子率，物価水準といった基本的に同一時点における変数間の関係として構成されている。これに対し，経済成長や景気循環といったマクロ経済現象の多くは時間的なラグを持った変数間の関係であり，変数の時系列での動向や，時間の経過プロセスにおける依存関係が関心事となる。たとえば消費，貯蓄についても個人の異時点間の合理的な選択行動の結果と見ることができ，これらを分析し，解明するには連立方程式や静学的最適化理論を超えて動学的手法を用いる必要がある。微分方程式，差分方程式，さらには変分法，最大値原理，ダイナミック・プログラミングといった動学的最適化の手法が用いられる。➡ 景気循環，内生的成長理論，リアル・ビジネス・サイクル理論

マクロ・バランス macro balance 主要なマクロ経済変数間に事後的に，恒等的に成立する基本的な関係の総称。例えば，経常収支 $EX-IM$，貯蓄超過 $S-I$，財政余剰 $T-G$ の間に成立する次のような恒等式がある。$(EX-IM)\equiv(S-I)+(T-G)$，すなわち経常収支は事後的にかならず自国の貯蓄超過と財政余剰の和に等しくなければならない。この式は因果関係を示すものではないが，これら3者がこの式の示すところから離れて変動しうることはありえない点は，マクロ経済の理解にとって重要である。

なおマクロ・バランスという用語で，一国の総需要と総供給の一致，あるいはデフレギャップ，インフレギャップがなく完全雇用GDPが達成されている状態を指すこともある。➡ インフレギャップ，完全雇用GDP，経常収支，財政赤字

マクロ分配理論 macroeconomic theory of distribution マクロ経済学の立場から国民所得の資本と労働への分配を説明する理論。1950年代の末頃，注目されたものにカルドア(Kaldor, N.)のマクロ分配理論がある。産出量 Y，賃金 W，利潤 Π，貯蓄 S，賃金または利潤からの貯蓄率 s_w, s_π（ただし $0<s_w<s_\pi<1$）とする。産出量は労働者の賃金と資本家の利潤に完全に分配されるとし，貯蓄投資均衡を仮定すれば次の3式が成り立つ。

(1) $Y = W + \Pi$
(2) $S = s_w W + s_\pi \Pi$
(3) $I = S$

(1),(3)式からSを消去し,W,Πについて解くことで次の2式が得られる。

(4) $W/Y = [s_\pi/(s_\pi - s_w)] - [1/(s_\pi - s_w)](I/Y)$,

(5) $\Pi/Y = [1/(s_\pi - s_w)](I/Y) - [s_w/(s_\pi - s_w)]$

これらは賃金分配率,利潤分配率が投資率I/Yの関数となり,投資率上昇が利潤分配率の上昇,賃金分配率の低下をもたらすことを意味している。限界生産力説に立てば,賃金,利潤と労働,資本の限界生産力が一致するように投資が決まるのに対し,ここでは逆転して投資ないし投資率が賃金,利潤分配率を決定している。 ➡ 限界生産力説

マックスミニ原理(マキシミン原理) maximin principle ☞ 行列ゲーム(矩形ゲーム)

窓口規制 window guidance 高度成長期に用いられた日本銀行の政策手段の1つ。通常の公定歩合政策,公開市場操作,預金準備率政策などの政策手段以外に,都市銀行などの取引先金融機関の対民間貸出について具体的な指導・規制を行う政策手段のこと。窓口指導ともいう。窓口規制は,日本銀行が個々の取引先金融機関につき1カ月ないし四半期当たりの貸出増加の枠を定めることによって,金融機関貸出の増勢を抑制しようとする「貸出増加額規制」の形をとったり,「ポジション指導」と呼ばれる形をとってきた。窓口規制は日本銀行の金融引締め手段として極めて有効なものであったが,金融の自由化・国際化の進展とともにその役割は漸次後退し,1982年以降は各金融機関の自主的な貸出計画を尊重するようになり,1991年に廃止された。

マネー・サプライ money supply ☞ マネーストック

マネーストック money stock 民間非金融部門,つまり金融機関以外の一般法人,地方公共団体や個人によって保有され,一国経済の特定時点において流通しているストックとしての通貨量。現金通貨をはじめとして,預金その他経済において通貨としての機能を果たす多様な金融資産からなるが,流動性の度合と対象金融機関の違いによって,M1,M2,M3および広義流動性に分類される。2008年まではマネー・サプライと呼ばれていた。 ➡ M1,M2,M3,流動性

マネー・フロー分析 money-flow analysis 資金循環分析ともいわれ,資金循環統計を用いて一国経済の金融面の動きを分析する方法。もともとはコープランド (Copeland, M. A.) のマネー・フロー分析から始まっている。日本におけるこの統計は,日本銀行が93SNA等の国際基準に基づいて作成・公表しているが,具体的には各経済主体間の金融取引を項目別に,フローの面からとらえた金融取引表,ストックの面からとらえた金融資産負債残高表,それにこれら2つの乖離分を記録した調整表の3つからなる。資金循環統計を用いれば,ある期間における資金の過不足は実体経済における貯蓄・投資差額に等しくなる。したがって,金融面から実体経済の動きを推測することも可能となる。

マネタリーアプローチ monetary approach 国内経済においては価格の硬直性を認めず物価水準が貨幣市場の均衡から決定され,また国際経済においては為替レートが購買力平価に基づいて決定されるものと仮定することで,長期的に成立する為替レートを導こうとするアプローチ。例として,アメリカと日本の物価水準について,為替レートが購買力平価に基づいて決定されるものとすると,日本円と米ドルとの為替レート(円建)は

$$\text{円建為替レート} = \frac{\text{日本の物価水準}}{\text{アメリカの物価水準}}$$

によって表すことができる。一方,各国内では物価水準は貨幣市場の均衡により

決定されるので，

$$\frac{各国の物価水準}{} = \frac{各国の貨幣供給}{各国の貨幣需要}$$

が成立する。また，

円建為替レート＝
$$\frac{日本の貨幣供給/日本の貨幣需要}{アメリカの貨幣供給/アメリカの貨幣需要}$$

となる。この式では，為替レートは長期的には各国における貨幣の需給関係のみを反映し決定されるものと考えられていることがわかる。さらに，貨幣需要が総所得（総生産）と国内利子率に依存するものとすると，日本の総所得の増加もしくは利子率の低下は，日本における貨幣需要の増加をもたらすことで，為替レートを小さくさせる，すなわち円高となることが理解できる。➡為替レート，購買力平価，物価水準

マネタリー・ベース monetary base
☞ ハイパワード・マネー

マネタリズム Monetarism フリードマン（Friedman, M.）を代表とするシカゴ学派の経済理論を指し，貨幣数量が経済へ及ぼす影響を重視する学派。合理的期待形成学派も含む場合もある。学説史的には古典派経済理論の系統に属し，ケインズ経済学と真っ向から対立する学派である。名目貨幣数量の変化を，短期的には，名目所得の変化を説明する有力な要因と考える。

この主張の背後には「新貨幣数量説」と呼ばれる貨幣理論およびそれらから導かれるマネタリストの貨幣需要関数が基礎となっている。一方，名目貨幣数量増加の長期的な影響については，インフレーションとの関連で説明される。フリードマンは，フィリップス曲線を用いた分析に期待調整を導入し，右下がりの短期のフィリップス曲線がインフレ期待によってシフトするため，経済主体がインフレ期待を行動に組み込む長期においては，フィリップス曲線は自然失業率で垂直になることを主張した。したがって，マネタリズムの立場からは，長期的には名目貨幣数量を変化させることで，失業率を変化させることはできないと考える。➡インフレ期待，合理的期待形成仮説，古典派経済学，新貨幣数量説，フィリップス曲線

マラケシュ議定書 Marrakesh Protocol 1994年にモロッコのマラケシュにおいて策定された，関税及び貿易に関する一般協定の議定書。この議定書は，各国の譲許表を1994年GATTに付属させることを目的とし，また，各国の関税の引下げに関する原則を定めるもので，前文，本文および付属する各国の譲許表からなる。各国の譲許表は，最恵国関税率表（農産品，その他の産品），特恵関税率表，非関税譲許表，農産品についての補助の制限に関する約束（国内助成に関する約束，輸出補助金にかかわる予算上の支出および数量の削減に関する約束，輸出補助金の交付の範囲の制限に関する約束）から構成され，各国がウルグアイ・ラウンド交渉の中で約束した種々の事項について盛り込んでいる。➡GATT, 最恵国待遇，特恵関税

マルクス経済学 Marxian political economy マルクス（Marx, K. H.）の主著『資本論』（*Das Kapital*, 1867〜1894）を中心に形成された政治経済学説。膨大な経済学批判の体系の主眼は，それまでの正統派であったイギリス古典派経済学に対して，国民経済成長の原資と見なされてきた余剰生産物が，資本の私有制を前提とする資本主義経済において，どのようなメカニズムから生まれてくるかを問うことにあった。またその余剰生産物がどのように分配されるかの批判と検討にも重きを置いている。労働価値説を基礎とし，商品・価値・貨幣・価格の分析から，資本・剰余価値・利潤・賃労働などの諸概念に至る一貫した体系として構築されて

いる。➡ イギリス古典派経済学，資本主義経済

マルサス Malthus, Thomas Robert (1766～1834) イギリスの経済学者。人口が幾何級数的に増加するのに対し，食糧は算術級数的にしか増加しないという『人口論』(*An Essay on the Principle of Population*, 1798) で有名である。マルサスは，産業革命とフランス革命の影響を受けたユートピア的な平等社会での貧困根絶論に対する批判として，私有財産制の下での有限資源に対する人口制約論から出発した。やがて市場経済全般における貧困問題に関心を持ち，リカード (Ricardo, D.) との理論・政策論争の中で，経済学上の主著『経済学原理』(*Principles of Political Economy*, 1820) を著した。生産力の高い社会では，貯蓄が過剰になり，不生産的労働者 (召使，公務員，軍務関係等) として雇われていた労働者が生産的労働者に移れば，需要に対して生産が過剰となり，とりわけ賃金コストに比して価格が低下し，その結果，利潤率低下，資本家の生産拡大抑制，雇用意欲減退につながり失業が発生すると考えた。こうした「一般的供給過剰」論は後世，ケインズ (Keynes, J. M.) によって注目された。➡ イギリス古典派経済学，リカード

マルチメディア multimedia 文字，動画，静止画，音声，コンピュータデータ等の様々な形態の情報を，デジタル化することにより統合してコンピュータ上で使用できること，あるいは，パソコン，DVD，デジタルカメラといった複数個のメディアを組み合わせて利用できることをいう。1990年代初頭に，それまでの汎用大型コンピュータに代わり，パソコンが普及し始めてから，急速なマルチメディアの進歩が見られた。個別の情報機器の著しい進歩に加えて，パソコンの容量と処理の高速化がマルチメディアを推進した要因である。マルチメディアは，それまで情報の消費者であった一般ユーザーを情報の発信者へと変革した。今日マルチメディアを実現したものはインターネットに接続されたパソコンであり，これはあまりにも普遍化したので，マルチメディアの用語は最近はあまり使われなくなった。

マンデルの定理 Mundell's theorem
☞ ポリシー・ミックス

マンデル＝フレミング・モデル Mundell-Fleming model 閉鎖経済における財・貨幣市場の同時均衡を考えるケインズ派の*IS-LM*モデルを開放経済のケースに拡張したもの。固定為替相場制，変動為替相場制のもとでの財政・金融政策の効果が対照的になる。

図では縦軸に利子率rをとり，横軸に総生産Yをとっている。右下がりの線は財市場均衡を表す*IS*曲線であり，政府支出の増加あるいは減税などの総需要を増加させる場合には右方シフトする (IS_1からIS_2へ)。一方，右上がりの線は貨幣市場均衡を表す*LM*曲線であり，貨幣供給を増加させると右方シフトする (LM_1からLM_2へ)。したがって，閉鎖経済では拡張的な財政・金融政策いずれにおいてもYを増加させる (順にY_0からY_1, Y_2へ)。次に資本移動が完全で海外利子率がr^*であるものとし，固定為替相場制下の開放経済において拡張的財政政策を行う場合を考える。*IS*曲線はIS_1からIS_2へとシフトするが，利子率の上昇により海外から資本が流入，すなわち貨幣供給が増加するため，*LM*曲線はLM_1からLM_2へとシフトし，再度利子率がr^*になるまでそれが続く。この結果，生産量はY_3まで増加することになる。一方，拡張的金融政策では，LM_1からLM_2へのシフトにより利子率が低下する。このため，先とは逆に資本の流出がLM_1へのシフトをもたらしr^*を達成し，生産量は当初比べと変化しない。

変動為替相場制下では，拡張的財政策ではIS曲線のIS_1からIS_2への移動で最初に利子率の上昇と資本流入が発生すると同時に，為替レートが増価する。これは純輸出を減少させることから，IS曲線は結局IS_1に戻ってしまう，つまり，Yは変化しない。逆に拡張的金融政策では，LM曲線のLM_1からLM_2へのシフトで利子率低下，資本流出が発生するのと同時に，為替レートは減価する。これは純輸出を増加させるため，IS曲線をIS_2まで右方シフトさせる。つまり，Yが増加することになる。➡ IS-LMモデル

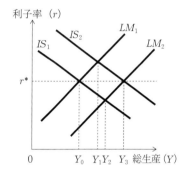

ミーンズ・テスト means test
☞ 負の所得税

見えざる手 invisible hand 需要と供給の一致をもたらす要因である価格あるいは価格調整機構のこと。経済取引は通常，需要と供給が一致したところで行われ，その需給の一致は価格が調整されることによってもたらされると考えられる。この需要・供給の均衡をもたらす価格の調整機能をスミス (Smith, A.) は「見えざる手」または「神の手」と呼んだ。スミスは，市場ないしは取引を通じて種々の経済活動の均衡・調和が実現されることを指摘した点で，近代経済学の始祖と評価されるが，市場の需給均衡をもたらす要因として彼が注目したのが，需要および供給活動に内在するそのような自発的な力である。ただし，経済学が独立した学問分野ではなく，経済問題の考察においても哲学，神学等々の影響を大きく受けざるを得なかった当時，それらの要素が考慮され「神の手，見えざる手」と表現されたものと考えられる。➡ プライス・メカニズム，レッセ・フェール

ミクロ経済学 microeconomics 市場つまり価格機構による資源配分と所得分配のメカニズムを，家計，企業といった個々の経済主体の最適化行動と価格の需給調整機能から説明する経済学的分析手法。スミス (Smith, A.) 以来の古典派経済学に始まり，限界革命を経て今日に至る新古典派経済学の主流はミクロ経済学の流れでもある。ただ20世紀初頭の大恐慌時にこうした伝統的経済学は有効な処方箋を提示できなかったことから，一国経済全体の総産出量，総雇用量，物価水準などマクロ経済変数間の関数関係として経済システムを捉えるケインズ経済学つまりマクロ経済学の誕生と隆盛を見た。しかしその後，長期的視野に立って市場経済，価格機構を捉えることによりミクロ経済学の重要性が再認識された。そしてマクロ経済学のミクロ経済学的基礎，すなわちマクロ経済学の結論に対し，ミクロ経済学的裏付けを求めるという方向，あるいはミクロ経済学の新しい分析

みなし

手法としてゲーム理論が大きな役割を果たすといった方向が指向されている。→ケインズ経済学，ゲームの理論，限界革命，古典派経済学

みなし外国税額控除 tax sparing credit 外国へ進出している自国企業が，進出先である所得源泉地において租税減免などの優遇措置を実際に受けた場合にも，本国においてはその優遇を受けず減免税額を納付したものとみなし，外国税額の控除対象とする制度。そもそも外国は企業誘致を図るために租税優遇を行うわけであるが，企業の本国政府がその租税上の優遇を控除対象からはずした場合には，本国での課税額が上昇することになる。これは進出先政府から本国政府への移転が行われたときの効果と同じものであり，企業の外国への進出インセンティブが阻害されることになる。みなし外国税額控除制度は，そのような企業の進出インセンティブを弱めないようにするための，租税条約上の特別措置として位置付けられている。→税額控除，租税条約

みなし課税 deemed taxation 納税者の負担の公平性を維持する目的で，性質の異なる事実・行為・物件を同一のものとみなし，同様の課税関係に置くこと。例えば，商法（会社法）上の配当ではなくても，その利益が実質的に分配されたとみなされる場合，税法上の配当とみなされ，課税される「みなし配当」（または「みなす配当」ともいう）や，法人に資産を贈与したり，時価の2分の1より低い価格で譲渡した場合，その資産の時価を計算して収入金額に加算して課税される「みなし譲渡」などがある。

南アジア自由貿易圏 South Asia Free Trade Area：SAFTA インド，パキスタン，バングラデシュ，スリランカから構成され，南アジアにおける地域協力の枠組みである南アジア地域協力連合（SAARC：South Asian Association for Regional Cooperation）が，2004年1月にイスラマバードで行われた首脳会議で創設した貿易枠組みの協定の合意。2006年1月1日に発効。構成国は，上の4カ国に加えてネパール，ブータンおよびモルディブを含む7カ国。これらの国の間では，将来的に関税率を0から5％の間にするように要請されている。

ミニマックス原理 mini-max principle
☞ 行列ゲーム（矩形ゲーム）

ミニマムアクセス minimum access 最低輸入量のこと。ウルグアイ・ラウンド農業合意において，関税化の対象品目のうち，基準期間（1986～88年）における輸入が国内消費量の3％未満の品目については，実施1年目に基準期間の国内消費量の3％のミニマムアクセスを設定し，6年目には5％まで拡大することとされた。他方，関税化を行わないという特例措置を適用する場合には，ミニマムアクセスとして1年目は4％，6年目は8％を設定することとなった。わが国のコメについては，この特例措置を適用したことにより，ミニマムアクセス水準は1995年には国内消費量の4％，以降1998年まで毎年0.8％ずつ増加してきた。しかし，1999年4月から関税措置に切り換えられたため，0.4％ずつの増加となり，2000年度は国内消費量の7.2％（76.7万玄米トン）となった。なお，このミニマムアクセス数量が2001年度以後も継続されている。→関税

ミル Mill, John Stuart（1806～1873）イギリスの経済学者，哲学者。幼少期から経済学者である父ミル（Mill, J.）から経済学や論理学を学んだ。東インド会社に勤務するかたわら，哲学的急進派のリーダーとして功利主義から出発し，ロマン主義，社会主義的な考え方にも理解を示した。後年，国会議員や社会政策運動に参画した。経済学の分野では，『経済学試論集』（*Essays on Some Unsettled Questions*

of Political Economy*, 1844）や『経済学原理』（*Principles of Political Economy*, 1848）をまとめた。とくに主著『経済学原理』は、経済学を社会哲学によって再編するため、静態、動態、政策に分け、生産（第1編）、分配（第2編）、交換（第3編）を静態に、時間と規模の変動を対象にする第4編では静態と動態の区別、そして第5編では政策として社会改革の方向を打ち出した。ミルの経済学の特徴は、競争社会以外の世界を対象に加え、動態論では経済成長が停止した場合でも、資源・環境・人口・土地問題などが人間社会にもたらす負担を勘案すれば悲観すべきことではないと論じた。イギリス古典派経済学の集大成者と位置づけられるが、需給論の拡充、国際価値論、利子・利潤・地代論については新古典学派経済学への架橋的性格も備えている。➡ イギリス古典派経済学、功利主義

民営化 privatization　公企業を民間が経営する私企業へ転換すること。組織形態を株式会社に変更し、その株式を民間に売却することで私企業に移行する。民営化のねらいは、公共部門の効率化である。政府の監督や統制から解放され、法律などの規制が廃止ないし緩和されることにより、自主的な組織運営や自己責任に基づく経営戦略の展開を図ることができ、効率的な経営を期待することができる。1980年代の半ば以降、「小さな政府」を標榜した行政改革の一環として、様々な民営化が実施されてきているが、代表的なものに中曽根政権下の国鉄、電電公社、専売公社の3公社の民営化、小泉政権下の道路公団と郵政の民営化がある。国鉄はJR各社に分割民営化され、このうちJR東日本、JR東海、JR西日本の3社が完全民営化を達成している。

民活 revitalization of private economy　社会資本の充実、社会基盤の整備を目的とする公共事業に民間資金を導入したり、肥大化し停滞した公的部門の活動を整理、縮小し、民営化を推進すること。財政状況の悪化が顕在化する一方、市場の機能に対する評価の改善が見られた1980年以降、民間活力導入による経済活性化、財政負担の軽減の必要性が広く認識されるに至った。特に大規模公共事業等への民間資金の参加が促された。➡ 公的部門、社会資本、民営化

民間最終消費支出 private final consumption expenditure　国内総支出の構成項目中の「家計最終消費支出」と「対家計民間非営利団体最終消費支出」の合計のこと。前者は家計の土地・建物、中古品・スクラップを除く新規生産された財貨・サービスに対する支出である。対家計民間非営利団体とは、具体的には商工会議所、業界団体、医療機関、労働組合、大学等学校、NGOなどを指すが、これらはサービス生産者であり、その生産コストは普通、料金、負担金、納入金等の販売収入で賄いきれず、その差額が自己消費と見なされ、後者に計上される。

民間部門 private sector　国内経済を構成する部門の1つで、営利あるいは自己利益の最大化を目的とする民間企業および家計から構成される。もう1つは公共部門（政府部門）である。家計は企業に労働を供給し、それから得られる所得を消費する。一方企業は、家計から雇用した労働を用いて生産物を生産し、生産物を販売して利潤を得る。経済に占める民間部門の割合が大きくなると、経済では市場メカニズムがより重視されることになる。一定の条件を満たす競争的な市場メカニズムの下では、最適な資源配分が達成されるが、条件が満たされない場合にはそれが実現せず、市場の失敗と呼ばれる状況が生じる。このとき、公共部門が民間部門にかわって経済活動を行う必要性が生じる。ただしこの場合にも、最適な状態が実現せず、政府の失敗と呼

無差別曲線 indifference curve　同一水準の効用を達成する財の組合せの軌跡。様々な財の組合せに対して，消費者は自分の選好(好み)を持つ。その選好は，すべての財の組合せについて，好ましいか，同程度に好ましいか，判断が可能である(完全性)，この判断に矛盾がない(推移性)，これらの意味で整合的であるとする。ある財の数量の組合せに対して，同程度に好ましいと考える他の財の組合せは無数に存在する。この同程度に好ましい財の数量の組合せを，各財を座標軸とする平面上に描いたものが無差別曲線である。好ましさの水準，つまり効用水準に応じて無数の無差別曲線が描けるが，これらの無差別曲線はお互いに交わらない。通常は，原点に対して凸の形状をとる。右上の無差別曲線ほど高い効用を達成する。 ➡ 完全性

無償資金協力 grant aid　日本における政府開発援助の形態の1つ。発展途上国，特に財政状況の厳しい国に対して，特定の目的に利用される資金を返済の義務を課すことなく供与する(贈与する)援助形態。援助の方式としては無償資金協力のほかに，専門家派遣や開発調査を行ったりする技術協力，資金の貸出後に返済を必要とする有償資金協力(円借款)の2つの形態がある。無償資金協力は，一般無償援助，水産無償援助，緊急無償援助，文化無償援助，食糧援助，食糧増産援助の6つに分類される。なお，一般無償援助の中には，途上国の対外債務軽減のための債務救済無償援助やNGO(民間援助団体)活動支援のための草の根無償援助などが含まれている。➡ 円借款，経済援助，発展途上国

名目金利 nominal interest rate
☞ 金利

消費財 x_2

U_2
U_1
U_0

0　　　　　　　　消費財 x_1

名目主義 nominalism ☞ 金属主義

名目値 nominal value 物価水準もしくはその変化を調整することなく，経済変数の値を現在の貨幣価値で表した値。経済変数の名目値の変化は，経済変数の実質値の変化と物価水準の変化に分解できるので，実質値を求めようとするなら，名目値を物価水準ないしその変化率でもって調整しなければならない。実際の経済でわれわれが直接的に見るのは名目値であることがほとんどであるが，経済の実態を見ようとする場合には，名目値よりも実質値の方が重要である。利子率，賃金率，為替レート，貨幣残高，GDPなどの経済変数では，名目値と実質値がともに利用されている。デフレ経済の下では，実質経済成長率が正であっても，名目経済成長率はマイナスになることがある。この場合，景況感は名目値を反映するので，景気がよいという実感に乏しい。➡ 実質値，物価水準

メインバンク main bank 一般的には企業の主要取引銀行のこと。メインバンク制とは，日本独特の金融慣行とされるが，明示的な契約書があるわけではなく，暗黙の契約とされる。メインバンクは借入企業に対して安定的な資金供給を暗黙の契約として与え，企業は支払決済口座や各種の付随取引をメインバンクに集中させ，インプリシットな保険料を支払うというような形で銀行と企業が長期的・総合的な取引を維持してきた。メインバンクの定型化された事実としては，通常次のような項目が挙げられる。①取引銀行のうち最大の融資シェアを占める銀行，②企業と長期継続的な取引関係を有する銀行，③企業の主たる株主である銀行，④企業に役員を派遣し，人的結合関係の強い銀行，⑤企業の経営危機の際には積極的な救済策を講じ，企業再建のイニシアティブをとる銀行。

メインバンクの機能の経済的な考え方には，以下のようなものがある。
① リスクシェアリング仮説：メインバンクによる取引先企業の直面するリスクの分担機能を重視する考え方で，具体的には，好況・不況に応じて，あるいは取引先企業の業績に応じて，メインバンクがその金利負担を調整していくという仮説である。
② 情報生産機能を重視する考え方：メインバンクは借り手の行動を他の銀行に代わって監視（モニター）し，他の銀行にその情報をシグナルとして伝達する役割を担っており，これにより審査・モニタリング費用を節約できるとする考え方である。
③ 企業経営権の支配：メインバンク制は敵対的な企業買収のメカニズムに代わって企業経営者をモニターし，規律を与える役割を果たしているとしている。

1990年代後半以降の不良債権問題により，銀行の経営体力が低下し，融資先の救済や株式持ち合いが以前より難しくなり，メインバンクの機能は低下していると考えられることが多い。➡ 株式持ち合い，リスク

メセナ mécénat 企業による芸術や文化の支援活動のこと。ローマ皇帝アウグストゥスの家臣Maecenasが，芸術文化を支援したことに由来する。企業によるフィランソロピーの一部分と考えられている。その内容は，コンサートホールや劇場等文化施設の建設や運営，福祉財団の設立，教育・文化に関連した競技会の開催等多岐にわたる。メセナの精神は，高度成長期に企業が引き起こした公害への反省から，環境改善への取組み，社会への貢献という潮流から生まれたが，近年ではより積極的に，企業の社会的責任であるとの見方もなされるようになった。これに対応し，企業に資金を提供す

る投資家の側にも，社会的責任投資（socially responsible investment: SRI）の考え方が生まれている。SRIでは，投資先の決定は企業の業績だけではなく，環境問題，企業内での女性の地位向上，教育・文化への取組み等をも考慮に入れ投資企業の選択を行うことになる。メセナを実施することで，企業の知名度・イメージの向上，消費者との新しい接触機会の増加等による中長期的な利益が期待できる。

メツラーの逆説 Metzler paradox　関税が輸入財の国内相対価格の下落を招き，国内産業を保護する目的と逆の結果をもたらす場合のこと。メツラー（Metzler, L. A.）によって指摘された。国際価格に影響力を持つ大国のケースでは，関税の賦課によって，自国の輸入財の国際相対価格が大幅に低下するために，輸入財の国内相対価格まで下がってしまう可能性がある。この場合には，関税は国内の輸入競争産業を保護するどころか，かえって傷つけてしまうことになる。理論的には，外国の輸入需要の価格弾力性が十分に小さければ，この逆説は起こりうる。➡ 関税

メニューコスト menu costs　企業の価格変更に伴い発生する費用のこと。名目賃金率，価格の下方硬直性を先験的に仮定してきた伝統的なマクロ経済学，ケインズ経済学の今日における理論的課題はこれらを合理的な消費者，生産者の最適化行動から説明することである。この課題に対する1つのアイデアとして1980年代にマンキュー（Mankiw, N. G.）によって提唱されたのがメニューコストである。レストランは価格を変更する場合，メニューの書き換えとそれに伴う費用負担が必要になる。これに象徴されるようにあらゆる価格の変更には企業にとり様々な情報コスト，営業コストが生じ，これらをメニューコストと総称する。このとき企業があえて価格の変更を行うのはその利益がメニューコストを上回る場合に限られ，価格変化はそれだけ抑制される。メニューコストを価格の需給調整力の低下要因と見なす立場である。➡ ケインズ経済学，賃金の下方硬直性

メルコスール Mercosur　南米南部共同市場のこと。アルゼンチン，ブラジル，パラグアイおよびウルグアイの4カ国による関税同盟として，1995年1月1日に発足した。現在では，これらの4カ国にベネズエラを加えた5カ国が正式加盟国となっており，チリ，ボリビア，ペルー，エクアドル，コロンビアの5カ国が準加盟国となっている。共同市場の目的としては，共同市場域内での関税および非関税障壁の撤廃により財・サービス・生産要素の自由な移動を保障すること，共同市場外の貿易にかかる共通関税，共通貿易政策などの，共同市場としての協調を図ること，共同市場内のマクロ経済政策面における協調を図ること，そして法制度の調和を図ることにある。➡ 地域経済統合，非関税障壁

メンガー Menger, Carl (1840〜1921)　オーストリアの経済学者。近代経済学の出発点をなすジェヴォンズ（Jevons, W. S.），ワルラス（Warlas, M.-E. L.）と並ぶ限界革命の担い手の1人で，またオーストリア学派の創始者でもある。供給サイドから投下された生産費，とくに労働を中心に価値を説明するイギリス古典派経済学に対して，主観価値論にもとづく限界効用概念を提唱した。この根底には，民族間問題でモザイク的な様相を呈していた当時のオーストリアにおいて，複雑な経済・社会をより単純な要素に還元して，説明しようとする個人主義があった。欲望とそれを満たす財の希少性，この間の因果関係の認識が中心となった。メンガーは，ジェヴォンズやワルラスとは異なり，数理分析を用いず，財と価値の因果論的な主観価値論を起点にして，交換

論,価格論,貨幣論を展開した。その過程で考察された諸問題は,今日の経済学を支える基礎となった。主著『国民経済学原理』(*Grundsätze der Volkswirtschaftslehre*, 1871) への膨大な書込みによって,『一般理論経済学』への大規模な書き換えが企図されたが,完成に至らなかった。➡ イギリス古典派経済学,オーストリア学派,限界革命

モーゲージ金融 mortgage finance
モーゲージとは,住宅用や商業用の不動産を担保とする貸付債権を有価証券化したもの。アメリカでは古くからモーゲージ金融の市場が発達して,金融市場の一角を形成してきた。すなわち,アメリカでは商業銀行や貯蓄貸付組合・生命保険会社・モーゲージ会社などの不動産担保貸付を行った各種機関は,不動産購入者が発行した証書類(モーゲージ)を集めて,それを裏付けに新たな証券(モーゲージ関連証券)を発行したり,モーゲージそのものを投資家に売却したりして,貸付資金を回収する。特に,貯蓄貸付組合などの貯蓄金融機関はこれによってその保有する貸付債権の流動化を大きく進めてきた。

こうしたモーゲージ金融の発展には,①FHA(連邦住宅局)やVA(復員軍人局)などといった政府のモーゲージ保証・保険機関によって住宅購入者の弁済を保証・保険する制度が完備されていること,②モーゲージの流動性を高めたり住宅資金供給の円滑化を図ることをねらって,FNMA(連邦抵当金庫)やGNMA(政府抵当金庫)などによるオペレーションが行われて,モーゲージの制度的流動化が図られてきたこと,などがその背景にあるといえる。

日本では,(旧)住宅金融公庫が2003年度から民間住宅ローンの証券化を開始した。住宅金融公庫は2007年度に廃止されたが,証券化業務は新設された独立行政法人住宅金融支援機構に受け継がれた。
➡ 証券化

目標レート圏 target rate zone
☞ ターゲット・ゾーン

模索過程 tâtonnement process 完全競争市場での需要と供給を調整し,均衡価格にいたる価格調整過程のこと。ワルラス (Walras, M.-E. L.) の考え方をいう。市場で超過需要が発生すれば,売り手が値上げを要求し,買い手は購入できないことを恐れて応じるため,価格が上昇して需給のギャップが解消される。しかし,このような行動は,売り手も買い手もプライス・テイカーであるという完全競争の仮定と矛盾する。そこでワルラスは,売り手と買い手に加えて,競売人 (auctioneer) という価格調整役を登場させて,完全競争の仮定との整合性を図った。競売人はまず適当な価格を提示する。その価格で売り手と買い手がそれぞれ供給量と需要量を報告し,競売人がこれを突き合わせて超過供給(超過需要)であれば価格を引き下げて(上げて)再提示する。競売人は需要と供給が一致するまで,このような価格の調整を行い,均衡価格が決まったところで実際に取引が行われる。このように均衡価格に至る試行錯誤の過程を,ワルラスの模索過程,あるいは単に模索過程という。➡ 完全競争,プ

ライス・テイカー，ワルラス

持株会社 holding company　　株式所有を通して他企業を所有，傘下におき，経営支配による収益を目的とする会社のこと。傘下企業の所有，経営のみを行う純粋持株会社，独自の事業を一方で行いつつ，傘下企業の所有，経営を同時に行う事業持株会社がある。事業持株会社で特に銀行等金融機関を擁するものを金融持株会社という。わが国では戦後の財閥解体以降，独占禁止法により，純粋持株会社や金融持株会社の設立を禁止してきたが，前者は1997年12月，後者は1983年3月にそれぞれ解禁，以後設立が活発化している。個々の傘下企業は比較的狭い領域の専門事業に特化して事業戦略，収益管理を行う一方，持株会社は個々の事業評価とそれに基づく経営資源の最適配分など傘下企業グループ全体としての効率的経営戦略を統括する。それによって多角経営の収益性と事業部門ごとの効率経営を同時に追求することをねらいとしている。➡ 株式会社，独占禁止法

モディリアーニ Modigliani, Franco (1918〜2003)　　アメリカの経済学者。イタリアのローマで生まれる。イリノイ大学，カーネギー工科大学，ノースウェスタン大学などの教授を歴任した後，1962年からMITの教授（後に名誉教授）となり，1985年にはノーベル賞を受賞した。戦後のマクロ経済学の発展に，理論分析とマクロ計量モデルの構築の両面から多大な貢献をした。その中でも，特に著名な業績の1つは「ライフサイクル仮説」であり，消費者の貯蓄および消費に関する生涯の行動から導かれる，新しい消費関数理論を打ち立てた。またそれと並ぶもう1つの著名な業績は，1950年代の半ば以降にミラー（Miller, M. H.）と共同で行った企業金融に関する研究である。中でも「モディリアーニ＝ミラーの定理」が有名である。これは法人税が存在しないなど，いくつかの条件の下では，企業の資金調達が株式，社債，転換社債などのいずれで行われようとも，企業価値には変わりがないと主張し，それまでの定説を根本から覆した。➡ ライフサイクル仮説

モラトリアム moratorium　　支払猶予。手形決済，預金の払い戻しを一定期間停止することを指すことが多い。資金繰りに困窮した銀行に資金調達の準備期間を与えたり，預金者の動揺を沈静化し，取り付けを防いだりする効果があると考えられる。1927年昭和金融恐慌の際は，全銀行に対して3週間のモラトリアムが実施された。1998年には，ロシアが自国銀行の外国債権者向け債務についてモラトリアムを実施した。また国家等が債務の支払を一時延期することもモラトリアムと呼ばれる。2001年にはアルゼンチンがモラトリアムを宣言した。金融以外に，学生が社会に出て働くことを猶予された状態をさすこともある。

モラルハザード moral hazard　　ある目的を達成するために交わされる契約が，情報の非対称性があるために，契約の後にその当事者が自らの努力を怠り，社会的な（あるいは倫理的な）観点から望ましくない行動をとることで，その本来の目的が達成されなくなる現象のこと。このような問題を解決するために，当事者にインセンティブあるいは罰則を与える，あるいは当事者を監視（モニタリング）するという手段がとられることがある。

　モラルハザードの代表的な例としては，自動車保険のケースが考えられる。自動車保険は交通事故による損害を補償するために，保険会社と被保険者との間で契約が交わされるものである。しかし，その保険の契約があるがゆえに，かえってその被保険者が安全な運転を怠るようになり，結果として交通事故が増加して

しまう。これを解決する手段としては、被保険者が無事故を達成した場合に保険料を割り引くなどのインセンティブを与えることや、被保険者が事故防止に払っている努力を、保険会社がアンケート調査を行うことにより監視をすることなどが考えられる。

また、モラルハザードの問題は、上のような保険に関するものだけでなく、他にも広く見ることができ、それを防止する仕組みもできている。例えば、依頼人が弁護士などと結ぶ成功報酬型の契約および雇用主が労働者に支払う出来高給や賞与といった賃金制度は、弁護士や労働者が誠実な行動をとるようにするインセンティブを与えることとなり、モラルハザードを抑止すると考えられる。➡情報の非対称性

ヤードスティック規制 yardstick regulation 当該事業者の情報でなく，同業他業者の原価に関する情報を指標（ヤードスティック）にして料金決定に反映させる方式。事業者の非効率を是正するための規制である。伝統的な公共料金の規制策である総括原価方式は，適正原価に関する情報の非対称性の存在や事業者に効率化を促す仕組みを持たない欠点がある。それに対しヤードスティック規制の下では，事業者には自らの原価を高めに報告するインセンティブは働かず，逆に同業他事業者以上の経営努力によって費用節減が実現すれば，利潤が増加するというインセンティブが組み込まれているため，事業者の効率性の向上を促すことになる。しかし，ヤードスティック規制が効果的であるには，比較対象となる複数事業者が存在し，かつそれらの費用条件や需要条件がほぼ同じであることが必要とされる。鉄道，バス，タクシーに用いられており，近年では電気料金，ガス料金でも導入されることになった。➡ 総括原価方式

有意水準 level of significance
☞ 仮説検定

有価証券 negotiable securities, negotiable instrument, valuable papers, valuable instrument 財産権を表す証券。有価証券は，貨幣に対する請求権を表す貨幣証券（手形，小切手等），財貨に対する権利を表す商品証券（船荷証券，倉庫証券等），および投資からの収益等に関する権利を表す資本証券（株券，債券等）に大別できる。日常生活，また証券取引においては，資本証券のみを指して有価証券と呼ぶことも多い。また企業会計上は，原則として金融商品取引法で定義されたものとそれ以外の一部の証券（国内CD等）を指す。➡ 金融商品取引法，CD

有期雇用 fixed-term employment 雇用期間を定めて労働契約を結ぶこと。契約できる期間は，労働基準法により，2003年の改正以後，最長3年，ただし高度の専門知識を有するもの，あるいは満60歳以上のものについては最長5年となった。契約期間満了後の雇用の解消は普通認められるが，持続的な内容の職務につき，契約期間満了後の再契約を繰り返していたような場合は雇用解消が認められないことがある。なお正社員は雇用期間の定めのない契約となる。

有効求人倍率 ratio of registered job openings to registered job applicants 労

働の需給バランスの変化を示す代表的な経済変数の1つで，次式で算定される。

$$有効求人倍率 = \frac{有効求人数}{有効求職者数}$$

ここでの有効とは，公共職業安定所（通称：ハローワーク）に登録された数を指している。わが国では，失業率よりもよく利用される。しかし，求人と求職者双方とも公共職業安定所の利用率はあまり高いものではなく，また求人側の利用率の方が求職者側の利用率よりも低い傾向がある。この他に労働の需給バランスの変化を見るのによく用いられる指標としては，欠員率（欠員数を，欠員数と雇用者数の和で割ったもの），稼働率指数，労働時間，残業時間などがあり，これらの労働需給バランス指標は，いずれも失業率の変動に関する重要な説明要因であると考えられている。なお有効求人倍率には年齢間格差があるため，高齢化の進展とそれに伴う高齢求職者の比重の増大は，有効求人倍率を低下させる可能性がある。

有効競争 effective competition　競争者が多数ではない想定の下で社会的に望ましい経済的成果をもたらす競争状態のこと。1940年にクラーク（Clark, J. M.）が提唱した競争概念である。それまでは完全競争市場が政策の規範として理想的であると考えられていたが，供給者・需要者が無数で完全競争が行われる市場は現実には存在しないため，それに代わるより現実的・効果的規範として考案されたものである。有効競争は，市場における競争企業がそれほど多くないという現実的な想定の下であっても，競争が有効であれば市場成果は良好であると考える。有効競争であるかどうかを測る基準の1つに市場成果の基準があるが，それは，①技術進歩が実現されているか，②コスト・価格を引き下げる競争圧力があるか，③産業内の生産規模は適正か，④過剰能力が生じていないか，⑤広告などの販売費用に資源が過度に使われていないか，のこれら5つの基準が挙げられている。➡ 完全競争

有効需要の原理 principle of effective demand　一国の総雇用量は総産出量に応じて決まり，総産出量は総需要量によって決まる，つまり総雇用量を決めるのは総需要量であるとする考え方。ケインズ（Keynes, J. M.）によって提唱され，流動性選好理論とともにケインズ経済学の中核的な理論であり，その後のマクロ経済学展開の出発点となった。総需要は民間部門の消費需要と投資需要，政府部門の財政需要，外国部門の純輸出需要の4要因からなる。働く意思と能力を持ち，現行賃金を受け入れているにもかかわらず雇用されない非自発的失業が蔓延する状態は有効需要の不足によるもので，政府支出の拡大でその不足を埋める財政政策による失業解消の可能性がケインズによって指摘された。雇用水準の決定を労働市場における賃金調整つまり価格調整ではなく総産出量，総需要量といったマクロ経済変数による数量調整を通じて説明した点に革命的な新しさが認められる。➡ 完全雇用

有効保護理論 theory of effective protection　国際間で，最終財及び中間財が取引される場合に，両財への輸入関税賦課が国内総生産と資源配分にどのような効果をもたらすかを分析する理論。ある財の生産に中間財が用いられるとすれば，最終財および中間財への関税賦課はその財の付加価値を変化させる。付加価値はその財の生産に用いられた本源的生産要素への分配分であることに注意すれば，これを増加させることこそがその産業の保護を意味するはずである。そこで考えられたのが有効保護率という保護指標である。有効保護率は，最終財1単位当たりの付加価値（これを有効価格とい

優先株 preferred stock　株式の中でも，普通株式より優先して配当や残余財産を受け取る権利のある株式のこと。普通株式と異なり，優先株の株主は株主総会での議決権がないことが多い。そのため，経営者側には株主の経営への介入を防ぎながら資金を調達できるメリットがある。早期健全化法に基づく銀行への公的資金注入の多くは，対象銀行が発行した転換権付優先株や，優先株への転換権付劣後債を，預金保険機構が整理回収機構を通じて引き受ける形で行われた。この優先株は，発行銀行の経営が悪化した場合や優先株への配当が不可能になった場合などに普通株式に転換でき，預金保険機構が株主としての権利を行使して銀行経営に介入することが可能になっている。➡ 公的資金注入，預金保険制度

有担保原則 secured loan principle　金融取引において，債権者が担保を提出することを原則とする考え方。コール市場では，1920年代の金融恐慌時にコール取引のデフォルトが発生したことなどを教訓に，有担保取引が原則となったが，1985年に無担保コール市場が創設され，その規模は拡大している。また社債発行においても有担保が原則とされたが，1970年代からは無担保社債も発行されるようになった。融資においては，邦銀が不動産担保等の担保を重視してきたことを指して有担保原則と呼ぶ。有担保原則は，債務不履行(デフォルト)による混乱を抑え，銀行経営や金融市場の安定性に貢献した側面も否定できないが，一方で邦銀が担保に過度に依存して，融資先の返済能力を審査する能力を向上させる努力を怠ってきた，また自由な金融市場の発展に妨げとなったなどの批判もある。➡ デフォルト

ゆうちょ銀行 Japan Post Bank　日本郵政公社が2007年10月に持株会社(日本郵政株式会社)と4つの事業会社(ゆうちょ銀行，郵便局，郵政事業，かんぽ生命保険)に分割・民営化された際に発足した。旧郵政公社が行っていた業務のうち，郵便貯金事業を担当する事業会社である。窓口業務の大半を郵便局会社に委託しているが，一部では直営店によるサービス提供も行っている。郵便貯金には政府保証があるため民間銀行より有利であり，民業圧迫と批判されたが，ゆうちょ銀行は民間銀行同様預金保険に加入し，保険料を支払っている。なお，2012年10月には郵便局株式会社が郵便事業株式会社を吸収合併して日本郵便株式会社となった。➡ 民営化，預金保険制度

尤度関数 likelihood function
☞ 最尤法

尤度比検定 likelihood ration test
☞ 最尤法

誘発投資 induced investment　需要や産出水準といった他の内生変数の変化により説明される投資のこと。これに対し，例えば技術革新，長期的な期待の変化，政治的な決定など，経済にとっては外生的に与えられる変数により決定される投資を独立投資と呼ぶ。特定の投資が誘発投資であるか独立投資であるか先験的に分類することはむずかしい。どのような経済モデルを想定するかにより異なってくる。一般的には，設備投資や在庫投資は誘発投資として，公共投資は独立投資として扱われることが多い。

ユーロ Euro　EUが1999年に導入した欧州単一通貨の呼称。通貨統合には，EU加盟15カ国のうち当初はデンマーク，スウェーデン，イギリス，ギリシャ以外の11カ国が参加し，後にギリシャが加わった。その後スロベニア，キプロス，マルタ，エストニア，ラトビア，リトアニア，スロバキアもユーロを導入した。通貨統合によってユーロは参加各国の法定通貨となった。通貨統合当初は従来の各

国通貨がそのまま流通し、ユーロに対する換算率が定められていた。しかし2002年にはユーロ貨幣の流通が始まり、従来の各国通貨と置き換えられた。イギリス、デンマーク、スウェーデンの3カ国は、通貨統合に反対する意見もあり、現在統合には参加していない。通貨統合に際して、各国の経済状況を一定範囲内に揃えるため、マーストリヒト条約により、財政赤字の対GDP比が3％以下、政府債務の対GDP比が60％以下などの通貨統合への参加条件が決められている。なお、ユーロの導入により、新たに欧州中央銀行 (European Central Bank：ECB) が設立され、参加各国の中央銀行とともに欧州中央銀行制度 (ESCB) を形成している。
➡欧州中央銀行

ユーロ・カレンシー euro-currency 一般に、ユーロ市場と呼ばれる、通貨を発行している自国外に存在する通貨の市場において取引されている、自国通貨のこと。ここでいう自国がアメリカであった場合には、これをユーロ・ダラーと呼び、また日本であった場合にはユーロ・円と呼ばれる。本来はヨーロッパを中心に取引された米ドルのことを指していたが、現在では全くこの意味はない。

輸出インフレーション export inflation 需要の増大が原因となって起こるディマンド・プル・インフレーションの1種であり、いくつかある有効需要の項目のうちで、輸出の増大により生じるインフレのこと。自国の輸出財に対する外国からの需要が急に増大したような場合、生産調整には時間がかかるため、これに対して国内での供給はすぐに応じられない。このようなときには、財市場で需給関係が逼迫する結果インフレが発生する。あるいは固定為替レート制度の下では、輸出の増大が外貨準備の増大をもたらすために貨幣供給量も増大し、その結果インフレが生じるような場合もこれに含められる。➡ディマンド・プル・インフレーション

輸出関数 export function 開放経済におけるマクロ財市場均衡を考える際の、輸出と他の経済変数との関係を表した関数。同様に輸入に関するものは輸入関数と呼ばれる。輸出を定数とする以外で一番単純な輸出関数の形の1つは、輸出EXが外国の国民所得あるいは国内総生産Y_fにのみ依存するという$EX=EX(Y_f)$ (ただし$EX'(Y_f)>0$) である。それに実質為替レート、e (自国通貨建)、を考慮した場合の輸出関数は$EX=EX(Y_f, e)$ (ただし$\partial EX/\partial Y_f>0$, $\partial EX/\partial e>0$) と表すことができる。同様に、輸入関数については、その一番単純な形は輸入IMが自国の国民所得あるいは国内総生産Yのみに依存すると想定する。$IM=IM(Y)$ (ただし$IM'(Y)>0$) であり、またそれに実質為替レートを考慮すると$IM=IM(Y, e)$ (ただし$\partial IM/\partial Y>0$, $\partial IM/\partial e<0$) と表すことができる。

輸出関税 export duties 輸出品に対して課される関税のこと。輸出税ともいう。輸出品に関税を課すと、輸出者にとって不利になるため、先進国では輸出関税は採用されていない。開発途上国では、輸出関税を課しているところがある。そのような国では、国庫財源が乏しいので、財政収入の確保を目的として、徴税の容易な輸出税を課しているのである。これに対して、輸入品に対して課される関税を、輸入関税あるいは輸入税という。先進国では、輸出関税が課されることはないので、関税といえば輸入関税と考えてよい。➡関税

輸出志向型工業化 export-oriented industrialization 工業製品の輸出により工業化を図ること。輸出志向型工業化の長所としては、国際市場での競争を通じて、企業や産業の効率性を向上させたり、国際水準の技術の習得を促したりするこ

と，輸出によって市場が拡大し，規模の経済を享受できること，輸出の拡大により国際収支の制約が緩和され，生産に必要な原材料や資本財の輸入を容易にすること，などがある。一方，短所としては，海外の政治情勢や保護主義などの影響を受けやすいことが挙げられる。輸出志向型工業化では，輸出産業に不利な輸入代替産業に対する保護政策を撤廃して，貿易・為替政策を中立化するにとどまらず，輸出補助金，輸出産業優遇税制などの輸出促進政策を含む場合もある。アジアNIEsは，1960年代に輸入代替型工業化から輸出志向型工業化へ政策転換を行い，経済成長を達成した。また，インドでは輸出志向型産業についての外資出資比率規制が緩和されたり，バングラデシュでは法人税免除などの優遇措置がとられている。➡規模の経済性，国際収支，輸入代替

輸出自主規制 voluntary export restraint 相手国の輸入制限などを回避するため，輸出国側が輸出数量や価格などを自主的に規制すること。日本では，繊維，鉄鋼，カラーテレビ，自動車などの対米輸出において，輸出入取引法に基づいて実施された。輸出自主規制には次のような問題点がある。輸出自主規制はカルテル効果を持つ。例えば，日本の自動車の対米輸出自主規制で考えよう。日本のメーカーが輸出自主規制をしている場合，米国のメーカーは日本車の輸出増を心配することなく，価格を引き上げることができる。米国メーカーの価格上昇によって日本車へ需要がシフトしても，日本車の輸出の上限が決まっているので，日本車の価格が高くなるだけである。日本のメーカーも，米国メーカーが価格を引き上げれば，自らの価格を引き上げることができる。輸出自主規制の下では，米国メーカー，日本メーカーともに価格を引き上げる誘因を持ち，価格が大幅に上昇することになる。よって，米国メーカーだけでなく，日本のメーカーも利益を得るが，米国の消費者は損失を被る。輸出自主規制は，いったん導入されると，長期化する傾向にあり，構造調整を遅らせる。特定国への措置はGATTの無差別原則に反し，また政治力の強い国が優位となる2国間主義を蔓延させる。➡輸入制限

輸出乗数 export multiplier ☞ 貿易乗数

輸出ドライブ export drive 国内需要の低迷を背景に企業が輸出の増大に駆り立てられること。国内経済が超過供給の状態になったとき，企業は設備の稼働率の低下を防ぐ，あるいは在庫の削減を図るため，価格を下げるなどの手段で海外での需要を引き出そうとする。また，工業化を進める過程にある国が，その牽引役を輸出に求める場合にもいうことがある。

輸出・輸入 export・import 自国から他国への国境を越えた販売に伴う財貨，サービス等の移送を輸出，逆の自国の他国からの購入に伴う移送を輸入という。ふつう，輸出・輸入には代価の支払が伴うが，これを伴わない贈与等移転による財貨，サービス等の移送も輸出・輸入に含まれる。また国際資本移動において，自国の対外投資を資本輸出，外国の自国への対内投資を資本輸入ということもある。

輸出・輸入の価格弾力性 price elasticity of export and import 輸出入価格が変化するとき，輸出入量がどれだけ変化するかを示したもの。輸出をX，輸入をM，輸出財の価格をP_X，輸入財の価格をP_M，輸出入財の相対価格を$q=P_M/P_X$とし，輸出，輸入，相対価格の変化分をそれぞれΔX，ΔM，Δqとすると，次のように表される。

輸出の価格弾力性η_X

$$= (\Delta X/X)/(\Delta q/q)$$
輸入の価格弾力性 η_M
$$= -(\Delta M/M)/(\Delta q/q)$$

ユニオン・ショップ union shop
役員や人事権を持つ労働者等，労働組合法第2条に指定されている労働者以外はすべて組合員でなければならないとする制度。労使の協定により，組合を除名された者や脱退した者は解雇できること等を取り決めている。このような協定は解雇に関する合理的理由として認められているが，別組合に加入した，あるいは別組合を結成し加入した労働者を解雇することはできない。ユニオン・ショップ制以外にも，組合加入が自由なオープン・ショップ制がある。また，特定の組合に所属している者のみを雇用することを取り決めたクローズド・ショップ制という形態もあるが，これは職業別組合でなく企業別組合が発達した日本においては一般的でない。個々の職場がどの制度を採用するかは労使の協定によって定められる。

ユニバーサル・サービス universal service 誰でも，どこに住んでいても受けられるべき普遍的なサービスのこと。通常，ユニバーサル・サービスとは，①国民生活に不可欠なサービス，②誰もが利用可能な料金，③公平に供給されるべきサービスと定義される。電気，ガス，電気通信，郵便，水道，鉄道等がユニバーサル・サービスの事例である。ユニバーサル・サービスはこれまで，国営あるいは公的独占の形で供給されてきた。独占事業体では，サービス間での内部相互補助により，均一料金が維持されてきた。しかし，公的独占の民営化と参入規制の撤廃，それによる市場競争の結果，ユニバーサル・サービスの確保が困難になるケースが生まれている。ユニバーサル・サービスの確保のために，ユニバーサル基金方式やバウチャー方式等が検討され実施に移されている。例えば，電話では基金方式がとられ，ユーザー料金の中に含まれるユニバーサル・サービス料金が基金の原資となっている。➡地域独占，独占，バウチャー方式

ユニバーサル・バンキング universal banking 銀行業務以外に，証券業務や投資銀行業務など，様々な金融業務を銀行が併営すること，もしくはそれを容認する考え方。ドイツ，スイス，フランスなどの大陸欧州諸国がこの考え方を採用する。アメリカや日本などでは，ユニバーサル・バンキングとは反対に，業務分野規制を採用し，各金融機関の業務範囲を制限してきた。アメリカでは，大恐慌の教訓を背景に1933年に制定されたグラス＝スティーガル法，日本では金融商品取引法第33条（金融機関の有価証券関連業の禁止等）がその根拠となっている。しかし，1993年以降，日本では子会社方式により銀行・証券会社の相互参入が可能になり，またアメリカでも1999年にグラス＝スティーガル法が改正され，金融持株会社や子会社の設立により銀行と証券会社の系列化が可能になった。➡金融商品取引法，グラス＝スティーガル法，系列

輸入インフレーション imported inflation 外国で発生したインフレーションが貿易・資本取引などを通じて国内のインフレーションを引き起こすこと。最も代表的な例としては，国内での生産に利用される輸入原材料の価格高騰が，国内生産物価格に転嫁される場合である。この例において，原材料価格の動きに注目する場合には，コスト・プッシュ・インフレーションとも呼ばれる。また，海外で超過需要が発生することで国際価格が上昇し，国内に波及する場合もある。なお，国内での超過需要の発生によるインフレーションは，ディマンドシフト・インフレーションと呼ばれる。➡インフ

レーション

輸入課徴金 import surcharge　輸入を抑制するため、輸入品に対して、関税のほかに課せられる特別の税金のこと。ウルグアイ・ラウンド以前の1970年代から1980年代にかけてEC（現EU）は、共通農業政策により、域外からの輸入農産物価格があらかじめ決められた域内価格より低い場合、その差額を輸入課徴金として徴収する制度をとっていた。アメリカは1971年8月から12月末にかけて、国際収支の不均衡是正のため、輸入品に10％の課徴金を賦課した。➡関税、国際収支

輸入関数 import function　☞　輸出関数

輸入乗数 import multiplier　☞　貿易乗数

輸入制限 import restrictions　外国からの財貨の輸入を一定の数量または金額以内に制限すること。数量割当によって直接的に輸入を制限する場合と、関税によって間接的に輸入を制限する場合がある。関税や数量割当が課されると、輸入量が低下し、国内価格が上昇する。このとき、国内生産が増加して生産者は利益を得るが、国内消費が減少して消費者は消費を削減せざるをえず損失を被る。関税の場合は輸入国政府が関税収入を得るが、数量割当の場合には輸入ライセンスの所有者が超過利潤（割当レント）を獲得する。国際価格に影響力を持つ大国の場合、輸入制限によって、自国の交易条件を改善させ、自国の経済厚生を高めることができても、他方では外国の交易条件を悪化させ、外国の経済厚生を低下させることになる。また、WTO協定では、国内産業保護手段として、数量制限が原則として禁止される一方、関税は認められている。これは、数量制限の場合には、政策の実施が恣意的で不透明になりがちであること、国際価格の変化や為替変動にかかわらず輸入量が一定に制限されること、などの理由による。➡関税、輸入割当制度

輸入性向 propensity to import　一国の国民所得または国内総生産（GDP）に占める輸入の割合のことで、輸入依存度や平均輸入性向ともいう。国民所得をY、輸入をIMとすると、輸入性向はIM/Yによって示される。輸入性向は、景気変動および産業構造の変化によって変わることになる。また、国民所得が1単位増加するとき、輸入が何単位増加するかを示したものを、限界輸入性向と呼ぶ。国民所得と輸入の増加分をそれぞれΔY、ΔIMとすると、限界輸入性向は$\Delta IM/\Delta Y$によって示される。国内総生産（あるいは国民所得）Yに対する輸出EXの割合を平均輸出性向あるいは輸出依存度と呼ぶ。EX/Yで表わされる。一国の経済がどれだけ輸出に依存しているかを示す指標である。➡GDP、貿易依存度

輸入代替 import substitution　輸入を国内生産に切り替えること。すべての後発国の工業化は、輸入代替から始まる。そして輸入代替の場合、少なくともはじめのうちは国内工業を保護する政策がとられる。関税や輸入数量制限などにより、海外からの工業製品の輸入を抑え、国内市場を国内企業に確保し、保護された国内市場のなかで国内企業による生産を促して、輸入を国内生産によって代替しながら工業化を進めていくことを、輸入代替工業化と呼ぶ。輸入代替工業化の長所としては、海外の情勢に依存しない工業化が達成できること、輸入を制限するため比較的容易に工業化をスタートできることなどがある。他方、短所としては、保護によって国際競争から遮断されるため、企業や産業の効率性や規律が損なわれること、多くの場合、いったん導入された保護規制を撤廃することが困難になること、国内市場が十分に大きくない場

合は，規模の経済を享受できないこと，などがある。第2次世界大戦後，多くの途上国で輸入代替工業化政策がとられたが，非効率的生産をもたらし，総じて失敗に終わったとされている。また，従来輸出されていた製品が，直接投資などにより輸出されなくなることを，輸出代替効果という。➡ 関税, 輸出志向型工業化, 輸入割当制度

輸入の所得弾力性 income elasticity of import　国民所得が1%変化するとき，輸入が何%変化するかを示したもの。国民所得をY, 輸入をIMとし，それぞれの変化分をΔY, ΔIMとすると，次のように表される。

$$\text{輸入の所得弾力性} = \frac{\text{輸入の変化率}}{\text{国民所得の変化率}}$$
$$= \frac{\Delta IM/IM}{\Delta Y/Y}$$
$$= \frac{\Delta IM/\Delta Y}{IM/Y}$$

したがって，輸入の所得弾力性は，限界輸入性向の平均輸入性向に対する比率としても示される。➡ 国民所得

輸入ユーザンス import usance　輸入金融の1つ。ユーザンスとは手形の満期期間あるいは支払猶予期間を意味し，輸入ユーザンスとは輸入貨物の代金支払に関して輸入業者側が一定期間の猶予を受ける制度のことをいう。また，ユーザンスは猶予を与える主体により2種類に分けられ，1つは邦銀，外銀もしくは海外にある邦銀の支店が与える銀行ユーザンスであり，もう1つは輸出業者が与えるシッパーズ・ユーザンスである。

輸入割当制度 import quota system　特定の品目について一定期間内に輸入できる総枠を国内需要などに基づいて設定し，一定の要件を備えたものに対して一定の輸入数量または輸入金額を割り当て，この輸入割当を受けていなければ輸入承認が受けられない制度。輸入クオータ制，輸入数量割当制，IQ制ともいう。輸入割当の対象品目は，輸入公表のネガティブ・リストに列記されているIQ（輸入割当）品目で，非自由化品目と，ワシントン条約に定める動植物ならびにその派生物，およびモントリオール議定書に定める規制物質である。このうち非自由化品目は，国内産業を保護するために設けられている。小国にとっての輸入割当の効果は，次のようになる。輸入割当が実施されると，輸入量が制限されるため，国内価格が引き上げられる。このとき，国内消費は減少し，国内生産は増加する。また，輸入枠を持った業者は，海外で安く仕入れた商品を高い国内価格で販売することから，超過利潤（割当レント）を獲得する。そこで，輸入割当の場合には，割当レントを求めた非生産的な政治活動（レント・シーキング）が盛んになり，資源が浪費される傾向がある。➡ レント・シーキング

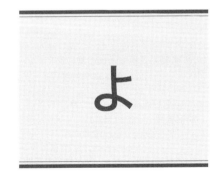

要素価格均等化定理 factor price equalization theorem　貿易によって財の価格が国際間で均等化するとき，各国の生産要素の価格も均等化するという命題。各国の生産要素賦存量の違いが各国の生産要素価格の違いに現れ，それが各国間の財の価格差を生み出して，貿易の原因

となっている。貿易が行われて、財の価格差が縮小していくと、財の価格差の原因となっていた生産要素の価格差も縮小していくことになる。生産要素が国際間で移動しなくても、貿易を行うことによって、財の価格が国際間で完全に均等化するならば、生産要素の価格も国際間で完全に均等化するのである。2国、2財、2要素のモデルにおいて、この定理が成立するためには、両財の生産関数は両国に共通で、規模に関して収穫一定であること、要素集約度の逆転が起こらないこと、両国が不完全特化していること、などの条件が必要である。

要素費用表示 at factor cost　生産要素に要する費用をもとに算出した指標。財・サービスの生産に寄与した生産要素に要する費用が要素費用（あるいはこれを受け取る側から見れば要素所得になる）であるが、国民所得を求める際にこの要素費用（あるいは要素所得）を合計することによって得られるものが、要素費用表示の国民所得である。国民総生産や国内総生産はもともと市場価格表示であるために、間接税を含んでいるが補助金を含まないものとなっているのに対し、要素費用表示の国民所得の場合には、間接税を含まないが、補助金を含んでいるため、各生産要素が受け取る所得の合計に直接に対応している。➡ 国民所得

幼稚産業 infant industry　その国において誕生後間のない産業のこと。人間のライフサイクルにたとえて産業のライフサイクルを考えると、幼年期、成長期、壮年期、衰退期などを考えることができる。一般的には、先進国ですでに成長期あるいは壮年期を迎えている産業が、それからやや遅れて発展途上国で成長期を迎えようとしている産業の局面を指す。幼児が成長するために親の保護を必要とするのと同様、民間部門の独力では国際競争力に乏しく、将来の成長のためには当該国内産業への租税の減免、輸出促進政策などの措置や、輸入関税や輸入割当などの輸入規制を講じるなど、政府の保護を必要とする、という意味が含まれている。➡ 関税, 国際競争力, 発展途上国, 輸入割当制度

預金 deposit　銀行が発行する債務の1つ。要求払い預金と定期性預金に大別される。要求払い預金とは、当座預金、普通預金、通知預金、別段預金など、預金者の求めに応じて銀行がいつでも払戻しに応じる義務がある預金を指し、その多くは決済手段として用いることが可能である。定期性預金は、あらかじめ定められた期限が到来するまで払戻し要求ができない預金を指す。しかし、実際には約束された利子の全部、あるいは一部を放棄することによって、満期到来前であっても払戻しが可能であることがほとんどである。預金を他人に譲渡することは原則として不可能であるが、特に譲渡可能である預金は譲渡性預金（CD）と呼ばれる。なお、農漁協およびゆうちょ銀行については、預金ではなく貯金と呼ばれるが、商品内容に大差はない。➡ CD

預金保険制度 deposit insurance system　銀行から保険料を徴収し、銀行破綻時に預金者に対して預金の払戻しを保証する制度。大恐慌の経験から1933年に米国で連邦預金保険公社FDIC (Federal Deposit Insurance Corporation) が発足したのが最初である。日本では1971年に預金保険機構が発足した。預金保険機構は、破綻銀行の預金者に直接預金を払い戻す（ペイオフ）こともできるが、破綻銀行を買収する銀行に対してペイオフ・コストを上限に資金援助を行うこともできる。また農漁協の貯金に対しては、農水産業協同組合貯金保険機構が同様の貯金保険制度を運営している。➡ ペイオフ

欲望の二重の一致 double coincidence of wants　☞　物々交換

予算科目 financial subsection　予算区分のこと。歳入予算は、部、款、項、目に区分され、歳出予算は、項、目に区分される。予算科目のうち国会の議決の対象となる予算科目を議定科目という。歳入予算においては、部、款、項までが、歳出予算および継続費においては項までが議定科目である。議定科目以外の予算科目を行政科目という。

予算制度 budget system　国あるいは地方自治体において、狭義には、予算の編成・執行に関する仕組みおよび取決めのこと。財源の調達部分である租税制度や収入・支出の管理部分である会計制度とは区別され、より包括的で財政運営の中心部分を形成している。予算制度を位置づけている基本法は憲法、財政法である。予算制度は、予算の内容、予算の編成、国会での承認、予算の執行などから構成される。広義には、予算実行の結果である決算も予算制度に含まれる。予算原則の主なものは、単年度主義、財政民主主義、国会議決主義、事前議決の原則、総計予算主義、公開性の原則、分科の原則などである。なお予算編成権は内閣にのみある。 ➡ 会計年度、決算、公開性の原則、総計予算主義

予算制約式 budget constraint equation　消費者にとって購入可能な財の集合を規定する算式。ある一定の所得 I を持ち、これをすべて2種類の財 x_1, x_2 の購入に当てるとする。財 x_1, x_2 の価格を p_1, p_2 とすれば、消費者の購入可能額は、第1財への支出額と第2財への支出額の合計が所得額に等しくなるところまでである。すなわち次のような予算制約式が成り立つ。

$I = p_1 x_1 + p_2 x_2$

ここで各財の価格は所与である。予算制約式は各財の購入量を変数とする方程式になり、予算方程式とも呼ばれる。各財の数量を縦軸と横軸にとった座標平面に予算制約式を描いたものは、右下がりの直線となり、予算制約線と呼ばれる。

縦軸および横軸の切片は、それぞれの財のみの購入にすべての所得を支出したときの購入量を示す。また、直線の傾きの絶対値は、2財の価格比である相対価格になる。この他、消費者は労働を供給して所得を得る場合の予算制約式や、生涯所得の範囲内で生涯消費を計画する異時点にわたる予算制約式などが考えられる。

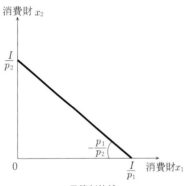

予算制約線

予備的動機 precautionary-motive　臨時・緊急の支出に備えるための貨幣保有動機。ケインズ (Keynes, J. M.) が取引動機、投機の動機とともに提唱した3つの貨幣保有(需要)動機の1つ。予想しない思いがけない支出が必要とされる場合がある。病気、怪我、災害あるいは思いがけない有利な取引などである。こうした臨時かつ緊急の支出に備えるために一定額の貨幣を保有することが必要になる。所得の大きな人ほど予備的動機に基づくこうした貨幣保有額は大きくなると考えられるので、所得の増加関数と想定される。なお今日の貨幣需要関数では、予備的動機に基づく貨幣需要は取引動機に含められるのが普通である。 ➡ 貨幣需要、投機的動機、取引動機

45°線モデル　45-degree line model
ケインズ（Keynes, J. M.）の有効需要の原理に基づくGDP決定の理論を簡明に示すべく，サミュエルソン（Samuelson, P. A.）によって開発されたモデル。資本市場，労働市場，外国部門を捨象し，GDPの決定を財市場の均衡として説明する。租税の存在しない最も簡単な45°線モデルは次の①〜④の4式で与えられる。

① $C = C_0 + c_1 Y$（消費関数）
② $I = I_0$（独立投資＝外生変数）
③ $G = G_0$（政府支出＝外生変数）
④ $Y^D = C + I + G$（総需要）
⑤ $Y = Y^S = Y^D$（有効需要の原理：総需要＝総供給）

ただし，Y はGDP，C_0 は独立消費，$0 < c_1 < 1$ である。

以上より均衡産出量は次式のようになる。

$$Y^* = \frac{1}{1-c_1}(C_0 + I_0 + G_0)$$

Y^* は安定的な財市場の均衡である。なお Y^* は労働市場の均衡とは無関係に決まってきていることに注意しなければならない。 ➡ 有効需要の原理

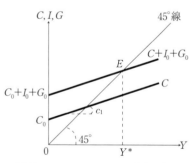

401k　401k plan　☞　確定給付型年金

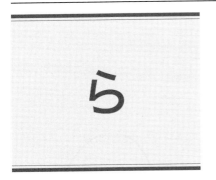

ライフサイクル仮説 life cycle hypothesis　個人にとっての消費や貯蓄がどのように決まるかを説明する理論の1つ。人は生まれてから死ぬまでに，就学・就職・結婚・出産・退職など一連のできごとを経験するが，これをライフサイクルという。この仮説はライフサイクルのパターンが，消費に影響を及ぼすという考え方に基づいており，若年期に消費を抑制し貯蓄を行い，退職後はその貯蓄を取り崩して消費に充当することになる。1950年代にモディリアーニ（Modigliani, F.）らによって研究が進められた。ライフサイクル仮説に基づく消費（貯蓄）行動の分析は，モディリアーニのノーベル経済学賞受賞理由の1つとなっている。所得を横軸に消費を縦軸にとったとき，両者の関係は，短期的には縦軸切片を持ち45度線よりも緩やかな勾配を持つ直線によって近似でき，長期的には短期的なそれよりも急勾配で原点を通る直線によって近似できることが知られている。ライフサイクル仮説に基づく消費関数はこの経験的事実を説明できるところに特徴がある。またライフサイクルを考慮に入れて消費を決定するという点からミクロ経済学的基礎を持つ消費決定モデルといわれる。➡恒常所得仮説，絶対所得仮説，相対所得仮説

LIBOR London Inter Bank Offered Rate　ロンドン市場における銀行間取引の貸し手金利。「らいぼー」と読む。英国銀行協会が，ロンドン時間午前11時時点で特定銀行（8行から16行であり，通貨によって行数・構成銀行が異なる）が提示した金利の平均値を集計して公表する。歴史・知名度・透明性などで優れており，デリバティブなど様々な金融取引の指標金利となっている。ただし，円取引の場合，東京とロンドンでは時差があることや，東京市場とロンドン市場で金利差が発生しやすいことなどから，東京市場における類似の指標であるTIBOR（たいぼー）（Tokyo Inter Bank Offered Rate）を用いることもある。➡デリバティブ

ラスパイレス指数 Laspeyres index　基準時点において購入した財・サービスの購入額で，比較時点で数量と組合せ（これをバスケットと呼ぶ）を全く変えないで購入した場合の購入額を除した値。今，基準時点のi財の価格をp_i^0，購入数量をx_i^0，比較時点のi財の価格をp_i^t，購入数量をx_i^tとするとラスパイレス指数は次式で表される。

$$\frac{\sum_i p_i^t x_i^0}{\sum_i p_i^0 x_i^0}$$

ラスパイレス指数は，消費者物価指数や国内企業物価指数において用いられている。➡国内企業物価指数，消費者物価指数

ラチェット効果 ratchet effect　相対所得仮説において，平均消費性向の短期と長期の動きの相違を説明する考え方。デューゼンベリー（Duesenberry, J. S.）らによって展開された相対所得仮説（特に慣習仮説）は，所得の循環的成長過程での平均消費性向の短期的変動と長期的安定性とを説明している。図が示すように，好況期は平均消費性向が一定である長期消費関数C_Lに沿って動き，不況期お

よび景気回復期には，勾配がよりゆるやかな，短期消費関数（C_S^1またはC_S^2）に沿って動く。したがって所得の循環的成長に伴って消費・所得の組合せは，図のようにジグザグの動きを示す。こうした動きは消費慣習の硬直性の作用によるものであるが，図の$A \to B \to C \to B \to D \to E \to D \to F$のように不況期の平均消費性向を引き上げることをラチェット効果あるいは歯止め効果と呼ぶ。

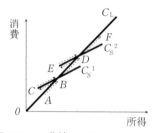

ラッファー曲線 Laffer curve　ラッファー（Laffer, A. B.）が税率と税収の関係を直感的に示すものとして描いた曲線。1980年代前半，アメリカ，レーガン政権下の経済政策はレーガノミックスと呼ばれ，当時低迷気味のアメリカ経済の再建には，小さな政府の実現とともに民間の生産の効率化，企業供給力の向上が不可欠と考えられ，サプライ・サイド経済学が様々な形で採用された。図のラッファー曲線はその際，レーガン政権の所得税の減税政策を支持するものとして注目を浴びた。税率ゼロでは所得税の税収は当然ゼロであるが，税率が十分高いある段階で人は全く働かなくなるのでこのときにもやはり税収はゼロとなる。したがって税率と税収の間にはおおむねグラフに示すような関係が描けるという。つまり税収を最大にするような税率τ^*があり，税率がそれより高ければ税収はむしろ低下し，当時のアメリカ経済の現状がまさにそれであるという。確たる理論的，実証的な根拠を持たない印象論的な議論であったが，小さな政府と財政再建を課題とするレーガン政権にとって税率削減が税収増大をもたらす説明は好都合であり，ジャーナリスティックな注目を集めた。

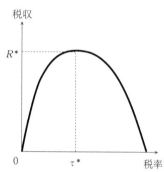

ラムゼイ価格 Ramsey price　費用逓減状況下の独占企業の価格形成に関して，収支均衡制約の下で，社会的余剰を最大にする価格のこと。当該企業が1財のみ生産している場合には，平均費用に一致するように設定された価格がラムゼイ価格である。このような企業の多くが公益企業であることから，ラムゼイ料金と呼ばれることもある。

図において，平均費用曲線，限界費用曲線，需要曲線とする。限界費用に等しい価格形成が行われたとき，価格はp_2，産出量はq_2，消費者余剰と生産者余剰の和はDCBで最大となるが，Mp_2CNだけの損失が出る。価格が平均費用に一致するp_1に設定されると産出量q_1，社会的余剰は$DAEB$となる。価格がp_1以下に設定されれば社会的余剰は増加するが，利潤は負となる。価格がp_1以上に設定されると利潤は正となるが，社会的余剰は$DAEB$以下となる。すなわち価格p_1の設定は利潤非負つまり独立採算可能な範囲で社会的余剰の最も大きな点である。➡ 社会的厚正関数，平均費用

するというものである。この問題が最大値原理または変分法で解かれ，最適経路上では時点tと$t+1$の間の消費の限界代替率は，時点tと$t+1$の間の生産と消費の限界変形率に等しくなければならないという結論が導かれる。➡ 異時的均衡，最適成長理論，静学

ラムゼイ・ルール Ramsey rule
☞ 最適課税論

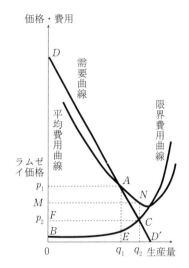

ラムゼイ・モデル Ramsey model
消費，貯蓄の動向を異時点間の最適化から説明する理論。1920年代の終りにラムゼイ（Ramsey, F. P.）によって発表され，1960年代にキャス（Cass, D.），クープマンス（Koopmans, T. C.）らによって最適成長理論の嚆矢として注目され，近年改めて消費，貯蓄の動向を異時点間の最適化から説明する理論として動学的マクロ経済学の一角に確固たる地位を占めるに至っている。中央集権的経済の計画者が無限の生命を持つ消費者の最適消費行動をどのように選択するかという問題を解くというのがその基本的アイデアである。労働と資本の投入から産出を得る過程は稲田条件を満たす生産関数で表され，技術進歩はなく，初期時点で一定の資本が存在し，労働の成長率は一定である。生産物は消費されるか貯蓄されるかのいずれかであり，貯蓄はすべて投資される。このような設定の下で，一定の時間選好率を持つ消費者の無限の将来にわたる全消費のもたらす総効用の割引現在価値を最大化するような消費・貯蓄の選択を説明

LAN local area network 企業やビル等の狭い範囲でのネットワークシステムのこと。LANとはLocal Area Network（構内情報通信網）の略であり，ランと呼ばれる。通常は，光ファイバーやワイヤレス（無線）がLANのインフラとなり，コンピュータ，プリンタ，電話，ファクシミリ等の情報端末をLANに接続することにより，企業内やビル内でのファイル，データを始めとする各種の情報の共有や迅速，効率的な情報処理を可能にしている。無線が通信システムの場合，無線LANあるいはワイヤレスランと呼ばれる。無線LANは，空港，レストラン，ホテル等でも備えられている。類似した概念としてWAN（wide area network：広域情報通信網）があり，これはワンと呼ばれる。都道府県といった自治体が敷設した光ファイバー網のことであり，自治体の本庁と支所や出張所を結ぶものであるが，地域の企業も接続が可能であるWANは地域での情報ハイウェイのインフラとなっている。

ランダム・ウォーク random walk
時間を通じて値が変化する確率変数$x(t)$の変化の大きさ$S(t+1)=x(t+1)-x(t)$, $t=0,1,2\cdots$が互いに独立で分布が同一である場合の$x(t)$の動きのこと。酔歩と訳される。$x(t)$がランダム・ウォークに従うとき，$x(t)$の動きには全く規則性を見出すことができない。株価や為替レートがランダム・ウォークに従うならば，株式投資や為替取引におい

て情報を入手して超過収益を狙う行為は全く無意味であり、ポートフォリオ選択は無作為に行ってかまわない(たとえ話として、サルにダーツの矢を投げさせて銘柄を決めてもよい)ことになる。➡ 確率変数、為替レート、ポートフォリオ選択

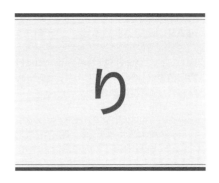

リアル・ビジネス・サイクル理論

real business cycle theory 景気循環は生産技術などの実物要因の変化によって起こり、貨幣的要因が景気循環を引き起こすことはないというアイデアに基づく景気循環理論。新古典派の立場を極めて明確にしながら景気循環を解明しようとする動学的マクロ経済理論の1つとして1980年代に登場した。市場の機能の不完全性とそれに対する政府の補正的な政策行動に必要性を認めるケインジアンに対し、新古典派は市場における価格機構の調整能力に全幅の信頼をおく。ケインジアンの景気循環理論に典型的に見られるように、伝統的な立場は景気循環を均衡からの乖離現象と見ていたのに対し、この理論は均衡そのものの変動と見なす。これをもたらすものは技術革新など経済の実物要因であり、景気循環をこうした要因による衝撃とその伝播による均衡の変動過程と考える。その場合、景気循環過程では常に効率的な資源配分が達成されていることになり、景気後退といえども政府の安定政策による補正を必要とするものではないということになる。➡ 景気循環、ケインズ経済学、静学

リーガル・リスク legal risk
☞ 決済リスク

リーズ・アンド・ラグズ leads and lags 多国籍企業の内部企業同士の取引において為替リスクを管理あるいは回避するための手段の1つ。リーズとは、輸出入にかかわる代金の決済を早めることを指し、逆にラグズとはそれを遅らせることである。自国通貨により受取りを行っている輸出企業の場合には、もし自国通貨が将来増価することを期待すると、決済を早める(リーズ)ことによって為替差損を回避することができる。同様に、自国通貨が将来減価することを期待するならば、決済を遅らせる(ラグズ)ことで為替差益を得ることが可能となる。➡ 為替リスク、多国籍企業

REIT Real Estate Investment Trust 不動産投資信託のこと。「りーと」と読む。投資家から資金を集め、不動産への投資を行い、持分に応じて利益を投資家に分配する。不動産を所有する投資法人を設立する会社型と呼ばれるものと、従来の投資信託と同じく信託を利用した信託型に大別される。投資対象は、オフィスビル、商業ビル、住宅、ホテルなどである。日本では、2001年9月に初めてREITが東京証券取引所に上場され、一般の投資家が容易に購入できるようになった。日本のREITは、米国と若干制度が異なるため、日本版REIT(J-REIT)と呼ばれることもある。米国では40年以上の歴史があり、不動産自体を投資対象とするだけでなく、不動産担保証券を投資対象とするREITも存在する。日本版REITの問題点として、個別テナントの賃料が公開されていないなどの情報公開の問題、運用会社の多くが不動産会社のグループ企業で

あることから，投資家より母体企業の利益を優先する可能性が捨てきれない点などが指摘されている。➡投資信託

利益説 benefit approach　公平な課税に関する考え方の1つ。市場における財・サービスの取引と同様に，租税を納税者が政府から受ける公的サービスに対する対価とみなす考え方のこと。応益説ともいう。この考え方は，17～18世紀の政治家や思想家に受け入れられた。スミス (Smith, A.) にも課税問題について利益説的考え方がある。19世紀に入ると利益説はより狭く解釈され，租税というのは安全のための保険料であるという課税保険料説がとられた。これにより政府の活動も保険料支払に値するもののみに限られると考えられた。19世紀後半になると租税というのは政府が供給する公的サービスに対し，個人的評価に基づいて自発的に支払う価格であるという説がとられるようになった。これは公的サービスに対して主観的評価に基づいてその対価としての租税を決定しようとするものである。この考えはさらに自発的交換の理論へと発展していった。利益説は公的サービスの選択と個人の選好を結びつけ課税の根拠を明確にするという長所を持つが，公的サービスから納税者が個々にどれだけの便益を受けているか測定できるかどうかという大きな問題を含んでいる。また利益説では政府の果たす役割である所得の再分配に根拠を与えることができない。➡公共財，所得再分配，租税，能力説，リンダール均衡

利益相反 conflict of interest　企業もしくは企業グループが，一部の顧客の利益を犠牲にして他の顧客の利益となる行動をすること。例えば，経営不振に陥った企業に融資を行っている銀行が，証券子会社を通じて企業に社債を発行させ，調達した資金で融資を返済させるとしよう。この場合，証券子会社の顧客である社債の購入者の利益を犠牲にして，預金者に利益をもたらしたとみなすことができる。利益相反を防止するための手段として，グループ企業間の業務交流を制限するファイヤー・ウォールや，企業内部門間の情報交流を制限するチャイニーズ・ウォールなどがある。➡ファイヤー・ウォール

リエンジニアリング reengineering　企業が，業務の効率化を目的として，企画・資材調達・製造・販売といった業務プロセスを根本的に見直すこと。ビジネスプロセス・リエンジニアリング (business process reengineering, BPR) と呼ばれることもある。通常，情報技術の成果を取り入れ，原料・製品・在庫や人事の管理について効率的な組織の再編等を含む。不採算事業から高収益事業への移行や新事業への進出等事業の再構築を意味するリストラクチュアリング (restructuring) に対し，リエンジニアリング (reengineering) は，業務を構成する一つ一つの構成要素の内容および要素間の一連のつながりを抜本的に見直すところに特徴がある。1993年に出版されたハマー (Hammer, M.) とチャンピー (Champy, J.) による *Re-engineering the Corporation*『リエンジニアリング革命』(日本経済新聞社，1993年) が大きな影響を与えたといわれている。

リカード Ricardo, David (1772～1823)　イギリスの古典派経済学者。30歳頃に『国富論』を読み，経済学に関心を抱くようになった。主著『経済学および課税の原理』(*On the Principles of Political Economy, and Taxation*, 1817) は，社会の3階級 (地主，労働者，資本家) 間で地代，労働賃金，利潤が労働価値説にもとづいてどのように分配され，その結果どのように資本蓄積が生じるのかを，イギリス古典派の枠組みの中でマクロ動態論的に説明した。また国際経済学の分野では，比較優位産業に特化する国際分業の下では，各国は

自由貿易にもとづく最適配分が実現されると考えた。そのほか、実質賃金率が低下すると労働は資本に比べて相対的に低価となり、そのためにより労働集約的な生産方法がとられるというリカード効果。さらに財政支出を課税により現在決済をしようと、国債を発行して将来に決済を延期しようと、国債という保有資産の価値と、国債償還のための費用とが同じだけ変化するため国民経済の消費には影響を与えないという考えが注目される。これは、後に合理的期待学派によりリカードの等価定理と名付けられた。➡イギリス古典派経済学、合理的期待形成仮説、比較生産費説

リカードの等価定理 Ricardian equivalence theorem ☞ 公債の中立性命題

リサイクル recycle 資源の節約や環境汚染の防止のために、ごみとして出される廃棄物や不用品を再使用あるいは再生利用するシステムのこと。リサイクルの効果としては、資源やエネルギーの節約、ごみの減量化による環境保全およびごみ処理経費の削減、リサイクル産業の発展による経済の活性化等が挙げられる。リサイクルの推進のためには、分別収集の徹底、リサイクル製品の需要の確保、リサイクル技術の開発促進等が必要となり、消費者・行政・企業の相互協力が求められる。

利鞘 profit margin 原価と売値の差。銀行においては、預貸金利鞘を指し、これは貸出金利と資金調達金利の差である。金融機関が提供する融資、預金サービスの対価と考えられる。一般に、預金金利は市場金利の変化を迅速に反映するのに対し、貸出金利は融資先企業との交渉等により決定されるため、金利低下局面では一時的に利鞘が拡大し、逆に金利上昇局面では利鞘が縮小する傾向がある。またマーケットメイカー制度を採用する証券市場では、買値と売値の差(スプレッド)を利鞘と呼ぶこともある。➡マーケットメイカー

離散型確率変数 discrete random variable ☞ 確率変数

利潤関数 profit function ☞ 利潤極大化仮説

利潤極大化仮説 profit maximization hypothesis 企業の行動原理に関する仮説の1つ。伝統的なミクロ経済学が立脚する、企業は自らの利潤を極大化するように産出量あるいは生産要素量を決定するという考え方。

利潤は、収入あるいは売上高から総費用を引いた値として定義され、また収入は生産物価格×販売量、総費用は可変費用+固定費用で定義される。企業が1つの生産要素xを用いて1つの生産物yを生産しているものとする。この関係は、生産要素に注目し費用関数$C=C(y)$(ただし、$dC/dy>0$, $d^2C/dy^2>0$)によっても、あるいは生産物に注目し生産関数$y=f(x)$(ただし、$df/dx>0$, $d^2f/dx^2<0$)によっても捉えられる。また生産要素、生産物いずれの市場も完全競争が成立しているものとし、そこでの生産要素価格をq、生産物価格をpとする。最後に、固定費用をhとする。

以上により、利潤は次のように、企業が決定する量に応じた2つの種類による利潤関数として表わすことができる。

(1) 生産要素で定義する場合:
$\pi = pf(x) - qx - h$
(2) 生産量で定義する場合:
$\pi = py - C(y) - h$

(1)の場合、利潤最大化の条件は$p\dfrac{df}{dx}=q$、すなわち価格×限界生産力=生産要素価格として与えられる。これは、企業は限界生産物の価値が生産要素の市場価値に等しいところで生産要素の投入量を決定することを示している。また、(2)

の場合には, $p = \dfrac{dC}{dx}$, すなわち価格＝限界費用として与えられる。

(2)の場合で考える。図において利潤が最大となる点は, 収入曲線と総費用曲線との差ABが一番大きくなる生産量y^*である。このとき, 収入曲線の傾きと総費用曲線の接線の傾きが等しいことから, 価格と限界費用が等しくなっていることがわかる。

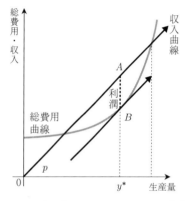

なお, 利潤極大化仮説に対して, 企業は利潤よりもむしろ売上高を極大化しようとすると考える売上高極大化仮説がボーモル (Baumol,W.J.) らによって提唱された。➡ 限界費用, 売上高極大化仮説

利潤原理 profit principle ☞ 速度原理

利子率 interest rate ☞ 金利

利子割 interest rate tax 道府県民税の課税区分の1つ。道府県民税は, 均等割, 所得割, 法人税割および利子割などに区分される。課税標準は, 所得税法その他の所得税に関する法令の規定によって算定した支払を受けるべき利子等の金額であり, 税率は100分の5である。また, 道府県は, 市町村に対して, 利子割額の95%の5分の3相当額を市町村の個人道府県民税額で按分して利子割交付金として交付しなければならない。➡ 課税標準

リスク risk 不確実性, あるいは危険のこと。特に, 将来発生しうる事象についての確率分布があらかじめ知られていない場合を不確実性uncertainty, 確率分布が既知の場合をリスクとして区別することもある。多くの消費者はリスクを好まない危険回避者であるため, リスクを回避するために様々な手段が発達した。大数の法則を利用した保険や, 様々なデリバティブ商品などである。リスクは, その原因ごとに分類されることもある。例えば, 金融市場においては, 信用リスク, 市場リスク, 為替リスク, カントリーリスクなどがある。信用リスクとは, 債権が約定通り返済されるか否かについての不確実性を指す。信用リスクが大きいとは, 債務不履行（デフォルト）になる可能性が高いことを意味する。また, 資産の市場価格が変動することによるリスクは市場リスクと呼ばれる。為替リスクとは為替変動に伴い発生するリスクである。カントリーリスクとは, 投資対象国の政情不安などにより発生するリスクである。➡ 確率分布, 危険回避の尺度, 決済リスク, 大数の法則, デフォルト, デリバティブ

リスク・アセット・レシオ risk asset ratio ☞ 自己資本比率

リスクプレミアム risk premium リスクを引き受けることへの対価。経済学では, 通常経済主体はリスク回避的であると考える。したがって, リスクのある資産に投資することは効用を低下させる。この効用の低下を補うべく, リスクのある資産は安全資産より期待収益率が高くなければ, 買い手は現れないであろう。リスク資産の期待収益率と安全資産の収益率の差がリスクプレミアムと呼ばれる。資産のリスクが大きくなるほど, 買い手の効用は低下するから, それを補

うためのリスクプレミアムは大きくなる。➡ 安全資産，危険回避の尺度，リスク

リストラクチュアリング restructuring 「事業の再構築」と呼ばれる。企業は，複数の収益源となる事業を保有していることが多い。リストラクチュアリングとは，企業全体としての利益を確保するため，採算の見込める事業への新規参入，不採算事業からの撤退等によって，既存の事業構造を変更することを意味する。前者の場合，新規参入であるがゆえに，新規事業に必要な人材・ノウハウの蓄積が乏しいため，それらを保有する他企業のM&A（企業の吸収・合併）を伴うこともある。一方後者の場合，社内における人材の再配置ないし解雇が必要となる。リストラクチュアリングには2つの方向がある。1つは，事業の数を減少させることにより，得意分野へ社内の資源を集中させる方向である。もう1つは，反対に多角経営を目指し，状況に応じた柔軟な収益構造を確保する方向である。➡ M&A

リセッション recession 失業者の増加や総生産の低下等が生じ，経済活動が低下する期間のこと。景気循環の図に従えば，景気の山から谷にかけての景気後退局面を指す。これと似た用語に不況がある。不況よりもリセッションの方が，経済活動低下の程度が軽いとされる米国では，便宜上GDPが2四半期連続で低下すればリセッションとする考え方もある。日本では，内閣府が「景気基準日付」を作成し，景気循環を決定している。それによれば，最近の景気循環は次のようになっている。

	谷	山	谷
第14循環	2001.1	2008.2	2009.3
第15循環	2009.3	2012.3	2012.11

リセッションを含む景気循環を説明することは，マクロ経済学の大きな目標の1つであり，ケインズ（Keynes, J. M.）以来多くの経済学者が取り組んできた経済現象である。➡ 景気循環，国内総生産

利付債 interest-bearing bond
☞ 割引債

リテール・バンキング retail banking リテール・バンキングは，個人および中小企業を顧客とする銀行業務のこと。リテールとは本来小売の意味である。大企業・公共団体等向けの銀行業務をホールセール（卸売）・バンキングという。大企業が資金調達の場を直接金融市場に求める企業の銀行離れや，不況による資金需要の停滞，企業の信用力の全体的な低下などにより，ホールセール・バンキングの収益性が低下した。一方，不況下においても住宅ローンなど個人向け融資は相対的にリスクが低く，かつ需要の減少が小さいと考えられる。また規制緩和により，投資信託の販売や様々な個人向け商品の開発によって，個人金融資産を積極的に取り込むことが可能になったことなどが，リテール・バンキング重視の傾向が強まった理由であると考えられる。近年では都市銀行が消費者金融会社と提携して消費者金融分野に進出するなど，リテール・バンキングは多様化している。
➡ 規制緩和，消費者金融

リニア・プログラミング linear programming ☞ 線形計画法

リバース・モーゲージ reverse mortgage 高齢者が，自らが保有する不動産を担保に借入を行い，生活費等に充当する仕組みのこと。住宅ローン等のモーゲージ(不動産担保貸出)が不動産を購入しようとする者に対する融資であるのに対し，リバース・モーゲージは不動産を手放そうとする者への融資であることからこのような呼び名が付けられた。住宅を保有する高齢者は，住宅を売却するこ

とには不安を覚えるが、一方で資産を活用して豊かな生活を送りたいという願望を持つ者もおり、また核家族化などにより、子供に自宅を遺産として残すことを当然と考えない高齢者も増えている。日本では、地方自治体が主導し、金融機関と提携する形で制度化が進んでいるが、利用が伸び悩んでいる。その理由として、不動産価格の下落による担保価値の低下や長生きにより、融資限度額に達して新たな融資が受けられなくなるリスクの存在や、子孫に不動産を遺産として残す風潮が依然として強く、また税制上も現金を残すより有利であることなどが考えられる。 ➡ モーゲージ金融

リプチンスキーの定理 Rybczynski theorem　2生産物、2生産要素の世界で、一つの生産要素賦存量が増加したとき、生産物価格に変化がなければ、その生産要素を集約的に利用する生産物の生産は伸びるのに対し、他方の生産物の生産量は縮小するという理論。ポーランドの経済学者リプチンスキー（Rybczynski, T. M.）によって1950年代の半ばに示された定理で、生産要素賦存量の差が国際貿易を促す要因となりうることを示唆する。生産要素賦存量（資本、労働）をK, L, 生産物生産量（工業生産物、農業生産物）をY_I, Y_A, a_{ij}をj生産物1単位の生産に必要なi生産要素の単位数とする。このとき2生産物の生産可能性領域は次の2式で与えられる。

(1)　$a_{KI}Y_I + a_{KA}Y_A \leqq K$

(2)　$a_{LI}Y_I + a_{LA}Y_A \leqq L$

工業生産物は資本集約的、農業生産物は労働集約的、すなわち$(a_{KI}/a_{KA}) > (a_{LI}/a_{LA})$とすれば2式のグラフは図に描くとおりであり、現在の生産点がEであるとする。今、資本Kの賦存量がK'まで増加し、グラフ(1)は(1)'へとシフトしたとする。このとき生産物価格に変化がなければ生産点はE'へ移動するが、資本集約的な工業生産物の生産量は増加し、労働集約的な農業生産物の生産量は減少する。

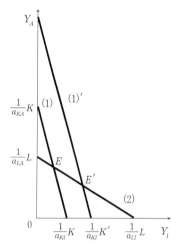

リフレーション reflation　デフレから脱却して物価上昇率が数％以下で推移し、インフレにはなっていない状態のこと。略称はリフレで、リフレーションを起こす政策はリフレ政策と呼ばれる。1930年代にフィッシャー（Fisher, I.）により名付けられ、1980年代にマネタリストにより提唱されたインフレ・ターゲット論はリフレ政策である。異次元の金融緩和によってデフレ脱却を旗印とするアベノミクスは、リフレ政策そのものである。リフレには、財政政策と金融政策を組み合わせることが必要であるが、どの国も財政赤字を抱え財政政策が採用できず、金融政策のみを用いている。➡ アベノミクス、マネタリスト、インフレーション・ターゲット

流通機構 distribution system　生産者により生産された商品が、最終的に消費者に渡るまでの仕組みのこと。消費者と生産者を仲介するのが卸売業者、小売業者、通信販売業者などの流通業者であ

る。これらは流通産業と呼ばれるが、広義には倉庫業や運送業なども含まれ、さらには製造業や金融業の一部も関連している。今日、生産と消費が分離し、時間的・空間的、さらには情報のギャップが生じている。このギャップを埋め、円滑な流れを作りだす仕組みが流通機構である。生産者に近い流通企業を川上、消費者に近い小売段階を川下と呼ぶ。日本の流通機構は、多数の零細な小売業者や多段階の卸売業者からなる複雑な流通経路と、取引慣行による流通系列化が特徴であった。しかし、国際化、情報化、規制緩和といった流れの中で、外資系流通企業の日本進出、小売業態の多様化・細分化、卸売業界の再編、電子商取引（EC：エレクトリック・コマース）の普及など、流通機構の構造改革が進みつつある。

流動資産仮説 liquid-asset hypothesis 消費水準は所得水準だけでなく、保有される流動資産の水準にも依存するという考え方。戦後の消費関数論争時、相対所得仮説に対峙する消費に関する仮説の1つとしてトービン（Tobin, J.）が提唱した。所得水準の維持に関して、現金や預金などの流動資産保有の持つ所得を補完する役割に注目した考えである。流動資産仮説に基づく消費関数は次式で表すことができる。

$$C = \alpha + \beta Y + \gamma M \qquad \alpha, \beta, \gamma > 0$$

このとき、平均消費性向は次のように表すことができる。

$$\frac{C}{Y} = \alpha \frac{1}{Y} + \beta + \gamma \frac{M}{Y}$$

好況期にYの上昇は$(1/Y)$を低下させるが、所得Yの増加が流動資産Mの所得Yを上回る増加、すなわち(M/Y)の上昇をもたらすならば、平均消費性向は安定的になりうる。トービンはこれにより長期的な所得上昇下の平均消費性向の安定性を説明した。→ 相対所得仮説、平均消費性向

流動性 liquidity 資産の売却の容易さのこと。低コストで迅速に売却できる資産もしくは市場ほど、流動性が高いといわれる。逆に、取引が成立するのに時間がかかったり、取引コストが高いと、流動性が低いとみなされる。貨幣は最も流動性が高い資産であるから、貨幣そのものを流動性と呼ぶこともある。預金はきわめて低い費用で迅速に貨幣に交換できる、非常に流動性の高い資産であり、また不動産や絵画などは流動性が低い資産の例である。流動性を高めるためには、資産の規格化や、市場の設立、インターネット等を利用して多くの投資家が取引に参加できる仕組みづくりなどが重要である。また一部の証券市場ではマーケットメイカー制度が流動性を増すために導入されている。→ マーケットメイカー

流動性制約 liquidity constraint 家計や企業が現金などの支払手段の不足に直面している状態のこと。個人について、流動性制約に直面しかつ資本市場が不完全で借入が自由に行えない場合、異時点間の最適貯蓄・消費計画を実現できない可能性がある。このような状態において、公債発行により課税が現在から将来に延期されたとすると、その分現在の可処分所得が増加するため、個人は消費を増加させ、公債は非中立的になる。→ 公債、公債の中立性命題、流動性

流動性選好理論 liquidity preference theory ☞ 貨幣需要

流動性のジレンマ liquidity dilemma ☞ トリフィンのジレンマ

流動性の罠 liquidity trap 金利が非常に低い、つまり債券価格が非常に高い状態で、人々は債券価格がこれ以上に上昇するとは考えず、貨幣需要の金利（利子）弾力性が無限大となる状態のこと。ケインズ（Keynes, J. M.）はこのような状態を流動性の罠と名づけた。このような状態で、金融緩和政策を実行して市

場金利をさらに低下させようとしても，債券需要は増加せず，貨幣（流動性）への需要だけが増加する。したがって，債券価格は上昇しない，言い換えれば金利が低下しない。したがって流動性の罠の状態では，景気刺激を狙った金融政策は金利を低下させないため，ほとんど効果がないが，財政支出を拡大しても金利があまり上昇せず，民間投資を圧迫しないため，クラウディング・アウトがほとんど発生せず，財政政策の効果は大きくなる。

IS-LM曲線図で考えると，流動性の罠が存在するとLM曲線は横軸に平行になる。E_0点で，IS曲線とLM曲線が交わっている状態で，財政支出を増やせば，均衡はE_1となり均衡GDPはY_0からY_1に増加するが，均衡利子率はほとんど変化しない。他方，金融政策による貨幣供給増は，LM曲線をLM_0からLM_1にシフトさせるが，均衡GDPは変化しない。 ➡ 貨幣需要，クラウディング・アウト，財政政策，弾力性

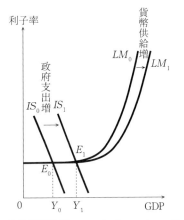

量的緩和政策 quantitative easing policy　2001年3月から2006年3月までの間，日銀が採用した金融政策。誘導目標を金利でなく，日銀当座預金残高とし，同残高を高水準に保つことを目標とする政策。当座預金残高を増加させ，超過準備を発生させることを通じて，民間銀行貸出残高が増加すること，およびデフレを防止することを意図している。そのための手段として通常のオペレーションのほか，長期国債の買切りオペの増額も実施している。量的緩和政策は，消費者物価指数の上昇率が安定的に0％以上になるまで継続するとされていた。ただし，量的緩和政策の評価については意見が分かれる。実際，マネタリー・ベース（ハイパワード・マネー）は量的緩和政策により大きく増加したが，マネー・サプライはさほど増加していなかった。その後第2次安倍政権の発足とともに2013年4月より強力な量的緩和政策がとられている。しかしその政策的効果は十分表われてはいない。さらに，2016年2月より民間金融機関が日本銀行に持つ当座預金の一部についてマイナス金利を課し，一層の量的緩和を目ざした。➡ 消費者物価指数，デフレーション，ハイパワード・マネー，マネー・サプライ

離陸 take-off　一国の経済成長，工業化の過程で，伝統的社会の段階から脱して，持続的な成長，発展に移行する時期を飛行機の離陸になぞらえて離陸と呼ぶ。ロストウ（Rostow, W. W.）は，新しい経済史学は，経済理論と積極的に交流して経済成長を中心課題とした経済成長史学として発展しなければならないと主張して，生産の動学理論に基づき新しい工業化段階論を展開した。まず成長段階として伝統的社会，テイク・オフの先行条件期，テイク・オフ，成熟への前進期，高度大衆消費時代の5つを区別し，特にテイク・オフ（離陸）期を中心に，低開発諸国が工業化に成功して，持続的経済成長のエンジンを獲得するための条件として，①投資率が国民所得の10％以上に上昇。②強力な製造業部門の拡大，成長。③成長を支える政治的，社会的，制度的枠

リレーションシップ・バンキング

relationship banking　顧客企業との長期の継続的な関係を通じて、顧客企業のことをよく知り、資金融通を容易にする銀行ビジネスの一手法のこと。銀行が融資を判断する場合、財務諸表などの客観的な情報(ハード情報)に基づき企業を評価するのが基本であるが、中小企業においては十分な財務諸表が整備されておらず、そのままでは中小企業に融資を行うことが困難になる。そこで、銀行と企業の長期的な関係によって、財務諸表には表れていない企業の実力を評価して融資判断を行えれば、中小企業の金融問題が改善すると期待できる。ほとんどの地域金融機関は、中心的なビジネスモデルとして、リレーションシップ・バンキングの機能強化を図っている。➡ 中小企業金融、メインバンク

リンダール均衡

Lindahl equilibrium　自発的同意の下で得られる公共財の均衡供給量と均衡価格(あるいは税率)のこと。リンダール(Lindahl, E.R.)は「自発的に一致した同意」が公正な課税にとって必要であるという考え方に基づき、公共財の供給量と費用負担の決定においても人々の間に自発的に一致した同意がなされなければならないと考え、その下でのパレート最適な公共財供給量と費用負担を求めた。この考えを自発的交換の理論ともいう。

今、A, B 2つのグループと1つの公共財が存在するとする。縦軸に両者の費用負担率(税率)をとり横軸に公共財の量をとる。O から上方へ A の負担率が測られ、M から下方へ B の負担率が測られる。AR, BS は、A, B それぞれの公共財に対する需要曲線である。効用関数について、A は U_A、B は U_B のようになっている。通常の需要曲線と同様に費用負担率が大になれば需要量は減少する。

公共財は OV 以上には供給されない。なぜならば OV 以上の公共財の供給を行うのに足りる費用を両者が負担しようとしないからである。公共財の供給量は OV 以下のどこかで決まるが、どこで決まるかは両者の交渉力に依存する。交渉力が等しい場合には P 点で負担率と供給量が決定されパレート最適が実現する。すなわち「自発的に一致した同意」に従うならば P 点が選択される。P 点をリンダール均衡という。➡ 公共財、効用関数、需要関数

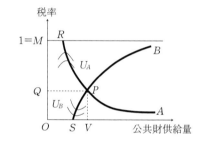

る

累進税

progressive tax　課税標準が大きくなるにつれて平均税率が高まる税のこと。課税標準を段階的に区分してそれぞれの区分に応じた税率を単純に適用する単純累進課税、各区分の税額を計算しそれを合算する超過累進課税、および均一税率の下で一定額の基礎控除を

行った結果として累進性を持つ累進比例税がある。所得税で見れば、累進税は高所得者ほど税負担が重くなり、分配の公平に寄与する。比例税とは、課税標準の大小にかかわらず平均税率が一定のものをいう。逆進税とは課税標準が大きくなるにつれて平均税率が低くなる税をいう。逆進税は、高所得者ほど税負担が軽くなり、分配の公平の観点からは問題がある。具体的な例として、わが国の所得税は超過累進課税と基礎控除を用いた累進比例税の両方の側面を持っている。また、わが国の法人税、消費税などは比例税にあたる。なお、「消費税は逆進的である」といわれる場合があるが、これは課税標準である消費額に対する税負担額の割合に着目しているのではなく、所得に対する税負担額の割合を基準にしていることによる。→ 限界税率

累積債務問題 debt problem 一国の、特に発展途上国の政府、公的部門による対外債務残高が膨張し、債務の返済に支障をきたすようになること。また、それにかかわる諸問題。1982年にメキシコによる債務返済に問題が発生したことにより、他の中南米諸国も債務危機に陥ることとなった。これは主として、1970年代の世界経済が成長基調にある中で発展途上国も積極的に工業化を促進するため、先進国からの債務を急速に増大させたいという資本需要側の要因と、オイル・マネーに代表される巨大な国際流動性を保有していた先進国の民間銀行が、その運用先を当時収益率が高いと見込まれた発展途上国に求めたという資本供給側の要因によるものといえる。このように発展途上国に始まる債務危機は、先進国経済をはじめ世界経済の金融システムの安定性を脅かし、それにより実物経済部門にも多大な影響を与えることとなった。このような累積債務問題に対して、その主たる貸し手である先進国の民間銀行が発展途上国の債務の繰延べを行うだけでなく、先進国の公的金融機関やIMF、世界銀行などの国際機関による債務保証など、様々な対処がなされてきている。→ 国際流動性、発展途上国

ルーカス型供給関数 Lucas-type supply curve t期の産出水準、物価水準の対数値 y_t, p_t、撹乱項 ϵ_t、$t-1$期に形成される p_t に関する合理的期待 $E_{t-1}p_t$ の下で、$y_t = \alpha(p_t - E_{t-1}p_t) + \epsilon_t (\alpha > 0)$ ないしこれに類似の形で表される供給関数。ルーカス (Lucas, R. E.)、サージェント (Sargent, T. J.)、ウォーラス (Wallace, N.) らが、合理的期待形成下では、産出水準や物価水準の政策的制御に予知された金融政策は無効であることを示した際に用いられた総供給関数。このようなルーカス型供給関数の背後には、実際の物価水準が予想された物価水準を上回るとき、実質賃金率の低下によって産出水準は増大する(逆の場合は逆)とする想定がある。→ 合理的期待形成仮説

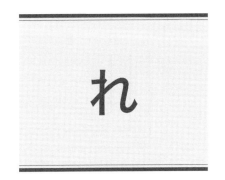

レオンティエフ型生産関数 Leontief production function 生産物を Y、労働投入を L、資本ストックを K、生産物1単位を生産するために必要な労働および資本ストックを意味する一定の係数をそれぞれ a_L, a_K とするとき、次の型の生産関数のこと。

$$Y = \min\left(\frac{L}{a_L}, \frac{K}{a_K}\right)$$

min$(\cdot, \cdot)$は，独立変数の小さな方の値を選択する関数であり，生産関数でいえば，$\frac{L}{a_L} > \frac{K}{a_K}$のときは，資本ストックによって，$\frac{L}{a_L} < \frac{K}{a_K}$のときは労働によって生産量が決まることを意味する。例えば後者の場合，資本ストックの一部は遊休状態にあり，資本ストックを後者の条件が成立する範囲内で減少させても産出量は変化しない。すなわち，より希少な生産要素の量によって生産量が確定するような生産技術である。CES型生産関数の中で，代替の弾力性がゼロ(生産要素間の代替が認められない)という特殊ケースに対応し，一次同次関数である。ハロッド＝ドーマー成長モデルで用いられた生産関数であり，固定係数を持つ生産関数と呼ばれることもある。➡CES生産関数，代替の弾力性，ハロッド＝ドーマー成長モデル

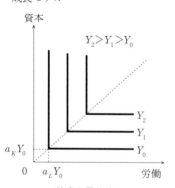

等産出量曲線

レオンティエフの逆説 Leontief paradox　アメリカにおいて，資本が相対的に豊であるにもかかわらず，資本集約的な財を輸入し，労働集約的な財を輸出しているという事実が伝統的理論とは逆になっていること。ヘクシャー＝オリーンの定理によれば，資本が相対的に豊富な国は，資本集約的な財を輸出し，労働集約的な財を輸入することになる。レオンティエフ (Leontief, W. W.) は，アメリカの産業連関表を用いて，アメリカの貿易パターンが，ヘクシャー＝オリーンの定理と整合的であるかどうかテストを行った。当時のアメリカは他国に比べ相対的に資本が豊富であるから，資本集約的な財を輸出し，労働集約的な財を輸入するはずである。しかし，レオンティエフの得た結果は，アメリカの輸入財の方が輸出財よりも資本集約度が高いというものであった。これは，ヘクシャー＝オリーンの定理に反する結果であり，レオンティエフの逆説と呼ばれている。レオンティエフの逆説に関してその後，他の生産要素を考慮したり，計測方法の問題点を指摘したりするなど，さまざまな研究が行われている。➡産業連関表，資本集約度，ヘクシャー＝オリーンの定理，労働集約度

レオンティエフ表 Leontief table
☞　産業連関表

歴史学派 historische schule der ökonomik, historical school　ドイツで，19世紀半ばから20世紀初頭に法学，経済学の分野で形成された学派。産業革命の成功に裏付けられたイギリス古典派経済学に対抗して，国民経済は時代や社会環境によって異なり，各国の独自性を規定する歴史的現実を，経済理論との関連で実証的に明らかにしようとした。旧歴史学派（ロッシャー (Roscher, W. G. F.)，ヒルデブラント (Hildebrand, B.)，クニース (Knies, K. G. A.) ら）は，保護貿易主義を唱え，経済発展段階論を明確にした。さらにビスマルク (Bismarck, O. E. L. F. von) による統一ドイツ以降の新歴史学派と呼ばれるシュモラー (Schmoller, G. von)，ワーグナー (Wagner, A. H. G.)，ブレンターノ (Brentano, L.) らは，ドイツ資

本主義の発展と労働運動の激化を背景に社会問題の改良をめざす社会政策を唱え，国家の介入による経済成長，マルクス的社会変革の否定，自由放任的なイギリス経済思想(マンチェスター学派)批判を特徴とした。アメリカの制度学派や，明治・大正期の日本の経済思想にも大きな影響を与えた。➡イギリス古典派経済学，マルクス経済学

レジャー leisure 経済学でいう余暇とは，利用可能な時間から労働時間を差し引いて残った時間で，食事，睡眠等も含めた遊興的に使用される時間のこと。余暇がモデルにおいて扱われるのは，個人の労働供給の決定問題を分析する際である。すなわち，個人の余暇時間の決定においては，標準的な消費決定問題と同様に余暇が効用関数の中に導入され，余暇以外の時間を労働供給にあてられることで得られる賃金収入を消費にあてるとする形で，消費と余暇との間のトレード・オフが想定される。そのため，余暇に時間を配分することは，その時間を働いていれば賃金所得を得られるという意味で機会費用が発生していることになる。この効用最大化問題の解として，消費量とともに余暇需要が余暇の機会費用である賃金の関数や消費財の価格の関数として導出される。

なお，日本語の「余暇」，英語の「leisure」のそもそもの意味は，毎日の仕事，睡眠，食事，家事等の時間以外の個人が自由に使える時間であるが，日本語で「レジャー」という場合には，このような英語の「leisure」の持つ時間概念だけではなく，その使い方である行動概念を含んで考えられることが多い。すなわち，余暇を利用して行われる遊び，娯楽等の積極的な活動を行う自由時間の過ごし方まで含みうるのである。

劣後債 subordinated bond 元利返済の優先順位がほかの債務に比べて低い(劣後している)債券。債券購入者にとっては，デフォルト・リスクが高いが，その分表面金利が高く，デフォルトが発生しない場合には一般債券より高い収益が得られる。会計上は債務に分類されるが，特に銀行の場合は預金より返済順位が低いために，損失を吸収して預金を保護する働きにおいては自己資本と同様である。劣後債は，バーゼルIIにおいて補完的項目(Tier 2)として自己資本に算入できるため，自己資本の充実を目指して劣後債を発行する邦銀も多かった。劣後債のうち，満期が定められていないものを永久劣後債と呼ぶ。また，劣後債同様返済の優先順位が低い貸付は劣後ローンといわれる。劣後債保有者は，企業経営のリスクに最も敏感であるため，特に米国では，大銀行に劣後債を発行させて，その格付けなどにより銀行を監視すべきであるという議論がある。なお，劣後ローンは債券でなく融資の形態をとるものであるが，劣後債と同様の性質を有する。グローバル金融危機の経験から，バーゼルIIIでは，劣後債を自己資本とできる要件が厳格化された。➡格付け，自己資本，デフォルト，BIS規制

劣後ローン subordinated loan
☞ 劣後債

レッセ・フェール laissez-faire フランス語で「なすに任せよ」の意味。政府が企業や個人の経済活動に干渉せず市場の働きに任せることを指し，自由放任主義と呼ばれる。18世紀のフランスで，耕作や穀物取引の自由を主張する重農主義者によって用いられた。重農主義の祖であるケネー(Quesnay, F.)は，その著書『経済表』において，農業生産拡大のために自由放任を主張した。その後，スミス(Smith, A.)が『国富論』において，「自由放任こそ国の富を増す政策である」と主張し，レッセ・フェールの考え方を発展的に継承した。政府が企業や個人の経済

活動に干渉せず市場の働きに任せておけば「見えざる手」に導かれて予定調和に至ると主張されている。19世紀には、レッセ・フェールはイギリスの自由主義的な経済理念として普及し定着した。しかしその後、経済における政府の役割を重視するケインズ主義が主流となるとレッセ・フェールの考え方は政策理念としては終わりを告げたように見えた。しかしながら1970年代以降政府の失敗が目立つようになると、市場原理主義あるいは新自由主義という形で復活し、大きな力を持つようになった。➡ 見えざる手

劣等財 inferior goods ☞ 下級財

レバレッジ効果 leverage effect 少ない自己資金で多額の資産を運用しているのと同様の効果を得ること。レバレッジとは「てこ」の意味であり、小さな力で重いものを動かす「てこ」になぞらえてレバレッジ効果と呼ぶ。先物やオプションでは、原資産の価格に比べてはるかに低い証拠金やオプション代金を支払うことで、原資産と同様のリスク・収益率を得られる取引に参加できる。例えば、証拠金率20%の場合、証拠金の5倍の額の資産を取引できる。また、信用取引も同様の効果を持つ。また一般企業も、借入を行うことで、自己資本より大きい投資を行うことが可能である。ただし、実質的に運用する資産の額が大きい分、リスクも大きくなることに注意すべきである。ヘッジファンドは自己資金のほかに借入を行い、さらに先物等のデリバティブ商品に投資し、レバレッジ効果を最大限に利用して高収益を狙う仕組みであるが、1998年のロシア金融危機で損失を被り、ヘッジファンドに融資をしていた銀行にも影響を与えた。➡ 自己資本、デリバティブ、リスク

レバレッジド・バイアウト leveraged buyout LBOと略称される。ある企業が別の企業を買収する際、その被買収企業の資産を担保として、借入や債券発行により外部資金を調達し、それによって買収を行うこと。担保として被買収企業の将来のキャッシュフローが利用されることもある。買収後は、買収した企業の資産やキャッシュフローによって借入等を返済する。M&A（企業の買収・合併）の手段の1つとして利用される。買収を行う企業にとって、買収が成功した後、被買収企業の資産あるいはキャッシュフローから、計画通り借入を返済することができれば、買収時に自らが保有する資金が少なくてもよいというメリットがある。つまり、規模の小さい企業が、大企業を買収できることになる。しかし、経済環境等の変化により、被買収企業の資産価値の低下、あるいは、業績の悪化により借入を返済できないリスクも存在する。このため、LBOのために発行された債券は、格付けが低くリスクの大きいジャンク・ボンドとなる場合もある。➡ M&A

レモンの原理 lemon's principle ある財やサービスの取引を行う経済主体間で、当該財についての、それぞれが有する情報の正確さが異なる（つまり非対称情報の存在する）とき、通常の市場取引においては、粗悪品が氾濫してしまうこと（不良品・粗悪品のことを、英語でlemonという）。より具体的には、例えば中古車の取引を考えると、その所有者である売り手は、その品質を正確に認識できるものの、買い手の側は、それに関する正確な情報を入手することはほぼ不可能と考えられる。こうした状況で市場取引が行われる場合、中古車価格がある水準に設定されると、その価格以下の価値しかない中古車のみが売りに出されることになる。このとき、市場に供給される中古車の「平均」品質は、価格よりも相当低い水準にとどまる。よって、必然的に価格は低下する傾向を持つが、それにつれて、

市場に供給される中古車の(平均)品質も低下し続けるため、結果として、非常に品質の低い中古車のみが市場にあふれる結果となる。売り手と買い手の間に、中古車ディーラーのような、専門的流通業者を介在させることは、こうした状況を回避する1つの方法である。➡情報の非対称性

連結会計 accounting for consolidation 企業グループ全体を統合した財務諸表(連結財務諸表)を作成すること。企業の海外進出やM&A、会社分割などにより、単独の企業の経理状況からは実質的な経営内容がわかりづらいことから重要視されることとなった。日本では1977年から連結会計制度が導入されたが、個別財務諸表が主であった。しかし、2000年3月期決算から導入された新会計基準(会計ビッグバン)では、大企業等に連結財務諸表の作成が義務付けられ、連結財務諸表が主となった。新連結会計では、連結対象となる範囲が拡大され、損失の子会社等への付け替えなど、グループ内の不透明な取引がより難しくなった。➡M&A、会計ビッグバン

連結財務諸表 consolidated financial statements 個々の独立した企業ごとの財務諸表を単独財務諸表と呼ぶのに対し、親会社とこれと密接な経済関係を持つ子会社、関連会社を合わせた企業グループ全体の財務諸表のこと。連結会計による貸借対照表、損益計算書、キャッシュフロー計算書、剰余金計算書、付属明細書を指し、2003年3月期より親会社による作成、開示が義務付けられ、これらに基づく連結納税制度もこれに先だって2002年度から開始されている。自ら頂点に立って企業グループを構成する親会社の財務状況や営業成績は単独財務諸表によっては十分に実情を把握できないこと、事業の多角化の下、グループ事業全体の収益性開示を投資家に対して行う必要があること、またわが国企業の国際化に伴う会計基準の国際化が必要であったことなどから、その導入、開示が求められるに至った。➡キャッシュフロー

連結実質赤字比率 consolidated real deficit ratio 地方公共団体財政健全化法の下での、財政健全化判断指標の1つ。次式で算出される。

$$連結実質赤字比率 = \frac{連結実質赤字額}{標準財政規模}$$

連結実質赤字額=(イ+ロ)-(ハ+ニ)

イ：一般会計および公営企業(地方公営企業法適用企業・非適用企業)以外の特別会計のうち、実質赤字を生じた会計の実質赤字の合計

ロ：公営企業の特別会計のうち、資金不足額を生じた会計の資金の不足額

ハ：一般会計および公営企業以外の特別会計のうち、実質黒字を生じた会計の実質黒字の合計額

ニ：公営企業の特別会計のうち、資金の余剰を生じた会計の余剰額の合計

連結実質赤字比率が、都道府県で8.75%、市町村で財政規模に応じ16.25%〜20%を超えた場合には、財政の早期健全化を求められる。さらに、都道府県で15%、市町村で30%を超えた場合には、財政の再建を求められる。

連続型確率変数 continuous random variable ☞ 確率変数

レント rent 供給量が固定的で非弾力的な財・サービスの供給者に帰属する利益や超過利潤のこと。本来は土地の賃貸料である地代を意味する。土地の供給は固定的で非弾力的であるため、地代は需要によって決定される。土地への需要が増大しても、供給量が変化しないため地代が上昇して土地所有者の利益となる。とりわけ優良地は需要が高いために他の土地よりも地代が高くなり、地代収

入から機会費用（他の用途として供給した場合の地代収入）を差し引いた分が供給者の利益となる。このような利益をレントと呼ぶ。今日ではレントという概念はもっと広い意味で用いられていて，土地に限らず，例えば特別な才能を持った稀少な人材には高い報酬が支払われるが，これもレントとみなすことができる。独占市場や寡占市場などで企業に生じる超過利潤も広くレントと呼ぶことがある。また，政府の規制により供給が制限されているような場合にも，供給者にレントが発生することになる。➡ 寡占，超過利潤，独占

レント・シーキング rent-seeking
レントを獲得・維持するためにロビー活動などに資源を投入すること。政府により参入規制が存在すると，産業内の既存企業は超過利潤すなわちレントを得ることができる。超過利潤が発生しても参入が起きないので，既存企業は長期的にレントを獲得することができる。このため企業は，政治家や官僚に働きかけて有利な規制政策を維持するインセンティブを持つ。合理的な企業であれば，レント・シーキングへの活動はその期待される限界利益と限界費用が等しくなる規模で実施される。しかし，レントを獲得・維持するための資源投入は生産活動に振り向けるわけではないため，社会的な観点からは浪費となる。参入規制により既存企業はレントを獲得できるが，公正な競争を歪め，潜在的な参入企業と消費者の利益が損なわれ，効率的な資源配分が阻害されるのみでなく，資源の社会的な浪費が大きくなる。➡ 参入障壁，レント

連邦準備制度 Federal Reserve System
米国において全米12の地区連邦銀行により中央銀行業務を行う仕組の総称。地区連邦準備銀行を監督下に置き，金融政策の意思決定を行っているのが連邦準備制度理事会FRB（Board of Governors of the Federal Reserve System, Federal Reserve Board）である。また連邦公開市場委員会FOMC（Federal Open Market Committee）はFRB理事と地区連邦準備銀行総裁の代表から構成され，公開市場操作の方針を決定する。➡ 金融政策，公開市場操作，中央銀行

連邦預金保険公社 Federal Deposit Insurance Corporation ☞ 預金保険制度

労働供給 labor supply ミクロ経済学では家計が自らの効用を最大にするように選択する労働時間のこと。合理的な消費者（家計）は，所与の財価格と賃金率の下で，労働時間（これは賃金所得となる）と購入したい消費財の数量を効用が最大になるように同時に決定する。提供できる労働時間は1日に24時間以上にはなりえない。この最大限利用可能な時間から睡眠，食事，休息，読書などの自ら自由に利用する時間（これを余暇時間という）を差し引いたものが労働供給時間である。また，予算制約は，労働時間（24－余暇）に賃金を乗じた所得と財の支出が等しくなることである。消費者は，予算制約の下で効用最大化問題を解き，余暇（つまり労働時間）と財の需要量を決定する。その際，消費者は，財の余暇時間に対する限界代替率が実質賃金率に等しくなるように財と余暇時間（労働供給）を決

定する。マクロ経済学では労働供給とは，働こうとする意思を持つ労働者の数をいう場合が多い。 ➡ レジャー

労働供給関数 labor supply function 賃金率と労働供給の関係を示す関数。労働供給関数では新古典派経済学とケインズ経済学の相違が顕著に現れる。新古典派の労働供給関数は，個人の合理的な選択行動の結果として，限界原理に基づいて労働供給の限界不効用と実質賃金率の一致するところに決まる。労働供給の増加(減少)とともに労働の限界不効用は上昇(低下)する。したがって労働供給の増加には，限界不効用の上昇に見合う高い実質賃金率が求められる。つまり労働供給 N^S は $W=PL^S(N^S)$ となり，N^S は貨幣賃金率 W の増加関数となる。図では，ある与えられた価格水準の下では，新古典派の労働供給関数は，AE_0B のようになる。労働の需要曲線が CD ならば，労働の需要曲線と供給曲線は E_0 で交わり，均衡雇用量は N_0，均衡貨幣賃金率は W_0 となる。新古典派の世界では，非自発的失業は生じない。

これに対しケインズ経済学では，労働供給の決定要因として貨幣賃金率あるいはその下方硬直性に注目する。今，貨幣賃金率が下方硬直的で $\underline{W}$ 以下に下がらないとする。もし労働需要曲線が労働供給曲線と E_3 で交わっていれば，労働の需給は一致し，均衡貨幣賃金率は $\underline{W}$ となる。しかし，不況下で物価水準が低下すると，労働需要曲線と労働供給曲線は物価下落分だけ下方にシフトする。その結果，労働需要曲線と労働供給曲線が E_0 で交わるような状況が発生すると，貨幣賃金率は $\underline{W}$ までしか下落しないので，供給は E_1 で需要は E_2 と労働の超過供給すなわち非自発的失業が発生する。これは，労働供給曲線が $\underline{W}E_1B$ となっていることを意味している。 ➡ 完全雇用，ケインズ経済学，賃金の下方硬直性

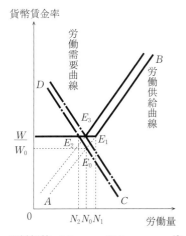

労働係数 labour coefficient ☞ 資本係数

労働契約法 Labor Contract Act 労働者と使用者の間で結ばれる労働契約の基本原則を定めた法律。2000年以降，就業形態の多様化によって，労働者の労働条件が個別に決定・変更される場合が増加し，個別労働関係紛争も増加してきた。そこで，個別の労働関係の安定化のため，労働契約に関する民事的なルールの必要性が高まり，労働契約の内容の決定・変更に関するルール等を体系化するため，2008年3月に施行された。

この法律は，労働契約の締結・変更・継続・終了，有期労働契約などについて規定している。労働契約は労使が対等な立場で合意・締結・変更するものとし，懲戒権や雇用権の濫用は無効であること，有期労働契約については，やむを得ない事由がない限り期間中に解雇できないことなどが明記されている。2013年4月の改正により，通算5年を超えて有期労働契約を繰り返し更新している場合は求めに応じて期間の定めのない契約への転換，契約期間満了前の雇用終了には社会通念上の相当な理由が必要であること，有期

契約労働者と無期契約労働者との間で期間を根拠とする不合理な労働条件の相違の禁止が明文化されている。

労働者派遣法 Worker Dispatching Law 派遣労働者を保護するための法律。労働者派遣事業法とも呼ばれる。1986年施行から数度改正され，現在の名称となった。過去には労働者を建設現場に送り込む人(足)貸しが存在し，様々な点で労働者が不利であったことから，職業安定法では企業による労働者供給事業が原則禁止された。しかし，1980年代以降の経済のサービス化に伴う職業の専門化，外注・下請の増加，労働者の意識変化を背景に，人材派遣の制度化，派遣労働者保護の観点から，一定の規制のもとに人材派遣が許可されることになった。

1986年施行当初，専門的知識や経験が必要な業務への人材派遣という考え方から，派遣業務は13に限定されていた。その後順次対象業務が拡大された。1999年改正以降，企業側の人件費削減ニーズの高まりや，人材派遣に関する規制緩和による民間活力の向上という趣旨から，原則禁止から原則自由へと転換した。2004年施行の改正では，派遣期間制限の緩和，製造業への派遣が解禁された。2012年の改正派遣法では，一転規制が強化され，労働者保護，直接雇用の促進が打ち出された。特に，2015年の改正では，①同一の事業所に対しては派遣期間を原則3年に限定，②派遣終了後にも雇用を継続させるため雇用安定措置，③そのためのキャリアアップへの助成金制度，④正規職員との均等性を確保するための情報提供等が盛り込まれた。 ➡ 契約社員，ワーキング・プア，人材派遣

労働集約度 labor intensity ある産業ないし生産物の投入・産出プロセスにおいて，多くの投入要素のうち労働投入に依存する割合のこと。特に労働投入と資本投入の間で比較されることが多く，相対的に多くを労働に依存するとき，労働集約的，資本に依存するとき資本集約的と呼ぶ。資本・労働比率の逆数が労働集約度を示す。商業やサービス業，繊維・雑貨といった軽工業など在来の伝統的産業は労働集約度の高い産業と見られる。またその国，その経済の生産要素の賦存量に合致した労働集約度(資本集約度)の産業が育成されるべきという考え方がある。 ➡ 資本・労働比率

労働需要関数 labor demand function 企業による労働需要がどのような変数によりどのように決定されるかを記述する関数のこと。これについては，新古典派経済学，ケインズ経済学の間に差はない。生産が労働のみにより行われるとし，生産関数を $Y = F(N)$ とする($F'(N) > 0$，$F''(N) < 0$)。Y は生産量，N は労働量(=労働者数)とする。企業の利潤極大化行動から，労働の限界生産力が実質賃金に等しいところで労働投入量が決まる。貨幣賃金率を W，物価水準を P とすれば，$W = PF'(N^D)$ が成り立つ。ここで，生産関数の性質より，物価水準 P が一定の下で，貨幣賃金率 W が低下すれば，労働需要 N^D は増加する。すなわち労働需要曲線は DC のように右下がりとなっている。また物価水準 P が上昇すれば上

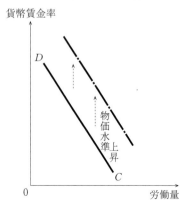

労働生産性 labor productivity　ある産業の生産物の産出・投入プロセスにおいて，労働投入1単位当たりの産出単位数のこと。投入・産出プロセスが労働投入L，資本投入K，産出Y，生産関数$Y = F(K, L)$で表されるとき，労働生産性は産出・労働比率Y/Lで表される。生産関数が資本と労働の間に代替性があるタイプである場合，労働生産性は，資本投入の増加とともに上昇する。また技術進歩によっても労働生産性は上昇する。

労働分配率 labor share　「要素費用表示の国民所得」に占める「雇用者報酬」の割合のこと。わが国の労働分配率は1995年73.1%，2000年72.1%，2005年67.9%，2010年68.9%，2014年69.4%となっており，1990年代は72%前後あったが2000年代に入り69%前後に低下している。労働分配率は短期的には景気とは逆相関の動きを示す傾向があるが，それは雇用・賃金の調整よりも資本の稼働率の調整が先行するからである。

労働力人口 labor force　満15歳以上人口のうち従業者，休業者および完全失業者の合計。満15歳以上の人口は，労働力人口か，非労働力人口のいずれかに分類される。次に労働力人口は，就業者と失業者に分けられ，さらに就業者は従業者と休業者に分けられる。その際の従業者と休業者への振り分けは，毎月行われる労働力調査の調査週間中に収入を伴う仕事をしたか否かで判定される。また完全失業者とは，就業者以外で調査週間中に収入を伴う仕事を少しもせず，就業が可能で，かつ求職活動をしていた者，あるいは仕事があればすぐに就ける状態で過去に行った求職活動の結果を待っている者を指す。この労働力人口は，例えば完全失業率を求める際に用いられ，完全失業者数を労働力人口で割ったものが完全失業率となる。また労働力人口は，その大きさだけでなく，年齢構成も重要である。➡ 完全失業率

労働力調査 Labor Force Survey　労働力人口の人的構成，産業別構成などの構造変化や，失業の変化を追跡するために，総務省が毎月行っている調査。人々の就業，不就業について，調査週間中の実態に基礎をおいて行う調査であり，当初は個人別調査票を用いて実施していたが，途中から世帯連記式に切り換えられた。また調査の方法も，他計申告方式（調査員が質問の上，労働力調査票に直接記入）から自計申告方式（世帯員が労働力調査票に直接記入）に変更になった。一方，この毎月の調査とは別に，臨時調査ないし特別調査という調査も，雇用・失業問題の重点領域に焦点を合わせ，必要に応じて適時行われてきている。なお，1949年秋から始まり現在に至っている労働力調査において，失業者の定義が何度か変更されている。

ローカル・コンテント規制 local content requirement　貿易関連投資措置（TRIM）の典型的な例で，進出してきた海外企業に対して，部品をすべて海外の親会社等からの輸入に依存するのではなく，一定割合以上の部品または特定の部品について，現地調達することを義務付ける規制。例えば，ヨーロッパに進出した日本の自動車メーカーが部品や原材料のある一定割合以上を現地で調達しない限り，現地で生産された自動車とみなさないというものである。ローカル・コンテント規制の目的としては，見かけだけの現地生産を排除することや，部品産業を保護育成することにある。部品の一定割合以上を現地調達するという制約によって，進出企業のコストは上昇し，これが完成品の価格に反映されて，消費者が損失を被ることになる。

ローザンヌ学派 Lausanne school　限界革命以降，ワルラス（Warlas, M.-E.

L.）と彼の後継者パレート（Pareto, V.）やバローネ（Barone, E.）が中心となって活躍した学派。スイスのローザンヌ大学を教育・研究活動の本拠地としたため、この名称がある。特徴は、一般均衡理論を中心に、模索理論を通じた均衡価格の成立、完全競争均衡とパレート効率性とを骨格とする厚生経済学の基本定理、価格の調整による効率的な資源配分の実現メカニズムなどを探求した。この成果は、フィッシャー（Fisher, F. M.）やヒックス（Hicks, J. R.）を経てアメリカの数理経済学や今日のミクロ経済学に大きな影響を与えた。一般均衡理論は、経済学の多くの分野で、主要な分析手法を提供している。➡パレート，パレート効率的，ワルラス

ローマ・クラブ Club of Rome 核兵器、テロリズムから南北問題、環境問題に至るまで、ますます深刻化する国際社会の諸問題を世界的な視野から研究するために世界各国の政・財・学界の知識人が中心となって組織された国際団体。1968年にイタリアのペッチェイ（Peccei, A.）の呼びかけで、ローマで結成されたのでローマ・クラブという名称になった。1972年に人口爆発と現代文明の資源浪費に警鐘を鳴らした報告書『成長の限界』を発表し、その後も地球環境問題など様々な分野で提言を行っている。➡成長の限界

ローレンツ曲線 Lorenz curve 所得や富などの分配の不平等の程度を図表的に示す曲線。米国の統計学者ローレンツ（Lorenz, M. O.）が、富の集中を測るための方法として1905年に初めて提示した。

今、世帯数をnとする。総数nの世帯を世帯所得の低いものから順に高いものへと左から右に並べる。i番目の所得の世帯について次の値を計算する。

$$X_i = \frac{i\text{番目の所得以下の所得を持つ世帯数}}{\text{全世帯数}}$$

$$Y_i = \frac{i\text{番目の所得以下の所得を持つ世帯全体の所得額}}{\text{全世帯の所得総額}}$$

すべてのそれぞれの所得についてX_i, Y_iを計算し、横軸にXを、縦軸にYをとり、(X_i, Y_i)をプロットして描かれる曲線がローレンツ曲線である。完全に平等な所得分配の場合は、ローレンツ曲線は、正方形の対角線である直線OCAと一致する。この対角線は均等分布線と呼ばれる。何らかの不平等が存在する場合は、ローレンツ曲線は弧OBAとなる。1世帯がすべての所得を独占している完全に不平等な場合には、ローレンツ曲線は鉤型ODAとなる。すなわち所得分配の不平等は、ローレンツ曲線が対角線から右下方向に離れる鉤型に近づくほど大きくなる。不平等を視覚でとらえることが可能で不平等の程度を理解しやすいが、ローレンツ曲線が交わった場合、あるいは時系列的に形状が異なってくる場合には、比較が困難となる。

なおイタリアの統計学者ジニ（Gini, C.）が独立に発表した所得不平等の尺度であるジニ係数は、ローレンツ曲線を利用して定義することができる。今、図において弓形$OCABO$の面積を直角三角形$OCADO$の面積で割った値がジニ係数である。完全に平等な所得分布の場合には、ローレンツ曲線は対角線に一致するからジニ係数は0になり、一方その反対に完全な不平等の場合には、ローレンツ曲線はODAとなるので、ジニ係数は1になる。このように、ジニ係数は常に0から1の間の値をとり、またその値が1に近づくほど所得分布の不平等が増し、0に近づくほど所得分布は平等に近づくことになる。

ジニ係数は，数値で不平等度を表すことができる点が大きなメリットであるが，面積が同じで形状が異なるローレンツ曲線については，比較ができないという問題点もある。

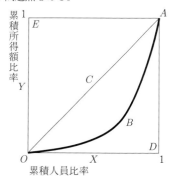

ロビンソン Robinson, Joan Violet (1903～1983) イギリスの経済学者。ケンブリッジ大学に学び，1931年以来母校に奉職，1965年退職した夫（Robinson, F.A.G.）の地位を継いで教授となった。スラッファ（Sraffa, P.）の研究を継承，発展させて1933年に「不完全競争理論」を完成させた。それ以後，彼女の関心はマクロ経済学に移り，ケインズ（Keynes, J. M.）のインナー・サークルの一員として『雇用・利子および貨幣の一般理論』の形成に大きな影響を与え，その系統立った緻密な解説書（*Introduction to the Theory of Employment*, 1937, *Essays in the Theory of Employment*, 1937）を書き，ケインズ理論の普及に貢献した。さらにケインズ理論の一般化，長期化に取り組み，経済成長と資本蓄積の分野で大きな業績を残し，またマルクス理論の批判的摂取に努めた。1960，70年代には，新ケンブリッジ学派，新ケインズ学派（ポスト・ケインズ派）の代表的経済学者として，また「経済学第2の危機」の提唱者として，資本理論を中心に新古典学派の正統派経済学に痛烈な批判を浴びせ，自己の経済学の確立に努めた。

ロビンソン・クルーソー経済 Robinson Crusoe economy ロビンソン・クルーソーの孤島での生活を自己完結的な経済システムになぞらえる経済モデル。エッジワース（Edgeworth, F. Y.）はその主著『数理心理学』(1881)で，経済取引の様子を，孤島で生活するロビンソン・クルーソーと従者フライデーを取り上げ，両者の間の労働契約等によって示しているが，孤島におけるクルーソーとフライデーの行動に，自己完結的でかつ相互依存的な経済行動の論理が最も端的に現れるとして，その説明に利用される特徴的な経済状態をいう。エッジワースの説明では，クルーソーは唯一の投入財である労働を用い消費財を生産することで最大利潤を得ようとする企業家であると同時に，利潤によって効用最大化を図る消費者として行動し，他方フライデーは労働を売りそれによって得られる賃金で消費財を購入することによりその効用最大化を図る消費者として行動する。この両者の行動で，その孤島における全経済活動が表される。

ロワの恒等式 Roy's identity 間接効用関数をある財の価格によって偏微分した値を，間接効用関数の所得による偏微分の値で割った比率にマイナスをつけたものは，その財の需要関数に常に等しいという関係を示す式。つまり，第i財と第j財の2財，x_i, x_jがあるもとで，それらの価格をp_i, p_j，所得をI，そして間接効用関数を$V(p_i, p_j, I)$とするならば，ロワの恒等式は，次式で表わされる。

$$x_i(p_i, p_j, I) = -\frac{\partial V(p_i, p_j, I)}{\partial p_i} \Big/ \frac{\partial V(p_i, p_j, I)}{\partial I}$$

この恒等式は次のように解釈できる。ある価格と所得の下での需要関数が与えられるとして，いま第i財の価格が上昇したとする。間接効用関数を第i財の価

格で偏微分したものは，価格上昇による新たな予算制約下での最大効用の低下分である。間接効用関数を所得で偏微分したものは，所得増加による新たな予算制約下での最大効用の増加分を意味する。この逆数は効用1単位を増加するためにはどれだけ所得増加が必要かを示す。したがって，間接効用関数の第i財の価格による偏微分を所得の偏微分で割った比率にマイナスをつけたものは，第i財の価格が1円上昇したときに低下する最大効用の減少を補償するためにどれだけの所得が必要になるかを示している。これが価格上昇前の第i財の需要関数に等しくなるのは，第i財の価格が1円上昇すれば，価格上昇前の財の組合せを手に入れるためには，(第i財の需要量×1円)の所得が不足するからである。ロワの恒等式から間接効用関数が与えられれば，微分計算によって簡単に需要関数を求めることができる。そのため応用ミクロ経済学，公共経済学，国際経済学などの分析道具として活用されている。➡ 間接効用関数，需要関数，消費者行動理論での双対性

ロンバート型貸出制度 Lombard-type lending facility 担保などあらかじめ定められた条件を満たせば，基準貸付金利で金融機関が必要額を必要な期間だけ(ただし，5営業日を超えると金利が上昇するが，現在は臨時措置として5営業日を超えても基準貸付金利のままで)借入できる制度のこと。ロンバート型貸出制度は，日銀では補完貸付制度と呼ばれている。一時的に資金繰りが苦しくなった銀行に対して迅速に資金供給が可能になるため金融システムの安定に役立ち，またコールレートが基準貸付金利を上回るときは銀行がロンバート貸出を利用するため，公定歩合が短期金利の上限を形成し，コールレートの変動を緩和する役割もある。通常の日銀貸出は，貸出額や貸出先を日銀が自らの裁量で定めている。なお，以前は日本銀行は「公定歩合」の呼称を使用していたが，現在では代わりに「基準貸付利率」と称するようになった。「ロンバート」の名称はイタリアのロンバルディア地方に由来する。➡ 公定歩合

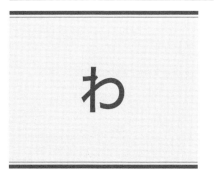

ワーキング・プア　working poor
就労しているにもかかわらず，貧困に近い状態にある個人や家族を指して使われる用語。プアの経済状態が不明確なため定義はなく，意味も曖昧である。アメリカで生まれた用語で，働く貧困層と訳される。この言葉が使用される例として，生活保護の水準以下の収入しか得られない場合，生活費を稼ぐことが精一杯で職業訓練を受けたり転職活動をしたりする余裕を持てず生活状況の改善が難しい場合，年収200万円以下の場合，医療費や修繕費などの予期しない支出が生活の維持に支障をきたす場合などが挙げられる。

ワーク・シェアリング　worksharing
1人当たりの労働時間を減少させ雇用者数を増やし，雇用水準を維持する制度。例えば，一定時間を1人雇用するより，同じ時間を半分に分割し2人雇用する方が，雇用者数を増やすことができる。ワーク・シェアリングは，雇用対策の1つとしての「緊急対応型」ワーク・シェアリングや，人々の職業意識や生活の多様化に対応するための「多様就業型」ワーク・シェアリング等に分類されることもある。ドイツ，フランス，オランダ等においては，1980年代に実施された。とりわけオランダにおいては，1980年代中盤から1990年代にかけて失業率の低下が顕著であり，サービス部門のパートタイム労働者の増加，女性の労働力率の増加等が観察されている。ただし，オランダのパートタイム労働は日本のそれとは異なり，労働時間が短いということ以外フルタイム労働者と同じであることは注意を要する。また，オランダにおける同期間の労働生産性の伸びは低いとの分析もある。日本の企業や自治体でも導入事例がある。➡労働生産性

ワラント債（新株引受権付社債）
warrant bond　発行会社の株式を，一定の期間（行使期間）内に，あらかじめ定められた価格（行使価額）で決められた数量だけ引き受ける権利（ワラント）が付与された社債。株価が行使価額を上回れば，ワラント保有者は権利を行使すれば行使価額と株価の差額が利益となる。株価が行使価額を上回らなければ，権利を行使しなければよいが，行使期間内に権利を行使しなければワラントは無価値となる。2002年の商法改正により社債部分とワラント部分を分離できないもののみが「新株予約権付社債」とされ，分離できるタイプの商品は普通社債と新株予約権を同時に発行したものとみなされることとなった。転換社債と同じく，債券購入者に有利なワラントが付与されているため，その分金利等の発行条件を発行主体側に有利に設定することができる。➡転換社債

割引現在価値　discounted present value
将来に受け取れる価値を，現在に受け取ることができたら，どれくらいの価値を持っているのかを表す値。ある割引率で将来の価値を現在の価値に割引くため，現在の価値は割引率で変わってくる。この割引率のうち，家計が現在の消費を犠牲にして貯蓄を行うことで，どれだけの将来の消費の増加を望むかを表す人々の選好のことを時間選好（time preference）または時間選好率（rate of time preference）という。企業は投資の意思決定時に投資

から生まれる将来の収益を当該投資の収益率で割引き，社会的な便益をもたらす公共施設などの将来価値を現在価値に割引く際には社会的割引率で割引く。このように，割引率は経済主体の主観や目的によって異なる。割引率には，時間選好のような主観的割引率と利子率のような市場で決まってくる客観的割引率とがある。従来の経済学では，主観的割引率の決定過程をブラックボックス化し，一定の指数的割引を利用してきた。指数的割引は現在価値をY, 将来価値をX, 割引率をd, 時間をtとすると次のように表される。

$$Y = X/(1+d)^t$$

現実には，行動経済学などで説明されるように，今現在に貰える1万円と1年後に貰える1万100円では今の1万円を貰うことを選ぶが，今現在に貰える1万円と10年後に貰える1万100円ではどちらを貰ってもいい，といった傾向がある。すなわち，近い将来はせっかち度が高く，遠い将来のせっかち度は小さい（近い将来の割引率は大きく，遠い将来の割引率は近い将来の割引率よりそれほど大きく増加しない）ことがある。この場合では，一定の率で割引く指数的割引率では説明がつかないため，双曲的割引が用いられる。定数をaとすると次のように表される。

$$Y = X/(1+at)$$

縦軸を割引現在価値，横軸を時間として指数的割引と双曲的割引を図示すると下記のようになる。

指数的割引は一定の割引率で価値を割引く一方で，双曲的割引は遠い将来の割引率が小さくなることが考えられるため，図のようにある時点で割引現在価値が逆転する可能性がある。なお，時間選好の決定については現在，行動経済学，神経経済学などの分野を中心に研究が進んでいる。

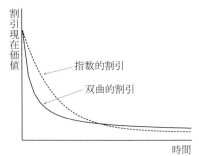

割引債 discounted bond　割引債とは，利子の支払が行われない代わりに，発行価格が額面を下回っている（割引されている）債券のこと。満期が到来すれば額面で償還されるため，発行価格と額面の差額が利子に相当する。政府が短期資金を調達するために発行する国庫短期証券が代表的な割引債である。一方，利付債とは，最も一般的な債券の発行形態であり，債券保有者に定期的に利子を支払う債券のことである。利子があらかじめ固定されている固定利付債のほか，利子支払時点での市場金利に応じて利子支払額が変化する，変動利付債も発行されている。

ワルラス Walras, Marie-Esprit Léon (1834〜1910)　フランス生まれの経済学者。1870年にスイスのローザンヌ・アカデミー（後のローザンヌ大学）の経済学部教授に迎えられた。限界効用理論の創始者の1人で，主著『純粋経済学要論』(*Éléments d'économie politique pure,* 1874〜1877)は，数理的な一般均衡理論を生みだしたことで，現代経済学に多大な影響を与えている。その議論は，絶対自由競争という仮定の下で予備段階の2商品交換から，多数商品交換，生産の理論，資本化の理論，貨幣の理論へと拡大されているところにある。株式取引所などから類推される自由競争的市場の下で，初期所有量と各主体の効用関数を前提しなが

ら，交換を通じて各財の均衡が実現する（ワルラス的調整過程）。各財の市場は相互に依存しており，各財の需要・供給関数はすべての財の関数であり，すべての財市場で均衡価格が同時に決定される。均衡価格は，各財の需給均衡を示す方程式の解として決定される。解の存在は未知数である各財の価格と独立な各財の需給均衡式の数が一致することから保証される。ワルラスは母国フランス・欧米各国における結果の不平等を非難する風潮や独占の悪弊に対して，公益に沿う自由競争の維持育成を政府の目標とすべきであると主張した。➡ 一般均衡, 限界革命, 限界効用, ローザンヌ学派

ワルラス均衡 Walrasian equilibrium ワルラス（Walras, M.-E. L.）が創始した多数市場からなる競争経済の一般均衡のこと。競争均衡ともいう。すなわち，すべての市場で需要と供給が同時に均衡している状態を指す。財の需要量と供給量は，消費者の効用最大化行動と企業の利潤最大化行動の結果として，すべての価格の関数として導出される。すべての市場での需要と供給を一致させる価格が均衡価格であり，これはすべての財の需給均衡条件からなる連立方程式の解として求まる。この均衡において，「何を，どれだけ，どのように」生産し，「誰が，何を，どれだけ」消費するかという資源配分が決定される。つまり，ワルラス均衡は，均衡価格とそのときの資源配分であり，それらは，①すべての市場で需給均衡，②消費者は予算制約の下で効用を最大化，③企業は生産関数の下で利潤を最大化，以上の条件を満たしている。さらに，ワルラス均衡での資源配分はパレート効率的であるという，厚生経済学の基本定理が成り立つ。➡ 一般均衡, 競争均衡

ワルラスの安定条件 Walrasian stability conditions ☞ 安定条件

ワルラス法則 Walras' law　市場取引の対象となる財がn財あり，そのうち第n財が貨幣であるとする。貨幣の価格を1とし，残る$n-1$財の価格はすべて貨幣の価格との比率で表され，$p_i(i=1, 2, \cdots, n-1)$とする。今，第i財($i=1, 2, \cdots, n-1$)に対する需要をD_i，供給をS_i，貨幣に対する需要をD_n，供給をS_nと表すと，一物一価の原則が満たされる限り，均衡価格水準か否かにかかわらず次式が常に成り立つ。

$$\sum_{i=1}^{n-1} p_i D_i + D_n \equiv \sum_{i=1}^{n-1} p_i S_i + S_n$$

これをワルラス法則と呼び，貨幣を含む全取引対象に関する需要額と供給額は常に等しいという自明の恒等関係を示すものである。ワルラス法則が常に成立しているということは，n財のうち任意の$n-1$財について需給が一致していれば，残る1財の市場もかならず需給が一致していることを意味する。

WAN wide area network　☞　LAN

索　引

あ

アームズ・レングス・ルール ………………… 1
R&D ……………………… 1
ROE ………………… 1,66
ROA ………………… 1,66
RCC ……………………… 1
RTC …………………… 247
IR ………………… 1,296
IAS ………………… 1,49
IS-LM分析 ………… 52,314
IS-LMモデル … 1,108,397,400
ISO ………………… 3,301
IS曲線 …………………… 2
IS方程式 ………………… 2
IFC …………………… 248
IMF … 3,4,18,31,63,95,142,143,198,234,248,374,433
IMF一般引出権 ………… 31
IMF協定 ………………… 393
IMFクォータ ………… 3,31
IMFコンディショナリティ ……………………… 3
IMF特別引出権 … 4,31,265
IMF平価 ………………… 7
IMFポジション …… 4,155
IMF融資条件 …………… 3
IMFリザーブポジション ………………… 4,48,265
IMF割当額 ……………… 4
IoT ……………………… 4
IO表 …………………… 184
IQ制 …………………… 417
ICT …………………… 224
相対取引 ………………… 4
IT …………… 20,99,224,333,351,359
IDA …………………… 248
IT革命 ……………… 4,116

相手先ブランド ………… 5
相手先ブランドによる生産 ……………………… 40
IBRD …………… 248,374
アウトソーシング ……… 5
アウトライト取引 …… 237
アウトライト方式 …… 181
青色申告 …………… 5,130
アカウンタビリティ …… 5
赤字公債 …………… 6,131
赤字国債 ……………… 151
赤字財政 ………………… 6
赤字予算 ……………… 97
アカロフ ………………… 88
アキュムレーション …… 6
アクセプタンス方式 …… 6
アクセプタンス・レート ……………………… 6
アクティブ運用 …… 6,357
揚げ超 …………………… 6
アザリアディス ………… 14
アジア経済研究所 …… 332
アジア太平洋経済協力 …………………… 7,29
アジア太平洋地域経済圏 ……………………… 7
アジアNIEs ………………… 7,329,342,414
アジアの4匹の龍 …… 329
アジャスタブル・ペッグ ……………………… 7
アジャスタブル・ペッグ制 …………………… 143
ASEAN ………… 7,111,180
ASEAN憲章 …………… 8
ASEAN自由貿易地域 … 7,276
アセット・アプローチ ………………… 8,374
アセット・バック証券 … 8
アセット・バランス・アプローチ ………………… 8,9

新しい貨幣数量説 …… 229
新しい古典派 ……… 23,147
圧縮記帳 ………………… 9
アナウンスメント効果 … 9,143,201
アナログ情報 ……… 9,300
アニマル・スピリッツ … 9
アノマリー ……………… 9
アバーチ＝ジョンソン効果 ………………… 10,253
アブソープション … 10,325
アブソープション・アプローチ ………… 10,275
AFTA ……………… 7,276
アベイラビリティ効果 …10
アベノミクス ……………10
アメリカの株価指数 ……11
アモチゼーション ………11
粗投資 …………… 140,203
アルチアン …………… 184
アレシナ ……………… 113
アレン …………………… 35
アレン＝バウリーの法則 ……………………… 35
アロー … 11,19,141,186,313
アローの不可能性定理 ………………… 11,12
アンカリング効果 ………12
UNCTAD ……… 319,329
安全資産 …………… 12,427
アンダーライター ………12
アンダーライティング …12
アンダーライティング業務 …………………… 218
アンタイド・ローン ………………… 12,114,269
アンチ・ダンピング ………………… 272,275,345,349
安定 ………………………12
安定化政策 ………………12

索引

あ

- 安定株主 …………… 13, 80
- 安定条件 ………………… 13
- 安定性 ………………… 260
- 安定性および伸長性の原則 ………………… 283
- 安定政策 ……………… 176
- 鞍点 …………………… 13
- アンビシャス ………… 230
- 暗黙契約の理論 ……… 14

い

- EEC …………………… 14
- ESCB ………………… 413
- EMA ………………… 293
- EC …………………… 14
- ECSC ………………… 14
- ECB …………………… 413
- ETF ……………… 10, 64, 220
- EPA ……… 7, 77, 117, 271, 383
- EU …… 14, 39, 111, 276, 341, 412
- EURATOM …………… 14
- イールド ……………… 15
- イールド・カーブ …… 15
- イールド・スプレッド … 15
- イールド・レシオ …… 15
- イギリス古典派経済学 ………………… 15, 406
- 移行経済圏 …………… 15, 195
- 遺産動機 ……………… 16
- 異時の均衡 …………… 16
- 異時点間の消費配分 … 16
- 移籍出向 ……………… 215
- 依存効果 ……………… 25
- 依存財源 …………… 17, 193
- 一時借入金 …………… 70
- 一次産品 ……………… 17
- 1次税率 ……………… 75
- 1次同次 ……… 87, 118, 185
- 1次同次性 ………… 17, 242
- 一物一価の原則 ……… 447
- 一物一価の法則 …… 17, 177
- 一様分布 …………… 17, 56
- 一致指標 …………… 17, 113
- 一般売上税 …………… 26
- 一般会計 …… 18, 52, 57, 120, 130, 145, 161, 171, 174, 199, 209, 225, 437
- 一般貸倒引当金 ……… 58
- 一般借入取極 ………… 3, 18
- 一般競争入札 ……… 18, 93
- 一般均衡 ……… 18, 195, 230, 313, 359, 367
- 一般均衡解 …………… 287
- 一般均衡理論 …… 11, 115, 185, 334, 376, 442, 446
- 一般均衡論 …………… 343
- 一般財源 ……… 18, 283, 316
- 一般歳出 …………… 19, 171
- 一般集中度 ………… 19, 213
- 一般消費税 ………… 19, 223
- 一般政府 …………… 19, 145
- 一般政府総固定資本形成 ………………… 137
- 一般セーフガード …… 248
- 一般的供給過剰 ……… 400
- 一般特恵関税制度 …… 319
- 一般不可能性定理 … 11, 19, 313
- 一般物価水準 ………… 22
- 一般補助金 ………… 19, 392
- 一般理論 ……………… 229
- 一般理論経済学 ……… 407
- 移転価格 ……… 19, 259, 271
- 移転価格税制 ………… 19
- 移転支出 ……………… 20
- 移転所得 ……………… 19
- 意図した在庫 ………… 170
- 意図せざる在庫 ……… 170
- 意図せざる在庫投資 … 159, 197
- 稲田条件 ……………… 423
- イノベーション …… 20, 218
- 依頼人 ……………… 20, 372
- 医療扶助 ……………… 238
- 医療保険 …………… 20, 208
- インカム・ゲイン …… 39, 90
- インサイダー取引 …… 21
- 印紙税 ……………… 21, 191
- インセンティブ規制 … 253, 368
- インターネット … 4, 21, 305, 374
- インターネット銀行 … 21
- インターネット・バンキング ………………… 21
- インターバンク市場 … 21, 42, 100, 149, 273
- インダストリー4.0 … 270, 359
- インタレスト・グループ ………………… 166
- インデクセーション … 175, 366
- インデックス・ファンド ………………… 6
- インフラ ……………… 205
- インプライド・ボラティリティ ………………… 394
- インフラストラクチャー ………………… 375
- インプリシット・デフレーター ……………… 22, 187
- インフレ ……… 9, 23, 67, 71, 72, 76, 101, 103, 146, 162, 198, 289, 333, 345, 357, 364, 366, 413
- インフレーション …… 22, 24, 79, 90, 114, 137, 138, 139, 143, 160, 192, 216, 229, 252, 293, 296, 297, 370, 388, 393, 399, 415
- インフレーション・ターゲット（インフレ目標） ………………… 22
- インフレ期待 …… 22, 23, 24, 357, 399
- インフレギャップ … 23, 397
- インフレ供給曲線 …… 23
- インフレ需要曲線 …… 23
- インフレ税 …………… 24
- インフレ・ターゲティング ………………… 24
- インフレ対策 ………… 24
- インフレ率 …… 10, 22, 23, 24, 198, 254, 274, 288, 324, 358
- インベスター・リレーションズ ……………… 296

索　引

インボイス（税額票）方式
　……………………………43

う

ヴァージニア学派………24
ヴァーノン……………376
ヴィーザー………………41
ヴィクセル…… 25,63,163,
233,345
ヴィクセル効果…………25
ヴィクセル的累積過程…25
ウィリグ………………166
ヴィンテージ……………83
ヴェブレン…………25,244
ヴェブレン効果…………25
ウォーラス……………433
迂回生産………………25,242
受け超……………………6
受取利息…………………39
宇沢弘文………………382
内税………………………25
内税方式…………………26
売上税……………………26
売上高極大化仮説…26,427
売りオペ…26,102,134,194
売りさばき業務…………26
売り注文…………………44
売手独占………………315
売り持ち…………………42
ウルグアイ・ラウンド
　…… 75,248,271,272,399,
402,416
運賃・保険料込価格… 384,
385
運賃保険料払込…………33
運転資金………………27,250

え

AI ……………224,230,359
AFTA ……………… 7,276
ALM ……………………27
AD ……………………345
AD-ASモデル …… 28,397
永久公債…………………27
永久劣後債……………435
営業特金…………………97

営業余剰……………… 164
営業余剰・混合所得……27
エイジェンシー………372
エイジェンシー化………27
HHI …………………… 213
APEC ………………… 7,29
益金………………………29
益税………………………30
エクイティ・ファイナンス
　……………………………30
エクスポージャー… 30,42
エコビジネス……………31
エコロジー………………31
SRI ……………………31,406
S&P500 …………………31
SEC（証券取引委員会）
　…………………………31, 169
SAL ……………………375
SNA ………………31,157,189
SCPパラダイム ……… 184
SDR……3,31,48,95,155,265,
323
SPC ………………………31
SPV ………………………31
枝 ……………………… 354
X効率性…………………32
エッジワース… 32,132,443
エッジワースの極限定理
　……………………………132
エッジワース・ボックス
　………………… 32,132,207
EDINET ……………… 296
NII ……………………… 224
NAB ……………………… 3
NGO ………………… 32,404
NDP …………………… 360
NB ……………………… 347
NBER …………… 244,371
NPO …………………32,33
FRB …………………… 438
FOMC ………………… 438
FOB ………………… 33,294
FOB価格………… 384,385
FDIC …………………… 418
FTA… 7,33,117,118,271,383
FB ………………… 42,273

F分布 ………………… 239
MIGA ………………… 248
M&A ……………………33
エムアンドエー…………33
MEW ………………… 112,314
MM定理 …………………33
MM（モディリアーニ＝ミ
ラー）…………………80
M2M ……………………… 4
MBS …………………… 8,182
MBO ……………… 34,308,340
M1, M2, M3 ……………34
LM曲線 ………………… 2
LM方程式 ……………… 2
LP ………………… 34,251
LBO……………………… 34,436
円為替……………………34
円キャリー取引…………34
エングル…………………34
エングル曲線……………34
エングル係数……………34
エングルの法則…………34
縁故地方債………………35
円借款…………… 35,269,404
援助………………………35
円高……………………10,71
円高・ドル安……………35
円建て…………… 237,303
円建て外債………………35
円建て為替レート………34
円建て債…………………35
円建てBA ………………35
延長表………………… 185
円転………………………36
円転換……………………36
円転規制…………………36
円転市場…………………36
円転レート………………36
円投………………………36
円投入……………………36
エントロピー……………36
円の国際化………………36
円安……………………10,72
円安・ドル高…………35,36
円リンク債………………36
円レート………………34,36

お

オイル・ショック……3,37
オイル・ダラー………37
オイル・マネー……37,433
オイル・マネー・リサイクリング………………37
OECD……1,31,40,43,73,74, 272,329
応益課税………………49
応益原則…………283,362
応益性の原則…………189
応益説……………37,425
凹関数…………………37
黄金株…………………340
黄金律………………39,179
欧州共同体……………14
欧州経済共同体………14
欧州経済協力機構……40
欧州原子力共同体……14
欧州支払同盟…………152
欧州石炭鉄鋼共同体……14
欧州単一通貨…………412
欧州中央銀行………39,413
欧州中央銀行制度……413
欧州通貨協定…………293
欧州連合……………14,39,276
欧州連合条約…………14
応能説…………………39
応募者利回り…………39
オウム返し戦略………110
応用計量経済学……39,121
OR……………………39,45
OEEC…………………40
OEM…………………39
大きな政府……………40
大蔵省…………………40
オークン………………40
オークンの法則……23,40
OJT……………………45
オーストリア学派……41, 357,406
オーツ…………………388
ODA……………………114
オーバーシューティング………………41

オーバーナイト物………22
オーバー・ボローイング………………41
オーバー・ローン………42
オープン・イノベーション………………42
オープン価格制………180
オープン市場……22,42,100, 273
オープン・ショップ制………………415
オープン投信…………66
オープン・ポジション…42
オーマン………………132
送り状…………………42
汚染者負担原則……43,74
オゾン層の破壊………278
オゾン層保護…………43
オファー………………44
オファー曲線…………43
オファー・ビッド……44
オフショア勘定………44
オフショア市場………44
オフショア・マーケット………………44
オプション……237,303,394
オプション価格………394
オプション価格モデル………………370
オプション取引………44
オプション料…………292
オフバランス…………44
オフバランス化………46
オフバランス取引……30
オブリゲーション・ネッティング…………124
OPEC………………37,44
オペレーショナル・リスク………………45,124
オペレーションズ・リサーチ………………45
オペレーション・ツイスト………………45
オペレーション・リスク………………191
オリーン………63,234,379

卸売物価指数…………156
オン・ザ・ジョブ・トレーニング………………45
温室効果……………46,74
温暖化防止条約………46
オンバランス…………46
オンライン・システム…46

か

カーネマン………145,376
カーン…………………132
買いオペ……48,69,102,134, 194
外貨…3,4,8,34,35,48,71,72, 194,266,364
海外からの要素所得……48
海外勘定………………48
外貨オプション………48
外貨集中制度…………71
外貨準備……4,31,36,48,71, 152,154,155,265
外貨準備高……………72
外貨建て………………72
外貨保有制限…………71
外貨割当………………71
回帰直線………………125
回帰分析……48,191,263,380
会計検査院…………49,124
会計年度……………49,179
会計年度独立の原則……49
会計ビッグバン……49,437
外形標準課税………49,189
外国為替………34,36,42,50, 71,82,124,152,155,162, 181,325
外国為替円決済制度…325
外国為替及び外国貿易管理法………………50,203
外国為替及び外国貿易法………………42,50,203
外国為替資金特別会計（外為特会）………48,69,194
外国為替市場…48,72,266, 364,381
外国為替手形…………50
外国為替レート……50,152

外国税額控除............ 238
外国税額控除制度........51
外国貿易の利益..........51
介護保険............ 51,208
概算...................51
概算要求基準........ 52,187
開示債権............... 372
外需................... 325
外需依存型経済成長...... 326
外需依存経済............52
外需依存率..............52
外生...................96
外生的................. 286
改正日本銀行法......... 284
外生変数...... 52,238,240,
  309,318
階層間所得比率........ 228
外挿の期待..............52
外為決済リスク......... 124
外為市場介入............71
外為法................. 203
買い注文................44
買手独占............ 52,315
買い手の購買力..........41
買取引受................12
χ^2（カイ二乗）分布... 239
介入通貨................82
概念的需要............. 169
開発途上国..............53
外部金融................80
回復期................. 112
外部経済......... 53,212,395
外部経済（効果）....... 327
外部効果... 53,302,326,385
外部資金............... 436
外部性... 19,53,94,136,144,
  205,349
外部性の市場化..........53
外部性の内部化..........53
外部不経済...53,54,212,327,
  388
開放経済......... 54,155,400
買い持ち................42
価格安定制度............54
価格機構............... 368
価格規制................84

価格競争............... 328
価格競争力........ 152,198
価格差別.......... 54,191,315
価格差補給金........... 389
価格支持政策............54
価格支配力.......... 45,368
価格・消費曲線..........54
価格先導者.......... 54,369
価格弾力性... 210,275,374,
  395
価格調整............ 54,234
価格調整過程........... 407
価格調整機構........... 401
価格追随者.......... 55,369
価格と生産............. 340
価格破壊................55
価格比................. 419
価格変動リスク......... 380
価格メカニズム......... 368
下級財... 55,86,216,237,260
課業管理............... 298
拡大期................. 112
拡張局面............... 112
格付け.............. 55,299
確定給付型年金...... 55,81
確定給付企業年金法......81
確定拠出型年金...... 55,81
確定申告.......... 55,131,230
確定利付証券............55
額面割当増資........... 254
隔離効果................56
確率............... 56,268
確率加重関数........ 56,376
確率的均等分配論...... 228
確率分布... 56,148,181,239,
  342
確率変数...... 56,93,148,239,
  253,376,377,423
確率密度................57
確率密度関数... 57,239,377
隠れ借金................57
家計最終消費支出... 57,85,
  221,403
家計調査................57
家計貯蓄............... 290
加工貿易.......... 211,371

貸し渋り................57
貸倒引当金..............58
貸出金利................9
貸出金利（公定歩合）政策
  134
貸出増加額規制......... 398
貸付資金説.......... 58,163
貸しはがし..............58
加重限界効用............69
加重限界効用均等の法則
  126,221
可処分所得..............58
課税客体................60
課税原則................59
課税最低限..............59
課税自主性の原則...... 283
課税単位................59
課税の公平性........... 233
課税の中立性............60
課税標準... 26,49,59,60,162,
  189,210
課税標準額............. 199
課税物件................60
課税ベース.......... 60,272
仮説...................60
仮説検定............ 60,239
寡占...32,60,61,78,93,166,
  196,315,316,361,438
寡占理論................61
仮想企業体............. 339
仮想的市場評価法........61
可測性................. 141
加速度係数..............61
加速度原理...... 61,112,204,
  303,308
ガソリン税............. 223
価値関数............ 56,62,376
価値財............ 62,135,223
価値尺度................82
価値尺度財（ニューメレール）............ 62,235,367
価値的情報............. 224
価値欲求................62
合算課税................63
カッセル...... 18,63,146,202,
  345

GATT …… **63,169,234,271, 272,374,399,414**
ガット……………………… 169
合併………………………**63**
合併特例債…………… 133
過当競争…………………**63**
稼得者単位課税……**59**
カバー取引……………**72**
カバリング………… **64,291**
株価指数…………… **64,220**
株価指数先物……………**64**
株式収益率………………**64**
株式収益率（PER）……**15**
株式純資産倍率…………**64**
株式会社…………………**65**
株式会社国際協力銀行…**65**
株式公開買付け（TOB）
　………………… **13,33,65**
株式市場…………… **65,100**
株式投資信託……………**66**
株式持ち合い……………**66**
株主資本利益率…………**66**
株主総会…………………**67**
株主代表訴訟……………**67**
株主割当増資………… 254
貨幣………………… **67,367**
貨幣価格…………… 250
貨幣供給…………… 175
貨幣供給量…… **41,138,241**
貨幣錯覚…………………**67**
貨幣需要… **68,108,129,229, 395,399,430**
貨幣証券………………… 410
貨幣乗数…………………**68**
貨幣数量説…… **68,129,134, 229,322,357,366**
貨幣数量方程式…………**68**
貨幣的金融仲介機関……**99**
貨幣の期待限界効用……**41**
貨幣の供給………………**69**
貨幣の限界効用…… **69,208**
貨幣の中立性……… **69,70**
貨幣の超中立性…… **69,70**
貨幣の流通速度…… **69,134, 357,366,395**
貨幣ベール観……………**69**

可変費用……… **70,256,331**
下方硬直性…… **14,406,439**
加法性…………… 141
神の手………… 401
空売り……………**70**
借入金……………**70**
借換債………… **70,138**
仮需……………… 200
カルテル…… **70,78,166,297, 315,316,320,369**
カルドア… **193,390,392,397**
ガルブレイス…………… 345
カレンシー・ボード……**70**
カレント・エクスポージャー………………**71**
川上………………… 430
川下………………… 430
為替………… 3,**71**,423
為替管理………… **71,363,393**
為替管理自由化…………**71**
為替金融………… 383
為替差益………… **71**,424
為替差損………… **71**,424
為替市場………… **71**,263
為替市場介入…………… 109
為替政策…… **71,114,385**
為替相場…… 7,**71,72**,98
為替ダンピング……… 275
為替手形………………**50**
為替投機………… **72**,293
為替ベース貿易額…… 294
為替予約……… 303
為替リスク… 42,**72,294,424**
為替レート… 4,8,35,36,41, **71,72,82,104,105,109,111, 146,148,153,155,162,188, 190,198,200,235,236,263, 266,275,292,293,324,325, 350,351,357,363,381,387, 393,395,396,398,405**
簡易課税制度……**30,73,223**
簡易調査………… 156
簡易保険…………………**73**
環境………………………**73**
環境アセスメント………**73**
環境影響評価……………**73**

環境会計…………………**73**
環境権……………………**73**
環境税………………… **73,341**
関数………………………**74**
関税…… **74,79,105,142,155, 194,213,270,273,306,319, 348,406,413,416**
関税及び貿易に関する一般
　協定……… **63,75,272,399**
関税暫定措置法……… 199
関税・数量割当の同値命題
　……………………… 306
関税定率法…………… 199
関税同盟…………**14,75,276**
関税・非関税障壁…… 118
関税率……………… 199
関税割当制度……………**75**
間接金融… **75,194,219,289**
間接効用関数… **75,222,443**
間接償却………………**58**
間接税………… **75,193,297**
間接民主制…………… 269
完全競争… **60,75,78,91,93, 123,196,197,277,316,360**
完全競争均衡………… 442
完全競争市場… **16,141,215, 222,407**
完全雇用…… **12,23,76,114, 121,156,164,228,230,255, 291,297,361,362,394**
完全雇用赤字……………**76**
完全雇用黒字……………**76**
完全雇用GDP……**76,255, 361,397**
完全雇用余剰……………**76**
完全失業者………… **76,441**
完全失業率………… **76,278**
完全情報…………………**78**
完全情報ゲーム…………**76**
完全性…………… 404
完全性（完備性）………**77**
完全特化………… 319
完全予見………… 148
簡素の原則…………… 283
環太平洋戦略的経済連携協
　定…………………………**77**

索 引

環太平洋パートナーシップ
　………………………………77
カントリーリスク………77
カンパニー制度…………78
かんばん方式………78,350
完備情報ゲーム……77,78
かんぽ生命保険……73,412
管理価格…………………78
管理価格インフレーション
　………………………………79
管理通貨制度………79,121,
　270,294
管理フロート制………293
管理変動相場制………381
管理貿易…………………79
元利補給金……………389

き

機会の均等……………228
機会費用…………79,438
機会費用論………………41
企画業務型裁量労働制
　……………………………181
幾何分布……………56,79
機関委任事務…198,282,283
機関投資家……79,300,303,
　367
棄却域……………………60
企業会計………………240
企業家モラル…………395
企業金融…………………80
企業合同………………320
企業短期経済観測調査
　……………………………331
企業統治…………149,370
企業内訓練………………80
企業内貿易………………80
企業年金……………80,335
企業の合併と買収………33
企業の吸収・合併……428
企業の社会的責任………81
企業の買収・合併……436
企業物価指数…………156
企業別組合……………211
企業別組合制…………332
企業連合…………………70

危険………………81,427
危険愛好者………………81
危険回避者………81,427
危険回避的………………90
危険回避の尺度…………81
危険債権………………372
危険資産…………………82
危険中立者………………82
気候変動に関する国際連合
　枠組み条約……………46
起債制限………………281
起債制限比率…82,139,280
基軸通貨…………82,323
基軸通貨国……………322
技術移転…………………82
技術援助………………114
技術協力………………404
技術進歩…………………82
技術的外部性……………83
技術的情報……………224
基準貸付利率………83,444
基準財政収入……………83
基準財政収入額…169,177,
　280,354
基準財政需要……………84
基準財政需要額……84,139,
　169,177,199,226,257,273,
　280,392
基準時点…………223,421
基準税率…………………84
基準レート………84,111
基数的……………………86
基数的効用………146,343
基数的効用関数…………84
規制緩和…40,55,64,84,109,
　113,161,166,192,231,232,
　285,364,430
規制の緩和……………102
季節調整…………………90
季節調整値………………85
季節調整法………………85
季節変動…………………84
偽装失業………………252
帰属価格………………380
帰属家賃…………………85
帰属理論…………………41

基礎控除………85,227,433
基礎的財政収支……85,369
基礎的消費……………122
基礎的不均衡…………143
基礎年金………………159
期待………………………85
期待インフレ率……23,85
期待係数…………………52
期待形成…………………85
期待効用…………………86
期待効用仮説………62,86
期待効用理論………56,380
期待収益率……342,387,427
期待値………86,93,376,380
期待理論………………104
キチン循環……………170
キチンの波………112,170
ギッフェン………………86
ギッフェン財…86,237,260
議定科目…………………87
キドランド……………113
機能的な分配……………87
揮発油税………………290
規範経済学………………87
規範（的経済）理論……87
規模に関して収穫一定
　…………………………87,185
規模に関して収穫逓減
　……………………………87,88
規模に関して収穫逓増
　……………………………87,88
規模の経済…132,133,345,
　414
規模の経済性…88,197,276,
　315,376
基本税率………………199
基本表…………………185
帰無仮説……60,88,296,347
義務的経費………… 88,173
逆イールド………………88
逆為替……………………50
逆行列……………………88
偽薬効果………………370
逆鞘………………27,88,247
逆資産効果……………192
逆進性……………113,223

逆進税 … 88	共同市場 … 93,276	均衡動学 … 96
逆選択 … 88,191,390	協同組織金融機関 … 93	銀行等引受債 … 35
逆相関 … 253	共同発行市場公募地方債 … 146	均衡取引量 … 95
逆相関関係 … 93	京都議定書 … 46,74,341	均衡の安定性 … 395
キャス … 423	競売人 … 407	銀行の銀行 … 283
キャッシュフロー … 89,147,190,218,303,375,436	共分散 … 93	銀行ユーザンス … 6,417
CAP … 14	業務分野規制 … 102	均衡予算 … 96,302
CAPM … 89	共有地の悲劇 … 93	均衡予算帰着 … 244
キャピタル・ゲイン … 39,90,264,306,381	協力ゲーム … 94	均衡予算主義 … 97
キャピタル・ロス … 90,380	協力ゲーム理論 … 132	均衡予算乗数 … 97,176
キャプラン … 373	行列 … 94	金庫株 … 192
ギャロッピング・インフレーション … 22,90	行列ゲーム（矩形ゲーム） … 94	金地金本位制 … 98
QE … 90	許可権 … 95	緊縮財政 … 6,177,302
旧厚生経済学 … 141	漁業協同組合 … 93,337	金準備 … 323
93SNA … 90,157,398	極限定理 … 268,286	均斉成長 … 96
（旧）住宅金融公庫 … 407	居住地主義 … 154	金銭信託 … 97
吸収分割 … 377	巨大企業集団 … 166	金銭的外部性 … 97
q理論 … 314	許認可権 … 95	金属主義 … 97
旧歴史学派 … 434	拒否権付き株式 … 340	近代経済学 … 41,98,132,213,401,406
教育扶助 … 238	金外信託 … 97	近代部門 … 330
狭義銀行 … 328	金核本位制 … 98	金兌換券 … 98
協議制度 … 281	金貨本位制 … 98	均等犠牲説 … 98
供給 … 54,90	金為替本位制 … 95,98,322,323	均等限界犠牲 … 98
供給関数 … 91	「緊急対応型」ワーク・シェアリング … 445	均等限界犠牲説 … 171
供給曲線 … 91,208	緊急輸入制限 … 248	均等絶対犠牲 … 98
供給重視の経済学 … 91	キングストン体制 … 95	均等比例犠牲 … 98
供給の価格弾力性 … 91	均衡 … 10,95	均等分布線 … 442
業況判断指数 … 331	銀行 … 95	均等割 … 297
恐慌 … 92	均衡価格 … 95	金ドル本位制 … 374
共済 … 92	銀行間（インターバンク）市場 … 266	金本位 … 294
共済組合 … 35,159	銀行間（インターバンク）レート … 72	金本位為替相場 … 324
行政改革 … 92	銀行間市場 … 181	金本位制 … 121,162,270
行政科目 … 92	均衡経路 … 348	金本位制度 … 98
行政事務 … 198	銀行検査 … 373	勤務延長 … 170
行政の失敗 … 246	均衡財政 … 6,231	金融緩和 … 99,325,357
競争 … 92	均衡財政主義 … 175	金融緩和政策 … 430
競争均衡 … 93,132,313,447	均衡GDP … 96,255	金融機関 … 99
競争制限的規制 … 373	銀行主義 … 96,293	金融危機対応会議 … 99
競争政策 … 114	均衡成長 … 39,96,115,179	金融機能早期健全化法 … 145
競争入札 … 93	均衡成長経路 … 260,331,359	金融恐慌 … 294
協調介入 … 351		金融工学 … 99
共通農業政策 … 14		金融・財政政策 … 155
協定税率 … 199		金融再生法 … 99,145,372
		金融財閥 … 180

金融先物市場………… 100
金融資産の時価評価… 100
金融資産負債表……… 189
金融市場……………… 100
金融市場調節方針…… 102
金融資本……………… 297
金融資本型コンツェルン
　………………………… 166
金融収支………100,156,264
金融商品取引法… 101,169,
　218,296,309,410
金融商品販売法……… 101
金融政策… 10,13,22,24,39,
　45,68,100,101,114,122,134,
　143,148,201,230,274,283,
　297,359,394,433
金融整理管財人……… 101,346
金融早期健全化法…… 100
金融秩序維持政策…… 372
金融仲介機関…………… 99
金融庁…………102,219,346
金融調節……………… 102
金融取引表…………… 189
金融の自由化………… 102
金融派生商品………… 303
金融引き締め………… 102
金融ビッグバン………… 49
金融持株会社……… 102,408
金利……… 36,103,153,266,
　393,430
金利規制……………… 102
金利決定要因………… 103
金利裁定行動………… 104
金利スワップ………… 303
金利の期間構造…… 45,103
金利の計算…………… 104
金利の理論…………… 104
金利平価説…………… 104
金利（利子）弾力性… 430
金利リスク………… 27,105
近隣窮乏化…………… 240
近隣窮乏化政策… 105,294

く

空間経済学…………… 105
空洞化…………… 35,105

クープマンス………… 423
クールノー……… 106,315
クールノー＝ナッシュ均衡
　………………… 106,328
クールノーの極限定理
　………………………… 315
クールノー（の）均衡… 61,
　106,215
クーン＝タッカーの1階条件
　………………………… 308
区間推定………… 106,239
釘付け………………… 7,324
クズネッツ…………… 167
クズネッツの波……… 112
屈折需要曲線………… 106
屈折点………………… 106
クニース……………… 434
国直轄事業負担金…… 365
くもの巣理論………… 107
クラーク…… 116,149,183,
　264,269
クライン……………… 122
クラウディング・アウト
　………………107,151,431
クラウワー……… 169,334
グラス＝スティーガル法
　………………108,109,415
クラブ財……………… 108
グラム＝リーチ＝ブライリー法
　………………… 108,109
グラント・エレメント
　………………………… 109
繰上償還……………… 109
クリーピング・インフレーション………… 22,90,109
クリーム・スキミング
　………………………… 109
クリーン……………… 109
クリーン・フロート… 109
繰返しゲーム………… 109
繰越明許費…………… 110
クレイトン法………… 165
クレジット・カード… 110,
　300,305,338
グレシャムの法則…… 111
クローズド・イノベーション……………………42
クローズド・ショップ制
　………………………… 415
グローバリゼーション
　………………………… 111
クローリング・ペッグ
　………………………… 111
黒字財政………………… 6
黒字予算………………… 97
クロス取引…………… 111
クロスレート………… 111
クロヨン問題…111,230,363

け

計画経済… 16,112,166,195
景気基準日付………… 428
景気後退局面………… 428
景気循環… 12,112,218,303,
　359,362,397,424,428
景気循環（理）論… 112,218,
　345
景気対策……………… 113
景気動向指数… 17,57,112,
　113,160,252
景気の踊り場………… 160
景気の山……………… 112
景気変動……………… 250
軽減税率……………… 113
経済安定化…………… 114
経済安定化機能……… 227
経済援助…… 114,142,155,
　329,359
経済学および課税の原理
　………………………… 425
経済学概論…………… 237
経済学原理… 132,184,395,
　400,403
経済学講義Ⅰ，Ⅱ……… 25
経済学講義Ⅱ…………… 25
経済学試論集………… 402
経済学提要…………… 343
経済騎士道…………… 395
経済協力開発機構…… 114
経済主体……… 71,114,131
経済政策……………… 114
経済成長率……… 115,357

経済成長理論............ 115
経済同盟............ 115,276
経済の情報化............ 115
経済のソフト化............ 116
経済発展........116,142,330
経済発展段階説... 116,117
経済発展の理論........ 218
経済発展論............ 116
経済表............ 125
経済物理学............ 117
経済分析の歴史........ 218
経済摩擦............ 117,332
経済モデル............ 117
経済連携協定...... 7,77,117, 118,383
形式収支............ 118,199
k次同次性 118
軽自動車税............ 191
傾斜関税............ 273
経常一般財源............ 118
経常一般財源比率...... 118
経常移転............ 119
経常収支...... 4,71,119,156, 188,194,236,264,269,275, 350,357,364,384,396,397
経常収支比率............ 119
経常的支出............ 187
経常取引............48,71,119
罫線............ 300
継続性の原則............ 119
継続費............ 119,161
計の推論............ 390
系金融機関............ 337
k％ルール 119
軽薄短小型産業........ 211
経費............ 120
ケイブズ............ 184
契約曲線... 32,120,132,207
契約社員............ 120
契約社員制度............ 120
契約理論............ 120
係留効果............12
計量経済学............ 121
系列............ 121
系列相関........121,191,263
系列取引............ 121

ケインジアン...288,345,424
ケインズ...... 1,9,14,25,61, 68,91,104,114,121,122, 125,132,163,220,221,229, 230,246,250,270,306,310, 322,334,340,344,349,362, 392,397,400,411,419,420, 428,430,443
ケインズ革命...... 122,123, 132,233
ケインズ型消費関数... 122, 220,221,255,303,318,342
ケインズ経済学... 55,76,96, 122,169,200,234,247,255, 291,334,358,361,397,399, 401,406,439,440
ケインズ経済学のミクロ的 基礎............ 123
ケインズ効果............10
ケインズ的............25
ケインズの投資関数... 308
ケインズ派...... 24,392,400
ケインズ理論........ 28,115, 147,290
k次同次関数 118
ゲーム............ 77,78,94,109, 123,354
ゲームの木............ 354
ゲームの理論... 45,61,123, 184
ゲームの理論と経済行動 123
ゲーム理論...... 94,328,402
ゲーム論............ 152
血気............ 9
結合生産............ 123
決済手段............ 123
決済通貨............ 82,124
決済リスク............ 124
決算............ 124
欠員率............ 411
結託............ 132
決定係数........125,253,271
ケネー............125,213,435
限界......... 98,128,230,395
限界概念............41

限界革命...... 125,163,230, 401,406,441
限界犠牲............ 171
限界原理............ 125,230
限界控除制度............30
限界効用......... 41,125,126, 128,208,222,406,446
限界効用均等の法則... 126
限界効用逓減............98
限界効用逓減の法則 126,146
限界効用理論............ 171
限界効率............ 308
限界自治体............ 127
限界資本係数............ 202
限界収入......125,126,316
限界集落............ 127
限界消費性向...... 122,125, 127,342,378
限界生産性............ 330
限界生産物......... 125,127
限界生産力......... 39,41,53,117, 125,128,151,163,210,382
限界生産力説...... 127,398
限界生産力逓減の法則 210
限界税率............ 128
限界租税性向............ 128
限界対偶............41
限界代替率...... 17,125,128, 141,193,206,221,260,268, 279,391
限界代替率逓減の法則 126,128
限界貯蓄性向............ 127
限界費用......... 53,128,207, 208,256,287,316,355,378, 422,438
限界費用価格形成原理 128
限界費用曲線... 91,261,422
限界不効用............ 163
限界分析............ 128
限界便益............ 208
限界変形率... 129,141,241, 279
限界輸入性向...... 416,417

索 引

限界利益……………… 438
原価会計………… 129,188
原価主義………… 129,188
減価償却……… 80,129,298
減価償却費…………… 129
現金給付……………… 129
現金残高数量説……… 129
現金残高方程式… 134,357, 395
現金主義……………… 118
現金主義会計………… 129
現金通貨…………………68
減債基金……………… 130
現先市場……………… 130
現先取引………… 130,164
現先レート…………… 130
減資…………………… 130
顕示選好……………… 130
顕示選好理論………… 321
顕示的消費…………… 131
減収補塡債…………… 131
建設公債………… 131,139
建設公債の原則……… 139
建設地方債……… 169,354
源泉地主義…………… 154
源泉徴収……………… 131
源泉分離課税………… 131
検定…………………… 347
限定合理性…………… 131
検定統計量…………… 296
現物給付……………… 129
現物給与………… 131,372
現物取引………… 188,303
ケンブリッジ…… 129,134
ケンブリッジ学派…… 41, 131,357,395
ケンブリッジ方程式… 132, 395

こ

コア…………………… 132
コアの極限定理……… 132
コアの収束定理……… 132
コアの理論…………… 132
広域行政……………… 132
広域情報通信網……… 423

高インフレーション……37
公営企業………… 281,437
公営企業会計債……… 133
公営企業金融公庫…… 144
公営企業債……… 133,137
公益企業……………… 422
公益事業… 133,142,166,277
交易条件… 133,179,321,374, 416
公益法人……………… 133
公開市場操作… 45,101,134, 255,283,364,398,438
公開性の原則………… 134
交換手段…………………68
交換方程式…… 129,134,357
後期高齢者…………… 148
後期高齢者医療保険… 208
後期高齢者医療制度… 134
好況…………………… 359
好況期………………… 112
公共経済学…… 134,235,349
公共財…… 19,61,109,135, 145,176,208,214,236,279, 369
公共財の最適供給条件
……………………… 135
公共事業……………… 137
公共資本……………… 205
公共性…………… 136,267
公共選択学派……… 24,136
公共選択論…………… 136
公共投資……………… 137
公共部門………… 33,362,403
航空機燃料譲与税…… 282
合計特殊出生率……… 137
貢献主義原則………… 228
高雇用余剰…………… 172
公債……………… 137,139
公債インフレーション
……………………… 137
公債管理……………… 151
公債残高の資産効果… 192
公債の借換え………… 138
公債の中立性命題…… 138
公債の負担…………… 138
公債発行の歯止め…… 139

公債費比率…………… 139
公債費負担比率……… 139
交差弾力性…………… 139
行使価格……………… 292
行使価額……………… 445
行使期間……………… 445
公社債市場…………… 140
公社債投資信託……… 140
恒常所得……………… 140
恒常所得仮説…… 140,371
恒常的成長……… 96,185
更新投資………… 140,308
厚生経済学… 132,140,343, 349,385
厚生経済学の基本定理
………………… 141,442,447
合成財………………… 141
厚生損失………… 141,193
公正取引委員会… 219,315, 367
公正な貿易……… 141,359
厚生年金… 57,141,159,177, 335
厚生年金基金……………81
合成の誤謬……… 142,250
公正報酬率…………… 142
公正報酬率規制……… 142
厚生保険特別会計年金勘定
……………………… 335
構造改革… 142,161,231,241
構造調整………… 35,142
構造調整プログラム… 375
構造的赤字……… 76,172
構造的失業…………… 198
構造的不均衡………… 142
公租公課……………… 143
後退期………………… 112
後退局面……………… 112
公定価格……………… 323
公定歩合…… 101,143,241, 297,351,359,369,444
公定歩合政策………… 398
公定歩合操作…… 255,283
公定平価……………… 324
公的企業………… 19,145
公的企業（公営企業・政府

企業) ············ **144**
公的企業総固定資本形成
　············ **137**
公的規制············ **144**
公的金融············ **144**
公的資金注入········ **145**
公的貯蓄············ 290
公的年金············ 299
公的年金制度········ 173
公的扶助········ 129,**145**
公的部門······ 137,**144**,403
公的部門(公共部門)·· **145**
公的保険制度········ 208
公的欲求············ **145**
行動経済学····· 12,**145**,333,340
高度大衆消費時代····· **145**,431
構内情報通信網······· 423
購入者価格·········· 194
購買力平価····· 63,**146**,325,398
交付税および譲与税配付金特別会計·········· 57,279
交付団体············ 280
公平性·············· 223
公平の原則·········· 283
公募債·········· **146**,202
公募地方債·········· **146**
公募入札方式········ **146**
効用········ 98,126,**146**,178,193,207,222,237,380,391,404,447
効用関数······ 69,74,131,**146**,222,228
効用水準············ 239
効用フロンティア····· 239
功利主義············ **147**
功利主義的な価値判断·· 206
効率的市場仮説······· **147**
合理的期待······ 23,113,433
合理的期待学派······· 426
合理的期待仮説······· 288
合理的期待形成学派···· 399
合理的期待形成仮説··· **147**,148

高齢化············ **148**,173
高齢化社会·········· 148
高齢化率·········· 127,148
高齢社会············ 148
コース············ 148,322
コースの定理······ 43,**148**
コープランド········ 398
コーポレート・ガバナンス　············ **149**,208,370
コーリン・クラークの法則　············ **149**,264
コール・オプション··· 44,292,303
コール市場····· 10,22,**149**,273,274,301,412
コール・レート····· 10,102,297
子会社············ 19,**150**
枯渇性資源·········· 173
国債················ 137
国際アムネスティ····· **150**
国債依存度·········· **150**
国際会計基準······ 49,**151**
国際開発協会········ 248
国債管理············ **151**
国際間労働移動······· **151**
国際競争力····· 37,71,**152**,359,418
国際協力機構········ **152**
国際協力銀行······ 144,**152**,174,245
国際均衡············ 156
国際金融公社········ 248
国際金融論·········· **152**
国際経済学····· 54,**152**,235
国際決済銀行········ **152**
国際産業連関表······· 185
国際資本移動··· 153,**155**,162
国際資本市場········ **153**
国際収支····· 3,4,7,45,48,56,71,98,101,114,146,**153**,155,177,188,236,265,323,351,375,414,416
国際収支の天井······· **154**
国際収支表··· 119,168,264,269,384

国際商品協定········ 383
国債整理基金特別会計　············ 130,**154**
国際石油資本········· 45
国際通貨····· 18,36,82,**154**
国際通貨基金····· 3,**374**
国際的二重課税········ 51
国際的二重課税問題··· **154**
国債の期間構造······· 151
国債費·············· **154**
国際標準化機構···3,**154**,301
国際復興開発銀行····· 248,374
国際貿易············ 155
国際貿易理論········ **154**
国際貿易論······· 152,348
国際マクロ経済学····· 152,**155**
国際流動性··· **155**,322,323,374,433
国際連帯税·········· **155**
国税········ 143,**155**,205,279,280,319,324
国勢調査············ **156**
国定税率············ 199
国土強靭化·········· 10
国内企業物価指数···22,**156**,210,366,421
国内均衡·········· 71,**156**
国内均衡と国際均衡··· **156**
国内需要············ 325
国内純生産······ **156**,217,360
国内総固定資本形成··· 254
国内総支出(GDE)··· 10,57,**157**,186,194,221,403
国内総所得·········· 186
国内総生産····· 10,156,**157**,159,186,194,210,217,243,360,383,396,416,418
国富················ 235
国富論······ 236,237,246,425
国民医療費·········· **157**
国民経済学原理······· 407
国民経済計算····· 27,48,57,85,**157**,158,174,184,221,266,307

索　引

国民経常余剰……………48
国民健康保険………… **158**
国民健康保険組合…… 158
国民純生産…………… **158**
国民所得……52,98,122,**158**,159,189,194,243,257,258,308,329,383,395,416,417,418
国民生活金融公庫…… 144, 245
国民総支出…………… **158**
国民総所得…………… **159**
国民総生産… 158,**159**,228, 418
国民貯蓄……………… 290
国民年金………**159**,177,335
国民年金特別会計…… 335
国民負担率…………… 160
国連環境開発会議…… 246
国連貿易開発会議…… 319
腰折れ………………… **160**
5条債………………… 281
個人企業所得……………85
個人均等割…………… 160
個人住民税……**160**,282,287
個人所得税…………… 160
コスト効果…………… 201
コスト・プッシュ・インフレーション… 22,24,**160**, 415
コスト・ベネフィット分析 ………………………… 160
護送船団方式………… 160
国家戦略特区………… 161
国庫…………………… **161**
国庫委託金…………… 161
国庫債務負担行為…… 161
国庫支出金… 18,**161**,193,280,283,287,316,392
国庫収支……………… **162**
国庫制度……………… 161
国庫統一の原則……… 161
国庫負担金…………… 161
国庫補助金………… 9,161
国庫補助負担金……… 283

ゴッセンの第1法則… 126
ゴッセンの第2法則… 126
COP………………………46
COP3 ……………………46
コップ………………… 139
固定為替相場……………95
固定為替相場制…… 3,7,71, 143,**162**,289,292,323,393, 400
固定為替レート……… 413
固定基準年方式……… 366
固定金利……………… 382
固定金利型確定利付債券 ……………………………56
固定金利型商品……… 103
固定資産課税台帳…… 162
固定資産税…… 60,143,**162**, 189,191,278,282,290
固定資産評価基準…… 162
固定資本……………… **162**
固定資本形成…… 171,204
固定資本減耗… 157,158,**164**,217,246,360
固定相場……………… 154
固定相場制……162,**163**,374
固定費用…… **163**,256,331, 353,355
固定利付債…………… 446
古典派…… 15,58,69,98,147, **163**,201,213,238,244,306, 322,395,399,403,425,434
古典派経済学…… 116,**163**, 397,401
古典派公準…………… 238
古典派の第1公準…… 163
古典派の第2公準…… 163
古典派の二分法…69,70,**163**
古典派利子論………… 163
古典派理論………… 28,290
コブ…………………… 163
コブ＝ダグラス型…… 286
コブ＝ダグラス型生産関数 …… **163**,187,242,268
個別貸倒引当金…………58
個別需要関数………… 215
個別消費税……… **164**,223

個別物品税………………26
コマーシャルペーパー ………… 42,80,**164**,218
コモディティ・フロー法 …………………………90
コモンズ……………… 244
固有空間……………… 164
固有事務……………… 198
固有値………… **164**,376
固有ベクトル… **164**,376
雇用慣行……………… 336
雇用（失業）保険……… 208
雇用者報酬… 158,**164**,246, 441
雇用対策……………… **164**
雇用対策法…………… 164
雇用調整………… 120,**165**
雇用と均衡…………… 349
雇用・利子および貨幣の一般理論……………… 246
暦効果………………………9
コルベール主義……… 213
コンカレント・エンジニアリング…………… **165**
コングロマリット…… **165**
混合経済………… 112,**165**
混合所得……… 27,**164**,166
混合戦略……………… 217
混合便益財…………… 166
コンソル債………………27
コンツェルン…… **166**,179
コンテスタビリティ理論 ………………… **166**,315
コンテスタブル市場… 166
コンドラティエフ ………………… 112,167
コンドラティエフの波 ………………………… **167**
コンドルセ…………… 167
コンドルセ基準……… **167**
コンドルセ勝者……… 167
コンプライアンス…… 370
コンポジット・インデックス………………… 113

さ

サージェント…… 147,433
サービサー……………… 168
サービス残業…… 168,198
サービス収支…119,168,384
サーベイランス……… 3
サーベンス＝オクスレー法
　………………………… 169
最恵国待遇…… 63,169,319
最恵国約款……………… 169
再決定仮説……… 169,334
財源……………………… 283
債権国…………………… 169
債券市場………………… 100
財源対策債……………… 169
財源超過額……………… 169
財源調整………………… 280
財源不足額……………… 169
財源保障………………… 280
財源保障機能………… 281
在庫………………… 170,414
最高経営責任者…… 65,170
再構築コスト………… 170
在庫調整………………… 170
在庫投資………170,197,213
最後の貸し手…170,248,373
最後の貸し手機能…… 322
在庫品増加……… 204,254
再雇用………………… 170
再雇用制度…………… 170
財産所得………………… 158
最終財………………… 411
最終仕向国…………… 385
最終需要……………… 185
最終消費財…………… 284
最終生産物…………… 171
最終的貸し手………… 310
最終的借り手…… 212,310
最終利回り………………39
歳出……………………… 171
最小犠牲説…………… 171
最小二乗法……… 171,362
最小分散ポートフォリオ
　………………………… 387
財政……………………… 171

財政赤字……… 25,172,173
財政赤字の持続可能性
　………………………… 172
財政改革……………… 172
再生可能エネルギー… 172
再生可能な資源……… 172
財政関税…………………74
財政緩和……………… 173,177
財政均衡……………………95
財政・金融政策……24,230,
　297,302,361,400
財政黒字………… 172,173
財政健全化債………… 173
財政硬直化…………… 173
財政再計算…………… 173
財政再建計画………… 200
財政再建債…………… 173
財政再建団体………… 174
財政錯覚……………… 174
再生産表式…………… 125
財政資金対民間収支… 174
財政支出……………… 174
財政支出の平準化…… 175
財政支出膨張の法則… 175
財政需要……………… 280
財政障害……………… 175
財政乗数………… 175,221
財政政策……10,13,24,40,
　114,121,122,175,176,230,
　231,270,281,394,411,431
財政政策の対称性…… 176
財政調整機能………… 281
財政投融資……146,176,212
財政投融資計画……… 281
財政融資……………… 245
財政法………………… 177
財政融資……………… 245
財政融資資金………… 177
財政融資資金特別会計債
　………………………… 137
財政余剰………… 172,397
財政力………… 177,186,281
財政力指数…………… 177
在籍出向……………… 215

最大値原理……312,397,423
採択域……………………60
財団法人……………… 177
裁定……… 143,177,291,303
最低価格……………… 178,277
最低価格補償制度………54
最低賃金制…………… 178
最低賃金法…………… 178
裁定取引… 36,104,177,306
最低輸入量…………… 402
裁定レート…………… 111
最適化行動…………… 178
最適課税論…………… 178
最適化問題…………… 178
最適関税……………… 179
最適関税論…………… 179
最適成長理論………… 179
最適性の原理………… 312
最適な資源配分……… 249
最適反応戦略………… 328
財投機関債……… 137,177
財投債………………… 137
歳入…………………… 171
歳入欠陥……………… 179
財閥…………………… 179
財閥解体……………… 180
再販売価格…………… 180
債務危機……………… 433
債務国………………… 180
財務省………………… 180
財務大臣・中央銀行総裁会
　議……………… 180,240
債務の株式化………… 181
債務負担行為………… 225
債務不履行…… 30,124,301,
　412,427
サイモン……………… 131
最優遇貸出金利… 181,369
最尤法………………… 181
裁量労働制…………… 181
差益…………………… 393
先物………64,72,104,188,
　200,224,237,291,293,436
先物為替……………… 181
先物為替取引………… 181
先物為替レート（先渡レー

ト) ………………… 181
先物・先渡し………… 303
先物取引……………… 182
先物マージン率……… 182
サッチャリズム……… 231
サブプライム問題…… 231
サブプライムローン
 ………………… **182**,218
サブプライムローン問題
 ………………………… 102
サプライ・サイド経済学
 ……………………24,91,**422**
差別的租税帰着……… 244
差別出来高給制……… 298
差別料金……………… 182
サミット… **182**,240,325,357
サミュエルソン……61,112,
 131,147,230,235,264,314,
 321,345,420
サミュエルソン条件… **183**,
 279
サムライ債………… 35,**183**
サラリーマン金融…… 222
残額引受………………… 12
残業……………… 168,**183**
産業革命… 15,116,167,203,
 236,263,**400**,434
産業間貿易………… **183**,184
産業関連社会資本…… 205
産業空洞化…………… 271
産業構造……………… 183
産業構造政策………… 183
産業財閥……………… 180
産業資本型コンツェルン
 ………………………… 166
産業政策……………… 183
産業組織……………… 184
産業組織政策………… 183
産業組織論………… **184**,277
産業内貿易…………… 184
産業別最低賃金……… 178
産業連関表… 125,157,**184**,
 185,312,434
産業連関分析…185,312,393
産業連関モデル359,376,386
産業連関論……… **185**,376

サンク・コスト… 166,**185**,
 186,267,350
産出係数……………… 202
産出・労働比率……… 185
サンセット方式… **185**,187
残存期間………………… 15
3大メガバンク……… 318
散超……………………… 7
暫定税率……………… 199
暫定予算………… **185**,311
参入規制………………… 84
参入障壁……… 64,108,121,
 166,**185**,195,267
参入阻止価格………… 186
三面等価の原則……… 186
三割自治……………… 186

し

CI………………… 17,113,**186**
CIF…………………… 33,**186**,294
CIF価格 …………… 384,385
CES生産関数……… **186**,242
CEO…………………… 169,**187**
GAB ……………………… 3
CSR…………………………… **187**
GSP…………………………… 319
GNI ………………………… 286
GNP……………………… 158,**187**
CFO…………………… 169,**187**
CD(譲渡性預金)…42,**187**,
 273,274,418
GDR ……………………… 31
GDI …………………………… 186
GDE ………………… **186**,325
GDP…… 52,76,90,115,116,
 157,159,164,175,186,**187**,
 220,255,258,264,266,269,
 302,326,333,360,371,383,
 384,405,413,416,428
GDPギャップ……………… 23
GDPギャップ率…………… 41
GDP水準…………………… 96
GDPデフレーター… 22,**187**,
 200,339,357,366
G10 ……………………… 152
CP …… 42,80,218,273,289,

 338
CVM ……………………… 61
シーリング…………… 187
仕入税額控除制度……… 43
JA ………………… 93,99
JA共済 ………………… 92
Jカーブ効果 ………… 188
ジェヴォンズ………98,125,
 128,406
ジェトロ ……………… 332
シェパードの補題…… 222
時価会計……………… 188
シカゴ学派……… 371,399
直先スプレッド……… 104
直先スワップ………… 237
直先総合持高規制……… 36
時価主義……………… 188
時価発行増資………… 254
時間外労働…………… 183
時間選好………… 206,445
時間選好率…… 16,**188**,445
直物………64,72,104,181,
 188,236,237,291,292,294
直物為替……………… 188
直物相場……………… 188
直物取引……………… 188
事業者免税点制度……… 30
事業所税……… **188**,191,199
事業税……… 143,**189**,282,
 287,365
事業の再構築………… 428
事業部制組織………… 189
事業部制度……………… 78
事業持株会社………… 408
資金…………………… 357
資金運用部…………… 177
資金援助……………… 114
資金循環勘定………… 189
資金循環分析…… **189**,398
資金不足比率………… 189
資金偏在……………… 42
仕組債………………… 189
自計申告方式………… 441
時系列………………… 263
資源配分機能………… 227
事後……………… **190**,197

自己株式取得方式 …… 235
自己啓発 ……………… 80
自己査定 ……………… 190
自己資本 ……………… 190
自己資本規制 ………… 153
自己資本コスト ……… 203
自己資本調達 ………… 30
自己資本比率 … 58,190,254
自己資本比率規制 …… 103,
  192,343,372
自己選択 ……………… 191
自己相関 ……………… 191
自己弾力性 …………… 140
自国通貨建て為替レート
  …………………… 382
事後の規制 …………… 372
資産課税 ……… 155,191,243
資産効果 …… 10,108,160,
  192,349
資産再評価 …………… 192
資産収益率 …………… 342
資産収益率の標準偏差
  …………………… 370
資産需要 ……………… 2
資産選択理論 …… 229,314
資産担保証券（CDO） … 8,
  182
資産・負債の承継 …… 346
自社株買い …………… 192
死重の損失 …………… 192
自主財源 ………… 186,193
支出関数 ………… 193,222
支出税 ………………… 193
支出面 ………………… 186
市場介入 …… 71,194,263
市場開放問題 ………… 194
市場価格 ……………… 85
市場価格表示 … 59,158,194,
  418
市場型間接金融 ……… 194
市場均衡 ……………… 195
市場金利 ……………… 382
市場経済 …… 16,87,112,140,
  166,195,236
市場経済への移行 …… 195
四条公債 ……………… 131

市場構造 ……………… 195
市場支配力 … 45,53,54,196,
  316,369
市場集中度 ……… 196,213
市場需要関数 ………… 216
市場需要曲線 …… 208,216
市場取引 ………… 4,196
市場の失敗 … 183,196,246,
  322,385,403
市場分断仮説 ………… 104
市場利子率 ………… 58,196
市場リスク …… 196,343,427
JIS ……………… 196,301
指数的割引 …………… 446
指数分布 ………… 56,196
システミック・リスク
  …………………… 124,196
事前 …………………… 197
自然価値 ……………… 41
自然環境 ……………… 73
自然失業率 … 23,76,288,361
自然失業率仮説 … 197,297
自然成長率 …………… 197
事前的規制 …………… 372
自然的秩序による支配
  …………………… 213
自然独占 ……… 133,144,197
自然利子率 …… 25,58,197
時短 …………………… 197
時短促進法 …………… 198
自治事務 ……………… 198
市中消化の原則 ……… 139
市町村合併 …………… 133
市町村税 …… 162,198,282,319
市町村たばこ税 ……… 365
市町村民税 … 160,282,287,
  365,385
失業 ……… 198,349,361,364
失業輸出 ……………… 105
失業率 ………… 13,23,40,113,
  234,254,274,288,324,333,
  350,357,362,396,445
実験経済学 …… 145,229,333
実現値 ………………… 56
実効為替レート ……… 198
実効税率 ……………… 199

実行税率 ……………… 199
実際の（限界）資本係数
  …………………… 202
実質 ……… 24,40,85,115,
  163,200,237,268,357,433
実質赤字比率 ………… 200
実質貨幣残高効果 …… 192
実質金利 ………… 103,199
実質公債費比率 … 139,199
実質残高効果 …… 199,349
実質GDP ……… 187,200,357
実質実効為替レート … 198
実質収支 ……… 118,199,200
実質収支比率 ………… 200
実質所得 ……………… 226
実質値 …… 198,200,301,405
実質賃金率 …………… 200
実質的減資 …………… 130
実質利子率 …………… 357
実需 …………………… 200
実証経済学 ………… 87,200
実証（的経済）理論 …… 87,
  200
実証分析 ………… 121,200
実施ラグ ………… 200,241
質的緩和 ……………… 10
シッパーズ・ユーザンス
  …………………… 417
実物資本 ……………… 202
実物的景気循環論 …… 113
しっぺ返し戦略 … 110,200
指定管理者制度 ……… 200
指定金外信託 ………… 97
指定金銭信託 ………… 97
私的限界生産物 … 206,349
私的限界費用 ………… 94
私的年金 ……………… 299
私的費用 ……………… 201
私的便益 ……………… 201
私的欲求 ……………… 145
始点 …………………… 354
自動安定化装置 … 120,175,
  176,355
自動車重量譲与税 …… 282
自動車取得税 ………… 191
自動車税 ……………… 191

索　引

自動車摩擦………… 385
児童手当…………… 129
シトフスキー……… 207
ジニ………………… 442
ジニ係数… 87,201,228,442
シニョリッジ……… 201
支配戦略………… **201**,211
支配戦略均衡…… 110,212
自発的失業…… 198,**201**,361
支払準備率……**201**,297,341
支払準備率操作… **201**,255
支払猶予…………… 408
シビル・ミニマム…… **201**
私募債……………… **202**,299
資本………………… **202**
資本移転…………… **202**
資本移転等収支… 156,**202**
資本移動…………… 387
資本係数…………… **202**
資本減耗……… 140,**202**,348
資本コスト………… **203**
資本財……………… **202**,309
資本・産出比率……61,**202**,
　203,204
資本資産価格決定モデル
　………………………89
資本市場……… 100,153,**203**
資本自由化………… **203**
資本収支…………… 374
資本集約的…… 233,429,440
資本集約度……… **203**,242
資本主義経済……… **203**
資本証券…………… 410
資本ストック… **204**,235,257
資本ストック調整原理
　……………… **204**,258
資本ストックの調整速度
　………………… 204
資本増加的……………83
資本装備率………… **203**
資本蓄積…………… **204**
資本逃避………… 71,**204**
資本取引… 48,119,**205**,383
資本の限界生産力…… 25,104
資本の深化……… **203**,**205**
資本の適正稼働率…… 204

資本分配率……………39
資本流出…………… 401
資本・労働比率……83,185,
　203,**205**,242,344
資本論……………… 399
指名競争入札……… 93,**205**
JICA ……………… 318
シャウプ…………… 205
シャウプ勧告……… 5,192,
　205,360
社会価値説………… 171
社会環境………………73
社会貢献活動……… 358
社会厚生関数……… **206**
社会資本……… 137,**205**,403
社会主義経済……… **205**
社会的間接資本…… **205**
社会的限界生産物… **205**,
　349
社会的限界費用………94
社会的公正………… **206**
社会の厚生関数…… 206
社会の時間選好率… 206
社会的責任投資… **206**,406
社会的費用……… **206**,355
社会的便益……… **207**,355
社会的無差別曲線… **207**,
　384
社会的余剰………… **207**
社会的欲求………… **208**
社会的割引率……… 446
社外取締役………… **208**
社会保険………… **208**,360
社会保険料………… **208**
社会保障…… 114,158,**208**,
　209,244,290,355,362
社会保障関係費… 171,**209**
社会保障基金……… 57,145
社会保障給付……… **209**
社会保障制度…148,173,176
社会保障負担……… **209**
社債………………… 299
奢侈品……………… 217
JASDAQ ……… **209**,229,395
ジャスダック……… 229
ジャストインタイム

　（just-in-time）…… 78,**209**
社団法人…………… **209**
社内カンパニー………78
社内分社………………78
ジャパンプレミアム… 151,
　209
ジャンク債……… 55,**209**
ジャンク・ボンド…… 436
収益事業…………… **210**
収益率……………… 436
重回帰……………… **210**
重回帰分析……… 49,271
収穫一定…………… 118
収穫逓減… 118,256,326,353
収穫逓減の法則…… **210**
収穫逓増…115,118,256,276,
　326,395
従価税……………60,74,**210**
就業者…………………76
自由競争…………… **210**
集計量……………… **210**
重厚長大型産業…… **211**
自由財源………………84
収縮期……………… 112
重商主義… 15,125,**211**,214
終身雇用………… 46,**211**
終身雇用制………… 332
囚人のジレンマ…… **211**
修正フィリップス曲線
　………………… 358
集積の経済………… **212**
集積の不経済……… **212**
重相関係数……… **212**,253
従属変数…… 38,74,91,146
住宅金融…………… **212**
住宅金融公庫… 99,144,**212**,
　245,382
住宅金融債権管理機
　構………………… 247
住宅金融支援機構…… 144,
　212
住宅取得控除……… 238
住宅投資…………… **213**
住宅扶助…………… 238
集中決済システム…… 124
集中度……………… **213**

自由度調整済み決定係数
　……………… 125,213
収入関税………………74
重農主義………… 125,213
自由の条件………… 340
重複世代モデル……… 249
自由変動相場制……… 381
自由貿易……… 79,213,374
自由貿易協定…7,8,117,118,
　214,383
自由貿易地域…214,276,371
自由貿易論………… 213
自由放任主義………… 435
住民参加型市場公募地方債
　…………………… 146
住民自治………… 214,282
住民税……… 143,189,290,
　297,319
従量税……… 60,74,210,214
受益者負担………… 214
主幹事方式………… 146
ジュグラーの波……… 112
ジュグラーの波（主循環）
　…………………… 250
酒税……… 214,223,290,297
受託事業費………… 365
シュタッケルベルク……61
シュタッケルベルク均衡
　…………………… 214
出向………… 165,215,332
出産扶助…………… 238
出生率……………… 220
出店調整…………… 266
取得原価…………… 298
取得原価主義……… 188
主取引銀行（メインバンク）
　……………… 13,66
シュピートホフ…… 92,345
シュモラー………… 434
需要………10,54,105,215,
　342,359,414
需要関数… 215,222,391,443
需要曲線……… 215,216,422
需要シフト・インフレー
　ション…………… 216
主要取引銀行………… 405

需要の価格弾力性…… 216,
　316,406
需要の所得弾力性…… 216
需要の弾力性………… 395
需要の法則…… 86,215,217,
　237,260
シュルツ…………… 216
シュワーベの法則………35
シュワルツ………… 112
順イールド………… 217
順位評点法………… 217
準凹関数………… 39,217
純概念……………… 217
循環的赤字……… 76,172
循環的不均衡……… 143
準公共財………… 108,217
準私的財…………… 135
純粋競争………………75
純粋経済学要論……… 446
純粋交換経済……………32
純粋公共財………… 217
純粋戦略…………… 217
純粋持株会社……… 408
順相関……………… 253
準地代……………… 217
純投資……… 140,203,308
準凸関数………… 39,75,218
準備通貨………………82
準備預金…… 201,294,359
準備率操作………… 283
シュンペーター……20,116,
　202,218
準用財政再建団体…… 173,
　174
償還差損益………………39
上級財………… 55,216,218
譲許税率…………… 199
承継銀行…………… 371
証券化……………… 8,218
証券会社…………… 218
上限金利規制………… 219
証券市場……… 100,219
証券投資収益……… 264
証券取引委員会……… 169
証券取引所………………66
証券取引等監視委員会

　…………………… 219
商工組合中央金庫…… 144,
　285
証拠金……………… 436
小国モデル………… 220
少子化………… 148,220
上場投資信託………… 220
乗数・加速度モデル……61
乗数・加速度理論…… 345
乗数効果……… 113,221
乗数理論… 61,132,220,303
譲渡性預金… 34,42,274,418
消費…………… 10,221
消費課税………… 155,243
消費関数… 175,221,255,
　309,349,408,420,430
消費者均衡の条件…… 221
消費者金融…………… 222
消費者金融会社……… 428
消費者契約法………… 101
消費者行動理論での双対性
　…………………… 222
消費者主権………… 222
消費者物価指数…22,187,
　210,223,240,333,366,421,
　431
消費者物価上昇率…… 368
消費者余剰……… 208,223,
　306,395
消費税………26,30,113,155,
　210,223,290,360
消費性向…………… 378
消費税の中小企業者特例
　…………………… 223
商品証券…………… 410
商品ファンド………… 224
情報………………… 224
情報技術… 99,224,333,339
情報スーパーハイウェイ
　…………………… 224
情報通信技術………… 224
情報の完全性………… 224
情報の非対称性… 34,88,
　191,225,232,372
情報の不完全性… 144,225
情報の不完全性や非対称性

……………………93
譲与税……………… 354
将来負担比率……… **225**
ショールズ………… 370
初期保有量………… 132
職域年金…………… 299
職場外訓練………80,**226**
職場外研修……………45
職場内訓練……45,80,**226**
職務訓練………………45
職務給……………… **226**
職務賃金…………… 336
食糧管理制度……… **226**
食糧管理法………… **226**
序数的効用………… 146
序数的効用関数…… **226**
所定労働時間……… 183
所得課税…………… **226**
所得効果……55,86,**226**,237,260,388
所得控除………… 199,**227**
所得再分配………… **227**
所得収支…………… **227**
所得・消費曲線…… **227**
所得水準………………55
所得税…… 5,33,49,60,131,155,193,205,**228**,243,290,319,355,367,433
所得弾力性………… 374
所得の限界効用…… **228**
所得倍増計画……… **228**
所得分配の公平…… **228**
所得分配の不平等度… **228**
所得捕捉率………… 363
ジョブ・ローテーション
  ……………………46
ジョルゲンソン……… 117
自律型……………… 326
資力調査…………… 367
白色申告……………… 5
シロスの公準……… **229**
新オーストリア学派… 340
シンガー…………… 374
新外為法………………42
新株引受権付……… 235
新株引受権付社債………30

新貨幣数量説…… 229,**399**
新規借入取極………… 3,18
神経経済学………… **229**
新経済メカニズム…… 112
新ケインズ学派……… **443**
新ケンブリッジ学派… **443**
新興企業株式市場…… **229**
新興工業経済地域…… **230**,329
新興工業国………… 329
新興財閥…………… 180
新厚生経済学……… 141
人工知能………… **230**,359
人口論…………… 25,**400**
申告納税…………… **230**
申告納税制度………… 5
申告分離課税……… 131
新古典学派……… 244,**403**
新古典派……… 96,114,147,163,185,298,326,334,382,392,424
新古典派経済学…… 55,76,114,132,201,**230**,234,247,255,291,361,397,401,439,440
新古典派成長モデル… 39,260,348
新古典派成長理論…… 179
新古典派総合……… **230**
新古典派投資関数… 308
新古典派投資理論… **231**
人材派遣…………… **231**
シンジケート… 70,316,320
シンジケート団……… 146
シンジケート団引受方式
  …………………… 146
シンジケートローン… 308
新自由主義……… **231**,371
新制度学派………… 244
新設分割…………… 377
信託………………… **231**
信託銀行…………… **231**
新短期プライムレート
  …………………… 382
人的資本………… 202,250
人的推計法……………90

人的分配…………… **232**
新日銀法…………… 170
信認……… 71,**322**,323,372
新BIS規制 ……153,191,**232**
シンプレックス法(単体法)
  ……………… **232**,251
新マルサス主義者………25
信用漁業協同組合連合会
  ……………………… 337
信用金庫………… 93,99
信用組合………… 93,99
信用乗数……… 201,**232**
信用創造………… 68,**232**
信用創造乗数……… 341
信用創造理論……… **232**
信用農業協同組合連合会
  ……………………… 337
信用の利用可能性………10
信用保証…………… **232**
信用保証協会…**232**,285,299
信用リスク…… 55,124,191,**232**,427
信用割当…………… **232**
信頼区間………… 106,**233**
信頼係数………… 106,**233**
新歴史学派………… 434

す

随意契約………… 93,**233**
推移性………… 77,**233**,404
随意的消費支出…… **233**
推移律……………… 313
垂直的公平………… **233**
垂直的財政調整…… 281
垂直的分業………… **233**
推定………………… 171,271
推定値………271,296,342
推定量……………… 362
出納整理期限……………49
水平的公平……… 194,**233**
水平的財政調整…… 281
水平的分業………… **233**
酔歩……………… **233**,423
スウィージー……… 106
スウェーデン学派… 25,**233**
スーパー301条 ……… **234**

数理計画法…………… 251
数理心理学…………… 443
数量競争……………… 328
数量調整……………… **234**
数量割当……………… 416
スカーフ……………… 132
スターリング・ブロック
　………………………… 294
スタグフレーション… 23,
　37,91,107,**234**,364
スタンドバイ・クレジット
　……………………… **234**
スティグラー………… 184
ステュアート………… 211
ストック……… 157,**235**
ストック・オプション
　………………192,**235**,320
ストック分析………… **235**
ストックホルム学派… 233
ストルパー…………… **235**
ストルパー＝サミュエルソ
　ン定理……………… **235**
ストレート外債… **235**,302
スピルオーバー……… 240
スピルオーバー効果… **235**,
　279
スプレッド…… **236**,395,426
スプレッド取引……… **236**
スポット投信……………66
スポット・レート…… **236**
スミス…… 15,116,121,163,
　202,210,211,213,214,**236**,
　237,246,368,395,397,401,
　425,435
スミスの4原則
　……………………………59
スミソニアン合意…… **236**,
　324
スミソニアン体制… 95,237
スムージング・オペレー
　ション……………… 194
スラック変数………… 232
スラッファ……… 132,213,
　392,443
スルツキー…………… 237
スルツキー方程式…… **237**,
　260
スワップ……………… 64,303
スワップション……… **237**
スワップ取引………… **237**
スワップ方式………… 181
スワン………………… 260

せ

セイ……………………… 237
税外収入……………… **238**
静学……… 16,115,**238**,397
税額控除………… 199,**238**
静学的安定……… 12,**238**
静学的安定条件… 13,**238**
静学的期待……… 23,**238**
生活関連社会資本…… 205
生活基準……………… 395
生活扶助……………… **238**
生活保護……………… **238**
正義の理論…………… 239
正規分布……… 56,**239**,286,
　342,379,387
請求書等保存方式………43
正規輸入……………… 379
生業扶助……………… 238
生計費指数…………… 240
税源…………………… 283
制限カルテル……………70
税源の配分…………… **240**
税源の普遍性の原則… 283
税効果会計…………… **240**
税歳出………………… 259
政策協調……………… 56,**240**
政策投資銀行……………99
政策変数……………… 52,**240**
政策目標……………… 298
政策ラグ……………… **241**
政策割当問題………… **241**
生産可能性曲線… 207,**241**,
　384
生産可能性集合……… **241**
生産可能性領域……… 429
生産関数……… 74,185,**242**,
　314,321,378,441
生産期間……………… **242**
生産者価格…………… 194

生産者余剰…… 208,**242**,306
生産性上昇率格差インフ
　レーション………… **242**
生産フロンティア…… 384
生産面………………… 186
生産要素の供給……… **242**
生産要素賦存量……… 429
政治的景気循環論…… 113
成熟への前進期… **243**,431
正常財…… 55,215,216,**243**
正常債権……………… 372
正常利潤……………… 287
製造物責任法………… **243**
正則…………………… 88,**243**
税体系………………… **243**
生態系崩壊…………… **243**
成長会計……………… **243**
成長基本方程式……… 326
成長の限界…………… **244**,442
制度学派……………… **244**
税の帰着……………… **244**
正の相関………… 253,263
正の相関関係……………93
税の転嫁……………… **244**
製品差別化…… **245**,277,348
製品差別化政策……… **245**
政府開発援助… 114,329,404
政府関係機関………… **245**
政府間財政調整……… **245**
政府管掌健康保険………57
政府規制の緩和……… 142
政府系金融機関……… **245**
政府最終消費支出…… 221,
　246
政府資金……………… 161
政府支出乗数………… 221
政府主導型…………… 326
政府税制調査会……… **246**
政府短期証券……… 42,45
税負担の公平性…………49
生物多様性…………… **246**
生物多様性に関する条約
　………………………… **246**
政府の銀行…………… 283
政府の失敗…………… **246**
政府の役割…………… **246**

政府部門············ 145,403
政府保証················ 412
政府保証借入金········ 247
政府保証債············ 247
正方行列········88,94,247
セイ法則········122,238,247
税務会計················ 240
生命保険··········262,267
生命保険会社·········· 247
生命保険契約者保護機構
················ 390
制約条件··········307,348
整理回収機構······247,412
整理信託公社·········· 247
政令指定都市···188,248,284
セーフガード·········· 248
セーフティネット······ 248,
285
世界銀行······3,142,248,374,
433
世界銀行グループ······ 248
世界大恐慌················92
世界貿易機関···63,249,271,
272,319
セカンド・ベスト理論 ··· 249
石油ガス譲与税········ 282
石油危機·················37
石油ショック·············37
石油輸出国機構······44,249
世代会計················ 249
世代間公平の原則······ 249
世帯単位課税·············59
世代重複モデル········ 249
積極財政············ 6,177
節税············250,271,272
絶対価格················ 250
絶対所得仮説······122,221
絶対的危険回避度······ 250
絶対的購買力平価······ 146
絶対的費用優位性······ 186,
250
絶対優位················ 348
設備資金················ 250
設備投資··········213,250
説明責任··················· 5
説明変数··· 48,125,250,271

節約のパラドックス··· 142,
250
セリング業務············ 218
ゼロエミッション······ 250
ゼロ金利················ 251
ゼロ金利政策··· 22,251,297
ゼロサムゲーム········ 251
ゼロ・シーリング······ 187
ゼロ次同次··········118,251
ゼロ次同次関数············75
ゼロ次同次性······287,310
ゼロベース予算······187,251
ゼロ和（ゼロサム）ゲーム
················94,123
繊維摩擦················ 385
全員一致の原則········ 251
前期高齢者············ 148
全銀システム············ 325
線形回帰············48,251
線形回帰モデル········ 171
線形計画法············ 251
線形計画問題············ 232
選好········ 77,130,313,383
先行系列················ 252
先行指数················ 252
先行指標············ 17,113
全国共済農業協同組合連合
会···················92
全国銀行データ通信システ
ム················ 325
全国銀行データ通信セン
ター················ 325
全国信用保証協会連合会
················ 232
全国労働者共済生活協同組
合連合会···············92
潜在的失業············ 252
潜在的インフレーション
················ 252
潜在的過剰人口········ 252
潜在的失業············ 252
センサス局法··············85
先進国·········3,37,82,114,
233,271,359,418,433
先進資本主義国········ 214
先進諸国··········40,329

選択権················ 303
セント・ペテルスブルグ・
ゲーム··············· 380
セント・ペテルスブルグの
逆説·········· 86,252,380
セントレックス········ 230
全微分················ 352
選別主義················ 252
専門業務型裁量労働制
················ 181
戦略················ 328
戦略形ゲーム······ 252,354
戦略的遺産動機············16
戦略的貿易政策の理論
················ 152
全労済··················92

そ

総額表示方式··············26
総括原価················ 142
総括原価主義············ 379
総括原価方式······253,410
相関················ 271
相関関係················ 358
相関係数················ 253
早期健全化法············ 412
早期是正措置······253,373
総供給曲線·················23
操業停止点······91,254,261
双曲の割引············ 446
総計予算主義············ 254
総合課税······131,228,254
総合財閥················ 180
総合収支················ 254
総合所得税········ 205,254
総効用················ 146
総合予算主義············ 254
相互援助制度············ 337
総固定資本形成········ 254
相殺関税················ 363
葬祭扶助················ 238
増資················ 254
総資産利益率··············66
総需要管理············ 137
総需要管理政策··· 23,24,76,
91,113,176,201,241,254,

255,297,361,397
総需要曲線……………23
蔵相会議………236,324,370
蔵相・中央銀行総裁会議
　………………………255
創造的破壊……………218
相続税………33,60,155,192,
255,278,290
相対価格………… 255,419
相対所得仮説…… 255,302,
303,421,430
相対的危険回避度…… 256
相対的購買力平価…… 146
双対問題………………222
双対性……………… 75,256
総投資…………………308
総費用…… 256,261,287,
353,378
総費用関数……… 288,378
増分主義………………256
贈与税…… 60,155,192,257
総量規制（環境）…… 257
総量規制（金融）…… 257
ソーシャル・ダンピング
　………………………275
ソーホー………………257
粗概念…………………257
測定単位…………… 84,257
速度原理(利潤原理)… 257,
308
素材産業………………258
租税……………………258
租税回避………19,63,258
租税関数………………258
租税原則………………59
租税支出………………259
租税乗数………………176
租税条約………154,259,402
租税制度………………259
租税体系………………243
租税逃避地……… 259,272
租税特別措置…… 259,364
租税の帰着……… 245,259
租税の後転……… 245,259
租税の前転……… 244,259
租税負担率……………259

粗代替財………… 259,268
粗代替性………………260
粗代替(補完)財 …… 140
外税…………………26,260
外税方式…………………26
ソブリンリスク………260
粗補完財………… 260,388
ソルベンシーマージン総額
　………………………260
ソルベンシーマージン比率
　………………………260
ソロー…………108,186,260
ソロー＝スワン………96
ソロー＝スワン成長モデル
　……… 39,96,115,179,185,
260,298,326,327
ソロー中立的… 83,261,286
損益計算書……… 188,261
損益分岐点……………261
損害保険………247,262,267
損害保険会社……… 35,262
損害保険契約者保護機構
　………………………390
損金……………………262

た

ターゲット・ゾーン… 263
ダーティ………… 109,263
ダーティ・フロート… 263
ダービン＝ワトソン統計量
　………………… 191,263
ダービン＝ワトソン比
　………………………263
ダーラム………………373
ターンパイク制度…… 263
ターンパイク定理…… 179,
264,359
第1次オイル・ショック
　………………………37
第1次産業……… 116,149,
183,264,269
第一次所得収支… 119,264
第一セクター…… 264,267
第1定理………………141
対外均衡…………… 71,156
対外公的債務…………264

対外債務……………… 264
対外資産……………… 265
対外支払準備………… 265
対外純資産…………… 265
対外証券投資………… 265
対外直接投資………… 265
対外負債……………… 265
体化型…………………82
対角行列………… 94,266
対角成分………………94
対家計民間非営利団体最終
　消費支出……221,266,403
大規模小売店舗法…… 266
大規模小売店舗立地法
　………………………266
大規模調査…………… 156
耐久消費財…………… 266
大恐慌…………108,415,418
対顧客（カスタマーズ）市
　場……………………… 266
対顧客(カスタマーズ)レー
　ト………………………72
対顧客公示レート…… 266
対顧客市場…………… 181
対顧客電信売レート… 266
対顧客電信買レート… 266
対顧客レート………… 266
大国モデル…………… 220
第3回締約国会議………46
第3次産業……… 116,149,
183,264,266
第三者割当増資……… 254
第三セクター………… 267
第三分野……………… 267
貸借対照表…………… 267
退出…………………… 267
退出障壁……………… 267
大数の法則……… 268,427
対数尤度関数………… 181
代替……… 41,245,311,344
代替効果……… 86,227,237,
260,268,388
代替財…………… 268,388
代替性…………115,260,441
代替的………………… 245
代替の弾力性…… 187,268

大店法	266	
タイド・ローン（ひもつき借款）	114, 268	
対内証券投資	265	
対内直接投資	265	
ダイナミック・プログラミング	397	
第2次オイル・ショック	37	
第2次産業	116, 149, 183, 264, 269	
第二次所得収支	119, 269	
第二セクター	267, 269	
第二地方銀行	269	
第二地方銀行協会	269	
第2定理	141	
代表的個人モデル	250	
代表民主制	269	
TIBOR	270, 421	
第4次産業革命	270	
対立仮説	60, 347	
代理人	270, 372	
ダヴィッドソン	233	
ダウ30種工業株平均	11	
ダウ平均	11	
高橋財政	270	
兌換銀行券	270	
兌換紙幣	79	
多極分散型国土	270	
ダグラス	163	
他計申告方式	441	
多国間援助	114	
多国間交渉	270	
多国間実効為替レート	198	
多国間投資保証機関	248	
多国籍企業	80, 271	
多重共線性	271	
多数決原理	271	
ただ乗り	322	
ただ乗り問題	271	
多段階売上税	26	
タックスヘイブン	44, 63, 272	
脱税	259, 272	
建値	44	

タトヌマン	272	
谷	18, 112, 428	
他人資本	64, 272	
他人資本コスト	203	
他人資本調達	30	
たばこ税	290, 297	
ダブル・タイド	269	
WTO	63, 111, 199, 248, 271, 272, 319, 363	
WTO協定	416	
「多様就業型」ワーク・シェアリング	445	
タリフ・エスカレーション	273	
タリフ・クオータ（TQ）	273	
タリフ・クオータ（TQ）制	75	
単位株・単元株	273	
単位行列	94, 273	
単一通貨固定制	162, 273	
単位費用	84, 273	
単位労働費用	242, 366	
単回帰	273	
単回帰分析	49	
短観	273	
短期金融	273, 289	
短期金融市場	273	
短期限界費用	274	
短期限界費用曲線	289	
短期国債	137	
短期資本コスト	203	
短期消費関数	422	
短期総費用曲線	256, 353	
短期と長期	274	
短期のフィリップス曲線	288	
短期費用関数	274, 353	
短期費用曲線	353	
短期プライムレート	369	
短期平均費用曲線	289	
短資会社	274	
単純累進課税	432	
男女雇用機会均等法	274	
担税力	275	
単相関係数	125	

炭素税	74	
団体委任事務	198	
団体自治	275, 282	
単体法	232	
単段階売上税	26	
ダンツィグ	232	
単独財務諸表	437	
単独事業	365	
単年度主義	275	
ダンピング	275, 277, 345	
ダンピング防止税	345	
ダンピング・マージン	345	
ダンピング輸出	363	
単利	104, 275	
弾力性	216, 275	
弾力性アプローチ	275	
弾力的	216, 252, 291	

ち

地域開発金融	276	
地域格差	276	
地域間産業連関表	185	
地域経済統合	276	
地域統合	7	
地域独占	276	
地域別最低賃金	178	
小さな政府	40, 231, 403, 422	
チェスブロウ	42	
チェック・プライス	277	
チェネリー	186, 204	
チェンバリン	277, 316	
地価公示	277	
地価税	155, 191, 278	
置換投資	308	
地球温暖化	46, 278	
地球環境問題	278	
地球サミット	246, 250	
遅行指数	278	
遅行指標	17, 113	
知識	224	
地代	437	
知的財産	118	
知的財産権	278	
地方揮発油譲与税	282	

地方揮発油(譲与)税… 279
地方銀行…………… 279
地方公営企業……… 27,133
地方公営企業会計…… 279
地方公営企業等金融機構
　………………………… 133
地方公営企業法……… 279
地方公営事業………… 279
地方公共財…………… 279
地方公共団体…… 279,283
地方公共団体金融機構
　………………………… 133
地方公共団体財政健全化法
　………… 199,225,279,437
地方交付税……… 7,18,156,
　169,174,193,273,280,283,
　354,365
地方交付税交付金…52,156,
　280,392
地方債………… 18,137,146,
　173,174,193,200,225,280,
　281,283
地方債依存度…… 280,283
地方債計画……… 173,280
地方財政…………… 281
地方財政計画…131,169,281
地方財政調整制度…… 281
地方債適債事業……… 281
地方債発行許可制度… 139,
　281
地方債発行制度……… 281
地方自治……………… 282
地方自治体…… 282,283
地方自治法…………… 282
地方消費税……… 282,365
地方消費税交付金…… 282
地方譲与税…… 18,118,193,
　280,282
地方税………18,49,143,155,
　162,188,189,193,205,280,
　282,283,287,365
地方税課税原則……… 282
地方制度調査会……… 283
地方政府……………… 283
地方創生特区………… 161
地方単独事業………… 283

地方道路（譲与）税… 279
地方特例交付金……… 280
地方分権……………… 283
地方分権一括法… 282,283
地方分権推進委員会… 198
地方法人特別譲与税… 282
チャート……………… 300
チャイニーズ・ウォール
　………………… 356,425
中央銀行……… 18,72,152,
　236,283
中央銀行預け金…… 68,201
中央集権経済………… 166
仲介貿易……………… 284
中核市………………… 284
中間財…………242,284,411
中間需要……………… 185
中間消費……………… 246
中間生産物…………… 171
中間投入……………… 185
中間投入財…………… 284
中継加工貿易………… 284
中継貿易……………… 284
中小企業……………… 284
中小企業基本法… 284,285
中小企業金融………… 285
中小企業金融公庫…… 144
中小企業政策………… 285
中小企業総合事業団… 285
中心極限定理………… 286
中進国………………… 286
中途採用……………… 286
中米共同市場………… 276
中立化介入……… 286,364
中立財………………………55
中立性………………… 223
中立的技術進歩…… 83,286
中立の原則…………… 283
チュルゴー…………… 213
超過課税……………… 287
超過供給………287,407,414
超過需要………… 287,407
超過準備……………… 431
超過負担……………… 287
超過利潤…… 287,416,417,
　437,438

超過累進課税………… 432
長期供給曲線………… 289
長期均衡……………… 350
長期金融………273,288,289
長期限界費用………… 288
長期限界費用関数…… 289
長期国債……………… 137
長期資本コスト……… 203
長期消費関数………… 421
長期総費用関数……… 288
長期総費用曲線……… 353
長期費用関数…… 288,353
長期費用曲線………… 353
長期フィリップス曲線
　………………………… 288
長期プライムレート… 369
長期平均費用………… 288
長期平均費用関数…… 289
長期平均費用曲線…… 289
調整インフレーション
　………………………… 289
調整可能な釘付け……… 7
調整速度……………… 382
調整費用……………… 231
調整率……………………84
長短金融分離の原則… 289
頂点…………………… 354
帳簿（アカウント）方式
　…………………………43
貯金…………………… 418
直接金融………… 194,289
直接借款………… 35,289
直接償却…………………58
直接消費税…………… 193
直接税……… 155,174,193,
　228,289,297
直接投資…… 71,82,248,359
直接投資収益………… 264
直接民主制…………… 270
貯蓄………… 54,290,342
貯蓄関数……………… 290
貯蓄超過……………… 397
貯蓄超過主体………… 290
貯蓄の動機…………… 290
貯蓄のパラドックス… 142
直轄事業………… 283,290

索引

直轄事業負担金… 290,291
直間比率………… 290,291
賃金の下方硬直性…… 291

つ

ツィアン=ゾーメン・モデル………………… 291
通貨 ……………… 34,292
通貨オプション……… 292
通貨危機………… 3,71,292
通貨協定…………… 293
通貨切下げ………… 294
通貨先物…………… 293
通貨主義…………… 293
通貨スワップ……… 293
通貨建……………… 153
通貨統合…………… 412
通貨バスケット制…… 162, 294
通貨発行益………… 294
通貨ブロック……… 294
通関………………… 294
通関統計……… 294,384,385
通関ベース貿易額…… 294
通商政策………… 295,385
通商代表部………… 234
通知預金…………… 418
積立方式………… 295,335

て

DI ……… 17,113,278,295, 331,362
TOB………… 33,65,295
t検定 …………… 191,296
ディスインターメディエーション……………… 295
ディスインフレーション………………… 296
ディスカウント……… 182
ディスクロージャー… 66, 296
ディーセント・ワーク………………… 295
t値 …………… 271,296
TTS……………… 266
TTB……………… 266

TB ……………… 42,45,273
TPP ……………… 77,298
ディフュージョン・インデックス……113,278,331
t分布 ……………… 239
ディマンドシフト・インフレーション………… 415
ディマンド・プル・インフレーション…… 22,296,413
ディーリング業務…… 218
定額税……………… 297
定額法……………… 203
定期性預金……… 34,418
低金利政策………… 297
テイク・オフの先行条件期………………… 297,431
帝国主義…………… 297
定常均衡…………… 297
定常状態…………… 297
逓増的……………… 353
抵当証券…………… 298
締約国会議……………46
テイラー…………… 298
テイラー・システム… 298
定率法………… 203,298
定量的……………… 224
ティンバーゲン…… 298
ティンバーゲンの定理………………… 298,394
デービス…………… 139
手形交換…………… 298
手形交換制度……… 325
手形売買市場…………22
適応的期待……… 23,299
適債基準…………… 299
適時開示情報伝達システム………………… 296
適正成長率………… 299
敵対的M&A…………33
適用除外…………… 299
テクニカル・アナリシス………………… 299
デジタル情報……… 300
デジュリ・スタンダード………………… 300,353
デット・ファイナンス…30

デノミネーション…… 300
手番………………… 354
デビット・カード…… 300
デファクト・スタンダード………………… 301,353
デフォルト…… 30,124,301, 412
デフォルト・リスク………………… 301,435
デフレ………10,22,67,99, 429,431
デフレーション……… 301
デフレギャップ… 301,397
デフレ・スパイラル………………… 289,301
デフレ政策………… 302
デムゼッツ………… 184
デモンストレーション効果………………… 255,302
デュアル・カレンシー債………………… 302
デュアル債………… 302
デューゼンベリー… 255, 302,421
デリバティブ…… 190,303, 369,380,421,427,436
デリバティブ市場…… 303
テレコム産業……… 304
転位効果…………… 175
展開形ゲーム… 77,304,354
転換社債………… 299,304
電気通信産業……… 304
電気通信産業における競争………………… 304
電子証券取引所…… 305
電子マネー………… 305
点推定………… 106,305
店頭市場…………… 395
店頭(相対)市場…… 303
伝統的社会……… 305,431
伝統的農業部門…… 330
伝統部門…………… 330

と

同一性命題………… 306
動学…………115,238,306

動学的安定………… 12,306
動学的安定条件…… 13,306
等価変分………… 306,391
投機…………3,37,55,155,
　162,263,291,292,303,306,
　363,374,393
投機的動機…… 68,306,322,
　419
同級他団体施行負担金
　………………………… 365
東京一極集中………… 307
東京証券取引所……… 424
統計上の不突合……… 307
統計量…………… 60,263
等号制約条件付き最適化問
　題……………………… 307
当座預金……124,325,418
投資…… 10,54,118,306,308
投資一任業務………… 309
投資関数………… 308,311
投資銀行……………… 308
投資減税……………… 310
投資顧問会社………… 309
投資財………………… 309
投資事業組合………… 381
投資者保護基金…… 309,351
投資乗数………… 221,309
投資助言業務………… 309
投資信託………… 309,377
投資税額控除制度…… 310
同次性の公準………… 310
投資超過主体………… 310
投資適格………………55
投資的経費…………… 187
投資の限界効率… 125,308,
　310
投資の二重性………… 311
投資不適格……………55
同時並行開発………… 165
東証株価指数…………64
当初予算……………… 311
等生産量曲線………… 311
動的計画法…………… 312
道徳感情論…………… 236
東南アジア諸国連合…… 7
投入係数……………… 312

投入係数表…………… 312
投入産出表…………… 184
投入産出分析…… 185,312
等費用線……………… 312
投票の逆理…… 167,217,313
投票の原理…………… 313
道府県税………… 282,313
道府県たばこ税… 282,365
道府県民税… 160,282,365,
　385,427
ドゥブリュー………… 313
等利潤曲線……… 214,313
等量曲線………… 268,311
登録免許税…………… 191
ドーハ・ラウンド…… 272
トービン… 155,314,322,430
トービン税……… 155,314
トービンのq理論 …… 231,
　308,314
ドーマー……………… 116
特異……………………88
特殊関税………………74
特殊法人………… 247,314
独占………… 32,60,93,166,
　196,197,213,249,277,297,
　315,316,320,360,415,438
独占禁止政策………… 315
独占禁止法…… 70,180,315,
　320,367,369,408
独占市場……………… 287
独占資本主義…… 297,316
独占的競争… 196,245,277,
　316
独占度…………… 315,316
独占利潤……………… 287
特定海外債権引当勘定…58
特定金銭信託…………97
特定財源… 18,199,226,316
特定租税帰着………… 244
特定補助金…… 161,316,392
特定目的会社…………31
特別会計……… 57,120,145,
　161,174,316,437
特別区税……………… 282
特別区たばこ税……… 282
特別区民税…………… 282

特別交付税…………… 280
特別償却……………… 317
特別セーフガード…… 248
特別地方公共団体…… 317
特別転貸債…………… 317
特別土地保有税……… 191
特別とん譲与税… 282,324
特別とん税…………… 324
特別引出権…………… 323
特別目的機関…………31
毒薬条項……………… 340
独立企業間価格………19
独立行政法人……… 99,317
独立行政法人化………27
独立行政法人国際協力機構
　………………………… 318
独立行政法人住宅金融支援
　機構…………………… 407
独立採算制……… 318,379
独立支出………… 318,384
独立税…………… 318,360
独立投資……………… 412
独立変数…38,74,91,307,352
特例公債………… 131,138
特例制度……………… 284
特例地方債…………… 131
都市銀行………… 318,428
都市計画税……… 162,191
都市問題……………… 318
都たばこ税…………… 282
土地神話……………… 318
土地税制……………… 319
土地税制改革………… 319
特化…………214,319,348
凸関数…………… 38,319
独禁法…………………78
特恵関税……………… 319
特恵税率……………… 199
凸集合…………… 37,319
ドッジライン………… 302
都道府県営事業負担金
　………………………… 365
都道府県支出金……… 320
都道府県表…………… 185
飛ばし…………………97
TOPIX ………… 64,320,323

索　引

TOPIX（東証株価指数）先物 …… 303
トベルスキー …… 145,376
土木費 …… 320
富効果 …… 192,320
都民税 …… 282
トラスト …… 70,166,184,297,316,320
トラッキング・ストック …… 320
トラベル・コスト法 …… 321
ドラライゼーション …… 321
トランスファー …… 321
トランスファー・パラドックス …… 321
トリガー価格 …… 321
トリガー戦略 …… 110,321
トリクルダウン …… 11
取り付け …… 321
取引コスト …… 303
取引需要 …… 2,129,322
取引所税 …… 191
取引動機 …… 68,306,322,419
取引費用 …… 93,322
トリフィン …… 322
トリフィン案 …… 323
トリフィンのジレンマ …… 322
トリプル・タイド …… 269
トリプル安 …… 323
TRIM …… 441
ドル化 …… 321
ドル為替本位制度 …… 323
ドル危機 …… 323
ドル・ショック …… 323
ドル建 …… 188,303
ドルペッグ制 …… 324
トレードオフ …… 274,324
とん税 …… 324

な

内外価格差 …… 194,306,325
内外均衡 …… 156,325
内国為替 …… 325
内国為替決済制度 …… 325
内国民待遇 …… 63
内需 …… 325
内需依存経済 …… 52
内需拡大策 …… 325
内需主導型経済成長 …… 326
内生的 …… 326
内生的技術進歩 …… 326
内生的成長理論 …… 115,286,326,397
内生変数 …… 52,238,240,326,327,348,412
ナイフエッジ …… 345
内部金融 …… 80
内部経済 …… 327
内部経済化 …… 327
ナイフの刃の不安定性 …… 327
ナイフ刃の不安定 …… 299
内部補助 …… 327
内部留保 …… 80
ナショナル・ブランド …… 347
ナショナル・ミニマム …… 201,327
NASDAQ …… 327,395
ナスダック・ジャパン …… 229
ナスダック総合指数 …… 11,328
NACCS …… 294
ナッシュ均衡 …… 61,106,110,217,328,368
NAFTA …… 276
並為替 …… 50
ナローバンク …… 328
南南問題 …… 328
南米南部共同市場 …… 276,406
南北問題 …… 329

に

NISA …… 329
NIEs …… 329
ニース条約 …… 14
NIEs諸国 …… 329
ニクソン・ショック …… 236,323,330,374
二項分布 …… 56,330

2国間援助 …… 114
2次税率 …… 75
二重課税 …… 194,259,330
二重為替レート …… 363
二重経済 …… 330
二重構造 …… 331
二重通貨債 …… 302
2008SNA …… 58,158
2段階ゲーム …… 61
日銀貸出 …… 444
日銀短観 …… 331
日銀短観・業況判断DI …… 112
日銀当座預金残高 …… 297,431
日銀特融 …… 161,331
日米構造協議 …… 385
日経225オプション …… 303
日経225先物 …… 303
日経平均株価 …… 342
日経平均株価指数 …… 64,331
ニッポン・ニュー・マーケット …… 230
二部門経済成長モデル …… 331
二部料金 …… 331
日本銀行 …… 34
日本工業規格 …… 301,332
日本政策金融公庫 …… 99,144,285
日本政策投資銀行 …… 144,174,245,276
日本的雇用慣行 …… 332
日本年金機構 …… 159,332
日本版RTC …… 247
日本版ビッグバン …… 351
日本版REIT …… 424
日本標準産業分類 …… 332
日本貿易振興機構 …… 332
日本郵政株式会社 …… 412
日本郵政公社 …… 412
日本輸出入銀行 …… 333
ニューエコノミー …… 333,364
ニュー・エコノミクス …… 314

入札方式………… 146
ニューディール政策… 345
ニュー・パブリック・マネジメント…………… 333
ニューヨーク・ダウ… 11, 333
認可権……………………95
認可法人…………… 333
人間環境宣言……………73
認知的不協和……… 333
認知ラグ………… 241,333

ぬ

ヌルクセ…………… 117

ね

ネオ・ケインジアン… 334
ネクストイレブン…… 371
ネッティング……………50
ネットワーク外部効果
　……………………… 334
ネットワークの経済… 334
年金………………… 334
年金会計…………… 335
年金基金…………… 381
年金受給権………… 335
年金積立金管理運用独立行政法人
　…………………… 335
年金特別会計……………57
年金保険…………… 208
年金問題…………… 336
年功給……………… 226
年功賃金…………… 336
年功賃金制………… 332
年功賃金制度……… 211
年俸制……………… 181

の

農協……………… 34,35
農業革命…………… 337
農業協同組合…93,99,337
農漁協………… 337,418
農水産業協同組合貯金保険機構…………… 418
農水産業協同組合貯金保険制度…………… 337

濃度規制…………… 337
能力給……………… 226
能力説………… 275,337
能力賃金…………… 336
農林漁業金融機関…… 337
農林漁業金融公庫…… 144
農林中央金庫……… 337
ノード…………… 77,354
ノードハウス… 113,314
ノーマティブ・セオリー
　……………………… 87,338
ノンバンク……… 222,338
ノンプロジェクト援助
　…………………… 114,338,375

は

パー…………………………64
バーグソン………… 147
バーグソン＝サミュエルソン型社会的厚生関数
　………………… 19,206
パーシェ効果……… 339
パーシェ指数… 339,358,366
パーシャル（部分）・ヘッジ
　…………………… 380
バーゼルⅢ………… 153
バーゼルⅡ…… 153,339
バーター貿易……… 339
バーチャル・コーポレーション……………… 339
ハーディング現象…… 339
パートタイム……… 445
ハーバード学派…… 184
ハーバラー………… 112
ハーフィンダール＝ハーシュマン指数… 213,340
ハーベイ・ロードの前提
　…………………… 340
ハイ・イールド・ボンド
　…………………… 209
ハイエク… 41,163,242,340
配偶者控除……… 227,340
買収………………… 340
買収防衛策………… 340
排出権取引制度…… 341
排除原則…………… 108

配当控除…………… 238
配当割引モデル…… 341
ハイパー・インフレーション………… 22,90,300,341
ハイパワード・マネー
　…………… 68,274,341
バウチャー方式…… 341
バウリー………………35
派遣社員…………… 120
破産更生債権……… 372
バスケット…… 141,421
発券銀行…………… 283
発行価格…………… 446
発行市場………… 65,219
パッシブ運用…… 6,342
発生主義会計……… 129
発展段階説………… 116
発展途上国……3,4,35,37, 40,82,114,142,155,233, 248,269,286,329,330,332, 342,359,375,404,418,433
パティンキン……… 349
歯止め効果…… 256,422
ハノイ行動計画……………29
バブル……… 66,101,160
バブル経済………… 342
払い超…………………… 7
パラメータ…… 342,348
バランス・シート… 267
バランスシート規制… 372
ハリス＝トダロー・モデル
　…………………… 330
バリューアットリスク
　…………………… 342
ハルサーニ………………78
パレート………… 343,442
パレート改善…… 32,343
パレート基準……… 390
パレート効率性… 343,442
パレート効率的… 132,195, 207,241,315,343,368,447
パレート最適…32,141, 207,249,343,385
パレート最適条件…… 279, 343
パレート最適所得分配

················ 344	非価格競争力············ 152	ビッグデータ············ 351
パレート優越············ 343	比較時点············ 339,421	ビッグバン······ 219,351
バロー······ 138,139,147,326	比較静学············ 238,348	必需品············ 136,216
バローネ················ 442	比較生産費説······ 319,348	ヒッチ················ 373
ハロッド········116,202,340	比較動学················ 348	ビッド················44
ハロッド中立的······83,286,344	比較優位······ 184,214,234,258,319,379,425	ビットコイン············ 351
ハロッド=ドーマー成長モデル·········· 96,185,261,326,327,344	比較優位説·············· 348	必要(限界)資本係数··· 202
	比較劣位················ 319	ビナイン・ネグレクト ············ 351
ハロッド=ドーマー成長理論·········· 61,115,311	非貨幣的金融仲介機関···99	非排除性········ 279,351
範囲の経済········ 345,356	非関税障壁······ 270,348,406	非不胎化介入············ 364
バンカーズ・アクセプタンス···············35	非関税措置·············· 348	微分················ 352
パンザー················ 166	引受業務················12	微分方程式·············· 352
ハンセン················ 345	引き金戦略·············· 110	非マルクス的経済学······98
反ダンピング関税······ 345,363	非競合性········ 279,349	ひもつき借款············ 269
	非協力ゲーム········ 94,349	ヒューム················ 229
半導体摩擦·············· 385	ピグー········ 129,132,141,147,163,228,349	ビュッヒャー············ 116
反トラスト法············ 320		費用一定········ 352,355
バンドワゴン効果······ 345	ピグー効果······ 192,221,349	評価(未実現)損益······ 363
反応ラグ········ 241,346	ピグー税················74	費用関数········ 74,288,352,353,378
販売時点情報管理······ 117,170,392	ピグー的税・補助金政策 ············ 349	費用最小化·············· 353
	ビジネスモデル特許······ 350	標準化················ 353
販路説·················· 238	非自発的失業··· 29,76,121,122,198,350,361,411,439	標準形ゲーム············ 354
ひ		標準原価方式············ 354
P&A ·················· 346	非自発的失業者·········· 362	標準誤差·············· 296
PER ················ 64,346	BIS ·················· 343	標準財政規模····· 118,139,199,226,354
ピーイーアール··········64	BIS規制 ········ 153,190,350	
BHN ·················· 329	ヒステレシス効果······ 350	標準正規分布············ 239
PFI ············ 32,346,375	ヒストリカル・ボラティリティ············ 394	標準税率········113,287,354
PL法 ·················· 346		標準バスケット方式······31
BOP·················· 153	ビスマルク·············· 434	標準偏差······ 342,354,376,387,390
ピーク・ロード・プライシング················ 347	非正規社員·············· 120	
	非政府組織···············32	費用逓減········354,355,422
ピーコック·············· 175	被説明変数·········· 48,350	費用逓減産業···135,197,354
BCユーザンス ·········· 6	非ゼロ和ゲーム·········· 123	費用逓増················ 355
p値 ·················· 347	非線形回帰···············48	平等主義原則············ 228
ピーチ··················89	非体化型················82	費用・便益分析·········· 355
PB ·················· 347	非対称情報·············· 436	標本········ 286,347,355,390
PBR··················64	非対称性················ 225	標本数·············· 125
PPBS·················· 347	非弾力的········ 216,437	標本調査···············60
非営利団体(組織)········33	ヒックス···2,104,126,141,230,268,314,334,390,442	標本標準偏差············ 390
非価格競争··············347		標本分散················ 390
	ヒックス中立的······83,286,350	標本平均················ 390
	ヒックスの需要曲線··· 391	ヒルデブラント··· 116,434
		ビルト・イン・スタビライ

ザー............ 13,**355**
比例税............ **355**
比例的可変費用........ 256
非労働力人口............76
貧困の罠......... **355**,367

ふ

ファースト・ベスト
.... 249,**356**
ファイナンシャル・プランナー............ **356**
ファイナンシャル・プランニング技能検定...... **356**
ファイヤー・ウォール
.... **356**,425
ファシズム............ **356**
ファンジビリティ仮説
.... **356**
ファンダメンタル・アナリシス............ 300,**357**
ファンダメンタルズ... 147, 292,306,**357**
ファンダメンタルズ・バリュー............ 341
ファンダメンタルズ論
.... **357**
ファンド............ **357**
ファンド・マネージャー
.... 6,**357**
VC 339
フィジオクラシー...... 125, 213
フィスカル・ドラッグ
.... 175,**357**
フィスカル・ポリシー
.... 176,**357**
フィッシャー......92,134, **357**,429,442
フィッシャー効果... 22,**357**
フィッシャー指数...... **358**
フィッシャーの交換方程式
.... 134
フィッシャー方程式... **357**, **358**
フィランソロピー...... **358**, 405

フィリップス............ 358
フィリップス曲線... 23,41, 274,324,**358**,366,399
フィンテック............ **359**
ブーム............ **359**
ブーメラン効果........ **359**
フェアトレード........ **359**
フェイ............ 117
フェスティンガー...... 333
フェデラルファンド（FF）金利............ **359**
フェルドシュタイン......91
フェルプス............ 179
フォーク定理............ 110
フォロワー............ **369**
フォン・ノイマン... 86,123, **359**
フォン・ノイマン・モデル
.... **359**
フォン・ノイマン＝モルゲンシュテルン効用関数
............86
付加価値......... 58,159,184, **360**,393,411
付加価値税...... 43,113,**360**
不確実............86
不確実性......... 14,86,144, 148,225,314,**360**,392,427
不確実性の経済学...... 148
不確定性............ 389
付加税............ **360**
賦課方式............ 335,**360**
不換銀行券............ 270
不換紙幣............ 79,302
不完全競争...... 93,196,**360**
不完全競争市場............32
不完全競争理論... 132,**361**, 443
不完全雇用............ **361**
不完全雇用均衡......76,122, 291,334,**361**
不完全雇用均衡理論... **362**
不完全情報............78
不完全情報ゲーム........ 77
不完全特化......... 319,418
不完備情報ゲーム........78

ブキャナン...... 24,136,139, 340
不況............**6**,362,428
不況カルテル............ **362**
不況期............ 112
不均一課税............ **362**
不均一分散............ **362**
不均衡............95
不均衡動学............ **362**
不均衡理論............ **362**
複合企業............ 165
福祉国家......... 40,41,231, **362**,363
福祉社会............ 114
複数為替レート........ **363**
複占............60
含み益............ **363**
含み損............ **363**
含み損益............ **363**
複利............ 104,**363**
不公正貿易......... 234,**363**
不公正貿易規制........ **363**
不交付団体............ 280
不公平税制............ **363**
不足払制度............54
不胎化介入............ **364**
不胎化された市場介入
.... 194
不胎化政策............ **364**
双子の赤字......... 325,**364**
負担分任の原則........ 283
負担料金............ **364**
普通会計............ 199,**364**
普通会計債......... 137,**365**
普通銀行............ 318,**365**
普通建設事業費........ **365**
普通交付税......... 118,133, 280,**365**,392
普通交付税交付金..........83
普通財............ 260
普通社債............ 299
普通需要関数............ 391
普通税......... 118,281,282, 354,**365**
普通地方公共団体...... 317, **366**

普通地方交付税……… 139
普通預金……………… 418
物価………… 13,67,70,113,155,394
物価指数… 22,146,200,210,240,339,357,**366**
物価上昇……………… 293
物価上昇率… 115,234,255,288,339,357,362,**366**
物価水準………23,28,41,68,85,90,101,134,137,156,160,163,200,210,216,293,301,302,**366**,396,397,398,405,433,440
物価スライド制……… **366**
ブックビルディング… **367**
プット・オプション… 44,292,303,**370**
プット＝コール・パリティ……………………… **370**
物々交換…………… 339,**367**
不等号制約条件付き最適化問題………………… **367**
不動産………………… **367**
不動産取得税…… 191,**367**
不動産担保貸出……… 428
不動産投資信託… 309,424
不当廉売………… 315,**367**
不当廉売関税………… 345
不当廉売規制………… **367**
負の価値財…………… **367**
負の所得税…………… **367**
負の相関………… 253,263
負の相関関係……………93
不比例的可変費用…… 256
部分均衡………… 195,**367**
部分ゲーム（サブゲーム）……………………… **368**
部分ゲーム完全（サブゲーム・パーフェクト）均衡……………………… **368**
部分準備……………… 322
部分的アンタイド・ローン…………………… 269
普遍主義……………… **368**
不飽和性………… 146,**368**
扶養控除………… 227,**368**

プライス・キャップ規制……………………… **368**
プライス・セッター… **368**
プライス・テイカー……………… 123,**368**,407
プライス・メイカー… **368**
プライス・メカニズム……………………… **368**
プライス・リーダーシップ…………………… 316,**369**
プライベート・バンキング……………………… **369**
プライベート・ブランド……………………… 347
フライペーパー効果… **369**
プライマリー・バランス……………………… **369**
プライムレート……… **369**
ブラインダー………… 108
プラザ合意…… 325,364,**369**
プラシーボ効果……… **370**
プラセボ効果………… **370**
ブラック……………… **370**
ブラック企業………… **370**
ブラック＝ショールズ・モデル………… **370**,394
ブラックバイト……… **370**
ブラック・マーケット **370**
BRIICS ……………… **371**
フリードマン… 76,92,107,112,120,140,229,358,**371**,399
フリー・トレード・ゾーン……………………… **371**
フリーライダー問題… 271
BRICS ………………… **371**
ブリックス…………… **371**
ブリッジバンク… 346,**371**
不良債権……………… **372**
プリンシパル………… **372**
プリンシパル＝エイジェンシー理論………… **372**
フリンジ・ベネフィット……………………… **372**
プルーデンス政策…… **372**
フル・コスト原則…… 366,**373**
フル・コスト原理…… 242
ふるさと納税………… **373**
フル・ヘッジ………… 380
フレーミング効果…… **373**
プレスコット………… 113
フレックス・タイム制……………………… 181
ブレトン・ウッズ会議……………………… 248
ブレトン・ウッズ協定……………………… 3,**373**
ブレトン・ウッズ体制………… 7,95,98,162,236,322,323,324,**374**
プレビッシュ………… **374**
プレビッシュ＝シンガー命題……………………… **374**
プレミアム……… 181,292
ブレンターノ………… 434
フロー… 157,235,290,**374**
フロー・アプローチ… **374**
ブローカー業務……… 218
フロート制…………… 381
ブロードバンド… 304,305,**374**
ブロードバンド時代… 224
フロー分析…………… 235
プログラム援助……… **375**
プロジェクト援助…… 114,**375**
プロジェクト借款………35
プロジェクト・ファイナンス…………………… **375**
プロジェクト・ローン……………………… **375**
プロスペクト理論…… **376**
プロセスイノベーション…………………………20
プロダクトイノベーション…………………………20
プロダクト・サイクル理論……………………… **376**
フロベニウスの定理… **376**
分割型………………… 377
分権的経済…………… 250

分散⋯⋯⋯⋯ 12,148,239,
　286,342,362,**376**,387,390
分散投資⋯⋯⋯⋯⋯ **377**
分社化⋯⋯⋯⋯⋯⋯ **377**
分社型⋯⋯⋯⋯⋯⋯ **377**
分社制度⋯⋯⋯⋯⋯ 78
分配面⋯⋯⋯⋯⋯⋯ 186
分布関数⋯⋯⋯⋯ 181,**377**
分離課税⋯⋯⋯⋯ 131,**377**
分離定理⋯⋯⋯⋯ **377**,387
分類所得税⋯⋯⋯ 205,**377**

へ

ペイオフ⋯ 99,346,**377**,418
ペイオフ・コスト⋯⋯ 346,
　418
平価⋯⋯⋯ 73,162,374,**378**
平均⋯⋯⋯⋯⋯239,342,390
平均可変費用曲線⋯⋯ 261
平均資本コスト⋯⋯⋯ 203
平均消費性向⋯⋯ 140,255,
　378,421,430
平均税率⋯⋯⋯128,**378**,432
平均値⋯⋯⋯ 125,148,253,
　286,376,**378**,387
平均費用⋯⋯⋯ 88,197,256,
　287,354,**378**,422
平均費用価格形成原理
　⋯⋯⋯⋯⋯⋯⋯⋯ **378**
平均費用曲線⋯⋯ 261,422
平均・分散アプローチ
　⋯⋯⋯⋯⋯⋯⋯⋯ **379**
平均輸出性向⋯⋯⋯⋯ 416
平均輸入性向⋯⋯ 416,417
平均労働生産性⋯⋯⋯ 202
並行輸入⋯⋯⋯⋯⋯ **379**
米国連邦準備制度理事会
　⋯⋯⋯⋯⋯⋯⋯⋯ 189
閉鎖経済⋯ 54,235,**379**,400
ベイリー⋯⋯⋯⋯⋯⋯14
ベイン⋯⋯⋯⋯⋯⋯ 184
ベースマネー⋯⋯⋯⋯ 68
ベキ分布⋯⋯⋯⋯⋯ **379**
ヘクシャー⋯⋯⋯ 234,379
ヘクシャー＝オリーンの定
　理⋯⋯⋯⋯⋯⋯ **379**,434

ヘクシャー＝オリーン・モ
　デル⋯⋯⋯⋯⋯⋯ 235
ペッグ⋯⋯⋯⋯⋯ 7,111
ヘッジ⋯⋯⋯ 64,303,**380**
ヘッジ取引⋯⋯⋯⋯ 306
ヘッジファンド⋯⋯⋯ 182
別段預金⋯⋯⋯⋯⋯ 418
ペッチェイ⋯⋯⋯⋯ 442
ペティ⋯⋯⋯⋯⋯⋯ 149
ペティ＝クラークの法則
　⋯⋯⋯⋯⋯⋯⋯ 149,**380**
ペティの法則⋯⋯ 149,183,
　264,**380**
ヘドニック・アプローチ
　⋯⋯⋯⋯⋯⋯⋯⋯ **380**
ベナシー⋯⋯⋯⋯⋯ 334
ベネンソン⋯⋯⋯⋯ 150
ヘラクレス⋯⋯⋯⋯ 230
ヘリコプターマネー⋯69
ヘルシュタット・リスク
　⋯⋯⋯⋯⋯⋯⋯⋯ 124
ベルトラン均衡⋯⋯⋯ **380**
ベルトラン＝ナッシュ均衡
　⋯⋯⋯⋯⋯⋯⋯⋯ 328
ベルヌーイ⋯⋯⋯ 86,380
ベルヌーイの仮説⋯⋯ **380**
ベルマン⋯⋯⋯⋯⋯ 312
変額年金保険⋯⋯⋯⋯ 381
変額保険⋯⋯⋯⋯⋯ 381
変形労働時間制⋯⋯⋯ 181
ベンサム⋯⋯⋯⋯⋯ 147
ベンチャー企業⋯ 235,381
ベンチャーキャピタル
　⋯⋯⋯⋯⋯⋯⋯ 20,381
ベンチャービジネス⋯ **381**
変動為替相場⋯⋯ 95,324
変動為替相場制⋯⋯3,56,
　109,162,236,263,293,370,
　381,400
変動為替レート制⋯⋯ 371,
　381
変動金利⋯⋯⋯⋯⋯ **382**
変動金利型確定利付債券
　⋯⋯⋯⋯⋯⋯⋯⋯56
変動金利型商品⋯⋯⋯ 103
変動係数⋯⋯⋯⋯⋯ 228

変動所得⋯⋯⋯ 140,**382**
変動相場制⋯⋯ 71,374,**382**
変動費用⋯⋯⋯⋯⋯ 331
変動目標幅⋯⋯⋯⋯⋯ 263
変動リスク⋯⋯⋯⋯⋯34
変動利付債⋯⋯⋯⋯⋯ 446
偏微分⋯⋯⋯⋯⋯⋯ 352
変分法⋯⋯⋯312,397,423
ペンローズ⋯⋯⋯⋯⋯ 382
ペンローズ曲線⋯ 231,**382**

ほ

ポアソン分布⋯⋯⋯ 56,**382**
ポイズンピル⋯⋯⋯⋯ 340
ポイント・ボーティング
　⋯⋯⋯⋯⋯⋯⋯⋯ 383
貿易依存度⋯⋯⋯⋯⋯ 383
貿易外経常取引⋯⋯⋯ 383
貿易関連投資措置⋯⋯ 441
貿易協定⋯⋯⋯⋯⋯ 383
貿易均衡⋯⋯⋯⋯⋯⋯95
貿易金融⋯⋯⋯⋯⋯ 383
貿易・サービス収支⋯ 119,
　384
貿易三角形⋯⋯⋯⋯ **384**
貿易指数⋯⋯⋯⋯⋯⋯ 385
貿易収支⋯ 105,119,**384**,395
貿易乗数⋯⋯⋯⋯⋯ **384**
貿易障壁⋯⋯⋯⋯ 63,276
貿易政策⋯⋯⋯⋯⋯ 385
貿易創出効果⋯⋯⋯ 276
貿易転換効果⋯⋯⋯ 276
貿易統計⋯⋯⋯294,384,**385**
貿易のための援助⋯⋯⋯ 3
貿易の利益⋯⋯⋯⋯⋯ 184
貿易物価指数⋯⋯⋯⋯ 385
貿易摩擦⋯⋯⋯ 79,265,**385**
貿易利益⋯⋯⋯⋯ 51,214
邦貨建て⋯⋯⋯⋯⋯⋯72
包括補助金⋯⋯⋯ **385**,392
防火壁⋯⋯⋯⋯⋯⋯ 356
法人擬制説⋯⋯⋯ **385**,386
法人事業税⋯⋯⋯ 49,199
法人実在説⋯⋯⋯ **385**,386
法人住民税⋯ 199,282,**385**,
　386

法人税……… 5,9,29,33,49, 60,143,155,199,243,272, 290,319,**386**,408	補給金………………… **389**	ボルダ………………… 217
法人税の二重課税問題 ………………………… **386**	北欧学派…………… 25,233	ボルダ・ルール……… 217
	北米自由貿易協定…… 276	ホワイトナイト……… 340
	保険…………………… **389**	本源的証券…………… 289
法人都民税…………… **386**	保険契約者保護機構 ………………………… 351,**390**	本源的生産要素… 171,202, 242,284
法定外普通税…… 365,**386**		
法定受託事務…… 198,**386**		本源的な預金………… 232
法定準備金…………… 232	ボゴール宣言…………29	本船渡し………… 33,**394**
法定準備率…… 69,201,232	保護関税………………… 74	本船渡価格……… 384,385
法定通貨……………… 412	保護主義……………… 414	本予算………………… 311
法定普通税…… 189,365,**386**	保護政策……………… 414	
法定労働時間………… 183	保護貿易……… 213,265,**434**	**ま**
包絡線…………… 289,353	保護貿易政策………… 155	
法令遵守……………… 370	保護貿易論…………… 214	マークアップ原理…… 234
飽和性…………… 146,**386**	ポジション指導……… 398	マーク・アップ率…… 366, **395**
飽和点………………… 126	ポジティブ・セオリー ………………………… 87,**390**	マーケット・ポートフォリオ …………………………89
ボェーム・バヴェルク ………… 25,41,163,242	母集団…………… 286,**390**	マーケットメイカー… **395**, 426,430
ボーエン……………… 139	補償原理……………… **390**	
ホーキンス=サイモン条件 ………………………… **386**	補償需要関数… 193,222,**391**	マーコビッツ………… 387
	補償所得……………… 193	マーシャル… 129,131,132, 163,184,217,230,349,**395**
ポートフォリオ… 377,**387**, 424	補償所得関数………… 193	
	補償変分……………… **391**	マーシャル的な数量調整 ………………………… 334
ポートフォリオ・アプローチ ………………………… **387**	補助金………………… **392**	
	補助事業………… 283,365	マーシャルの安定条件 ………………………… 13,**395**
ポートフォリオ選択… **387**	POS …………………… 117,**392**	
ホームメイド・インフレーション ………………………… **387**	ポスト・ケインジアン ………………………… **392**	マーシャルのk ………… 129,134,163,**395**
	ポスト・ケインズ派… 443	
ボーモル… 26,166,**388**,427	補正係数…………… 84,**392**	マーシャル=ラーナーの条件 ………………………… 275,**395**
ボーモル=オーツ税… 74, **388**	補正的財政政策……… 176	
	補正予算………… 254,**393**	マーストリヒト条約… 14, 413
ボーモル=トービン・モデル ………………………… **388**	ホックマン…………… 344	
	ホット・マネー……… **393**	マーチャント・バンク ………………………… 309
ホール………………… 373	ボトルネック・インフレーション ………………………… **393**	
ホールセール(卸売)・バンキング ………………………… 428		マーリーズ…………… 178
	母標準偏差…………… **390**	埋蔵金………………… 317
	ホブスン…………… 92,125	マイナス金利………… 431
ホールセール・バンキング ………………………… **388**	ホフマン……………… **393**	マイナス金利政策…… **396**
	ホフマンの法則……… **393**	マイナス・シーリング ………………………… 187
ホールドアップ問題… **388**	ホフマン比率………… **393**	
簿価…………… 188,363	母分散………………… **390**	マイナンバー………… **396**
補完貸付制度………… 444	母平均………………… **390**	埋没費用……… 185,267,**396**
補完財………………… **388**	ホモセティック… 118,379	前川レポート………… 326
補完性の原則………… **389**	ボラティリティ… 370,**394**	マキシミン原則… 228,239, **396**
補完的項目…………… 435	ポリシー・ミックス… 13, 114,**394**	
補完的資本…………… 363		マクロ経済学………… **396**

マクロ経済学のミクロ経済学的基礎 ………… 401
マクロ消費関数 ……… 221
マクロ・ダイナミクス ………………………… 397
マクロ・バランス …… 397
マクロ分配理論 ……… 397
マザーズ ……………… 229
摩擦的失業 …… 76,198,201, 361
マシューズ …………… 204
マスグレイブ ………… 175
松方財政 ……………… 302
マックスミニ原理 ……95
マックスミニ原理（マキシミン原理） ………… 398
窓口規制 ……………… 398
窓口指導 ……………… 398
マニラ行動計画 ………29
マネー・サプライ … 72,92, 119,398,431
マネーストック …… 68,113, 341,364,398
マネーフロー表 ……… 189
マネー・フロー分析 … 398
マネジメント・バイアウト ………………………… 340
マネタリーアプローチ ………………………… 398
マネタリー・ベース ………………… 10,341,399
マネタリスト ……… 92,114, 120,288,358,366,371
マネタリズム …… 357,399
マネタリズム・マークⅡ ………………………… 147
真水 …………………… 113
マラケシュ議定書 …… 399
マランヴォー …… 334,360
マルクス …… 116,125,205, 213,399,435
マルクス経済学 …… 98,252, 399
マルクス主義 ………… 316
マルクス理論 ………… 443
マルサス …… 15,25,400

マルチメディア ……… 400
マンキュー …………… 406
満場一致の原則 ……… 251
マンチェスター学派 … 435
マンデルの定理 … 394,400
マンデル＝フレミング・モデル ………………… 400

み

ミーゼス ………… 41,340
ミーンズ・テスト …… 367, 401
見えざる手 ……… 236,368, 401,436
ミクロ経済学 ………… 401
ミクロ消費関数 ……… 221
未決済建玉 ……………42
ミッチェル …………… 244
密度関数 ………………57
みなし外国税額控除 … 402
みなし課税 …………… 402
みなし譲渡 …………… 402
みなし税率 ……………30
みなし配当 …………… 402
南アジア自由貿易圏 … 402
南アジア地域協力連合 ………………………… 402
ミニマックス原理 … 95,402
ミニマムアクセス …… 402
ミュルダール …… 117,233
ミラー ………… 33,203,408
ミラボー ……………… 213
ミル ……… 15,202,214,402
民営化 ………………… 40,403
民活 …………………… 403
民間最終消費支出 …… 403
民間主導型 …………… 326
民間貯蓄 ……………… 290
民間部門 ………… 145,403
ミンハス ……………… 186

む

無形固定資産 ………… 254
無限繰返しゲーム …… 109
無差別曲線 ……… 17,32,55, 131,193,207,221,222,227, 237,268,310,343,344,404
無償資金協力 … 202,269,404
無相関 ………………… 253

め

メイガー ……………… 167
メイスン ……………… 184
名目 ………… 24,85,115,163, 198,237,357
名目価格 ……………… 366
名目金利 ………… 103,404
名目GDP ……………… 187
名目主義 ………… 97,405
名目所得 ……………… 226
名目値 ……… 198,200,301, 366,405
名目賃金率 ……… 200,406
名目的減資 …………… 130
名目利子率 …………… 357
メインバンク …… 66,405
メガバンク …………… 318
メジャー ………………45
メセナ …………… 358,405
メツラー ……………… 406
メツラーの逆説 ……… 406
メドウズ ……………… 244
メニューコスト ……… 406
メニュー・コストの理論 ………………………… 291
MERCOSUR …………… 276
メルコスール ………… 406
メンガー …… 41,98,125, 128,406

も

モーゲージ金融 ……… 407
モーゲージ担保証券 …… 8, 182
目的関数 ……… 178,307,348
目的税 …… 162,188,282,365
目標レート圏 …… 263,407
模索過程 ……………… 407
持株会社 ……… 180,408,412
持高規制 ………………42
モディリアーニ …… 33,139, 203,255,303,408,421

モディリアーニ=ミラーの定理 …… 408
モラトリアム ………… 408
モラルハザード …… 99,181,191,248,372,373,390,**408**
モルゲンシュテルン … 86,123

や

ヤードスティック …… 277
ヤードスティック規制 ……………… 253,354,**410**
山 …………………… 18,428
ヤンキー債市場 ……… 153

ゆ

有意水準 ……… 60,347,**410**
有意性 ………… 191,296
USTR ………………… 234
有価証券 ……… 300,306,**410**
有価証券取引税 ……… 191
有価証券報告書 ……… 296
有期公債 ………………… 27
有期雇用 ………………… **410**
有形固定資産 ………… 254
有形非生産資産 ……… 254
有限繰返しゲーム …… 109
有効求人倍率 ………… **410**
有効競争 ……………… **411**
有効需要 ……… 13,122,169,175,**361**
有効需要の原理 … 1,96,121,122,175,220,314,344,361,397,**411**,420
有効需要論 …………… 125
友好的M&A …………… 33
有効フロンティア …… 387
有効保護率 …………… **411**
有効保護理論 ………… **411**
ユーザンス …………… 417
ユーザンス手形 ………… 50
有償資金協力 …… 35,404
郵政事業 ……………… 412
優先株 ………………… **412**
有担保原則 …………… **412**
ゆうちょ銀行 … 34,99,144,412

優等財 ………………… 216
誘導目標 ……………… 431
尤度関数 ………… 181,**412**
尤度比検定 ……… 181,**412**
誘発投資 ……………… **412**
郵便局 ………………… **412**
ユーロ ………… 14,39,**412**
ユーロ・カレンシー …… **413**
ユーロ債 ……………… 153
ユーロ市場 …… 209,**413**
ユーロ・ダラー ……… **413**
ユーロ・ボンド ……… 153
輸出 ……………… 10,33
輸出依存度 …………… 383
輸出インフレーション ……………………… **413**
輸出関数 ……………… **413**
輸出関税 ……………… **413**
輸出金融 ……………… 383
輸出志向 ……………… 342
輸出志向型工業化 …… **413**,414
輸出自主規制 … 79,385,**414**
輸出乗数 ………… 384,**414**
輸出税 ………………… **413**
輸出代替効果 ………… 417
輸出ドライブ ………… **414**
輸出入許可制 …………… 79
輸出入・港湾関連情報処理システム ………… 294
輸出入物価指数 ……… 385
輸出物価指数 ………… 156
輸出補助金 …… 79,385,399,**414**
輸出・輸入 …………… **414**
輸出・輸入の価格弾力性 ……………………… **414**
ユニオン・ショップ … **415**
ユニタリータックス … 63
ユニバーサル・サービス ……………… 109,**415**
ユニバーサル・バンキング ……………………… **415**
輸入 ……………… 10,33
輸入依存度 ……… 383,416

輸入インフレーション ……………… 388,**415**
輸入課徴金 …… 79,349,**416**
輸入関数 ………… 413,**416**
輸入関税 …… 179,210,385,413,**418**
輸入金融 ……………… 383
輸入クオータ制 ……… **417**
輸入乗数 ………… 384,**416**
輸入数量制限 ……… 74,**416**
輸入数量割当 … 79,306,349
輸入数量割当制 ……… **417**
輸入税 ………………… **413**
輸入制限 ……… 54,194,348,385,414,**416**
輸入性向 ……………… **416**
輸入代替 ………… 342,**416**
輸入代替型工業化 …… **414**
輸入代替工業化 ……… **416**
輸入代替工業化政策 … 374
輸入の所得弾力性 …… **417**
輸入物価指数 ………… 156
輸入ユーザンス … 6,383,**417**
輸入割当 ……… 155,**418**
輸入割当制 …………… 385
輸入割当制度 ………… **417**

よ

要管理債権 …………… 372
要求払い預金 ………… **418**
要素価格均等化定理 … **417**
要素集約度 ……… 379,**418**
要素費用表示 … 158,194,**418**
要素費用表示の国民所得 ……………………… 441
要素賦存説 …………… 379
幼稚産業 ………… 214,**418**
幼稚産業保護論 ……… 214
ヨーロピアン・コールオプション ……………… 370
余暇 …………………… 438
余暇時間 ……………… 243
預金 …………………… **418**
預金(支払)準備率 …… 101
預金準備率政策 ……… 398
預金準備率操作 ……… 134

預金創造……………………68
預金歩留り率………… 341
預金保険機構………99,101,
247,346,371,412,418
預金保険制度…… 248,322,
373,377,**418**
抑圧されたインフレーション………… 252
欲望の二重の一致…… 67,
367,**418**
与件変数………………52
予算…………………… 113
予算科目……………… **419**
予算原則……………… **419**
予算制度……………… **419**
予算制約式…………… **419**
予算制約線………227,**419**
予算方程式…………… **419**
与信…………………… 305
予想インフレ率………85
予備的動機…… 68,306,322,
419
45°線モデル … 52,175,220,
309,384,397,**420**
401k…………………81,**420**

ら

ラーナー………138,228,316
ラーナーの独占度…… 316
ライフサイクル仮説… 17,
408,**421**
LIBOR…………209,382,**421**
楽天Edy ……………… 305
ラグランジュ関数…… 307
ラグランジュ未定乗数法
………………………… 179
ラスパイレス指数…… 223,
339,358,366,**421**
ラスパイレス指数算式
………………………… 156
ラチェット効果… 256,**421**
ラッファー…………… 422
ラッファー曲線……… **422**
ラムゼイ価格……178,179,**423**
ラムゼイ価格………… **422**
ラムゼイ・モデル…… **423**

ラムゼイ料金………… **422**
ラムゼイ・ルール…… **423**
LAN ………………… **423**
ランカスター………… 249
ランダム・ウォーク… 147,
423
ランチロッティ……… 373

り

リアル・ビジネス・サイクル理論………… 397,**424**
リーガル・リスク… 124,
424
リーズ・アンド・ラグズ
………………………… **424**
リーダー……………… 369
REIT ……… 10,309,**424**
リーマンショック… 182,
183
利益説………… 275,**425**
利益相反……………… **425**
リエンジニアリング… **425**
リエンジニアリング革命
………………………… **425**
リカード……… 15,69,117,
138,163,202,214,217,348,
400,**425**
リカード効果………… **426**
リカードの等価定理… **426**
リクイディティ・プロバイダー制度………… 395
リザーブトランシェ…… 4
リサイクル…………… **426**
利鞘…………………… **426**
離散型………… 56,377
離散型確率変数… 57,**426**
利子…………………… 103
利子時差説…………… 104
利子生産力説………… 104
利子待忍説…………… 104
利子補給金…………… 389
利潤関数……………… **426**
利潤極大化仮説……… **426**
利潤原理………204,257,**427**
利子率…… 36,155,387,**427**
利子割………………… **427**

リスク………14,27,30,65,
102,105,153,190,196,209,
218,219,248,260,273,289,
291,303,306,360,377,381,
389,395,**427**,428,436
リスク・アセット・レシオ
………………………… 190,**427**
リスクシェアリング仮説
………………………… 405
リスク中立的……………34
リスクプレミアム…… 103,
427
リスト………… 116,214
リストラクチュアリング
………………………… 425,**428**
リセッション………… **428**
利息…………………… 103
利他的遺産動機…………16
利付債………… **428**,446
リテール……………… **428**
リテール・バンキング
………………………… **428**
リデノミネーション… 300
利得行列……………… 110
利得表………………… 110
リニア・プログラミング
………………………… 251,**428**
リバース・デュアル・カレンシー債………… 302
リバース・モーゲージ
………………………… **428**
リプシー……………… 249
リプチンスキー……… **429**
リプチンスキーの定理
………………………… **429**
リフレーション……… **429**
流通機構……………… **429**
流通市場………… 65,219
流通速度………………68
流動資産仮説………… **430**
流動資本……………… 163
流動性………… 31,34,151,
170,197,303,373,**430**
流動性制約…………… **430**
流動性選好……… 132,307
流動性選好説…… 121,314

流動性選好理論… 1,68,104, 397,411,**430**
流動性のジレンマ…31,155, 236,323,**430**
流動性の罠… 2,306,349,**430**
流動性リスク……… 27,124
留保財源………………84
留保需要…………… 243
留保利潤…………… 290
量の緩和……… 10,297
量の緩和政策…… 251,**431**
量的・質的金融緩和……**431**
離陸…………………**431**
リレーションシップ・バンキング………………**432**
履歴効果…………… 350
リンク債………………36
臨時財政対策債……… 169
リンダール……… 234,**432**
リンダール均衡……… **432**

る

累進課税………………98
累進課税制度…………24
累進所得税………… 176
累進税………………**432**
累進税率…………… 199
累進的所得税………… 227
累進比例税………… **433**
ルイス……………… 117
ルイス・モデル……… 330
累積債務問題……3,342,**433**
ルーカス…… 113,147,326, **433**
ルーカス型供給関数… **433**
ルーブル合意……… 370
ルッツ……………… 104

れ

レイヨンフーヴッド… 334
レーガノミックス…… 231, 364,422
レートベース………… 142
レートベース方式…… 253
レオンティエフ… 125,185, 213,380,**434**

レオンティエフ型…… 312
レオンティエフ型生産関数
………………186,242,**433**
レオンティエフ逆行列
…………………… 387
レオンティエフ産業連関モデル………………… 115
レオンティエフの逆説
………………380,**434**
レオンティエフ表…… 184, **434**
レオンティエフ行列… 386
歴史学派…………… **434**
暦年…………………49
レジャー…………… **435**
劣後債………… 412,**435**
劣後ローン………… **435**
レッセ・フェール…… 349, **435**
劣等財……… 55,86,216,**436**
レニス……………… 117
レバレッジ効果… 303,**436**
レバレッジド・バイアウト
…………………… **436**
レモン…………………89
レモンの原理………… **436**
連結会計…………… 437
連結財務諸表……… **437**
連結実質赤字……… 226
連結実質赤字比率… **437**
連結納税制度……… **437**
連鎖方式…………… 366
連続………………… 179
連続型……………… 376,377
連続型確率変数… 57,**437**
連続な関数……………74
レント…………… **437**,438
レント・シーキング… 191, 417,**438**
連邦公開市場委員会… 438
連邦準備制度……… 45,**438**
連邦準備制度理事会… **438**
連邦預金保険公社…… 418, **438**

ろ

労災保険…………… 208
労働価値説………… 399
労働基準法…… 168,183,198
労働供給…………… **438**
労働供給関数……… **439**
労働金庫………… 93,99
労働係数……… 202,**439**
労働契約法………… **439**
労働・産出比率……… 202
労働時間の短縮の促進に関する臨時措置法…… 198
労働者派遣法…… 120,**440**
労働者モラル……… 395
労働集約的……… 233,426, 429,**440**
労働集約度………… **440**
労働需要関数……… **440**
労働生産性……… 185,326, **441**,445
労働増加的………………83
労働の資本集約度………25
労働分配率………… **441**
労働力人口……… 76,**441**
労働力調査………… **441**
ローカル・コンテント規制
…………………… **441**
ローザンヌ学派…… 41,**441**
ローマー…………… 326
ローマ・クラブ… 244,**442**
ローマ条約……………14
ロールズ…………… 228,239
ロールズ流………… 206
ローレンツ………… **442**
ローレンツ曲線… 228,**442**
68SNA……………… 157
ロジャーズ………… 344
ロス………………… 264
ロストウ……… 117,**431**
ロック……………… 229
ロッシャー………… 434
ロバートソン……… 132
ロビンソン… 252,277,392, **443**
ロビンソン・クルーソー経

| 済……………… **443**
ロビンソン夫妻……… 132
ロビンソン夫人……… 132
ロワの恒等式…… 222,**443**
ロンバート型貸出制度
　………………… 101,**444**

わ

ワーキング・プア…… **445**
ワーク・シェアリング
　………………………… **445**
ワーグナー……… 175,434
ワーグナーの9原則……59
ワイズマン…………… 175
枠外債………………… 173
ワラント……………… **445**
ワラント債………………30
ワラント債（新株引受権付
　社債）……………… **445**
割当カルテル……………70
割当レント…………… 417
割引現在価値……… 16,147,
　249,**445**
割引債………………… **446**
割引短期国債……………42
ワルラス…… 18,63,98,125,
　128,185,213,230,343,406,
　407,441,**446**,447
ワルラス均衡…… 313,**447**
ワルラス的調整過程… 447
ワルラス的な価格調整
　………………………… 334
ワルラスの安定条件… 13,
　447
ワルラスの模索過程… 407
ワルラス法則…… 247,**447**
WAN ………… 423,**447**
1％（ワンパーセント）ク
　ラブ………………… 358

欧語索引

数

45-degree line model ··· 420
401k plan ················ 420

A

a money order ··············71
a single currency fixed exchange rate system ······················· 273
a type of economic growth led by domestic demand ······················· 326
Abenomics ················10
ability to pay ············ 275
ability-to-pay approach ····················· 39,337
absolute advantage in terms of cost ················ 250
absolute price ············ 250
absorption ················10
absorption approach ······10
acceleration principle ······61
acceptance method ·········· 6
accountability ············· 5
accounting big-bang ······49
accounting for consolidation ······················· 437
accumulation ·············· 6
acquisition ·············· 340
action lag ················ 200
active asset management ··· 6
actuarial revaluation ··· 173
AD-AS model ················28
ad valorem duties ······ 210
ad valorem tax ············ 210
adaptive expectations ··· 299
additional tax ············ 360
adjustable peg ············· 7
adjustment inflation ··· 289
administered price ·········78
administrative reform ······92
advanced redemption ··· 109
adverse selection ············88
agency ····················· 270
aggregate demand control policy ············ 254
aggregates ············· 210
aggregation of income amount ····················63
aging ····················· 148
agrarian revolution ······ 337
agricultural revolution ··· 337
AI ························ 224
aid ························35
Aid for Trade ············· 3
allocation of taxation sources ························· 240
Amnesty International ··· 150
amortization ··············11
analog information ········· 9
anchoring effect ············12
animal spirits ············ 9
announcement effect ······ 9
annual government expenditure ············ 171
anomaly ················· 9
anti-depression cartel ··· 362
anti-dumping duties ··· 345
anti-inflation policy ········24
Anti-Monopoly Law ··· 315
antitrust policies ········ 315
applied econometrics ··· 39, 121
applied tariff rate ········ 199
approved corporation ··· 333
approved expenses to be carried over to the following year ········ 110
arbitrage ················· 177
arbitration ··············· 177
arm's length rule ············ 1

Arrow, Kenneth Joseph ···11
Arrow's Impossibility Theorem ················12
Artificial Intelligence ··· 230
Asia NIEs ················· 7
Asia-Pacific Economic Cooperation ················29
Asia-Pacific Regional Economic Bloc ········· 7
asset and liability management ············27
asset approach ············· 8
asset backed securities ··· 8
asset balance approach ··· 9
asset revaluation ········ 192
asset taxation ············ 191
assets effect ············· 192
Association of South East Asian Nations ············· 7
asymmetry of information ························· 225
at factor cost ············ 418
at market prices ········ 194
auctioneer ············· 407
Austrian school ············41
authority bond ············ 133
autocorrelation ·········· 191
autonomous expenditure ························· 318
autonomous work ······ 198
availability effect ·········10
average cost ············· 378
average propensity to consume ··············· 378
average rate of tax ······ 378
Averch-Johnson effect ···10

B

B/S ························ 267
backward shifting of tax ························· 259

bad debt ... 372	BIS regulation ... 350	buying operation ... 48
balance of net income and expenditure ... 199	bitcoin ... 351 black market ... 370	**C**
balance of payments ... 153	Black-Scholes model ... 370	calculation of interest rates ... 104
balance of payments constraint ... 154	blue return ... 5 Board of Audit ... 49	call market ... 149
balance sheet ... 267	bond investment trust ... 140	Cambridge equation ... 132
balanced budget ... 96	bond market ... 140	Cambridge school ... 131
balanced budget multiplier ... 97	bond of making sound finance ... 173	capital ... 202 capital accumulation ... 204
balanced growth ... 96	book-building ... 367	Capital Asset Pricing Model ... 89
bandwagon effect ... 345	boom ... 359	capital augmenting ... 83
bank ... 95	boomerang effect ... 359	capital coefficient ... 202
Bank for International Settlement ... 152	BOP ... 153 borrowed capital ... 272	capital cost ... 203 capital deepening ... 203,
bank run ... 321	borrowing ... 70	205
banking principle ... 96	bottleneck inflation ... 393	capital depreciation ... 202
barriers of exit ... 267	bounded rationality ... 131	capital flight ... 204
barter ... 367	brake on the bond issuance	capital gain ... 90
barter trade ... 339	... 139	capital injection ... 145
base exchange rate ... 84	branch ... 354	capital intensity ... 203
Basel II ... 339	break-even point ... 261	capital investment financing
basic exemption ... 85	Bretton Woods Agreements	bond ... 131
basic financial needs ... 84	... 373	capital-labor ratio ... 205
basic financial revenues ... 83	BRICS ... 371	capital market ... 203
Basic Human Needs ... 329	bridge bank ... 371	capital-output ratio ... 202,
basic loan rate ... 83	British classical economics	203
Baumol-Oates tax ... 388	... 15	capital stock ... 204
Baumol-Tobin Model ... 388	broadband ... 374	capital stock adjustment
beggar-my-neighbor policy ... 105	broader-based local government ... 132	principle ... 204 capital transactions ... 205
beggar-thy-neighbor policy ... 105	bubble economy ... 342 budget constraint equation	capital transfer ... 202 capital transfers balances
behavioral economics ... 145	... 419	... 202
benefit approach ... 37,425	budget multiplier ... 175	capitalism ... 203
benefit principle ... 214	budget system ... 419	cardinal utility function ... 84
benign neglect ... 351	built-in stabilizer ... 355	cartel ... 70
bequest motive ... 16	burden ability pricing ... 364	cash-balance quantity theory
Bernoulli's hypothesis ... 380	burden of public debt ... 138	of money ... 129
big-bang ... 351	business cycle ... 112	cash basis accounting ... 129
big data ... 351	business cycle theory ... 112	cash benefit ... 129
big government ... 40	business facility tax ... 188	cash flow ... 89
bill broker ... 274	business finance ... 80	Cassel, Karl Gustav ... 63
binomial distribution ... 330	business method patent	ceiling ... 187
biological diversity ... 246	... 350	central bank ... 283
BIS ... 152	business tax ... 189	

central limit theorem ··· 286
Chamberlin, Edward Hastings ··· 277
check price ··· 277
chief executive officer··· 65, 169,170,187
chief financial officer ··· 169, 187
CI ··· 17,186
city bank ··· 318
civil minimum ··· 201
classical dichotomy ··· 163
classical economics ··· 163
classical theory of interest ··· 163
classified income tax ··· 377
Clayton Antitrust Act ··· 165
clean float ··· 109
clearing ··· 298
closed economy ··· 379
closed innovation ··· 42
club goods ··· 108
Club of Rome ··· 442
Coase's theorem ··· 148
Cobb-Douglas production function ··· 163
cobweb theory ··· 107
coefficient of determination ··· 125
coefficient of determination adjusted for the degree of freedom ··· 213
cognitive dissonance ··· 333
coincident indicator ··· 17
Colin Clark's law ··· 149
collapse of ecosystems ··· 243
commercial bank ··· 365
commercial paper 164,273
commodity fund ··· 224
common market ··· 93,276
company split-up ··· 377
company system ··· 78
comparative advantage theory ··· 348
comparative dynamics ··· 348

comparative statics ··· 348
compensated demand function ··· 391
compensated variation ··· 391
compensation of employees ··· 164
compensation principle 390
competition ··· 92
competition in telecommunications industry ··· 304
competitive bidding ··· 93
competitive equilibrium ··· 93
complementary goods ··· 388
completeness ··· 77
composite commodity ··· 141
Composite Index ··· 17,186
compound interest ··· 363
comprehensive grants ··· 385
comprehensive income tax ··· 254
concave function ··· 37
concentration ratio ··· 213
concepts of gross ··· 257
concepts of net ··· 217
concurrent engineering ··· 165
condition for consumer equilibrium ··· 221
Condorcet rule ··· 167
Condorcet winner ··· 167
Conference of Finance Ministers and Central Bank Governors ··· 255
confidence coefficient ··· 106, 233
confidence interval ··· 106, 233
conflict of interest ··· 425
conglomerate ··· 165
consolidated financial statements ··· 437
consolidated real deficit ratio ··· 437
conspicuous consumption

··· 131
constant cost ··· 352
constant returns to scale ··· 87
construction bond ··· 131
consumer durable goods ··· 266
consumer loans ··· 222
consumer price index ··· 223
consumers' sovereignty ··· 222
consumers' surplus ··· 223
consumption ··· 221
consumption function ··· 221
consumption tax ··· 223
contestability theory ··· 166
contingent valuation method ··· 61
continued expenses ··· 119
continuous random variable ··· 437
contract curve ··· 32,120
contract employee ··· 120
contract employee system ··· 120
contract theory ··· 120
contracting out ··· 299
conversion of public loan ··· 138
convertible bank note ··· 270
convertible bond ··· 304
convex function ··· 319
convex set ··· 319
convoy system ··· 160
cooperative financial institution ··· 93
cooperative game ··· 94
core city ··· 284
corporate finance ··· 80
corporate governance ··· 149
corporate inhabitant tax 385
corporate pension ··· 80
corporate social responsibility ··· 81,187
corporation tax ··· 386
correlation coefficient ··· 253
cost accounting ··· 129

cost basis 129
cost-benefit analysis ... 160, 355
cost function 352
cost, insurance and freight
.... 33,186
cost minimization 353
cost of living index 240
cost-push inflation 160
Council for Financial Crisis
.... 99
country risk 77
Cournot, A. A. 315
Cournot equilibrium ... 106
covariance 93
covering 64
CP 164
crawling peg 111
cream-skimming 109
credit card 110
credit creation theory ... 232
credit crunch 57
credit guarantee 232
credit rating 55
credit rationing 232
credit risk 124,232
credit squeeze 102
creditor country 169
creeping inflation 109
cross elasticity 139
cross rate 111
cross shareholding 66
crowding out 107
CSR 81,187
currency 292
currency basket system
.... 294
currency block 294
currency board 70
currency crisis 292
currency futures 293
currency principle 293
currency swaps 293
current account 119
current exposure 71
current transactions 119

current transfers 119
current value basis 188
customer's rate 266
customs 74
customs clearance 294
customs union 75,276
CVM 61

D

daily life security 238
de facto standard 301
de jure standard 300
deadweight loss 192
debit card 300
Debreu, Gerard 313
debt expenditure burden ratio
.... 139
debt expenditure ratio ... 139
debt expenditure ratio used at permission to issue local bond 82
debt-for-equity swap ... 181
debt problem 433
debtor country 180
decent work 295
decentralization 283
decreasing cost 354
decreasing returns to scale
.... 88
deduction from income 227
deemed taxation 402
default 301
deficit-covering bond ... 131
deficit finance 6
deficit-financing bond under special legislation 6
deficit revenue 169
deficit units 310
defined benefit pension ... 55
defined contribution pension
.... 55
deflation 301
deflation policy 302
deflationary gap 301
deflationary spiral 301
degree of concentration 213

degree of inequality in
  income distribution ... 228
degree of market
  concentration ... 196,213
degree of monopolization
.... 316
degree of overall
  concentration 19,213
deliberation subsection ... 87
demand 215
demand curve 216
demand function 215
demand-pull inflation ... 296
demand-shift inflation ... 216
demonstration effect ... 302
denomination 300
dependent revenue resources
.... 17
deposit 418
deposit insurance system
.... 418
depreciation 129
depression 92,362
deregulation 84
derivative 303
derivative market 303
designated competitive
  bidding 205
designated manager system
.... 200
developing countries ... 53, 342
DI 362
diagonal matrix 266
differential 352
differential equation ... 352
differential piece rate system
.... 298
differential productivity
  growth rates induced
  inflation 242
Diffusion Index 17,295,362
digital information 300
direct and indirect tax ratio
.... 291
direct financing 289

direct loan 289
direct tax 289
dirty float 263
disclosure 296
discounted bond 446
discounted dividend model
.... 341
discounted present value
.... 445
discrete random variable
.... 426
discretionary labor system
.... 181
discriminative price 182
diseconomies of
    agglomeration 212
disembodied 82
disequilibrium dynamics
.... 362
disequilibrium theory ... 362
disinflation 296
disposable income 58
distribution 239
distribution function ... 377
distribution system 429
diversified investment ... 377
divisional organization
.... 189
dollar crisis 323
dollar exchange standard
    system 323
dollar pegging 324
dollar shock 323
dollarization 321
domestic corporate goods
    price index 156
domestic demand 325
domestic exchange clearing
    system 325
dominant strategy 201
double coincidence of wants
.... 367,418
double taxation 330
double taxation on
    corporation tax 386
Dow Jones industrial average
.... 333
downward rigidity of wage
.... 291
dual character of investment
.... 311
dual currency bond 302
dual decision hypothesis
.... 169
dual economy 330
dual structure 331
duality 256
duality in theory of consumer
    behavior 222
Duesenberry, James Stemble
.... 302
duties 74
dumping 275
Durbin-Watson ratio ... 263
dynamic programming ... 312
dynamic stability 306
dynamic stability conditions
.... 306
dynamics 306

E

earmarked revenue sources
.... 316
easing of money 99
ECB 39,413
eco-business 31
ecology 31
econometrics 121
economic agent 114
economic assistance ... 114
economic conflict 117
economic development 116
economic development
    theory 116
economic growth rate ... 115
economic growth theory 115
economic model 117
Economic Partnership
    Agreement 118
economic policy 114
economic stimulus package
.... 113
economic union ... 115,276
economic unit 114
economies in transition ...15
economies of agglomeration
.... 212
economies of network 334
economies of scale 88
economies of scope 345
Econophysics 117
Edgeworth's box diagram
.... 32
effective competition ... 411
effective demand 169
effective exchange rate 198
effective tax rate 199
efficient market hypothesis
.... 147
EIA 73
eigenvalue 164
elasticity 275
elasticity approach 275
elasticity of substitution 268
Electronic Communications
    Network 305
electronic money 305
embodied 82
emergency finance 331
emission concentration
    regulation 337
emissions trading system
.... 341
empirical analysis   121,200
employee training 80
employee's pension 141
employment adjustment
.... 165
employment policy 164
endogenous growth theory
.... 326
endogenous technical
    progress 326
endogenous variable ... 327
Engel curve 34
Engel's coefficient 34
entrepôt trade 284
entropy 36

entry barriers ············ 185
entry-preventing price ··· 186
Entwicklungsstufentheorie
　der Wirtschaft ········ 116
environment ··············· 73
environmental accounting
　··································73
environmental impact
　assessment ················73
environmental right········73
environmental tax ········73
EPA······················· 118
equal absolute sacrifice ···98
Equal Employment
　Opportunity Law······ 274
equal marginal sacrifice ···98
equal proportional sacrifice
　··································98
equal sacrifice theory ······98
equilibrium ···················95
equilibrium dynamics ······96
equilibrium level of GDP
　··································96
equipment funds ········ 250
equity finance ··············· 30
equity in distribution of
　income··················· 228
equivalence of tariffs and
　quotas ··················· 306
equivalent variation······ 306
estimated budget ············51
Euro······················ 412
euro-currency ············ 413
European Central Bank
　························ 39,413
European Union ············14
ex ante ····················· 197
ex post ····················· 190
exceptional measures for
　small and medium
　enterprises in consumption
　tax ······················· 223
excess demand ········ 287
excess profit ············ 287
excess revenue ········ 169
excess supply ··········· 287

excess withdrawal ········ 6
excessive competition ······63
exchange ····················71
exchange control············71
exchange control
　liberalization ············71
exchange equation ······ 134
exchange gain ················71
exchange loss ···············71
exchange rate ···············72
exchange risk ···············72
exchange speculation ····72
exchange traded funds··· 220
excluding tax system ··· 260
executive subsection ······92
exemption for dependents
　······························ 368
exogenous variable ········52
expansion of domestic
　demand ··············· 325
expectation ············ 85,86
expectations formation ···85
expected inflation rate······85
expected utility hypothesis
　··································86
expenditure ··············· 120
expenditure function ··· 193
expenditure tax ········ 193
experimental economics
　·······························145
exponential distribution
　······························ 196
export drive··············· 414
export duties ············ 413
export function ········ 413
export・import ········ 414
export inflation ········ 413
export multiplier ········ 414
export-oriented
　industrialization ······ 413
exposure ····················30
external demand-dependent
　economy ··················52
external diseconomy ······54
external economy ·········53
external public sector debts

　······························ 264
external reserve ········ 265
externality ···················53
extra financial burden ··· 287
extrapolative expectations
　··································52

F

factor endowment theory
　······························ 379
factor income received from
　abroad ······················48
factor price equalization
　theorem ··············· 417
factors determining interest
　rate ····················· 103
fair trade ············ 141,359
fallacy of composition··· 142
family income and
　expenditure survey ······57
fare rate of return regulation
　······························ 142
fascism ··················· 356
FCCC ·······················46
Fed ···························45
Federal Deposit Insurance
　Corporation ······ 418,438
federal funds rate········ 359
Federal Open Market
　Committee ············ 438
Federal Reserve System
　······························ 438
fictional theory of
　corporation ··········· 385
final consumption
　expenditure of private
　nonprofit institutions
　serving household ··· 266
final declaration ············55
final goods ··············· 171
Finance Ministers and
　Central Banks' Governors
　Meeting ··············· 180
financial balance ········ 100
financial burden of projects
　under the direct control of

central government ··· 291
financial disintermediation ············ 295
financial engineering ······ 99
financial futures market ············ 100
financial holding company ············ 102
financial institution ········· 99
financial institutions for agriculture, forestry and fishery ················· 337
Financial Instruments and Exchange Act ········ 101
financial liberalization 102
financial market ········ 100
financial planner ········ 356
Financial Reconstruction Act ············ 99
financial rehabilitation bond ············ 173
Financial Reorganization Administrator ········ 101
Financial Services Agency ············ 102
financial subsection ······ 419
financing bills ············ 273
FinTech ················· 359
fire wall ················· 356
first best ················· 356
fiscal deficit ················ 172
fiscal drag ········ 175, 357
fiscal illusion ············ 174
fiscal investment and loan ············ 176
fiscal policy ················ 357
fiscal policy of Takahashi ············ 270
fiscal reform ············ 172
fiscal relaxation ········ 173
fiscal surplus ············ 173
fiscal tightening ········ 177
fiscal year ················ 49
Fisher effect ············ 357
Fisher equation ········ 358
Fisher index ············ 358

Fisher, Irving ············ 357
fixed amount taxation ··· 297
fixed assets tax ········ 162
fixed capital ··············· 162
fixed cost ··················· 163
fixed exchange rate ······ 163
fixed exchange rate system ············ 162
fixed interest bearing securities ·················· 55
fixed percentage on reducing balance method ······ 298
fixed-term employment ············ 410
floating exchange rate system ············ 381, 382
floor price ········ 178, 277
flow ······················· 374
flow approach ············ 374
flow of funds account ··· 189
flypaper effect ············ 369
food control system ······ 226
foreign bill of exchange ··· 50
foreign currency ············ 48
foreign currency option ············ 48, 292
foreign currency reserve ··· 48
foreign direct investment ············ 265
foreign exchange ············ 50
Foreign Exchange and Foreign Trade Law ··· 50
foreign exchange policy ··· 71
foreign exchange rate ······ 50
foreign portfolio investment ············ 265
foreign tax credit system ··· 51
foreign trade multiplier ············ 384
forward exchange ······ 181
forward exchange rate ············ 181
forward shifting of tax ············ 259
Framework Convention on Climate Change ······· 46

framing effect ············ 373
free competition ········ 210
free on board ········ 33, 394
free-rider problem ····· 271
free-trade ··················· 213
Free Trade Agreement ············ 33, 118, 214
free trade area ··· 214, 276, 371
free trade zone ············ 371
Friedman, Milton ····· 371
fringe benefit ········ 372
Frobenius theorem ······ 376
full-cost principle ············ 253, 373
full employment ············ 76
full employment GDP ······ 76
full employment surplus ··· 76
function ····················· 74
functional distribution ······ 87
fund manager ············ 357
fundamental analysis ··· 357
fundamental theorems of welfare economics ··· 141
fundamentals ············ 357
fungibility hypothesis ··· 356
future burden ratio ······ 225
futures ····················· 182

G

gains from trade ············ 51
galloping inflation ········· 90
game in extensive form ············ 304
game in normal form ··· 354
game in strategic form ············ 252
game of complete information ··············· 78
game theory ··············· 123
game tree ··················· 354
game with perfect information ··············· 76
GDP ················· 157, 187
GDP deflator ············ 187
general accounts ············ 18
General Agreement on

Tariffs and Trade ⋯ 63,75
General Arrangements to Borrow 18
general consumption tax ⋯19
general drawing rights ⋯⋯31
general equilibrium 18
general expenditure 19
general finances 18
general government 19
general grants 19
General Impossibility Theorem 19
general meeting of shareholders 67
Generalized System of Preferences 319
generation account 249
geometric distribution 79
Giffen goods 86
gift tax 257
Gini coefficient 201
Glass-Steagall Act 108, 109
global environmental problem 278
global warming 278
globalization 111
GNE 158
GNI 159
GNP 159,187
gold exchange standard system 95
gold standard 98
golden rule 39
goods and service balance 384
government affiliated agency 245
government-affiliated financial institutions 245
government failure 246
government final consumption expenditure 246
government-guaranteed advance 247
government-guaranteed bond 247
Government Pension Investment Fund 335
Government Tax Commission 246
GPIF 335
Gramm-Leach-Bliley Act 109
grant 392
grant aid 404
grant element 109
greenhouse effect 46
Gresham's Law 111
gross balance of settled account 118
gross budget principle 254
gross complements 260
gross domestic expenditure 157
gross domestic product 157,187
gross fixed capital formation 254
gross national expenditure 158
gross national income 159
gross national product 159,187
gross revenue 29
gross substitutability 260
gross substitutes 259
growth accounting 243

H

Hansen, Alvin Harvey 345
Harrod-Domer's growth model 344
Harrod-neutral 344
Hawkins-Simon's condition 386
Hayek, Friedrich August von 340
heavy industry 211
Heckscher-Ohlin theorem 379
hedge 380
hedonic approach 380
herding phenomena 339
Herfindahl-Hirschman Index 213,340
heteroskedasticity 362
HHI 213,340
Hicks, J.R. 391
Hicks-neutral 350
hidden unemployment 252
high-powered money 341
hiring midway through the year 286
historische schule der ökonomik 434
historical school 434
Hoffmann's law 393
hold-up problem 388
holding company 408
hollowing-out 105
home-made inflation 387
home town tax payment system 373
homogeneity postulate 310
homogeneous of degree k 118
homogeneous of degree one 17
homogeneous of degree zero 251
horizontal equity 233
horizontal specialization 233
hostile takeover defensive measures 340
hot money 393
household final consumption expenditure 57
housing investment 213
housing loan 212
hyper inflation 341
hypothesis 60
hypothesis testing 60
hysteresis effect 350

I

IAS 1,151
iD 305
identity matrix 273
IMF conditionality 3
IMF position 4
IMF reserve position 4
IMF special drawing rights 4
imperfect competition ... 360
imperialism 297
implicit contract theory ... 14
implicit deflator 22
import function 416
import multiplier 416
import quota system ... 417
import restrictions 416
import substitution 416
import surcharge 416
import usance 417
imported inflation 415
imputed rent 85
incidence of tax ... 244, 259
including tax system 25
income balance 227
income consumption curve 227
income-doubling plan ... 228
income effect 226
income elasticity of demand 216
income elasticity of import 417
income redistribution ... 227
income statement 261
income tax 228
income taxation 226
incorporated association 209
incorporated foundation 177
increase of capital 254
increasing cost 355
increasing returns to scale 88
incrementalism 256

independent administrative corporation 317
independent revenue resources 193
independent tax 318
indexation 366
indexes of business conditions 113
indifference curve 404
indirect financing 75
indirect tax 75
indirect utility function ... 75
individual inhabitants tax 160
induced investment 412
industrial organization ... 184
industrial policy 183
Industry 4.0 270
industry with decreasing returns 354
inequitable tax system ... 363
infant industry 418
inferior goods 55, 436
inflation 22
inflation-demand curve ... 23
inflation from the use of central bank credit ... 137
inflation-supply curve 23
inflation target 22
inflation tax 24
inflationary expectation ... 22
inflationary gap 23
inflexibility of public finance 173
information 224
information super highway 224
Information Technology 224
informatization of economy 115
inheritance tax 255
initial budget 311
innovation 20
input coefficient 312
input-output analysis ... 312
input-output table 184

insider transaction 21
institutional investor 79
institutional school 244
insulation effect 56
insurance 389
insurance of medical care 20
Insurance Policy-holder Protection Corporation 390
intellectual property right 278
inter-industry trade 183
interbank market 21
interest-bearing bond ... 428
interest group 166
interest parity theory ... 104
interest rate 103, 427
interest rate ceiling 219
interest rate risk 105
interest rate tax 427
intergovernmental fiscal equalization 245
interindustry analysis ... 185
intermediate goods 284
internal and external balance 325
internal balance and external balance 156
internal economics 327
internal subsidization ... 327
internalization of externality 53
International Accounting Standards 1,151
International Bank for Reconstruction and Development 248
international capital market 153
international capital movement 153
international competitiveness 152
international currency ... 154
International Development

Association 248
international double taxation 154
international economics 152
International Finance Corporation 248
international labor migration 151
international labor mobility 151
international liquidity ... 155
international macroeconomics 155
International Monetary Fund 3
International Organization for Standardization ... 3,154, 301
international solidarity taxation 155
international trade theory 154
internationalization of the yen 36
internet 21
internet bank 21
Internet of Things 4
intertemporal allocation of consumption 16
intertemporal equilibrium 16
interval estimation 106
intervention on neutralization 286
intra-industry trade 184
intrafirm trade 80
inventory 170
inventory adjustment ... 170
inventory investment ... 170
inverse matrix 88
inverted yield curve 88
investment 308
investment adviser 309
investment bank 308
investment function 308
investment goods 309

investment multiplier ... 309
investment tax credit ... 310
investment trust 309
investor protection fund 309
investor relations 1
invisible current transaction 383
invisible debt 57
invisible hand 401
invoice 42
involuntary unemployment 350
IOT 4
IS-LM model 1
iso-cost line 312
iso-profit curve 313
isoquant 311
IT revolution 4

J

J-curve effect 188
J-REIT 424
Japan Bank for International Cooperation 65,152
Japan External Trade Organization 332
Japan Industrial Standard 196,301,332
Japan International Cooperation Agency 152,318
Japan Pension Service ... 332
Japan Post Bank 412
Japan premium 209
Japanese Association of Securities Dealers Automated Quotations 209
Japanese employment practices 332
JETRO 332
JEXIM 333
joint production 123
junk bond 209
just-in-time 209

K

k% rule 119
kanban system 78
keiretsu 121
key currency 82
Keynes' consumption function 122
Keynes, John Maynard 121
Keynesian economics ... 122
Keynesian revolution ... 122
Kingston monetary system 95
kinked demand curve ... 106
knife edge instability ... 327
Kondratieff waves 167
Konzern 166
Kuroyon problem 111

L

labor augmenting 83
Labor Contract Act 439
labor demand function 440
labor force 441
Labor Force Survey 441
labor intensity 440
labor productivity 441
labor share 441
labor supply 438
labor supply function ... 439
labour coefficient 439
Laffer curve 422
lagging index 278
laissez-faire 435
land price publication ... 277
land-tax reform 319
land value tax 278
large-scale retail store law 266
Laspeyres index 421
latent surplus population 252
latent unemployment ... 252
Lausanne school 441
law of demand 217
law of diminishing marginal

utility 126
law of diminishing returns
.... 210
law of equi-marginal utilities
.... 126
law of indifference 17
law of large numbers ... 268
Law of Sounding Local
 Government Finance 279
leading index 252
leads and lags 424
least squares method ... 171
legal risk 124,424
legally delegated work 386
leisure 435
lemon's principle 436
lender of last resort 170
Leontief paradox 434
Leontief production function
.... 433
Leontief table 434
Leontief, W.W. 386
level of significance ... 60, 410
levelling of public
 expenditure 175
leverage effect 436
leveraged buyout 34,436
liberalization of capital
 transactions 203
life cycle hypothesis ... 421
life insurance company 247
lifetime employment ... 211
likelihood function 181, 412
likelihood ration test ... 181, 412
Lindahl equilibrium ... 432
linear programming...... 34, 251,428
linear regression 251
liquid-asset hypothesis 430
liquidity 430
liquidity constraint 430
liquidity dilemma 430
liquidity preference theory
.... 430
liquidity risk 124
liquidity trap 430
liquor tax 214
loan-loss reserve 58
loanable fund theory 58
local allocation tax 280
local area network 423
local authority 282
local autonomy 282
local consumption tax 282
local content requirement
.... 441
local finance adjustment
 system 281
local gasoline tax......... 279
local government......... 283
Local Government System
 Research Council 283
local loan-dependency ratio
.... 280
local loan program 280
local monopoly 276
local public bond......... 280
local public enterprise bond
.... 133
local public entity 279
local public entity under
 financial reconstruction
.... 174
local public finance 281
local public finance program
.... 281
local public goods 279
local public nonsubsidized
 project 283
local public utilities...... 279
Local Self-government Act
.... 282
local taxes 282
Lombard-type lending
 facility 444
London Inter Bank Offered
 Rate 421
London Interbank Offered
 Rate 209
long-run average cost ... 288
long-run cost function ... 288
long-run marginal cost 288
long-run Phillips curve 288
long-term finance 288
Lorenz curve 442
loss 262
low-interest rate policy
.... 297
Lucas-type supply curve
.... 433
lump-sum tax 297

M

M&A 89,209,308, 369,428,436,437
M1, M2, M3 34
M1 68,235,366
M2 68,235,366
M3 366
macro balance 397
macro dynamics 397
macroeconomic theory of
 distribution 397
macroeconomics 396
main bank 405
majority rule 271
Malthus, Thomas Robert
.... 400
managed currency system
............79
managed trade 79
management buyout 34
marginal analysis 128
marginal cost 128
marginal efficiency of
 investment 310
marginal productivity theory
.... 127
marginal propensity to
 consume 127
marginal propensity to tax
.... 128
marginal rate of substitution
.... 128
marginal rate of tax 128

marginal rate of transformation 129
marginal revenue 126
marginal revolution 125
marginal utility 126
marginal utility of income 228
marginal utility of money 69
marginal village 127
mark-to-market measure of the value of financial assets 100
mark-up ratio 395
market economy 195
market equilibrium 195
market failure 196
market indirect finance 194
market intervention 194
market maker 395
market opening 194
market power 196
market rate of interest ... 196
market risk 196
market structure 195
market transaction 196
market value accounting 188
Marrakesh Protocol 399
Marshall, Alfred 395
Marshall-Lerner condition 395
Marshallian k 395
Marshallian stability conditions 395
Marxian political economy 399
material industry 258
matrix 94
matrix game 94
maximin principle 396, 398
maximum likelihood method 181
mean value 378

mean-variance approach 379
means of settlement 123
means test 401
measure of absolute risk aversion 250
measure of economic welfare 314
measure of relative risk aversion 256
measure of risk aversion ... 81
measurement unit 257
mécénat 405
medical insurance system for over-75 year olds 134
Menger, Carl 406
menu costs 406
mercantilism 211
merchant bank 308
Mercosur 406
merger 63
merger and acquisition ... 33
merit goods 62
merit wants 62
metallism 97
Metzler paradox 406
micro-foundations of Keynesian economics 123
microeconomics 401
Mill, John Stuart 402
mini-max principle 402
minimum access 402
minimum sacrifice theory 171
minimum taxable income ... 59
minimum wage system ... 178
mixed economy 165
mixed goods 166
mixed income 166
modern economics 98
modification coefficients 392
Modigliani and Miller Theorem 33
Modigliani, Franco 408

Monetarism 399
monetary agreement ... 293
monetary approach 398
monetary base 341, 399
monetary control 102
monetary policy 101
monetary relaxation 99
money 67
money demand 68
money-flow analysis ... 189, 398
money flow table 189
money illusion 67
money in trust 97
money market 273
money multiplier 68
money stock 398
money supply 398
money veil theory 69
monopolistic competition 316
monopoly 315
monopoly capitalism ... 316
monopsony 52
moral hazard 408
moratorium 408
mortgage 298
mortgage finance 407
most-favored-nation treatment 169
motivation for saving ... 290
MR 126
multicollinearity 271
Multilateral Investment Guarantee Agency ... 248
multilateral negotiation 270
multimedia 400
multinational corporation 271
multiple correlation coefficient 212
multiple rates of exchange system 363
multiple regression 210
multiplier theory 220

multipolar dispersed national land ········· 270
Mundell-Fleming model ········· 400
Mundell's theorem ······ 400
municipal tax ··········· 198
mutual fund ············· 309
mutual insurance··········92
myth of land ············ 318

N

NAB ·················18
narrow bank ············ 328
NASDAQ composite index ············ 328
Nash equilibrium········· 328
National Association of Securities Dealers Automated Quotations ············ 327
national brand ············ 347
national burden ratio ··· 160
national debt management ············ 151
national debt service payments ············ 154
national health insurance 158
national income ········ 158
national medical expenditure ············ 157
national minimum ······ 327
national pension ········ 159
National Strategy Zone ············ 161
national tax ············· 155
national tax revenue transferred to local treasuries ············· 282
national treasury ········ 161
national treasury disbursement ·········· 161
national treasury liabilities ············ 161
natural monopoly ······ 197
natural rate of growth ··· 197
natural rate of interest ··· 197

natural rate of unemployment hypothesis ············ 197
negative income tax ··· 367
Negative Interest Rate Policy ············ 396
negative merit goods ··· 367
negative spread ··········88
negotiable certificate of deposit············· 187,273
negotiable instrument ··· 410
negotiable securities ··· 410
negotiated transaction ······ 4
neo-classical economics 230
neo-classical investment theory ················· 231
neo-classical synthesis 230
Neo Keynesian ········ 334
neo-liberalism ············ 231
net domestic product ··· 156
net external assets ······ 265
net national product······ 158
Neuroeconomics ········· 229
neutral technical progress ············ 286
neutrality of money·········69
neutrality theorem of debt burden ················· 138
New Arrangements to Borrow ··············18
New BIS regulation······ 232
new economy ············ 333
new public management ············ 333
new quantity theory of money ················· 229
Newly industrializing countries ············· 329
Newly Industrializing Economies ······ 230,329
NICs ·················· 329
NIEs ············· 180,328
Nikkei Stock Average ··· 331
Nippon Individual Savings Account ············· 329
NIRP ·················· 396
NISA ·················· 329

Nixon shock ············ 330
NNP························ 158
node···················· 354
nominal interest rate ······ 404
nominal value ············ 405
nominalism ············· 405
non-bank ················ 338
non cooperative game ··· 349
non-excludability ······ 351
non-governmental organization·············32
non-life insurance company ············ 262
non-price competition ··· 347
non-profit organization ···33
non-project aid ········ 338
non-rivalness ············· 349
non-tariff barriers ······ 348
non-tariff measures ······ 348
non-tax receipts ········ 238
nonsaturation ············· 368
nonsingular ············· 243
normal distribution ······ 239
normal goods ············ 243
normal yield curve ······ 217
normative economics ······87
normative (economics) theory ·················87
normative theory········· 338
North-South problems··· 329
notional demand ········· 169
null hypothesis ······ 60,88
numéraire ···················62
nursing care insurance······51

O

object of taxation············60
obligation netting ······ 124
obligatory expenditure ···88
off-balance ···················44
Off JT ·············45,80,226
Off-the-Job Training ·····················45,80,226
offer and bid ·············44
offer curve ·················43
official discount rate ··· 143

official foreign exchange
   intervention ············ 194
offshore market ············ 44
oil crisis ···················· 37
oil money ··················· 37
oil shock ···················· 37
OJT ···················· 45,80,226
Okun's law ················· 40
oligopoly ···················· 60
oligopoly theory ·········· 61
on-balance ·················· 46
on-line system ············· 46
On-the-Job Training
   ····················· 45,80,226
one year budget ········ 275
open competitive bidding
   ································ 18
open economy ············· 54
open innovation ·········· 42
open macroeconomics ··· 155
open market ················ 42
open market operation ··· 134
open position ·············· 42
operating surplus and mixed
   income ···················· 27
operation twist ············· 45
operational risk ······ 45,124
operations research ··· 39,45
opportunity cost ·········· 79
optimal growth theory ··· 179
optimal supply condition of
   public goods ········ 135
optimal taxation theory
   ······························ 178
optimization behavior ··· 178
optimization problem ··· 178
optimization problem with
   equality constraints ··· 307
optimization problem with
   inequality constraints
   ······························ 367
optimum tariff theory ··· 179
option transaction ········ 44
optional agreement ······ 233
optional consumptive
   expenditure ············ 233

ordinance-designated city
   ······························ 248
ordinary account ········ 364
ordinary account bond ··· 365
ordinary construction works
   expenditure ············ 365
ordinary financial resources
   ······························ 118
ordinary local allocation tax
   ······························ 365
ordinary local public entity
   ······························ 366
ordinary tax stipulated in the
   Local Tax Law ······ 386
ordinary tax unstipulated in
   the Local Tax Law ··· 386
ordinary taxes ············ 365
ordinary utility function 226
Organisation for Economic
   Co-operation and
   Development ······ 40,114
Organization for European
   Economic Co-operation
   ································ 40
Organization of Petroleum
   Exporting Countries
   ························· 44,249
original brand equipment
   ·································· 5
original equipment
   manufacturer ············ 39
original equipment
   manufacturing ··········· 39
output-labor ratio ······ 185
outside director ········ 208
outsourcing ················· 5
over-borrowing ············ 41
overall balance of payment
   ······························ 254
overbought actual position
   ································ 36
overlapping-generations
   model ··················· 249
overshooting ··············· 41
oversold actual position ··· 36
overtime work ············ 183

own capital ············· 190
own capital ratio ········ 190
ozone layer protection ······ 43

P

P&A ······················ 371
P/L ······················ 261
p-value ···················· 347
Paasche index ············ 339
paradox of thrift ········ 250
paradox of voting ······ 313
parallel import ············ 379
parameter ··················· 342
Pareto efficient ········ 343
Pareto improvement ··· 343
Pareto optimal condition
   ······························ 343
Pareto optimal distribution of
   income ··················· 344
Pareto, Vilfredo Federico
   Damaso ··············· 343
parity ····················· 378
part-timer abuse ········· 370
partial equilibrium ······ 367
passive asset management
   ······························ 342
pay-as-you-go financing plan
   ······························ 360
payment in kind ········· 131
payoff ····················· 377
PBR ························· 64
peak load pricing ········ 347
pecuniary externality ····· 97
pegged exchange rate system
   ······························ 162
Penrose curve ············ 382
pension ··················· 334
pension account ········ 335
pension problems ····· 336
pension right ············ 335
PER ························· 64
perfect competition ········ 75
perfect foresight ········ 148
perfectness of information
   ······························ 224
period of production ··· 242

permanent income 140
permanent income hypothesis
...... 140
permission and approval
 authority 95
perpetual bond 27
personal distribution ... 232
Petty-Clerk's law ... 149,380
Petty's law 149,380
philanthropy 358
Phillips curve 358
physiocracy 213
Pigou, Arthur Cecil 349
Pigou effect 349
Pigou's tax-subsidy policy
...... 349
placebo effect 370
planned economy 112
planning-programming-
 budgeting system 347
plant and equipment
 investment 250
Plaza accord 369
plurality voting 217
point estimation 305
point of sales 392
point voting 383
Poisson distribution 382
policy allocation problem
...... 241
policy coordination 240
policy lag 241
policy mix 394
policy variable 240
polluter pays principle 43
population 390
population census 156
portfolio approach 387
portfolio selection 387
positive economics 200
positive economics theory
...... 200
positive theory 390
Post Keynesian 392
post-office life insurance ... 73
potential inflation 252

power distribution 379
power of public finance 177
PPP 43,146
pre-condition for take-off
...... 297
Prebisch-Singer thesis ... 374
precautionary-motive 419
prefectural disbursement
...... 320
prefectural tax 313
preferential duties 319
preferred stock 412
presumption of Harvey Road
...... 340
price adjustment 54
price book value ratio 64
price cap regulation 368
price consumption curve ... 54
price destruction 55
price differentiation 54
price-earnings ratio ... 64,346
price elasticity of demand
...... 216
price elasticity of export and
 import 414
price elasticity of supply ... 91
price follower 55
price gaps between home and
 abroad 325
price indexes 366
price leader 54
price leadership 369
price level 366
price mechanism 368
price support policy 54
price taker 368
primary balance 85,369
primary commodities 17
primary income balance
...... 264
primary industry 264
prime rate 181,369
principal 20
principal-agency theory 372
principle of average cost
 pricing 378

principle of complementarity
...... 389
principle of consistency
...... 119
principle of disclosure ... 134
principle of effective demand
...... 411
principle of equivalent of
 three aspects 186
principle of growing fiscal
 payment 175
principle of intergenerational
 equity 249
principle of marginal cost
 pricing 128
principle of voting 313
principles of local taxes
...... 282
principles of taxation 59
prisoner's dilemma 211
private banking 369
private benefit 201
private brand 347
private cost 201
private final consumption
 expenditure 403
private finance initiative
...... 346
private placement local
 government bond 35
private sector 403
privately placed bond ... 202
privatization 403
probability density 57
probability density function
...... 57
probability distribution ... 56
probability weighting
 function 56
producers' surplus 242
product cycle theory ... 376
product differenciation
...... 245
Product Liability Act ... 243,
346
production function 242

production function with constant elasticity of substitution ············ 186
production possibility curve ························· 241
profit and loss statement ························· 261
profit function ············ 426
profit making business from non-profit organization ························· 210
profit margin ············ 426
profit maximization hypothesis ············ 426
profit principle ········ 427
program aid ············· 375
progressive tax ········ 432
project aid ············· 375
project eligible for local loan ························· 281
project finance············ 375
projects under the direct control of central government ············ 290
prompt corrective action ························· 253
propensity to import ··· 416
proportion of revenue supplied by government bonds ················· 150
proportional tax ········ 355
prospect theory ········ 376
provisional budget ······ 185
prudence policy ········ 372
public aspects ············ 136
public assistance ········ 145
public choice school ··· 24, 136
public choice theory ··· 136
public corporation ······ 133
public economics ······ 134
public enterprise ········ 144
public expenditure ······ 174
public finance ······ 144,171
Public Finance Law······ 177
public finance policy ··· 176

public goods ············ 135
public investment ······ 137
public loan (bond) ······ 137
public offering············ 146
public regulation ········ 144
public sector ············ 145
public utilities ············ 133
public wants ············ 145
public works expenditure ························· 320
publicly-offered local bond ························· 146
purchase and assumption 346
purchasing power parity 146
pure public goods ······ 217
pure strategy ············ 217

Q

Q-board ················· 230
qualification standard for bond issuing ········ 299
quantitative easing policy ························· 431
quantity adjustment······ 234
quantity theory of money ··························68
quarterly estimates ········90
quasi public goods ······ 217
quasi-rent················· 217
quasiconcave function··· 217
quasiconvex function ··· 218
Quesnay, François ······ 125
QUICPay················· 305

R

R&D ········ 1,20,270,376
Ramsey model············ 423
Ramsey price ············ 422
Ramsey rule ············ 423
random variable ············56
random walk ······ 233,423
ratchet effect ············ 421
rate of change of prices ························· 366
rate of shortage funds ··· 189
rate of tax burden ····· 259

rate of time preference ························· 188
ratio of local loans ······ 280
ratio of net excess of revenue ························· 200
ratio of public burden to national income ····· 160
ratio of recurring profit ························· 119
ratio of registered job openings to registered job applicants ············ 410
rational expectation hypothesis ············ 147
RCC ················· 1,247
reaction lag ············· 346
real balance effect ······ 199
real business cycle theory ························· 424
real debt expenditure ratio ························· 199
real demand············· 200
real entity theory of corporation ············ 385
Real Estate Investment Trust ························· 424
real interest rate ········ 199
real property acquisition tax ························· 367
real value················· 200
real wage rate ············ 200
receipts and payments of treasury funds with the private sector ········ 174
recession ················· 428
recognition lag ········ 333
recovery stalling ········ 160
recycle················· 426
reduced tax rate ········ 113
reduction entry ············ 9
reduction of capital ······ 130
reemployment system ··· 170
reengineering ············ 425
reflation ················· 429
refunding bonds ············70
regional bank ············ 279

regional development finance ·················· 276
regional differentials ··· 276
regional economic integration ·················· 276
regressand ·············· 350
regression analysis ········48
regressive tax ·············88
regressor ················· 250
regulation of total emission, pollution load regulation (environment) ········· 257
relationship banking ···· 432
relative income hypothesis ·················· 255
relative price ············· 255
renewable energy ······ 172
renewable resources ··· 172
rent ······················· 437
rent-seeking··············· 438
repeated game ············ 109
replacement cost ········ 170
replacement investment 140
representative democracy ·················· 269
repurchase market ······ 130
resale price ··············· 180
Research and Development ···················· 1
reserve ratio operation··· 201
resident self-governance ·················· 214
resolution and collection corporation ········· 1,247
rest of the world accounts ····················48
restriction of dumping···· 367
restructuring ······ 425,428
retail banking ············ 428
return on asset ··········· 1,66
return on equity ········ 1,66
revealed preference ······ 130
revenue and expenditure of national treasury ······ 162
revenue shortfall ········ 179
revenue source measures bonds ·················· 169
reverse financing scheme ·················· 295
reverse mortgage········ 428
revitalization of private economy ············· 403
Ricardian equivalence theorem ············· 426
Ricardo, David ········· 425
risk ················· 81,427
risk asset ·················82
risk asset ratio ············ 427
risk averter ···············81
risk lover ··················81
risk neutral ···············82
risk premium ············ 427
Robinson Crusoe economy ·················· 443
Robinson, Joan Violet··· 443
ROE······················ 1,66
roles of the government ·················· 246
roundabout production ···25
Roy's identity ············ 443
Rybczynski theorem ··· 429

S

S&P 500 index ······ 11,31
SAARC ················· 402
saddle point ···············13
safe asset ··················12
safeguard················· 248
safety net ················· 248
SAFTA ················· 402
sales maximization hypothesis ··············26
sales tax ··················26
sample···················· 355
Samuelson condition ··· 183
samurai bond ············ 183
Sarbanes-Oxley Act ··· 169
saturation················· 386
saving function ········· 290
savings···················· 290
Say, Jean Baptiste ······ 237
Say's Law ········· 238,247

Schumpeter, Joseph Alois ·················· 218
seasonal variation ········84
second best theory ······ 249
second regional banks··· 269
secondary income balance ·················· 269
secondary industry ······ 269
secured loan principle ··· 412
Securities and Exchange Commission ······ 31,169
securities company ····· 218
securities market ········ 219
securitization ············ 218
seigniorage ········· 201,294
selectivism ··············· 252
self-assessment ········· 190
self-assessment of taxation ·················· 230
self-governing············ 275
self-selection ············ 191
self-supporting accounting system ················· 318
selling ·····················26
selling operation ···········26
semi-advanced countries ·················· 286
seniority-order wage ··· 336
separate taxation ········ 377
separate withholding taxation ·················· 131
separation of long-term and short-term credit ······ 289
separation theorem ······ 377
serial correlation ··· 121,191
service balance ········· 168
servicer ·················· 168
settlement of accounts··· 124
settlement risk············ 124
shareholders representative suit ·······················67
shift to a service economy ·················· 116
shifting of tax ············ 244
short-run and long-run ·················· 274

short-run cost function 274
short-run marginal cost 274
short sale 70
short-term economic survey of all enterprises in Japan 273,331
short-term finance 273
shortening of working hours 197
Shoup's recommendation 205
shutdown point 254
simple interest 275
simple regression 273
simplex method 232
simplified tax system 73
sinking fund 130
Slutsky equation 237
Small and Medium Enterprises Basic Act 285
small and medium-sized enterprise 284
small and medium-sized enterprise policy 285
small business finance ... 285
small country model ... 220
small office home office 257
SME 285
Smith, Adam 236
Smithsonian agreements 236
SNA 31,157
social benefit 207
social capital 205
social cost 206
social fairness 206
social indifference curve 207
social insurance 208
social marginal product 205
social security 208
social security benefits 209
social security-related expenditure 209
social surplus 207
social time preference rate 206
social wants 208
social welfare function 206
socialist economy 205
socially responsible investment ... 31,206,406
SOHO 257
Solow-neutral 261
Solow-Swan growth model 260
solvency margin ratio ... 260
South Asia Free Trade Area 402
South Asian Association for Regional Cooperation 402
South-South problem ... 328
sovereign risk 260
spatial economics 105
special account 316
Special Account for Debt Consolidation Fund ... 154
special depreciation 317
Special Drawing Rights 323
special drawing rights 31
special exemption for spouse 340
special local public entities 317
special public corporation 314
special purpose company 31
special purpose vehicle ... 31
special subletting loan ... 317
special taxation measures 259
specialization 319
specific consumption tax 164
specific duties 214
specific grants 316
specific tax 214
speculation 306
speculative-motive 306
spillover effect 235
spot dealing 188
spot exchange 188
spot rate 236
spread 236
spread transaction 236
square matrix 247
St. Petersburg paradox 252
stability 12
stability condition 13
stabilization policy 12
stable shareholder 13
Stackelberg equilibrium 214
stagflation 234
stamp tax 21
stand-by credit 234
standard-cost principle 354
standard deviation 354
standard financial scale 354
Standard Industrial Classification for Japan 332
standard normal distribution 239
standard tax rate 354
standardization 353
static expectations 238
static stability 238
static stability conditions 238
statics 238
stationary equilibrium ... 297
statistical discrepancy ... 307
sterilization intervention 364
stock 235

stock buybacks 192	sustainability of fiscal deficit 172	taxation on a differential basis.................... 362
stock company 65	swap transaction 237	taxation or aggregate income 254
stock investment fund 66	swaption 237	
stock market 65	sweatshop 370	taxes and other public charges 143
stock market for new enterprise................ 229	Swedish school 233	taxing at an excessive rate 287
stock option................. 235	Sylos' postulate 229	
stock price index 64	system of land taxation 319	Taylor system 298
Stolper-Samuelson theorem 235		TDnet 296
	system of local loan issuance 281	technical analysis 299
straight foreign bond ... 235		technical progress 82
structural adjustment ... 142	System of National Accounts 31,157	technological externality ...83
structural disequilibrium 142		technology transfer 82
	systemic risk 124,196	telecommunications industry 304
structural reform 142		
structured bond 189	**T**	Telegraphic Transfer Buying Rate 266
subgame 368	t-value 296	
subordinated bond 435	take-off 431	Telegraphic Transfer Selling Rate 266
subordinated loan 435	take-over bid 65,295	
subprime loans 182	Tankan................ 273,331	temporary employment 231
subscriber's yield.............39	target rate zone 407	
subsidiary company ... 150	target zone 263	temporary transfer 215
subsidy 389	tariff.............................74	term structure of interest rate 103
subsidy from a prefecture 320	tariff escalation 273	
	tariff quota 273	terms of trade 133
substitutes 268	tariff quota system 75	tertiary industry 266
substitution effect 268	task management.......... 298	the age of high mass-consumption 145
Suica 305	tâtonnement................ 272	
summit 182	tâtonnement process ... 407	the drive to maturity ... 243
sunk cost 185,350,396	tax 258	The Export-Import Bank of Japan 333
sunset legislation 185	tax base 60	
Super 301 Provisions of the 1988 Omnibus Trade Act 234	tax credit 238	the first sector 264
	tax effect accounting ... 240	The Limits to Growth ... 244
	tax evasion 272	the Ministry of Finance 40,180
superior goods............. 218	tax expenditure 259	
superneutrality of money 69	tax function 258	the second sector......... 269
	tax haven 258,259,272	The Securities and Exchange Surveillance Commission 219
supplementary budget ... 393	tax neutrality 60	
supply 90	tax planning................ 250	
supply curve 91	tax profits 30	The Social Security and Tax Number 396
supply for a factor of production 242	tax sparing credit......... 402	
	tax system 243,259	the third category 267
supply function 91	tax threshold 59	the third sector............ 267
supply of money 69	tax treaty 259	The World Bank 248
supply-side economics ...91	taxation by the size of business 49	theory of comparative costs
surplus units 290		

.... 348
theory of core 132
theory of effective protection
.... 411
theory of imperfect
  information 361
theory of industrial
  organization............. 184
theory of interest 104
theory of justice 239
theory of Tobin's q 314
thirty percent autonomy 186
tied loan 268
Tier 1 190
Tier 2 190,363,435
tightening money 102
Tinbergen's theorem ... 298
tit-for-tat strategy 200
TOB...................65,295
Tobin, James 314
Tobin tax 314
Tokyo Inter Bank Offered
  Rate 270,421
Tokyo Stock Price Index
.... 320
tonnage duties 324
total amount control (finance)
.... 257
total cost 256
total fertility rate 137
TPP 77
tracking stock 320
trade agreement 383
trade balance 384
trade dependency 383
trade finance 383
trade friction 385
trade-off 324
trade policy 295,385
trade statistics 385
trade triangle 384
traditional society 305
tragedy of commons 93
Trans-Pacific Partnership
.... 77
transaction cost 322

transactions-motive 322
transfer income 19
transfer of local allocation tax
.... 280
transfer paradox 321
transfer price 19
transfer price taxation 19
transformation of industrial
  structure 183
transforming public sector
  into independent agencies
.... 27
transition to market economy
.... 195
transitivity 233
trap of poor 355
travel cost method 321
treasury bills 273
trend toward fewer children
.... 220
Triffin's Dilemma 322
trigger price.............. 321
trigger strategy 321
triple sell-off 323
trust 320
trust bank................. 231
Tsiang-Sohmen model
.... 291
turnpike system 263
turnpike theorem 264
twin deficits.............. 364
two-part pricing 331
two-sector economic growth
  model 331

U

U.S. stock index 11
unanimity rule............ 251
uncertainty 360
under employment 361
under employment
  equilibrium 361
underwriter 12
underwriting 12
unemployment............ 198
unemployment rate 76

unfair trade 363
uniform distribution 17
union shop 415
unipolar concentration in
  Tokyo 307
unit cost 273
unit of taxation 59
unit stock................. 273
unitary taxation 63
universal banking 415
universal service 415
universalism 368
unpaid overtime work ... 168
unrealized profit and loss
.... 363
untied loan 12
urban problems 318
utilitarianism 147
utility 146
utility function............. 146

V

valuable instrument 410
valuable papers 410
value-added 360
value-added tax 360
value at risk 342
value function..............62
variable cost 70
VAR (VaR) 342
variable income 382
variable interest rate ... 382
variable life insurance ... 381
variance 376
Veblen effect 25
velocity of circulation of
  money 69
velocity principle 257
venture business 381
venture capital firm 381
vertical equity 233
vertical specialization ... 233
Vintage 83
Virginia school 24
virtual corporation 339
volatility 394

voluntary export restraint ············· 414
voluntary unemployment ············· 201
von Neumann model ··· 359
voucher system ········ 341

W

wages based on job evaluation ············ 226
Wagner, A.H.G. ············59
Walras' law ············· 447
Walras, Marie-Esprit Léon ············· 407,446
Walrasian equilibrium ··· 447
Walrasian stability conditions ············· 447
warrant bond ············ 445
warranted rate of growth ············· 299
wealth effect ············ 320
welfare economics ······ 140

welfare loss ············· 141
welfare state ············ 362
wholesale banking ······ 388
Wicksell, Johan Gustaf Knut ·············25
wide area network ······ 423, 447
window guidance ······ 398
withholding at source ··· 131
Worker Dispatching Law ············· 440
working capital ············27
working poor ············ 445
worksharing················ 445
World Trade Organization ············ 249,272

X

X-efficiency ···············32

Y

yardstick regulation······ 410

yen appreciation, dollar depreciation···············35
yen carry trade···············34
yen denominated bond ···35
yen denominated foreign bond·······················35
yen depreciation, dollar appreciation···············36
yen exchange ···············34
yen linked bond ············36
yen loan ·····················35
yen rate ·····················36
yield curve ···················15
yield ratio ···················15
yield spread···················15

Z

zaibatsu ·················· 179
zero-base budget ········ 251
zero emissions············ 250
zero-interest policy ······ 251
zero-sum game ········ 251

《編著者紹介》

辻　　正次（つじ　まさつぐ）

神戸国際大学教授（経済学部），大阪大学名誉教授，兵庫県立大学名誉教授・特任教授
1969 年　京都大学卒業，1976 年　スタンフォード大学大学院博士課程修了，Ph.D.
主要著書　『現代国際マクロ経済学』（共著）多賀出版，1999 年。
　　　　　『WHAT'S 経済学第 3 版増補版』（共著）有斐閣，2015 年。
　　　　　Industrial Clusters, Upgrading and Innovation in East Asia,（共編著）Edward Elgar, 2011.
　　　　　"Characterizing R&D and HRD in the innovation process of Japanese SMEs," *Asian Journal of Technology and Innovation,*（共著）2017.
　　　　　"R&D and non-R&D in the innovation process among firms in ASEAN countries," *European Journal of Management and Business Economics,*（共著）2018.

竹内　信仁（たけうち　のぶひと）

愛知学院大学客員教授（総合政策学部），名古屋大学名誉教授
1969 年　名古屋大学卒業，1974 年　名古屋大学大学院博士課程満期退学，博士（経済学）
主要著書　「自治体病院の運営と市町村合併」（共著）『医療経済研究』2010 年。
　　　　　『スタンダード　ミクロ経済学』（共編著）中央経済社　2013 年。
　　　　　「市場機能の限界についての一考察」『ZEIKEN 税研』2014 年。
　　　　　「日本の景気循環とアベノミクス」『政策科学』2017 年。
　　　　　「感情の経済分析」『公共経済学研究Ⅶ』2018 年。

柳原　光芳（やなぎはら　みつよし）

名古屋大学教授（大学院経済学研究科）
1993 年　京都大学卒業，1998 年　大阪大学大学院博士後期課程満期退学，博士（経済学）
主要著書　『スタンダード　マクロ経済学』（共編著）中央経済社，2013 年
　　　　　"Cash-in-advance constraint, optimal monetary policy, and human capital accumulation," *Research in Economics,*（共著）2013.
　　　　　"Donor altruism and the transfer paradox in an overlapping generations model," *Review of International Economics,*（共著）2014.
　　　　　The Theory of Mixed Oligopoly: Privatization, Transboundary Activities, and Their Applications（共編著），Springer, 2016.
　　　　　"Population growth and the transfer paradox in an overlapping generations model," *Review of Development Economics,*（共著）forthcoming.

新版 経済学辞典

1989年10月30日	第 1 版第 1 刷発行
2006年 4月10日	第 1 版第29刷発行
2019年 1月10日	新版第1版第1刷発行

編著者　辻　　　正　次
　　　　竹　内　信　仁
　　　　柳　原　光　芳

発行者　山　本　　　継

発行所　㈱中央経済社

発売元　㈱中央経済グループ
　　　　パブリッシング

〒101-0051　東京都千代田区神田神保町1-31-2
電　話　03（3293）3371（編集代表）
　　　　03（3293）3381（営業代表）
http://www.chuokeizai.co.jp/
印刷／昭和情報プロセス㈱
製本／誠　製　本　㈱

© 2019
Printed in Japan

＊頁の「欠落」や「順序違い」などがありましたらお取り替えいた
しますので発売元までご送付ください。（送料小社負担）

ISBN978-4-502-67760-1　C3533

JCOPY〈出版者著作権管理機構委託出版物〉本書を無断で複写複製（コピー）することは，著作権法上の例外を除き，禁じられています。本書をコピーされる場合は事前に出版者著作権管理機構（JCOPY）の許諾を受けてください。
JCOPY〈http://www.jcopy.or.jp　e メール：info@jcopy.or.jp　電話：03-3513-6969〉